suhrkamp taschenbuch
wissenschaft 1851

Was wäre aus Kants Erbe geworden, wenn Reinholds widerborstige Schüler und Denker wie Novalis, Forberg oder Friedrich Schlegel die Rezeptionsschicksale der kantischen Philosophie bestimmt hätten? Es hätte wohl in der bekannten Form keinen Deutschen Idealismus gegeben.

Die Texte dieses Bandes erkunden historisch detailliert und theoretisch konzise das Interesse am Kantischen Erbe in der Philosophie um 1800. Aber nicht die ›kopernikanische Wende‹, sondern Kants These vom Vorrang des (existentiellen) Seins vor dem Bewusstsein steht im Fokus der Aufmerksamkeit und macht eine sogenannte ›Identitätsphilosophie‹ überhaupt erst möglich. Dabei kommen auch Namen ins Spiel, die in der Konstellationsforschung des vergangenen Jahrzehnts keine tragende Rolle spielten: Maimon, Schiller, der späte Schelling, auch Herder, ja selbst Wittgenstein und Bakunin.

Manfred Frank ist Professor für Philosophie an der Universität Tübingen. Zuletzt sind von ihm erschienen: *Selbstgefühl* (stw 1611) und *Warum bin ich Ich?* (Insel Verlag).

Manfred Frank

Auswege aus dem Deutschen Idealismus

Suhrkamp

Bibliografische Information der Deutschen Nationalbibliothek
Die Deutsche Nationalbibliothek verzeichnet diese Publikation in der Deutschen Nationalbibliografie; detaillierte bibliografische Daten sind im Internet über http://dnb.d-nb.de abrufbar.

suhrkamp taschenbuch wissenschaft 1851
Erste Auflage 2007

Druck: Druckhaus Nomos, Sinzheim
Printed in Germany
Umschlag nach Entwürfen von
Willy Fleckhaus und Rolf Staudt
ISBN 978-3-518-29451-2

1 2 3 4 5 6 – 12 11 10 09 08 07

Inhalt

Einleitung

Ich stelle hierdurch eine Reihe aufsatzähnlicher Texte vor, deren große Zahl für den Anlass geschrieben wurde.[1] Die älteren – oft versteckt publiziert oder schwer zugänglich, alle vorsichtig überarbeitet – wollen die Kontinuität meiner Überzeugungsbildung über das Wesen der nachkantisch-nichtidealistischen Philosophie – die Frühromantik im Zentrum – belegen und auch dagegenhalten, dass eine angemessene Sicht des Phänomens wegen der spät erschlossenen Quellenlage der Referenztexte und der hartnäckigen Schwierigkeit ihrer Auslegung nicht früher möglich war. Viele Forscherinnen und Forscher müssen sich den Vorwurf gefallen lassen, dass sie bei den Vorurteilen des späten 19. und des beginnenden 20. Jahrhunderts stehen geblieben sind – insbesondere, was die einseitige Zuordnung der frühromantischen Philosophie zur Wirkungsgeschichte von Fichtes *Wissenschaftslehre* betrifft – und sich nur darum bemüht haben, die Berechtigung dieses Vorurteils neu zu substantiieren. Es wurde dem Novalis gar ein »magischer Idealismus« als Steigerung und Fortführung des Fichte'schen Produktionsidealismus angesonnen, dem zufolge Novalis der erstaunten Welt habe mitteilen wollen, Individuen könnten, mit gehöriger geistiger Anstrengung, die Welt beliebig nach ihren Wünschen einrichten. Nach wie vor fühle ich mich ermutigt zum Widerspruch gegen solch kruden Unsinn (vgl. Text 1).

Die geistige Klammer, die die folgenden Textproben zusammenhält, will das Profil der philosophischen Frühromantik, aber auch die Rezeptionsschicksale der kantischen Philosophie in ihrer Frühphase – auch in Auseinandersetzung mit Kritikern – deutlicher profilieren, als mir das bisher gelungen ist. Insbesondere habe ich Maimon (Text 14), Schiller (Text 8) und den späten Schelling (Texte 11-15), auch Herder (Text 9), selbst Wittgenstein (Text 5) und Bakunin (Text 12) ins Spektrum älterer Erkundungen einbezogen und umgekehrt die Ergebnisse neuerer Forschungen aufgenommen. Sie fügen meinen früheren, wie ich hoffe, allerlei hinzu. Aber auch den

1 Ausnahmen: die Texte 1 (Frank 1969), 3 (Frank 1996a), 4 (Frank 1992a), 5 (Frank 1992b), 7 (Frank 1991a, 416-432) und 12 (Frank 2003).

geschichtsunabhängigen Sachertrag, den wir der frühromantischen Philosophie verdanken, habe ich in einer den Vertreterinnen und Vertretern der aktuellen Philosophie des Geistes zumutbaren Sprache attraktiv zu machen versucht (*passim*, bes. Text 15).

Ich wünsche mir allerdings, dass die Leserinnen und Leser das Folgende unbeschwert von solchen Voraussetzungen aufnehmen mögen. Obwohl die Texte teils chronologisch, teils sachlich verzahnt sind, sind sie nach meiner Absicht einzeln lesbar und durch die Titel hinlänglich genau unterschieden. Einige zentrale Theoreme, auf die ich häufiger Bezug nehmen muss, sind entsprechend mehrfach in jeweils gebührender Ausführlichkeit kontextsensitiv wiederholt. Besonders lag mir daran, die Bedeutung von Kants These über das (existentielle) Sein als Sprengsatz im Selbstverständnis des Idealismus auffällig zu machen und die Annahme von der Irreduzibilität des Seins aufs Bewusstsein zu unterscheiden von der, die lediglich den Vorrang der Natur vor dem Geist behauptet. Der frühe und mittlere Schelling hatte eine Form von Panpsychismus vertreten, wonach der vorbewussten Natur Elemente von Geistigkeit ›eingebildet‹ seien, die im Selbstbewusstsein höherer Tiere lediglich explizit werden (Nagel 1979b; Blamauer 2006). Das ist eine Position, die mit einem ›objektiven Idealismus‹ mühelos vereinbar ist. Härter bricht mit dem Idealismus jeder Varietät, wer – wie Kant, Novalis oder der späte Schelling – Sein (im Sinne von Existenz) nicht für ein sachcharakterisierendes (›reales‹) Prädikat hält und auch dem Bewusstsein ontisch vorausgehen lässt, durch das wir uns selbst erfassen (Texte 1, 7, 9-11). Diese Seinsthese wird ausdifferenziert in den Texten 13 und 14, die das Thema der angemessenen Deutung des ›ist‹ im affirmativen Aussagesatz nicht nur an das der Existenz, sondern auch an das der Identität (und der Differenz) heranrücken. Komplexe Sachlagen werden erst aus ihren vielfältigen Abschattungen und Verästelungen einsichtig.

Dem Leser oder der Leserin, die mit dem Gegenstand meines Buchs unvertraut sind, gebe ich die folgenden grob situierenden Hinweise. Der Kenner oder die Kennerin mag sie überspringen und sich am Inhaltsverzeichnis orientieren.

I.

Wer Abläufe der Philosophiegeschichte verstehen will, wird sie nicht, wie Droysen spottete, in ›eunuchenhafter Neutralität‹ nur nachvollziehen wollen. Er wird in ein selbst philosophierendes Verhältnis zu ihnen eintreten wollen. Nun ist Philosophieren wesentlich Argumentieren. Und Argumente haben einen formalen und einen materialen Aspekt: Die logische Korrektheit im wahrheitswerterhaltenden Übergang von Prämissen zu Schlüssen (1.) ist verschieden von den Gründen für unsere Überzeugung von dieser Wahrheit selbst (2.). Für den zweiten Geltungsanspruch sind wir auf andere Weise Rechenschaft schuldig, als wir es durch den Nachweis der formalen Konsistenz unserer Überzeugungsverknüpfungen sind. Wir müssen die Annahme, für die wir argumentieren, selbst und unabhängig davon rechtfertigen, ob sie in analytisch korrekten Beziehungen zu anderen ihresgleichen steht oder welche Folgerungen wir aus ihnen ziehen möchten (Frank 1997, 17 ff.).

Nur dieser letztere Aspekt macht aus dem Philosophieren ein zieloffenes Unternehmen, einen Streit zwischen *materialiter* kompetitiven Intuitionen: Wir rechten, ja wir hadern mit philosophischen Texten. Töricht wäre es zu glauben, wir könnten einer Position jemals so sicher sein, als wäre sie über allen vernünftigen Zweifel erhaben. Ein ebenso scharfsinniger wie selbstbewusster Analytiker schreibt im Vorwort zu seinen *Philosophical Papers*:

> The reader in search of knock-down arguments in favor of my theories will go away disappointed. Whether or not it would be nice to knock disagreeing philosophers down by sheer force of argument, it cannot be done. Philosophical theories are never refuted conclusively […] The theory survives its refutation – at a price (Lewis 1983, x).

Die Frage ist also: Welchen Preis sind wir bereit, für Überzeugungen zu zahlen, mit denen wir sympathisieren?

Dass unsere Überzeugungen nicht absolut gerechtfertigt werden können, sondern – wie Schlegel ironisch sagt – nur »einstweilen auf ewig« gelten (*KA* II, 179, Nr. 95; Anspielung auf Niethammer 1795, 41 ff.), also aus momentaner, dem Wissenwollen innewohnender Geltungsunterstellung (einer Art Kredit auf den performativen Widerspruch der Leugner dieser Annahmen), dass also unser Meinungssystem keiner ultimativen Begründung fähig ist und immer noch eine unbedachte Begründung zulässt, die selbst wieder unbegründet bleibt, war eine der tiefen Überzeugungen junger Intellektueller, die, von Kants kritischem Geist erfasst und von Reinhold über die vermeinte Notwendigkeit eines Fundaments unseres Wissens belehrt (Reinhold 1791), die Skylla des epistemologischen Fundamentalismus (der Philosophie aus oberstem Grundsatz) ablehnten, ohne sich der Charybdis des Skeptizismus (oder, wie sie auch sagten, des intellektuellen Anarchismus) in die Arme zu werfen. Dazu gehören Johann Benjamin Erhard, Friedrich Immanuel Niethammer, Friedrich Carl Forberg und Friedrich von Hardenberg, der sich später – unter dem Druck der Zensur – Novalis nannte. 1796 notierte er, vermutlich im Blick auf eine Publikation in dem von seinem Freund Niethammer herausgegebenen *Philosophischen Journal* (*NS* II, 32 f.):

Das eigentliche/Philosophische System muß Freyheit und Unendlichkeit, oder, um es auffallend auszudrücken, Systemlosigkeit, in ein System gebracht, seyn. Nur ein solches System kann die Fehler des Systems vermeiden und weder der *Ungerechtigkeit,* noch der Anarchie bezogen [bezichtigt] werden (*NS* II, 288 f., Nr. 648; ebenso Friedrich Schlegel: *KA* XVIII, 80, Nr. 614).

Die Unwünschbarkeit der ersten Konsequenz wurde diesen Selbstdenkern durch Fichtes Grundlegung eines Idealismus aus einem ins Absolute gesteigerten ›Ich‹ vor Augen geführt. Wie immer anziehend diese Lösung aussah, die eine Reihe von Problemen – etwa die unerwünschten Dualismen der kantischen Philosophie – hinter sich lassen konnte – so unwiderstehlich sich also die absolut-idealistische Lösung angesichts der argumentativen kantischen Erblasten ausnahm –, die Frühromantiker hielten diesen Weg für unbegehbar und suchten Auswege aus dem idealistischen Fliegenglas. Oder besser: Sie suchten das Philosophieren aus oberstem (subjektivem) Grundsatz von Beginn an zu vermeiden. Der Studentenbuden-Nachbar Friedrich Schlegels im Hause von Niethammers künftiger Frau, der Witwe Döderlein in Jena, Paul Johann Anselm Feuerbach, publizierte im *Philosophischen Journal* einen Aufsatz »Ueber die Unmöglichkeit eines ersten absoluten Grundsatzes der Philosophie« (1795). Die Suche nach einem Ausweg aus der Grundsatzphilosophie – gleich, ob das Prinzip an den Anfang oder, wie bei Hegel, an den Schluss gesetzt wird – charakterisiert das frühromantische Denken insgesamt und unterscheidet es wesentlich von der Philosophie des Deutschen Idealismus. Die »Sehnsucht nach dem Unendlichen« (*KA* XVIII, 418, Nr. 1168; 420, Nr. 1200), nicht sein Besitz beflügelt die Frühromantiker. Hegel diagnostizierte diese Einstellung als »unglückliches Bewußtsein« (Hegel 1952, 158 ff., *passim*). Der Tadel freilich prallt ab an der wohlbegründeten Überzeugung, dass der menschlichen Wirklichkeit dies Unglück wesentlich sei.

Die antifundamentalistische Tendenz erklärt auch den für den gesamten Kreis (besonders Erhard, Niethammer, Forberg, später Friedrich Schlegel) so charakteristische Hinneigung zur pyrrhonischen Schule (dazu Vieweg 1999). Diese Varietät der Skepsis (die nicht als wirklich radikal charakterisiert werden darf; vgl. Grundmann 2003) konnte zusätzlich Nahrung finden durch eine erneute Beschäftigung mit Jacobis Kritik der ›negativen‹ Vernunft, die – einmal mehr in der VII. Beilage zur Zweitauflage seines Spinoza-Büchleins (Jacobi 1789, 398 ff., bes. 423 ff. [= Jacobi 1989 1,1: 247 ff., bes. 260 ff.]) – mit dem klassischen Regress-Argument arbeitet, nur diesmal mit einer unerhofften Wirkung auf die Letztbegründungsbestrebungen des eben aufkommenden absoluten Idealismus. Vereinfachend ließe sich sagen: Die Frühromantiker ergreifen – mit einer »unter Reinholds Konsulat« erworbenen (und durch Fichte belehrten) Vorsicht – das skeptische Horn des Dilemmas und lassen Fichte mit dem anderen »auf dem absoluten Felsen« (*KA* II, 155, vgl. ebd., 147 f., Nr. 7; Niethammer in: Baum 1995, 84).

II.

Seit meiner Studienzeit habe ich mich dem so verstandenen frühromantischen Projekt sympathetisch verbunden gefühlt (Text 1 der Sammlung ist ein Seminar-Referat von 1967). Nicht eigentlich aus Vorliebe für eine historisch-kulturelle Epoche, wie man etwa die altgriechische Philosophie oder den Expressionismus in der Malerei liebt, sondern weil ich in diesem Projekt am deutlichsten die Grundrisse einer Intuition zu erkennen glaubte, die die Philosophie der Moderne wie ein Leitstern begleitet. Zwei Denkerfordernisse galt es zu verbinden: Der (spätestens durch Descartes erstrittenen) Schlüsselrolle des Selbstbewusstseins in der Philosophie war Rechnung zu tragen; und seine Unselbstgenügsamkeit war zu respektieren. Das Wissen einer Person um sich besteht in einer Kenntnis *sui generis,* um deren Aufklärung die Frühromantik Großes, bis heute Gültiges, wenn auch wenig Bekanntes geleistet hat. Aber das Ich kommt nicht aus eigenem Vermögen in die Stellung, in der es sich dieser einzigartigen Kenntnis versichert. Selbstbewusstsein setzt Sein voraus: die andere Säule, auf der die Verknüpfung der Sätze *cogito* und *sum* ruht. Das Selbstbewusstsein fühlt sich ›schlechthin‹ – das meint: nicht bloß relativ, nicht bloß hinsichtlich eines anderen, mächtigeren Gegenstandes – abhängig. Für das Wovon dieser ›schlechthinnigen Abhängigkeit‹ benutzten die Frühromantiker – mit ihnen Hölderlin, Schleiermacher (Text 10) und der späte Schelling (Texte 11 und 13) – den von Kant und Jacobi übernommenen Ausdruck »Seyn«, auch »Urseyn« (*NS* II, 142, Z. 13). Der Ausdruck verliert für uns seine Befremdlichkeit, wenn wir ihn durch ›Wirklichkeit‹ ersetzen. Dann liest sich die frühromantische These über den Zusammenhang von Selbstbewusstsein und Sein so: Es kann Bewusstsein nur geben unter der Voraussetzung der Wirklichkeit. So schon Kant (Texte 7 und 13). Novalis notiert: »Wo ein Erkennen ist – ist auch ein Seyn« (*NS* II, Nr. 402, Z. 25). Und Schelling lehrt 1832/33 in München: »Alles ursprüngliche Denken bezieht sich immer auf einen wirklichen Gegenstand« (Schelling 1972, 94). Aber das Umgekehrte gilt nicht. Novalis nannte 1795 das Bewusstsein ein »Bild des Seyns«, ein »Zeichen«, also einen ›Repräsentanten‹ (*NS* II, 106, Nr. 2, Z. 4 ff.). Repräsentationen sind von ihrem Repräsentat (ihrem »Bezeichneten«) ontisch abhängig. Das gilt auch dann, wenn sie ihm zum Erscheinen (oder Bewusst-Sein) verhelfen.

›Sein‹, das alte und einzige Thema der europäischen Metaphysik, bleibt – auch nominalisiert – ein unterbestimmter Verbalausdruck. Er kann mehrerlei meinen. Die philosophierende Frühromantik schwankt zwischen zwei Verständnissen, die nicht immer mit wünschenswerter Deutlichkeit auseinandergehalten werden. Das erste – von Crusius, Kant und Jacobi empfohlen – legt ›Sein‹ auf den Sinn von ›Existenz‹ oder ›Wirklichkeit‹ fest. Und dann meint ›Seinsabhängigkeit‹ Unselbstgenügsamkeit hinsichtlich der eigenen Existenz, des eigenen Bestehens. Das Subjekt des Gedankens *cogito* hat sich nicht aus eigener Macht ins Sein gebracht, es ist nicht *causa sui.* (Wäre, zeigt der späte Schelling, die Sein erzeugende Potenz noch vor der Wirklichkeit, so würde ein selbst des Seins Beraubtes Ursache eines Wirklichen sein – ein offenbarer Erklärungszirkel träte auf [z. B. Schelling 1972, 433 f.; Schelling 1993, 162 f.]; vgl. Text 11.) Das Subjekt war seiner bewusst unter Voraussetzung eines Seins, das nicht es selbst ist. Oder auch: Im Bewusstsein seiner selbst erfährt sich das Bewusstsein als getragen durch und gerichtet auf »ein Sein, das nicht es selbst ist«. Das ist die berühmte Formulierung, in die Sartre seinen ›ontologischen Beweis‹ des Bewusstseins zusammendrängt (Sartre 1943, 28). Gemessen am Sein ›im emphatischen Sinne‹ (Schelling 1972, 97) ist – Schelling zufolge – das Bewusstsein ein *mä ón,* ein relativ nicht Seiendes im Sinne des späten Platon oder des Plutarch. Dem entspricht Sartres Unterscheidung des *être* vom *néant.* Denn ›néant‹ ist nur die französische Übersetzung des griechischen *mä ón* (*SW* I/10, 284 f.). Schellings und Sartres ontologische Untermauerung des Bewusstseins (Text 13) erweist sich als überraschendes Echo auf Hardenbergs Bestimmung des Bewusstseins als »Seyn außer dem Seyn im Seyn« (*NS* II, Nr. 2, Z. 4 [ff.]; vgl. Text 1). Novalis nennt es ein minderes Sein:

> Das Außer dem Sey muß kein rechtes Seyn seyn.
> Ein unrechtes Seyn außer dem Seyn ist ein Bild – Also muß jenes außer dem Seyn ein Bild des Seyns im Seyn seyn (ebd., Z. 6-8).

Aus der Formel ergibt sich »beyläufig, daß Ich im Grunde nichts ist – Es muß ihm alles *Gegeben* werden« (*NS* II, 273, Z. 31 f.); »Denken [ist] der Ausdruck / die Äußerung / des Nichtseyns« (*NS* II; 146, Z. 25 f.). Das Bild, über welches sich das Bewusstsein die Gehalte des Seins vermittelt, ist demnach ein »Nichtseyn [...] im Seyn, um das Seyn für sich *auf gewisse Weise da seyn* zu lassen« (*NS* II, 106, Z. 11 f.).

Das andere Verständnis: ›Sein‹ steht für das Absolute, in dem Denken (*cogito*) und Sein (*sum*) zusammengefügt sind. Sofort stellt sich die Frage nach der Art dieser Zusammenfügung. Eine durch Spinoza einerseits, Ploucquet als Lehrer des Tübinger Stifts, aber auch durch die Leibniz'sche Tradition nahegelegte Kandidatin wäre: Identität. Und in der Tat haben Hölderlin und Schelling (vor allem der späte Schelling) einen Ableitungszusammenhang zwischen dem absoluten Sein und der Copula im veridischen Urteil angenommen, die wiederum als Identitätsanzeige aufgefasst wurde (Text 13 und 14).

Aber beide Auffassungen treten nicht in radikalen Widerspruch zueinander. Es könnte doch sein, dass die absolute Identität Sein (im Sinne von Existenz, von Kants ›absoluter Position‹) und Denken übergreift und untrennbar aneinander verweist, ohne beide Ausdrücke auf einerlei Sinn zu reduzieren. Unscharf, aber vorsichtiger könnte man sagen: Die zugrunde liegende Intuition besagt, dass Sein und Bewusstsein ›wesentlich zusammengehören‹, ohne semantisch zusammenzufallen. Wer ›Sein‹ sagt, sagt nicht ›Bewusstsein‹. So wie das cartesianische *cogito, sum* eine, nicht zwei Erfahrungen artikuliert und doch in zwei unterschiedene Feststellungen gegliedert ist. So verhindert die Zusammengehörigkeit von Sein und Bewusstsein nicht, dass im Absoluten das Sein dem Bewusstsein vorangeht und es ontisch fundiert (Seinsgrund), während das Bewusstsein dem Sein ontisch folgt, ihm aber zum Erscheinen verhilft (Erkenntnisgrund). Ich glaube, das war die Ansicht des späten Schelling, der mit ihr seinen jugendlichen Idealismus widerruft und damit das Interesse einer jüngeren Generation erregt, die der Feuerbach, Bakunin, Marx und Kierkegaard (Texte 11-13). Man kann auch von einer Rückwendung zu den kantischen Basen sprechen. Ihnen sind Reinholds unbotmäßige Schüler, darunter Forberg, Novalis (Text 2) und indirekt Schiller (Text 8), Hölderlin und Friedrich Schlegel (Texte 3 und 4), immer verbunden geblieben – anders als Fichte und der junge Schelling.

Das fortgesetzte Polemisieren gegen die Anmaßung eines Philosophierens aus oberstem (subjektiven) Grundsatz bringt leitmotivisch eine dieser Generation gemeinschaftliche und wirklich zentrale Überzeugung auf den Punkt. Ihr hat Reinholds Schüler und Mäzen – Erhards, Niethammers, Forbergs und Hardenbergs Freund –, Franz Paul von Herbert, den sprachlich-orthographisch nicht eben sichersten, aber prägnantesten Ausdruck verliehen:

> Fichte hat zu dieser meiner fattallen Stimmung einen grossen Theill beygetragen, wieder ein Autor bis auf die Spiz Nägl. Et/ voilla tout […]. Von nun an erkläre ich mich zum unversöhnlichsten Feinde, aller sogenannten ersten Grundseze der Phillosophie, und den jenigen, der einen braucht zu einem Naaren, der wen ihn der Paroxismus ergreift aus seinem Grundsaz deducirt und syllogisticirt […]. Wie viell geht für die Phillosophie verloren durch einen thumen Neid um Kantens Rum, was ist Kantens erster Grundsaz, Kritick der Vernunft[;] habt ihr daraus nicht genug, so ist euch nicht zu helfen (Herbert an Niethammer, 6. Mai 1794, in: Baum 1995, 75 f.; dazu: Stamm 1992).

In seiner umfänglichen Antwort vom 2. Juni 1792 hat Niethammer Herberts »Überzeugung von der Entbehrlichkeit eines höchsten und Einzigen Grundsazes alles Wissens« ermutigt (in: Baum 1995, 86), den infiniten Regress in allen ultimativen (»bodenlos[en]«) Begründungsanstrengungen aufgewiesen (»die Erde [sagen die Letztbegründer] trägt ein Elephant, u. der Elephant steht auf einer Schildkröte, ohne uns weiter zu sagen, worauf die Schildkröte liege« [84]) und sich über Fichte als den Mann »auf dem allgemeingültigen Felsen« lustig gemacht, der nicht frage, worauf dieser Felsen denn stehe (83). Novalis hat sich dem angeschlossen, als er barsch »[a]lles Suchen nach dem Ersten [... als] Unsinn« abtat (*NS* II, 255, Z. 11 f.), als eine Obsession, die den Philosophen unweigerlich in die »Räume des Unsinns« verschlage (*NS* II, 251 f.; vgl. 259 f., Nr. 566; Text 2). Mit der Weisheit eines unfanatischen Skeptikers notiert Friedrich Schlegel 1796:

> *Bildung* ist das Einzige, was gegen Schwärmerei sichert. Es giebt keine *Grundsätze*, die allgemein zweckmäßige Begleiter und Führer zur Wahrheit wären. Auch die gefährlichsten lassen sich für gewisse Stufen und geistige Bildung rechtfertigen und auch die sichersten und besten können in einen Abgrund von Irrthümern führen (*KA* XVIII, 518, Nr. 13).

Noch in einer Privatvorlesung von 1804, dem Todesjahr der frühromantischen Bewegung, lehrt er:

> Unsere Philosophie fängt nicht wie andere mit einem ersten Grundsatze an, wo der erste Satz gleichsam der Kern oder erste Ring des Kometen, das übrige ein langer Schweif von Dunst zu sein pflegt – wir gehen von einem zwar kleinen, aber lebendigen Keime aus, der Kern liegt bei uns in der *Mitte* (*KA* XII, 328).

III.

Ich führe diese bekannten, wenn auch schwer zurückweisbaren Belege an, weil meine Überzeugung, die frühromantische Philosophie werde nicht als Fortspinnen des Fichte'schen Gedankens, sondern erst aus dem Bruch mit ihm verständlich, heftigen Widerspruch erregt hat. Der Widerspruch steht in einer *Mainstream*-Tradition, von der es nur wenige Ausnahmen gibt. Anfangs konnte man das entschuldigen mit der Tatsache, dass die *Fichte-Studien* des Novalis gar nicht oder doch nicht vollständig und nicht in der richtigen Reihenfolge publiziert, geschweige korrekt datiert waren (September 1795 bis Juli 1796: das bleibende Verdienst des Herausgebers Hans-

Joachim Mähl [*NS* II, 29 ff.]). Insofern ist der Widerpruch gegen frühere Arbeiten, die sich auf die Anfänge einer frühromantischen Philosophie überhaupt einlassen und in Fichtes *Grundlage der Wissenschaftslehre* von 1794/95 die Initialzündung sehen, trivial. Auch wissen wir erst seit recht kurzer Zeit, in welch komplexem ›konstellatorischen‹ Umfeld das Aufkommen einer spezifisch frühromantischen Philosophie möglich wurde. Immer noch konnte man dem Konservativismus der Frühromantik-Auslegung zugute halten, dass ein so schwieriges, kontextsensitives und undurchsichtiges Gebilde wie die *Fichte-Studien* sich dem Verstehen hartnäckig verschließen würde und eine frühe differenzierte Wahrnehmung unwahrscheinlich machte. (Nur darum drucke ich ein schülerhaftes und vielfach unvollkommenes, aber hierin hellsichtiges Rezeptionsdokument aus dem Jahre 1967 ab – ich glaube: das erste überhaupt, das deutlich diesen Standpunkt bezieht und ihn aus den damals eben erst vollständig erschienenen *Fichte-Studien* des Novalis begründet: Text 1.)

Bei Friedrich Schlegel war die Deutungssituation etwas günstiger, da die verlässlich datierten, wenn auch ganz unvollständig überlieferten Anfänge der *Philosophischen Lehrjahre* schon 1963 publiziert und auf August 1796 datiert worden waren. Auch diese Aufzeichnungen haben erst spät eine philologisch und philosophisch angemessene Deutung erfahren (Frank 1972; Naschert 1995), die der Fichte-fixierten Deutung der Schlegel'schen Inspirationsquellen nicht wenig widerspricht.

Der bedeutendste Einspruch gegen meine These stammt von einem der weltweit besten Kenner der Materie, Frederick Beiser (Beiser 2002, 2003; vgl. auch Rush 2004; radikaler: Frischmann 2005; Kublik 2006a, 2006b; dagegen Millán-Zaibert 2004, 2005; Ameriks 2005, 2006). Ich bewundere vorbehaltlos Beisers Forschungen, die in vielfältiger Hinsicht die Kenntnis von Idealismus und Frühromantik revolutioniert und internationalisiert haben. Aber seinem Versuch, die Frühromantik dem Deutschen Idealismus zuzuordnen, widerspreche ich mit unverminderter Heftigkeit – natürlich bei allem gebotenen Respekt vor ihren gemeinsamen Bildungsverläufen und erwartbaren Familienähnlichkeiten. Rein philologisch glaube ich mich durch die zahlreichen und zusammenstimmenden Belege bestätigt, auf die ich mich interpretierend beziehe und die jeder Opponent meiner Deutung marginalisieren oder missachten muss. Die These eines ontologischen Realismus der kantisch-postkantianischen und frühromantischen Philosophie sehe ich angegriffen, aber nicht erschüttert. Selbst den Mystizismus- bzw. Irrationalismus-Vorwurf, den Beiser mit meiner (hermeneutisch) realistischen Option – insbesondere der These vom Vorrang des Seins vor dem Selbstbewusstsein – verknüpft, nehme ich gelassen, zumal er mir inkonsequenterweise zugleich eine Anfeindung der Korrespondenztheorie der Wahrheit vorwirft. Ich habe mich im Gegenteil – und im Widerspruch gegen die Überschätzung von Kants ›kopernikanischer Wende‹ – für sie stark gemacht (Texte 6, 10 und 13; Frank in: Schleiermacher 2001 I, 41 ff., bes. 50 f.; Frank 2002, 52 ff.). Was ist irrational (gar ›postmodern‹) an der These, die Theorie folge – wenn auch nicht blind – der Wirklichkeit, nicht umgekehrt (Beiser 2003, 3 f., 58 f., 65, 74, 78, 192 f.)? Ich glaube: Die Seinsabhängigkeit des Subjekts nicht anerkannt zu haben, war ein Fehler des sogenannten ›Deutschen Idealismus‹; und spät erhebt Schelling die in Schweigen erfrorene Stimme seiner frühromantischen Weggefährten gegen das Projekt Hegels und seine eigene Philosophie des absoluten Geistes (Text 11). Was heute als ›Deutscher Idealismus‹ in den Annalen der Philosophiegeschichtsschreibung abgehandelt wird, hat die Rezeption der nachkantischen deutschen Philosophie in Resteuropa und weltweit, natürlich besonders in den angelsächsischen Ländern, bis auf unsere Tage behindert, jedenfalls beschädigt. Selbst die Intuitionen Kants und derer, die ihm – durchaus kritisch, weil seiner Mängel bewusst – zu folgen suchten, wurden im kollektiven Gedächtnis verzerrt (Texte 2, 3, 6 und 13). Das hängt damit zusammen, dass die sogenannten deutschen Idealisten sich für die wahren Vollstrecker des kantischen Denkanstoßes erklärten und lauthals verkündeten, die Mängel des kantischen Kritizismus würden nur durch einen neuen, einen »mächtigere[n], herrlichere[n] Dogmatismus« behoben, als es der von Kant überwundene gewesen sei (Schelling 1993, 137 unter Anspielung auf *SW* I/1, 303). Fichtes Name bezeichnet die Speerspitze derer, die Kants Philosophie besser verstehen wollten, als sie sich selber verstanden habe (Fichte 1971 VI, 337; I, 479 Anm.). Nur in einem der idealistischen Systeme (in welchem eigentlich?) komme Kants Ansatz zu sich selbst – wenn nicht dem Buchstaben, so doch dem Geist nach (I, 420-422; 468 f., 485). Gegen diese Besserversteher-aus-dem-Geist richtet sich Friedrich Schlegels Spott: »Niemand kennt wohl eigent[lich] d[en] Geist der K[anti]schen φ [Philosophie] weniger als d[ie] neusten Geistianer« (*KA* XVIII, 36, Nr. 191).

In der Tat: Der Realismus in der strengen Form, die man heute ›Externalismus‹ nennt, hält für möglich, dass diejenigen Anteile des Gehalts unserer Vorstellungen, die unser Bewusstsein einsehen kann, keine oder keine sichere Auskunft liefern über die Beziehungen unseres Geistes zu seiner wirklichen Umwelt. Anders gesagt: Die Individuation der Gehalte unserer auf die Welt gerichteten Vorstellungen durch die Wirklichkeit muss nicht zusammenfallen mit unserem Bewusstsein von diesen Gehalten. Von der Schere, die sich zwischen beiden Bereichen auftut, wird auch unser Selbstbewusstsein betroffen (Peacocke 1999, 203). In diesem Sinne gilt dann allgemein: »[T]ruth can outrun knowability« (ebd., 5). An dieser These ist nichts mystisch oder postmodern.

Allerdings hat das durch den Vorrang des Seins narzisstisch gekränkte Subjekt Anspruch darauf, dass man ihm den Ausweg aus dem Idealismus/Internalismus aufzeigt. Auch das haben einige Frühromantiker unternommen.

Der Erste, der sich an eine solche Aufklärung gemacht hat, war Novalis (im Herbst 1795). Zunächst bestimmt er das erste Bewusstsein, das wir von uns selbst erwerben, als ein »Gefühl« (»Selbstgefühl«: Texte 1 und 9) – also, im Gegensatz zu Fichte, der es ins intellektuelle Anschauen einer »Thathandlung« (Fichte 1971 I, 91, 468) setzt (»Die Intelligenz ist dem Idealismus ein *Thun«* [440]), als eine Passion. Ihm wird etwas »gegeben« (*NS* II, 115, Z. 29; vgl. 275, Z. 31 ff.), nämlich das »Urseyn«; keineswegs wird etwas von ihm getan, gar hervorgebracht. Novalis interpretiert das Selbstgefühl, das auch Fichte kennt (Fichte 1971 I, 295, 305 [im Kontext], 359 f.), also nicht als die Reaktion des Geistes auf eine gehemmte Tätigkeit, sondern als das ursprüngliche Bewusstsein überhaupt. Als Bewusstsein steht aber das Selbstgefühl in einer verkehrten Stellung zur Wirklichkeit, indem es, von sich ausgehend, die Welt *secundo loco* antrifft. »Die Theorie muß vom *Bedingten* ausgehn« (*NS* II, 147, Nr. 86, Z. 14). Das (vom Sein) Bedingte, das Bewusstsein, *ist* nicht das, wovon es ein Bewusstsein ist, sondern bildet es ab – durch eine Repräsentation, ein ›Zeichen‹ (106, Z. 6 ff.). Doch findet es in sich selbst das Mittel, diese Verkehrung durch eine abermalige Verkehrung (»*ordine inverso*« [127 f., 131 ff.]) zu korrigieren (Text 1). »Es wechselt immer Bild und Seyn. Das Bild ist immer das verkehrte vom Seyn.

Was rechts an der Person ist, ist links im Bilde« (142, Nr. 63; vgl. die umständlichere Erklärung 114 ff.). Das gespiegelte Spiegelbild oder die Selbstreflexion stellt die ursprüngliche Ordnung wieder her; und dem Ich wird nun seine ontologische Abhängigkeit vom Sein bewusst (so auch Schelling *SW* I/4, 85 ff.; I/9, 230 ff.; Text 13). Fichte, meint Novalis, habe diese Selbstreflexion nicht vollzogen und darum, in der Nachfolge des Bischofs Berkeley, Sein immer nur in Abhängigkeit auf ein es thematisierendes Bewusstsein oder als inerten Niederschlag eines vorgängigen Handelns anerkannt: So erscheint dem Idealisten Sein nicht als Positivum, geschweige, wie Kant sagte, als ›absolute Position‹, sondern als ein »*negativer* Begriff«, der sich gegen den allein positiven des bewussten Handelns abgrenzt (Fichte 1971 I, 498 f.).

Kants Grundgedanke ist gegen die Aneignungsgelüste seiner idealistischen Nachfolger zu behaupten (Texte 6 und 13).

IV.

Auch Fred Rush (2004) ist unzufrieden damit, dass ich auf der ›realistischen‹ Option der frühromantischen Denker insistiere. Zumindest wünscht er sich eine Aufklärung über meinen Wortgebrauch.

Ich verstehe unter ›Realismus‹ die Auffassung, dass es eine Reihe bewusstseinsunabhängiger Entitäten gibt und dass diese Unabhängigkeit vom Terminus ›Sein‹ (verstanden als Existenz) konnotiert wird. Entsprechend dem Doppelsinn, den wir im identitätsphilosophischen Gebrauch von ›Sein‹ aufgezeigt haben (›Sein‹ als das absolut Identische und ›Sein‹ im Sinne von Existenz) könnte es erscheinen, als sei hier die Falle einer Äquivokation aufgestellt.

Tatsächlich meinen etwa Hölderlin, Novalis oder Schleiermacher, dass Selbstbewusstsein eine zwiefältige Erfahrung sei: Wir erleben uns im Widerschein – ausgedrückt durch ein geeignetes Reflexivpronomen – *als* uns selbst, können diese Identität aus der Form des Urteils (mit seinen zwei Gliedern) aber nicht verständlich machen. Gleichzeitig erfahren wir uns, mit gleicher Gewissheit, als existent (»cogito, *sum*«), ohne die Existenz auf unser An-sie-Denken reduzieren zu können. Was lag näher, als beide – Identität und Sein – als *Voraussetzungen* gelingender epistemischer Selbstbeziehung anzunehmen und damit – gegen Fichte – eine realistische Fundierung des Ich zu akzeptieren?

Aber auch im herkömmlichen Sinne der Korrespondenz haben einige Kantianer klar erkennbar einen Gegenstandsrealismus vertreten. Ihre Frage ist weniger (wie in jüngeren Debatten um Realismus und Antirealismus), ob als ›seiend‹ nur von natürlichen oder auch von abstrakten Gegenständen wie Zahlen oder Mengen gesprochen werden kann. Geht man etwa davon aus, dass Eigenschaften Mengen sind (wie Quine 1974, 288), dann impliziert die These ›Eigenschaften existieren‹ einen Realismus hinsichtlich bestimmter abstrakter Entitäten. Nehmen wir dagegen an, dass Eigenschaften keine abstrakten Entitäten sind, sondern realiter existieren, so müssen wir sie unter die natürlichen Gegenstände unserer Welt rechnen. Etwas dergleichen scheint Schelling vorgeschwebt zu haben. Wenn er die Formel ›Das Absolute ist Natur und Geist‹ aufstellt (und den Sinn von ›ist‹ als ›transitiv‹ auslegt), nimmt er das Ideelle und Reelle ausdrücklich nicht im substantivischen Sinn, sondern versteht sie als ›Prädikate von X‹ (Schelling 1946, 27,2: »[…] diese Einheit, welche eine Einerleyheit des Subjekts, nicht der Prädikate ist […]«). Aber natürlich hält er beide für existent, weil und insofern sie von X ›gewesen werden‹, nicht: weil unser Geist sie so auffasst (vgl. Text 13).

Nach Putnam besteht zwischen beiden Realismen (dem natürlicher und dem abstrakter Entitäten) sogar ein Abhängigkeitsverhältnis: »the whole question of a correspondence theory cannot ›get off the ground‹ if we deny that there are such things as sets, relations, correspondences, at all« (Putnam 1975, 75). Damit deutet er implizit an, dass jede Form von Außenweltrealismus, die – wie der Kantische oder Schleiermacher'sche – mit einer Korrespondenztheorie der Wahrheit arbeitet (Texte 6 und 10) –, einen Realismus (Antinominalismus) hinsichtlich Mengen und Relationen *voraussetzt*. Obwohl das Verhältnis zwischen Platonismus (wie man die letztere Position einfachheitshalber nennt) und Außenweltrealismus also nicht als unproblematisch gelten darf, bleiben wir im Folgenden fast ausschließlich mit dem Außenweltrealismus befasst und können den Antinominalismus/Platonismus außer Acht lassen. Allerdings dürfen wir nicht übersehen, dass viele der von uns behandelten Autoren – sehr anders als analytische Philosophen heute – Relationen und besonders die Prädikations- und die Korrespondenz-Relation für Minderformen der ›absoluten‹ Identität halten. Bald wird der Relation das strenge (unabhängige) Sein bestritten, bald wird das relationale Sein (das Sein der Erscheinung, sagt Schelling) als aus der ›Form‹ des prädikativen Aussagesatzes abkünftig erklärt. Relationen zwischen Gegenständen oder Zuständen von Gegenständen sind dann gleichsam aus den Fugen geratene vormalige Identitäten.

Dann heißt unsere Frage: Was heißt ›Realismus‹ hinsichtlich natürlicher Gegenstände?

Ich folge einem nützlichen Einteilungsvorschlag, den Robert Nola (1988) in der Einleitung zu seiner Anthologie von Texten über Realismus und Relativismus gemacht hat. Nola meint, der Realismus sei eine bestimmte Auffassung vom Wesen der wissenschaftlichen Theorien. Das greift vielleicht zu kurz, da die Auffassung, es gebe Dinge außer unserm Geist, doch eine ganz vortheoretische Grundüberzeugung des gesunden Menschenverstandes ist. Darin beruht auch seine große und verbreitete Anziehungskraft – nicht nur auf Wissenschaftler. (Und darum hat es der Idealismus so schwer, sich dem gesunden Menschenverstand zu empfehlen. Viele von uns verlassen sich eben auf Hören und Sehen. Und das ist es, was einem – nach Hegel – beim Philosophieren vergehen soll.)

Die große Popularität des Realismus hat allerdings zu einer kaum mehr überblickbaren Fülle von zum Teil stark divergierenden Positionen geführt. Es ist aber üblich geworden, seine Varietäten in eine ontologische, eine semantische und eine erkenntnistheoretische zu untergliedern. Sie haben alle ihr Gegenstück in den Theorien der Autoren, über die ich im Folgenden spreche.

Der *ontologische Realismus* ist eine These über die ὄντα, also über die Gegenstände der Welt. Und von der Welt nimmt er an, sie bestehe aus einer fixen Totalität von bewusstseinsunabhängigen Gegenständen. (›Bewusstseinsunabhängig‹ impliziert natürlich nicht ›unerkennbar‹; unerkennbar, aber dennoch wohlbegründet ist nur die Voraussetzung einer seienden, aber epistemisch unverfügbaren Identität des Selbstbewusstseins.) Ferner glaubt der ontologische Realismus, es gebe genau eine wahre und vollständige Beschreibung der Welt; und Wahrheit impliziere eine Art von Korrespondenz (Kant, Schleiermacher; Texte 6, 10, 13).

Dies jedenfalls sind die drei Merkmale, die Putnam angibt (Putnam 1990, 30 f.). Nola gibt eine andere Gliederung der Annahmen, die der metaphysische Realist macht. Da sind 1. das Postulat, dass *irgendetwas* unabhängig vom menschlichen Bewusstsein existiert; 2. das Postulat, dass *individuelle Gegenstände* unabhängig vom menschlichen Bewusstsein existieren; und 3. das Postulat, dass natürliche Arten wie Elektronen, tektonische Platten oder Galaxien unabhängig vom menschlichen Bewusstsein existieren. Die letztere These beschränkt sich im avisierten Zeitraum auf Entitäten wie ›bewegende Kräfte‹, Galvanismus, Magnetismus, Schwerkraft, Kohäsion oder Licht.

Das erste Postulat hat Michael Devitt als »Feigenblattrealismus (fig-leaf realism)« verspottet (Devitt 1984, 22). Denn es vertrage sich mit Positionen, die, wie Kants transzendentaler Idealismus, eher einen antirealistischen Zuschnitt haben. Danach existierte ein uns unbekanntes Etwas, das ›Ding an sich‹ – aber alles, was wir von ihm wissen, rühre aus unserer Subjektivität. (Dass diese Sicht des Kantischen Idealismus abwegig ist, habe ich in Frank [2002, 52 ff.] zu zeigen versucht; vgl. hier die Texte 6, 13 und 14.) Allerdings liefert dieses Bild die beste Beschreibung des harten metaphysischen Realismus, der die Wirklichkeit in eine so schwindelerregende Ferne von unseren Erkenntniskräften bringt, dass alles, was wir von ihr aussagen, schon nicht mehr die Wirklichkeit ist. Auch die Physik – als eine spezifisch menschliche Weise der Wirklichkeitsbeschreibung – wäre danach etwas Erkenntnisimmanentes und hätte nichts mit der Wirklichkeit selbst zu tun. Darum darf man den harten Realismus (als eine These über die Wirklichkeit als theoriejenseitig) nicht verwechseln mit dem Materialismus (der eine neben anderen menschlichen Theorien ist und etwa bei Schelling gleichberechtigt mit der Theorie von der Fundamentalität des Geistes in eine vollständige Theorie des Wirklichen einzieht).

Das zweite Postulat garantiert die Existenz einer unabhängig von unserem Erkenntnisvermögen strukturierten Welt, einer »ready-made world« (wie Putnam 1983 sagt, 225 ff.). Und die Struktur dieser Welt wäre nichts anderes als die Gesamtheit der zwischen individuellen Gegenständen bestehenden raum-zeitlichen Relationen. Einen durch dies zweite Postulat begründeten Realismus hat der frühe Putnam selbst vertreten, bevor er Mitte der 1970er Jahre davon abrückte und sich Kant nahe erklärte (Putnam 1978, 130 ff.; 1990, 40 f.; ebd., 3: »my indebtness to Kant«; dazu Frank in: Schleiermacher 2001 I, 51 ff.). In seiner früheren Phase (bis zum ›Wendeaufsatz‹ von 1975, in: Putnam 1978) hatte er das zweite Postulat durch Kripkes Kausaltheorie der Referenz (und eine Mögliche-Welten-Theorie) bereichert. Danach sind es die Einzelgegenstände selbst, die durch kausale Wirkungen auf mein Zentralnervensystem in meine Überzeugungen eingehen. ›Die Einzelgegenstände selbst‹ meint dann: nicht das, als was ich sie wissenschaftlich interpretiere. »Meanings just ain't in the head«, hatte Putnam gesagt und damit einen extremen semantischen Realismus vertreten (danach muss ich nicht subjektiv *wissen*, wovon ich spreche: Ich glaube, Wasser zu trinken, in Wirklichkeit bin ich aber von einem bösen Geist auf die Zwillingserde entführt worden und trinke Zwasser, das – für unseren Geschmack ununterscheidbar – statt H_2O die chemische Zusammensetzung XYZ hat [Putnam 1983, 223 ff., 268 ff.]).

Nach seiner Wende zu dem, was er fortan ›internen Realismus‹ nannte, vertrat Putnam eine modifizierte Ansicht, die er zu Recht mit dem kantischen Realismus verglich, obwohl Kant mit viel härteren, nämlich apriorischen Voraussetzungen arbeitet: Um zu zeigen, dass die Theorie- (und mithin die Subjekt-)Abhängigkeit der Referenz kein Einwand ist gegen den ontologischen Realismus, hat er ein ganzes Arsenal an Beispielen (bzw. Illustrationen) angelegt. Ein typisches findet sich schon in seinem berühmten ›Wende‹-Aufsatz (von 1975, in: Putnam 1978) »Realism and Reason«. Dessen Absicht ist, uns zu zeigen, dass die eine und selbe Wirklichkeit durchaus von zwei verschiedenen, ja sogar von theoretisch inkompatiblen Konzeptualisierungen (also Theorien) – und zwar auch noch gleich gut – erklärt werden kann. Putnam zeichnet eine senkrechte Linie und gibt uns dann zwei ›Geschichten‹ dazu. Die erste sagt, es gebe auf dieser Linie nur Punkte, das heißt, die Linie habe Teile, Liniensegmente und ferner unendlich kleine Teile namens ›Punkte‹. *Ein und dieselbe Beziehung* – ›Teil von‹ (zu sein) – herrsche zwischen Punkten und Liniensegmenten, welche jene enthalten, und zwischen Liniensegmenten und größeren Liniensegmenten (und jedem Teil der Linie und der ganzen). – Die zweite ›Geschichte‹ dagegen erzählt uns, dass es gar keine Punkte gebe: Die Linie und alle ihre Teile seien ausgedehnt. ›Natürlich‹, fährt der Geschichtenerzähler fort, ›sage ich nicht, Geschichte 1 sei *falsch*. Ihr müsst nur verstehen, dass *Punkte* logische Konstrukte aus Liniensegmenten sind. Die Rede von Punkten ist eine hochgradig abkünftige (derivative) Rede über konvergente Mengen von Liniensegmenten‹ (Putnam 1978, 130 f.).

Die beiden Theorien sind klar: Die eine hält Punkte für etwas real Existierendes, die zweite für logische Konstrukte. Und zwischen beiden scheint es eine Unverträglichkeit zu geben. Darum wird ein ›Hardcore‹-Realist jetzt irgendein Seiendes fordern, welches die eine Theorie wahr macht und die andere falsch (oder auch beide falsch). Aber raffinierte Realisten, wie Putnam einer sein will, geben zu, dass beide Geschichten gleichwertige Beschreibungen liefern. Man kann ein und dieselbe Linien-Wirklichkeit gleich gut so oder so beschreiben, nämlich unter der Etikette ›Punkt‹ oder unter der ›Menge konvergenter Linienabschnitte‹ (ebd., 132).

Das dritte Postulat des ontologischen Realismus sieht die Existenz natürlicher Arten vor und bereichert damit die bereits vom zweiten Postulat festgesetzte innerweltliche Struktur um bestimmte Kategorien. Die von Nola gewählte Formulierung: »There are *some* kinds [...] which exist in a suitably mind-independent manner« [Nola 1988, 5]), fällt allerdings insofern unverbindlich aus, als die Existenz von zumindest einer natürlichen Art nicht bestritten werden kann. Wer nämlich behauptet, es gebe zwar individuelle Objekte, aber keine natürlichen Arten, geht implizit davon aus, dass sich die existierenden Objekte hinsichtlich ihrer Beschaffenheit nicht (merklich) unterscheiden. Wenn sie sich aber nicht merklich voneinander unterscheiden, gehörten sie derselben natürlichen Art an – und dann gäbe es nur einen Sortenausdruck, der auf sie alle passte. Präziser ist deshalb die andere Formulierung: »There are *at least two* kinds which exist in a suitably mind-independent manner.« Der Einwand gegen die erste Formulierung zeigt übrigens, dass sich der Artenrealismus mit dem Essentialismus überschneidet. Das ist die metaphysische Lehre, wonach einem Gegenstand bestimmte Eigenschaften notwendig zukommen. Andernfalls könnte er nicht einer bestimmten Individuen-Klasse zugehören oder nicht mit einem bestimmten Individuum identisch sein. Auch das würde Kant zugestehen müssen, denn Spezifikation ist nicht das Werk einer Kategorien-, sondern einer Ideen-Anwendung; und Ideen regulieren nicht die Wirklichkeit von Objekten-überhaupt, sondern nur unser Erkennen ihrer Individualität (*KrV* A 656 ff. = B 684 ff.; Brief an Markus Herz vom 26. Mai 1789 [*AA* XI, 49]; *KU* B VI f., VIII und XXXVI; vgl. den ganzen V. und VI. Abschnitt der Einleitung).

Der *semantische Realismus* tritt in zwei unterscheidbaren Interpretationen auf. In der ersten steht er für den Glauben an die Objektivität der Bedeutungen – als unabhängig von unseren Verifikationsmethoden und unabhängig von dem, was beim Erfassen der Bedeutung eines Ausdrucks in unserem Kopf vor sich geht (Putnam 1983, 223 ff., 268 ff.). Diese Varietät spielt in unserem Kontext durchaus eine Rolle, so in Benjamin Erhards Verdacht, Fichtes *Wissenschaftslehre* psychologisiere den Ausdruck Wissen, der aber einen nicht subjektiven, nämlich normativen Einschlag habe (Erhard an Niethammer vom 31. Januar 1797 und an Reinhold am 21. Mai 1797; in: Frank 1998, 195 f. mit Anm. 54): Gewusst wird nur Wahres, nicht bloß Subjektives (*SW* I/3, 339,1: »Denn man *weiß* nur das Wahre«; vgl. I/6, 137 ff.).

Nach der zweiten Auffassung steht ›semantischer Realismus‹ für die Überzeugung, dass nicht nur Beobachtungssätze, sondern auch theoretische Sätze einen Wahrheitswert und die in ihnen enthaltenen theoretischen (singulären) Termini einen Gegenstandsbezug (zu theorieunabhängigen Entitäten) haben. So auch spekulative Theorien etwa über das Verhältnis des Absoluten zu Einheit und Unterschiedenheit als seinen Momenten. Eine Extremform dieser Art von semantischem Realismus wäre die These des Externalismus, dass wir in intentionalen Einstellungen Gegenstände nicht vermittels eines Frege-Sinns anzielen, sondern dass der Gegenstand selbst in den Gehalt der Proposition einzieht. Ich sehe nicht, dass man eine solch harte Konsequenz aus Novalis' Bestimmung des Bewusstseinsgehalts als eines Zeichens oder Bilds des Seins herauspressen könnte. Aber Kants und Reinholds Affektionslehre liegen doch klar auf dieser Linie eines vorbegrifflichen, von der Wirklichkeit selbst gelieferten Gehalts (»Stoff«, »Materie« der Vorstellung).

Auch der *erkenntnistheoretische Realismus* tritt in zwei Auslegungen auf. Nach der ersten besteht er einfach in der antiskeptischen These, dass es Wissen *gibt* (das heißt: dass unsere Gedanken über die Welt sachhaltig sind und dem Bivalenzprinzip gehorchen: Sie sind entweder wahr oder falsch). Der erkenntnistheoretische Realismus dieses Typs kann partiell sein (er kann zum Beispiel allein das bewusste Subjekt für real halten und die Außenwelt für irreal – so Berkeley, Fichte und Schopenhauer; er kann umgekehrt nur die externe Welt für real halten und das Subjekt für ein vergleichsweise Nichtseiendes: so Novalis, der späte Schelling oder Sartre; diese letztere Position kann Wissen nicht wie die erstere fundamentalistisch – aus einem ›obersten Grundsatz‹ – ableiten).

Nach der zweiten Fassung des Ausdrucks meint ›epistemologischer Realismus‹, dass die Wissenschaft auch an der idealen Grenze (Peirces »in the long run«) noch nicht alle Aspekte der Wirklichkeit erfassen kann: etwa die Position Thomas Nagels (Nagel 1997, 77 ff.), aber schon die des Novalis und Friedrich Schlegels, wonach Wissen als »unendliche Annäherung« charakterisiert und auch nicht durch vollkommene Kohärenz unserer Überzeugungen gesichert sei (Text 2; Kohärenz ist lediglich ein Wahrheits*kriterium*; für sich allein ist sie für Wahrheit nicht hinreichend). Diese These ergibt sich aus der Annahme der radikalen Bewusstseinsjenseitigkeit der Wirklichkeit oder ihrem informationellen Überhang über unsere Beschreibungen bzw. ihre Uneinholbarkeit durch unsere Interpretationen. Der Wirklichkeit gegenüber bleibt danach unser Wissen immer, weil prinzipiell ›unvollständig‹.

V.

Ich habe nicht vor, auf den Gegenstand dieser Sammlung in späteren Publikationen zurückzukommen. Insofern schließe ich mit ihm den Zyklus meiner Frühromantik-Forschungen ab.

Wenn mir ein Wunsch bleibt, so ist es der, dass sich dem Leser und der Leserin – bei aller Trockenheit einzelner Untersuchungen und Argumentationen – der Enthusiasmus und die Parteilichkeit mitteilen mögen, mit denen ich für Kant und die Frühromantik eintrete. Möge sie beides günstig für mein Unternehmen stimmen.

Manfred Frank, Tübingen im August 2006

1. Die Philosophie des sogenannten »magischen Idealismus«

Hang up philosophy! Unless philosophy can make a Juliet.

Magie ist der Traum einer jeden Philosophie, die an dem Ungenügen leidet, die Welt, die Fülle alles Seienden, bloß zu erklären. Ein Machtspruch, ein Zauberwort, die Auffindung eines allvermögenden Prinzips sollen die Verhältnisse aller Dinge, ja die Dinge selber nach Maßgabe der Willkür des Philosophierenden lenken, zum Tanzen bringen, erschaffen, verändern, womöglich vollständig aufheben. Mit der Fähigkeit, die Fülle alles Seienden aufzuheben, eine andere Welt an die Stelle der bloß zu erklärenden zu setzen, wäre der Philosoph *»verbündeter* mit Gott«, ja *»Gott gleich«* geworden (*NS* III, 250, Nr. 61; 253, Nr. 78).

Die »Gedanken« zu »wircksame[n] Factoren des Universums« (III, 665, Nr. 603, Z. 4) machen zu wollen, dieser unerhörte Anspruch konnte nur in einer Zeit erhoben werden, deren Philosophie den Vorrang des Praktischen über alles Theoretische in die Theorie selbst einbringen wollte. Eine solche war in Fichtes praktischem Idealismus des absolut tätigen, sich selbst und die Welt unbedingt setzenden und begründenden Ichs gegeben. Die Frühromantiker ergriffen diese Philosophie mit Enthusiasmus und streiften von dem starren System, aus dem »alles [...] so steif, so ängstlich noch« (III, 445, Nr. 924) hervorblickte, das letzte Bedingende ab: die Vernunft. Das absolut mächtige Ich war nicht mehr das absolut vernünftige Prinzip, sondern das Vermögen, das Können schlechthin: »Ob wir sagen, das ewige Können, oder ob wir sagen, die ewige Magie, ist einerlei« (Schelling 1969, 25). Dem Absoluten widerspricht jede Bestimmung; selbst die, wenn praktisch, so notwendig, konsequent und vernünftig sein zu müssen. Das Absolute wird erfahren als der Hintergrund einer unbegreiflichen Fülle einander widersprechender Möglichkeiten und Wirklichkeiten, deren jeder von nun an ihr Recht eingeräumt werden muss. Die bloße Billigung durch das Urteil »vernünftig« wird als ungenügend empfunden. Das Einzelne, und sei es die Vernunft, ist stets im Widerspruch zu dem Ganzen im

Hintergrund. Irrtum entsteht aus dem Für-sich-absolut-Setzen des einen unter Missachtung des Übrigen. Wo das »Ganze reell ist« (*KA* XII, 77), da ist »alle Wahrheit [...] relativ« (ebd., 94). »Das Wahre ist das Ganze« (Hegel, 1952, 21), »nur das Ganze ist real« (*NS* II 242, Nr. 445, siehe auch 179, Nr. 234, Zeile 31). Ironie ist der ständige Verweis aufs Ganze, wodurch jedes Einzelne als Einzelnes vernichtet wird.

Es lässt sich bald einsehen, dass der Wunschtraum, des »allvermögende[n] Organ[s]« mächtig zu werden (III, 385, Nr. 642), phantastische Züge hat. Anfang 1798 notiert Novalis:

> Wenn man etwas Bestimmtes thun und erreichen will, so muß man sich auch provisorische, best[immte] Grenzen setzen. / Wer aber dies / nicht will, der ist vollk[ommen], wie der, der nicht eher schwimmen will, bis er es kann –
>
> Er ist ein magischer Idealist (ebd., 384 f., Nr. 638).

Die – von Novalis selbst schon abgewiesenen – phantastischen Züge sind denn auch von fast aller Romantikliteratur vor 1930 und 1940 gründlich und selten ohne den erhobenen Zeigefinger gebrandmarkt worden, von Haym (1972) nicht weniger als von Korff (1958-1960). Selbst die Verehrer der Romantik haben Mühe, mit der abwegigen Denkzumutung eines magischen Idealismus fertig zu werden. Sie rühmen das Saturnische und werden nicht müde, ihre Ehrfurcht oder auch ihr geheimes Grauen vor solcher Selbstüberhebung zu bekunden. Sie alle aber müssen vor die Frage gestellt werden, ob sie die Romantiker für geniale Phantasten oder für ernsthafte Denker zu halten entschlossen sind. Fast immer, besonders symptomatisch in H. Simons (1906) Abhandlung, wird eine schwankende Haltung eingenommen, zumal auch in Werken wie denen von Ricarda Huch (1951) und Richard Benz (1956).

Die vorliegende Untersuchung lässt sich, unterstützt von den Einsichten Anni Carlssons (1939), Theodor Haerings (1954) und Manfred Dicks (1967), zu dem Vorurteil ermutigen, es sei möglich, das gesamte Fragmentenwerk des Novalis als ernsthaftes und in sich unter Berücksichtigung des dort gegebenen Begriffs von Konsequenz auch folgerichtiges Gebilde aufzufassen. Wir müssen uns allerdings vor der Vormeinung bewahren, dass die ursprüngliche Form des Denkens systematisch sei. Je systematischer, desto verdächtiger ist sie, desto fragwürdiger wird ihre konkrete Applikabilität. Je mehr eine Philosophie Ausdruck des *Lebens* sein will, desto weniger darf sie sich entschließen, demselben die Form überzuwerfen, gegen die es sich empört. Irgendeine Form wird sie immer wählen müssen. Sollte es die sein, »sich selbst immer zu widersprechen und entgegengesetzte Extreme zu verbinden« (*NS* II, 423, Nr. 26), so könnte darin zum Ausdruck kommen, dass das Leben als erregendes Moment der Reflexion »nicht begriffen werden kann« (II, 106, Nr. 3).

Wir werden zu zeigen versuchen, dass der wahre Antrieb zu einer Philosophie des magischen Idealismus nicht der Neigung zur Phantasterei entspringt, sondern einem »Gefühl schlechthinniger Abhängigkeit« (Schleiermacher 1960, § 4, S. 23 ff.; vgl. *NS* II, 259, Nr. 508, Zeilen 26 f.: »Gefühl von Ohnmacht – Abhängigkeit vom Unwillkührlichen«), welches an seinem Zustand Ungenügen empfindet und von ihm einen allvermögenden unterscheidet, den es nicht ergreifen kann, nämlich den absoluten Zustand (*NS* II, 208, Nr. 292) oder Gott. Wäre Gott der höchste Punkt aller theoretischen Philosophie, so wäre es wohl möglich, sich in Gedanken der Gedanken Gottes zu bemächtigen und insofern selbst absolut zu sein. Ein solches Vermögen spricht Novalis dem Menschen in der Tat nicht ab. Über die Faktizität Gottes aber kann sich die Vernunft nicht erheben, hier hat sie entschieden ihre Grenze. Dass überhaupt Seiendes, dass Welt, dass Gedanken, Dinge, Willenshandlungen usw. sind, darüber anders zu verfügen hat sie keine Gewalt. Das ›dass‹ der Welt ist von ungefähr, nicht vernünftigerweise.

Unser Versuch muss also bei einer Deduktion der Philosophie nach Novalis beginnen. Es muss in ihr eine plausible Argumentation dafür gefunden werden, dass ein Transzendentes, alles Wissen niederschlagendes Höchstes dennoch dem Wissen vermittelt worden ist, aber vermittelt als diesem endlichen Vermögen unerreichbar. Dabei muss ich auf eine, soviel ich sehe, noch nirgends sonderlich beachtete, ziemlich hermetische frühe Studie des Novalis Bezug nehmen. Daran anschließend wird zu Th. Haerings und Manfred Dicks groß angelegten Deutungen Stellung zu nehmen sein, da beide für Novalis keine Philosophie des transzendenten Absoluten zulassen, allerdings, besonders Manfred Dick, Magie sehr ähnlich beurteilen wie wir. Nun kann die Möglichkeit eines magischen Idealismus im Lichte der Philosophie des Novalis untersucht werden. Vier Typen, in denen Magie wirksam sein kann, werden unterschieden. Schließlich muss der Antrieb zum Philosophieren des

Novalis, sozusagen (mit einigem Vorbehalt) sein *Erlebnis*, aus dem Vorhergehenden durchsichtig geworden sein und begrifflich exakt angegeben werden können.

Ich habe mich entschieden, viel unverändert zu zitieren und selbst möglichst wenig zu sprechen, um die Tendenz Th. Haerings zu vermeiden, der durch gar zu häufiges Kommentieren innerhalb der Fragmente selbst das hermeneutische Vorurteil bereits in die Quelle hineinverlegt, während Manfred Dick seinen konsequenten und geradlinigen Argumentationsweg vermutlich oft der Zurückhaltung im Zitieren verdankt.

Deduktion der Philosophie nach Novalis

Novalis bestimmt das Philosophieren als »ein Streben nach dem Denken eines Grundes« (*NS* II, 269, Nr. 566), welcher absolut sein muss, da anders die Sehnsucht nicht gestillt werden könnte.

> Alles Filosofiren muß also bey einem absoluten Grunde endigen. [Wie,] wenn dieser nun nicht gegeben wäre, wenn dieser Begriff eine Unmöglichkeit enthielte – so wäre der Trieb zu Filosophiren eine unendliche Thätigkeit – und darum ohne Ende, weil ein ewiges Bedürfniß nach einem absoluten Grunde vorhanden wäre, das doch nur relativ gestillt werden könnte – und darum nie aufhören würde.

In der Tat, der Begriff eines absoluten Grundes enthält eine Unmöglichkeit. Denn wie das philosophierende Ich sich seiner bemächtigen will, verdinglicht es ihn unversehens; das Absolute ist aber ein »eigentlich ›Ungegenständliches‹« (Haering 1954, 98; vgl. *NS* II, 196, Nr. 276, Z. 19 f.), ist »Gegensatz« zu allem empirisch Bedingten, zu »aller Bestimmung« (*NS* II, 202, Nr. 284). Der Gegensatz ist der Gegenstand der Philosophie, deren Aporie in der paradoxen Nötigung sich verhärtet, von einem Absoluten ein Wissen sich anmaßen zu müssen, dessen Wesen Unwissbarkeit ist. Das Absolute, das »bloße Wesen, ist nicht erkennbar« (II, 240, Nr. 440).

Durch solche Formulierungen wird eine, wenn auch nicht ausdrückliche Kritik an Fichtes *Wissenschaftslehre* von 1794 transparent.[1] Hardenbergs Verhältnis zu Fichte wird gelegentlich als das

1 Wir sagen: von 1794. Es findet sich, dass dieser Unterschied für die folgenden Darstellungen der *Wissenschaftslehre*, vor allem ab 1801, nicht mehr eindeutig zutrifft. Haering ebenso wie Anni Carlsson und ein großer Teil der wissenschaftlichen Lite-

einer schülerhaften Nachfolge, die den Meister nur durch Vergrößerung der in seinem System angelegten Fehler ins Phantastische übertrifft, dargestellt. Davon kann keine Rede sein.

Fichte formuliert das Prinzip seiner Philosophie durch den Satz: »Das Ich setzt schlechthin sich selbst« (Erster Teil, § 1), das heißt, das Ich ist ohne weitere Vermittlung sein eigenes, ihm nicht gegebenes, sondern hervorgebrachtes Objekt. Eine solche Fassung vermeidet das Ungenügende einer bloßen Reflexionstheorie, die das Subjekt des Selbstbewusstseins sich spiegeln lässt als sein eignes Objekt, ohne über das Faktum Auskunft geben zu können, mit welchem Recht ich von einem Subjekt-Ich überhaupt reden kann, da mir das Ich ja eben erst bewusst wird, sofern es Objekt, das heißt reflektiertes (mir als Betrachtendem Vorgegebenes) ist. Von einem *Ich* kann ich erst reden, wenn ich es schon ergriffen habe; ich kann es nur als Ich reflektieren, wenn ich bereits von meinem Subjekt-Ich ein unausdrückliches Wissen hatte. Fichtes absolute Urhandlung, wie gesagt, sucht diesen Zirkel zu vermeiden, indem sie das Ich sich selbst überhaupt hervorbringen lässt, derart, dass es durch den Akt für sich selbst wird, was es an sich immer schon war. In dieser Fassung ist das Problem zunächst gelöst.

1. ist das Phänomen des Selbstbewusstseins nicht nur beschrieben, sondern genetisch erklärt durch einen Akt, der selber keinen Grund hat (und in Freiheit vollzogen werden muss), der vielmehr das Wissen von sich als Grund (des Wissens von sich als Grund des Wissens) selbst ursprünglich, ἐξαίφνης, hervorbringt: Das Ich setzt sich;
2. ist das Wissen, das das Ich von sich als Subjekt-Ich jeder Selbstreflexion hat, erklärt, es setzt *sich* und erkennt
3. die Identität seiner selbst als eines Hervorgebrachten, sich Habenden, mit sich selbst als Tätigkeit (als Sein).

Eine Ähnlichkeit mit der Reflexionstheorie bleibt aber bestehen: In der Tätigung des Ich bleibt der Wissensgrund vom Wissen für die Reflexion unterschieden. Ohne einen unaktuiert in der Tiefe schlummernden Urgrund wäre das Wissen als sein Produkt nicht einmal frei zu postulieren. Dieser Urgrund kann nicht selber ins Bewusstsein fallen. Das Ich, insofern es im Akt noch auf sich reflek-

ratur über die Romantik tun Fichte Unrecht, indem sie ihn ohne Weiteres mit dem Autor dieses ersten, ungenügenden und unter Zeitdruck entstandenen Systementwurfs gleichsetzen.

tiert, kann nicht das höchste Prinzip der Philosophie sein, vielmehr ist das Sich-selbst-Haben ein endliches Ereignis, das im individuellen Ich statthat. Das Ich kann seine Unbedingtheit nicht rechtfertigen aus einem selbst bedingten Zustand (Henrich 1967).

Zwei Argumente sind von Schelling gegen Fichtes Theorie des absoluten Ich geltend gemacht worden, die, wie wir zeigen werden, Novalis in ähnlicher Form entwickelt und zu einer originellen Theorie der Transzendenz des Absoluten ausgebaut hat.

1. Die Struktur der endlichen Selbstheit ist ablösbar von der Struktur der absoluten Ichheit und nichts als deren Erscheinung (Manifestation einer vorgängigen, ursprünglicheren Identität). Nur das endliche Ich ist Handlung und Wissen, das absolute reicht über sie hinaus. Das Wissen als die Form des endlichen Ichs wird hinterfragt.
2. Fichte kann nicht mit Recht behaupten, seine Philosophie nehme ihren Anfang in der Evidenz eines Unbedingten, worin das Prinzip gründet. Der Gedanke von dem, was da unbedingt ist, muss selber ursprünglich unbedingt sein; es genügt nicht, mit der Vokabel *unbedingt* auf ein Absolutes zu verweisen. Die Dimension des *bloßen Wissens* verschließt sich vor dem Unbedingten, gemessen an welchem das Wissen eben *bloßes Wissen*, nicht Sein des Absoluten ist. Reine Tätigkeit ist zudem von reiner Ruhe gar nicht zu unterscheiden – Fichte aber strengt eine Entgegensetzung beider an.

»Rein« nennt Novalis, »was weder bezogen noch beziehbar ist« (*NS* II, 179, Nr. 234, Z. 17). »Stoff« (die »These«, als »einfach, immanent, bezogen«) überhaupt ist Bezogenes (178), »Form überhaupt« (als »immanent und transcendent bezogen[er]« Stoff = »Antithese«) Beziehung (178, Z. 21 ff.). »Stoff und Form sind lediglich empirische Begriffe a priori« (178, Z. 24 f.; 179, Z. 13 f.). Das meint wohl: Es handelt sich um – gemessen an der Beziehungslosigkeit des Reinen – subalterne Begriffe. Andererseits sind nur sie (als empirische – in jenem von Fichte auf alle ›Tatsachen des Bewusstseins‹ ausgedehnten postkantischen Sinne) unserer Erkenntnis zugänglich. Daraus folgt, dass »[d]er Begriff *rein* […] also ein leerer Begriff [ist] – i. e. ein Begriff, dem keine Anschauung entspricht […].« Sich den Stoff oder die Form, die These oder die Antithese *rein* zu denken, beruht also auf »eine[r]Täuschung der Einbild[ungs]Kr[aft]« (179, 19 ff.). Schon durch das Als-Tätigkeit-Denken ist das Absolute unrein, beschränkt. Reinen Stoff und reine Form gibt es nur unter Voraussetzung einer Einheit, die Einheit ist von sich als Einheit (Stoff) und Gegensatz (Form): »Stoff und Form hat exogin [sic!] sind allemal rein« (177, Nr. 234). Eine gleiche Dialektik besteht zwischen Schein und Wahrheit, Substanz und Akzidens, Sein und Haben, Wesen und Eigenschaft, Zustand und Gegenstand. Schein und Wahrheit sind zwei »Producte« der »Einbild[ungs]Kr[aft]« (179, Nr. 234 und 183 f., Nr. 238), die, eine »absolute [...] Gemeinsfäre« (183, Nr. 237), beide als integrante Hälften umgreift. Wahrheit erscheint, indem sie sich darstellt, ist damit aber nicht mehr als Wahrheit. »Schein ist das Entgegengesetzte unter der Form des Gesetzten« oder der Wahrheit (181, Nr. 234), ist gedachte Wahrheit. »Alles Denken ist also eine Kunst des Scheins, ja Denken ist der Ausdruck [...] des Nichtseyns« (146, Nr. 83). Umgekehrt ist aber auch Wahrheit (Realität) nur als Akzidens des ihr entgegengesetzten Scheins (»Schein des Scheins«; Wahrheit die »Form des Scheins«) (179, Nr. 234), da Wahrheit gar nicht an sich, sondern stets nur als Akzidens erscheint (niemals rein). Wahrheit und Schein, deren jedes nie für sich erscheint, sind vereinigt in der Realität, welche die absolute Identität beider empirisch symbolisiert. Sind beide ›Hälften‹ nur fassbar durch Entgegensetzung, ist Entgegensetzung aber Modus der Form (des Scheins), so ist »die Form des Seyns« zwar »Nichtseyn« (Schein), »die Form des Nichtseyns« aber »Seyn [...] Folglich ist Wahrheit, Existenz – Form des Scheins, des Nichtseyns« (das heißt Entgegensetzung der Entgegensetzung), »und Schein – Form der Existenz« (181, Nr. 234). Das Sein an sich ist nicht bestimmbar, das schlechthin Unbestimmte. Der Schein ist so notwendiges Medium der Selbstreflexion des Absoluten, das dem Ich nun gegeben ist als negierte Negation, als das Nichtbestimmte (jede Bestimmung = Negation). »Jede Negation ist Position – jede Position Negation. Die Wahrheit negirt so gut, wie der Schein sie negirt den Schein« (183, Nr. 237). Das Ich hat nun allerdings Wissen vom Absoluten, aber nur ein abstraktes. Das heißt, das reine Absolute ist dem endlichen Ich gar nicht zugänglich; weshalb es das Absolute, das Reine ›nicht giebt‹ (177, Nr. 234, Z. 10 f.; vgl. 179, Z. 14). Es wird sich zeigen, dass Novalis darum im Geiste das Moment der Zeitlichkeit, der Endlichkeit des Daseins sucht. Solange das Ich von etwas (Stoff) aus und zu etwas hin (Form) geht (S. 83), ist es noch nicht das Absolute, sondern

Geist, »relative[s] Subject« (176, Nr. 234; 178, Z. 8), empirisches Ich.

Wo immer Philosophieren ist, ist demnach empirisches Ich, Geist und Zeitlichkeit.

Durch das freywillige Entsagen des / Absoluten entsteht die unendliche freye Thätigkeit in uns – das Einzig mögliche Absolute, was uns gegeben werden kann und was wir nur durch unsre Unvermögenheit ein Absolutes zu erreichen und zu erkennen, finden. Dies uns gegebne Absolute läßt sich nur negativ erkennen, indem wir handeln und finden, daß durch kein Handeln das erreicht wird, was wir suchen (270, Nr. 566).

Dass sich Denken und Handeln in einer Sphäre diesseits des Absoluten bewegen, ist von höchster Wichtigkeit für die Beurteilung der Möglichkeit eines magischen Idealismus, von dem wir behaupten können, dass sie steht und fällt mit der Möglichkeit von der Rede eines Absoluten.

»Dis [das Absolute zu erreichen] ließe sich ein absolutes Postulat nennen«, fährt Novalis fort (270, Z. 7 ff.) und vergleicht das Unternehmen der »Quadratur des Zirkels« sowie dem der Erfindung des »Perpetuum mobile« und des »Stein[s] der Weisen« (dabei vielleicht einen Vergleich seines Freundes Forberg [1796, 74 f.] aufgreifend). Ein späteres Fragment aus dem *Allgemeinen Brouillon* bildet ein genaues Echo auf dieses Notat (*NS* III, 296, Nr. 314). Novalis vergleicht dort die »Suche der Philosophie nach einem ersten und einzigen Princip« wiederum mit den Utopien anderer Wissenschaften: dem Streben nach Herstellung des Steins der Weisen oder der Quadratur des Zirkels; und sagt dann, »das *absolute Ich*« gehöre unter die »Approximationsprincipe«.

Philosophie als »das Streben nach« (vergegenständlichter) »Freyheit«, nach »Erkenntniß des Grundes«, ist also – gemäß dem Notat *NS* II, 270, Nr. 566 – nur möglich durch »Abstraction von dem absoluten Grunde, und Geltendmachung des eigentlichen absoluten Grundes der Freyheit«, indem das Streben sich selber unterbricht und an irgendeinem Punkt der Kette willkürlich beginnt, in dem zu »Erklärenden überall« die Strukturen einer dialektischen Ganzheit (»*Verganzung*«) aufzuzeigen. Dadurch wird der absolute Grund, die Freiheit, immer »*erklärter*«; jedoch geschieht das Philosophieren nur auf Anleihe eines gar nicht erwiesenen Prinzips, das erst am Ende luzide werden soll. Novalis wiederholt: »Ich bedeutet jenes negativ zu erkennende Absolute – was nach aller Abstraction übrig bleibt – was nur durch Handeln erkannt werden kann und was sich durch ewigen Mangel realisirt« (Z. 28-30). Indem ich zu wissen verlange, was das Absolute ist, verlange ich »*Entäußerung* des Dinges an sich – ich will wissen – *was* es *ist*« (Z. 33 f.). Das Entäußerte ist nicht das Absolute selbst, sondern ein *Was*, ein *Gegenstand*, ein bloßer Schein, das sichtbare Universum, ein Wissensgegenstand (denn »Wissen kommt her von Was – es bezieht sich allemal auf ein was« [105, Nr. 2, Z. 23]). Indem ich nach dem Grund frage, unterschiebt mir die Reflexion einen Gegenstand; das schlechthin Ungegenständliche ist ewig verborgen, und ich ahne es nur durch Negation des Scheins. »Dieses Ich kann ich nur negativerweise zum Grund alles meines Filosofirens machen – indem ich soviel zu erkennen (zu handeln) und dies so genau zu verknüpfen suche, als möglich« (271, Nr. 567). Das philosophierende Ich steigt also nur bis zur negativen, abstrakten Anschauung des Absoluten. Die in den zu erklärenden Dingen vorgefundene dialektische Struktur ist nur ein symbolisches Repräsentat – der absoluten Einheit aller Gegensätze im absoluten Grunde, den ich bloß als heuristisches Prinzip der Philosophie gebrauchen kann, solange ich ihn nicht selber deduzieren konnte. Diese Deduktion scheint unmöglich.

»Sollte«, fragt Novalis, »das höchste Princip das höchste Paradoxon in seiner Aufgabe enthalten? Ein Satz seyn, der schlechterdings keinen Frieden ließe – der immer anzöge, und abstieße – immer von neuem unverständlich würde, so oft man ihn auch schon verstanden hätte? Der unsre Thätigkeit unaufhörlich rege machte – ohne sie je zu ermüden, ohne je gewohnt zu werden?« (*NS* II, S. 523 f., Nr. 9). Aber: »Wenn der Charakter des gegebenen Problems Unauflöslichkeit ist, so lösen wir dasselbe, wenn wir seine Unauflöslichkeit darstellen. Wir wissen genug von a., wenn wir einsehn, daß sein Prädikat a. ist« (III, 376, Nr. 612), das heißt wenn wir seine Erscheinung haben und bestimmt negieren können; denn »alles Denkbare haftet vielleicht am Undenkbaren« (II, 650, Nr. 481), »das Unbekannte, Geheimnisvolle ist das *Resultat* und der *Anfang* von allem« (III, 302, Nr. 342).

Eine Deduktion der Rede vom Absoluten, die von der äußersten Wichtigkeit für die Beurteilung der Stellung des Novalis in der gesamten Entwicklung des Idealismus wie auch für die Einschätzung des Magischen in seiner Philosophie ist, gibt eine längere philosophische Studie, deren Sinn, an sich schon ziemlich hermetisch, noch tiefer verhüllt wird durch die willkürliche Terminologie, die für das durchaus Originale ihres Blicks keine konventionellen Begriffe in der Sprache vorfindet (II, Nr. 151-159, S. 113-117).

Philosophie kann nichts »hervorbringen« (II, 113, Nr. 15), heißt es dort. Es »muß ihr etwas gegeben werden«. (Philosophie ist also nicht identisch mit dem die Urhandlung vollbringenden Ich, vielmehr »erklärt sie« die Verhältnisse nach ihrer Stellung »im Ganzen«, nach »Ursache [...] und Wirkung«, indem sie selbst sich als etwas Sekundäres begreift, obgleich selber zugleich ideal und real wie die Urhandlung.) Von gelernten, lehrbaren Kenntnissen und Naturobjekten handelt sie nicht und also, da »Wir [...] alle Gegenstände lernen« müssen, »von gar keinem Gegenstande«. Der Lernende, das Subjekt des Lernens, ist zweifellos kein Gegenstand. Indem er sich selber lernen will, »würde [er ...] wieder ein Gegenstand«. Nicht das reflektierte Ich als Objekt ist das Woraufhin allen Philosophierens, vielmehr geht dasselbe auf die Subjektivität des Subjekt-Ichs, die gänzlich ungegenständlich sein muss. Philosophie kann also (nicht) »Selbstbetrachtung [...] seyn«, sie ist »ein Selbstgefühl vielleicht«. Gelegentlich hat Gefühl bei Novalis die Bedeutung von mittelbarer Erfassung des Absoluten, hier ist es definiert als Gefühl von dialektischen (»nothwendig freyen«) Verhältnissen. Dem Gefühl scheint »die Urhandlung als Ursache und Wirkung« (ebd., 114) »gegeben« (= geoffenbart) zu sein, das heißt das Ich als Identität von sich als Wirkungsgrund und Wissen, als Wesen und Eigenschaft, als Stoff und Form. Gefühl ist direkt entgegengesetzt dem (setzenden) *Wissen* (der Reflexion), ist also Nichtwissen oder: nichtsetzendes Selbstbewusstsein des Absoluten. (Das wird bestätigt aus *NS* II, 125, Nr. 31: »Gesetztseyn durch ein Nichtsetzen – ist reines Gefühl« und ebd., 105, Nr. 1: »Was ich nicht weis, aber fühle / das Ich fühlt sich selbst, als Gehalt / glaube ich.« Das Ich als Wesen ist nur durch das Gefühl mit sich selbst vermittelt.) Soll mir die Urhandlung also gegeben werden, so muss ich auf das Gefühl reflektieren (II, 112, Nr. 14: »Was die Reflexion findet, scheint schon da zu seyn«), allerdings »der Geist des Gefühls« (das heißt das Offenbarende) »ist da heraus.« Durch Reflexion des Gefühls entsteht eine Anschauung, offenbar gemeint: die intellektuale Anschauung, zu welcher das Gefühl die »Tendenz«, die Reflexion das »Product« beitragen (II, 114, Nr. 16). (An sich, transzendent gesprochen, ist sie »ohne Anwendung«; *das heißt* für das Gefühl, das nicht Wissen ist, ist sie »chaotisches Eins«.) Anschauung »ist das vereinigende Dritte – das aber nicht in die Reflexion und [das] Gefühl kommen kann – da die Substanz nie ins Accidens kriechen kann, die Synthese nie ganz in der These und Antithese erscheinen«. – Diese Anschauung, beiläufig bemerkt, ist Fichtes Ich: Das Ich ist intellektuelle Anschauung, das heißt das Sich-selbst-zum-Objekt-Werden eines gründenden Aktes der Freiheit. Novalis' Deduktion deduziert das Ich nicht aus intellektueller Anschauung, sondern – und das ist völlig originell – deduziert selbst die intellektuelle Anschauung aus dem Absoluten, welches in ihr nur »mittelbar« (II, 119, Nr. 22) angeschaut wird. (Das geht eindeutig hervor aus *NS* II, 119, Nr. 22, obwohl der folgende Absatz das Verhältnis scheinbar umkehrt. Schließlich werden beide in eins gesetzt, das »absolute Ich« [120] ist ihre Identität, die Urhandlung gibt das Handeln, die intellektuelle Anschauung das Sehen. Das Handeln, für sich genommen, ist das schlechthin Transzendente. Vgl. *NS* II, 152, Nr. 107: »Die eigentliche Praxis kann schlechterdings nicht begriffen werden« oder II, 294, Nr. 657: »das practische Ich [...] ist [...] das eigentliche Grundich«.) Das Gefühl, welchem – wie ist unbegreiflich – die Urhandlung *gegeben* ist, wirkt nur als »Accidens« (*NS* II, 114, Nr. 16 und 17) zur Anschauung mit – das heißt das Absolute an ihm selber bleibt auch der intellektuellen Anschauung transzendent! »Die Grenzen des Gefühls« (qua des nichtthetischen Bewusstseins vom Absoluten) »sind« auch »die Grenzen der Filosofie« (114, Nr. 15) (qua des Wissens). Die intellektuelle Anschauung ist ein unendliches Bewusstsein. Dem endlichen Bewusstsein muss »es *scheinen*, als gienge es vom Beschränkten zum Unbeschränkten, weil das Bewußtseyn von sich, als dem Beschränkten ausgehn muß – und dis geschieht durchs *Gefühl*« (114, Nr. 17), indem das Bewusstsein das »Schreiten des Unbeschränkten« (Gefühls) »zum Beschränkten« (ebd.) widerspiegelt, damit aber die Substanz des »Idealrealen und realidealen« (ebd.) aufbricht und als Akzidens (»Hälfte der Sfäre Mensch«, 115) »verkehrt erscheinen« (114) lässt (Schein des Wesens). »Das Unbeschränkte wird beschränkt et vice versa« (ebd.). Diese Beschränkung eines ursprünglich Unbeschränkten ist nur möglich, indem das abstrakte (ins endliche Bewusstsein gebrachte) Gefühl selbst in eine Anschauung für eine neue Reflexion sich verwandelt, ein Akt, dem eine Mittelanschauung vorhergehn (II, 115, Nr. 17) muss, die ihrerseits aus der

Zusammenwirkung zweier »vorhergehende[r]« Akzidentien, Gefühl und Reflexion, synthetisiert wird, ohne dass dies ausdrücklich *ins Bewußtseyn kommen kann.* Das Produkt dieser Mittelanschauung »wird nun das Objekt der Reflexion«. Die Reflexion kehrt die durch intellektuelle Anschauung entstandene scheinbare Umkehrung um und begreift »ein Schreiten vom Unbeschränkten zum Beschränkten.« Die erste Handlung wird aus der zweiten begreiflich (wird in der zweiten reflektiert), die zweite scheint »durch die Erste verursacht zu seyn«. Reflexion kann nun bestimmt werden, indem sie innerhalb einer absoluten Sphäre ihrem Widerpart entgegengesetzt wird. »Die Sfäre ist der Mensch. Die Hälfte ist das Gefühl.«

Die Reflexion sucht nach einem »gedachten, systematischen Zusammenhang zwischen Denken und Fühlen« (116, Nr. 19). »Die reine Form des Gefühls ist darzustellen nicht möglich« (ebd.). »Es ist nur Eins«, das heißt, in ihm wird ungegenständlich die absolute Urhandlung als Identität erlebt. Die Reflexion, als »Subjectivitaet des Subjects, Accidenzheit des Accidens« (ebd.), kann hingegen ihre reine Form darstellen, indem sie als Hälfte einer Sphäre dem Gefühl gegenübertritt und mit ihm in Wechselwirkung gerät. Der Stoff der Reflexion ist die in Wechselwirkung mit dem Gefühl synthetisierte intellektuale Anschauung, »diese wird nun der Stoff der Filosofie in der Reflexion«, und so ist ein »gedachter Zusammenhang zwischen Denken und Fühlen« gestiftet. Für die Reflexion bricht die intellektuale Anschauung »nach dem Gesetze der Urhandlung« (117) auf in »ihre zwey Theile«, in Gefühl und Reflexion (in nichtsetzendes und in thetisches Bewusstsein), in Stoff und Form, Objekt und Subjekt, Wesen und Eigenschaft, die nun für das Ich nicht mehr an sich sind. »Wir sind [...] im bestimmten Stoff«, das heißt, wir sind außer der absoluten (aber nur negativen) Einheit des Gefühls mit sich als (Hälften) Gefühl und Reflexion, sind bestimmtes Ich. »Der Mensch denkt und fühlt – er begrenzt beides frey – er ist bestimmter Stoff.« Diesen bestimmten Stoff setzt Novalis mit »Fichtens Intelligenz« (117, Nr. 19) gleich. Dagegen ist das »absolute Ich [...] dieser bestimmte Stoff, eh die Urhandlung in ihn tritt, eh die Reflexion auf ihn angewendet wird«. Novalis resümiert:

So haben wir in unserer Deduktion der Filosofie den natürlichsten Weg beobachtet – Bedürfniß einer Filosofie im Bewußtseyn – scheinbares Schreiten vom Beschränkten zum Unbeschränkten – Reflexion darüber – Scheinbares Schreiten vom Unbeschränkten zum Beschränkten – Resultate dieser

Reflexion – Resultate des Gefühls dieser Reflexion – Reflexion über diese Resultate nach jenen Resultaten – Gefundner Zusammenhang oder Filosofie (vgl. *NS* II, 117, Nr. 19, Z. 21 ff.).

Wir versuchen die Deduktion zu deuten: Philosophie als Darstellung des Undarstellbaren (Absoluten) im Bewusstsein findet in sich ein unauflösliches Paradox: Sie will etwas wesenhaft Ungegenständliches vergegenständlichen, ein Unwissbares wissen. Indem sie sich das Absolute zum Gegenstand des Wissens macht, ist das Absolute Objekt geworden, sie sucht es aber als absolute Freiheit, als absolut unbestimmbares Subjekt. Nun würde sie in eine unendliche Bewegung geraten (indem sie ständig nach dem Unbedingten greift, dieses aber sie flieht),[2] wenn sie nicht dem Wissenwollen des Absoluten entsagte und sich zum Nichtwissen (*Gefühl*) bescheiden würde. Damit ist die ursprüngliche Einheit aufgebrochen. Dem völlig in sich verschlossenen Absoluten steht das Gefühl gegenüber. Beide stehen in Korrespondenz zueinander, jede Veränderung im einen wird notwendig im anderen reflektiert (gespiegelt). Dem Gefühl ist das Absolute »gegeben«. Dem Zustand der völligen Innerlichkeit des Absoluten entspricht auf Seiten des Bewusstseins der des Gefühls (des Nichtwissens). Den Augenblick, da das Absolute sich dem Gefühl als Nichtwissbares offenbart, erhascht die Reflexion und verwandelt das Gefühl in Wissen (intellektuelle Anschauung). Der Übergang aus dem Unendlichen ins Beschränkte wird als Aufsteigen des beschränkten Bewusstseins zum unendlichen widergespiegelt (Nichtwissen zu absolutem Wissen). Das durch Wissen vergegenständlichte Absolute flieht augenblicklich zurück und hinterlässt vollständiges Nichtwissen. Indem aber das Absolute aus seiner Selbstoffenbarung im Gefühl zurückkehrt in seine Innerlichkeit, wird das aus dem Beschränkten ins Unbeschränkte Zurückgekehrte als das aus dem Unbeschränkten ins Beschränkte Strebende reflektiert, das heißt als das aus dem Wissen zurückgekehrte Nichtwissen des Absoluten, das aber nun ein wissendes Nichtwissen oder ein reflektiertes Gefühl ist und für dessen Reflexion der »Stoff der

2 Diese ganze Deutung bemüht sich um eine Parallelisierung des Hardenberg'schen Gedankengangs zu demjenigen in Schellings Erlanger Einleitungsvorlesung *Ueber die Natur der Philosophie als Wissenschaft* (*SW* I/9, 211-246, bes. 229 ff.). Dort wird die transzendentale Möglichkeit einer Rede vom Absoluten untersucht. Uns scheint des Novalis' frühe Studie trotz aller vergleichsweisen Unbeholfenheit in die gleiche Richtung vorauszusehen.

intellektuellen Anschauung« bestimmter Gegenstand geworden ist. Dadurch, dass er Stoff der Reflexion ist, zerfällt er in zwei Gegensätze: (empirisches) Gefühl und (empirische) Reflexion, aus deren dialektischem Widerspiel die ganze empirische Welt sich zusammensetzt. – So ist erklärt, wie das endliche Ich mit dem »absoluten Ich« »zusammenhängt« und von ihm reden kann, ohne es doch auf die gewöhnliche Weise zu vergegenständlichen:

Innerlichkeit		*Äußerlichkeit*
Das Absolute → (Offenbarung)	→	Gefühl (nichtwissendes Nichtwissen)
		|
		Intellektuelle Anschauung
		↓
← (Entzug)	←	Reflexion (Wissen durch Offenbarung)
		↓
		reflektiertes Gefühl (wissendes Nichtwissen)

Novalis selbst gibt (*NS* II, 117, Z. 28-33) das folgende Schema:

1.	2.
Gefühl	Reflexion
4.	3.
Reflexion	Gefühl

Hin und *her* Direction
Sfäre erschöpft – Zusammenhang da.

Zugleich ist dem Ich seine Sphäre in der Welt zugewiesen. »Die Welt ist der *Inbegriff* des unvollkomnen [sic!] Lebens. [... Sie] ist die Sfäre der unvollkommenen Vereinigungen des Geistes und der Natur. Ihre vollkommene Indifferenziirung bildet das Sittliche Wesen par Excellençe [sic!] – *Gott.* Das Wesen Gottes besteht in der *unaufhörlichen Moralisirung«* (III, 60 f., Nr. 3, Z. 29 f. und 7-11). »Alles Absolute muß aus der Welt hinaus ostraciren. In der Welt muß man mit der Welt leben« (II, 395, Nr. 55). »[E]s [...] ist an sich ein Widerspruch, daß in der Zeit etwas geschehn sollte, was alle Zeit aufhebt, wie jede Verpflanzung des Unsinnlichen, [bloß] Denkbaren, [bloß] Subjektiven, in die sinnliche Welt der Erscheinungen« (II, 269, Nr. 564). »Die Zeit kann nie aufhören – *Wegdenken* können wir die Zeit nicht – […] Denken außer der Zeit ist ein Unding« (ebd.). Darum ist der Gedanke einer hienieden realisierten goldenen Zeit selbstwidersprüchlich (ebd., Nr. 565, Z. 19 f.).

In dem Maße also, in dem das Absolute, Gott, über das empirische Ich hinausgehoben ist, wird dieses selbst in die Endlichkeit verstoßen. Es ist dann nur eine Frage der Zeit, dass ›das Absolute‹ als Thema von der Philosophie abspringen und diese sich radikal modernisieren wird. Aber schon in den frühesten erhaltenen Überlegungen des Novalis ist die Polarität von Geist und Materie, Ich und Welt einem höheren Gegensatzpaar gewichen, dem von Transzendenz und zeitlich-endlicher Wirklichkeit. Die Rede von der Transzendenz aber beginnt sich in die »Räume des Unsinns« zu verflüchtigen (II, 251 f.; vgl. 259 f., Nr. 566) oder verwandelt sich in eine »*nothwendige* Fiction« (II, 170, Z. 22), ein »Frey Gemachtes, ein *Erdichtetes, Erdachtes*«: im besten Falle in ein Kunstwerk (II, 273, Z. 23; vgl. hier Text 2). Als notwendige Fiktionen hatte schon Kant die Ideen – auch die ästhetischen – bezeichnet (z. B. *KrV* A 771; vgl. A 327 f.; *KU* B 192 f.). Und von einem Kunstwerk zu sagen, es stelle die Undarstellbarkeit des Höchsten selbst noch dar (*NS* III, 685, Nr. 671), heißt, die Grenzlinie des kantischen Kritizismus in keinem Punkte zu überschreiten. Sprach nicht Kant selbst »vom übersinnlichen Substrat der Natur und dessen Einerleiheit mit dem, was die Kausalität durch Freiheit in der Welt möglich macht«, als von einer intersubjektiv notwendigen, objektiv begründeten Idee, wie sie unter anderem vom Kunstschönen in Aussicht gestellt werde (*KU* B 241 mit Anm.; vgl. den zugehörigen Kommentar der Herausgeber zu Kant 1996)? Einen solchen Gedanken darf, ja *muss* ein erkennendes Subjekt fassen können, auch wenn ihm kein Erfahrungsdatum als Stütze dienen könnte. Novalis spricht in solchen Zusammenhängen von »*Repraesentative*[*m*] *Glauben*« (*NS* III, 421, Nr. 782, Z. 19), der ästhetische Ideen nicht etwa für realisiert ausgibt, sondern sich mit dem »Gegenwärtig machen [sic!] – des Nicht Gegenwärtigen« bescheidet (Z. 17 f.). Die Beispiele, die Novalis für die repräsentierende »Wunderkraft der *Fiction*« gibt, sind lauter poetisch-utopische Annahmen, die mit der Rationalität nicht brechen, sondern berechtigterweise Gefordertes aus der ›soll‹- in die ›ist‹-Form bringen:

Mein Glauben und Liebe [die politische Aphorismen-Sammlung, in deren Folge er seinen Adelsnamen auf Druck der Zensur gegen den des Novalis tauschte] beruht auf *Repraesentativen* [sic!] *Glauben*. So die Annahme – der ewige Frieden ist schon da – Gott ist unter uns – hier ist Amerika oder Nirgends [aus Goethes *Wilhelm Meister*]– das goldne Zeitalter ist hier[3] – wir sind Zauberer – wir sind moralisch und so fort. (Z. 18-22)

Mit der Fiktionalisierung/Poetisierung der übersinnlichen Welt schreitet Novalis den Weg voraus, auf dem ihm der »gottrunkene«, ja ›gottheitsübersättigte‹ (III, 651, Nr. 562; 649, Nr. 552) Spinozist Schelling folgen wird. Er führt von dem Satz, »nichts [sei] an sich betrachtet endlich« (*SW* I/4, 119, § 14 [im Orig. gesperrt]; I/6, 161, = Folgesatz zu § 17), zu dem: es lasse sich eben nichts an sich betrachten. Es ist eine Rückkehr zu Kant (siehe hier Text 13). »Gott« wäre, wenn es ihn gäbe, »die übersinnliche Welt rein« (*NS* III, 469, Nr. 1009). Nun sahen wir: »Der Begriff *rein* ist [...] ein leerer Begriff«, er beruht auf »Fiction«, »das Reine ist also eine Täuschung der Einbild[ungs]Kr[aft]« (II, 179, Z. 19, Z. 21 f.). Dem Gedanken Gottes entspricht bestenfalls eine Idee im kantischen Sinne.

Exkurs über Theodor Haering

Theodor Haering (in der bislang umfassendsten Auseinandersetzung mit Novalis' Philosophie, freilich ohne Respekt vor der Entstehungszeit seiner Belegstellen) konstatiert als die ›Grundaporie aller Philosophie nach Novalis‹ die Transzendenz Gottes. Indessen glaubt er zu sehen,

wie Novalis insbesondere auch in Bezug auf die Einheit von Empirischem (Bedingtem, Endlichem) und Metaphysisch-Absolutem (Unbedingtem, Unendlichem), die nach ihm auch wieder eine dialektische ist, diesen abgekürzten Ausdruck benutzt, dass ›im Absoluten alles umgekehrt sei wie im Empirischen‹, während es genauer heißen müsste: dass das wahrhaft Absolute erst die dialektische Einheit dieser beiden (unter sich umgekehrten)

3 Wie leicht Novalis solche Utopien in mögliche Lebensszenarien zu übersetzen wusste, zeigen exemplarisch ein *Blüthenstaub*-Fragment und ein solches aus *Glauben und Lieben*: »Wo Kinder sind, da ist ein goldnes Zeitalter« (*NS* II, 456 f., Nr. 96 bzw. 97), und: »In unsern Zeiten haben sich wahre Wunder der Transsubstantiation ereignet. Verwandelt sich nicht ein Hof in eine Familie, ein Thron in ein Heiligthum, eine königliche Vermählung in einen ewigen Herzensbund?« (II, 498, Nr. 40). In ironisch überhöhter Sprache werden hier die säkularisierenden Effekte der postrevolutionären Verbürgerlichung der Feudalkultur aufgerufen.

Gegensatzpaare, also von Bedingtem und Unbedingtem, Endlichem und Unendlichem sei: das so genannte Bedingte also schon Einheit beider, nur mit Dominanz des Bedingten (und umgekehrt) (Haering 1954, 47).

Es ist charakteristisch für die Novalis-Zitate Haerings, dass sie zahlreich durchsetzt sind von in Klammern hinzugefügten eigenen Erklärungen, häufig gar von Belehrungen des Novalis, wie er hätte schreiben sollen, wenn er seine wahre Intention adäquat hätte darstellen wollen usw. Diese Gewaltsamkeit in der Deutung ist mitunter außergewöhnlich. So ist nach der oben gegebenen und von Haering, soweit ich sehe, nirgends in einem Zug behandelten Deduktion einer positiven Philosophie des transzendenten Absoluten doch offenbar, dass Novalis' Bemerkung, im Absoluten sei alles umgekehrt, eben nicht auf eine dialektische Einheit mit dem Bedingten zu folgern erlaubt, sondern die gegenteilige Interpretation erzwingt: Gottes Transzendenz gegenüber der Bedingtheit abzuheben, die, als bloß reflektierendes Sympathisieren mit Gott, jede Handlung Gottes widerspiegelt, das heißt umkehrt. Die Bedingtheit ist freilich nicht außer Gott im Sinne von *extra Deum*, sondern außer Gott im Sinne von *praeter Deum*, sie ist frei von ihm. Der späte Schelling, der nicht gut im Verdacht eines Haering'schen Hegelianismus stehen kann, formuliert den gleichen Sachverhalt wie folgt: Wenn es Gott eigentlich um die Einheit zu tun ist, die Einheit aber nur zu erreichen ist im Durchgang durch die in die Vielheit zerstreuten Potenzen, so stellt sich ebendiese Selbstauslegung in die Vielheit als das

Verhüllende seiner Gottheit dar, wobei jedoch *Er selbst* in sich nicht ein anderer wird, wenn er sich gleich verstellt und ein anderer scheint, und in Folge dieser göttlichen Verstellungskunst oder Ironie das Widerspiel von dem darlegt, was er eigentlich will [...] (*SW* II/3, 304 f.).

In der Tat aber setzt Haering das Absolute, obwohl er es als ein »eigentlich Ungegenständliches« (Haering, 1954, 98), als Gegensatz zu allem empirisch Bedingten statuiert, doch gleich »der dialektischen Einheit« (ebd. 69), der »Totalität des Wirklichen« (ebd. 192), der »objektiven Gesamtordnung der Wirklichkeit«, der »eigentlich seienden, nicht bloß abstrakten, sondern erst wirklich selbständig seienden (›absoluten‹), das heißt dialektischen Einheit von Wesen und Eigenschaft«. Danach wäre das Absolute das als solches zwar nicht sichtbare einheitsstiftende Prinzip jeder konkreten dialektischen

Vereinigung; die Einheit hielte zusammen wie nach der Beschreibung durch das »gewiß anmutigste überhaupt je hierfür gefundene Bild«: »Das Ganze ruht (hier) ohngefähr (in sich), wie die spielenden Personen, die sich ohne Stühle, bloß eine auf der andern Knie, kreisförmig hinsetzen« (*recte*: »Das Ganze ruht ohngefähr – wie die spielenden Personen, die sich ohne Stuhl, blos eine auf der andern Knie kreisförmig hinsetzen«: *NS* II, 242, Nr. 445) (Haering 1954, 53). Es ist zuzugeben, dass Novalis zu solcher Deutung selber den Anstoß gegeben hat; aber wie kann das wundern, da negative Philosophie positive nicht ausschließt; jede hat ihr eignes Recht als Hälfte eines Systems. In dem schon zitierten Fragment lässt Novalis das als solches nicht zu erreichende Absolute immer »*erklärter*« werden (*NS* II, 270, Nr. 566), je mehr Spuren einer dialektischen Vereinigung in der philosophisch verknüpften Wirklichkeit es mir zu beobachten gelingt. Da das Absolute »sich durch ewigen Mangel realisirt« (*NS* II, 270, Nr. 566), ist es umso mehr gegründet, je häufiger es bei einer gelungenen dialektischen Vereinigung aufleuchtet. Novalis aber versteht unter dieser Vereinigung nicht die Erscheinung des Absoluten selbst, sondern nur *symbolische* (endliche) *Identität*, das aber heißt: Identität als bloß relative Indifferenz von Hegel'schen ›schlechten Unendlichkeiten‹ – *Abstracta* nennt sie Novalis (vgl. *NS* II, 268, Nr. 558 Z. 10) –, wie es die »unendlichen Extreme« (*NS* II, 524, Nr. 13) der reellen und ideellen Tätigkeit sind, aus deren »Vereinigung« (*NS* II, 111, Nr. 12) jene synthetisierte empirische Welt entsteht.

Haerings Gleichsetzung von Absolutem mit dialektischer Einheit ist Ausdruck einer Verwechslung des Novalis mit Hegel oder dem mittleren Schelling. Novalis' Absolutes ist das *totaliter aliter* zur (bloß symbolischen) Wirklichkeit, ist das, was selber (qua Absolutes) nie zum Scheinen kommt und sich verbirgt, das, woran die Wirklichkeit »Mangel« (*NS* II, 270, Nr. 566) leidet. Man könnte den Idealismus der Identität von Einheit und Gegensatz einen immanenten Idealismus nennen. Dagegen untersucht Novalis die Möglichkeit eines transzendenten Idealismus, der das empirische Ich zum »Act« der »Selbsttödtung« (*NS* II, 395, Nr. 54) treibt.

Nur aufs *Seyn* kann alle Filosofie gehn. Der Mensch fühlt die Grenze die alles für ihn, ihn selbst, umschließt, *die erste Handlung*; er muß sie glauben, so gewiß er alles andere weiß. Folglich sind wir hier noch nicht transccendent [sic!], sondern im Ich und für das Ich (*NS* II, 107, Nr. 3).

Es ist von Haerings Interpretation aus durchaus nicht einzusehen, wie Novalis auf einen magischen Idealismus geraten sollte, jedenfalls sofern derselbe nicht mit bloßen Umfangsvariationen von Ideellem und Reellem sich beschäftigt. Zwischen dem Absoluten und der erscheinenden Welt ist ein qualitativer Sprung; und was immer erscheint, ist schon durchs Erscheinen nicht absolut. Was könnte also widersinniger sein, als das Absolute durch eine erscheinende Dialektik definieren zu wollen? Hardenbergs Begriffe für das Aufsteigen zum Absoluten: ›totalisieren‹, ›magisieren‹, ›moralisieren‹, ›sublimieren‹, ›genialisieren‹, ›romantisieren‹ usw. sind solche der Immanenz und steigen höchstens bis zum Glauben, bis zum Gefühl; dort aber ist die Grenze des Wissens, das heißt der bloß negativen Philosophie. Quantitative Begriffe wie Unendlichkeit, Universalität, Totalität setzt Haering ohne Recht dem Absoluten gleich, da sie doch empirische, schlechte Synthesen sind, ebenso wie Natur und Geist: beide sind Gott.

Dass das Absolute eine dialektische Einerleiheit von Absolutem und Empirischem und zumal die Synthese beider sein soll, hat zudem das Unbefriedigende, dass der Ausdruck *absolut* zweimal vorkommt, als Wesen der Synthese und als These (Teilmoment). Also muss das Absolute noch über die dialektische (bloß erscheinende) Einheit hinausreichen – das ist der Unterschied zu Hegel. Das Absolute ist das in der dialektischen Einheit sie selbst Vermögende, das aber nie in sie eingeht (vgl. Haerings vage Formulierung von der »Einheit von Bedingtheit und Unbedingtheit, von Empirischem und Transzendentem [Absolutem]«, Haering 1954, 151). Bei Novalis muss streng geschieden werden zwischen symbolischer Identität (diese steigt nur bis zur intellektuellen Anschauung) und absoluter Identität (die nicht auf Selbstrepräsentation im Endlichen angewiesen ist, sondern sich frei dazu entschließt, sich dem Gefühl *gibt*, offenbart und erst dort, für die Reflexion, als Identität, als Ineins dieser Eigenschaften angeschaut wird: Diese Anschauung ist der Geist, der aber schon »ein *Extensum* der Zeit nach« ist (*NS* III, 571, Nr. 105) und mit dem verbunden die Natur den »Karacter« der »Vergänglichkeit« erwirbt (vgl. *NS* III, 658, Nr. 591, Z. 6 f.; vgl. 436, Nr. 869; III: »Im Geiste ist der Grund der Vergänglichkeit zu suchen« [Z. 3 f.]).

Th. Haerings Werk verfällt einem Systemzwang, einem systematischen Vorurteil.

»Vorurteile«, sagt Novalis, »sind für die Einbildungskraft, was Nebel, Blendlicht und bunte Brillen für das Auge sind – Die meisten Leute sind daran gewöhnt, sich alles *individual* [das heißt bei Novalis oft: dialektisch vereint] *vorzustellen* und daher, wenn sie Fragmente oder einzelne Stücke vor sich haben, das Übrige aus ihrem eignen Vorrat von Einfällen hinzuzusetzen, um es zu komplettiren« (III, 132, Nr. 19). Unter die »Vorurtheile der Gelehrten« zählt Novalis »Prätension auf Konsequenz und Infallibilität« (III, 414, Nr. 749, Z. 1; 6 f.).

Exkurs über Manfred Dick

Eine der Haering'schen vergleichbare, in einer Hinsicht modifizierte Darstellung des Absoluten bei Novalis gibt auch Manfred Dick. Er statuiert als den entscheidenden Unterschied Hardenbergs gegenüber Fichte die von jenem angenommene Gleichursprünglichkeit von Subjekt und Objekt oder, in der Formulierung der *Fichte-studien*, von Zustand und Gegenstand. Das bedeutet eine Aufwertung des Objekts bis zur Gleichberechtigung mit dem Ich, welches nun nicht mehr, als These, Grund seiner selbst, geschweige des Nicht-Ichs ist (Dick 1967, 27). Mit der Gleichursprünglichkeit ist die Möglichkeit genommen, das Objektive aus einem werdenden, zum Bewusstsein seiner selbst strebenden Ich zu erklären, das heißt, jede Dialektik des Werdens ist ausgeschlossen. Das Absolute ist nach Dick für Novalis kein diesem »Spiel des identischen Wechsels« zwischen den Gegensatzpaaren äußerliches Prinzip (ebd., 38), sondern der Wechsel im Endlichen selber. Gleichwohl ist dieser Wechsel total unterschieden von dem Gegensatz der in ihm unterschiedenen Teilmomente. Und doch gibt es keine andere Möglichkeit, das Absolute darzustellen, als indem das »Bedingte in seiner Bedingtheit« (ebd., 46) gezeigt und zu einem »bloßen Moment in der Bewegung des Absoluten« gemacht wird, welches »sich dauernd im Mannigfaltigen ereignet« (ebd., 60). Im Gegensatz zu Fichte ist bei Novalis nicht die Überwindung eines abgeleiteten Zustandes durch das Prinzip, aus dem er abgeleitet ist, gefordert, also nicht die Absorption der Antithese durch die These, sondern die Synthetisierung zweier gleichursprünglicher Zustände. Das bewerkstelligt die »produktive Einbildungskraft« (ebd., 72 f.), die kein Vermögen des Ich, sondern ein Modus des Absoluten ist, ein anderer Ausdruck für den Wechsel selbst, den Dick mit dem Absoluten gleichsetzt. Da »alle Kausalität in der Einbildungskraft« (ebd., 79) ist und das Ich qua Ich stets eingespannt ist in den endlichen Wechsel ohne Möglichkeit, sich auf die absolute Kausalität hin zu übersteigen, entsteht auch bei Dick die bekannte Schwierigkeit: Das Absolute soll einerseits über dem endlichen Wechsel liegen (dann ist es nicht bewusst) oder es hat sich als Selbstbewusstsein des Wechsels selbst immer schon mit dem Ich vermittelt, dann ist es nicht mehr als Absolutes. In der Tat zielt Dicks Deutung aber in die letztere Richtung: »Die Identität von absoluter These und Synthese besagt also die Identität von Einheit und Gegensatz. Und diese höhere Identität ist das wahre Ganze« (ebd., 95). Damit wird eine rein negative Philosophie definiert, deren Formel wir kennen.

Unter diesen Voraussetzungen wird aber die Möglichkeit einer absoluten Magie für das Ich fraglich. Magie als »Macht über das Objekt in der Ganzheit seines Seins« (ebd., 229) müsste das Ich von seinem »bloß wissenschaftlichen Charakter« (ebd., 240) befreien und als allmächtig auch über die Fichte'schen Restriktionen des notwendigen Denkens heben. Ist das Absolute aber nichts anderes als das Sein des endlichen Wechsels selber und das Ich nur ein Teilmoment des Ganzen, so könnte wahre Magie nur im Absoluten selber statthaben. Zu diesem aber kann das Ich sich nicht erheben. Seine Freiheit wäre im gleichen Moment verloren, wie es den Gegensatz verloren hätte. Es wird – mit einer Heidegger'schen Vorstellung – in der »Stimmung« durchwaltet vom »höheren Faktum« (ebd., 271) des Wechsels. Die Philosophie, die das Ich selbst verendlicht und zu einem Passivum macht gegenüber dem Absoluten, nennt Novalis die »höhere Wissenschaftslehre« (*NS* II, 529, Nr. 21), die von ihrem Gegenstand kein reflexives Wissen gewinnen kann, sondern nur »Ahndung« hat. Dicks Befürchtung, das notwendige Denken werde zugunsten einer »Ahndung« verabschiedet (Dick 1967, 274), ist unbegründet – die ganze Deduktion ist sehr wohl in seinem Sinne »transzendentale Reflexion« (siehe vorn).

Indem Dick ebenso wie Haering auf Hardenbergs Absolutes rein negative Bestimmungen anwendet, etwa die: »Gott als Nichts und Alles« (ebd., 325), kann er sich zwar mit Recht auf Novalis selbst berufen, bemerkt aber nicht, dass dieser dem negativen (das heißt begrifflich bestimmten) Absoluten in der Deduktion einen zweitrangigen Platz anweist. Eben weil das Ich nur »Ahndung« vom Absoluten hat, fühlt es sich von ihm »durchstimmt«, eben deswegen wird es auf die Annahme einer »höhere[n] W[issenschafts]L[ehre]« getrieben, die statt mit einer Urhandlung mit einer Urpassion einsetzt (*NS* II, 529, Nr. 21, Z. 8 ff.). Tatsächlich gerät Dick in einen Widerspruch.

»Wir haben gesehen«, sagte er, »daß die absolute Einheit alles endliche Sein, Ich und Objekt, alle Gegenständlichkeit überhaupt in sich aufhebt, daß in ihr demnach alles Bewußtsein ausgelöscht, daß also diese absolute Einheit (als Einheit) nie in das Bewußtsein gehoben werden kann, so daß sie letztlich immer unbewußt bleiben muß« (Dick 1967, 341). Inwieweit kann Dick dann überhaupt davon sprechen? Wie Haering lässt er das Absolute sich selbst immer schon vermittelt haben mit dem »bewußten, durch Reflexion bestimmten« (ebd., 342) Ich. Aber was dort, im Ich, sich ereignet, ist nie Einheit als Einheit, sondern nur negativer, quantitativer Begriff wie Nichts und Alles, die beide nur ›Erscheinung‹ des Absoluten und kalkulierbar nur sind durch Differentiierung und Integrierung (Novalis spricht von »Zersetzung« bzw. »Ergänzung«/ »Komplettierung« einer gemeinschaftlichen Sphäre. Danach verhielte sich 1 zu ∞ wie $^1/_\infty$ zu 1 [*NS* III, 290 f., bes. Nr. 290; 362, Z. 19 ff.; dazu Frank 1972, 200 f. im Kontext]). Auch hier setzt aller Kalkül vor Erreichung des ›Ganzen‹ aus. Indem das Absolute sich ›offenbart‹ (hier wendet sogar Dick den Ausdruck an), verbirgt es sich zugleich als das Absolute, indem es sich über seiner in dialektische Synthesen eingegangenen Erscheinung selbst vergessen macht.

Das Absolute *qua* es selber ist danach auch für Dick »das schlechthin Unwißbare« (Dick 1967, 367), das aber dennoch »nicht ein hinter der Wirklichkeit gesetzter transzendenter Seinsgrund« sein soll, vielmehr »schließlich mit der Wirklichkeit zusammenfallen muß«. Manfred Dick stößt hier an die Grenzen des negativen (begrifflich-logischen) Absoluten, weigert sich aber, den nun sich offenbarenden höchsten Grund, selbst wenn dieser die Wirklichkeit sein sollte, als Transzendenz auszusprechen. Es fragt sich, ob hier nicht Furcht vor dem Begriff wirksam wird. Dicks Ahnung, »das Absolute ist [...] das Geheimnis alles Seins überhaupt« (ebd., 381), hätte ihn leicht zu der Interpretation leiten können, dieses in allem Alltäglichen aufstoßende Dass von Sein als das »*transcendens schlechthin*« (Heidegger 1967, 38) auszusprechen und die Stellung des Novalis zu einer positiven Philosophie des transzendenten Absoluten, das alle Vernunft niederschlägt und in einen »höchst-, ja unendlich bedingten« (*SW* II/3, 178) Zustand verweist, genauer zu untersuchen. Erst von hier wird der negative Charakter des magischen Idealismus (den Anni Carlsson wie Theodor Haering und Manfred Dick herausstellen) voll verständlich.

Beurteilung der Möglichkeit einer absoluten Magie. Die vier magischen Typen

Es sieht nach diesen Präliminarien nicht gut aus um die Möglichkeit einer absoluten Magie für den Menschen. Wollen wir einem Denker, der seinen originellen Platz in der Geschichte des Deutschen Idealismus dadurch einnimmt, dass er die Immanenz einer bloß im Subjektivismus gefesselten Gedankenwelt als einer der ersten durchbrach und im tiefsten Grunde des Subjekts ein »*Seyn*« (*NS* II, 107, Nr. 3) entdeckt, das alles Bewusstsein niederschlägt, wodurch *ipso facto* das Subjekt und die Welt zu einem »höchst, ja unendlich Bedingten« herabsinken (daher im Ich das »Gefühl von Ohnmacht – Abhängigkeit vom Unwillkürlichen« [*NS* II, 259, Nr. 508]) –, wollen wir diesem Denker zutrauen, dass er dem Ich eine zauberhafte Allmacht zusichert und es zu einem Fürsten im Reich der Geister zu erheben gedenkt? Dies als Konsequenz einer positiven Philosophie des transzendenten Absoluten hingehen zu lassen würde ein beachtliches Misstrauen gegen die Ernsthaftigkeit des Hardenberg'schen Philosophierens aufdecken. In der Tat ist der *magische Idealismus* seit seiner frühesten Rezeption entweder als Dokument kindlich-romantischer Phantasterei mit Gutmütigkeit aufgenommen worden – verboten doch Persönlichkeit und das eindrucksvolle Leben des Dichters die heitere Entrüstung, mit der sich Egon Friedell über Tieck und F. Schlegel als Scharlatane (ähnlich Walter Muschg) erheben zu sollen glaubte – oder man beschnitt das gar zu Schwärmerische und zitierte mit Vorliebe diejenigen Fragmente, die eine milde und mit einiger Mühe noch fürs wissenschaftlich-kritische Denken zu rettende Formulierungen anboten. Anni Carlsson empfiehlt als Alternative eine Interpretation, die den magischen Idealismus als umstellendes Einflussnehmen auf Gegenstände der Natur, also als »Variationsoperation« deutet, während sie das Programm einer absoluten Magie über die Erscheinungswelt immerhin eindrucksvoll darstellt, ohne systematisches Vorurteil (Carlsson 1939).

Theodor Haering behandelt den magischen Idealismus als Sonderform einer Repräsentationsphilosophie, die die Dinge der phänomenalen Welt als Repräsentationen einer absoluten freien Handlung sich abspiegeln lässt, und macht mit Recht darauf aufmerksam, dass das Wort ›magisch‹ bei Novalis erstaunlich selten vorkommt und durchaus nicht häufig in einer positiven Bedeutung. Es ist die Schuld der für eine gewisse Epoche der Novalis-Rezeption symptomatischen Ausgabe von Ernst Kamnitzer (Novalis 1929), dass sie im Vorurteil, das durch die Fragmente durchschimmernde System des Novalis sei das eines magischen Idealismus, überall Beiträge zu einer solchen Philosophie sucht und viele Fragmente ganz irrig der Tauglichkeit dazu verdächtigt, weshalb in vielen vom Herausgeber gesetzten Überschriften das Wort ›magisch‹ vorkommt. So wird eine ›Geschichtslehre‹ von einer ›magischen Geschichtslehre‹ unterschieden, und man erkennt das Verfahren des Herausgebers, der alles, was ihm leicht phantastisch dünkt, eilig aus der ernsthaften ›Geschichtslehre‹ herauskatapultiert und der Magie zuschiebt, wo es ungestört sein tiefsinniges Wesen treiben darf. (Im Übrigen bietet Kamnitzer das Extrem einer Edition, die sich um die zeitliche Zuordnung der Notate den Teufel schert und eine Auswahl allein aus dem Schlagwortregister erstellt, als habe Novalis keine geistige Entwicklung durchlaufen und ein immobiles System in Fragmenten dargestellt. Stolz rühmt sie sich im Titel, Novalis' *Fragmente* erstmals in ihrer inneren Ordnung zu präsentieren.)

Das Erlebnis des Novalis und der Freunde seiner Generation war in ebenso hohem Maße wie das Unendliche, das als Mangel erfahren wird, die zeitliche, zutiefst bedingte Endlichkeit des menschlichen Daseins. Anni Carlsson zögert keinen Augenblick, Novalis' Ich ein höchst bedingtes zu nennen. »Das Ich wäre somit das Prinzip der Individuation. Gerade dies ist dem Streben Fichtes entgegengesetzt« (Carlsson 1939, 38; vgl. auch 171). Das Ich findet sich vor als Resultat einer schon geschehenen Tat, als eine verbrauchte Möglichkeit, die einmal im Vermögen des Absoluten ruhte. Der

Entschluß, der unendlichen Mannichfaltigkeit und ihrem bloßen Genusse zu entsagen, kostet das freye Gefühl einer unendlichen Welt – und fordert

Beschränkung auf einzelne Erscheinung derselben – Sollten wir vielleicht einem ähnlichen Entschlusse unser irrdisches Daseyn zuzuschreiben haben? (*NS* II, 534, Nr. 36; vgl. *NS* II, 546, Nr. 110)

Die absolute Freiheit ist also gar nicht möglich in der Erscheinungswelt, sondern nur im absoluten Ich. Nun ermöglicht die »höhere Bildung« (*NS* II, 554, Nr. 125*)*, kraft deren wir eine »ächt *synthetische* Person« (III, 250, Nr. 63) sind, eine Selbstpotenzierung bis in die Geistessphäre, von der wir aber wissen müssen, dass sie immer noch eine zeitliche Dimension hat und das Absolute nur als Begriff repräsentiert. Wird »Magie« als die »Kunst« bestimmt, »die Sinnenwelt willkührlich zu gebrauchen« (*NS* II, 546, Nr. 109), so müssten wir als Individuen die Fähigkeit haben, uns über uns selber zu Gott, und zwar durch einen ekstatischen Akt der Selbsttötung (*NS* II, 395, Nr. 59), erheben zu können. Das ist ganz gleich mit der Forderung einer qualitativen Potenzierung; und doch lässt sich nach allem Bisherigen einsehen, dass alle Potenzierungen vom Individuum über den »Genius« (*NS* II, 645, Nr. 466) zur Menschheit und zum »*unendlichen Genius*« (III, 250, Nr. 63) doch nur quantitative Potenzierungen bleiben, die wohl den Grund legen zu einer Hermeneutik des unendlichen Bewusstseins, aber nicht hinreichen, auch für die Handlung absolut zu sein. Und ebendies wäre die *Conditio sine qua non* der Magie. Magie ist keine menschliche Möglichkeit, sondern eine Art Ideal der Praxis.

Den Aufstieg zu Gott nennt Novalis auch »moralisiren«– und hier ist die Nähe zu Fichtes praktischem Idealismus der freien Tat spürbar. Denn nach Kants Weichenstellung kann nur moralisches Tun ›frei‹ heißen; und mit moralischem Tun sind Postulate verbunden, die sich auf Gott richten. »Gott«, sagt Novalis wenig bekümmert um die kantische Schulsprache, »ist ein *gemischter* Begriff, [...] mittelst [...] eines moralischen Zentrirwunders entstanden« (III, 448, Nr. 933, Z. 8-10). Auch im Folgenden hat der »Zauberstab der Analogie« (III, 518, Z. 4 f.) zu tun, um eine Kette von Assoziationen zur gewünschten Konsequenz zu führen: »Gott *ist die Liebe,* die Liebe ist das höchste *Reale* – der Urgrund« (III, 254, Nr. 79, Z. 1 f.); darum steige keine Wissenschaft höher als die »Theorie der Liebe« (III, 254, Nr. 79, Z. 3). »*Liebe* ist [weiterhin] der Grund der Möglichkeit der Magie« – beide wirken »nur *durch moralisirung*« [sic!], nämlich »magisch« (III, 255, Nr. 79, Z. 1-3). Darum muss Magie etwas mit der Gottwerdung des Ichs zu tun haben. Da Gott »nur *d[urch] einen*

Gott erkannt [wird]« (III, 458, Nr. 1007), will »Gott Götter« (II, 584, Nr. 248). Der Satz: » [...] Jeder Mensch, der jetzt von Gott und durch Gott lebt, soll selbst Gott werden«(III, 297, Nr. 320), ist völlig gleich dem: »Der Mensch soll ein *vollkommnes* und Totales *Selbstwerkzeug* seyn« (III, 297, Nr. 321). Diese hybride Forderung verlangt eine Steigerung des Menschen über alle Grenzen des Denkbaren hinaus ins Absolute. Während aber das göttliche Sein noch vor aller Möglichkeit existiert und erst durch einen freien Akt sich zur Selbstrepräsentation entschlossen hat, ist das Ich (selbst auf der höchsten Stufe seiner Potenzierungen nur bis zum Repräsentierten steigend), in dem, wie wir sahen, alle Verhältnisse genau »umgekehrt« (II, 226, Nr. 330) sind, wohl ein Symbol des in die Erscheinung aufgefalteten Gottes; seinem Sein geht aber die Möglichkeit voraus (vgl. II, 452, Nr. 87), die bei Gott liegt. Das heißt, absolut ist es nur, solange es in der Schau der intellektuellen Anschauung und in diesem Zustand als Herr seiner drei Zustände – des Wollens, Vorstellens und des Subjekt-Objekts –, also im völligen Gleichgewicht seiner Vermögen, verharrt (vgl. *NS* II, 292, Nr. 652, Z. 33 f.). So wie es sich zu einer Tat entschließt mit dem Verlangen: »Ich will *alles zugleich*« (III, 417, Nr. 769), gerät es doch unter die Begrenzung, individuiert sich selbst. Das »Ideal der Alleswollung« (III, 417, Nr. 769), des »magische[n] Willen[s]« scheitert und zeigt, dass die menschliche eine »elektive Freiheit«(III, 417, Nr. 769) ist. Gott aber, dessen Sein dem Bewusstsein zuvorkommt, bleibt frei in seinen Taten, da er zwar auch etwas anderes wollen könnte als sich, aber dies unbeschadet seiner Faktizität, der gegenüber er machtlos ist und die als bloßes Dass jeder Möglichkeit des Auch-anders-Seins vorwegkommt und sie überdauert. Indem er sich im *Gefühl* sich selbst entgegensetzt und mit sich als idealem Gott der drei Vermögen identisch ist, ist auch dieser ideale Gott frei. Seine Freiheit ist aber keine faktische, sondern könnte auch nicht sein (Gott hätte sich nicht offenbaren müssen) und schränkt sich zugleich mit der Tat selbst ein. Das Ich, wie oben dargelegt, reicht aber nach Novalis nur bis zum idealen Gott als Begriff (zur intellektuellen Anschauung), nicht als Sein, es reicht also auch nicht bis zur absoluten Magie.

Charakteristischerweise sind fast alle Fragmente, die eine absolute Selbstmacht des Menschen ins Auge fassen, als Postulate formuliert: »soll, wird einst, kann und soll, es wäre wohl möglich, daß [...]« etc. Der Stein der Weisen, die Quadratur des Zirkels und das Perpetuum mobile haben regelmäßige Auftritte in diesen Phantasien (z. B. II, 270, Z. 8 f.; III, 297, Z. 10). Es sind Gedankenexperimente am Horizont einer neuen Erfahrung des Absoluten. Wer so fragt, hat ein deutliches Bewusstsein von der Fraglichkeit des Gefragten. So fragt Novalis: »Es wäre wohl möglich, daß Fichte der Erfinder einer ganz neuen Art zu denken wäre – für die die Sprache noch keinen Namen hat« (*NS* II, 524, Nr. 11). Es wäre ein Denken als Machen; und tatsächlich erscheint Novalis »das echte Denken wie ein Machen – und ist auch solches« (III, 404, Nr. 710). Indem er Fichtes Philosophie als einen »*Denkerzeugungsproceß*« (III, 477, Nr. 1147) interpretiert, erscheint ihm Fichte als Erfüller der Kantischen Philosophie, dessen »Frage: sind synthetische Urteile a priori möglich?« (III, 388, Nr. 650) ihm gleichbedeutend vorkommt mit der: »Gibt es eine Erfindungskunst ohne Data, eine absolute Erfindungskunst? [...] Ist *Magie* möglich?« usw. (III, 388, Nr. 650). Sehr interessant, dass diese Frage die folgende auslöst: »Läßt sich Gott, Freiheit und Unsterblichkeit demonstrieren?« (III, 419, Nr. 775). Wir wissen, all dies ist nicht möglich. Aber ebendies: Ob Magie möglich, ob Freiheit demonstrabel ist, das steht in Frage. Wenn ein Genie möglich wäre, so müsste es zu seinem Willen sagen können: »Er kann, was er will« (III, 356, Nr. 525). Der »magische Idealismus« (III, 385, Nr. 642; III, 430, Nr. 826; III, 315, Nr. 399) ist die letzte Konsequenz einer Philosophie, die die Denkorgane (III, 476, Nr. 1144) als »Weltzeugungs-, [...] Naturgeschlechtsteile« verstehen will und der der »Willen [...] nichts [ist], als magisches, *kräftiges* Denkvermögen« (III, 466, Nr. 1075 – vgl. III, 364, Nr. 568), die mit einem Wort die Herrschaft über dasjenige zu gewinnen trachtet, was sie bisher nur theoretisch erklären durfte.

Ja sind unsere Sinne nichts anderes als Modificationen des Denkorgans – des *absoluten Elements* – so werden wir mit der Herrschaft über dieses Element auch unsre Sinne nach Gefallen modificiren und dirigiren können (II, 584, Nr. 248).

Genie ist nichts, als Geist in diesem thätigen Gebrauch der Organe. Bisher haben wir nur einzelnes *Genie gehabt*, der Geist soll aber total *Genie* werden (II, 584, Nr. 248; vgl. III, 466).

[Genialität ist] Kunst allmächtig zu werden. – Kunst, unsern Willen total zu realisiren. Wir müssen den Körper, wie die Seele in unsre Gewalt bekommen [und die Außenwelt wie unsern Körper] (II, 587, Nr. 256; 582 f., Nr. 246 und 550 ff., Nr. 118).

Diese letzten Bestimmungen haben unser eigentliches Problemgebiet schon verlassen und leiten zu einer andern Art von Magie über, die in der Gewalt über das eigne Sensorium besteht und eine illusionistische Magie genannt werden kann. Hier geht es nicht mehr um eine absolute Umschaffung des Wirklichen, sondern um ein illudierendes Einflussnehmen auf die Dinge durch das Medium der meinem Denken gehorchenden Sinnlichkeit. Solche Magie ist auch dem endlichen Ich möglich. »Vom Glauben hängt die Welt ab [...] Wie ich eine Sache annehme, so ist sie für mich« (II, 561, Nr. 167). Damit wird die Wirkung der Magie Glaubenssache. »Glauben ist Wirkung des Willens auf die Intelligenz« (III, 354, Nr. 512). Da »Glaubenskraft [...] also Willen ist«, ist sie geradezu die »Operation des *Illudierens*« (III, 372, Nr. 601). Die »Wunderkraft der *Fiktion*« (III, 421, Nr. 782, Z. 17 f.) stellt Nichtvorhandenes vor. »Zauber[ei]« ist eine Art ursprünglich erfindender »Repräsentation«, das heißt, sie ist »Gegenwärtig machen des Nicht Gegenwärtigen« (ebd.). Magie in diesem Sinne ist nichts als frei gewählter Wahnsinn, Glaubenshandlung, Selbstbehexung. Danach würde »der *größeste Zauberer* [...] der seyn, der sich zugleich so bezaubern könnte, daß ihm seine Zaubereyen wie fremde, selbstmächtige Erscheinungen vorkämen – Könnte das nicht mit uns der Fall sein« (II, 612, Nr. 407). Diese Möglichkeit ist sehr wohl zuzugeben und hat nichts Phantastisches, ebenso wenig die Ausweitung auf die Heilung von Krankheiten, sofern dieselben durch ihr Empfundensein aktiv sind. Novalis übersah aber keineswegs das Gefährliche und Pathologische dieser psychologischen Magie. Denn obwohl der Magus desto größer sei, je »willkührlicher sein Verfahren« (II, 546, Nr. 107), so rückt Hardenberg die »Periode der Magie« (II, 546 f., Nr. 111), in der »der Körper der Seele, oder der Geisterwelt« dient, doch in die Nähe zu »*Wahnsinn*« – »*Schwärmerey*«, denn für ihn ist alles Krankheit, was Verfehlung der synthetischen Harmonie als Grund hat: »Daher sagt man auch – Was *fehlt* dir?« (III, 379, Nr. 498). So ist auch das magische Genie nicht frei von »Monotonie« (vgl. II, 454, Nr. 93), geht in ihm doch alle Wirkung von der Geisterwelt aus. Kein Vermögen soll aber dem andern übergeordnet sein; Natur und Geist sollen einen »Einton«, einen »Einklang« hervorbringen, nicht als Systeme eine »Disharmonie oder Monotonie« (II, Nr. 111) bilden. Monotonie kann aber die illusionistische Magie nicht vermeiden. Ihr haftet das Stigma der Partikularität an, dieser Versündigung an der symbolischen Harmonie des Weltganzen. Sie ist »PATHOLOG[ISCHE] PHIL[OSOPHIE]« (III, 384, Nr. 638).

Das Ziel einer »Einheit des *Verstandes* und der *Einbildungskraft*« (II, 531, Nr. 29), welches der *Magism* bewerkstelligt, muss nicht vom Ich erzwungen, es kann auch unter Benutzung der Gunst, dass die Natur unserm Geist in völliger Analogie zugewandt ist, »Kunstinstinkt« (III, 650, Nr. 554, Z. 8) hat, durch lebendige Beobachtung und wissenschaftliche Tätigkeit herbeigeführt werden. Denn nur »aus Trägheit verlangt der Mensch *bloßen* Mechanism oder *bloße* Magie. Er will nicht tätig sein – seine *produktive Einbildungskraft* brauchen« (III, 408, Nr. 724). In dieser Bestimmung gerät die Einbildungskraft in die Nähe zum sittlichen Willen, dem eine objektive Welt als Material gegenübersteht, welches annihiliert werden soll, damit die Natur Vernunft werden kann. »Absolut machen können wir nichts, weil das Problem des absolut Machens ein *imaginaires* Problem ist« (III, 457, Nr. 1000). Wir erstaunen nicht wenig, diese Revokation im Zusammenhang einer Darstellung der dritten Anwendungsform von Magie bei Novalis zu finden. Wir können nichts *absolut* hervorbringen. Also bleibt unsere Tätigkeit »*Modificiren*«, *das heißt* »*relatives Machen* und Zerstören« (III, 457, Nr. 1000). »Ich bin überzeugt«, sagt Novalis, »daß man durch kalten, technischen Verstand und ruhigen, moralischen Sinn eher zu *wahren Offenbarungen* gelangt, als durch Phantasie, die uns bloß ins Gespensterreich, diesen Antipoden des wahren Himmels, zu leiten scheint« (III, 578, Nr. 182). Da »Zueignung« (*NS* II, 646, Nr. 468) des »Fremdartigen das unaufhörliche Geschäft des Geistes als einer *Assoziations*substanz« (III, 456, Nr. 997), »ein Verbindungsglied des *völlig Ungleichen*« (III, 463, Nr. 1048), ist, ist ihm alles Zugeeignete symbolisch verbunden. »Es ist *einerlei*, ob ich das Weltall in mich oder mich ins Weltall setze […] Weiß ich nur erst eigentlich, was eine Sache ist, so kann ich mich ihrer nachher zweckmäßig bedienen« (III, 382, Nr. 633). Wie liberal und unromantisch Novalis das Wort »Zauberey« in solchen Kontexten verwendet (II, 542, Z. 2), zeigt sich etwa am folgenden Zitat, das – einmal mehr – den Wunsch nach magischem Können in der menschlichen Trägheit verortet und dann fortfährt: »Es ist ein äußerst bequemes Verfahren, sich aller Mühe des Forschens zu überheben und allem innern / und äußern Streit und Zwiespalt ein Ende zu machen. Es ist eine Art von Zauberey, durch die wir die

Welt umher nach unserer Bequemlichkeit und Laune bestellen« (II, 548 f., Nr. 117).

Danach ist eine gewisse Praxis der Magie mit passivem Sich-Richten nach der Welt einerlei. »Sich nach den Dingen, oder die Dinge nach sich *richten* – ist Eins« (II, 589, Nr. 268; vgl. III, 301, Nr. 338). Das folgende längere Zitat wird der Aufhängepunkt der Interpretation von Magie durch Anni Carlsson, die diese Möglichkeit für ihre Zwecke gern ergreift:

Meine *geistige* Wircksamkeit – meine Realisation von Ideen – wird also keine *Decomposition* und Umschaffung der Welt – wenigstens nicht, insofern ich *Mitglied* dieser bestimmten Welt bin – seyn können, sondern es wird nur eine *Variations Operation* sein können. – Ich werde unbeschadet der Welt und ihrer Gesetze, mittels derselben – sie für mich ordnen, einrichten und bilden können. Diese höhere Bildung streitet mit der Mindern nicht. – Sie geht, unbeschadet dieser, ihren Weg – und benutzt die Welt, die eben deshalb Welt ist, weil sie nicht vollständig und total bestimmt – und also noch mannichfach anderwärts her bestimmt bleibt – welches bey einem vollkommen vernünftigen Individuo nicht der Fall ist – zu beliebigen Zwecken (II, 554, Nr. 125).

Eben die Nichtabsolutheit der Welt schafft also die Möglichkeit, auf sie einzuwirken, da der personale Geist, ohne dass ihm ein Stoff zur Tätigkeit gegeben wird, gar nicht praktisch zu werden vermöchte. Dem, der die Gedanken nicht wie der Illusionsmagier in Wirklichkeiten umzusetzen vermag, empfiehlt Novalis die umgekehrte Operation, nämlich die äußeren Dinge in Gedanken zu verwandeln (III, 301, Nr. 338). Wer beide Operationen »vollkommen in seiner Gewalt hat, ist der *magische Idealist*«. Auch hier droht die Gefahr der »PATHOLOG[ISCHEN] PHIL[OSOPHIE]« (III, 384, Nr. 638), sofern das Extrem des magischen Idealismus in das andere eines »magischen Realismus« ausartet, das heißt einer vollständigen zaubrischen Allmacht der Dinge. »Wir sind negativ, weil wir wollen – je positiver wir werden, desto negativer wird die Welt um uns her« (II, 584, Nr. 248). Setzen wir uns völlig negativ und übertragen das volle Quantum Aktivität auf die Dinge, so äußert sich in dieser Einseitigkeit nicht minder eine »*logische Krankheit*, eine Wahnart« (III, 385, Nr. 638). Absolute Magie als Forderung an ein Individuum wäre der erste Grundsatz einer kranken Philosophie.

Eine letzte Anwendungsform der Magie müsste das Pathologische dieser einseitigen Operationen vermeiden und doch den Wunsch, den jeder an die Philosophie stellt, erfüllen, nämlich, dass sie »etwas werckstellig« machen könne, über »ein allvermögendes Organ« verfüge (III, 385, Nr. 642). In der Tat haben wir bisher ein Vermögen sehr am Rande behandelt, aus dem Fichte das Phantasma der gesamten Außenwelt hervorgehen lässt und das, mitten zwischen »Wollen und Vorstellen« (»das Ich ist nichts anders« [II, 294, Nr. 659]) schwebend, weder aktiv noch passiv, sondern beides zumal, paradox als das praktische Organ der theoretischen Philosophie bezeichnet werden darf. »Der Künstler ist [darum] die Synthese des Theoretikers und Praktikers« (III, 345, Nr. 482). »Die wirklichen Gegenst[ände] *fixiren* nur die unendlichen Variationen der Raum und Zeitgestalten durch die Einbildungskraft« (II, 390, Nr. 46; vgl. III, 412, Nr. 742 oder 746). Und von ihr gilt: »[D]ie Einbildungskraft [ist] allein *Kraft* – allein das Thätige – das Bewegende« (II, 167, Nr. 212, Z. 16 f.). Der Unterschied zur absoluten Magie kann leicht angegeben werden: Dort soll die bewusstlose reelle Tätigkeit von der ideellen in beliebige Richtung versetzt werden können; aber die erste bewusste Handlung setzt schon einen unbewusst produzierten Gegenstand als Objekt voraus – hier ist die Einheit als Synthese beider, und eine unabhängige Welt ist immer schon gesetzt. »Die Einbildungskraft ist der wunderbare Sinn, der uns alle Sinne *ersetzen* kann – und der so sehr schon in unserer Willkühr steht« (II, 650, Nr. 481). »Alles *Unwillkührliche* soll in ein *Willkührliches* verwandelt werden« (II, 589, Nr. 273). Gewöhnlich schafft die Einbildungskraft unbewusst und instinktiv, das heißt *ohne Absicht* (III, 287, Nr. 270). »Der Instinkt läßt sich« aber »in *Kunst* verwandeln« (III, 287, Nr. 270). »*Kunsthandlung*« ist die Objektivation der transzendentalen Tätigkeit, ist ihrer selbst bewusste »*Realisirung des Scheins*« (III, 244, Nr. 38), ist bewusster Gebrauch der Einbildungskraft, die Wahrheit und Schein verbindet.

Wie vermeidet aber der Dichter die Fesselung an die Individualität? Individualität ist »Eigenschaft des Wesens«, eine Weise, das Wesen sichtbar zu machen (II, 237, Nr. 437, bes. Z. 22).

Ich bin relatives Subject, Object, Anschauung, wenn ich etwas von mir prädicire – aber absolutes Subject zugleich, indem ich auch prädicire – Ich bin täthig und leidend zugleich – wie Object und Subject (*NS* II, 176, Nr. 233).

In jeder Tathandlung geschieht ein solcher Sieg des absoluten Prinzips über das individuelle (II, 269, Nr. 564, Z. 7 f.). Das Kunstprodukt ist ungeachtet seiner Beschränktheit doch zugleich unbeschränkt, eine Vereinigung von Freiheit und Notwendigkeit. Es ist das absolute Individuum, der transzendentale Poet, der dichtet. »Die Transcendentale Poetik handelt vom Geiste, eh er Geist wird« (III, 248, Nr. 51). Das absolute Ich vernichtet die »scheinbaren Individualitäten«. »In der transce[ndentalen] Poët[ik] gibt es nur Ein *gemeines rohes* Individuum. In der practischen Poëtik ist von gebildeten Individuen oder Einem gebildeten Individuum die Rede«, das heißt, es gibt nur einen absoluten Dichter, Gott, der sich in mannigfachen Individuen ausspricht. Das Sein selbst erscheint in der Kunst. Es ist kein Wunder, dass Novalis an dieser Stelle einen ontologischen Aspekt hinzuträgt, den vom Seinscharakter des Kunstwerks: »Die Poësie ist das ächt absolut Reelle. Dies ist der Kern meiner Philosophie. Je poëtischer, Je wahrer« (II, 647, Nr. 473). Der Zweck der Poesie ist die *»Erhebung des Menschen über sich selbst«, das heißt* zu Gott (II, 535, Nr. 42; eben über diese Erhebung macht sich Novalis in III, 440, Nr. 894 lustig). Wir sind wenig verwundert zu erfahren, dass die Poesie den »Act des sich selbst Überspringens« (II, 556, Nr. 134) wirklich zu leisten vermag und dass sie wohl »nur – willkührlicher, thätiger, produktiver Gebrauch unsrer Organe [ist] – und vielleicht wäre Denken selbst nicht viel etwas anders – und Denken und Dichten also einerlei« (III, 563, Nr. 56). Poesie dürfte also »jene längst gewünschte Erfindungskunst« (II, 454, Nr. 91) sein, die wir suchen, die einzige dem Menschen mögliche, aber doch immer noch eine bloß theoretische Magie (vgl. II, 591, Nr. 268).

Deutung des Magischen in der Philosophie des Novalis

Wir wissen, dass Novalis nicht im Ernst daran glaubte, ein Individuum könne das Absolute magisch realisieren. Indem es dem Absoluten »entsagt« (*NS* II, 269, Nr. 566), entsteht in ihm eine »unendliche [...] Thätigkeit« (270), die Ausdruck ist einer Unangemessenheit des Erscheinenden gegenüber seinem Sein. Das erscheinende Ich ist durch »Mangel« (270) bestimmt. Indem es sich auf das Absolute hin übersteigen will – ein Versuch, welcher der »Quadratur des Zirkels« (III, 385, Nr. 640) gleicht –, entdeckt es sich selbst als wesenhaft vom Absoluten getrennt. Diese Entdeckung ist die Zeitlichkeit. »Zeitlich ist nämlich alles, dessen Wirklichkeit von dem Wesen übertroffen wird, oder in dessen Wesen mehr enthalten ist, als es der Wirklichkeit nach fassen kann« (*SW* I, 2, 364; I/6, 158 f. [= Beweis von § 13]). Das Leben ist eben wegen seiner zeitlichen Erstreckung eine »Krankheit des Geistes, – ein leidenschaftliches Thun«, denn »dem Geiste ist *Ruhe* eigentümlich« (*NS* III, 659, Nr. 597). Krankheit ist für Novalis allgemein das Kennzeichen jeder Störung der synthetischen Harmonie, Ausdruck von Defizienz (vgl. *NS* II, 561, Nr. 171).

Alle Krankheiten gleichen der Sünde, darein; [sic!] daß sie Transcendenzen sind. Unsre Krankh[eiten] sind alle Phaenomene erhöhter Sens[ibilität], / die in höhere Kräfte übergehen will. Wie der Mensch Gott werden wollte, sündigte er (III, 662 f., Nr. 601).

Novalis erwägt, ob die »[...] Unvollkommenheiten unserer Intelligenz der Religion wegen da sein [sollten] wie die Hilflosigkeit der Liebe wegen« (III, 418, Nr. 775; ähnlich II, 606, Nr. 381).

So wäre die Mangelhaftigkeit unseres zeitlichen Lebens der negative Beweis Gottes. Denn »Unglück ist / der Beruf zu Gott« (IV, 54 f.; vgl. III, 653, Nr. 574). Ist die Sehnsucht nach dem Absoluten, die sich selber noch als Bewegung, noch als Sein-in-der-Zeit, noch als *Leben* äußert, Krankheit, Unvollkommenheit, so gibt es für den in Demut sich bescheidenden Magier keine erfreulichere Aussicht, als den Akt des »sich selbst Überspringens« (II, 556, Nr. 134) auf eine völlig neue Weise zu vollziehen, durch das wirkliche Sterben, diesen die Bedingtheit vernichtenden, »ächtphilosophischen Act« (II, 374, Nr. 35 und 395, Nr. 54). Das Absolute, so heißt es oft, als völlige Stille des Gemüts kann nicht wie das Leben tätig ergriffen, es kann nur hinnehmend *genossen* werden. »Ich begreife nun, daß unsre ursprüngliche Existenz« (unsre Gottebenbildlichkeit), »wenn ich mich so ausdrücken darf, Lust ist. Die Zeit entsteht mit der Unlust. Daher alle Unlust so lang und alle Lust so kurz. Absolute Lust ist ewig – außer aller Zeit. Relative Lust mehr oder weniger Ein ungetheilter Moment« (II, 667). Und weiter: »[...] Unlust ist, wie die Zeit endlich. Alles Endliche entsteht aus Unlust. So unser Leben [...] Gesetzt, daß Zwecklosigkeit« nicht »gerade die Illusion [das Leben] »karacterisirt«, so ist der Zweck unseres Lebens die »Verwandlung der Unlust in Lust«, des Lebens, als »Zeitlicher Illusion« (ebd., 668), »in absolute Lust-Ewigkeit-Unbedingtes Leben«. So wird der »Fröhlichste aller Gedanken aus der alten Klage, daß alles vergänglich sey« (ebd., 667). »Wer das Leben anders als eine sich selbst vernichtende Illusion ansieht, ist noch selbst im Leben befangen« (II, 563, Nr. 188). So wäre der Tod das Prinzip der »*Verganzung*« (II, 279, Nr. 566, Z. 17 f.; vgl.: »Du bist der Tod und machst uns erst gesund« [I, 147, Z. 17]). Allerdings, »der moralische Gott« (das heißt das wahre Absolute) »ist etwas weit Höheres, als der magische Gott« (III, 250, Nr. 60), aber »wir müssen Magier zu werden suchen, um recht moralisch seyn zu können« (III, 250, Nr. 61).

Das Ziel der absoluten Magie ist Freiheit. Anni Carlsson beschreibt dieses Ziel als den

beharrlichen Zustand eines in sich ruhenden, der Vielzahl seiner Bestimmungen übergeordneten, alle ihre Möglichkeiten befassenden Gleichgewichts. Doch ist es bezeichnend für diesen Zustand, daß der Geist unbeschadet seines Gleichgewichts fähig ist, innerhalb dieser seiner absoluten Freiheit eine teilbare Nicht-Freiheit entgegenzusetzen. Er vermag also die Freiheit über dem Ganzen im Einzelnen in beliebige Bestimmung zu verwandeln, ohne daß diese Bestimmung Anspruch auf Einzigkeit und Notwendigkeit, mithin auf eine Vernichtung des übergeordneten Zustandes der Schwebe machen könnte (Carlsson 1939, 93).

Diesen Zustand absoluten Könnens, der mit der Tat nicht eingeschränkt wird, mussten wir dem menschlichen Dasein verweigern, da es das Absolute nur als Begriff (das heißt als Erscheinung), nicht auch als Sein erreicht. Der Begriff ist aber bloß negativ und kann nicht absolut handeln. *Magie* hingegen ist *das ewige Können.* Wie hängt der *magische Idealismus* konsequent mit einer positiven Philosophie, die das Ich zutiefst verendlicht, zusammen?

Das Erlebnis des Novalis und seiner Generation war die Ahnung einer unerschöpflichen Fülle, einer Möglichkeit vor aller Wirklichkeit, aber im Herzen des lebenden Menschen das ängstliche Gefühl von Bestimmungslosigkeit, schrankenloser Veränderlichkeit, ständigen Selbstwiderspruchs.

Jeder Mensch ist ohne Maaß veränderlich (*NS* II, 664). Wir sollen nicht bloß *Menschen*, wir sollen auch mehr, als Menschen sein. – Oder Mensch ist überhaupt soviel, als Universum – Es ist nichts Bestimmtes – Es kann und soll etwas Bestimmtes und Unbestimmtes zugleich sein (*NS* III, 471, Nr. 1112).

Nicht einmal das Menschsein ist dem Menschen wesenhaft: »Müssen denn alle Menschen seyn, es kann auch ganz andere Wesen, als Menschen in menschlicher Gestalt geben« (II, 649, Nr. 479). Die Wahrheit des menschlichen Daseins ist keine material bestimmte mehr: »Alles Ding, ist, wie aller Grund, relativ« (II, 242, Nr. 445). »Alle Bestimmung ist relativ« (II, 559, Nr. 151; vgl. die Rede von der »erhabenen Ueberzeugung von der Relativität jeder positiven Form« [II, 503, Nr. 68, Z. 29 f.]). »Es giebt keine absolute Wahrheit. Alle Wahrheit ist relativ« (*KA* XII, 95, 76). Es nimmt nicht Wunder, »daß Philosophie alles *los* macht« (*NS* III, 378, Nr. 622), »das Universum [...] relativirt[,] alle *festen* Punkte aufhebt« und »aus dem Ruhenden ein Schwebendes« (III, 378, Nr. 622) macht. »Sie lehrt die Relativität aller Gründe und aller Eigenschaften« (III, 378, Nr. 622). Unter solchen Umständen kann die Philosophie unmöglich ein Einzelnes zum Stern der Wahrheit erklären: »Nur das Ganze ist *real* – Nur das Ding wäre absolut real, das nicht wieder *Bestandtheil* wäre« (II, 242, Nr. 445). Dieser Satz darf als Ausdruck einer fundamentalen Wende im Bewusstsein einer ganzen Epoche gewertet werden. Wo das Einzelne seine Funktion als Stellung im Ganzen verliert, weil es vor dem Hintergrund einer leeren Idee, des Absoluten, relativiert wird, da kann der Mensch »sein, was er nicht ist, und nicht sein, was er ist« (Sartre 1943, 33, 102, 111, 116 ff., *passim*). Als Repräsentant Gottes geht das Dasein seinem Wesen voraus als »persönlicher Zufall«, als »grundloses Leben« (*NS* III, 466, Nr. 1070). Die Zeit als Unangemessenheit des Wesens zum Sein ist die Verweigerung der Identität mit sich selber. Des Menschen Leben ist ein

> [d]urch alles Durchgehen und nichts seyn, nämlich nichts so *seyn*, daß es nicht auch anderes seyn könnte – dieses ist die Forderung (Schelling 1969, 16).

Die Substanz des Menschen ist sein Nicht-etwas-Sein: »Hieraus sehn wir beyläufig, daß Ich im Grunde nichts ist« (*NS* II, 273, Nr. 568). Von ihm unterschieden ist das absolute Ich, außer der Zeit. »Selbstbewußtsein im größern Sinn ist eine Aufgabe – ein Ideal – es wäre *der* Zustand, *worin* es keine Zeitfortschreitung gäbe« (III, 431, Nr. 832). Wo immer aber emprisches Selbstbewusstsein ist, da ist das Ich als absolute Identität mit sich selber schon verloren (III, 431, Nr. 832; vgl. *NS* II, 259, Nr. 508). Der Zustand des Menschen ist durchaus frei und unfrei zugleich. Seine Freiheit besteht weniger darin, dass er kann, was er will, als darin, dass er »nichts Bestimmtes« (III, 471, Nr. 1112) ist. – »Die Menschen verändern sich gegen die Extreme, und sind nur das, was sie nach ihrer Umgebung und *gegen* die Gegenstände und Gegenmenschen seyn können – daher Veränderlichkeit der Charactere und relativer Character überhaupt« (II, 281, Nr. 626). Der Mensch ist mit sich selbst nicht identisch, »er ist nicht was er vorstellt, und stellt nicht vor, was er ist« (II, 226, Nr. 330),[4] er ist, ständig uneins mit sich selbst, der »Mimus« (II, 534, Nr. 41) seiner selbst, der in sich »*willkührlich* das Prinzip einer bestimmten Individualität« (II, 535, Nr. 46) vivifiziert. »Der Künstler macht sich zu allem, was er sieht und seyn will. Wenn Darstellung [...] eine Äußerung des innern Zustands, der innern Veränderungen« (II, 283, Nr. 637) ist, so ist die totale Anarchie eines Märchens sein angemessener Ausdruck. »Das Wort Stimmung deutet auf musikalische Seelenverhältnisse« (III, 473, Nr. 1122); der innern Vielstimmigkeit korrespondiert die äußere Mannigfaltigkeit. »Die Welt ist [...] Resultat eines unendlichen Einverständnisses, und unsre eigne innere Pluralität ist der Grund der Weltanschauung« (III, 662, Nr. 598). Die Stimmbarkeit der Seele macht die Musik zu ihrem ersten, ursprünglichen Ausdruck, beide, Seele und Musik, reden »die allgemeine *Sprache*« (III, 283, Nr. 245). Dass der Geist dadurch »unbestimmt angeregt wird, [...] das tut ihm so wohl – das dünkt ihm so bekannt, so vaterländisch« (vgl. II, 611, Nr. 406).

Elemente des Romantischen. Die Gegenstände müssen, wie die Töne der Aeolsharfe daseyn, auf einmal, ohne Veranlassung – ohne ihr Instrument zu verraten (III, 558, Nr. 17).

Etwas Unbestimmtes hervorzubringen wäre Gebot der »höchsten Elementarwissenschaft« (III, 257, Nr. 92), die auf »kein *bestimmtes* Objekt« geht, »sondern ein reines *N.* behandelt« (III, 256, Nr. 92). »Das Machen mit Händen ist auch schon ein spezielles, angewandtes Machen. Das N *Machen* mit dem N Organ ist der Gegenstand dieser allgemeinen Kunstlehre und Kunst« (III, 257, Nr. 32). Ja, Dichtung ist »absichtliche [...] *Zufall*produktion« (III, 451, Nr. 953). Novalis verlangt mit Leidenschaft »nach Mannichfaltigkeit in

4 Vgl. dieses Zitat aus dem Zusammenhang der Diskussion um Zustand und Gegenstand mit dem für Sartres frühes Philosophieren so sehr wichtigen Satz (*EN* III, 166 [ff.], *passim*).

Darstellung von Menschenkarakteren – nur keine *Puppen* – keine sog[enannten] Karaktere – lebendige, bizarre, inkonsequente, bunte Welt« (III, 558, Nr. 16; vgl. II, 466, Nr. 120). Echte Überzeugung kann für den Romantiker nicht mehr nur aus einem Vermögen, wie für Fichte aus der Vernunft, kommen, sie muss aus dem Verstand, aus den Sinnen, dem Willen synthetisiert werden (vgl. III, 444, Nr. 916). Eines für sich allein genommen treibt auf den Irrtum: Irrtum ist unvollständige Wahrheit, »Wahrheit [...] ein *vollständiger* Irrtum« (III, 66, Nr. 3, Z. 16). Daher die »Trüglichkeit, und Alldeutigkeit aller Symptome« (*NS* II, 610, Nr. 402). Novalis fragt: »Sollten die unabänderlichen Gesetze der Natur nicht Täuschung [...] sein?« (III, 601, Nr. 291, Z. 23-34). Die Gegenthese dazu wäre der Satz: »Alles hat seine Regel.« Aber in einer der inneren Chaotik des menschlichen Gemüts korrespondierenden Welt kann weder das eine noch das andere vollständige Geltung haben: »Alles geht nach Gesetzen und nichts geht nach Gesetzen.« Es ist »Bequemlichkeit« (III, 601, Nr. 291, Z. 27), Geistesträgheit, die sich auf das Vorurteil verlegt, alles solle nach der Vernunft funktionieren. Dass »in einem Gantzen« alles »ordentlich zusammenhängen« (II, 282, Nr. 630) muss, weiß Novalis sehr wohl. Er erkennt den tiefen Sinn seines eignen Fragmentenwerks sogar hierin: »Sollte der Fehler, warum ich nicht weiter komme, etwa darinn liegen – daß ich nicht ein Gantzes fassen und festhalten kann?« (II, 282, Nr. 631). Das System ist eine Vergewaltigung der unregelmäßigen Wirklichkeit des menschlichen Daseins. Das Dasein fühlt sich ausgesprochen im labyrinthischen Bild der Welt. »Krumme Linie«, notiert Novalis, »Sieg der freien Natur über die Regel« (II, 257, Nr. 485; vgl. III, 419, Nr. 478). Man spürt das Gefühl von Befreitheit in diesen wenigen Worten. Novalis empfiehlt »Herstellung verstümmelter Fragmente und Beweis, daß der Fond aller wircksamen Meynungen und Gedanken der Alltagswelt Fragmente sind« (*NS* II, 593, Nr. 303). Novalis hat an ein System nicht gedacht: »Jedes Stück meines Buchs«, notiert er, »das in äußerst verschiedner Manier geschrieben sein kann – in Fragmenten – Briefen – Gedichten – wissenschaftlich strengen Aufsätzen etc.« (III, 450, Nr. 945). Jeden Eindruck empfängt Novalis »unbestimmt – und absolut fähig« (II, 540, Nr. 68). Nun ist freilich der Satz, dass das menschliche Dasein als in der Zeit erstrecktes nicht zu fixieren ist, eindeutig und entgeht dem bloßen standortlosen Skeptizismus. Darum muss das »eigentliche Philosophische System [...] Freyheit und Unendlichkeit, oder, um es auffallend auszudrücken, Systemlosigkeit, in ein System gebracht, seyn« (II, 288 f., Nr. 648). Vor dem Hintergrund einer chiffrenhaft durchscheinenden Transzendenz wird jedes Einzelne als das Nichtvermeinte bedeutungslos. »Hat man einmal die Liebhaberey fürs Absolute«, so lautet ein Einschub von F. Schlegel im *Blüthenstaub*, »und kann davon nicht lassen: so bleibt einem kein Ausweg, als sich selbst immer zu widersprechen, und entgegengesetzte Extreme zu verbinden« (*NS* II, 423, Nr. 26). Dies ist die konsequente Folge aus der Unangemessenheit des Wesens an das Sein, welche der Charakter der zeitlichen Individuen ist, und ist auch der Grund für den immanent *ironischen* Charakter des ganzen Fragmentenwerks des Novalis (denn »Witz zeigt ein gestörtes Gleichgewicht« [II, 424, Nr. 30]). Widersprüchlichkeit ist dadurch legitimiert.

Dem Romantiker ist das Oxymoron natürliche Ausdrucksform; er spricht ohne Bedenken von »naivem Tiefsinn, geistreicher Einfalt« (Schlegels *Rede über die Mythologie*), »trüber Lust und frohem Schmerz« (Tiecks bekanntes Lied [*TS* 10,82]). All das sind Versuche, den Wechsel in der Zeit simultan und nun allerdings paradox darzustellen. Dahinter steht ein Gefühl von der Flucht der Dinge. Fragmente sagen dem System ab, ebenso wie dem ewig sinnlosen Prozess, der einen Systemversuch blindlings an den anderen heftet, naiv genug zu glauben, nun habe es damit ein für alle Zeit ein Ende. Die ironische Philosophie ist »von Grund aus *antihistorisch*« (*NS* III, 464, Nr. 1061).

Man kennt die trostlose Frage aus einem Drama Becketts: »Y a-t-il des secteurs qui t'intéressent particulièrement [...] Ou rien que le tout?« (Beckett 1963, 298). Das Problem im Hintergrund dieser Frage ist ein Nachklang des romantischen, nur ins Verzweifelte gewendet. Aus Ungenügen, nur Sektoren darzustellen, wird im Einzelnen alles dargestellt, also *nichts Bestimmtes* mehr. »Nur durch Beziehung aufs Unendliche«, sagt Friedrich Schlegel, »entsteht Gehalt und Nutzen; was sich nicht darauf bezieht, ist schlechthin leer und unnütz« (*KA* II, 256, [3]). Dahinter steht ein erkenntnistheoretisches Pathos, Hegels »Das Wahre ist das Ganze« (Hegel 1952, 21); Irrtum ist jeder Teil für sich. Das Wesen ist nicht mehr aussagbar. Also wird die extensive und intensive Unendlichkeit (Zeit) ausgelegt. Die Ironie ist der Verweis aufs Unendliche, ein sich in der Zeit vollziehender Beweis Gottes, der als Gott nie geoffenbart wird. Die dadurch unthematisch aufgedeckte Struktur ist die Zeitlichkeit und Endlichkeit, der »Mangel« am Absoluten, die »Krankheit« des Lebens an der Fülle Gottes. »Geist« ist nicht mehr wie für die Klassiker und wie nachmals wieder für Hegel die Überwindung der Immanenz, sondern deren Ausdruck. Der Idealismus des Geistes ist kein Allheilmittel gegen eine zerrissene Welt, sondern Selbstinterpretation einer Generation, die ein metaphysisches Ungenügen am Endlichen nicht mit der Möglichkeit eines Überstiegs in der Zeit zu verbinden weiß und diesen darum nur durch ein unendliches Soll postuliert, die von sich sagt: »Wir sind aus der Zeit der allgemein geltenden Formen heraus« (*NS* II, 649, Nr. 479).

Die Magie ist die Konzeption einer aktiven weltverwandelnden Philosophie. Das Weltgefühl hinter dieser Allmacht, die auch den Bezugspunkt der allgemeinen transzendentalen Vernunft nicht mehr aufrechterhält, sondern fragt: »Warum ist denn Vernunft, warum ist nicht Unvernunft?« (*SW* II/3, 247), ist ein modernes: in Freiheit verlassen zu sein, nicht einmal geleitet von den immanenten Strukturen eines abstrakten Weltgesetzes. Fichtes Ich droht doch nirgends in eine von allen Gesetzen verlassene Willkür auszubrechen (*NS* III, 249, Nr. 57: »Fichtens *Vorurtheile* – oder sein wissenschaftlicher *Carakter*«). Von welcher Art Gesetzen sich jeder eine Welt aufbaut, ist für Fichte jedem der Potenz nach ehern vorgeschrieben und kann nur überhaupt ausgeführt oder unterlassen, also nur in seinem Wie modifiziert werden. Anders aber Gottes Freiheit, die sich zur Welt, zur Vernunft, allererst entschließt. Vernunft war bisher ein schlechthin Gegebenes, dessen Bestand keine Macht gefährdete. Nun ist sie eine Stimme in der verwirrenden Fülle von Vermögen. Wir leben in einer nur geglaubten Welt. Mit der Möglichkeit einer absoluten Magie wird zugleich eine *Reductio in absolutum* erwogen, eine Zurückführung alles Seienden in einen Zustand vor der Welt: Alles kann sein oder auch nicht. Die Magie eliminiert die Kantische Rede vom *schlechthin Gegebenen* und eröffnet die Fraglichkeit alles dessen, was ist, indem sie mit der Gegenmöglichkeit spielt. Dass etwas überhaupt ist, wie es ist, versteht sich nicht länger von selbst. Das Scheitern der absoluten Magie ist ein Grund mehr, über solches Fragen weiter nachzudenken.

Indem Novalis das einzelne Ding nicht mehr als *Factum brutum* anerkennt, sondern mit einer magischen *Umschaffung der Welt* sich beschäftigt, wird immer dringlicher, immer rätselhafter die Frage nach dem transzendenten Absoluten, dem leeren Hintergrund über den vernichteten Dingen. In der einzelnen Tatsache ist kein Sinn der Welt zu suchen. Nur das Ganze, das Nichtding, Gott enthält die Chance, Sinn zu sein. Dieser Sinn ist nur Chance, denn Gott ist wesenhaft unbekannt. Sollte nicht dies mit dem romantischen »*Geheimlichen*« (*NS* II, 590, Nr. 278) gemeint sein, jenem »In Geheimniß Stand erheben«? Ob daher, dass die Transzendenz Gottes und die Unmöglichkeit einer Magie uns zwar in Unfreiheit werfen und uns die Mittel aus der Hand nehmen, vielleicht die wahre Hoffnung ihren Antrieb erhält? »Das *Unbekannte* ist der Reitz des Erkenntnißvermögens. Das Bekannte [die Dinge] reizt nicht mehr. Das Erkenntnißvermögen [das heißt das höhere, ungegenständliche Selbst, Gott] ist sich selbst der *höchste Reitz* – das abs[olut] Unbekannte.«

2. Philosophie als ›unendliche Annäherung‹

Überlegungen im Ausgang von der frühromantischen ›Konstellation‹

Über die deutsche Frühromantik traut sich – wenigstens im Bereich der sogenannten Geistesgeschichte – jeder ein Urteil zu. Sei's, dass man in ihr einen Höhepunkt europäischer Kultur sieht, dessen Kraft und Produktivität auf den vielfältigsten Feldern allenfalls mit derjenigen des klassischen Athen zu vergleichen wäre (Henrich 1991, 217 f.); sei's, dass man in ihr den Inbegriff des ›deutschen Sonderwegs‹ im Gang der Moderne identifiziert und in ihr wohl gar eine Verhängnisgeschichte datiert, die ›von Schelling bis Hitler‹ reicht (Lukács 1954; vgl. – unter Einbezug von Heideggers *Metaphysik*-Vorlesung von 1941 – Köhler 1999).

In Wahrheit ist die Frühromantik, jedenfalls die philosophische,[1] die Unbekannte schlechthin in den Archiven der Geistesgeschichte, und nicht einmal nur der ›offiziellen‹. Das liegt nicht nur daran, dass Quellen wie Hölderlins Systemskizze *Urtheil und Seyn* (Mai 1795), Friedrich von Hardenbergs *Fichte-Studien* (September 1795 bis Juli 1796) oder die *Philosophischen Lehrjahre* Friedrich Schlegels (seit August 1796) erst vor einigen Jahrzehnten überhaupt aufgefunden und/oder kritisch ediert worden sind. Es fehlte insbesondere eine systematische Perspektive auf diese meist fragmentarisch überlieferten Dokumente.

Erst die von Dieter Henrich und seinen Schülern begründete ›Konstellationsforschung‹ hat die Forschungslage seit den 1990er Jahren grundlegend verändert (vgl. Mulsow/Stamm 2005). Man kann diese hermeneutische Verfahrensart so charakterisieren: Sie verfolgt die allmähliche Verfertigung von (philosophischen) Gedanken/Grundüberzeugungen bis auf den geistigen Austausch mehrerer Urheber während eines reichen Ereignisraums zurück. Dies ist im vorliegenden Fall die philosophisch ungemein fruchtbare Zeit in Jena zwischen Carl Leonhard Reinholds Veröffentlichung des *Ver-*

1 Zu der ich aus Gründen struktureller und entstehungsgeschichtlicher Ähnlichkeit auch das philosophische Werk Hölderlins und seines Kreises zähle.

suchs einer neuen Theorie des menschlichen Vorstellungsvermögens (1789) und den ersten bedeutenden Reaktionen auf Johann Gottlieb Fichtes Vortrag der *Wissenschaftslehre* (1794/95; dazu Frank 1998). Beim konstellatorischen Verfahren besteht die Chance, bruchstückartig überlieferte Gedanken eines Autors wie in einem Puzzle durch (bisher unbekannte oder unbeachtete) Gedanken eines anderen Autors zu ergänzen, dessen Ausbildung oder Überzeugungsbildung in ganz ähnlichen Bahnen verlaufen ist (oder verlaufen sein mag). Das ist glücklicherweise der Fall bei Hölderlin, Friedrich von Hardenberg und Friedrich Schlegel, die seit Beginn der 1790er Jahre entweder direkt bei Reinhold studiert haben oder durch dritte (vor allem Niethammer) über die Diskussionslage im Reinhold-Schülerkreis informiert waren.

Eine gründliche Kenntnis dieser Diskussionslage ist für uns darum so fruchtbar, weil sie quersteht zum Bild, das sich die Philosophiegeschichte von den Verarbeitungsprozessen der kantischen Philosophie und dem Aufkommen eines deutschen Idealismus gemacht hat. Reinhold war nämlich davon überzeugt, dass Kants Philosophie eines obersten Grundsatzes entbehre, aus dem sich ihre Zerklüftung in aufeinander irreduzible Prinzipien, aber auch in drei Kritiken einheitlich einsichtig machen lasse. An diesem fundamentalistischen Programm kamen unter Reinholds Schülern bald Zweifel auf, die sie dann auch auf Fichtes Versuch anwandten, Reinhold grundsatzphilosophisch zu überbieten. Diese antifundamentalistischen Weichenstellungen halten auf gewisse Weise Kant die Treue und zeigen einen Weg auf, wie die re-metaphysizierenden Konsequenzen hätten vermieden werden können, die der Deutsche Idealismus dann wirkungsmächtig gezogen hat.

Üblicherweise wird die sogenannte Frühromantik als eine aparte Unterfraktion dem Deutschen Idealismus zugeschlagen. Ich habe dieser Zuordnung früh widersprochen und die folgende Unterscheidung vorgeschlagen: Idealistisch heiße ein Denken, das die Strukturen der Wirklichkeit auf Leistungen des Geistes *zurück*führt oder – umgekehrt – aus der angenommenen Evidenz eines Subjekts *ab*leitet. Frühromantisch heiße dagegen die Überzeugung, wonach das Subjekt selbst und das Bewusstsein, durch das es sich kennt, auf einer Voraussetzung beruhen, über die sie nicht verfügen. Ein sprechendes Indiz dafür ist Schleiermachers Rede vom einem ›transzendenten Grunde‹ des Selbstbewusstseins, der nicht mehr ›transzendental‹ heißen solle. Er lasse sich adäquat gar nicht im Bewusstsein darstellen, sondern nur aus dessen – sonst unerklärlicher – Verfassung erschließen. Mit dieser Annahme ist ein ontologischer Realismus gekoppelt, der die frühen philosophischen Aufzeichnungen Hölderlins und seines Kreises mit denen um Friedrich von Hardenberg und Friedrich Schlegel verbindet. Sie sind, wie wir durch die Konstellationsforschung wissen, ihrerseits erwachsen aus den grundlegungsskeptischen Einwänden, die Anfang der 1790er Jahre im engeren Reinhold-Schülerkreis aufkamen. Damit hängt auch eine für die gesamte Bewegung charakteristische Hochschätzung der schönen Künste zusammen. Ist – gegen Hegels berühmtes Diktum (Hegel 1955, 56 f.) – ›das Höchste‹ der Reflexion unzugänglich, so kann die Kunst allein diese Unzugänglichkeit *als solche* aufzeigen: im unerschöpflichen Sinngehalt eines ästhetischen Werks.

Seitdem wir das Eigene der philosophischen Frühromantik so viel deutlicher als frühere Generationen zu bestimmen wissen, fällt auch Licht auf eine andere Traditionsspur, die von Kant über die Frühromantik zu den amerikanischen Transzendentalisten führt (vgl. die populäre, aber gründliche Arbeit von Menand 2001). Wenn ›das Absolute‹ sich nicht von einem definitiven Gedanken erfassen lässt, verwandelt es sich von einem Besitz der Reflexion in eine kantische Idee. Wir streben ihr unendlich nach, können sie aber nicht demonstrativ ›darstellen‹. Ein berühmtes Novalis-Wort (von 1797) besagt: »Wir *suchen* überall das Unbedingte, und *finden* immer nur Dinge« (*NS* II, 412, Nr. 1).

Es war um die Mitte des 19. Jahrhunderts Ralph Waldo Emersons durch eigene Divination glücklich ergänzte Kenntnis der Frühromantik, die einem jüngeren Mitglied des »Transzendentalisten«-Kreises in Neuengland jenen Gedanken vermittelte, der seither mit seinem Namen verbunden geblieben ist: dem der Philosophie als unendlicher Annäherung an die Wahrheit, wobei ›Wahrheit‹ verstanden ist als erschöpfende Erfassung (»Repräsentation«) der Wirklichkeit in Theorieform. Ich spreche von Charles Sanders Peirce, der den Ausdruck *in the long run* geprägt hat (er meinte, dass der *run* wirklich recht *long* sein, dass er bis zum Sankt-Nimmerleins-Tag dauern könne).

Damit knüpfte er in der Tat an einen Kerngedanken der philosophischen Frühromantik an. Friedrich Schlegel etwa hatte den griechischen Ausdruck φιλοσοφία ungewohnt, aber ganz treffend mit

»Sehnsucht nach d[em] Unendlichen« übersetzt (*KA* XVIII, 418, Nr. 1168; vgl. 420, Nr. 2000 [im Original kursiv]). Die Übersetzung überspringt die Wiedergabe des Teilausdrucks σοφία, der für einen geistigen Zustand steht, in dem die Seele sich der Wahrheit öffnet. Da ihr Besitz nicht gelingen wird, verwandelt sich die Weisheitsliebe in eine ewig unbefriedigte Sehnsucht. Was Novalis betrifft, so schreibt er, sein Beruf heiße wie seine Braut: Sophie (Brief an Friedrich Schlegel vom 8. Juli 1796). Wie die Liebe zu ihr – »Filosofie«, sagt er, ist »die Seele meines Lebens und der Schlüssel zu meinem eigensten Selbst« (*NS* IV, 188, Z. 8-11) – bleibt auch die Philosophie eine unerfüllte (Sartre würde sagen: eine nutzlose [Sartre 1943, 708; vgl. 134 oben]) Leidenschaft – und das aus Gründen, die wenige so eindringend analysiert haben wie Novalis.

I.

Mit 24 Jahren – eingekeilt im juristischen Räderwerk der Kreisverwaltung von Tennstedt (und nur drei Stunden täglich für den Luxus solcher Fragen vom harten Arbeitstag sich absparend) – notierte er: »Was thu ich, indem ich filosofire?« Seine noch heute aufregende Antwort:

ich denke über einen Grund nach. [...] Alles Filosofiren muß bey einem absoluten Grunde endigen (*NS* II, 269, Nr. 366).

Warum bei einem *absoluten?* Weil ein relativer sich in eine Kette weiterer Gründe einreihen müsste, die zu keinem letzten Glied führen würde. Aber genau dies scheint sich zu ereignen. Darum fährt Novalis fort mit der Frage:

[Wie,] [w]enn dieser [der absolute, alles beschließende Grund] nicht gegeben wäre, wenn dieser Begriff eine Unmöglichkeit enthielte – so wäre der Trieb zu Filosofiren eine unendliche Thätigkeit – und darum ohne Ende, weil ein ewiges Bedürfniß nach einem absoluten Grunde vorhanden wäre, das doch nur relativ gestillt werden könnte – und darum nie aufhören würde (ebd.).

Novalis hatte von Oktober 1790 bis Oktober 1791 bei Reinhold in Jena studiert und mit ihm vertrauten Umgang.[2] Carl Leonhard

2 Und war um die Neujahrszeit noch einmal dorthin zurückgekommen (nach eini-

Reinholds philosophiegeschichtliche Leistung wird in der Begründung einer sogenannten *Elementarphilosophie* gesehen. Deren Keimgedanke ist, dass wir die bisher tastende und ungewisse Wissenssuche – so übersetzte auch er ganz treffend das griechische Wort φιλοσοφία – auf ein letztes Fundament gründen können. Er nannte die Entdeckung dieses Fundaments – pathetisch – »das Eine, was der Menschheit Noth thut«. Das Problem, auf das sich seine Entdeckung als Lösung empfahl, wurde 1789 von Jacobi in der erweiterten Zweitauflage seines Spinoza-Büchleins so beschrieben: Wenn wir – in einer altehrwürdigen (und noch heute lebendigen) Tradition – Wissen als begründete Meinung beschreiben, geraten wir in einen infiniten Regress (vgl. Jacobi 1789, 424 ff., 430 ff.). Wir gründen unsere Wissensansprüche auf Sätze, die wieder nur unter der Bedingung ein Wissen ausdrücken, dass sie von Sätzen begründet werden, die ein Wissen ausdrücken, usw. Diesen Regress könnte nur ein Satz beenden, der ›*un*-bedingt‹ gilt. ›Unbedingt‹ meint: ohne von einer höheren Bedingung abzuhängen. Ein solcher Satz müsste ohne Weiteres als gültig eingesehen werden können: »einer Begründung weder bedürftig noch fähig«. Er müsste also evident sein. Denn ›evident‹ heißt (wörtlich): was aus sich selbst heraus einleuchtet.

Reinhold, wie gesagt, glaubte einen solchen Satz gefunden zu haben. Er nannte ihn »Satz des Bewusstseins«. Aus ihm sollten sich andere Sätze, die auf Wahrheit Anspruch machen können, entwickeln lassen – entweder durch logische Ableitung oder analytisch. Mit ›analytisch‹ meinte Reinhold ungefähr dasselbe, was der heutigen analytischen Philosophie ihren Namen gegeben hat: dasjenige, was sich aus dem Verständnis der Bedeutung der benutzten Ausdrücke (samt dem der Formwörter) ergibt.[3]

An diesem Projekt, das sich 1794 in Fichtes Philosophie des absoluten Ichs zu vollenden schien, kamen unter Reinholds Schülern bald Zweifel auf. Sie wendeten sich nach drei Richtungen: Zum Ersten wurde bestritten, dass sich ein System von Überzeugungen überhaupt auf eine Evidenz stützen lässt; denn Evidenzen sind pri-

gen Angaben war er noch im Februar in Jena). Zu Novalis' vertrauten Kontakten zum Reinhold- und zum Schmid-Kreis vgl. Weiss (1991).

3 Reinholds Elementarphilosophie und die Argumente ihrer wichtigsten Kritiker kommen ausführlich zur Sprache in Henrich (2004) und Frank (1998b). Ein Standardwerk über Reinholds Fundamentalphilosophie: Bondeli (1995). Zur Situation um das von Niethammer edierte *Philosophische Journal:* Stamm (1992).

vate Bewusstseinserlebnisse. Unter Berufung auf sie kann man die intersubjektive Konsensbildung nicht erklären. Die bildet aber ein Kriterium für das, was wir ein Wissen nennen. Außerdem lassen sie sich bei genauerer Analyse nicht klar von den ›Ansprüchen des gemeinen Verstandes‹ abheben (Niethammer 1795). Auch sie können wir gewöhnlich nur auf sogenannte Intuitionen gründen – das heißt, wir glauben an sie. Glaubenssätze haben einen den euklidischen Axiomen ähnlichen Charakter (und *ἀξίωμα* heißt ja: ein Geglaubtes). Würden sie bewiesen werden können, so verlören sie sofort ihren Status oberster Grundsätze – denn ein Satz, der in einem anderen seine Begründung findet, ist kein oberster. So aber wird Wissensbegründung zu einem Glaubensartikel. Novalis wird sagen: »Es ist ein Product der Einbildungskraft, woran wir *glauben,* ohne es seiner und unsrer Natur nach, je zu erkennen vermögen [syntaktisch sic!]« (*NS* II, 273, Nr. 568, Z. 16 f.) – Am ernstesten und folgenreichsten aber fiel der dritte Einwand aus: Reinholds oberster Satz steht tatsächlich gar nicht auf eigenen Füßen. Vielmehr setzt er andere Sätze zu seiner Begründung voraus, die angeblich aus ihm folgen.

Dies wäre eine ruinöse Konsequenz für die Grundsatzphilosophie. Tatsächlich wird der kritische Grundimpuls des Novalis nur aus seiner freundschaftlichen Vertrautheit mit den Grundsatzkritikern aus dem Reinhold-Schülerkreis verständlich. Ich nenne stellvertretend drei: Carl Christian Erhard Schmid, Hardenbergs früheren Hauslehrer und Helfer in bedrängten Lebenssituationen; Johann Benjamin Erhard, den jacobinischen Revolutionär, dem er durch Vermittlung seines Onkels, des späteren preußischen Staatkanzlers Karl August von Hardenberg, zu einer Stelle verhalf; schließlich Friedrich Carl Forberg, der den berühmten Atheismusstreit in Jena auslöste, in dessen Folge Fichte seinen Lehrstuhl verlor, und den Novalis während der Zeit der Niederschrift der eben zitierten Aufzeichnung zu einem wichtigen Gespräch getroffen hatte.

II.

Zunächst zu Anregungen, die Novalis aus Schmids *Empirischer Psychologie* bezogen haben mag – einem Kolleg, das er 1791 in Jena hatte hören können; er zitiert sie gelegentlich (*NS* III, 356, Nr. 524; vgl. Komm. 943), ja er hat sie besessen (ebd., 1009, Nr. 81). Schmid hatte Reinholds Ausgehen vom Begriff der Vorstellung als Elementar-Terminus der Philosophie unter Verweis auf Crusius herb, aber sachlich kritisiert (Erster Theil, § IX ff.). Der Begriff ›Vorstellung‹ sei darum als Deduktionsprinzip der Philosophie ungeeignet, weil er aus einer Vielzahl psychischer Erlebnisse oder Akte[4] erst auf dem Wege der Abstraktion gewonnen worden sei. Aus einem solcherart gewonnenen Gattungsbegriff Ableitungen vorzunehmen sei aber wohlfeil, da der Zirkel ins Auge springe: Ich gewinne aus Einzelereignissen *via abstractionis* dasjenige, aus dem ich alsdann prätendiere, sie abzuleiten (Schmid 1791 I, 18 f. [§ VI der Einleitung]).[5]

Außerdem: Was unter einen Begriff fällt, ist in ihm keineswegs wie ein Teil, gleichsam *in nuce,* enthalten (vgl. schon Kant, *KrV* B 40). Wer zum Beispiel den Gattungsbegriff des Rechts versteht, weiß insofern gar nichts über die gegenwärtige englische Rechtspraxis, obwohl sie doch als Art unter den Gattungsbegriff fällt. Oder wer den Begriff ›Säugetier‹ richtig versteht, weiß insofern gar nichts von der Existenz von Beutelratten.[6] Aus dem Gattungsbegriff konstruierbar

4 Ihnen ordnet Schmid die entsprechenden Vermögen beziehungsweise Kräfte zu, aber auch diese in einem irreduziblen Plural: »Die Mannigfaltigkeit der Erscheinungen des Gemüthes führt uns auf den Gedanken einer Mannigfaltigkeit von Vermögen und Kräften, als der Bedingungen ihrer bestimmten Möglichkeit und ihres Daseyns« (Schmid 1791, 158, § VII).

5 Vgl. – unter Verweis auf Crusius – auch den § XII des Ersten Teils (164): »[...] daß sich hernach alles, was man erklären soll, wiederum herausnehmen ließe.« Hier liegt der historische Ursprung für Nietzsches Spott, Kant beantworte die Frage nach der Möglichkeit synthetischer Urteile *a priori* mit dem Bescheid: »*Vermöge eines Vermögens*« (11. Stück von *Jenseits von Gut und Böse,* in: *KSA* 5, 23-25). Zum ganzen Kontext vgl. Frank (1998, 275 f.).

6 Vgl. Kants berühmte Bemerkung im § 61 der *KU* B 268 f.: »[...] wenn man zum Beispiel den Bau eines Vogels, / die Höhlung in seinen Knochen, die Lage seiner Flügel zur Bewegung und des Schwanzes zum Steuern u. s. w. anführt: so sagt man, daß dies alles nach dem bloßen nexus effectivus in der Natur, ohne noch eine besondere Art der Kausalität, nämlich die der Zwecke (nexus finalis), zu Hülfe zu nehmen, im höchsten Grade zufällig sei; d. i. daß sich die Natur, als bloßer Mecha-

ist die Spezifikation *a priori* nicht. Darum hat Kant wohlweislich darauf verzichtet, den Gattungsbegriff ›Vorstellung‹ für ein Prinzip, gar ein Deduktionsprinzip zu erklären, obwohl er selbst gezeigt hatte, dass alle Begriffe mentaler Funktionen und Affektionen unter ihn fallen (vgl. *KrV* A 320 = B 376 f.; ferner *KrV* B 676 f. – eine Stelle, auf die Schmid in der *Empirischen Psychologie* selbst hinweist: I, § X, 161). Wirklich hatte aber Reinhold den ›Grundsatz‹ seiner Elementarphilosophie – ›Vorstellung‹ – für einen ›Gattungsbegriff‹ erklärt.[7] Er hatte die Philosophie auch aufgefordert, so lange am Leitfaden des Art-Gattung-Unterschiedes forzufahren, das heißt so lange aufsteigend die Begriffe als Spezifikationen noch höherer zu erschließen, bis man (sagt er), »auf etwas unauflösliches [stößt]« (Reinhold 1790, 16; vgl. 358). Aber auch von einem solchen Begriff aus lässt sich natürlich nur ableiten, wovon vorher abstrahiert worden, was also vorher schon bekannt gewesen ist – und das ist ein wohlfeiles Geschäft. Einen ähnlichen Punkt hatte Novalis' Leipziger Lehrer Karl Heinrich Heydenreich gemacht, der Reinhold im Blick auf dessen obersten Grundsatz, den Begriff der Vorstellung, 1790 vorgehalten hatte:

> Die *Vorstellung* und das *Vorstellungsvermögen* sind nicht das prius, sondern das posterius, und können auf keine Weise *Prämissen* für die Wissenschaft abgeben (in: Reinhold 1790, 427 f.).

Mit dieser Ansicht wird sich sein und Schmids gemeinsamer Schüler Novalis auseinandersetzen. Er tut das in einer eigenen Sequenz von Notaten, die etwa mit der Nr. 466 einsetzen und sich über mehrere Seiten hinziehen. Sie beginnen mit der Erwägung, ob diejenige ›Sfäre‹, die ›Wesen‹ und ›Eigenschaft‹ als die obersten Relata des Absoluten enthält (*NS* II, 251, Z. 14 ff.; so schon Nr. 444, 241, Z. 20 ff.), füglich als »die höchste Gattung – die Gattung aller Gattungen, oder die eigentliche absolute Gattung« (Z. 23-25) gefasst werden dürfe; und sie schließen mit dem Gedanken, dass die progressive Abstraktion hin zur obersten Gattung oder vielmehr: das Suchen nach dem schlechthin Ersten einer unendlichen Reihe von

nism betrachtet, auf tausendfache Art habe anders bilden können, ohne gerade auf die Einheit nach einem solchen Prinzip zu stoßen, und man also außer dem Begriffe der Natur, nicht in demselben den mindesten Grund dafür a priori anzutreffen hoffen dürfe.«

7 Reinhold (1790, I, 117,[*passim*]).

Ableitungen »Unsinn« sei: »es ist *regulative Idee*« (254, Z. 11 f.). Im Mittelpunkt stehen vier identifizierbare Teilargumente.

1. Was einer Definition fähig (oder, wie Reinhold sagt, ›durchgängig selbstbestimmt‹[8]) sein soll, bedarf zur Abgrenzung einer niedrigeren und einer höheren Gattung. Die letzte Forderung ist aber im Falle der höchsten unsinnig: Es gibt in ihr nicht »ein gemeinschaftliches und ein verschiedenes Merckmal« (Nr. 445, 243, Z. 6 ff.).[9] Daraus ergibt sich aber, dass
2. ein Ende der Begründungskette nicht abzusehen ist:

> Am Ende sezt wol gar jede Gattung eine Umfassendere nothwendig/ voraus[10] – einen Raum – und wenn das ist, so ist höchste Gattung wol gar ein Nonens. [...] der Begriff von Gattung, Art und Einzelnem hat nur einen regulativen, classificirenden Gebrauch – Keine Realität an sich, denn sonst müßte er unendlich seyn. Wir müssen die Idee nicht verfolgen, denn sonst kommen wir in die Räume des Unsinns (ebd., 251 f.).

3. geht Novalis einige von Zeitgenossen vorgeschlagene Kandidaten für die Identifikation der obersten Gattung durch; erst den Begriff ›Ding‹ (251, Z. 5 f.; schon vorher *passim*), dann den der ›Vorstellung‹ (ebd.), schließlich den des ›Ichs‹ oder ›Subjects‹ (Nr. 470, 253, Z. 20 ff.). Alle werden verworfen; der des Ichs, weil er Relatum, Teil einer Sphäre ist und sich nicht als ein Absolutum denken lässt (253, Z. 28 f.).[11] Auch der Begriff der (absoluten) ›Ursache‹ (im Sinne des Schlussstücks von Reinholds *Versuch einer neuen Theorie des menschlichen Vorstellungsvermögens*)[12] findet keine Gnade. Ins ›Unendliche‹ projiziert, wäre ›Ursache‹

8 Gegen diesen Begriff hat Novalis noch einen grundsätzlicheren Einwand, der sich freilich eher gegen Fichte richtet und gleich seinen Idealismus anficht: »Eine selbst bestimmende Thätigkeit ist ein Unding – alle bestimmte Thätigkeit sezt schlechterdings eine Geseztheit, ein Vorhandnes voraus« (*NS* II, 242, Nr. 444, Z. 7-10).

9 Vgl. den ganzen Abschnitt, der den Begriff der »Definition« – als »enth[a]lt[end] den *objectiven Begriff* des Dinges« (262, Nr. 526) – an dem Anspruch der »Theorie« insgesamt erprobt.

10 Vgl. *NS* II, 251, Z. 2 ff.: »Wenn wir von Gattungen sprechen, was verstehn wir darunter: Einen gemeinschaftlichen Grundkaracter – aber finden wir nicht die Gattungen immer wieder in Umfassenderen enthalten [?]«

11 Vgl. *NS* II, 256, Nr. 478, Z. 3: »Ich ist ein Ausdruck des Einzelnen, das <Vorstellungen hat> Urtheilt.«

12 Vgl. dazu Frank (1998a), 11. Vorlesung, 286 ff.; 2. Hälfte der 15. Vorlesung, 418 ff.; 18. Vorlesung, 485 ff.

wieder »nur ein regulativer Begriff, eine Vernunftidee – es wäre also thöricht ihre reale Wircksamkeit beyzulegen. Wir suchen also ein Unding« (Nr. 476, 255, Z. 12-14; vgl. Nr. 477, Z. 25 f.).

4. Ein (später nachgeschobenes) Argument erinnert geradezu an Heydenreich und Schmid. Es macht geltend, dass dasjenige, was im Lauf des Verfahrens der progressiven Abstraktion gefunden würde, also die ›oberste Gattung‹, von der Realität dessen lebt, wovon es abstrahiert wurde. Es wäre nicht nur zirkulär, Ableitungen aus einem solchermaßen aufgefundenen Gattungsbegriff vornehmen zu wollen; man würde dabei das Individuum nur voraussetzen, nicht erklären: »Durch die Gattung kann ich nie das Individuum kennen lernen, sondern durch die Individuen die Gattung« (Nr. 567, 271, Z. 17 f.). »Die eigenthümliche Sfäre der Gattung ist die Species, oder das Individuum. Sie existirt nur durch das letztere« (Nr. 513, 261).

Schmid – um auf ihn zurückzukommen – hat Reinhold aber noch einmal sehr wirkungsvoll, und zwar in einer Rezension der *Fundament*-Schrift von Anfang April 1792 (in der Jenaer *ALZ*) angegriffen. Dort zeigt er, dass Reinhold sich täuscht, wenn er glaubt, das Gesamt der kantischen Vermögen auf *einen* Grundsatz reduzieren zu können. Ein für Novalis ausschlaggebender Zwischenschritt in diesem Nachweis lautet, dass Reinhold, statt die Folgesätze aus dem Satz des Bewusstseins als dem Fundamentalsatz abzuleiten, wenigstens einige von ihnen vielmehr als schon gültig stillschweigend voraussetze (»daß der Satz des Bewußtseyns das wenigste dabey gethan hat, jene Sätze zu demonstriren, daß [vielmehr bei dieser sogenannten Ableitung] andere Sätze unvermerkt und stillschweigend zu Hülfe / genommen wurden« [Schmid 1792, 57 f.]). Der Satz des Bewusstseins lautete – kurz –: ›Im Bewusstsein werde die Vorstellung *vom Subjekt* auf Subjekt und Objekt bezogen und von beiden unterschieden.‹ Der eigentliche Agent in allen Zügen, die die Formel vorzeichnet, ist mithin die *Selbsttätigkeit des Subjekts.* Sie aber prätendiert Reinhold aus dem wohlanalysierten Begriff der *Vorstellung* abgeleitet zu haben (ebenso wie die Kausalität). Verallgemeinert lautet der Vorwurf also: Reinhold habe die Folgen nicht aus seinem Prinzip *abgeleitet,* sondern *vorausgesetzt.*

Schmid findet noch einen eher technischen Fehler in Reinholds Argument: Eine Deduktion/logische Ableitung erfolgt typischerweise aus einem allgemeinen Obersatz und einem singulären Untersatz, der vom Obersatz logisch unabhängig ist. ›Alle Katzen haben ein Fell. Kater Murr ist eine Katze. Also: Murr hat ein Fell.‹ Nun formuliert der ›Satz des Bewusstseins‹ aber eine einzelne Tatsache, nichts Allgemeines. Um die von Reinhold unterstellten Konsequenzen aus sich hervorzutreiben, bedurfte er der Unterstützung eines Obersatzes, der doch nur *inferentiell erschlossen* worden sein konnte. (Welcher wäre er übrigens?) Kurz: Reinholds Ableitungen haben lediglich den Charakter eines *hypothetisch*-deduktiven Verfahrens nach Art von Kants Ableitung aus (regulativen) Vernunftideen oder Poppers stets fehlbaren Ableitungen: »Was aber nur als Hypothese [und nicht – wie behauptet – als unmittelbare *Evidenz*] angenommen wird, das kann in dieser Eigenschaft nicht auf Allgemeingültigkeit Anspruch machen, weil es frey steht, ob man diese, oder eine andere, oder gar keine Erklärungshypothese für die unzweifelhafte Thatsache annehmen will« (Schmid 1792, 59). Schließlich ist die Prämissenmenge, aus der ein Explicandum (nach einer oder auch mehreren allgemeinen Regeln) folgt, offen. Anders gesagt, sie ist durch den Bestand dieses konkreten Explicandums nicht hinreichend bestimmt. Das hatten gerade auch Kant, Maimon und Aenesidemus-Schulze immer wieder betont.

III.

Jetzt aber sind die ungleich eindrucksvolleren, weil für die Fortspinnung einer Philosophie aus kantischem Geiste wirkungsmächtigeren Einwände Erhards zu hören. Sie bringen am präzisesten auf den Punkt, was eigentlich Gemeinschaftsüberzeugung der kritischen unter den Reinholdschülern war und was unter ihnen im Briefaustausch entwickelt wurde.

Zunächst bestreitet Erhard nicht die Tatsache des Selbstbewusstseins als einen ersten Satz (oder Ausgangspunkt) der Philosophie. Zwar hatte auch Reinhold das Selbstbewusstsein zunächst nicht in die Stellung eines solchen ersten Satzes erhoben, wurde aber unter dem Einfluss seiner Kritiker, darunter des früheren Tübinger Repetenten Immanuel Carl Diez, im Sommer 1792 in diese Richtung gedrängt.[13] Tatsächlich ist es in den Standardformulierungen seiner

13 Dazu vergleiche inzwischen das monumentale Werk von Dieter Henrich (2004, bes. I, 388 ff.).

Theorie des Vorstellungsvermögens (ab 1790) das *Subjekt,* welches als alleiniger Aktor aller Operationen auftritt, von denen der ›Satz des Bewusstseins‹ redet: Es ist nämlich das Subjekt, welches im Bewusstsein die Vorstellung auf sich selbst und auf das Objekt bald bezieht, bald von ihnen unterscheidet. Buchstabiert man die so eröffneten Möglichkeiten aus, so kommt man schnell zu der Einsicht, dass sie alle als bewusste Selbstbeziehungen charakterisiert werden müssen und dass allein das Subjekt tätig ist. Novalis notiert mit Bezug auf Reinholds Ausgangspunkt: »Das Subject wird in allem Bewußtseyn vorausgesezt – es ist der absolut thätige Zustand des Bewußtseyns« (*NS* II, 253, Z. 25 f.). Das nimmt auch Erhard an. Allerdings weist er dem Selbstbewusstsein epistemisch keine Sonderstellung zu. In einer sarkastischen Rezension von Schellings *Ich*-Schrift, die deren Verfasser so verärgerte und verunsicherte, dass er in einer umständlichen und aggressiven Replik gar leugnete, es mit dieser Schrift überhaupt auf eine Philosophie-aus-oberstem-Grundsatz abgesehen zu haben (*SW* I/1, 242) – in dieser Rezension also wirft Erhard denen, die über ein angeblich absolutes Ich spekulierten, vor, sie beschrieben dasselbe in Ausdrücken, die es von einem möglichen Gegenstand unseres (empirischen) Bewusstseins radikal unterscheiden. Bewusst wird uns nur, was bestimmt, damit gegen anderes abgegrenzt ist. Da solcherlei Bewusstsein nach Erhard die Sphäre *allen* Bewusstseins erschöpft (natürlich neben demjenigen unserer moralischen Persönlichkeit [Erhard 1796, 91]), ist das Ich in seiner absoluten Freiheit uns unbewusst. Seine vermeinte Absolutheit und Reinheit beruhe auf seiner objektiven Unbestimmtheit (91 unten). Für die gebrauche Schelling den Ausdruck ›intellectuale Anschauung‹ (90). Erhard schließt mit beißendem Spott:

So weit er [der Rezensent] es fassen kann, so ist der reale Gegenstand desselben [sc.: des Schelling'schen Systems], durch Nichts verbürgt, als durch eine intellectuale Anschauung, die diesen Namen in soferne nicht einmal verdient, als an ihr Nichts angeschaut wird, denn in seinem ganzen Inneren kann Rec.[ensent] Nichts finden, worauf die Prädikate des absoluten Ichs paßten, wenn er nicht den absichtlich gedankenlosen Zustand dafür nimmt, in den man sich versetzen kann, wenn man den Gang seiner Einbildungskraft gänzlich hemmt, und kein Gefühl als das der Selbstbestimmbarkeit hat. Dieses besondere Gefühl hat nun freylich etwas sehr Geheimnisvolles, weil man Nichts darinn unterscheiden kann, und eine darauf gegründete Philosophie kann nicht anders ausfallen als die Lebensbeschreibung des Niemands, man kann alles Mögliche davon sagen, ohne Gefahr je darüber zur Verantwortung gezogen zu werden, weil man jederzeit das, was der andere widerlegt, nicht damit gemeynt hat. Unterdessen ist es aber doch nicht vorauszusetzen, daß in Deutschland eine Philosophie errichtet werden sollte, die mit dem Versinken in das große Nichts, das einige indische Secten / als das höchste Gut anrühmen, einerley Princip und einerley Endzweck hätte, sondern es muß nothwendig etwas edleres zum Grunde liegen. Dieses kann nun Nichts seyn, als das Gefühl unserer Persönlichkeit. [...] als moralische Wesen sind wir [in der Tat] kein Gegenstand des Wissens, sondern da sollen wir handeln (90 f.).

Zwar zieht Novalis diese moralisch-philosophische Konsequenz keineswegs. Wohl aber stimmt er mit Erhard in der Überzeugung überein, dass »sowenig [...] ein absolutes Subject [ist], als ein absoluter Raum« (*NS* II, 253, Z. 28 f.). Schon im ersten Einsatz der *Fichte-Studien* hatte Novalis über die Bedingungen nachgedacht, unter denen dem Bewusstsein ein transzendentes Sein (oder »Urseyn«) vermittelt werden kann. Das höchste Bewusstsein ist ihm keine Selbstsetzung, sondern das (passive) »Gefühl« einer Grenze, jenseits deren ein zu Glaubendes angenommen werden muss: »Ich [ist] im Grunde nichts [...] – Es muß ihm alles *Gegeben* werden«; und »[d]ie Filosofie bedarf daher allemal *etwas Gegebenes*«; »[w]ir werden [mit leeren Kategorien] gebohren – i. e. mit Fächern ohne Inhalt. [...] Sie wollen gefüllt seyn – Sie sind nichts ohne Inhalt – Sie haben einen Trieb zu seyn, folglich Inhalt zu haben, denn sie sind nur, insofern sie Inhalt haben, wirklich« (*NS* II, 273, Z. 31 f.; 113, Z. 30; 250, Z. 19 ff.). Diese Inhalt-Gabe muss sich freilich der Struktur unseres Bewusstseins bequemen, das Novalis als Reflexion und damit als Verstellung und Verkehrung des Gegebenen denkt (»*ordo inversus*«). Die Reflexion kann sich allerdings über ihr ›verkehrtes Wesen‹ aufklären und es damit korrigieren. Auf den ersten Seiten operiert auch Novalis noch mit der Annahme einer ›intellectualen Anschauung‹, die freilich anders als die Schelling'sche verfasst ist. In ihr wird nicht eine Seinsfülle – *plenitudo realitatis* – präsentiert, sondern es wird aufgefasst unser Unvermögen, eine solche zu erkennen: »der Geist des Gefühls ist da heraus«; »die Grenzen des Gefühls sind die Grenzen der Filosofie«; »[d]er Mensch fühlt die Grenze die alles für ihn, ihn selbst, umschließt, *die erste Handlung;* er muß sie glauben, so gewiß er alles andre weiß« (114, 8 f.; ebd., 1 f.; 107, 1-3). Im Verlauf der *Fichte-Studien* verliert die intellektuale Anschauung dann immer mehr ihre Funktion und wird endlich aufgegeben zugunsten eines Rückgriffs auf die kantische Ideen- und Postulatenlehre, ganz im Geiste Schmids und Erhards.

Erhard hat den Glauben vieler Zeitgenossen an die Möglichkeit einer Philosophie aus oberstem Grundsatz aber noch wirkungsvoller durch einen methodischen Zweifel erschüttert:

Die Philosophie [sagt er,] die von einem Grundsatz ausgehet, und sich anmaßt alles daraus abzuleiten, bleibt auf immer ein sophistisches Kunststück, allein die Philosophie, die biß zum höchsten Grundsatz hinaufsteigt, und alles andere mit ihm in vollkommner Harmonie darstellt, nicht darauß ableitet, ist die wahre (Brief an Niethammer vom 19. Mai 1794; in: Niethammer 1995, 79).

Diese Methode nennt er in (den schon erwähnten) Briefen an Reinhold und Niethammer (vom Juli 1792 und vom Mai 1794) diejenige der *Analysis* (dazu Frank 1998a, 15. und 17. Vorlesung). Sie schreitet – orientiert an einem Sprachgebrauch der Wolff-Schule, dem auch noch Kant anhängt – vom Begründeten zum Grund. Reinholds und Fichtes Deduktionen wären dagegen synthetisch. Synthetisch kann die Philosophie aber darum nicht vorgehen, weil der Bewusstseinssatz oder derjenige, in dem sich Fichtes Ich aussagt, nicht schon gerechtfertigt ist, also nicht auf eigenen Füßen steht. Vielmehr ist seine Wahrheit an Voraussetzungen gebunden, über die diese Sätze nicht schon anfangs verfügen. Erst im abduktiven Aufstieg vom Bedingten zu seiner nachfolgenden Bedingung lassen sie sich erreichen, und zwar immer nur mit hypothetischem Anspruch. Nimmt man nun außerdem noch an, dass dieser Gang ins Unendliche führt, das heißt, dass letzte Gewissheit überhaupt ausbleibt, so muss man den Gedanken definitiver Begründung ganz aufgeben. An die Stelle des Unendlichen tritt die (romantische) ›Sehnsucht‹ danach; und an die Stelle einer Evidenztheorie der Wahrheit tritt eine solche, die alle Verhältnisse der Welt und des Bewusstseins in möglichst genauer ›Harmonie‹ zeigen muss (wie Erhard sagt). Es handelt sich also um eine Art Kohärenztheorie, der auch Novalis anhängt; so, wenn er den Grund, durch den die Philosophie ihre Überzeugungen rechtfertigt, nicht als gegeben bezeichnet, sondern als aufscheinend im »Zusammenhang [alles Einzelnen] mit dem Ganzen« (*NS* II, 269, Z. 27). Diese Kohärenzstiftung, fährt er fort, verbleibe als einzige Möglichkeit der Plausibilierung seiner Überzeugungen demjenigen, der vom Gegebensein eines ›absoluten Grundes‹ absehen und darum den »eigentlichen absoluten Grund [...] durch Verknüpfung (*Verganzung*) des Zu Erklärenden / zu einem Ganzen [geltend machen]« muss (270, Z. 16 ff.). Novalis nennt dieses Verfahren, wie eben im Zitat zu lesen war, ›Verganzung‹. An die Stelle des Unbedingten tritt für die Romantiker die Suche nach ihm. »Wir *suchen* überall das Unbedingte, und *finden* immer nur Dinge« (*NS* II, 412, Nr. 1).

Es wäre im Einzelnen zu zeigen, wie Reinholds und Fichtes Grundsatzphilosophie in diese für skeptische Einwände offene Stellung geraten konnte. Einen Einwand der Reinhold-Schüler haben wir aber schon vorweggenommen und sind ihm im Bericht über Schmids Reinhold-Kritik wiederbegegnet (er ist am gescheitesten ausgeführt in Paul Johann Anselm Feuerbachs 1795 erschienenem Aufsatz »Über die Unmöglichkeit eines ersten absoluten Grundsatzes der Philosophie« (Feuerbach 1795). Evidenz des obersten Grundsatzes ist eine ungerechtfertigte Prätention, die im Grunde das Schicksal der Intuitionen des gemeinen Verstandes teilt. Sie bedarf einer Rechtfertigung aus philosophierender Vernunft. Die aber wird aus Ideen geführt, und Ideen sind Hypothesen oder Schlüsse auf die beste Erklärung, keine Evidenzen. Außerdem sind Evidenzen Tatsachen. Nun sind Tatsachen einzeln und können allenfalls die Minor – also den zweiten ›Vordersazz‹ – in einem formal gültigen Ableitungsverfahren *modo ponente* stellen (als ein solches betrachtet Kant den von ihm so genannten ›Vernunftschluß‹ [*KrV* A 103]; es hat die Struktur M · P, S · M, also S · P). Der Obersatz muss dagegen ein universelles Konditional sein (›für jedes x gilt, wenn es ein F ist, so ist es auch ein G‹). Ein solcher Wenn-dann-Satz hat aber keine Existenzimplikation, wie es für ein Realprinzip nötig wäre. Schließlich aber sahen wir schon, dass Erhard dem absoluten Ich der Fichte und Schelling einfach die epistemische Zugänglichkeit, also die Einsichtigkeit bestreitet. Novalis hat sich seinem Jenaer Freunde der Sache nach angeschlossen, ja er greift zu Formulierungen, die viel weiter gehen – so weit wie Feuerbach und (wir werden es gleich sehen) wie Forberg, indem er das ›Unbedingte im menschlichen Wissen‹ für ein ›*non-ens*‹, ein ›Unding‹, ja für etwas ›Unmögliches‹ erklärt. (Von dieser kühnen Konsequenz ist wieder in der Forschungsliteratur zu Novalis nichts zu merken; dort bleibt er als ›silberlichtumfluteter‹ Jüngling/Einfaltspinsel gestylt, der nie aufgehört hat, zur Rechten des lieben Gottes als dessen Liebling zu sitzen, und der das Paradies nur von oben kennt – so etwa bei Emil Staiger, von dem der Ausdruck stammt.)

Reinhold hat übrigens in seinem (inzwischen durch Marcelo Stamm erstveröffentlichten) Schreiben an Erhard vom 18. Juni 1792 zugegeben, dass es Schmid und Diez waren, die ihn zu einer vollständigen Umwandlung seiner Fundamentalphilosophie veranlasst haben (Diez 1997, 911-914; vgl. die Einleitung durch Marcelo Stamm, 898 ff.). Diez hat aber die Einwände Erhards, die ihm – wie Henrich zeigt – durch Niethammer bekannt waren, nur auf den Punkt gebracht.

Durch diese Einwände – noch einmal, weil es so wichtig ist – kehrt sich das Verfahren der Begründung aus letztem Fundament um in dasjenige der Grundsuche, von der nicht im Vorhinein abzusehen ist, wo und ob sie enden wird. Und genau dieser Konsequenz blickt Novalis mit seiner (anfangs zitierten) Bestimmung der Philosophie als unendlich-offener Grundsuche ins Auge.

Die kantische Philosophie hatte letzte Begründungen für unsere Überzeugungen ›Ideen‹ genannt. Darunter hatte Kant Begriffe verstanden, die wir annehmen *müssen,* um Einheit ins System unserer Annahmen zu bringen, denen wir darum aber noch lange keine objektive Realität zusprechen dürfen. Wird nun Begründung zu einer ›bloßen‹ Idee, so gelingt sie nur noch hypothetisch. Würden wir, sagt Novalis, ihre Realisierung tatsächlich »verfolgen«, so gerieten wir »in die Räume des Unsinns«. Wie emphatisch er das niedergeschrieben haben muss, konnten wir schon weiter oben beobachten, als wir sahen, dass er den Qualifikator ›Unsinn‹ oder ›Unding‹ noch einige Male wiederholt. So sagt er: »Alles Suchen nach der Ersten [Gattung] ist Unsinn – es ist *regulative Idee.*« Oder: »[Was wir suchen] aber ist nur ein regulativer Begriff, eine Vernunftidee – es ist also thöricht ihr reale Wircksamkeit beyzulegen. Wir suchen also ein Unding« (*NS* II, 252, Z. 6; 254, Z. 11 f.; 255, Z. 12 ff.). Ja, er erwägt, ob (Fichtes) »Ich« nicht »wie alle Vernunftideen blos regulativen, classificirenden Gebrauchs [ist] – Gar nicht in Beziehung zur Realität« (*NS* II, 258, Z. 18 f.). Von einer solchen Idee kommt man nicht stetig zu den Bestimmungen der empirischen Wirklichkeit. Auch kann eine faktische Kontrolle über Argumentationsabläufe durch eine Idee nicht geübt werden. 150 Jahre später wird Wittgenstein sich notieren, dass ›die Kette der Gründe ein Ende hat‹. Aber nicht, weil wir auf eine (intersubjektiv einleuchtende) Evidenz gestoßen wären, »sondern weil es – in *diesem* System – keinen Grund gibt« (Wittgenstein 1984, Bd. 8, 342, Nr. 301; vgl. 346 f., Nr. 314: »Die Schwierigkeit ist hier: Halt zu machen.« Vgl. im vorliegenden Band Text 5).

Novalis geht aber viel weiter, wenn er von den Begriffen, die Einheit des Überzeugungssystems und Begründung verbürgen, als von »nothwendigen Fictionen« spricht (*NS* II, 179, Z. 17 ff.). Eine Fiktion ist keine Findung, sondern eine *Er*findung.

Das oberste Princip muß schlechterdings nichts Gegebenes, sondern ein Frey Gemachtes, ein *Erdichtetes, Erdachtes,* seyn, um ein allgemeines metaphysisches System zu begründen [...] (ebd., 273, Z. 22-24).[14]

Das ist nicht nur eine sehr starke und im fundamentalistischen Kontext des absoluten Idealismus wahrhaft verwunderliche Konsequenz. Durch sie schließt sich auch wieder der Kreis, der zu Erhards Methode der Analysis des Vorstellungsvermögens zurückführt. Diese Methode wurde nämlich gelegentlich als diejenige der ›Erfindung‹ charakterisiert, so von dem jüngeren Reimarus (Johann Albrecht Hinrich, Sohn des berühmten Samuel), einem damals bekannten (Arzt und) Logiker, mit dem Erhard in Briefwechsel stand und von dem Novalis Kenntnis haben konnte durch ein Logik-Buch Johann Christoph Hoffbauers, dessen Benutzung er in den *Fichte-Studien* ausweist (*NS* II, 191, Z. 21).[15]

Durch den Erfindungscharakter schleichen sich Ungewissheitsmomente ins Verfahren der philosophischen Analysis ein (Hoffbauer 1810c, 23 ff.). Dies habe zwar schon Wolff gesehen. Aber erst der jüngere Reimarus, sagt Hoffbauer, habe im § 259 seiner *Vernunftlehre* genauer bestimmte Konsequenzen daraus gezogen:

14 Vgl. die spätere Aufzeichnung (von 1798/99): »Analysis ist (die *Divination,* oder) die Erfindungskunst auf Regeln gebracht« (*NS* III, 434, Nr. 858). Zur Gefahr, mit diesem Verfahren »in unabsehliche Räume, und schlechthin in die Unendlichkeit« zu geraten, ja, »einem Wahnwitzigen gleich«, in den »verschrieenen, falschen Mystizism – de[n] Glauben [...] an die Ergründung der Dinge an sich«, sich zu verlieren, vgl. 442, Nr. 906.

15 Vgl. Johann Christoph Hoffbauers Bestimmung der analytischen Methode in seiner überarbeiteten Preisschrift von 1806 *Ueber die Analysis in der Philosophie* (Hoffbauer 1810c, 6-8). Hoffbauer bezieht sich dort auf die Paragraphen 416 sowie 503-505 von Alexander Gottlieb Baumgartens *Acroasis logica.* (Baumgarten 1761).

Erfinden, sagt [dies]er, heißt so viel, als / durch eignes Nachdenken zum Erkenntnis des bisher Unbekannten gelangen. [...] Der Erfinder gelangt zu demjenigen, was er findet, nicht durch die mechanische Anwendung einer Regel, durch welche er des Gesuchten schon im voraus versichert seyn kann, und wir erfinden [...] *zweytens* dasjenige nicht, was wir durch die mechanische Anwendung einer Regel herausbringen. Man kann daher sagen: Erfinden heiße das, was uns bisher unbekannt war, aus dem uns Bekannten auf eine Art finden, bey welcher wir nicht bloß einer uns vorher bekann/ten Regel folgen (Hoffbauer 1810c, 23 f., 25 f.).[16]

So rückt das Verfahren der analytischen Grundsatz-Suche in die Nähe der Erfindung, eines regelsetzenden, aber nicht regelbefolgenden Verfahrens, das immer schon mit der Praxis der Dichtung (und allgemeiner: der Kunst) verbunden worden ist. Walther von Stolzing fragt in den *Meistersingern:* »Wie fang ich nach der Regel an?« und bekommt von Hans Sachs die Antwort: »Ihr stellt sie selbst, und folgt ihr dann« (*SSD* 7, 239). Natürlich konnte diese Konsequenz nicht ohne Reiz sein für den Juristen, Mineralogen und Dichter Novalis, der mit der Zeit Geschmack daran fand, »diese Spitzberge der reinen Vernunft« hinter sich zu lassen »und wieder im bunten erquickenden Land der Sinne mit Leib und Seele [zu] wohne[n]«.

16 Hoffbauers eigene Überlegungen zu diesem Punkt sind von großem Interesse, nicht nur im Blick auf die Tatsache, dass Novalis sich gerade dieses Autors , der schon in früheren Publikationen über die analytische Methode ähnlich sich geäußert hatte, bei der Niederschrift seiner *Fichte-Studien* bedient hat. Noch ein späteres Mal sollte die ›Methode der Analysis‹ Novalis wichtig werden: im Rahmen der mathematischen Studien, die er im Zusammenhang mit seiner mineralogischen Tätigkeit als Salinendirektor unternahm. Es ging darum, auf die chemische Zusammensetzung von Mineralien aus der geometrisch berechneten Oberflächenstruktur der Funde Schlüsse zu ziehen (dazu: Bark 1999, besonders 420 ff.). In den *Mathematischen Studien zu Bossut und Murhard* (von 1798 [*NS* III, 115-124]) stützt sich Novalis entscheidend auf eine in Friedrich Murhards Kompendium (*System der allgemeinen Größenlehre nach ihrem Zustand am Ende des 18. Jahrhunderts nach Literatur und Geschichte,* Lemgo: Meyer, 1798, 6 ff.) abgedruckte Paraphrase von Maimons im *Philosophischen Journal* (II/1, 1795, 1-35) abgedruckten Aufsatz »Ueber den Gebrauch der Philosophie zur Erweiterung der Erkenntniß«. Unter Verweis auf S. 9 von Murhards Kompendium bestimmt Novalis die Analysis im weiteren Sinne als die »Darstellung des Unbekannten durchs Bekannte« (*NS* III, 120, Z. 25 f.). Was Novalis weiterhin von Maimons Aufsatz für die Methode der Philosophie gelernt hat, werde ich in einem eigenen Aufsatz untersuchen.

Man kann die Philosophie hochschäzzen, ohne sie zur Hausverwalterin zu haben, und einzig von ihr zu leben. Mathematik allein wird keinen Soldaten und Mechaniker, Philosophie allein keinen Menschen machen (*NS* IV, 321; Brief vom Februar 1800 an den Kreisamtmann Just).

Das gilt für ein Universalgenie wie Novalis natürlich erst recht unter der (von Kant nicht akzeptierten) Voraussetzung, dass auch die Verfahren der Wissenschaften Genie, also künstlerische Begabung verlangen.[17]

Es geht hier – wohlgemerkt – nicht um Erfindungen irgendwelcher Art. Was einer Findung nicht gegeben, sondern als zu *Er*findendes *auf*gegeben ist, ist (in des Novalis Worten) ein ›absoluter Grund‹. Nur er könnte unserem hinfälligen Leben und seinen unsicheren Überzeugungen Halt geben. Aber ein solcher Grund ist im Wortsinne Fiktion: (Er-)Dichtung.

Nun muss ich meine Skizze mit einigen raschen Strichen vollenden. Mit der Bestimmung der Grund-Suche als Erfindung fällt dem Verfahren der Künste eine Schlüsselrolle zu. Sie haben den Auftrag, ein mit Mitteln rationaler Begründung ungreifbares Letztes indirekt uns zu vergegenwärtigen. Und diese hohe Bestimmung haben sie lange behalten, bevor Arthur C. Danto das Ende der Invention und den Ausverkauf der Innovation verkündete (Danto 1993). Wir vergessen zu schnell, was der Ausdruck ›Kunstreligion‹ in seiner Zeit eigentlich meinte und mit welch priesterlichem Selbstverständnis nicht nur die Symbolisten (bis hin zu Stefan George), sondern sogar die provokativen Expressionisten und Surrealisten, ja noch Joseph Beuys ihre Produktion verstanden. Für Autoren der Kritischen Theorie – allen voran Adorno – ist es die fiktive Welt der Kunst, in welche sich die letzten und einzigen verallgemeinerungsfähigen Ansprüche einer insgesamt und unrettbar verblendeten Menschheit gerettet haben. Heidegger oder Derrida versuchen die Philosophie selbst um die Sprache der Kunst zu erweitern, ja in dieselbe münden zu lassen. Selbst Wittgenstein wollte den *Tractatus* als literarisches Kunstwerk verstanden wissen, in welchem das Gesagte den Raum des Unsagbaren ausspart, der aber die eigentliche Botschaft des Werks darstellt (Frank 1999; vgl. im vorliegenden Band Text 5).

17 Hoffbauer verteidigt diesen Standpunkt, ausdrücklich gegen Kant, in seiner Abhandlung »Ueber das Genie und die Fähigkeit des Kopfs« (in: Hoffbauer 1810c, 101-113, hier: 102 [ff.]). Freilich hatte schon Kant in der *Logik* »[d]ie analytische Methode [...] die Methode des *Erfindens*« genannt (*AA* IX, Anm. zu § 117, 149).

Und als »Darstellung des Undarstellbaren« – des eigentlichen Grundes unseres bewussten Lebens – wollte schon Novalis die Kunst verstanden wissen (*NS* III, 685, Nr. 671). Anderswo notiert er:

Vom Unerreichbaren, seinem Carakter nach, läßt sich keine Erreichung denken – es ist gleichsam nur der idealische Summenausdruck der ganzen Reihe und mithin [nur] scheinbar das lezte Glied - der Typus jedes Glieds, von jedem Gliede indicirt. [...]

[Darum sind d]ie höchsten Kunstwerke [...] schlechthin *ungefällig* – Es sind Ideale, die uns nur approximando gefallen können – und *sollen* – ästhetische Imperative (ebd., 413, Nr. 745; Nr. 748).

Oder:

Wenn der Caracter des gegebenen Problems Unauflöslichkeit ist, so lösen wir dasselbe, wenn wir seine Unauflöslichkeit [als solche] darstellen (ebd., 376, Nr. 612).

Durch die un*aus*deutbare Sinnfülle des Kunstwerks, meint er, spricht zu uns – allegorisch (also auf Deutsch: etwas anderes meinend, als es oberflächlich sagt) – dasjenige, was wir nicht in die Helle des Begriffs und der Eindeutigkeit rücken können. Es ist das »Räthsel unseres Daseins« (*TS* 11, LXXXIX, XC); »unerschöpflich« soll das Kunstwerk sein: »wie ein Mensch« (*NS* III, 664, Nr. 603). So steht die Kunst der Wahrheit bei, dass das Wesentliche, was es über uns Menschen zu sagen gibt, dasjenige, das unseren gebrechlichen Überzeugungen einen Halt geben würde, nicht als ein Besitz zu haben ist. Darum werden Romantiker von der »Sehnsucht« umgetrieben – Sehnsucht ist schließlich ein Zustand des Nichthabens, des Nichtbesitzens (*KA* XVIII, 418, Nr. 1168; 420, Nr. 1200). Wir können uns dem Ersehnten nur in ›unendlicher Annäherung‹ (»approximando«) entgegenarbeiten. Wer wollte hier nicht eine gewisse Sympathie mit Poppers Polemik gegen Newtons »Hypotheses non fingo« sehen, zumal sein Hauptwerk das Distichon aus den *Dialogen* des Novalis als Motto trägt: »Hypothesen sind Netze, nur der wird fangen, der auswirft. / Ward nicht America selbst durch Hypothese gefunden? / [usw.]« (*NS* II, 668, Z. 26 f.). Die nämliche Verheißung gibt uns das Kunstwerk, das eben darum und darin »ungefällig«, imperativisch fordernd ist, dass es uns kein Resultat in die Hände drückt, sondern in Agitation versetzt: in eine unbestimmte Strebung nach einem Grund, wie ihn Agathe in

Musils *Mann ohne Eigenschaften* so verzweifelt sucht und nicht findet (Frank 1983).

Um die Zeit, da Novalis seinen Gedanken über die Unendlichkeit, das heißt die Unmöglichkeit der Philosophie-als-Wissenssuche, notierte, bekam er Besuch von »Forberg in Jena, der eben nach langer Unterbrechung unserer Freundschaft, mir ein Herz voll Zärtlichkeit für mich zeigte« (*NS* IV, 187, Z. 23-25). Der hatte – wie gesagt – mit ihm zusammen bei Reinhold studiert. Offenbar war Forberg so angetan von Novalis' Formulierung, mit der ich den I. Abschnitt meines Textes begonnen hatte, dass er ein Jahr später in seinen *Briefen über die neueste Philosophie* schrieb:

Also so etwas, wie ein letztes Darum, ein letzter UrGrund ist, werde ich suchen müssen, um die Foderung meiner Vernunft zu erfüllen.

Wenn denn aber so ein letzter UrGrund unmöglich zu finden [...] wäre? –

So würde weiter nichts daraus folgen, als daß die Foderung meiner Vernunft auch niemals völlig zu erfüllen wäre – daß die Vernunft [...] ihre Forschungen ins Unendliche fort[...]setzen [müßte], ohne sie in Ewigkeit zu Ende zu bringen. Das Absolute wäre dann weiter nichts, als die Idee einer Unmöglichkeit [...].

[Aber] ist ein unerreichbares Ziel darum weniger ein Ziel? Ist die Aussicht gen Himmel weniger entzückend, weil sie immer nur – *Aussicht* bleibt? (Forberg 1797, 66 f.)

3. »Wechselgrundsatz«

Friedrich Schlegels philosophischer Ausgangspunkt

Bernhard Böschenstein zum 65. Geburtstag

Zwar ist die Frühromantik-Forschung der letzten zwei Jahrzehnte über die (im verurteilenden wie im rühmenden Sinne) stimmungsvollen und vagen Berichte hinausgekommen, die die frühere Literatur zum Thema kennzeichnen. Das gilt auch für die Aufklärung des philosophischen Werks ihres Hauptvertreters Friedrich Schlegel. Dennoch bedurfte es der grundstürzenden Einsichten in die philosophische »Konstellation« an der Universität Jena während der entscheidenden Jahre 1789 bis 1796 (Henrich 1991, 1992, 2004), um kommender Forschung ein wirklich tragfähiges Fundament zu legen. Das Jahr 1789 darf dabei als *terminus a quo* zählen, war es doch nicht nur der Höhepunkt von Carl Leonhard Reinholds Lehrtätigkeit in Jena (und damit des kometenartigen Aufstiegs einer kantisch-idealistischen Philosophie daselbst), sondern auch das Erscheinungsjahr zweier Werke, die das Gesicht der Philosophie dieser Epoche grundlegend verändert haben: Reinholds *Versuch einer neuen Theorie des menschlichen Vorstellungsvermögens* und Friedrich Heinrich Jacobis in zweiter Auflage stark erweitertes und verändertes Hauptwerk *Ueber die Lehre des Spinoza. In Briefen an Herrn Moses Mendelssohn.*[1] Den *terminus ad quem* liefert das Jahr 1796. Denn mit dem Abschluss der sogenannten *Fichte-Studien* des Novalis und den ersten Niederschriften von Friedrich Schlegels *Philosophischen Lehrjahren* im Herbst 1796 ist die Abwendung von dem durch Reinhold und Jacobi begründeten, von Fichte zur Vollendung geführten Philosophieren aus oberstem Grundsatz endgültig besiegelt. Was folgte, war vertiefte methodische Durchdringung und geduldige Ausarbeitung.

1 Wie beide Schriften zusammenwirkend das Paradigma einer Philosophie aus oberstem Grundsatz (und letztlich aus der Evidenz des Selbstbewusstseins) herbeiführen konnten, ist Gegenstand von Henrichs Studie (1989).

I.

Aus der Kenntnis der Münchener Konstellationsforschung, aber auch durch die Recherchen und Editionen des Herbert-Forschers Wilhelm Baum[2] fällt nun ein völlig neues Licht auf die philosophischen Anfänge Friedrich Schlegels. Der war am 6. August 1796 nach Jena gezogen,[3] hatte in persönlichem Verkehr mit Fichte gestanden und war Mitarbeiter geworden an Niethammers *Philosophischem Journal*: dem damals maßgebenden Forum der zeitgenössischen Diskussionen über Möglichkeiten und Grenzen eines Philosophierens aus oberstem Grundsatz. Schlegel wohnte anfangs eine Weile im Hause der reichen Witwe des Kirchenrats Döderlein (geb. von Eckardt), die Niethammers Frau wurde, und kam auf die Weise in ziemlich intensiven persönlichen Kontakt auch zu Niethammer. Mit diesem hatte er schon seit der Dresdener Zeit (November 1795) korrespondiert (vgl. Nr. 128, 147-149 des Briefwechsel-Bandes *KA* XXIII sowie Nr. 6 und 65 von Bd. XXIV).[4] Im Mai 1796 hatte Friedrich Schlegel gegenüber seinem Bruder Wilhelm noch sehr abschätzig über Niethammer geurteilt (*KA* XXIII, 302),[5] das Urteil dann aber unter dem Einfluss der persönlichen Bekanntschaft ebenso entschieden widerrufen (vgl. Schlegels Brief an Christian Gottlob Heyne vom 24. Februar 1797 [*KA* XXIII, 348]).

Zwar hat Schlegel Niethammer (neben Reinhold, Erhard, Krug und Fries) – mit einem Ausdruck, den Niethammer in der Ankündigung zu seinem Journal selbst eingeführt hatte – »[r]egressive Tendenz der Hyperkritiker« vorgeworfen (*KA* XVIII, 19, Nr. 4), weil sie

2 Franz de Paula von Herbert (1759-1811) war der gute Geist des Reinhold-Kreises: Aufklärer, Demokrat und ständiger Helfer mit Geldmitteln, die er aus seiner Fabrik erwirtschaftete. Ohne ihn hätte das Band, das so verschiedenartige Charaktere wie Carl Leonhard Reinhold selbst, Johann Benjamin Erhard, Friedrich Immanuel Niethammer, den dänischen Dichter Jens Baggesen und Novalis in lebenslanger Freundschaft vereinigte, keinen Bestand gehabt (Baum 1989, 1990a, 1990b, 1995).

3 Und hatte dort bis zum 3. Juli durchgängig gewohnt.

4 Als die räumliche und persönliche Nähe beider in Jena abbricht, taucht Niethammers Name doch regelmäßig in Schlegels Briefen und philosophischen Notizen auf (vgl. die Personenregister der Bde. XXIII, 543; XXIV, 481; XIX, 603).

5 Niethammer hatte Schlegels *Republikanismus*-Essay trotz mehreren Nachbesserungen durch den Autor abgelehnt, offenkundig nicht aus Gründen mangelnder Qualität, sondern wegen seines politischen Radikalismus und seines frechen Tons gegen einige Größen der Zeit, wie vor allem Schiller.

sich Kant wie »ein Amulett der Wahrheit« umgehängt (ebd. 19, Nr. 1), nur Kants »Buchstaben« (*KA* VIII, 27), aber nicht »den Geist des großen Meisters selbständig angeeignet« hätten und, »wenn die Königsberger Post einmal verunglückte, leicht einige Wochen ohne Wahrheit sein« dürften (*KA* II, 180, Nr. 104; vgl. XVIII, 21, Nr. 34). Aber auch gegen die Verächter des Buchstabens richtet sich Schlegels Spott: »Niemand kennt wohl eigen[tlich] den Geist der K[anti]schen ϕ [Philosophie] weniger als d[ie] neusten Geistianer« (XVIII, 36, Nr. 191). Damit sind nicht die unselbstständigen Altkantianer gemeint, sondern die neuen vornehmen Geist-Philosophen, die den Buchstaben von Kants Texten bis zur Peinlichkeit ignorieren (*KA* XVIII, 5, Nr. 15) – wie Fichte und Schelling, der zuerst in seiner *Allgemeinen Uebersicht der neuesten philosophischen Literatur* vom ›Geist‹ in einem absoluten Sinne zu sprechen begonnen (*SW* I, 1, 366 ff.) und sich insofern als einer der ›neuesten Geistianer‹ vorgestellt hatte. Jedenfalls hat Schlegel seine Ironie nicht nur nicht gehindert, auch das Gute an Niethammers antigrundsatzphilosophischer und antidogmatistischer Wende zu sehen, sondern er hat diese ausdrücklich begrüßt. Die Vorarbeiten zu seiner »Rezension der vier ersten Bände von F. J. Niethammers *Philosophischem Journal*« (*KA* VIII, 12-32)[6] gehen auf den Herbst und Winter zurück, als Schlegel durch die philosophisch aufgeladene Atmosphäre in Jena »gewaltig in die Spekulation geraten«, aber auch »über die Hauptsache so ziemlich aufs Reine« gekommen war (*KA* XXIII, 343; vgl. ebd., 339 f.). Die Frucht dieser *Spekulation* ist uns, außer in der Rezension, die Schlegel sein »*Debut* auf dem philosophischen Theater«[7] genannt hat, in den ersten Abteilungen und den ersten beiden ›Beilagen‹ der *Philosophischen Lehrjahre* erhalten. In ihnen, die Schlegel offenbar mit Novalis durchgesprochen, ihm jedenfalls aber zur Durchsicht geschickt hat,[8] findet sich der alles Spätere prägende

6 Darin wird Niethammers programmatischer Eröffnungsaufsatz zwar kritisiert. Doch richtet sich Schlegels Haupteinwand am Schluss gegen die Überzeugung derjenigen, die meinen, Philosophie sei (nach Fichte) schon auf dem Niveau einer wirklichen Wissenschaft angelangt.

7 Brief an Novalis vom 5. Mai 1797 (*KA* XXIII, 363). Der hatte die Rezension am 3. Mai scharf kritisiert (ebd., 360 f.). Schlegel meint mit ›Debut‹ natürlich sein *publizistisches* Debut (die Rezension erschien in den Nrn. 90 bis 92 vom 21. bis 22. März 1797 in der Jenaer *Allgemeinen Literatur-Zeitung*, Sp. 713-735); denn die Notizen der *Philosophischen Lehrjahre* beginnen ja ein halbes Jahr früher.

8 Vgl. Schlegels Brief an Novalis vom 1. Dezember 1796 und Novalis' Antwort vom

eine und originelle Grundgedanke Friedrich Schlegels. Er ist durch die Namen ›Wechselerweis‹ oder auch ›Wechselgrundsatz‹ bezeichnet. Die bisherige Forschung, Ernst Behlers Einleitungen zu den philosophischen Schriften der Kritischen Ausgabe abgerechnet, wusste entweder gar nichts von ihm oder hat ihn auf eine beiläufige und verblasene Weise referiert, die zumal über den grundsatzkritischen Kontext uninformiert war.[9]

II.

Um ihn angemessen in den philosophischen Diskussionszusammenhang der Epoche einzuordnen, muss man wissen, dass Schlegels Umdenken über Niethammer im Zusammenhang steht mit einer wichtigen Konversion innerhalb seines eigenen Denkens.[10] In seinen antikenwissenschaftlichen und ästhetischen Arbeiten der Jahre 1794 bis zum Frühling 1796, ja eigentlich bis zum Sommer 1796, als er mit Novalis über ›Fichtes Ich‹ diskutierte (*KA* XXIII, 340, 343), hatte er sich ganz vorbehaltlos, ja mit Emphase auf Fichtes Gedanken einer Ableitung aus unbezweifelbarem Prinzip verlassen. Im Gedanken des absoluten Ichs sah er das »Fundament«, auf das sich ein »objective[s] System der praktischen und theoretischen Wissenschaften« bauen lasse (*KA* I, 357 f.). Selbst die Geschichte erhalte – entgegen Kants Zweifel – aus diesem »erste[n] Grundsatz« »eine feste *Grundlage,* und eine sichre *Richtschnur*« (ebd., 624, vgl. 629-631). Es werde möglich, »alle reinmenschlichen Taten« aus aprorischen Gesetzen zu deduzieren. Die »Universalgeschichte« erhalte den Sta-

1. Januar 1797 (*KA* XXIII, 339 f.; vgl. Behlers Kommentar zu Nr. 175, S. 516, Anmerkungen 1a und 2).

9 Auch meine eigenen früheren Frühromantik-Publikationen, die immerhin die besondere Bedeutung der Grundoperation mit dem ›Wechselerweis‹ erkannt hatten, sind von dieser Kritik nicht ausgenommen. Es war ein Hauptfehler aller bisherigen Forschung, die Aufzeichnungen Schlegels nicht chronologisch zu diskutieren, sondern sich Querbeet-Belege aus Fragmentensammlungen ganz verschiedener Phasen herbeizuholen. – Die Forschungslage wird sich revolutionieren durch den Druck der ausgearbeiteten Fassung von Guido Nascherts Dissertation (2001).

10 Ich verdanke wichtige Anregungen zur Wahrnehmung von Schlegels Wende, aber auch zur Einsicht in die Struktur des ›Wechselerweises‹ der herausragenden Seminararbeit von Guido Naschert (1995).

tus einer ebenso festgegründeten Wissenschaft, wie es die reine Naturwissenschaft sei. Und selbst die Wissenschaft des Schönen, dessen begriffliche Beherrschbarkeit Kant so wirkungsvoll bestritten hatte, lasse sich kraft Fichtes Grundsatz als eine Disziplin mit strengem Objektiväts- und Allgemeinheitsanspruch betreiben (vgl. ebd., 208, 211, 227; *KA* XVI, 3-31). Schlegel sah sich hinsichtlich einer Theorie der Menschheitsgeschichte als kommenden Newton wie auch in Bezug auf die Ästhetik als deren »poetische[n] Euklides« (*KA* VIII, XCVI; vgl. *KA* II, 113).

Von diesem grundsatzphilosophischen Fichteanismus beziehungsweise Reinholdianismus hat sich Schlegel nun im August oder September 1796 – unter dem Einfluss Niethammers und seines Freundes Novalis[11] – jäh abgewandt. Das zeigen bereits die allerersten philosophischen Notizen aus dem Jenaer Herbst 1796. Im 66. Lyceumsfragment von 1797 urteilt Schlegel rückblickend über die Versuche der Jahre 1794 bis Anfang 1796:

> Die revolutionäre Objektivitätswut meiner frühern philosophischen Musikalien hat etwas weniges von der Grundwut, die unter Reinholds Konsulate in der Philosophie so gewaltig um sich griff (*KA* II, 155, vgl. ebd., 147 f., Nr. 7).

Das Zitat zeigt schlagend Vertrautheit mit der Diskussionskonstellation, in der Reinholds und Fichtes Grundsatzphilosophien für unglaubwürdig und für überholt angesehen werden konnten. Damit gewinnt Schlegel spät, aber entschieden Anschluss an die antifundamentalistischen, ja skeptischen (*KA* XVIII, 12, Nr. 94) Überzeugungen, die sich im Reinhold-Schülerkreis um Erhard, Herbert und Niethammer schon im Sommer 1792 gebildet und durch Fichtes Berufung nach Jena nur neuen Aufwind bekommen hatten. Schlegel nennt Reinhold den »erste[n] unter d[en] Kantisch[en] Sophisten«. Er habe »das Mißverste[he]n gestiftet«, indem er die »Grundsucher[ei]« aufbrachte (*KA* XVIII, 19, Nr. 5).

11 Novalis hatte sich schon im Herbst 1795, zweifellos ebenfalls unter dem Einfluss Erhards, Herberts und Niethammers, von der Grundsatzphilosophie abgewandt (Frank 1994, 1998a [Vorl. 30-33]).

III.

Schlegels Aufzeichnungen des Herbstes 1796 beginnen mit einer Klassifikation philosophischer Ansätze, deren Einseitigkeit er verwirft: Mystizismus, Skeptizismus und Eklektizismus/Empirismus. Die Einteilung folgt derjenigen der kantischen Quantitäts-Kategorien: Einheit, Vielheit, Allheit: Der Mystiker setzt einen Widerspruch, der Empiriker viele, der Skeptiker alle. Der Mystiker ertränkt die Differenziertheit der Wirklichkeit in einer dem Bewusstsein unzugänglichen Ur-Einheit und kümmert sich nicht um das Gebot der Mitteilbarkeit philosophischer Gedanken; der Skeptiker bestreitet auf eine sich selbst widersprechende Weise die Möglichkeit von Wissen überhaupt (hat allerdings mehr »philosophischen Geist« als seine Konkurrenten [ebd., 9, Nr. 58]); der Eklektizismus wählt aus den Feldern möglichen Wissens mutwillig das empirische und bleibt in der Froschperspektive des gesunden Menschenverstandes befangen. In Schlegels ›kritischer Philosophie‹ sollen die Einseitigkeiten dieser drei ›Dogmatismen‹ überwunden sein: »Der *Kritizism* ist eine Synthesis der falschen (und einseitigen) Philosophien« (*KA* XVIII, 14, Nr. 112).

Interessant ist nun, dass Schlegel Jacobis und Fichtes Standpunkt mit dem Mystizismus identifiziert. Der Mystizismus setzt sich blind über die kantische Grenzlinie der Erkennbarkeit hinweg. In einer klaren Anspielung auf die VII. Beilage der Zweitauflage von Jacobis Spinoza-Büchlein notiert er: »Erkennen bezeichnet schon ein bedingtes Wissen. Die Nichterkennbarkeit des Absoluten ist also eine identische Trivialität« (*KA* XVIII, 511, Nr. 64; vgl. 512, Nr. 71: »Das Absolute ist indemonstrabel«). Damit wird einer Philosophie, die ihr Höchstes in einem Wissen sichern will, so vor allem Fichtes absolutem Idealismus, radikal widersprochen. Schlegels Gegenvorschlag zur Anmaßung eines absoluten Wissens (oder Jacobischen Gefühls) nimmt eine progressive Hinausschiebbarkeit der Wissensgrenze an: Wir können zwar keine positive (demonstrative, intuitive) Kenntnis vom Absoluten gewinnen. So etwas zu glauben wäre eben ›Mystizismus‹: das »[Trachten] nach absoluter Einheit« (7, Nr. 40), nach vollständiger »Identität d[es] Subjekts und Objekts« (8, Nr. 42). Absolute Einheit des Bewusstseins mit dem Bewussten ist mit den Bedingungen der Bewusstnahme aber unverträglich (511, Nr. 64). Darum »endigen [die Mystiker] mit dumpfem Hinbrüten in s[ich]. selbst« (4, Nr. 6). Auch Fichtes Wissenschaftslehre erfüllt die Definition des Mystizismus: Willkürliches Setzen eines Unerkennbaren und ›absolut Zufälligen‹ als Ausgangspunkt (31, Nr. 127), Verzicht auf intersubjektive ›Mitteilbarkeit‹[12] (4, Nr. 7), Missachtung der kritizistischen Erkenntnisgrenzen: »Auch in der WL. [Wissenschaftslehre] muß die Methode *kritisch* sein; das ist Fichte nicht« (8, Nr. 52). »Was Fichte als ausgemacht und s[ich]. von selbst verstehend voraussetzt, kann man fast immer ganz dreist widersprechen« (31, Nr. 126).

Zwar ist der »Mystizism[,] der *Abgrund* in d[en] alles versinkt« (3, Nr. 4), noch »die nüchternste und solideste aller Rasereien« (5, Nr. 13), doch aber eine Form des Dogmatismus (5, Nr. 10). So geriert sich der ›neuere Mystiker‹ Fichte wie der »*Pabst* in s[einem]. Gebiethe, und hat d[ie] unfehlbare Macht, Himmel und Hölle durch s[einen]. Schlüssel zu öffnen und zu schließen« (3, Nr. 2). Daher Fichtes arrogante Abweisung aller »Leute«, die ihm nicht auf Gedeih und Verderb folgen wollen und denen er »immer bücherlang [sagt], daß er eigent[lich] nicht mit ihnen reden wolle noch könne« (37, Nr. 200).

Der Mystizismus ist darum keine gangbare Alternative zur kritischen Philosophie. Diese bleibt dem Skeptizismus darin sympathetisch verbunden, dass sie kein durch Evidenz gesichertes Prinzip annimmt, kraft dessen unsere fehlbaren Überzeugungen gewiss würden. Die Fehlbarkeit kann aber auch als Nichtendgültigkeit unseres jeweiligen Wissensstandes interpretiert werden. Und dann eröffnet sich eine Aussicht auf den Wissenszuwachs. Schlegel interpretiert ihn als ›Progression‹ oder als ›unendliche Approximation‹. Anders gesagt: Die mangelnde Endgültigkeit unserer Kenntnisse hindert uns nicht daran, im Gegenteil, sie erlaubt uns, kognitive Fortschritte zu machen. So beginnt jenseits der aktuellen Wissensgrenze nicht sogleich der Raum des Unerkennbaren oder Sinnlosen. Wir befinden uns vielmehr immer zugleich diesseits und jenseits der Grenze (*KA* XVIII, 521, Nr. 23; ähnlich XIX, 120, Nr. 348).

Wir sind immer in irgendeinem Zustand relativer Selbstidentität

12 Vgl. *KA* 505, Nr. 4: »Der konsequente Mystiker muß die *Mittheillbarkeit* ALLES!!! [sic!] *Wissens* nicht bloß dahin gestellt seyn lassen: sondern gradezu läugnen.« Die Kritik an der Missachtung der Mitteilbarkeit zieht sich durch die ganze Frühzeit der *Philosophischen Lehrjahre*, zum Beispiel 9, Nr. 54; 10, Nr. 72; 14 f., Nrn. 109 f., 113 f.; 19, Nr. 9; 509, Nr. 39; 514, Nr. 95; 515, Nr. 98; 519 f., Nr. 20.

(als eines verhältnismäßig geschlossenen Wissenszustands), und diesen Zustand haben wir (als unsere Vergangenheit) immer schon in Richtung auf eine Zukunft überschritten. Dem Bewusstsein der Relativität jeder Bindung und Fixierung – wie sie zum Beispiel in den punktuellen Vereinigungen des »Witzes« gelingt – antwortet die »Ironie«, die das mit sich Einige »allegorisch« an das Unendliche verweist, seine Vorläufigkeit und Unvollständigkeit entlarvend (vgl. im vorliegenden Band Text 4 und Frank 1989a, 287 ff.).

Das wird Schlegels Lösung sein. Aber wir wissen noch nicht, wie er zu ihr gelangt. Daraus, dass wir die Einheit von Einheit (ἕν) und Fülle (πᾶν) nicht zumal, nicht im Nu darstellen können, folgt nicht, dass wir uns dauerhaft in einem der beiden Momente einrichten könnten. Der Lebensfluss treibt uns aus relativer Einheit beständig in Richtung auf relative Fülle; kein Bewusstsein begreift beide Glieder zugleich in sich. Welche philosophische Methode kann diesem ungleichzeitigen Sowohl-als-auch gerecht werden?

IV.

»In meinem System«, erklärt Schlegel im Herbst 1796, »ist der letzte Grund wirklich ein *Wechselerweis.* In Fichte's ein Postulat und ein unbedingter Satz« (*KA* XVIII, 520 f., Nr. 22). Die wechselseitig sich stützenden Sätze, an die Schlegel hier denkt, werden an einigen Stellen wie folgt identifiziert: »Das *Ich setzt sich selbst*« – das wäre der unbedingte Satz – und »*Ich soll sich setzen*« – das wäre das Postulat (zum Beispiel ebd., 36, Nr. 193). Schlegel sagt dort:

> Das *Ich setzt sich selbst* und das *Ich soll sich setzen* sind wohl mit nichten abgeleitete Sätze aus einem höhern; einer ist so hoch wie der andre; auch sind es zwei Grundsätze, nicht einer. Wechselgrundsatz.

Das Fragment findet sich in einer Sammlung von Aufzeichnungen über den »Geist der Fichtischen Wissenschaftslehre« (von 1797 bis 1798) (ebd. 31 ff.). Es spricht interessanterweise nicht mehr von ›Wechselerweis‹, sondern geradezu von einem ›Wechselgrundsatz‹ (*KA* XVIII, 7, Nr. 36; 36, Nr. 193; 505, Nr. 2; 518, Nr. 16; 520 f., Nr. 22). Und der an der Fichteschen *Wissenschaftslehre* bemerkte Mangel scheint darin zu bestehen, dass diese glaubte, mit *einem* der Sätze als Grundsatz auskommen zu können. Tatsächlich gibt es aber »[i]n

Fichte's [System] ein Postulat *und* ein[en] unbedingte[n] Satz« (521, Nr. 22 [von mir kursiviert]). Das sind sozusagen *zwei* Grundsatz-Kandidaten und nicht nur – wie es sich doch für eine Philosophie aus höchstem Prinzip schickte – *einer*. Wäre einer von ihnen für sich selbst evident *und* außerdem für die Begründung der Philosophie hinreichend, bedürfte es keines Wechselerweises. Das bedeutet, dass Schlegel Fichtes Einsatz mit dem alleinigen Grundsatz ›Das Ich setzt schlechthin sich selbst‹ nicht mitmacht; denn dieser Satz trägt sich nicht selbst. Er gibt sich als eine Evidenz (also eine *theoretische* Einsicht), während doch gilt, dass »[d]as Absolute selbst [...] indemonstrabel« (512, Nr. 71), ja ›nicht erkennbar‹ ist (511, Nr. 64).[13] Ein solcher Anfangssatz wie der *Ich bin* (wohlbemerkt: ausgesagt über ein Absolutum) ist (wie Fichte das in der »Grundlage der Wissenschaft des Praktischen« ja selbst demonstriert), an die Praxis zu verweisen und wird erst von ihr her ganz verständlich. Man kann das auch so formulieren: Der Grundsatz, den der erste Paragraph der *Wissenschaftslehre* aufstellt, trägt sich geradeso wenig, wie Carl Christian Erhard Schmid und Carl Immanuel Diez das dem Reinhold'schen nachgewiesen hatten (Frank 1995, 180, Anm. 14; Lazzari 2004, 254 f.; Henrich 2004): Er macht Voraussetzungen, die erst im praktischen Teil der *Wissenschaftslehre* aufgeklärt werden können (*KA* XII, 340). Vor der Kenntnis des dritten Teils der *Wissenschaftslehre* (den Fichte zu Beginn seiner Vorlesungen in Jena noch nicht ausgearbeitet, ja wohl nicht einmal konzipiert hatte) war diese Wendung nicht absehbar. Wenn Hölderlin am 26. Januar 1795 an Hegel schreibt, er habe aus dem bisher Gehörten den Eindruck, Fichte wolle ›über das Faktum des Bewusstseins *in der Theorie* hinaus‹ – ein offenbar ›transzendentes‹ Beginnen[14] –, so gibt er da einen

13 In dieser Phase assoziiert Schlegel die Prätention aufs Erkennen des Transzendenten noch frech mit der ›Mystik‹ oder auch mit der ›Theologie‹/›Mythologie‹. Zwei Beispiele: »Die Lehre von *Einem* Grundsatz, *Fundament d[es] menschlichen Wissens* gehört zur systemat[ischen]. Theologie« (*KA* XVIII, 101, Nr. 868; der Ausdruck ›Theologie‹ ist hier noch pejorativ besetzt; vgl. 103, Nr. 886: »Theologie ist ein widersprechender Begriff – es giebt keine Wissenschaft von Gott«). »Das absolute Setzen und das Setzen des Absoluten ist Charakter der μ [Mythologie]« (108, Nr. 945). Noch in der Nachschrift der Jenaer Transzendentalphilosophie vom Winter 1800/01 heißt es: »*Der Begriff des Unendlichen ist transcendent*« (*KA* XIII, 28, 8).

14 Den Vorwurf des ›Transcendentismus‹ gegen Fichte kennen wir aus Niethammers Ankündigung und aus dem Vorbericht des *Philosophischen Journals.* Schlegel hat ihn vielfach wiederholt (auf besonders aufschlussreiche Weise in *KA* XII, 293 f.),

Eindruck wieder, den viele Hörer hatten. Auch Hölderlin argumentiert mit der Unerkennbarkeit des absoluten Ichs, das ›wenigstens für uns nichts‹ sein könne. Ganz ähnlich sagt Schlegel, »die Gränzen der Erkennbarkeit [seien] noch gar nicht bekannt, wenn [nur] das *theoretisch Absolute* gesetzt wird« (521, Nr. 23 [Hervorhebung M. F.]). Das theoretisch Absolute ist in dem Satz ›Ich bin‹ (oder ›Ich setzt schlechthin sich selbst‹) ausgedrückt. *Wäre* dieser Satz ein sich selbst durch Evidenz tragender Grundsatz, so bedürfte er nicht der Stützung durch den *praktischen Satz*: ›Ich soll sein.‹ Indem diesem eine Begründungsaufgabe zugeschrieben wird, die der Satz ›Ich bin‹ nicht leisten kann, wird auch »[d]ie Behauptung (gegen Schelling und Fichte), *daß alles Setzen jenseits der Gränzen der Erkennbarkeit* transcendent sey«, widerlegt (ebd.). Denn jetzt wird dieser Satz an eine Idee verwiesen, aus der er eines Tages verständlich werden wird (freilich auch dann, genaugenommen, nie in der Weise des ›Erkennens‹).[15]

aber meist ohne Bitterkeit, sondern mit Humor. Etwa in einem Fragment von 1797: »Fichte ist doch eigent[lich] wie d[er] Besoffne, der nicht müde wird[,] von d[er] einen Seite auf das Pferd zu steigen und darüber transcendirend herunter zu fallen« (*KA* XVIII, 32, Nr. 138).

15 Auch sonst hat Schlegel dem Satz ›Ich bin‹ Kontingenz (statt der von Fichte reklamierten Notwendigkeit) vorgeworfen. Sein – im Sinne von Existenz – ist immer etwas Erfahrungsgestütztes, insofern Unnotwendiges. ›Schlechthinnige Gesetztheit‹ ist eben, nach Kants Sprachregelung, mit existentiellem ›Sein‹ einerlei, und dieses mit ›Wahrgenommenwerden‹ (*KrV* A 225 f. = B 272 f.). Darum ist ›Ich‹ »etwas *absolut Zufälliges*« (*KA* XVIII, 31, Nr. 127; vgl. Nr. 128). Schlegel fragt sogar: »Ist das Setzen eines absolut Zufälligen nicht der reine, klare Emp[irismus]?« (ebd., Nr. 132; man kann in Schellings später *Darstellung des philosophischen Empirismus* [Fassung von 1836 in: *SW* I/10, 225-286] die bejahende Antwort auf diese Frage sehen). Ist nämlich das Sein des Ich – wie alle Existenz – etwas Ur-Zufälliges als ein Faktum, so bricht Fichtes Kritik an Reinhold und Schmid, über die ›Tatsachen des Bewußtseins‹ nicht hinaus und zum Akt der ›schlechthinnigen Setzung‹ gekommen zu sein, in sich zusammen. Vgl. 92, Nr. 759: »Fichtes erster Grundsatz hat noch sehr viel Reinholdisches; in d[er] Form *empiristisch.*« Auch sonst assoziiert Schlegel den setzenden/thetischen Charakter der Wissenschaftslehre (32, Nr. 140; 33, Nr. 144) mit Akten der ›Willkür‹, zum Beispiel 34, Nr. 166: »Das ›Ich thut a, weil es das thut‹ – dürfte nie vorkommen; denn das ist Willkühr nicht Freyheit« (stattdessen sollte es heißen: »Das Ich setzt sich nicht weil es sich setzt, sondern weil es sich setzen *soll;* das ist ein sehr großer Unterschied« [35, Nr. 176]). Da Fichte Mystiker ist (dogmatischer Verteidiger der dumpfen, ungelichteten Einheit), gilt: »Die reine Mystik ist durchaus thetisch« (86, Nr. 681).

Schlegel argumentiert aber nicht nur mit der unzureichenden Begründung des Anfangs als eines theoretischen Satzes (der allererst aus der Praxis voll einsichtig wird). Er macht auch geltend, dass der Gedanke ›Ich‹ darum kein Absolutum ausdrücken kann, weil er bestimmt ist (*KA* XII, 147 f.; XIII, 150). ›Er ist bestimmt‹ heißt: Er schließt anderes von sich aus (man muss »etwas *außer* demselben annehmen«). Insofern ist er nicht selbstgenügsam, sondern strebt nach immer vollständigerer Bestimmung:

> Und so würde das eine immer wieder zu anderem führen, bis ins Unendliche, ohne dadurch die Aufgabe befriedigend lösen zu können, da ja der Fehler im ersten Satz liegt und sich durch alle Subtilisierung nicht wegbringen läßt; es wird auf diese Art immer noch etwas, wäre es auch das feinste Atömchen, außer, neben und über dem Ich bleiben (ebd., $150,_{5}$).

Also auch darum kann der erste Satz der Fichte'schen Philosophie nicht für einen selbstgenügsamen Grundsatz gelten. Fichte selbst muss außer ihm noch einen weiteren annehmen: das Prinzip der Gegenwirkung, der limitativen Tätigkeit, des ›Anstoßes‹, welches das *bewusste* (und also schon beschränkte) Ich *sich selbst* auf keine Weise zuschreiben kann und also außer sich setzen muss: noch ein Argument für den Vorzug der Operation mit einem Doppel- oder Wechselgrundsatz.

Noch in der verworrenen Nachschrift der Vorlesung über Transzendentalphilosophie, die Schlegel vom 27. Oktober 1800 bis zum 24. März 1801 als philosophischer Privatdozent in Jena vorgetragen hat, sind die Grundlinien der Operation mit dem Wechselgrundsatz einigermaßen zu erkennen. Schlegel unterscheidet dort nämlich das, womit der Anfang der Philosophie gemacht werden müsse, von dem, wodurch die Philosophie hinreichend begründet werde. Und nur das Erste nennt er ›Princip‹, das Zweite ›Idee‹. Der Ausgangspunkt der Philosophie ist nur das erste Glied einer »unendlichen Kette, deren ursprüngliches oder erstes, so wie jedes Glied schlechthin *etwas Einzelnes* ist. Das Ursprüngliche heißt auch das *Primitive,* und der Gegensatz davon ist *Totalität*« (*KA* XII, 4). Der Beginn bei einem ersten und primitiven – aber eben einzelnen – Glied steht also noch nicht auf sicherem Grund.[16] Es werden »nur

16 Auch in den Kölner Privatvorlesungen von 1804/05 unterscheidet Schlegel den »Anfangspunkt für die Philosophie« als nur »provisorisch« von ihrem »Grund-

die Grundlinien, die ersten Prinzipien gegeben«; mehr zu geben ist gleich anfangs nicht möglich, »*weil die Anwendung unendlich ist*« (49),[17] das heißt durch einen Anfangssatz nicht beherrscht oder erschöpft werden kann. (Dass dies die richtige Deutung ist, bestätigt Schlegel dadurch, dass er ›unendlich‹ auch durch ›nicht vollendbar‹ übersetzt. Das erste Prinzip enthält also seine Konsequenzen epistemisch nicht *in nuce*.) So ist das Motiv zum Philosophieren nicht die gelungene Anschauung einer *omnitudo realitatis*, sondern im Gegenteil (wie bei Novalis) das ›Gefühl‹ eines Mangels, einer Unvollendung: »*ein Streben* nach Wissen« (3), eine »*Tendenz [...] aufs Absolute*« (4), »*ein Sehnen [...] nach dem Unendlichen*« (7 unten), und wie die vielen gleich lautenden Formulierungen heißen. Das Eine, von dem ausgegangen wird, tritt demnach in eine Spannung zum Ganzen. Und es ist das Gefühl einer anfänglichen Unganzheit (oder eines vom Gedanken des Ganzen ausgehenden Sogs), welches den Prozess des Philosophierens – als Sehnsucht nach Wissen – auslöst. So kann Schlegel also einerseits sagen, die Philosophie ergebe sich aus zwei ›Elementen‹: dem Bewusstsein, das wir von uns als unganzen (oder, was dasselbe besagt, endlichen) Wesen haben, und dem Unendlichen als dem, durch das wir uns zu ergänzen trachten (5, vorletzter Abschnitt). Dem entspricht die später nachgetragene Auskunft, die »Konstituzion der Philosophie« ergebe sich aus »zwey Grundbegriffe[n]« (48).[18] Vom Gefühl wird als dem Primitivsten ausgegangen (so drückt sich Schlegel aus [7; vgl. $355_{,1}$]). Es gibt

prinzip (wenn es übrigens ein Grundprinzip der Philosophie gibt) [...], wie das [nämlich ein solches ›nachzuweisen‹] wirklich in einigen wissenschaftlichen Einleitungen ist versucht worden« (*KA* XII, 110, 3). Auch dort beginnt die Philosophie grundsatzfrei »in der *Mitte*« (328, 299) – nämlich bei der »*Selbstanschauung*, als de[m] sichersten Anfangspunkt der Philosophie«. Der Anfangspunkt ist freilich – so wie früher ›Gefühl‹ – jetzt *nur* Anschauung, nämlich eines Mangels an Wissen der vollendeten Totalität.

17 So auch KA XII, 49 unten: Es werden »nur die Grundbegriffe, die ersten Principia, abgeleitet [...]. Die Anwendbarkeit ist dann unendlich.«

18 Er fügt zwar hinzu »und einem letzten Satz«, den er auch »Grundsatz« nennt, »wodurch wir die Philosophie selbst konstruirten« (48; vgl. auch 51 unten: »wir suchen zwey *Grundbegriffe* und einen *Grundsatz*«). Ich sehe nicht, wo Schlegel diesen Grundsatz aufgestellt hätte. Eingangs hatte er lediglich ›den Charakter der Philosophie‹ sehr vage bestimmt und dann eine Aufgabe derselben formuliert, nämlich ›den gemeinschaftlichen Mittelpunkt aller Prinzipien und Ideen zu suchen‹ (4 f.). Diese Bestimmungen ergeben sich aber einfach aus der Spannung zwischen den »beyden Pole[n, nämlich Bewußtsein und Unendlichkeit], um die sich alle Philo-

nichts Primitiveres (= Ursprünglicheres) als das Gefühl. Mag das Bewusstsein auch immer den Namen der ›intellektuellen Anschauung‹ tragen (17):[19] Es steht doch nicht für den Vollbesitz, sondern für das »*Minimum* der *Realität*«, demgegenüber »*das Unendliche* [...] das *Positive* oder *Maximimum* der *Realität*« ist. Auf diese paritätische Positionierung von Bewusstsein und Unendlichkeit kann Schlegel nun andererseits das Gedankenpaar des Einzelnen und des Ganzen abbilden (natürlich in Aufnahme des Spinoza'schen ἓν καὶ πᾶν [vgl. zum Beispiel 7, *passim*]). Drittens aber kann er den früheren Gedanken, die Philosophie werde nicht durch *ein* Prinzip, sondern ein *Wechsel*prinzip begründet, hier in Erinnerung bringen. Denn das Verhältnis des abgerissenen Einzelnen, von dem ausgegangen wird, und des Unendlichen, dessen Sog das anfängliche Bewusstsein erfährt, ist eben – so könnte man sagen – der Wechselerweis des Prinzips und der Idee:

> Ein Wissen von dem Ursprünglichen und Primitiven giebt uns *Prinzipien.* Und ein Wissen der *Totalität* giebt *Ideen. Ein Prinzip* ist also *ein Wissen des Ursprünglichen.* Eine Idee ist *ein Wissen des Ganzen* (4, vorletzter Abschnitt).

Man muss das wohl so lesen, dass das erste Wissen uns *nur* in Kenntnis der Ausgangspunkte setzt, die ja durch Defizienz ausgezeichnet sind. *Nicht* aber bringt es uns in Kenntnis des *Totum,* nach dem wir streben (oder uns sehnen). Das tut nur diejenige Kenntnis, die uns über das Begründungsdefizit des Ausgangspunkts belehrt; und das ist die vorgreifende Kenntnis der Ideen. Wir brauchen aber beides für die Philosophie. Denn das in sich abgeschlossene, das vollbestimmte Absolute wäre beides: Einheit des Einen *und* des Unendlichen, ἓν καὶ πᾶν (vgl. 20, Anm.; 25). Oder anders: erst in der unendlichen Annäherung ans (unerreichliche) Unendliche geschieht rückwirkend Begründung und Aufklärung des Ausgangspunktes.

Bestätigung für diese Deutung von Schlegels Konzeption des philosophischen Anfangspunktes findet sich dann später in den Kölner Privatvorlesungen von 1804/05. Hier wird geradezu gesagt, dass der »Anfangspunkt der Philosophie« nicht in einer positiven Kenntnis

sophie dreht« (5 unten) und die man mit den ›Wechselbegriffen‹ in den frühen Jenaer Notizen vergleichen könnte.

19 Obwohl die Operation mit einer intellektuellen Anschauung S. 355 unten ausdrücklich abgewiesen wird.

des Unbedingten bestehe, sondern in »der Unsicherheit einerseits der natürlichen Vernunfterkenntnis, und andrerseits der Erfahrung« (*KA* XII, 324). Dieser doppelte Mangel verpflichte die philosophische Methode »auf einen Mittelweg zwischen den höhern Quellen und der Erfahrung«, im Ausgang von einer vorbegrifflichen Selbst-«Anschauung« (da die Anschauung das relative Minimum in der Ausfaltung des Gedankens vom vollständigen und absoluten Ich sei [ebd.]). Wenig später sagt Schlegel: Gerade indem der Ausgangspunkt bei der Anschauung allenfalls »Gewißheit, aber kein Wissen« gebe (331,$_3$), »wirk[e] er auf die Wißbegierde; sie [die Anschauung] überzeugt uns von unserer großen Unwissenheit, macht sie uns fühlbarer [...]; [durch ihre Einwirkung auf die Wißbegierde] erhält [sie] durch die einzelnen vermehrten Beweise unserer Unwissenheit die kräftigsten Reizmittel zum Forschen und Stoff zum künftigen Wissen« (330,$_1$).

Schon in Schlegels Aufzeichnungen von 1796/97 geschieht diese Aufklärung »genetisch«, also progressiv (*KA* XII, 38) und, da sich das Prinzip der gesamten Wissenschaftslehre letztlich als eine *Idee* im kantischen Sinne erweist, nie endgültig. Das Ich ist nämlich nicht wirklich (wie Fichtes erster Grundsatz suggeriert) als Niederschlag einer ›Tathandlung‹ *gegeben*, sondern erweist sich als nur *aufgegeben,* als eine in der Folge erst zu lösende »Aufgabe« (7, Nr. 32).[20] Parallele Formulierungen aus den Kölner Privatvorlesungen von 1804/05 reden vom »Gegenstand der Philosophie« als der »positive[n] *Erkenntnis* der unendlichen Realität«. So bestimmt, sei »es leicht einzusehen, daß diese Aufgabe nie vollendet werden kann« (*KA* XII, 166).

Ist die Erkenntnis des Unendlichen selbst *unendlich,* also immer nur unvollendet, so kann auch die Philosophie als Wissenschaft nie geendigt, geschlossen und vollkommen sein, sie kann immer nur nach diesem hohen Ziele streben, und alle möglichen Wege versuchen, sich ihm mehr und mehr zu nähern. Sie ist überhaupt mehr ein *Suchen, Streben* nach Wissenschaft, als selbst eine Wissenschaft (ebd.).[21]

20 Das Fragment lautet *in toto*: »Postulirt man Wissenschaft und sucht nur d[ie] Bedingung ihrer Möglichkeit, so geräth man in d[en] Mysticism und d[ie] consequenteste[,] von diesem Standpunkte einzig mögliche Auflösung d[er]. Aufgabe ist – *das Setzen eines absoluten Ich* – wodurch Form und Inhalt d[er] absoluten Wissenschaftsl[ehre] zugleich gegeben wird.«

21 Vgl. ebd.: »Ist nun aber einmal die Erkenntnis des Höchsten das heiligste Bedürf-

Das hängt damit zusammen, dass sich das philosophierende Ich nicht in einer ursprünglich intellektuellen Anschauung präsentiert worden ist. Vielmehr hat es Kenntnis von sich nur als einer Idee im kantischen Sinne, mithin als einer Leere, die nach Ausfüllung sucht, oder als einem Auftrag, den keine Zeit und keine Tätigkeit je ausführen können. Das vollkommene »*Ich* bleibt immer, freilich nicht als eine deutliche Erkenntnis, sondern vielleicht als ein unauflösliches Rätsel, daher es auch immer nur eine Wahrscheinlichkeit ist« (330; vgl. 333 f.). So kommt – wie bei Niethammer, wie bei Novalis, Sinclair, Feuerbach oder Forberg – der unendliche Progress ins Spiel, mit dem ein Philosophieren aus der Gewissheit eines sich selbst absolut stützenden und gleich anfangs dargetanen obersten Prinzips verabschiedet ist. Wenn ›Deduzieren‹ heißt, ein Fundament für unsere Geltungsansprüche aufweisen, dann gilt für die Philosophie: »*Das Deduciren hat nirgends ein Ende[,] soll nirgends ein Ende haben*« (*KA* XVIII, 31, Nr. 129). Schließlich ist eine »Demonstration des Ichs« nicht nur nicht möglich, sondern wäre »auch gar nicht nötig zum Anfange der Philosophie« (*KA* XII, 331), da wir im präreflexiven Selbstbewusstsein eine »Gewissheit« (ebd., Z. 3) haben, die ohne Selbstwiderspruch von niemandem geleugnet werden kann (ebd., 2), die aber noch »kein Wissen« darstellt (ebd., 3). Es handelt sich bei der ursprünglichen Selbstanschauung näherhin um ein (Novalis'sches) »Selbstgefühl«. In ihm ist zwar das Ich gewiss; aber diese Gewissheit hat eben noch nicht den Status eines vollbrachten (oder demonstrativen) Wissens. Wissen impliziert Wahrheit, Gefühl nicht. So gibt es »eine ungeheuere Kluft zwischen Wahrheit und dem Gefühle« (335,3).

Das Selbstbewußtsein nennen wir in Zukunft immer *Empfindung,* als *ein in sich finden,* weil das *Ich* eigentlich nicht bewiesen, sondern *nur gefunden* werden kann. (334,2)

Das »Selbstgefühl« (oder »Selbstbewußtsein«), fügt Schlegel hinzu, liefere, »bezogen auf das Wissen und die Möglichkeit des Wissens, [... nur] die Gewißheit eines *Unbegreiflichen*« (333,5; vgl. 334,3).

nis des menschlichen Geistes, und ist diese vollendete positive Erkenntnis das höchste Ideal der Philosophie, so ist hiermit dem Philosophen, bei dem es mit dem Aufsuchen der höchsten Wahrheit ernst gemeint ist, die Aufgabe gegeben, sich diesem absoluten Ideale der Philosophie auf alle mögliche Weise zu nähern, und nach seiner Erkenntnis aus allen Kräften zu trachten.« (*KA* XII, 166).

> Das Rätsel des Selbstgefühls, welches uns immer begleitet, ist auch wohl die Ursache, warum sich bei nachdenklichen Menschen, wenn Philosophen gewisser Art alles erklären wollen, immer ein Zweifel erhebt und erhält. Sie fühlen es zu gewiß (wenn sie es auch vielleicht nicht aussprechen), daß es etwas Unbegreifliches gibt, da sie sich selbst unbegreiflich sind (334,$_1$).

Jacobis und Niethammers infiniter Begründungsregress der Wissenssuche oder »Wissbegierde« (als welche ›Philosophie‹ ja definiert ist) wird damit als alternativelose Realität des Philosophierens anerkannt, aber in einen unendlichen Progress umgedeutet. Im ›Ich als Idee‹ ist uns nämlich »ein Urbild« vorgestellt, »dem wir uns nur ins $\frac{1}{0}$[Unendliche] annähern können« (*KA* XVIII, 26, Nr. 85). Weil die Annäherung selbst unendlich und das Ich ein unausdeutbares (als solches nur von der Kunst darstellbares) Rätsel ist, wird es keinen Zeitpunkt geben, zu dem ein absolutes Wissen des Gesuchten stattfindet. Die Rede von der ›unendlichen Annäherung‹ verweist uns darum auf den Sankt-Nimmerleins-Tag, nicht etwa auf ein lediglich lange aufgeschobenes Hegelsches absolutes Wissen. Schlegel redet auch von der ›Antinomie der Anschauung‹ (329 oben, 335 f.). Sie besteht darin, dass wir uns als unendlich und zugleich (um der Bedingung des Bewusstseins willen [vgl. 325]) als beschränkt auffassen müssen. Die Lösung der Antinomie wird darin bestehen, »daß wir uns das Gefühl der Beschränktheit, das uns im Leben beständig begleitet, nicht anders erklären [können], als indem wir annehmen, *daß wir nur ein Stück von uns selbst sind*« (337). Wir müssen darum von unserem bewussten Ich ein absolutes oder »ein *Ur-Ich*« unterscheiden (337 [ff.]). Das Gefühl unserer selbst als beschränkter Wesen impliziert mithin den Gedanken einer ›Erhebung‹ des Ichs durch diese Idee des »*Werdens* zu einem *Ur-Ich*« (339) sowie auch umgekehrt eine Theorie der ›Erinnerung‹ als Eingedenken der verlorenen Gänze im ›abgerissenen, zerstückelten, abgeleiteten Ich‹ (348 ff., 380 ff.). In der *Erinnerung* ist uns »die *Unvollständigkeit* unseres Ichs« als solche präsentiert (354), und damit die ›leidenden‹, die unverfüglichen Anteile unserer Vernunft (so wie im Verstand die tätigen, die freien und den Mangel deutend überschreitenden [ebd.]). Als ›*Ahnen*‹ bestimmt Schlegel die epistemische Einstellung der umgekehrten, in die Zukunft vorlaufenden Richtung unseres strebenden abgeleiteten Ichs (377 ff.). ›Ahnung‹ (im restriktiven Sinne) muss dieses unendliche Vorlaufen zum Erstrebten darum heißen, weil mit ihm eben kein positives Wissen verbunden ist. Da das erinnerte Verlorene ein Einiges ist und das von der Ahnung Antizipierte ein vielfach in sich Differenziertes, glaubt Schlegel unsere Vertrautheit mit dem Gedanken der Einheit aus der Erinnerung und den der unendlichen Fülle aus jener ›herleiten‹ zu dürfen (381).[22]

Allerdings ist Schlegel mit der Verlagerung der philosophischen Begründungsaufgabe vom gesetzten (oder ›intellektuell angeschauten‹) Ich zum ›Ich als Idee‹[23] (oder zum ›Ur-Ich‹) auch nicht überall zufrieden: »Das *Absolute* ist auch keine Idee« (513, Nr. 80). Und »*Postulate*«, meint er, »sind nur aus Imperativen *abgeleitete* Sätze, also zum Fundament des Wissens [ebenfalls] nicht geschickt« (518, Nr. 14). Vor allem aber gilt: Ein postulierter Satz ist zwar von der Schwierigkeit entlastet, ad hoc und als solcher bewiesen zu werden:

> Das Absolute selbst ist indemonstrabel, aber die *philosophische Annahme* desselben muß analytisch gerechtfertigt und erwiesen werden (512, Nr. 71).

Das heißt: Ich muss das Ziel der ›unendlichen Progression‹ *als* eine Bewegung aufs Absolute hin rechtfertigen, und zwar auch und gerade dann, wenn ich das Absolute *nicht* durch eine anfängliche Erkenntnis von der Art einer intellektuellen Anschauung ›beweisen‹ kann (*KA* XVIII, 511, Nr. 64). Schlegel ist über diesen Punkt recht klar, so, wenn er das absolute Ich – das Ziel der unendlichen Annäherung – als etwas nicht Anschaubares, sondern bloß Denkbares charakterisiert. Daraus ergebe sich, dass mit dem Gedanken einer intellektuellen Anschauung in seiner Philosophie nicht operiert

22 An dieser Stelle reflektiert Schlegel auch erstmals auf eine gewisse Zweideutigkeit im Gebrauch des Ausdrucks ›unendlich‹. In einem ersten Sinn ist die Unendlichkeit (als unendliche *Fülle*) dem der *Einheit* entgegengesetzt – im Sinne der kantischen Kategorien Einheit und Vielheit. In einem ›höheren‹ (man möchte sagen: Schelling'schen oder Hegel'schen) Sinne ist aber das Unendliche dasjenige, »in dem das Unendliche und die Einheit ursprünglich und in der Tat *eins und dasselbe* sind« (*KA* XII, 382 oben). Die Kölner Privatvorlesungen, in denen diese Differenzierung vorgenommen wird, verlagern freilich den ursprünglichen Zwiefalt nur. Denn der Gedanke eines Aus-sich-Heraus- und Wieder-in-sich-Zurückgehens des Ur-Ichs ist nur ursprungsphilosophisch und nicht mehr grundsatzkritisch zu begründen. Das mag damit zusammenhängen, dass Schlegel in dieser kritischen Lebensphase schon mit der Rückkehr in eine dogmatische Theologie liebäugelte.

23 Gemäß der bekannten Unterscheidung, die Fichte im 11. Abschnitt der *Zweiten Einleitung in die Wissenschaftslehre* macht (siehe *Philosophisches Journal* 1797, Sechsten Bandes Fünftes Heft, 36 ff.).

werden dürfe (*KA* XII, 355 unten). Und wieder kommt in diesem Zusammenhang, worauf wir besonders achten werden, der Ausdruck ›analytisch‹ zum Einsatz:

Das *Ich soll seyn* muß auch analytisch an und für sich demonstrirt werden können, unabhängig vom Ich = Ich (36, Nr. 187; vgl. *KA* XII, 336).

Das ergibt sich aus der gegen Fichte gerichteten These, dass »[d]as Ich [...] sich nicht [setzt,] weil es sich setzt, sondern weil es sich setzen *soll*; das ist ein sehr großer Unterschied« (35, Nr. 176). Der Unterschied ist darum groß, weil hier die Geltung der Selbstsetzung durch ein Sollen eingeschränkt wird. Das Ich *ist* nur, insofern es sein *soll*. Das heißt aber, dass ich keinen der beiden Sätze zirkelfrei (*KA* XVIII, 510, Nr. 58) aus dem anderen ableiten kann, sondern sie beide gleichursprünglich voraussetzen muss. Fichtes »ganze W[issenschafts]l[ehre]«, die anfangs den ersten dem zweiten und im Schlussteil den zweiten dem ersten unterordnet, kann darum als »ein Hysteronproteron« kritisiert werden (35, Nr. 170). Die unumgängliche Voraussetzung hat dann aber nur ›lemmatische‹ Geltung (wie Reinhold sagen würde). Sie gilt nur unter Vorbehalt späterer Begründung.[24] Und ebendies Verfahren nachträglicher Begründung nennt Schlegel ›analytisch‹. Er spricht gelegentlich auch von einem ›logischen Imperativ‹ (zum Beispiel 514, Nr. 89, Nr. 91; 518, Nr. 11) – im Gegensatz zu einem ›logischen Datum‹. Ein logisches Datum wäre etwa der Satz, von dem Schellings *Ich*-Schrift ausgehe, nämlich »*Wissenschaft ist*«. Der logische Imperativ setzt Wissen dagegen nicht als gegeben voraus, sondern geht »aus von dem Satze: Wissenschaft soll seyn«. ›Analytisch beweisen‹, sagt Schlegel, lasse sich auch den Sachkundigen, »daß sie, vielleicht ohne Wissen und Willen *philosophiren* das heißt durch die That nach Allheit des Wissens streben, oder wohl gar Anspruch auf den Besitz derselben machen« (514, Nr. 90; vgl. 506, Nr. 10). Diese Forderung, die dem Trieb zu Philosophie wesentlich inhäriert (und in der Etymologie von φιλοσοφία enthalten ist), ist »[d]as *Gegebne* womit der Philosoph an-

24 Eine etwas zweideutigere Verwendung von ›analytisch‹ findet sich in dem sonst ganz gleichgerichteten Fragment 513 f., Nr. 88: »Alle praktischen Postulate s[in]d nicht ein Zerhauen des Knotens durch ein nicht philosophisches Interesse, sondern auf der ersten Thesis des / absoluten Ichs fest begründet. Sie lassen sich analytisch aus demselben herleiten und bedürfen also gar keines Beweises; wohl aber einer Rechtfertigung.«

fängt« (5, Nr. 18; vgl. 519, Nr. 19). In einer Aufzeichnung von 1798 schreibt Schlegel: »Das Ganze muß anfangen mit einer Reflexion über die Unendlichkeit des Wissenstriebes« (283, Nr. 1048). Das mag die ›Mitte‹ sein, von der Schlegel sagt, dass in ihr die Philosophie, »wie [nach Horaz] das epische Gedicht«, anfangen müsse (518, Nr. 16). Als ihr Organ wird bald das ›Gefühl‹, bald die ›Selbstanschauung‹ angegeben (*KA* XII, 299; vgl. 324 ff., S. 355).

Schon ein Fragment, das Schlegel im Juli 1797 während eines Besuchs bei Novalis in Weißenfels aufgeschrieben hatte, mochte in diese Richtung vorblicken: »Die φ [Philosophie] muß mit unendl[ich] vielen Sätzen anfangen, d[er] Entstehung nach (nicht mit Einem)« (*KA* XVIII, 26, Nr. 93). Ich mache mir darauf folgenden Reim: Genetisch (»der Entstehung nach«) kann die Philosophie nicht gleich mit ›*Einem*‹ Satz anfangen; jeder beliebige kann ihr zum Ausgangspunkt werden; sie kann daher *mediis ex rebus* beginnen (»in der Mitte«). Und Antrieb fürs Philosophieren aus der Mitte ist Reflexion auf die ›Unendlichkeit des Wissenstriebes‹. Den Anfang der Philosophie macht also nicht ein positiv in Gedanken erfasstes Prinzip, sondern das Gefühl eines Mangels an Wissen. Wir können das auch so ausdrücken: *Gegeben* ist nicht das Wissen, sondern das Gefühl einer Leere. Dies erscheint der Reflexion als ein Sog nach Erfüllung, als ein *Streben* nach dem Ermangelten, als ›Ergänzungstrieb‹, wie Novalis das Phänomen genannt hatte. Schlegel schreibt: »[...] d[er]. Mensch ist in dem Einzelnen *nicht ganz* sondern nur Stückweise da. Der Mensch kann nie da seyn« (506, Nr. 9; *KA* XII, 337, 343, 348, 353, 380 f. und 393). *Deuten* kann sich der Mensch diesen seinen Mangel aber nur im Vorgriff auf eine Allheit (oder Ganzheit) als das, was ihm abgeht. In den Kölner Privatvorlesungen drückt Schlegel diesen Sachverhalt in noch klarer hermeneutischer Begrifflichkeit auch so aus: Der Fortschritt, den der Gang der Philosophie zur ursprünglich-unmittelbaren Selbstwahrnehmung (als eines privativ Seienden) eröffnet, besteht darin, dass erst durch ihn die wahre *Bedeutung* des Ausgangssatzes allmählich *verstanden* wird. Es wächst gleichsam des werdenden Ichs Selbstverständnis. Das »Wesen a ist *wohlverstanden* das, was das Ich unmittelbar wahrnimmt, wenn a nicht sich selbst, sondern seiner Bedeutung gleichgesetzt wird« (*KA* XII, 350). So *bin* ich nicht (ganz oder in meiner vollen Bedeutung – ich bin nur stückweise), *soll* aber (ganz und voll verständlich) *sein.* Und diese »einzig richtige Voraussetzung entdeckt man auf dem analytischen Wege; von da an geht alles synthetisch. Die Analyse muß so hoch hinaufgeführt werden als möglich, bis zum: *Das Ich soll seyn*« (*KA* XVIII, 519, Nr. 17).

Das Gegensatzpaar ›analytisch‹–›synthetisch‹ war zuerst im Zusammenhang mit Erhards Angriffen auf die Grundsatzphilosophie aufgetaucht, und zwar im Briefwechsel mit Reinhold und Niethammer (Varnhagen von Ense 1830, 342 ff.). Dort meinte ›analytisch‹ nicht (wie in Kants Rede vom analytischen Urteil), was aus der Kenntnis der Bedeutung der Worte und dem Satz des Widerspruchs ohne Weiteres sich einsehen lässt. Sondern es ist hier in jenem zweiten Sinne gebraucht, der auch kantische Vorbilder hat: als reflektierendes Aufsteigen von einem (als wahr unterstellten) Satz zu seinem Grund. Ist der Grund eine Idee, wie das bei nur postulierten Gründen der Fall ist, so wird der Satz nur hypothetisch, also nicht letztbegründet sein können. Der Satz, um den es (Schlegel) geht, ist: Das ›Ich setzt sich selbst‹. Er ist insofern noch nicht begründet und muss an den anderen verwiesen werden (›Das Ich soll sein‹), der seinerseits das Ich nicht als Wirklichkeit, sondern als Idee thematisiert. Schlegel sagt: »*Alle thetischen Sätze* können, in sofern der Beweis oder die Beglaubigung *philosophisch* seyn soll, nur *analytisch* erwiesen <erfunden> werden« (511, Nr. 62). Sind die wahren Prinzipien nicht Ableitungs-, sondern Auffindungsgründe, so können sie nicht vorausgesetzt, sondern es muss zu ihnen progressiv aufgestiegen werden. Diese Überzeugung spiegelt sich in Schlegels häufiger Rede von ›unendlicher Progression‹ oder ›unendlicher Annäherung‹ oder von ›Streben nach dem Absoluten‹ (zum Beispiel 9, Nr. 62) beziehungsweise von ›Sehnsucht nach dem Unendlichen‹ (418, Nr. 1168; 420, Nr. 1200). »[J]eder Erweis, jeder Satz ist unendlich perfektibel« (518, Nr. 9; vgl. 506, Nr. 12). Immerhin: Dass dieser Aufstieg zum Unendlichen und nicht ins Ziellose oder auf einen Holzweg führt, kann und muss analytisch gerechtfertigt werden. Und dazu, so scheint Schlegel anzunehmen, bedarf ich *beider* Sätze (›Ich bin‹ und ›Ich soll sein‹), aber eben als nicht letztbegründeter, sondern sich wechselseitig stützender.

V.

Schlegels ›letzter Grund‹ ist also erklärtermaßen kein singulärer oberster (Fichte'scher) Grundsatz,[25] sondern ein Konsortium zweier, ja (nach einigen anderen Fragmenten) *mehrerer* Sätze.[26] Dennoch könnte man vermuten, dass Schlegel sich bei der Wahl des Ausdrucks durch Fichte habe inspirieren lassen.[27] Im ersten Paragraphen der *Grundlage des Naturrechts nach Principien der Wissenschaftslehre* (von 1796) – einer Schrift, die Schlegel gut kannte, ja, die er zu rezensieren vorhatte – hatte Fichte von »Wechselsätze[n]« und von »Wechselbegriffe[n]« gesprochen und seinen Wortgebrauch wie folgt erläutert: »einer sagt, was der andere sagt« beziehungsweise »einer bedeutet, was der andere bedeutet« (Fichte 1971 III, 17). Wechselbegriffe sind demnach zum Beispiel ›endliches Vernunftwesen‹ und ›Begrenztheit des Gegenstandes seiner Reflexion‹. Weitere Wechselsätze sind ›Sich-Setzen des Ichs‹ und »Reflexion über sich selbst«. Das Ich, erklärt Fichte, kann bei der Ausführung dieser Selbstreflexion nur auf Begrenztes treffen. Andernfalls würde der Akt nicht bewusst werden. Denn Bewusstsein setzt Bestimmtheit seines Gegenstandes voraus. Und etwas ist als das, was es ist, bestimmt, wenn es von allem anderen, das es *nicht* ist, eindeutig unterschieden ist. Solche Charakterisierung und Unterscheidung sind genau das, was man die Funktion von Begriffen nennt.

Fichte ist hier gar nicht originell. Er bedient sich einer in den logischen Begriffslehren der Wolff-Schule weit verbreiteten Terminologie. ›Wechselbegriffe‹ sind einfach Begriffe mit derselben Exten-

25 Das sagt Schlegel an mehreren Stellen. Zum Beispiel: *KA* XVIII, 7, Nr. 36: »*Die φ* [*Philosophie*] <im eigentlichen Sinne> hat weder einen Grundsatz, noch einen Gegenstand, noch eine bestimmte Aufgabe.« 518, Nr. 13: »Es giebt keine Grundsätze, die allgemein zweckmäßige Begleiter und Führer zur Wahrheit wären.«

26 Vgl. *KA* XVIII, 26, Nr. 93. Die Philosophie muss nicht mit einem, sondern »mit unendlich vielen Sätzen anfangen«. Vgl. ebd., 505, Nr. 2, wo im Blick auf die »abgeleiteten Wissenschaften [von einer] *Vielheit* der Wechselerweise« und hinsichtlich des Systems von einer »*Allheit* der Wechselerweise« die Rede ist.

27 Freilich ist schon in den altertumswissenschaftlichen Aufsätzen der Zeit von 1794/95 – also vor dem Erscheinen von Fichtes *Naturrecht* – häufig von »Wechselbestimmung« oder »Wechselwirkung« (etwa der Freiheit und der Natur) die Rede (*KA* I, 229 f., 232; in 631 werden die Kreisläufigkeit der Antike und das unendliche Fortschreiten der Moderne als »vollendete Wechselbegriffe« behandelt, die »sich gegenseitig auf das vollkommenste entsprechen«).

sion (demselben Begriffsumfang). Noch in Maimons *Neuer Logik* (von 1794) werden »Wechselbegriffe« definiert als ›identische‹ oder ›gleichgeltende‹ Ausdrücke beziehungsweise Begriffe, »die *an sich verschieden*, in Ansehung ihrer *Folgen* aber *einerlei* sind« (Maimon 1970, 46). Der Inhalt des einen Ausdrucks mag im anderen ›unentwickelt‹ liegen. Aber die Folgen bringen die Umfangsgleichheit der beiden Termini ans Licht (ebd.).

Dies ist natürlich nicht der Sinn der Schlegel'schen Rede von Wechselbegriffen oder -erweisen. In ihr wird keine Bedeutungsgleichheit ausgedrückt. Vielmehr handelt es sich um Sätze, deren keiner als ein ›Grundsatz‹ firmieren könnte, weil keiner aus sich allein verständlich ist, sondern eines anderen bedarf, für den das Gleiche gilt. Anders würde ja gar nicht verständlich, wie Schlegel mit dem Ausdruck ›Wechselbegriff‹ hoffen konnte, eine Alternative zu einer Grundsatzphilosophie vom Typ der Fichte'schen zu formulieren.

Man könnte noch an eine zweite, viel näher liegende Quelle für Schlegels Rede vom ›Wechselerweis‹ denken: Fichtes Rede von der ›Wechselbestimmung‹ zu Beginn des theoretischen Teils seiner ersten *Wissenschaftslehre*. Hölderlin nennt sie in seinem berühmten Brief an Hegel vom 26. Januar 1795 »gewiß merkwürdig« (*Mat.* 124); und Schiller bezieht sich in der ersten Anmerkung des 13. *Briefs über die ästhetische Erziehung* auf den »Begriff der Wechselwirkung«, den man in Fichtes *Wissenschaftslehre* »vortrefflich auseinander gesetzt« finde (Schiller 1992, 601, Anm.). Fichte hatte unter ›Wechselbestimmung‹ die Interaktion der beiden Tätigkeiten verstanden, in die das absolute Ich sich um seiner Bewusstwerdung willen binnenartikuliert. Den Anteil dessen, was es sich selbst an Aktivität nicht zuschreiben kann, setzt es, da es hundert Prozent Selbsttätigkeit ist, ins Nicht-Ich und umgekehrt. So ist klar, dass die beiden Begriffe sich wechselseitig bestimmen; denn ein Mehr an Tätigkeit im Nicht-Ich wird sogleich als ein Weniger an Tätigkeit im Ich reflektiert. Oder auch: Die ins Unendliche strebende Tätigkeit wird gerade die Extension haben, auf die sie die ihr entgegenstrebende limitative Tätigkeit einschränkt (Fichte 1971 I, 130 f.).

Novalis war von diesem Gedanken beeindruckt, zumal Fichte die Struktur der Wechselbestimmung gerade auch am »Schweben der Einbildungskraft« zwischen Handeln und Nichthandeln aufzuweisen versucht hatte. ›Wechselbestimmungen‹ spielen in den *Fichte-*

Studien sogar eine überwältigende Rolle: »Das unbedingte Ich wechselt absolut in sich« (*NS* II, 123, Z. 31). Novalis meint, dass unter dem Blick der Reflexion die beiden Pole des unbedingten Ichs immer ins jeweils andere sich verwandeln, also ihre ›Rollen tauschen‹ (*NS* II, 127, Z. 31). Mag sein, dass Schlegel, der sich ja im Sommer (zwischen dem 29. Juli und dem 6. August) 1796 mit Novalis ausführlich über Fichtes »Ich« unterhalten hat (*KA* XXIII, 340), von dessen originellem Umgang mit dem Konzept ›Wechselbestimmung‹ Kenntnis hatte. Aber es ist klar, dass die Erinnerung an den so bestimmten Begriff bei Novalis oder bei Fichte keinen Aufschluss bringt für Schlegels Grundoperation mit dem ›Wechselerweis‹. Es würde keinen Sinn ergeben, wollte man sagen, Ich und Nicht-Ich oder unendliche und beschränkende Tätigkeit oder Gefühl und Reflexion erwiesen einander (womöglich noch *ordine inverso*). Außerdem verwenden Fichte und Novalis den Ausdruck zur Bezeichnung der Binnendifferenziertheit innerhalb ihres Absolutums, nicht als Namen für eine Alternative zur Grundsatzphilosophie, die von einem evidenten Absolutum ausgeht. Und gerade um eine solche Alternative ist es Schlegel zu tun.

Diese Abgrenzung von Fichtes Philosophie hat übrigens bei Schlegel so wenig wie bei Novalis zu einer Abkühlung des persönlichen Verhältnisses geführt, im Gegenteil. Er finde »immer mehr Geschmack an dem Menschen, seitdem ich mich von der Wissenschaftslehre entschieden getrennt habe« (*KA* XXIII, 343).

Auch Novalis – und zwar ein gutes Dreivierteljahr früher – hatte seine Verabschiedung der Grundsatzphilosophie mit der Alternative eines ›Wechselbestimmungssatzes‹ bestreiten wollen.[28] Es gab, wie gesagt, ein philosophisches Gespräch im Sommer 1796 zwischen

28 *NS* II, 177, Z. 12-14: »Eine Art von Wechselbestimmungssatz, ein reines Associationsgesetz scheint mir der oberste Grundsatz sein zu müssen – ein hypothetischer Satz.«
Novalis ist übrigens in den »Fichte-Exzerpten« des Frühjahrs 1797 noch einmal auf die *Wissenschaftslehre* und ausführlich auf ihr Theorem der »Wechselbestimmung« zurückgekommen (*NS* II, 346 ff.). Hans-Joachim Mähl vermutet (mit einem Blick auf den Briefwechsel mit Friedrich Schlegel und die rühmende Erwähnung des *Versuchs einer neuen Darstellung der Wissenschaftslehre* im 9. Heft des Jahrgangs 1797 des *Philosophischen Journals*), es sei die Kenntnis des *Nova-methodo*-Komplexes, der Novalis zu dieser Neubeschäftigung veranlasst habe (ebd., 306 f.). Das ist wenig plausibel, da Novalis ja gerade nicht auf diesen Komplex eingeht, sondern sich zur alten *Grundlage* zurückwendet.

den Freunden; und Schlegel scheint Novalis die von Behler so genannten »Beilagen I und II« (*KA* XVIII 505-516, 517-521) auch zur Durchsicht gegeben zu haben.

Henrich hat mich in diesem Zusammenhang – eine dritte mögliche Quelle – an Schlegels Schelling-Studien vom Herbst 1796 erinnert.[29] Tatsächlich hat Schlegel in dieser Zeit sowohl Schellings Schrift *Ueber die Möglichkeit einer Form der Philosophie* als auch die *Ich*-Schrift gründlich gelesen und sich Notizen gemacht (vgl. sporadisch die Beilage I der *Philosophischen Lehrjahre*). Dabei findet sich auch die folgende, die wirklich signifikant scheint: »Wechselbegründung von Stoff und Gestalt in dem ersten Grundsatz des Wissens« (*KA* XVIII, 510, Nr. 54). Sie steht aber ganz vereinzelt und hat keine Parallele zu anderen, in denen die Wechselbegründung eher zwischen dem thetischen und dem postulatorischen Charakter des Ichs stattfinden soll. Auch sind Schlegels Schelling-Notizen, bei Lob im Einzelnen, insgesamt eher kritisch. So sagt Schlegel, Schelling sei nicht vom Wissenstrieb, also vom Postulat »Wissenschaft soll seyn; oder ich will wissen«, sondern von der willkürlichen Behauptung »*Wissenschaft ist*« ausgegangen (ebd., 514, Nr. 89) – und das passt zu Schlegels Fichte-Kritik. Auch findet Schlegel den ersten Satz der *Form*-Schrift, die Philosophie sei eine Wissenschaft, habe also einen bestimmten Inhalt und eine bestimmte Form (SW I/1, 89), »auffallend unwahr« (*KA* XVIII, 514, Nr. 79). Später notiert er, Schelling könne »aus dem absol[uten] Ich wohl den Begriff des Nicht Ich aber nicht des wirkl[ich] absoluten Gesetztseyns desselben entwickeln. – Da hinkts« (514, Nr. 94). Auf der andern Seite würdigt er freilich als »Sehr wichtig. Gegen Kant.« Schellings Ansicht, die Form des obersten thetischen Grundsatzes könne nicht synthetisch sein, wohl aber sei es sein Inhalt; dagegen lasse sich »das [antithetische] A = B [...] nur analytisch erweisen« (511, Nr. 62; vgl. Nr. 60 und Nr. 86). Einen Hinweis darauf, dass er sich – über das Notat Nr. 54 der Beilage I hinaus – durch Schellings Idee einer Wechselbegründung von Inhalt und Form habe inspirieren lassen, sehe ich nicht.

Dieser Gedanke findet sich freilich ausgearbeitet in Schellings *Form*-Schrift vom Herbst 1794 (noch vor der Lektüre von Fichtes

29 In einem Brief vom 20. November 1796. Vgl. seither die eindringende Interpretation der *Form*-Schrift in Henrich (2004, XVI. Kapitel: »Die Tübinger Ich-Lehre«).

Grundlage). Schelling spricht dort von einer »wechselseitige[n] Begründung« von Inhalt und Form des höchsten Grundsatzes der Philosophie (*SW* I/1, 95; vgl. 94). Diese Quelle, die Schlegel nun wirklich kannte und sich notierte, meint Henrich, sei doch viel plausibler als die von mir aufgespürten. Schelling sucht mit seinem Vorschlag nach einer Schlichtung des Streits, der zwischen Reinhold und Fichte einerseits, Eberhard, Schwab, Rehberg und Aenesidemus (vgl. ebd. 88) andererseits über das Verhältnis des höchsten formalen Grundsatzes der Philosophie – des Satzes vom Widerspruch – zu dem inhaltlich bestimmten des Satzes des Bewusstseins (beziehungsweise des Fichte'schen absoluten Ichs [ebd.][30]) geführt worden war. Aber erstens kann ich bei Schelling keine Geste in Richtung auf eine Relativierung der Grundsatzphilosophie sehen. Und zweitens bindet Schlegel seine Rede von der Wechselbegründung doch eher an einen Fichte'schen Kontext: die Spannung zwischen der Selbstsetzungs-Evidenz und dem postulatorischen Charakter des Ichs (dem »Begriff des *Setzens*« und der »Forderung, daß er gerechtfertigt werde« [*KA* XVIII, 510, Nr. 55]). Schon in den frühesten Notizen beklagt Schlegel, Fichte wolle mit »*nur einem Begriff*« über die Runden kommen (510, Nr. 58), da es doch wenigstens zweier aufeinander bezogener, eben eines »*Wechselbegriffs*«, bedürfe (518, Nr. 16).

Noch eine vierte Quelle käme in Frage, um die Herkunft der merkwürdigen Rede vom ›Wechselgrundsatz‹ zu erklären, nämlich Johann Heinrich Abichts damals viel beachteten Aufsatz »Über die Freiheit des Willens« (von 1789) (Abicht/Born 1790 III, 64-85). Abicht (1762-1816) war Philosophieprofessor in Erlangen und ein wichtiger Verteidiger der neuen kantianischen Philosophie, besonders ihrer Freiheitslehre, gegenüber den deterministischen Zweifeln der Alt-Leibnizianer (um Johann August Heinrich Ulrich). Abicht weist Ulrichs »schwachraisonnierenden« Versuch zurück, Freiheit auf kontingente Indetermination oder »Grundlosigkeit« zu reduzieren (Bittner/Cramer 1975, 229-240). Freiheit sei vielmehr »*das Vermögen* [...], *der alleinige Selbstgrund seines Wollens zu sein*« (ebd.). Ein ›*Selbst*grund‹ kann die Freiheit aber nur heißen, wenn sie Subjekt und Objekt ihres Handelns in *einer* Person ist, also *sich selbst* unter den Druck der Nötigung stellt, den sie *frei* auf sich aus-

30 Zu Reinhold vgl. *SW* I/1, 110 mit Anm.

übt (231). Nur wenn wir die beiden im Gedanken der Selbstbestimmung vereinigten Gegenstände – die Spontaneität und die leidende Person – als zweierlei Gegenstand denken, entstehe der Schein eines anonymen Genötigtwerdens (anonym, weil uns die ›transzendentale‹ Freiheit epistemisch »unerreichbar und verborgen« ist [ebd.]). Und in diesem Zusammenhang taucht die Rede von den »*Wechselgründe[n]*« auf (232 oben). Sie meint, dass wir dem Wechsel der Erscheinungen in einem Eins-zu-eins-Verhältnis Gründe für den Wechsel zuordnen müssen, die ihrerseits nicht Gegenstand von Erkenntnissen sind. – Das ist nun eine Konstruktion, die Schlegel recht fern liegt. Aber er mag doch Sympathie verspürt haben für den Gedanken, dass Gründe ein Fundierungsdefizit dadurch ausgleichen, dass sie im Plural auftreten und sich wechselseitig stützen. Jedenfalls hat er den früher nicht belegten Ausdruck ›Wechselgrund‹ von Abicht übernommen (zum Beispiel in *KA* XVIII, 7, Nr. 36; *NS* II, 457/9, Nr. 103 beziehungsweise 462/4, Nr. 111).

VI.

Eine wichtige (von Schlegel selbst ausgewiesene) Quelle für die Wahl des Ausdrucks ›Wechselerweis‹ müssen wir aber noch erwähnen. Denn Schlegel selbst hat uns in seiner Charakteristik von Jacobis *Woldemar* auf diese Fährte gesetzt. Die Rezension datiert, wie die ersten Aufzeichnungen der *Philosophischen Lehrjahre*, aus dem Jahr 1796. Und in *KA* II, 72, bezieht Schlegel sich explizit auf S. 225 der Zweitauflage des Spinoza-Büchleins, nämlich auf den Gedanken, »daß jeder Erweis schon etwas Erwiesenes voraussetze«. An dieses Zitat schließt Schlegel recht dunkel mit der Bemerkung an: »Wie[,] wenn nun aber ein von außen unbedingter, gegenseitig aber bedingter und sich bedingender *Wechselerweis* der Grund der Philosophie wäre?« (*KA* II, 72)

Wir sind nun hinreichend gerüstet, das zu deuten: Eine Grundeinsicht der erweiterten Fassung des Spinoza-Büchleins war die, dass all unser begründetes Denken sich in Bedingungen bewegt (vgl. bes. ebd., 423 ff.). Eine Meinung begründen heißt ja: sie auf einen Satz zurückzuführen, der sie rechtfertigt (und der insofern die ›Bedingung‹ ihrer Geltung enthält). Setze ich nun die Definition von Wissen als begründeter Meinung erneut ein, so muss auch die begründende Meinung ihrerseits an eine Bedingung verwiesen werden, die sie begründet. Und auf diese Weise verlöre sich all unser Meinen im Unbegründeten, nämlich in einer offenen »Kette *bedingter Bedingungen*« (ebd., 425) – es sei denn, es gebe ein Unbedingtes, das als solches und ohne allen weiteren Grund auch einleuchtet. Gäbe es kein grundlos wahres Überzeugtsein, so gäbe es auch keinen einzigen Fall von Wissen. Jacobi fand den Grund des Wissens im ›Gefühl‹ (oder ›Glauben‹), Reinhold im ›Satz des Bewußtseins‹, Fichte im ›Ich‹: lauter Kandidaten, um den von Jacobi aufgewiesenen Begründungsregress zu stoppen.

Schlegel aber sieht keinen Bedarf an Konzepten mit einer so starken, ja mit einer Letztbegründung von ›Wissen‹. Wenn die Glieder der Begründungskette, so denkt er, nach Gesetzen der Kohärenz in einen immer besseren, nämlich durch immer mehr passende Zusatzglieder bereicherten Zusammenhang gebracht sind, dann haben wir ein berechtigtes Motiv, die Frage nach der ultimativen Fundierung der ganzen Kette offenzulassen. Wir dürfen uns begnügen mit der Annahme, dass – je mehr Zusammenhang uns zu stiften gelingt –, das Bestehen eines Grundes für die offene Kette immer »wahrscheinlicher« wird beziehungsweise wir »der einen nie vollendeten Wahrheit« immer näher kommen.[31] Das Lebensgefühl, das eine solche Konzeption beseelt, ist bündig ausgedrückt in dem Satz: »Es giebt keine absolute Wahrheit – dies spornet den Geist an, und treibt ihn zur Thätigkeit« (*KA* XII, 95). Die Alternative zu dieser stets unabgeschlossenen Wahrheitssuche (und das meint ja ungefähr *φιλοσοφία*) wäre die »geistige Gicht« (*KA* XVIII, 221, Nr. 318).

VII.

Blicken wir abschließend auf Schlegels gedankliche Grundoperation mit dem ›Wechselerweis‹, so können wir sie sicher der antigrundsatzphilosophischen Konstellation im Reinhold-Schülerkreis zuordnen. Mit ihr war Schlegel durch seinen Freund Novalis und durch den intensiven Kontakt mit Niethammer in Berührung gekommen. Die Jähigkeit, mit der er nun seine bisherige grundsatz-

31 *KA* XII, 103; vgl. 10, 52 ff., 77 f., 92 ff. Schlegel vertritt, genau wie Niethammer und Novalis, eine Art Kohärenztheorie der Wahrheit. Vgl. Frank (1996b).

philosophische Konzeption aufgibt und sich dem neuen Trend anschließt, lässt sich nämlich aus Schlegels eigenen früheren Aufzeichnungen gar nicht verständlich machen. Aber Schlegel hat die Grundsatzkritik des Erhard-Niethammer-Kreises auch nicht einfach nur übernommen. Als einer der kombinatorischsten und scharfsinnigsten Köpfe der Zeit hat er ihr eine höchst individuelle Wendung gegeben. Sie bricht nicht einfach ab mit der Grundsatzphilosophie. Denn auch ein *Wechsel*grundsatz ist immer noch eine Art (pluralistischer) *Grundsatz.* Dass ›*Ein*‹ Satz ungeeignet ist, die Philosophie zu fundieren, ergibt sich aus der Unmöglichkeit, ihm einen ausgezeichneten Erkenntnismodus zuzuordnen: etwa eine intellektuale Anschauung (wie noch Schelling und Hölderlin im Frühjahr 1795 geglaubt hatten). Die Philosophie muss vielmehr, in Ermangelung einer übernatürlichen Erkenntnisquelle (*KA* XII, 8), »wie das epische Gedicht in der Mitte anfangen« – das wäre das von Benjamin in seiner Doktorarbeit so genannte »Medium der Reflexion«, »und es ist unmöglich dieselbe so vorzutragen und Stück für Stück hinzuzählen, daß gleich das Erste für sich vollkommen begründet und erklärt wäre« (*KA* XVIII, 518, Nr. 16; vgl. XII, 9 ff., 19 ff., 328). Im Medium der Reflexion stützen und negieren sich die einzelnen Glieder gelungener Synthese-Bildung wechselseitig. Sie sind nicht Ableitungen eines Prinzips, das vorher in ›anschaulicher‹ oder ›demonstrativer‹ Evidenz festgestellt wäre (*KA* XII, 331), sondern sie machen die Existenz dieses Prinzips nur ›immer wahrscheinlicher‹ (ebd., 327 ff.). Darum tritt an die Stelle eines demonstrativen oder vollbrachten Wissens ergänzend der »Glaube an das [absolute] Ich« (331 [f.]). Die Wahrscheinlichkeit (oder Glaubwürdigkeit) einer gründenden Einheit steigt in dem Maße, wie die punktuelle Einheit, in der eine jede Phase des Prozesses besteht, und die Kohärenz, die sie alle verbindet, aus dem Mechanismus der trennenden Reflexion allein nicht erklärt werden können. Trennung und Verbindung, von der Kontinuität der Zeit selbst wieder unter die Klammer überwiegender Einheit gebracht, die als solche dennoch nicht Ereignis wird, deuten inmitten der Endlichkeit auf eine nicht mehr endliche, also absolute Einheit beider. So schließt die Linie sich zum Kreis, denn das Schema des linearen Verfließens wird Stück um Stück korrigiert durch das Geltendmachen jener höheren Einheit, die Unendlichkeit in Allheit umwendet: »Es ist ein Ganzes, und der Weg es zu erkennen ist also keine gerade Linie, sondern ein Kreis« (*KA* XVIII, 518, Nr. 16). Ein Zitat aus der Kölner Privatvorlesung von 1804/05 resümiert im Rückblick Schlegels Kritik an einer monistisch konzipierten Grundsatzphilosophie schön und bündig:

Unsere Philosophie fängt nicht wie andere mit einem ersten Grundsatze an, wo der erste Satz gleichsam der Kern oder erste Ring des Kometen, das übrige ein langer Schweif von Dunst zu sein pflegt – wir gehen von einem zwar kleinen, aber lebendigen Keime aus, der Kern liegt bei uns in der *Mitte.* Aus dem unscheinbaren geringen Anfange, dem Zweifel am Ding, der sich doch zum Teil bei allen nachdenkenden Menschen äußert, – und der doch immer vorhandenen überwiegenden Wahrscheinlichkeit des Ichs wird sich unsere Philosophie nach und nach entwickeln und in steter Progression sich selbst verstärken, bis sie zu dem höchsten Punkte menschlicher Erkenntnis durchdringt und den Umfang so wie die Grenzen alles Wissens zeigt (*KA* XII, 328).

4. Allegorie, Witz, Fragment, Ironie

Friedrich Schlegel und die Idee des zerrissenen Selbst

Zu den Grundcharakteristika der philosophischen Moderne zählt die allgemeine Überzeugung, dass sie ein Denken aus der Gewissheit des Selbstbewusstseins gewesen sei. Dieses Denken, von Descartes bahnbrechend eingeleitet, habe nach Leibniz und einem empiristischen Intermezzo in Kants und zumal in Fichtes Philosophie seinen Höhepunkt erreicht – denn dort wird Subjektivität zum Prinzip eines deduktiv entwickelten Systems von Kenntnissen, die kraft ihrer Ableitbarkeit aus dem Selbst die ihnen eigene Form objektiver Begründetheit gewinnen.

Heidegger – und ihm folgend mehrere Denker aus dem Spektrum des sogenannten Neostrukturalismus – haben in der ›Machtergreifung‹ von Subjektivität den Gipfel abendländischer Seins- oder *Différance*-Vergessenheit erblicken wollen. Da das gängige Vorurteil Fichte zum Hauptsündenbock der Entwicklung macht und man die Jenenser Frühromantik ganz aus der Abhängigkeit von Fichte rekonstruiert hat, ist es üblich geworden, zumal Friedrich Schlegel, den führenden Kopf der Bewegung neben Novalis, ganz unter dem Stichwort der Subjektphilosophie zu erfassen.

Das ist aus vielerlei Gründen unstatthaft. Denn wenn Subjektivität in der Tat ein eminentes Thema der Frühromantik war, so darum, weil sich unter den Schülern Fichtes der allerersten Generation (zu der auch Hölderlin gehörte) Überzeugungen ausgebildet hatten, die der Subjektivität den Rang eines Absolutums absprachen. Subjektivität müsse vielmehr begriffen werden als ein abkünftiges Phänomen, das nur unter einer Voraussetzung sich zugänglich wird, über die es nicht wiederum verfügt. Sie müsse ihrerseits aus der Struktur des Selbstbewusstseins aufgeklärt werden. Mit anderen Worten: eine Analyse des Selbstbewusstseins muss unter anderem den Befund erbringen, dass unser Selbst die relative Identität, in der es sein bewusstes Leben durchmisst, als das Werk einer Instanz begreift, die seiner eigenen Struktur vorgeordnet ist. Das kann man sich leicht klar machen, wenn man daran denkt, das, was wir gewöhnlich unter ›Selbstbewusstsein‹ verstehen, das Werk einer Rückwendung des Bewusstseins auf sich selbst ist. Diese Rückwendung nennt die philosophische Kunstsprache ›Reflexion‹. In der Reflexion ist eines Subjekt und eines Objekt der Selbstbespiegelung. Wie aber sollte ich die Tatsache, in einem elementaren Sinne *einer* zu sein, aus der Dualität von Schein und Widerschein lernen können? Und wie sollte ich andererseits daran zweifeln, dass diese Einheit ein Wesenszug meines bewussten Lebens ist? Ist beides der Fall, so die frühromantische (und Hölderlin'sche) Konsequenz, muss Selbstbewusstsein abkünftig sein aus einer fugenlosen (unbezüglichen und transreflexiven) Identität, die in Denkverhältnisse nicht mehr auflösbar ist und die diese Generation mit Friedrich Heinrich Jacobi ›Seyn‹ nannte.

Damit nimmt die Reflexion des sogenannten Jenaer Zirkels jäh Abschied von einem Spekulationstyp, den die Ideengeschichte mit den Namen Fichte, Schelling und Hegel assoziiert und den man gewöhnlich unter dem Titel des Deutschen Idealismus erfasst.

Ich schlage im Gegenzug zur *communis opinio* vor, zwischen dem Idealismus und der Frühromantik scharf zu unterscheiden. Als idealistisch bezeichne ich die – zumal durch Hegel verbindlich gemachte – Überzeugung, Bewusstsein sei ein selbstgenügsames Phänomen, das auch noch die Voraussetzungen seines Bestandes aus eigenen Mitteln sich verständlich zu machen vermöge. Dagegen ist die Frühromantik überzeugt, dass Selbstsein einem transzendenten Grunde sich verdankt, der sich *nicht* in die Immanenz des Bewusstseins auflösen lasse. So wird der Grund von Selbstsein zu einem unausdeutbaren Rätsel. Dies Rätsel kann nicht mehr (allein) von der Reflexion bearbeitet werden. Darum vollendet sich die Philosophie in der und als Kunst. Denn in der Kunst ist uns ein Gebilde gegeben, dessen Sinnfülle von keinem möglichen Gedanken erschöpft wird. Darum kann der unausschöpfbare Gedankenreichtum, mit dem uns die Erfahrung des Kunstschönen konfrontiert, zum *Symbol* jenes in Reflexion uneinholbaren Einheitsgrundes werden, der der Fassungskraft des dualen Selbstbewusstseins aus strukturellen Gründen entgehen muss. Diesen Typ von symbolischer Repräsentation nennt die Frühromantik in polemischer Absetzung vom klassizistischen Wortgebrauch *Allegorie*.

Um die eigentümliche Differenz des frühromantisch-ästhetischen vom klassizistischen Denken des sogenannten Idealismus zu verstehen, ist es nützlich, einen Streifblick auf Jacobis Gedanken der Transreflexität des Seins zu werfen. Man hat seine Schlüsselfunktion für die Ausbildung des Frühidealismus und insbesondere der Frühromantik erst in den letzten Jahrzehnten wirklich zu ermessen begonnen. Jacobi glaubte, einen vollkommenen Dualismus zwischen der unmittelbaren Gewissheit des Seins und der endlosen Relativität des rationalen Begründens ausmachen zu können. Dadurch hat er den Tübingern, aber auch den Jenensern zu der ihr ganzes Denken nachhaltig bestimmenden Einsicht verholfen, dass Unbedingtes nicht von der Kette der Bedingungen her erreicht werden könnte. Das Denken von Friedrich Schlegel und Novalis nimmt aber eine andere Wendung als dasjenige Jacobis einerseits, des absoluten Idealismus der Schelling und Hegel andererseits. Die beiden letzten glauben, das Wissen des Absoluten sei einerlei mit der Selbstaufhebung der Relativität; Jacobi umgekehrt sucht die Relativität durch ein höheres Erkenntnisorgan, das er »Gefühl« nennt, zu überwinden. Friedrich Schlegel ist mit Jacobi davon überzeugt, dass die Unerkennbarkeit des Absoluten »eine identische Trivialität« sei (*KA* XVIII, 511, Nr. 64). Mit Hegel und Schelling teilt er dagegen die Einsicht, dass der Begriff der Endlichkeit dialektisch an den der Unendlichkeit gebunden ist und nicht von jenem isoliert werden kann. Daraus folgert er aber nicht, dass wir mithin das Absolute positiv in Wissen darstellen können. Es hat den Status einer regulativen Idee (wie bei Kant), *ohne welche* sich endliches Denken nicht als Bruchstück und Stückwerk begreifen, *durch die* es sich aber nicht einfach über diese seine Bedingheit hinwegsetzen kann. »Das [ist das] eigentlich Widersprechende in unserm Ich«, notiert Schlegel, »daß wir uns zugleich endlich und unendlich fühlen« (*KA* XII, 334). Die Einheit dieser beiden Zustände ist nun zwar das Leben der Ichheit selbst. Aber diese Einheit ist nicht *für* das Ich; es ist ihm wenigstens unmöglich, sich in ein und demselben Bewusstsein zugleich seiner Unendlichkeit und seiner Endlichkeit zu versichern; und beide Bewusstseinsweisen stehen nicht nur in zeitlicher, sondern auch in qualitativer Opposition zueinander (*KA* XVIII, 298, Nr. 1243). Das Sein des Ich wird nie Gegenstand der Reflexion; und doch *ist* es, indem es des Seins entbehrt. »Der Mensch [ist] in dem Einzelnen nicht ganz sondern nur Stückweise da. Der Mensch kann nie da seyn« (ebd., 506, Nr. 9). Das An-sich-Sein, welches anzuschauen dem reflexiven Ich versagt ist, äußert sich *ex negativo* als »Freiheit«;

darin, dass es sich in seiner Endlichkeit nicht etablieren kann, sondern, ständig über seine Grenzen hinausgetrieben, nie in der Identität mit seinem jeweiligen Zustand aufgehen kann. Losgelöst von einer grundlegenden Vergangenheit, mit deren »Erinnerung« ihm das Licht des Selbstbewusstseins aufgeht, fühlt sich das Selbst ständig neuen Möglichkeiten entgegengeschickt, die ihm wieder keine definitive Selbstidentität gewähren werden. Den drei Dimensionen der Zeit entsprechen (in den Kölner Vorlesungen und den entsprechenden Fragmenten aus dieser Zeit) die Bewusstseinsmodi der Erinnerung, Anschauung und Ahnung. Deren Trias ist nur dreifach nuancierter Ausdruck einer wesenhaften »Unangemessenheit« des Wesens an seine Wirklichkeit. »Die Zeit«, sagt Schlegel, »ist <nur> die in Unordnung gerathene <aus den Fugen gebrachte> Ewigkeit« (*KA* X, 550). Als Zeit also offenbart sich der Verlust des Seins (des *Ewigen*) im endlichen Ich und perpetuiert sich im reflexiven Zugriff. So begegnet Schlegel tatsächlich Schellings Diagnose über Fichtes Philosophie. Sie hatte besagt, wer das Absolute nicht im Nu und vollständig ergreife, sehe sich auf einen »unendlichen Progressus« verwiesen (*SW* I/4, 358), der in der Zeit vergeblich, nämlich unendlich, die Ewigkeit antizipiere. Da Schlegel das Absolute für unerkennbar erklärt, muss er die von Schelling spöttisch skizzierte Konsequenz zunächst bejahen. Sie wird ihm aber Ausgangspunkt seiner Theorie des Fragments. Das von Fichte verteidigte Paradox (einerseits sei das Ich nur unter Voraussetzung des Absoluten, andererseits bestehe das Absolute nur als und im Ich [nach Schellings Diagnose: *SW* I/6, 126 f., 144 im Kontext]) wird sogar zum Motor seiner Entdeckung der Ironie und wohl überhaupt zur Triebfeder seines ganzen Denkens. Schon 1796 notiert er lakonisch: »Erkennen bezeichnet schon ein bedingtes Wissen. Die Nichterkennbarkeit des Absoluten ist also eine identische Trivialität« (*KA* XVIII, 511, Nr. 64). In beiden Sätzen wird dem absoluten Idealismus radikal widersprochen. Schlegels eigener Lösungsvorschlag behauptet ein Zugleich-diesseits-und-jenseits-der-Grenze-Sein:

Die Behauptung (gegen Schelling und Fichte), *daß alles Setzen jenseits der Gränzen der Erkennbarkeit* transcendent sey, widerspricht sich selbst und macht aller Philosophie ein Ende. Überdem sind die Gränzen der Erkennbarkeit noch gar nicht bekannt, wenn das theoretisch Absolute gesetzt wird. – Man kann keine *Gränze* bestimmen, wenn man nicht *diesseits und jenseits* ist. Also ist es unmöglich die Gränze der Erkenntniß zu bestimmen, wenn wir nicht auf irgend eine Weise (wenn gleich nicht erkennend) jenseits derselben hingelangen können (*KA* XVIII, 521, Nr. 23; ähnlich XIX, 120, Nr. 348).

Wenn mit ›Grenzen der Erkennbarkeit‹ gemeint ist: dasjenige, was den Stand *bisheriger* Erkennbarkeit (und die mit ihr verbundenen Gesetzmäßigkeiten) markiert, dann ist klar, dass man nicht in einem Raum des Unerkennbaren landet, wenn man die Erkenntnisgrenzen verschiebt. Diese Grenzen, macht Schlegel geltend, werden überhaupt erst gezogen durch die Handlung des Überschreitens.

Wie oft gibt Schlegel dieser Überlegung eine temporale Akzentuierung: Wir befinden uns immer in einem Zustand relativer Identität (d. h. der Bestimmtheit); und diesen Zustand haben wir immer schon in Richtung auf eine Zukunft überschritten (vgl. im vorliegenden Band Text 3, S. 94 f.). Schlegel nennt die Zustände prekärer Bindung »Witz« und die Tendenz auf ihre Auflösung »Ironie«. Was im Nu undarstellbar ist, kann sich nur in der Unendlichkeit des Lebensflusses manifestieren – also nie endgültig. »Allegorie« heißt der Verweis auf dies Unendliche, das in jeder partikularen Synthesis nur provisorisch realisiert werden kann und darum die ironische Auflösung verlangt, die den Blick aufs eigentlich intendierte Unendliche *ex negativo* in den Blick bringt.

Der vollen Struktur des Absoluten wird darum allenfalls ein »*Wechselerweis*« gerecht (*KA* XVIII, 521, Nr. 22), der – anders als Fichtes »oberster Grundsatz« – Einheit und Unendlichkeit problematisch aneinander verweist, ohne sie im Keim schon zusammenzuschmieden. So entsteht eine dialektische Synthesis, deren Vereinigungen gleichsam ständig zerplatzen vor dem Postulat, die Unendlichkeit zu erschöpfen. Aber der Zeitfluss selbst besteht in einer dynamischen Relation aus (punktueller) Einheit und (aufhebender) Unendlichkeit.

Es ist ja nicht etwa so, als fielen die Momente Einheit und Unendlichkeit im Lebensfluss absolut auseinander. Die Zeit trennt nicht nur, sie verbindet auch – obwohl nur relativ. Diese Relativität vermindert sich indes, wenn man den »*Wechselbegriff*« (ebd., 518, Nr. 16) von Einheit und Unendlichkeit als indirekten Beleg liest für eine dem Absoluten sich »approximirende«, vorläufig spontane Selbstkonstitution der Reihe. Es erfolgte gleichsam ein endlicher »Erweis« des im Endlichen nie sich zeigenden, aber die ganze Reihe stiftenden und ihre Kohärenz verbürgenden Absoluten (ebd., 329,

Nr. 55; 298, Nr. 1241): Eine Phase »erweist« die andere und so immer fort. »Daher muß die Philosophie wie das epische Gedicht in der Mitte anfangen« (ebd., 518, Nr. 16) – das wäre das von Benjamin in seiner Doktorarbeit so genannte »Medium der Reflexion« (Benjamin 1974, 37 f.) –, »und es ist unmöglich dieselbe so vorzutragen und Stück für Stück hinzuzählen, daß gleich das Erste für sich vollkommen begründet und erklärt wäre« (*KA* XVIII, 518, Nr. 16). Im Medium der Reflexion stützen und negieren sich die einzelnen Glieder gelungener Synthese-Bildung wechselseitig. Sie sind nicht Dedukte eines Prinzips, das vorher feststünde, sondern sie machen die Existenz dieses Prinzips nur »immer wahrscheinlicher« (*KA* XII, 328, *passim*). Die Wahrscheinlichkeit einer gründenden Einheit steigt, weil die punktuelle Einheit, in der eine jede Phase des Prozesses besteht, und die Kohärenz, die sie alle verbindet, aus dem Mechanismus der trennenden Reflexion allein nicht erklärt werden könnte. Trennung und Verbindung, von der Kontinuität der Zeit selbst wieder unter die Klammer überwiegender Einheit gebracht, die als solche dennoch nicht Ereignis wird, deuten inmitten der Endlichkeit auf eine nicht mehr endliche, also absolute Einheit beider. So schließt die Linie sich zum Kreis, denn das Schema des linearen Verfließens wird Stück um Stück korrigiert durch das Geltendmachen jener höheren Einheit, die Unendlichkeit in Allheit umwendet: »Es ist ein Ganzes, und der Weg es zu erkennen ist also keine gerade Linie, sondern ein Kreis« (*KA* XVIII, 518, Nr. 16).

Das von Schelling als Fichtes Grunddilemma aufgezeigte Problem des An-sich-für-sich soll also durch einen progressiven Reflexionserweis gelöst werden. Eine jede Phase begründet die vorangehende und lässt sich umgekehrt aus ihr begründen. Das Absolute durchwaltet kontinuitätsstiftend die ganze Reihe; und insofern beweist die Reihe (anders als Jacobi es dachte, eben durch ihren essentiellen Bezug aufs Ganze) das synthetische Wirken des Absoluten durch dessen nachweisbare Manifestation in relativen (partikulären) Synthesen. Andererseits entzieht sich dieses Prinzip, und die Reihe lebt auf Anleihe eines *in* ihr Unerweislichen, von dem nur gesagt werden kann, es werde immer wahrscheinlicher. Aus diesem Paradox entspringt eine »unendliche Agilität«, eine wechselseitige Affirmation und Negation, aus der heraus sich schließlich ein geradliniges Streben in eine »progressive«, ironische »Dialektik« als »wahre Methode« befreit (*KA* XVIII, 83, Nr. 646), die Schlegel oft »Bildung«

nennt. »Woher es kommt«, schreibt er später, nach 1803 (ebd., 564, Nr. 49), »daß manche Philosophen dem Wahren so ganz nah sind wie Fichte, und doch es nicht erreichen, ist aus meiner Construktion ganz klar«.

Die merkwürdige Transzendenz des Absoluten gegenüber der Reihe, der Schlegel bald »unendliche Fülle«, bald »Chaotik« zuspricht, lässt sich an den beiden Phänomenen *Allegorie* und *Witz* erläutern. Die Allegorie ist – kurz gesagt – die Tendenz aufs Absolute im Endlichen selbst. Als Allegorie übersteigt sich das Einzelne in Richtung aufs Unendliche, während als Witz das Unendliche punktuell jene Einheit aufscheinen lässt, die dem Ganzen der Reihe sich entzieht. In Schelling'scher Terminologie könnten wir auch sagen: Allegorie sei die Synthesis von »unendlicher Einheit« und »unendlicher Fülle« unterm Exponenten des Unendlichen (oder besser: mit der Tendenz aufs Unendliche); während das punktuelle Zünden des Witzes diese selbe Synthesis unter dem Übergewicht der Einheit darstellt.

Wie aber soll sich Unendlichkeit im Endlichen selbst darstellen lassen? Nicht durch Denken, nicht durch Begriffe: »Das reine Denken und Erkennen des Höchsten kann nie adäquat dargestellt werden« – das ist das »Prinzip der relativen Undarstellbarkeit des Höchsten« (*KA* XII, 214). Wie aber dann? Dadurch, dass die Kunst ins Mittel tritt (*KA* XIII, 55 f. und 173 f.):

Die Philosophie lehrte uns, daß alles Göttliche sich nur andeuten, nur mit Wahrscheinlichkeit voraussetzen lasse, und daß wir daher die Offenbarung für die höchste Wahrheit annehmen müssen. Die Offenbarung ist aber eine für den sinnlichen Menschen zu erhabene Erkenntnis, und so tritt die Kunst sehr gut ins Mittel, um durch sinnliche Darstellung und Deutlichkeit dem Menschen die Gegenstände der Offenbarung vor Augen zu stellen (ebd., 174).

Das war ein Zitat aus den Jahren 1804/05. Dem Leser ist die aus unserem Erklärungskontext jäh ausscherende Beteuerung nicht entgangen, wir wüssten vom Absoluten durch Offenbarung. Die Formulierung bezeugt Schlegels in dieser Zeit sich anbahnende Konversion zum katholischen Glauben, die dann offiziell am 16. April 1808 (gemeinsam mit seiner Frau Dorothea) im Kölner Dom vollzogen wurde. Auch zu diesem Anlass ging ihm der Witz nicht aus. Seinen perplexen Freunden rief er 1806 ins Gesicht: »Katholischwerden heißt nicht Religion verändern, sondern überhaupt nur, sie anerkennen« (*KA* XIX, 230, Nr. 236; vgl. ebd., 223, Nr. 184 und 163,

Nr. 81). In den (übrigens großartigen, überall anregenden und viel zu wenig bekannten) Kölner Privatvorlesungen für die Brüder Boisserée finden wir denn auch »als höhere[s] Gesetz« ausgerufen, »daß alle Poesie mythologisch und katholisch sein müsse« (*KA* XIII, 55). Das ist allerdings, wie Tieck in seiner Komödie *Prinz Zerbino* eine seiner Figuren hellsichtig ausrufen lässt, »zum Katholischwerden«, hindert Schlegel aber keineswegs, in der gleichen Zeit zu notieren: »Die *Auflösung des Bew[ußtseins] in Poesie* ist dem Idealismus eben so nothwendig als die Göttlichkeit der Elemente. <Idealismus ist selbst Poesie –>« (*KA* XIX, 172, Nr. 150).

In der Jenaer Zeit tritt die Kunst dagegen nicht bloß ins Mittel, um eine auch anderswoher erworbene Gewissheit (die der Offenbarung) popularisierend zu versinnlichen. Sie supplementiert vielmehr die schlechthinnige, weder religiös (Schlegel war ein wackerer Atheist in dieser Zeit) noch begrifflich, noch gar sinnlich zu überwindende Undarstellbarkeit des Absoluten mittelbar durch seine »Andeutung«. Das ist nur möglich, wenn die Kunst über das hinaus, was sie darstellt (und das ist in Bezug aufs Absolute stets zu wenig) auch das noch »anzudeuten« vermag, was zu sagen ihr nicht gelingt. Dies Mehr-Sagen in allem poetischen Sagen nennt Schlegel *Allegorie*. Sie ist eine Weise oder Spezifikation der Einbildungskraft. Bei Kant ist Einbildungskraft das Vermögen der Synthesis des Mannigfaltigen und geschieht im Falle der Vorstellung eines Objekts auf Geheiß des Verstandes. Bei Schlegel vereint sie Verstand und Sinnlichkeit, arbeitet also weder »auf Geheiß« der »unendlichen Einheit« noch auf das der »unendlichen Fülle«. Darum ist sie das ideale Mittelglied, der zwischen den Gedanken der Unendlichkeit des Höchsten und den der sinnlichen Endlichkeit »einzuschiebende Begriff«, der ein »Bild« entwirft von dem, was anders undarstellbar bliebe: die absolute Einheit von »unendlicher Fülle« und »unendlicher Einheit«. (Da dieses Bild zugleich dasjenige der Wahrheit ist, so wie sie im veritativen »ist« des Urteils sich ausspricht, sehen wir übrigens hier, wie Schlegel die Kunst, als Allegorie, der Wahrheit verpflichtet glaubt.) Schon bei Fichte war die Einbildungskraft das ›zwischen Unendlichem und Endlichem mitten inne schwebende Vermögen‹. Ihre Grenzpole sind das konkrete Individuum einerseits, die rein bestimmbare Unendlichkeit andererseits (Fichte 1971 I, 216 f.).

Warum [so fragt Schlegel in seiner im WS 1800/01 in Jena vorgetragenen Vorlesung über *Transcendentalphilosophie*] *ist das Unendliche aus sich herausgegangen und hat sich endlich gemacht?* – das heißt mit andren Worten: *Warum sind Individua? Oder: Warum läuft das Spiel der Natur nicht in einem Nu ab, so daß also gar nichts existirt?* Die Antwort auf diese Frage ist nur möglich, wenn wir einen Begriff einschieben. Wir haben nämlich die Begriffe *eine, unendliche Substanz* – und *Individua.* Wenn wir uns den Übergang von dem einen zu dem anderen erklären wollen, so können wir dies nicht anders, als daß wir zwischen beyden noch einen Begriff einschieben, nämlich den Begriff des *Bildes* oder *Darstellung, Allegorie* (εἰκών). Das Individuum ist also ein Bild der einen unendlichen Substanz (*KA* XII, 39).

Aus der Allegorie (Erklärung vom Daseyn der Welt) folgt, daß in jedem Individuo nur so viel Realität ist, *als es Sinn, als es Bedeutung, Geist hat* (ebd., 40).

Dies Theorem, das nur in einer schlechten studentischen Nachschrift (und offensichtlich verkürzt) auf uns gekommen ist – die Nachschrift ist leider nicht diejenige Hegels, der dieses Kolleg wenigstens teilweise gehört hat –, entspricht ungefähr den Schelling'schen Vorstellungen (von 1800 [*SW* I/3, 612 ff., bes. 624 ff.]), wonach die Kunst symbolisch darstellen müsse, was der zwieschlächtigen, notwendig-freien Reflexion entgleite: das Band zwischen Allgemeinem und Einzelnem, Unbewusstem und Bewusstem, Reellem und Ideellem, Unendlichem und Endlichem, »ein Unendliches endlich dargestellt« (620; vgl. 626) – und wie immer sonst noch der idealistische Urgegensatz sich artikulieren mag. Sie erweist sich radikaler gemeint als alles, was Schelling dazu geäußert hat – denn nach Schlegels Ansicht haben wir vom Höchsten überhaupt keine andere denn eine allegorische Ansicht.

Das allegorische ist ein künstlerisches Verfahren, welches das endlich Dargestellte als das nicht Gemeinte auslöscht und so den Blick auf das lenkt, was von dieser einzelnen Synthesis nicht erfasst war. Die Allegorie (als *pars pro toto* für alle künstlerischen Ausdrucksformen) ist also notwendiges Manifest der Undarstellbarkeit des Unendlichen. Nur dichterisch kann letzteres Ereignis werden. Dichtung ist nämlich insgesamt Ausdruck des Unausdrücklichen, Darstellung des Undarstellbaren: dessen, was als solches in keinem spekulativen Begriff sich präsentieren könnte. »Alle Schönheit«, schreibt Schlegel, »ist Allegorie. Das Höchste kann man eben weil es unaussprechlich ist, nur allegorisch sagen« (*KA* II, 324). Aber jedes einzelne Gedicht will das Ganze, »das überall Eine und zwar in seiner ungeteilten Einheit« in sich darstellen, »das kann es nur durch Allegorie« (ebd., 414), dadurch also, dass sie ins Dargestellte zugleich den Stilzug des Undargestellten mit einträgt. Darstellung des Undarstellbaren nennt Schlegel auch »Bedeutung« – wobei er »Bedeutung« im Sinne von »Hindeutung«, »Anspielung«, »indirekte Allusion« versteht. »Jede Allegorie«, sagt er, »bedeutet Gott und man kann von Gott nicht anders als allegorisch reden« (*KA* XVIII, 347, Nr. 315). Anderswo:

Jedes Gedicht, jedes Werk soll das Ganze bedeuten, wirklich und in der Tat bedeuten, und durch die Bedeutung und Nachbildung auch wirklich und in der Tat sein, weil ja außer dem Höheren, worauf sie deutet, nur noch die Bedeutung Dasein und Realität hat (*KA* II, 414; zu dieser Wortverwendung vgl. auch XIII, 55 f. und 173 f.).

Das macht den ekstatischen Zug des Endlichen aus, dass es seine Realität nicht in ihm selbst verwirklicht, sondern nur bedeutet. Bedeutend spielt die Allegorie an (»deutet«) auf das Unendliche (*KA* XVIII, 416, Nr. 1140). Das meint ja, wörtlich übersetzt, ἀλληγοϱεῖν: etwas anderes meinen, als was man sagt. Das Gesagte, der Wortkörper, wird Ausdruck des in ihm Undarstellbaren, aber eigentlich Gemeinten nur dadurch, dass er über sich hinaus auf das deutet, was jenseits seiner Reichweite liegt: das Unendliche. Allegorisches Bedeuten ist selbst nicht das (»negativ«), worauf es »deutend anspielt« (*KA* XII, 208 f., 126, 166). Anderswo: Allegorie ist »Andeutung des Unendlichen [...], Aussicht in dasselbe« (ebd., 211; vgl. XI, 119). Ihre Negativität besteht in der sich selbst als Positivum auslöschenden Freigabe des Blicks auf das absolute Vermeinte in allem Denken und Bilden: »Sie geht bis an die Pforte des Höchsten, und begnügt sich, das Unendliche, das Göttliche, was philosophisch sich nicht bezeichnen und erklären läßt, unbestimmt nur anzudeuten« (ebd., 210). So macht sich das Prinzip, das als solches in der Reihe undarstellbar bleibt, nur durch Selbstnegation der Endlichkeit bemerkbar. »Die Tendenz der Principien ist den Schein des endlichen zu vernichten« (*KA* XVIII, 416, Nr. 1139); denn das Endliche hat sein Scheinleben nur darin, dass in ihm, negativ, das Prinzip lebt (vgl. ebd., 412, Nr. 1095, 413; Nr. 1107 und Nr. 1108). So erlöst der Kunstgriff des allegorischen Ausdrucks das Endliche aus seiner materiellen Fixiertheit und verweist es ans Unendliche. Man könnte sagen, in der Allegorie und als solche mache sich die Tendenz der endlichen Wirklichkeit aufs Unwirkliche und Unendliche geltend.

Der *Witz* ist das Gegenstück zur Allegorie im Bereich des Wirklichen selbst: punktuelles Aufblitzen der Einheit von Einheit und Unendlichkeit im Endlichen. In der von Schlegel bevorzugten Metapher des Blitzes ist schon angezeigt, dass die Synthese sich nur im Aufflackern eines schwindenden Lichtes bemerkbar macht, nicht aber positiv-dauernd darstellt. Der Witz ist eine Verkörperung, »die äußere Erscheinung, der äußere Blitz der Fantasie« (*KA* II, 334, ebd., 258, Nr. 26), die wiederum – deutliche kantianische Reminiszenz – das synthetisierende Vermögen des Geistes ist. »Witz ist angewandte Fantasie« (ebd., 356), »eine indirekte Äußerungsart derselben.« Die Phantasie ist Organ der Bindekraft des Absoluten selbst – in der Welt der endlichen Produktion kann ihre Äußerung selbst nur punktuell auftreten. »Der Witz«, erklärt Schlegel, »liegt nicht selbst im Gebiet des Absoluten, aber je absoluter, je gebildeter ist er freilich« (*KA* XVIII, 113, Nr. 1002). Der Witz ist eine chaotische Synthesis, die Schlegel auch als ein »plötzliches Erschrecken und Gerinnen«, als »ein Versteinern« jener »feurigen Flüssigkeit der Vorstellung« charakterisiert (*KA* XIX, 171, Nr. 148). Wie in eine Augenblicksansicht verkürzt, erstarrt das wogende, infixible Chaos der Einbildungskraft in der witzigen Synthese. Geht die Allegorie auf »Vernichtung des Einzelnen qua eines Einzelnen«, so »richtet sich der Witz [umgekehrt] auf die Vereinheitlichung der Fülle« (*KA* XVIII, S. XVIII). In ihm bekundet sich das unerweisliche Prinzip positiv aus seinen ins Singuläre zusammengezogenen Wirkungen. Witz ist »fragmentarische Genialität« (ebd., 102, Nr. 881).

Witz ist also *nicht* die Kraft, die aus den Fragmenten ein System macht – dazu bedürfte es der als solche undarstellbaren absoluten Einheit (von Einheit und Chaos/Fülle). Statt des Systems des Chaos konstruiert der Witz als »chemisches Vermögen« (*KA* XVIII 129, Nr. 90), als »ars combinatoria« (ebd., 124, Nr. 20), nur ein »Chaos von Systemen«, das heißt eine Mannigfaltigkeit von partiellen Vereinigungen ohne systematisches Zentrum. Darum können sich witzige Synthesen auch allseits widersprechen. Viele Definitionen bemerken, der »Stoff« des Witzes müsse »immer paradox [sein]« (ebd., 94, Nr. 781) – denn er vereinigt ja Unendliches und Endliches im Aperçu. Diese Vereinigung wiederum vollbringt er in selbst endlicher Form, nämlich als Fragment. So widersprechen sich die Einheiten-

en-détail untereinander und schließen sich selbst aus von jener höchsten dialektischen Einheit, die die Unendlichkeit umspannen würde und auf die die Allegorie negativ nur anspielt.

Allegorie und Witz sind also die Blick- und Wendepunkte der Reflexion, die aber nie zugleich bezogen werden können: Im Witz stellt sich die Tendenz auf Einheit ohne die auf Fülle, in der Allegorie stellt sich die Tendenz auf die Unendlichkeit, abgelöst von der auf die Einheit dar. Es fehlt ein Organ, das beide Hinsichtnahmen im Nu oder in der Einheit eines Bewusstseins versammelte.

Das Sich-Entziehen dieser Zentralperspektive über die unendliche Reihe hinterlässt auf ihr, was Schlegel »chaotische Universalität« nennt. Und genau hier ist der philosophische Ort des *Fragments*. Seine Verwandtschaft mit dem Witz ist evident. Denn wie der Witz die synthetische Kraft der absoluten Einheit gleichsam ins einzelne Phänomen ablenkt, so kann – im und als Fragment – nur »durch schärfste Richtung auf Einen Punkt [...] der einzelne Einfall eine Art von Ganzheit erhalten« (*KA* II, 169, Nr. 109; XII, 393; XVIII, 305, Nr. 1333; ebd., 69, Nr. 499; II, 197, Nr. 206). Das witzige Vermögen der punktuellen Synthesis, die gerade durch intensive Konzentration auf »Individualität« (Einzelnheit) die unteilbare Einheit manifestiert, nennt Schlegel »fragmentarische Genialität« (*KA* II, 149, Nr. 9). Sie ist die »Form des abgeleiteten, fragmentarischen Bewusstseins« (*KA* XII, 393), des wirklichen, des disseminalen Ichs, dessen ontologischen Status Schlegel folgendermaßen erläutert: Das »zerstückelte« oder »unvollständige« Ich (*KA* XII, 374, 348, 352; vgl. *KA* XVIII, 506, Nr. 9; ebd. 512, Nr. 73) ist die Folge eines unverfüglichen »Aussichherausgehens«, einer Zersplitterung des Bandes zwischen Einheit und Unendlichkeit in einem mythisch projizierten »Ur-Ich« (*KA* XII, 348). Als Mitgift dieser Zerstückelung bewahrt die »eigentümliche, spezifische Form des menschlichen Bewußtseins, als abgeleiteten, vernünftigen Bewußtseins überhaupt [...] das Fragmentarische« (ebd., 392).

Gerade durch diese Einzelheit und Abgerissenheit [fügt Schlegel hinzu] unterscheidet sich das abgeleitete Bewußtsein. Diejenige Tätigkeit aber, wodurch das Bewußtsein sich am meisten als Bruchstück kundgibt, ist der Witz, sein Wesen besteht eben in der Abgerissenheit und entspringt wieder aus der Abgerissenheit und Abgeleitetheit des Bewußtseins selber. Diese Fähigkeit, worauf sonst zu wenig Rücksicht genommen wird, ist die eigentümliche, individuelle Form, worin das Höchste des menschlichen Bewußtseins erscheint, insoweit es überhaupt ein abgeleitetes und untergeordnetes ist (ebd., vgl. 440 ff.).

Als Äußerung des zerrissenen Bewusstseins trägt das Fragment also folgenden Widerspruch aus: Es stiftet Einheit im Chaos, denn es beerbt die synthesebewirkende Kraft der absoluten Einheit; aber es lenkt die Bindungskraft des Absoluten von der Unendlichkeit ab in die Einzelheit, das heißt, es stiftet gerade nicht Totalität, sondern ein Gesamt (»Chaos«) von Individualpositionen, deren jede der anderen widerstrebt. Dieser dem Fragment eingewebte Widerspruchsgeist ist ein notwendiger Effekt der Detotalisierung oder Dekomposition der höchsten Einheit, die nicht mehr Einheit eines Ganzen (oder eines Systems), sondern lediglich Einheit eines Einzeldings und ohne systematische Bindung an die anderen Einzeldinge ist: Aus dem fragmentarischen Universum resultiert kein System, sondern »Asystasie«, »Unbestand«, »Uneinigkeit« (*SW* I/9, 209 [ff.]), Inkohärenz, Zusammenhanglosigkeit: Merkmale, die vor allem in den Fragmenten des Novalis nicht nur kompositorisch hervortreten, sondern beständig zum Thema von Überlegungen gemacht werden.

Die Romantik ist oft als so harmonietrunken und ins Absolute verliebt dargestellt worden, dass man in der vulgären Wirkungsgeschichte gar nicht mehr sieht, wodurch sie sich den Zorn der Klassizisten Goethe, Schiller und Hegel, des frommen Christen Kierkegaard oder des biederen Realisten Rudolf Haym zugezogen hat und was sie radikal modern macht. Tatsächlich ist es die Entdeckung der Vielschichtigkeit, der Ungeborgenheit, der Inkonsequenz, der Widersprüchlichkeit des menschlichen Charakters, durch die sie sich von einer optimistischen, sei's gottfrohen, sei's metaphysischen Tradition drastisch abgrenzt. »So ist der Mensch«, ruft Theodor in den *Phantasus*-Gesprächen von Ludwig Tieck aus, »nichts als Inkonsequenz und Widerspruch!« (Tieck 1985, 81, Z. 21 f.). Theodors Ausruf resümiert aber nur stellvertretend eine der tiefsten Überzeugungen der Tieck'schen Dichtung, die thematisch und stilistisch immer aufs Neue zur Darstellung drängt. Ich zitiere – *partem pro toto* – aus dem 17. Kapitel der 1797 geschriebenen *Sieben Weiber des Blaubart* (1797), worin der Held Peter Berner mit seinem Förderer und Gestalter Bernard sich unterhält:

Wenn Ihr es überlegt, daß im ganzen Menschenleben kein Zweck und kein Zusammenhang zu finden ist, so werdet Ihr es gern aufgeben, diese Dinge in meinem Lebenslauf hineinzubringen.

Wahrhaftig, du hast Recht, sagte Bernard, und du bist wirklich verständiger, als ich dachte.

Ich bin vielleicht klüger als Ihr, sagte Peter, ich lasse mir nur selten etwas merken.

So wäre also, sagte Bernard tiefsinnig, das ganze große Menschendasein nichts Festes und Begründetes? Es führte vielleicht zu nichts und hätte nichts zu bedeuten, Thorheit wäre es, hier historischen Zusammenhang und eine große poetische Composition zu suchen, eine Bambocchiade oder ein Wouvermanns drückten es vielleicht am richtigsten aus (*TS* 9, 193).

In den von Rudolf Köpke, Tiecks Eckermann, mitgeteilten Gesprächsäußerungen aus den letzten Lebensjahren findet sich folgende Bemerkung:

Einer der widerstrebendsten Gedanken ist für mich der des Zusammenhanges. Sind wir denn wirklich im Stande ihn überall zu erkennen? Ist es nicht frömmer, menschlich edler und aufrichtiger, einfach zu bekennen, daß wir ihn nicht wahrzunehmen vermögen, daß unsere Erkenntnis sich nur auf Einzelnes bezieht, und daß man sich resigniere? (Köpke 1855, Bd. 2, 250)

Ludoviko sagt im *Sternbald* (um 1798):

Man kann seinen Zweck nicht vergessen [...], weil der vernünftigste Mensch sich schon so einrichtet, daß er gar keinen Zweck hat. Ich muß nur lachen, wenn ich Leute so große Anstalten machen sehe, um ein Leben zu führen. Das Leben ist dahin, ehe sie mit den Vorbereitungen fertig sind (*TS* 16, 338).

»Verworrenheit«, »Inkonsequenz, Charakterlosigkeit« zählt auch Friedrich Schlegel sehr bezeichnend unter die »Fehler der progreßiven Menschen« (*KA* XVIII, 24, Nr. 66). Im unendlichen Werden gibt's keine Mitte, um die sich beständige Eigenschaften kristallisieren könnten. Darum steht die unregelmäßige Form der Kunst für die Wahrheit, für die, dass »alles Leben krummlinicht ist« (*KA* XVIII, 171, Nr. 551). Daraus erklärt sich der romantische Hang zu »unbestimmte[n] Gefühle[n]« und kontingenten Fügungen – die Vorliebe für die Sprache (deren allegorische Funktionen Schlegel früh betonte [*KA* II, 348]) und für die Sprache aller Sprachen, die Musik. Über den (beiden Medien als Basis gemeinsamen) Schall sagt Friedrich Schlegel: »Er hat [...] unendlichen Vorzug, insofern er etwas durchaus Bewegliches ist; denn dadurch entfernt man sich schon einen Schritt weit von der Starrheit und Unbeweglichkeit des Dings zur Freiheit« (*KA* XII, 345). Das Gehör ist »der edelste Sinn«. »Er ist als der Sinn für das Bewegliche durchaus der Freiheit näher verbunden und insoweit mehr geeignet, uns von der Herrschaft des Dings loszumachen, als alle anderen« (ebd., 346; vgl. *KA* XVIII, 57 f., 217 f.). Die Musik, die ganz zeitliche Kunst, entspricht der Flüssigkeit des substanzlosen Ichs am besten. Die Eindeutigkeit des dreidimensionalen Raums als Medium der bildenden Kunst verfällt der Polemik. Sie zaubert eine unwahrhaftige Identität-mit-sich-selbst in die Menschendarstellung. Hingegen ist, wie wir hörten, unendliche Progessivität das Wesen transitorischer Kunstarten. So siegt die Musik über alle anderen, weil sie die Zeitlichkeit/Unbeständigkeit des Charakters am leichtesten allegorisiert.

»Alles widerspricht sich«, notiert Schlegel bündig (*KA* XVIII, 86, Nr. 673). Und was für die Wirklichkeit gilt, gilt ebenso für das Bewusstsein: »Die Form des Bewußtseins ist durchaus chaotisch« (ebd., 290, Nr. 1136; 123, Nr. 2).

Um alledem Rechnung zu tragen, bedarf es der »Polemik gegen die Consequenz« (*KA* XVIII, 309, Nr. 1383). So kann das Fragment, das doch den Widerspruch des Unendlichen und des Endlichen in sich – aber nur punktuell – austrägt, nicht vermeiden, in neue Widersprüche mit anderen Fragmenten zu treten, die zwar alle die Tendenz aufs Unendliche teilen, aber aufgrund ihrer Individualität neue wechselseitige Widersprüche provozieren. Diese Tatsache erklärt die hohe Bedeutung, die Schlegel dem Begriff der »Tendenz« verleiht: Jedes Fragment verhält sich zum All wie die Bestimmtheit zum unendlich Bestimmbaren: ein Verhältnis, welches »die Menge von poetischen Skizzen, Studien, Fragmenten, Tendenzen, Ruinen, und Materialien« erklärt (*KA* II, 147, Nr. 4). Alle überstürzte Totalisierung entspringt aus »geistige[r] Gicht« (*KA* XVIII, 221, Nr. 318), aus »geistiger Versteinerung«. »Alle klassischen Dichtarten in ihrer strengen Reinheit sind jetzt lächerlich« (*KA* II, 154, Nr. 60). Das Fragment ist »kein Werk, sondern nur Bruchstück [...], Masse, Anlage« (ebd., 159, Nr. 103; vgl. 209, Nr. 259).

»Das eigentlich Widersprechende in unserm Ich«, sagt Schlegel, »ist, daß wir uns zugleich endlich und unendlich fühlen« (*KA* XII, 335). Dieser Widerspruch durchquert das Ich, das »sich selbst sucht«, ohne sich zu finden (*KA* XIX, 22, Nr. 197); denn es fehlt ihm die Möglichkeit, sich mit »einem einzigen Blick« zu erfassen (*KA* XII, 381). Dieser unmögliche Totaleindruck, der den »Bruchstücken« des Bewusstseins »Zusammenhang und Begründung« verwehrt (*KA* XII, 393, 402), macht sich *ex negativo* bemerkbar als »eine Lücke im Dasein« (*KA* XII, 192). Sie spaltet und zerstückelt das Selbst, aber doch so, dass auch die Fragmente, in die seine »Weltanschauung« sich auflöst, haltlos und unbeständig werden: Sie heben sich wechselseitig auf und korrigieren so gleichsam den Totalitarismus des analytischen Geistes, indem sie – ironisch – die unwirkliche, aber seinsollende Synthesis gegen die existierende Auflösung ins Recht setzen. Insofern steht auch und gerade das Fragment im Dienst einer neuen Totalität. Der Enthusiasmus, den Schlegel für die Gedanken der »Verworrenheit [...], Inkonsequenz, Charakterlosigkeit« usw. aufbringt (*KA* XVIII, 24, Nr. 66), wäre anders kaum verständlich: Er weiß sich gerechtfertigt aus der »Liebhaberei fürs Absolute« (*KA* II, 164, Nr. 26). In solchen und ähnlichen Wendungen stellt sich beispielhaft die Struktur von Friedrich Schlegels durchaus realistischer Begründung der Kunst und der Philosophie dar. Er sagt zum Beispiel: »Da die Natur und die Menschheit einander so oft und so schneidend widersprechen, darf die Philosophie es vielleicht nicht vermeiden, dasselbe zu tun« (*KA* II, 240, Nr. 397). Ein anderer Beleg: »Auch das Leben ist fragmentarisch rhapsodisch« (*KA* XVIII, 109, Nr. 955), und »die Confusion« vollkommener Dichtung »ist eigentlich [ein] treues Bild des Lebens« (ebd., 198, Nr. 21). Ja, »wer Sinn fürs Unendliche hat, [...] sagt, wenn er sich entschieden ausdrückt, lauter Widersprüche« (*KA* II, 243, Nr. 412; vgl. 164, Nr. 26 [Einschub in die Fragmentensammlung *Blüthenstaub* des Novalis]).

Inkonsequenz und Asystasie bilden indes nur einen Aspekt des Fragments. Wäre in ihm die synthetische Mitgift aus dem Absoluten ganz aufgehoben, so ergäbe sich aus dem Unbestand der einzelnen Positionen eine unbegrenzte Vielheit von Formen, aber diese gerieten niemals in wirklichen Widerspruch zueinander. Widerspruch kann nur auftreten, sowie logisch unverträgliche Urteile auf eine und dieselbe Position gehen; und das ist der für die negative Dialektik der Frühromantik ausschlaggebende Gesichtspunkt. Mit anderen Worten: Das Fragment wäre nicht verständlich als das, was es ist, hätte es nicht *ex negativo* seinen Platz im Rahmen eines Systems (*KA* XVIII, 80, Nr. 614; 287, Nr. 1091; 100, Nr. 857).

Diese Konsequenz könnte man auch wie folgt formulieren: Bisher haben wir nur die Oppositionen betrachtet, in welche die Fragmente untereinander eintreten aufgrund der Endlichkeit oder Individualität ihrer Position, die jeweils in Widerspruch gerät zu der Individualität jeder anderen Position. Es gibt indes einen Widerspruch, ohne welchen der Letztere nicht einmal statthätte, nämlich derjenige, der sich einstellt zwischen den fragmentarisch-besonderen Positionen einerseits und der Idee des Absoluten andererseits. Das Fragment bricht sich nicht nur an anderen Fragmenten seinesgleichen; das Gesamt der besonderen Setzungen steht außerdem im Widerspruch zur Idee des Absoluten, das sich außerhalb und über allem Gegensatz befindet. Ebendiese Perspektive lässt alle Fragmente – und die in ihnen verkörperte Einheit – als misslungenen Ausdruck des Absoluten erscheinen, das als solches unfasslich bleibt.

Aus dieser Überlegung entspringt der Grundgedanke der so genannten romantischen *Ironie*. Die Idee des Absoluten, dem alle Einzelpositionen unangemessen bleiben, rückt diese in ein ironisches Licht. Andererseits können wir uns in unserer Endlichkeit nur an solchen Einzelpositionen orientieren, während das Absolute ungreifbar bleibt. Die Ironie spielt darum in beide Richtungen. Sie ist ein Verlachen des Endlichen, weil es durch anderes Endliches dementiert und durch den Gedanken des Absoluten insgesamt beschämt wird; aber auch des Absoluten, weil es, wie Novalis sagt, das identische Reine gar nicht gibt (*NS* II, 177, Z. 10 f.). »Rein wäre«, »was weder bezogen, noch beziehbar ist [...] Der Begriff *rein* ist also ein leerer Begriff – [...] alles Reine ist also eine Täuschung der Einbildungskraft – eine *nothwendige* Fiction« (II, 179, Z. 17 ff.).

Alles Filosofiren muß [...] bey einem absoluten Grunde endigen. Wenn dieser nun nicht gegeben wäre, wenn dieser Begriff eine Unmöglichkeit enthielte – so wäre der Trieb zu Filosophiren eine unendliche Thätigkeit – und darum ohne Ende, weil ein ewiges Bedürfniß nach einem absoluten Grunde vorhanden wäre, das doch nur relativ gestillt werden könnte – und darum nie aufhören würde. Durch das freywillige Entsagen des Absoluten entsteht die unendliche freye Thätigkeit in uns – das Einzig mögliche Absolute, was uns gegeben werden kann und was wir nur durch unsre Unvermögenheit ein Absolutes zu erreichen und zu erkennen, finden. Dies uns gegebene Absolute läßt sich nur negativ erkennen, indem wir handeln und finden, daß durch kein Handeln das erreicht wird, was wir suchen.

Dis ließe sich ein absolutes Postulat nennen. Alles Suchen nach Einem Princip wäre also wie der Versuch die Quadratur des Zirkels zu finden.

[...] jenes negativ zu erkennende Absolute [...] [realisirt] sich durch ewigen Mangel [...]. So wird Ewigkeit durch Zeit realisirt, ohnerachtet Zeit der Ewigkeit widerspricht (ebd., 269 f., Nr. 566).

Diesen hin- und herzuckenden Blick aufs Ewig-Eine und aufs Mannigfaltige-Zeitliche teilt die Ironie mit dem, was Fichte in der frühesten *Wissenschaftslehre* über die Einbildungskraft gesagt hatte (Fichte 1971 I, 212 ff., vor allem 215-217). Sie wurde dort eingeführt als zwischen Unvereinbaren schwebendes, sie zugleich trennendes und vereinigendes Mittelvermögen. Die Unvereinbaren sind aber die ins Unendlich gehende (bestimmbare) und die begrenzende (bestimmende) Tätigkeit des Ich:

Die Einbildungskraft ist ein Vermögen, das zwischen Bestimmung und Nicht-Bestimmung zwischen Endlichem und Unendlichem in der Mitte schwebt; und demnach wird durch sie allerdings A + B zugleich durch das bestimmte A und zugleich durch das unbestimmte B bestimmt, welches jene Synthesis der Einbildungskraft ist, von der wir soeben redeten. – Jenes Schweben bezeichnet die Einbildungskraft durch ihr Product; sie bringt dasselbe gleichsam während ihres Schwebens, und durch ihr Schweben hervor (ebd., 216 f.).

Um sich selbst fasslich zu werden, muss sich das Reine eingrenzen; die Grenze widerspricht aber seiner wesentlichen Unendlichkeit; also muss es die selbst gesetzte Grenze immer auch wieder überschreiten, sich neu begrenzen, auch diese Grenze wieder überschreiten und so immer weiter. Dies ist das Modell der Schlegel'schen Ironie. Schlegel spricht von »dividierte[m] Geist«, welcher hervorgehe aus »Selbstbeschränkung, also ein Resultat [ist] von Selbstschöpfung und Selbstvernichtung« (*KA* II, 149, Nr. 28). Das geschieht so, dass die Schranke der unendlichen Tätigkeit widerstreitet, die sich, unendlich sich an jener brechend, unendlich über sich hinwegsetzt. Ebendies unendlich negative Sich-Hinwegsetzen über alle selbst gesetzten Schranken nennt Schlegel Ironie. Deutlich wird nun erkennbar, dass die Ironie das gesuchte Strukturganze ist, dessen abstrakte Teilglieder Witz und Allegorie sind. Im Witz nimmt der Geist »schärfste Richtung auf Einen Punkt« (*KA* II, 160, Nr. 10; vgl. XII, 393; XVIII, 305, Nr. 1333; 69, Nr. 499; II, 197, Nr. 206) und erwirbt so »eine Art von Ganzheit«. Die Bindekraft des Absoluten wird durch diese Richtung gleichsam in die Einzelsynthesen der individuierten Welt abgelenkt, die Welt wird vorgestellt als in Schranken gefasst. Die gerade umgekehrte Wesenstendenz, das Streben über alle Grenzen hinaus ins Grenzenlose, wird in der Allegorie Ereignis, die den »abgeleiteten« und »fragmentarischen Charakter des menschlichen Bewusstseins« durch die Öffnung ins Unendliche korrigiert (*KA* XII, 392 f., vgl. ebd., 348, 352, 374; XVIII, 506, Nr. 9; 512, Nr. 73). Die Ironie ist die Synthese von Witz und Allegorie; dank ihrer grenzüberschreitenden Aktivität korrigiert sie die Einseitigkeit der Einheit, die das Absolute hätte umfassen sollen und sich nur in der besonderen Einheit der witzigen Synthese verkörpern konnte.

Sie enthält und erregt ein Gefühl von dem unauflöslichen Widerstreit des Unbedingten und des Bedingten, der Unmöglichkeit und Notwendigkeit einer vollständigen Mitteilung. Sie ist die freieste aller Lizenzen, denn durch sie setzt man sich über sich selbst weg; und doch auch die gesetzlichste, denn sie ist unbedingt notwendig. Es ist ein sehr gutes Zeichen, wenn die harmonisch Platten gar nicht wissen, wie sie diese stete Selbstparodie zu nehmen haben, immer wieder von neuem glauben und mißglauben, bis sie schwindlicht werden, den Scherz gerade für Ernst, und den Ernst für Scherz halten (*KA* II, 160, Nr. 108).

Etwas von diesem Schwindel kann uns ein hintersinnig-leichtes Liedchen von Tieck vermitteln:

Mit Leiden
Und Freuden
Gleich lieblich zu spielen
Und Schmerzen
Im Scherzen
So leise zu fühlen,
Ist wen'gen beschieden.
Sie wählen zum Frieden
Das eine von beiden,
Sind nicht zu beneiden:
Ach gar zu bescheiden
Sind doch ihre Freuden
Und kaum von Leiden
Zu unterscheiden. –
(*TS* 10, 96)

Die Freuden, näher besehen, verlieren ihr distinktives Merkmal und werden ihrem Gegenteil, den Leiden, ähnlich, für die wieder das Gleiche gilt. Es gibt also durchaus Bestimmtheit und Unterschiedenheit; die werden aber poetisch so behandelt, dass sich ihre Setzung geheimnisvoll überdeterminiert durch die Aufhebung des Gesetzten: dessen Überschreitung auf das hin, was es nicht ist. Der Überstieg, der stets aufs Neue sich hinwegsetzt über jene Selbstzusammenziehung, die die unendliche Tätigkeit im Witz vollzieht, macht sich zur Allegorie des Unbegrenzten; er öffnet Aussichtsfluchten, *»échappées de vue* ins Unendliche« (*KA* II, 200, Nr. 220). So wird die Ironie »ἐπίδειξις [Aufweis, Anzeige] der Unendlichkeit« (*KA* XVIII, 128, Nr. 76).

Durch Ironie »setzt man sich über sich selbst weg« (*KA* II, 160, Nr. 108) – über sich selbst nämlich, insofern man ein abgerissenes und fragmentarisches, ein der Unendlichkeit verlustiges Selbst geworden ist. Die Ironie besteht mithin in einem »steten Wechsel von Selbstschöpfung und Selbstvernichtung« (*KA* II, 172, Nr. 151), in einem »wunderbaren ewigen Wechsel von Enthusiasmus und Ironie« (ebd., 319), von »Schaffen und Vernichten« (*KA* XVIII, 198, Nr. 11), einem »ewigen Schwanken zwischen Selbsterweiterung und Selbstbeschränkung des Denkens« (ebd., 305, Nr. 1333), einem »Wechselspiel des Unendlichen und des Endlichen« (ebd., 361, Nr. 495), sie ist »Puls und Wechsel zwischen Universalität und Individualität« (ebd., 259, Nr. 782) – und wie immer die Gegensatzpaare sich artikulieren mögen. Jedenfalls ist die Ironie der Ort, in welchem der Mensch äußert und darstellt, was Schlegel »das eigentlich Widersprechende in unserm Ich« nennt, nämlich »daß wir und zugleich endlich und unendlich fühlen« (*KA* XII, 334). Dieser Widerspruch durchquert das Ich, das, notiert Schlegel, »sich eigentlich nicht setzt, sondern sucht«; es ist wesentlich »Sehnsucht« (*KA* XIX, 22, Nr. 197).

Das endliche Ich »findet sich als in sich selbst gespalten und getrennt, voller Widersprüche und Unbegreiflichkeiten, kurz als Stückwerk, der Einheit vielmehr entgegengesetzt« (*KA* XII, 381 unten). Ein alle seine Zustände umfassender »einziger Blick« fehlt ihm; darum kann es von sich selbst nur Fragmente ohne Zusammenhalt und Grund ergreifen (ebd., 393, 402) – es erscheint sich als »eine Lücke im Dasein« (ebd., 192). Die spaltet und zerstückelt das Selbst, und zwar so gründlich, daß die Bruchstücke und witzigen

Aperçus, in denen sich diese Zerstückelung manifestiert, sich nicht auflösen zugunsten einer einigen Weltsicht. Vielmehr heben sie sich wechselseitig auf und korrigieren so die Einseitigkeit und den Schein ihres endlichen Daseins, sodass über ihrer Vernichtung nicht anschaulich, aber ahnbar wird, was an ihrer statt eigentlich hätte dargestellt werden sollen: die Unendlichkeit. In diesem Sinne kann Schlegel dann sagen, die »Ironie ist bloß das Surrogat des ins Unendliche gehen sollenden« (*KA* XVIII, 112, Nr. 995). So gesehen, zeugt die Ironie schon hienieden für die Wahrheit des Seinsollenden, die vorderhand als Nichts erscheinen muss. Wer nur immer etwas Endliches ausdrückt, wird einen Widerspruch begangen haben; der hebt sich erst, wenn das – eigentlich gemeinte – Absolute durch alle endlichen Wesen durchscheint (*KA* II, 243, 412; vgl. 164, Nr. 26) – und das kann es nur negativ, als ein Vektor, der den vernichteten Raum in die Richtung des Nicht-selbst-Endlichen drängt. So korrigiert die Ironie lächelnd die falsche Wertschätzung einer atomisierten Welt, indem sie – vorderhand nur im Reich des Imaginären – das als nichtig verhöhnt, was sich als substantielle Realität aufspreizt.

Andererseits ist die »Ir[onie].« dadurch, dass sie »Mislaut« (sic!) und »Mißverhältnis« im Ganzen des »Lebens«-Zusammenhanges aufdeckt (*KA* XVIII, 213, Nr. 207), auch ein negativer »Beweis gegen d[ie] Vorsehung und für d[ie] Unsterblichkeit«: als Chiffre des »Labyrinth[s] d[er] Unendlichkeit« (ebd., 218, Nr. 293) zugleich die verborgene Chance für den Advent einer wiederhergestellten Totalität. Denn »der kleinste Mislaut«, sagt Friedrich Schlegel, »ist für d[en] Religiosen eine Beglaubigung der Ewigkeit« (ebd., 213, Nr. 207). Deutet doch jeder Widerspruch auf seine Selbstaufhebung voraus; und durch den Unbestand und die Hinfälligkeit einer fragmentierten Welt kündet sich die Unendlichkeit an. Das Mittel, dessen sie sich bedient, um diese widersprüchliche Erfahrung sinnlich zu machen, ist eine Heiterkeit, die sie über der Selbstbehauptung aller endlichen Setzungen schweben lässt. Das freilich kann Philosophie zwar erklären, nicht aber ins Werk setzen. Etwas Bestimmtes so zu sagen, dass im Redeakt diese Bestimmtheit sich zugunsten des Unbestimmten zurücknimmt; sagen, als sagte man nicht: Das kann nur der Dichter. Auch hier findet die Philosophie ihre Ergänzung, ja ihre Vollendung in der und als Poesie. Nirgends hat Schlegel die Funktion der Kunst deutlicher bestimmt als in einer Privatvorlesung von 1807: »Es ist in Erinnerung zu bringen, daß die Notwendigkeit der Poesie [sich] auf das Bedürfnis [gründet], welches aus der Unvollkommenheit der Philosophie hervorgeht, das Unendliche darzustellen« (Pohlheim 1966, 59). Aber schon im 48. Fragment der *Ideen* (von 1800) hatte er notiert: »Wo die Philosophie aufhört, muß die Poesie anfangen« (*KA* II, 261).

5. Über Stil und Bedeutung

Wittgenstein und die Frühromantik

Stilfragen halten wir gewöhnlich für geltungsirrelevant. Gleiches würden wir aber nicht von der Bedeutung von Äußerungen, zumal in Argumenten, sagen. Wie nun, wenn sich zeigen ließe, dass Bedeutungen von Wörtern und Sätzen Spuren tragen der individuellen Art und Weise, mit der sie der Gebrauch wählt und zusammenfügt und die man üblicherweise den Stil nennt? Ja, dass diese Spuren in die Semantik des Geäußerten eindringen?

Der Stil vollbringt eine Selektion und eine Kombination, deren Prinzip nicht zusammenfällt mit dem Gesamt der Regularitäten, deren Verinnerlichung wir als Sprachkompetenz bezeichnen. Nennen wir – mit einer Wittgenstein lieben Metapher – das Gesamt des durch Ableitungsverfahren aus einer Grammatik Beherrschbaren das Sagbare, so böte es sich an, die individuelle Präsentation des Stils als das Unsagbare auszuzeichnen. So schlägt es in der Tat eine ganze Tradition vor. Das nicht selbst kodifizierte individuelle Element des Stils haben Ferdinand de Saussure und Jean-Paul Sartre als das »élément non signifiant du langage« identifiziert (Sartre 1972, 449; vgl. Saussure 1968, 243, III C 294). Häufig wird die Rücksicht darauf als die poetische Komponente der Rede bezeichnet. Es haftet, neben anderen Funktionen, allem Sprachgebrauch als ein meist zurücktretender Zug an, der in der sogenannten literarischen Rede lediglich vorherrscht, ohne die anderen aufzuheben.

Das philosophische Argument will überzeugen. Dabei tritt die poetische Funktion vermutlich stark zurück, aber sie muss (und wird normalerweise) keineswegs fehlen. Gute Philosophie muss nicht notwendig in ästhetisch abschreckendem Stil niedergelegt sein; und die Unfähigkeit, Sprache in einer literarisch ansprechenden Form zu handhaben, ist noch kein Beleg für argumentative Triftigkeit. Ferner: Dichtung ist nicht persuasiv – wie nackte Rhetorik. Novalis sagt sogar: »Die höchsten Kunstwerke sind schlechthin *ungefällig* – Es sind Ideale, die uns nur approximando gefallen können – und *sollen* – ästhetische Imperative« (*NS* III, 413, Nr. 745).

Das war auch Ludwig Wittgensteins Überzeugung. Vom *Tractatus* schreibt er Mitte Oktober 1919 an Ludwig von Ficker: »Die Arbeit ist streng philosophisch und zugleich literarisch, es wird aber doch nicht darin geschwefelt« (Wittgenstein 1980, 32; vgl. von Wright 1986, 92). Das Schwefeln[1] ist die Weise der Sprachbehandlung, die – wenn wir uns nach einer Schwesterkunst umsehen – wie häufiger Pedalgebrauch am Klavier die Töne ineinanderschwimmen lässt. Poesie ist aber nicht Unvermögen zum Begriff – wie es bis hin zu Kant und zur Romantik eine ganze metaphysisch-szientistische Tradition wollte. Sie produziert ein Bild von der Welt, dessen semantisches Potential sich dem Begriff nicht verweigert, aber von keinem ausgeschöpft wird. So steht sie für die semantische Unbezwinglichkeit des Rätsels, als das wir die Wirklichkeit und unser Leben jenseits aller Verständigungsversuche erleben. Man könnte sagen, Poesie bringe ans Licht, was in unseren gut geölten Verständigungsverhältnissen eigentlich unverständlich bleibt.

Wie aber begründet Wittgenstein seinen Anspruch auf Literarizität des *Tractatus*? In einem berühmten (undatierten) Brief, ebenfalls an Ficker, schreibt er:

> Von seiner [des Manuskripts, M. F.] Lektüre werden Sie […] nicht allzuviel haben. Denn Sie werden es nicht verstehen; der Stoff wird Ihnen ganz fremd erscheinen. In Wirklichkeit ist er Ihnen nicht fremd, denn der Sinn des Buches ist ein Ethischer. Ich wollte einmal in das Vorwort einen Satz geben, der nun tatsächlich nicht darin steht, den ich Ihnen aber jetzt schreibe, weil er Ihnen vielleicht ein Schlüssel sein wird: Ich wollte nämlich schreiben, mein Werk bestehe aus zwei Teilen: aus dem, der hier vorliegt, und aus alledem, was ich *nicht* geschrieben habe. Und gerade dieser zweite Teil ist der Wichtigste. Es wird nämlich das Ethische durch mein Buch gleichsam von Innen her begrenzt; und ich bin überzeugt, daß es, *streng*, NUR so zu begrenzen ist. Kurz, ich glaube: Alles das, was *viele* heute *schwefeln*, habe ich in meinem Buch festgelegt, indem ich darüber schweige. Und darum wird das Buch, wenn ich mich nicht sehr irre, vieles sagen, was Sie selbst sagen wollen, aber Sie werden vielleicht nicht sehen, daß es darin gesagt ist (in: Wittgenstein 1969, 35).

Eine merkwürdige Spannung durchzieht diese Zeilen. Die Eingrenzung des Sagbaren als des allein Sinnvollen schließt im Gegenzug

1 Eine ältere, im Österreichischen erhalten gebliebene Form für ›schwafeln‹. Vgl. Gottfried Gabriel (1987, 357, Anm. 2).

aus, was allein zu sagen Wert hätte, aber außerhalb dieser Sphäre liegt.

Zu diesem Ausschluss kommt es durch Anwendung des sehr restriktiv ausgelegten *Sinnkriteriums*. Es teilt Sätze ein in sinnvolle und unsinnige: Letztere sind solche, die weder logisch wahr oder falsch noch Erfahrungssätze sind. Der Satz kann die gesamte Wirklichkeit darstellen, aber er kann nicht das darstellen, was er mit der Wirklichkeit gemein haben muss, um sie darstellen zu können – die ›logische Form‹. Um die logische Form darstellen zu können, müssten wir uns mit dem Satze außerhalb der Logik aufstellen können, das heißt außerhalb der Welt (*Tractatus* 4.12).[2]

Ebenso undarstellbar ist, was Wittgenstein – in einer Tradition des *Fin de siècle*, für die ich nur den Namen Musil aufrufen will – ›Ethik‹ nennt (Frank 1983). Sie gehört nicht zur Welt, denn Welt ist das Gesamt der Tatsachen. Und Tatsache ist als bestehender Sachverhalt, wofür ein wahrer (das heißt logisch korrekter und erfahrungsgestützter) Satz steht. Man könnte mit der Tradition vermuten, ›logische Form‹ und ›Ethik‹ hätten zu tun mit den Bedingungen der Möglichkeit meiner Rede oder meiner semantischen Konstruktion von Welt; und so sieht es Wittgenstein selbst, vor allem in Tagebuchnotizen aus dem Ersten Weltkrieg (zum Beispiel Wittgenstein 1984b, 1, 172). Dort tritt dann noch das ›Ästhetische‹ an die Seite des Logischen und des Ethischen: der unaussprechbaren Transzendentalien.

Der literarische (mithin ästhetische) Charakter, den Wittgenstein seinem philosophischen Buch zusprach, kann jetzt näher bestimmt werden als das an ihm betreffend, was nach dem Sinnkriterium unaussprechlich, aber im Grunde allein der Rede wert ist. Dazu gehören offenbar auch unsere »Lebensprobleme«, von denen wir »fühlen« (eine Weise, in der sich Unaussprechliches ›zeigt‹), »daß [sie], selbst wenn alle *möglichen* wissenschaftlichen Fragen beantwortet sind, […] noch gar nicht berührt sind« (*Tractatus* 6.52).

Aber kann nicht das poetische ›Gleichnis‹ das Unaussprechliche beschwören, indem es das Unsagbare *als* Unsagbares zeigt? Darin wäre es – anders als die expositorische Rede der Philosophie, die ihre Gegenstände in Begriffsform angeht – seinem Gegenstand angemessen.

2 Ich belege Zitate aus dem *Tractatus logico-philosophicus* mit der üblichen Zahlenkombination des Originals unter Benutzung der Ausgabe Wittgenstein (1989).

So vertritt bei Wittgenstein oft ein Bild (oder ein ›Gleichnis‹) die empirisch nicht zu leistende Auskunft über das Verhältnis von Sprache und Welt. Spätestens am Ende des *Tractatus* (6.54) zeigt sich ja, dass der Aussagenkalkül »lediglich das logische Skelett einer komplexen raffinierten Metapher« darstellte (Janik/Toulmin 1987, 258). Der Leser soll die Leiter, über die er zur Einsicht in die Unsagbarkeit des im *Tractatus* dennoch Gesagten gestiegen ist, sozusagen wegwerfen. Die Metapher der Leiter – und Wittgensteins zahlreiche andere Metaphern für das Unsagbare – supplementieren das der Rede eigentlich Würdige, das aber keinen Tatsachencharakter hat und darum in Sätzen unaussprechlich bleibt. An dieser Ansicht hält Wittgenstein grundsätzlich auch nach seiner pragmatischen Wende zu Beginn der 1930er Jahre fest: In der Vorlesung von 1931/32 setzt er »die Bedeutung eines Satzes in die Methode seiner Verifikation« und folgert dann: »Ethische und ästhetische Urteile sind keine Sätze, denn sie lassen sich nicht verifizieren« (Wittgenstein 1984a, 87, 189-198).

Darum heißen sie »transzendental« (*Tractatus* 6.421). So spaltet sich der Diskurs in das mit dem Modell des Aussagesatzes direkt Bezeichenbare und das nur in der *gleichnishaften* Rede indirekt Andeutbare. Wittgensteins Freund Paul Engelmann hat das so umschrieben:

> Der Positivismus meint, das, worüber man sprechen kann, sei das allein Wichtige im Leben. Das und nichts anderes ist seine Pointe. *Während Wittgenstein davon durchdrungen ist, daß es für das Leben des Menschen allein darauf ankommt, worüber man nach seiner Meinung schweigen muß.* Wenn er trotzdem seine ungeheure Mühe darauf richtet, dieses Unwichtige zu umgrenzen, so ist ihm dabei nicht darum zu tun, die Küstenlinie dieser Linie, sondern die Grenze dieses Ozeans so peinlich genau festzustellen (Engelmann 1970, 77).

Die erst vor gut zwanzig Jahren entzifferten und editierten geheimen Kriegstagebücher (Wittgenstein 1985) bestätigen diese Deutung auf jeder Seite. Wittgenstein schleppt im Tornister mit frommen Gefühlen die Evangelienbücher Tolstois und mit gelindem Stupor den 8. Band der Ausgabe von Nietzsches Werken mit, dessen antichristlichen Verzicht auf den »einzigen *sicheren* Weg zum Glück« er tapfer, aber trostlos findet. Unsagbarer Lebenssinn und aussprechbarer semantischer Sinn driften unversöhnbar auseinander.

Anfang Juni 1916 notiert er:

Kolossale Strapazen im letzten Monat. Habe viel über alles Mögliche <Ethische> nachgedacht, kann aber merkwürdigerweise nicht die Verbindung mit meinen mathematischen Gedankengängen herstellen.

Aber die Verbindung wird hergestellt werden! Was sich nicht sagen läßt, *läßt* sich nicht sagen.

So scheint das Unsagbare das *missing link* zu sein zwischen dem Sinn in umgangssprachlich-bewertender und dem in formalsemantischer Bedeutung, und nicht nur zwischen der logischen Form und der Erfahrungswirklichkeit. Die Lücke zwischen den Letzteren entspringt ja aus der verwandten und doch verschiedenen Tatsache, dass Sätze imstande sind, Wirklichkeit zu modellieren, aber nicht noch einmal (selbstbezüglich) dem Modell über die Schulter blicken können, in welchem Wirklichkeit erschlossen ist. »Wittgensteins ›Bilder‹ *zeigen* die Grenzen ihrer Möglichkeit, etwas zu *sagen*« (Janik/Toulmin 1987, 258). Durch häufige Wiederholung in der philosophischen Literatur scheint diese Grundüberzeugung Wittgensteins fast zu einer Selbstverständlichkeit geworden zu sein. Dabei ist sie alles andere als transparent. Warum können wir denn nach seiner Meinung nichts über die Abbildungsrelation als solche ›sagen‹? Weil sie, wie die Kriegstagebücher einmal sagen, Sinn hat, »noch bevor irgendein Satz überhaupt Sinn haben kann« (Wittgenstein 1984b I, 103, 18. 10. 1914; vgl. auch 19. 10. 1914): Sie ist das unaussprechliche Apriori der Sinnbildung und darum von höchstem Wert.

Wie aber steht es dann um die nachvollziehbare Botschaft des Werks, das Toulmin und Janik den »anderen Tractatus« nennen und als »eine ethische Tat« auszeichnen (Janik/Toulmin 1987, 277 ff.)? In der Tat steht Wittgenstein in einer reichen literarischen Tradition, die auch und schon in der Sprachphilosophie seit Humboldt und Schleiermacher sich ankündigt. Danach gründe die Sprache als Organ der Welterschließung selbst im Unsagbaren. Damit ist kein die Grundeinsicht des *linguistic turn* verleugnender Neomystizismus, sondern die rational nachvollziehbare Tatsache angesprochen, dass Sprache – als Feld öffentlicher Ausgelegtheit von Welt – in dieser ihrer konventionellen Natur nicht aufgeht. Vielmehr hat sie ihren Ursprung in individuellen deutungsverleihenden Handlungen, die man als den selbst nichtbedeutenden generativen Grund des Bedeutungsvollen charakterisieren könnte. Sie bilden das »élément non signifiant du langage«. Wittgenstein begegnet ihm auf der Ebene des Spätwerks wieder. Und nun ist noch deutlicher als im *Tractatus*, dass ›Schweigen‹ nicht einfach heißt: im Sinnlosen versieren, sondern eine Schicht aufdecken, von der her die Regelgebundenheit des Sprechens zugleich mit seiner unhintergehbaren/unaussprechlichen Subjektivität einleuchtet. Und wieder – wie im *Tractatus* – schließt Wittgenstein das transzendentale Sprachspiel als sinnlos aus. Allerdings tut er's im gleichen Sinne, in welchem Donald Davidson lebendige Metaphern bedeutungslos nennt. Sie sind bedeutungslos, weil und solange sie vom Code eines holistisch konzipierten Sprachsystems innovativ sich entfernen. Bedeutung erlangen sie aber wieder in der neuen Sprache, in der sie Metaphern zu sein aufhören und zu neu kodifizierten Wortzeichen werden, über deren Verwendung eine Sprechergemeinschaft ihren Weltzugang neu regelt. Nennt man, was unter den synchron definierten Bedingungen eines Sprachsystems aktuell unausdrückbar ist, sinnlos, so sind lebendige Metaphern allerdings sinnlos, weil sie in unsere alten Sprachspiele nicht passen. Sie sind aber keineswegs unverständlich, sondern schaffen, wenn sie erfolgreich sind, neue Sprachspiele und mit ihnen neue Möglichkeiten des Sinnmachens und der Weltsicht. Auch so kann der scheinbar mystischen Rede vom Schweigen als Transzendentalgrund des Ausdrückbaren ein präziser Sinn gegeben werden. Wittgenstein nimmt ihn jedenfalls für sein eigenes Schaffen in Anspruch, wenn er notiert:

Das Unaussprechbare (das, was mir geheimnisvoll erscheint, und ich nicht auszusprechen vermag) gibt vielleicht den Hintergrund, auf dem das, was ich aussprechen konnte, Bedeutung bekommt (1931) (Wittgenstein 1984b 8, 472).

Mit diesem Ausgriff in die Tradition haben wir nun – so hoffe ich – einige Elemente zum Verständnis versammelt, warum ein so paradox angelegter Diskurs wie der Wittgenstein'sche nicht nur ungemein häufig zu Metaphern greifen muss, sondern geradezu als ein Gang ins Gleichnishafte angelegt ist. Er bringt sich mit einer fast strategischen Konsequenz in die Schwierigkeit, seine höchsten Belange nur mit poetischen Mitteln *an-deuten* zu können.

Auf diesem vom Keimentschluss seines Philosophierens vorgezeichneten Weg konnte Wittgenstein kaum vermeiden, dem

Grundproblem der Frühromantik zu begegnen. ›An-deuten‹ (auch ›be-deuten‹) steht in Wittgensteins Sprachgebrauch auf der Seite nicht des Sagens, sondern des Zeigens. Über das Höchste sowie über den Grund alles Sinn-Erzeugens kann nur gleichnishaft, in indirekten Andeutungen, gesprochen werden (vgl. im vorliegenden Band Text 4). Friedrich Schlegel nannte dies indirekt-andeutende Sprechen, mit welchem anderes gemeint als geradehin ausgesprochen wird, allegorisch. In diesem Sinne ist die poetische Rede allegorisch: Sie meint, indem sie Sagbares ausspricht, das Unaussprechliche. »Das Höchste kann man eben weil es unaussprechlich ist, nur allegorisch sagen«, schreibt Schlegel (*KA* II, 324). Das allegorische Sagen ist ein An-deuten, ein Be-deuten. Kunst ist »Andeutung des Unendlichen [...], Aussicht in dasselbe« (*KA* XII, 211; vgl. XI, 119). »Sie geht bis an die Pforte des Höchsten, und begnügt sich, das Unendliche, das Göttliche, was philosophisch sich nicht bezeichnen und erklären läßt, unbestimmt nur anzudeuten« (XII, 210). Und wie bei Wittgenstein gelangt sie dahin nicht, indem sie das Unsagbare dennoch sagt (das wäre unmöglich und würde nur zu den sinnlosen Sätzen der Metaphysik führen), sondern indem sie das Unsagbare von innen her durch das Sagbare begrenzt. Soll man aber dem Gesagten nicht nur die geradehin ausgesprochene Botschaft entnehmen, sondern diese Botschaft zugleich und fernerhin als Andeutung des Unaussprechlichen lesen können, so muss die Sprache, in der das Sagbare dargebracht ist, irgendwie über sich hinausweisen; und diese Selbsttranszendierung muss ihrerseits *als* etwas vom Leser im Nachvollzug Gefordertes verständlich sein.

Wie wäre so etwas möglich? Gibt es denn in der Sprache diesseits der unaussprechlichen ›logischen Form‹ beziehungsweise dem, was Wittgenstein später den ›grammatischen Raum‹ der Sprachspiele (Wittgenstein 1984a, 138 f.) nennt, einerseits und der Botschaft der Sätze andererseits noch ein Drittes? Allerdings, und dieses Dritte, ein Phänomen genau auf der Grenze zwischen dem Sagbaren und dem Unsagbaren, ist der *Stil*.

Seine Seinsweise ist ästhetisch. Denn – so lehrte Wittgenstein in seinen Cambridger *Vorlesungen 1930-1935* – was »schön« meint, lerne ich nicht aus Erfahrung (Wittgenstein 1084a, 195). »Die ästhetische Verwirrung, die man fühlt, wenn man gefragt wird, wodurch ein Ding schön wird, wird durch die Angabe einer Ursache nicht beseitigt« (ebd.). Schönheit ist weder eine einzelne noch eine Menge von deskriptiv erfassbaren Eigenschaften eines Dings. Und wer sie darum als »eine undefinierbare Eigenschaft« bezeichnen wollte, gäbe seiner Ratlosigkeit nur einen Namen (ebd., 190). Was wir ›schön‹ nennen, besteht vielmehr – wie Wittgenstein sagt – in einer »bestimmten Anordnung« oder »Zusammenstellung« von Wörtern oder von »Farben und Formen«, einem »Miteinander von Stimmen«, einem »musikalischen Arrangement«, einem »Nebeneinanderlegen der Dinge« (ebd., 190, 192, 194 f., 196). Das meint man zum Beispiel in der Musik mit dem Ausdruck »Komposition« (197). Ein solches Arrangement von sinnlich-symbolischen Elementen ist nichts anderes als der *Stil*, sei's eines bestimmten Gesichts, sei's einer Dichtung (190). Stil ist »etwas Nichtdeskriptives« (ebd.). Seine ›Undefinierbarkeit‹ besteht genau darin, dass man nicht im Vorhinein absehen kann, an welcher Merkmalskombination er sich ausprägen und wie er sich entwickeln wird – ebenso wenig wie sich unser Urteil »Sieh einmal, wie schön!« (193) als Instantiierung eines objektivierbaren ästhetischen ›Ideals‹ begreifen lässt.

Jacques Bouveresse (1973, 187 ff.) hat betont, dass die Gründe des (Wittgenstein'schen) Philosophen eigentlich eher denen des Ästhetikers als des Naturwissenschaftlers gleichen und dass der Philosoph – wie der Künstler – nicht Hypothesen aufstellt oder erhärtet, sondern Gründe – durch Appell an die »Zustimmung« des Lesers – einleuchtend zu machen sucht. Die Philosophie ist ein »Denkstil« – aber letztlich ist auch die physikalistische Erklärung nur ein »Untersuchungsstil« neben anderen, mithin etwas Ästhetisches:

> Der Stil verschafft uns Befriedigung, aber der eine Stil ist nicht rationaler als der andere. Was man so über die Wissenschaft sagt, hat mit dem Fortschritt der Wissenschaft nichts zu tun, sondern es bildet einen Stil, und der schafft Befriedigung. Mit dem Gebrauch des Wortes ›rational‹ steht es ähnlich (Wittgenstein 1984a, 123 f.).

So betrachtet, gehört der Stil insofern dem Sagbaren an, als die individuelle Art und Weise, in welcher ein Sprecher oder Autor seine Wörter verknüpft (oder der Wissenschaftler seine Untersuchung auf den Weg bringt), dem Verständnis seines Gesprächspartners oder Lesers nicht verborgen ist (im Gegenteil meint Wittgenstein, Geschmacksurteile hätten ihr Maß nicht in objektivierbaren Standards, sondern in intersubjektiver »Zustimmung«); andererseits steht der Stil auf der Grenze des Unsagbaren, insofern seine Verknüpfung nicht einfach die Weisungen befolgt, die aus der Beherrschung einer wesenhaft öffentlichen Grammatik fließen, und man sagen könnte, die Verinnerlichung einer grammatischen Kompetenz erschöpfe das Feld des Sagbaren.

Nun liegt mir an dem Parallelismus zwischen Wittgensteins Grundparadox und der Zwiespältigkeit des Stils. Im und als Stil, so könnte man sagen, reflektiert die Sprache auf sich selbst. So leistet sie, was Wittgenstein dem Bezeichneten abspricht, nämlich »sein eigenes Zeichen« sein zu können (Wittgenstein 1984b I, 103). Stil ist die selbstbezüglich gewordene Zeichenverwendung, wie sie Roman Jakobson auch der poetischen Sprache zuerkannte. Sie geht dabei über die öffentlichkeitsverbürgende Regularität der Grammatik hinaus, ohne im Unverständlichen zu landen. Die Art und Weise, wie ein sprechendes Individuum in der Sprache mit präsent ist, gehört nicht zu einer (oder vielen) der syntaktischen oder pragmatischen Regeln der Sprache, auch nicht zur Bedeutung des Gesagten. Die sichtbar-unsichtbare Mitarbeit des Autors an der Sprache gehört vielmehr zu den Phänomenen, von denen Wittgenstein sagen würde, dass sie sich ›zeigen‹, und die die neuere Sprachwissenschaft »paralinguistisch« nennt. Was sich zeigt, fällt durch die Maschen des sprachlichen Codes und ist doch irgendwie ›da‹. Und welcher philosophische Autor wäre in seinen nur scheinbar selbstlos-sachbezogenen Äußerungen so aufsässig präsent wie Ludwig Wittgenstein!

Bevor ich dazu – und zumal zur fragmentarischen Schreibweise des berühmten Autors – mich äußere, will ich zunächst das philosophische Problem näher bezeichnen, auf welches der Stil eine poetische Lösung anbietet. Es ist dieses: Wie kann ich die prätendierte An-deutung des Unsagbaren durch Eingrenzung des Sagbaren ihrerseits sprachlich vermitteln? Oder anders: An welchem Merkmal meines Sprachgebrauchs ersieht der Leser jenseits interpretatorischer Willkür, dass ich nicht nur das meine, was ich an der Oberfläche sage? Ich leiste dies dadurch, dass ich meine Rede stilistisch mit einer Botschaft überdeterminiere, die einen Gegensinn zum Ausgesagten entfesselt.

Für Friedrich Schlegel war es der folgende. Ihm ging es darum, das Unendliche zu sagen. Aber nur Endliches kann ausgesprochen werden. Wenn ich indes die von der Form des Sagbaren abgesteckten Grenzen des Mitteilbaren respektieren und doch überschreiten will, muss ich das Gesagte als das nicht eigentlich Gemeinte fühlbar machen. Das leistet die Ironie, die kein pragmatisch-syntaktisches, sondern ein stilistisches Mittel ist. Ich sage alsdann etwas Bestimmtes, aber so, dass an-gedeutet wird, es sei mir nicht darum, sondern um anderes zu tun. Ironie ist allegorisch. Ironisch lasse ich fühlen, dass ich anderes sagen will, als was ich sage (das ist auch der Wortsinn des griechischen ἄλλα καὶ ἄλλως ἀγορεύειν). Ich durchsetze mein Sprechen mit einem gleichsam physiognomischen Zug, der diesseits der Semantik das Bezeichnete in die Schwebe oder zum Zittern bringt. Dies Flackern der Rede dementiert ihren manifesten Sinn. Will ich Unendliches sagen, so muss ich streben, »den Schein des Endlichen zu vernichten« (*KA* XVIII, 416, Nr. 1139). Diese Vernichtung wird dann zu einer ›bedeutenden Anspielung‹ auf das Undarstellbare, ein Bild desselben. Und hier hat ›Bild‹ die emphatische Bedeutung eines poetischen Mittels. Von ihm kann gesagt werden, es leiste, was dem philosophischen Diskurs misslingt, worum ihm aber ›eigentlich‹ zu tun war. Die Philosophie wendet sich an die Dichtung, um ihren eigentlichen Auftrag zu realisieren.

Gilt das für Wittgenstein nicht auch? In seiner Verwendung des Ausdrucks ›Bild‹ kann man zwei Schichten unterscheiden. Im Frühwerk meint ›Bild‹ nicht – wie man es oft verstanden hat – eine gleichsam fotografische Dekalkomanie der Wirklichkeit, sondern ein Modell (im Sinn des Physikers Heinrich Hertz). Davidson würde sagen: ein ›conceptual scheme‹ derselben. Insofern stehen ›Bilder‹ auf der Seite der unaussprechlichen ›logischen Form‹. Dass sie nicht einfach re-präsentierte Sachverhalte sind, zeigt sich darin, dass ich sie nicht verneinen kann (26. 11. 1914, Wittgenstein 1984b 1, 123), wie Wittgenstein betont. – Dann aber meint ›Bild‹ eben geradehin auch das, was wir früher ›Gleichnis‹ nannten. Im Bilde (als Gleichnis) wird mit Mitteln des Stils an-gedeutet, was sich sprachlich direkt nicht bezeichnen lässt, was aber das in allem Sprechen eigentlich Vermeinte ist und allem Sinn-Machen quasitranszendental zugrunde liegt. Als solches ist es Domäne der Poesie. Von ihr sagt Wittgenstein:

Und es ist so: Wenn man sich nicht bemüht das Unaussprechliche auszusprechen, so geht *nichts* verloren. Sondern das Unaussprechliche ist, – unaussprechlich – in dem Ausgesprochenen *enthalten* (Brief an Engelmann vom 9. April 1917).

Gilt dies nicht auch und ganz besonders für den Stil, in dem uns

Wittgensteins philosophisches Werk überliefert ist? Man hat sich an seine fragmentarische Schreibweise so sehr gewöhnt, dass man – abgesehen von Einordnungsversuchen in die aphoristische Tradition Lichtenbergs, Nietzsches oder Karl Kraus' – das Skandalon kaum noch empfindet, das in dieser Präsentationsweise dem Leser zugemutet wurde. Wittgensteins Texte sind aber keine Aphorismen, sondern gehören zur Gattung des Fragments. Es sind Bruchstücke eines verfehlten, im Bereich des Aussagenkalküls beziehungsweise aufgrund der Sprachspiele-Grammatik gar nicht darstellbaren Ganzen. Eben damit schließen sie sich – vermutlich unwillentlich – erneut an die Grundstellung des frühromantischen Philosophierens an.

Friedrich Schlegel hat die Undarstellbarkeit des Unendlichen im Endlichen aller Rede nicht nur durch den Stilzug der Ironie, sondern auch durch die Wahl des fragmentarischen Genres zu kompensieren versucht. Ihm war wesentlich, dass man das Fragment nicht mit einem Aphorismus verwechsle. Aphorismen sind selbstgenügsame, in sich allseits beschlossene Mitteilungsgebilde. Fragmente sind dagegen nicht selbstgenügsam. Der Plural, in dem sie auftreten, reflektiert, was Schlegel die gleichzeitige »Unmöglichkeit und Notwendigkeit einer vollständigen Mitteilung« (*KA* II, 160, Nr. 108) nennt. Notwendig wäre es, alles – oder besser: das Absolute – zu sagen. Dies wird schon durch die Endlichkeit der Darstellungsmittel vereitelt. Aber indem ein Fragment das andere in seiner Geltung durch Widerspruch und Ausschluss relativiert, wird abermals indirekt – über die Selbstvernichtung der Reihe – das undarstellbare Ganze an-gedeutet. Diese An-deutung geschieht erneut durch den in den Diskurs der Philosophie eingearbeiteten Stilzug der Poesie. Philosophie tritt den Gang in die Dichtung an, und das Fragmentarische macht sich *ex negativo* zum Repräsentanten des systematisch nicht Leistbaren.

So ist die Wahl des fragmentarischen Genres nicht einfach eine Sache des literarischen Geschmacks. Friedrich Schlegel hatte das oben erwähnte Paradox auch als Notwendigkeit und Unmöglichkeit einer »systematischen Form« charakterisiert (*KA* XIX, 76 f., Nr. 346; II, 173, Nr. 53; XVIII, 80, Nr. 614):

Wer ein System hat, ist so gut geistig verloren, als wer keins hat. Man muß eben beides verbinden.

Warum? Weil ohne den Bezug auf einen gemeinsamen Referenten die Fragmente gleichmögliche Aussagen wären, die sich nicht wechselseitig relativierten oder gar – durch Steigerung bis zum Widerspruch – zur Aufhebung trieben. Fragmente sind Bruchstücke eines (verfehlten) Ganzen; insofern ist ihre Kohärenz nur durch Ausblick auf ein systematisches Ganzes zu gewährleisten.

Andererseits können sie dieses Ganze nicht darstellen. Und diesen Fehl – als das Undarstellbare – stellen sie indirekt dadurch dar, dass sie sich gegenseitig – ironisch – negieren und dadurch die schlechte Partikularität ästhetisch korrigieren, die sie zu verfehlten Absoluta macht. So versteht man Schlegels Paradox, es sei gleich unmöglich, ein System zu haben (denn das System setzt ein Prinzip voraus, das undarstellbar bleibt) und keins zu haben (denn ohne Ausrichtung auf ein solches wären die Äußerungen, zu denen wir hinsichtlich seiner gelangen, keine Fragmente und könnten sich dann auch nicht mehr wechselseitig aufheben). Natürlich wird man sagen, das Schlegel'sche Paradox sei in der Tat ein solches – seine Zielbestimmung der Philosophie mithin gescheitert. Aber was *philosophisch* scheitert, kann immer noch *ästhetisch* gelingen.

Dafür ist ein besonders hübsches Beispiel der *Monolog* des Novalis, auf dessen stilistisch-sachliche Nähe zum performativen Widerspruch des *Tractatus* schon gelegentlich, zuletzt von Martin Walser in seinen Frankfurter Poetik-Vorlesungen, hingewiesen wurde. Ich muss mir aus Platzgründen versagen, Ihnen diese Nähe vorzuführen. Novalis bewegt sich in dem kleinen Textstück auf einem scharfen Grat zwischen intentionalem Sprechen und der Einsicht in die Unmöglichkeit, mit ihm zu treffen, was er für das der Rede eigentlich Würdige hält. Der *Monolog* löst das Paradox, nämlich das Unaussprechliche dennoch auszusprechen, indem er sich an den semantisch unbezwinglichen Reichtum der Poesie wendet. Nur eine Botschaft, die von keiner denkbaren Interpretation (und das heißt hier auch: Intention) je ausgeschöpft zu werden in Gefahr steht, könnte ja als Allegorie des Absoluten sich anbieten.

Können wir aber Spuren einer vergleichbaren Überzeugung und Strategie auch in der Fragmentenproduktion Ludwig Wittgensteins nachweisen? Prüfen wir zunächst das Verhältnis von intendiertem System und geleistetem Fragment. Wittgenstein hat sich an vielen Stellen seines Werks in einem Sinne geäußert, der durch folgendes Fragment des Novalis durchaus treffend resümiert wäre: »Sollte der

Fehler, warum ich nicht weiter komme, etwa darinn liegen – daß ich nicht eine Gantzes fassen und festhalten kann?« (*NS* II, 282, Nr. 631).

Ähnlich räsonnieren die *Geheimen Kriegstagebücher* (Wittgenstein 1985): »Ziemlich viel gearbeitet, aber ohne echte Zuversicht: Es fehlt mir immer noch der Überblick, und dadurch erscheint das Problem unübersehbar« (25. 9. 1914). Am 9. 10. 1914 notiert er: »Viel gearbeitet. Es ist mir noch im mindesten *ein* grundlegender Gedanke ausständig.« Spätere Notizen kündigen an, die Lösung liege ihm fast auf der Zunge (vgl. 10. 10. 1914; 17. 10. 1914; 24. 10. 1914), er belagere jetzt sein Problem – unterbrochen von und endlich endend in Ausrufen der Resignation:

Das klare Sehen will sich nicht einstellen (13. 11. 1914).

Ich fühle, daß ich *an dem Tor* DARAN stehe, kann es aber nicht klar genug sehen, um es öffnen zu können. Dies ist ein ungemein merkwürdiger Zustand, den ich noch nie so klar empfunden habe als jetzt (16. 11. 1914).

Aber noch kann ich *das eine erlösende Wort* nicht aussprechen. Ich gehe rund um es herum und ganz nahe, aber noch konnte ich es nicht selber erfassen (27. 11. 1914).

Dabei bleibt es. Ähnlich tastend – in ganz verwandten Gleichnissen – werden sich auch die Tagebuchmanuskripte von 1929/30 (nach der Rückkehr nach Cambridge) vernehmen lassen.

Fragmente sind Wittgensteins Aufzeichnungen aber nicht nur aus kontingenten Ursachen, die in der Lebensgeschichte oder der geistigen Konstitution ihres Autors zu suchen wären. Sie sind es auch darum, weil sie die *eine* zentrale Idee aus vielen Perspektiven anvisieren müssen, gerade weil sie sich nicht zutrauen, die Kohärenz der Teile zum intendierten System auch in der systematischen Darbietungsform eines vorn beginnenden und im Ende organisch sich beschließenden – kurz: eines wohlgegliederten – wissenschaftlichen Werks zu dokumentieren. Schon die peinlich genaue Nummerierung der *Tractatus*-Fragmente war eher angetan, den Leser zu düpieren, als dass daraus eine kohärente, die logische Vernetzung der Gedanken transparent machende Gliederung ablesbar wäre. Für deren Mangel gibt es aber ein sachliches Motiv, das Wittgensteins philosophische Produktion noch unter einem dritten Gesichtspunkt mit der der Frühromantiker verbindet.

Der Mythus von Wittgenstein als dem strengen Gliederer ist inzwischen durchschaut; und die Fachliteratur hat sich mit der logischen Ordnung und der Kohärenz seiner Fragmente ähnlich abgemüht wie die Spezialisten der *Fichte-Studien* oder der *Encyklopädistik* des Novalis. Zum Unvermögen, die faktisch vorliegende oder vermutbare Kohärenz der Fragmente als solche darzutun, tritt bei Wittgenstein wie bei Schlegel und Novalis der Zweifel an der *systematischen* Beherrschbarkeit der Einzeleinsichten und der irreduzibel plural auftretenden Sprachspiele hinzu. Andererseits wären die aus Tagebüchern gezogenen Sammlungen, in welche die verbissene Arbeit am *einen* (nie vollendeten) Hauptwerk immer wieder zersplitterte, keine Fragmente, machten sie nicht, noch in scheiternder Form, Ansprüche auf ein Ganzes, dessen Grenzlinien sie sich nicht zu ziehen und das sie also nicht ins System zu sperren sich trauen. Der tentative Sprachgestus, der Rekurs auf Beispiele, die vielen rhetorischen und echten Fragen, in die seine Gedanken münden, ähneln oft zum Verwechseln dem Muster der Fragmentsammlungen des Novalis. Wie dieser, der immer an *einem* Hauptwerk arbeitete und doch nur Fragmente produzierte, hat Wittgenstein *einmal* ein monographisch gegliedertes Werk, das sogenannte *Big Typescript*, verfasst.[3] Aber die steten Umarbeitungen, denen er das Vollendete unterzog, griffen so aus, dass die mit seiner Edition beerbten Nachlasswalter (in diesem Falle Rush Rhees) das Werk lieber gleich erneut und teilweise künstlich in Fragmente zerlegten und unter dem Titel *Philosophische Grammatik* an eine Nachwelt brachten, die von ihrem Autor ohnehin kein anderes kompositorisches Verfahren gewöhnt war.

Ein Blick auf Wittgensteins schriftstellerische Verfahrensweise bedürfte eines größeren Raums, als er mir hier zur Verfügung steht. Wir wissen, dass Wittgenstein, als er sich im Januar 1929 entschloss, eine Zeit lang wieder nach Cambridge zu ziehen, Manuskripthefte mit Tagebuchcharakter anlegte, in die ununterschieden philosophische Bemerkungen und Persönliches, auch Zitate aus Lektüren, einflossen. Aus ihnen pflegte er Einzelnes teils auszuschneiden, teils zu exzerpieren. So entstanden Fragmentsammlungen wechselnden, jedoch nie völlig verschiedenen Inhalts, an denen er bis zu seinem

3 Nachlass-Nr. 213 nach der Nummerierung von Wrights in der *Philosophical Review* 1969. Inzwischen in kritischer Edition erschienen: Wittgenstein (2000).

Lebensende weiterredigierte, ohne eine einzige zu publizieren. Keine besaß sein Imprimatur. Einzelne Fragmente oder ganze Fragment-Komplexe wandern durch mehrere Manuskript-Fassungen. Statt sie als Teile verschiedener Werke zu behandeln, täte man besser, sie als Entwürfe *eines* nie vollendeten Werks zu behandeln, das System werden wollte und unter wechselnden Titeln nur in verschiedenen Stadien und in immer neuen Abschattungen als das eine und selbe *work in progress* uns entgegenblickt. »Mein Buch« nennt er es gelegentlich Anfang der 1930er Jahre. Und so bestätigt es noch die Vorrede von 1945 zu den *Philosophischen Untersuchungen*.

Damit begegnen wir erneut der romantischen Grundstellung eines beständig aufs System gerichteten und mithin kohärenten, aber aus Gründen der epistemischen Uneinlösbarkeit von Totalität in Fragmentform zerstückelten Denkens. Fast bis in den Wortlaut entspricht das Wittgensteins Selbstverständnis. 1930 notiert er in sein Tagebuch (nach Nyiri 1982):

> Was ich auch immer schreibe, es sind Fragmente, aber der Verstehende wird daraus ein geschlossenes Weltbild entnehmen (108: 152).

Als editorische Präsentationsform böte sich entsprechend das Verfahren der Herausgeber der kritischen *Schriften*-Ausgabe des Novalis an, die das von den ersten Editoren (Ludwig Tieck, Friedrich Schlegel, Eduard von Bülow) künstlich Zerstückelte, oft Gekürzte und entstellend neu Angeordnete (*NS* V, 201-277 und 279-361) in chronologischer Reihenfolge als die (im Großen und Ganzen) *eine* Fragmentensammlung oder eben als »das philosophische Werk« des Friedrich von Hardenberg dargeboten haben. Damit würde Wittgensteins bohrendes und doch immer wieder durch Zweifel, äußere Anregungen oder eigene neue Einsichten abgelenktes Denken in seiner Durchgängigkeit, aber auch in seinen Brüchen und Ungereimtheiten sichtbar, so wie es aus seiner Feder geflossen ist. Ein ganz anderer Wittgenstein träte uns da entgegen, als den wir als den Autor kleiner (eine Art Geschlossenheit vortäuschender) Abhandlungen zu kennen glauben und in unserem literarischen Kanon abgeheftet haben.

Einmal wenigstens – wir sagten es – hat sich Wittgenstein in jenem legendären sogenannten *Big Typescript* systematische Form zugetraut, diese aber in der Folge durch Zusätze und Verbesserungen ebenso systematisch wieder zerstört. Fragen wir uns nun: Genügt es,

768 Seiten zu gliedern, unter Überschriften zu bringen und mit einem Inhaltsverzeichnis zu versehen, um aus dem Pelz des Rhapsoden in den des Systematikers zu schlüpfen? So wenig, wie Friedrich Schlegels Jenaer und Kölner Vorlesungen den Verfasser der *Philosophischen Lehrjahre* in den Autor einer *Phänomenologie des Geistes* verwandeln. (Auch die Nachschriften von Wittgensteins Cambridger Vorlesungen belegen das am Einfall Orientierte und Sprunghafte, das dem Denken dieses Autors eigentümlich ist und das er nicht ablegen konnte.) Sofern wir am faktischen Wortlaut der *Philosophischen Grammatik* überhaupt philologisches Material zur Prüfung unserer These haben, legt auch in ›seinem Buch‹ Wittgenstein den Hang nicht ab, seine Gedanken *alla prima* niederzuschreiben, so dass noch die x-te Überarbeitung die spontane Empfängnis des Aperçu (im Wortsinn) nicht verleugnet. Mit anderen Worten: Wittgensteins philosophischer Stil ist nicht kontingenterweise, sondern von Natur fragmentarisch-aperçuhaft. Zwei Stimmen, ein »Ich«- und ein »Du«-Sprecher, teilen sich in die Rolle, den anderen von seinem (wie Wittgenstein es einmal formulierte) »Freudschen Widerstand gegens Auffinden der Wahrheit« abzubringen. Offensichtlich kann Wittgenstein die Stimme des Anderen in sich nicht unterdrücken, denn ihm ist vorab nicht ausreichend deutlich, wohin sich der Fluss der Einsichten – der »Gedankenbewegung«, sagt er (Wittgenstein 1984b 8, 556) – wenden will. Darauf reflektierte er schon 1929:

> Meine Art des Philosophierens ist mir selbst immer noch, und immer wieder, neu, und daher muß ich mich so oft wiederholen. Einer anderen Generation wird sie in Fleisch und Blut übergegangen sein, und sie wird die Wiederholungen langweilig finden. Für mich sind sie notwendig (Wittgenstein 1984b 8, 451).

Diese Reflexion findet ihr Echo in Friedrich Waismanns melancholischer Beobachtung über das vom Scheitern bedrohte gemeinsame Buchprojekt mit Wittgenstein:

> Er hat ja die wunderbare Gabe, die Dinge immer wieder wie zum erstenmal zu sehen. Aber es zeigt sich doch, meine ich, wie schwer eine gemeinsame Arbeit mit ihm ist, da er eben immer wieder der Eingebung des Augenblicks folgt und das niederreißt, was er vorher entworfen hat (Wittgenstein 1984b 3, 26).

Und auf den inneren Konversationsstil seiner Texte passt gut eine andere Bemerkung Wittgensteins:

In einer Konversation: Einer wirft einen Ball; der Andre weiß nicht: soll er ihn zurückwerfen, oder einem Dritten zuwerfen, oder liegenlassen, oder aufheben und in die Tasche stecken, etc. (ebd., 555).

Wie Novalis, der sagt: »Wenn der Charakter eines gegebenen Problems Unauflöslichkeit sei, so lösen wir dasselbe, indem wir seine Unauflöslichkeit darstellen« (*NS* III, 376, Nr. 21), notiert Wittgenstein:

Wenn Du einen Knäuel nicht entwirren kannst, so ist es das Gescheiteste, was Du tun kannst, das einzusehen; und das Anständigste, es zuzugestehen (Wittgenstein 1984b 8, 556).

Schlegel hält die Unerreichbarkeit des Höchsten für einen Sporn im Fleische der Philosophie, der sie antreibt und vor dem Dogmatismus bewahrt (*KA* XII, 93). Wittgenstein notiert:

Es ist ein *körperliches* Bedürfnis des Menschen, sich bei der Arbeit zu sagen »Jetzt lassen wir's einmal«, und daß man immer wieder gegen dieses Bedürfnis beim Philosophieren denken muß, macht diese Arbeit so anstrengend.

Du mußt die Fehler Deines eigenen Stiles *hinnehmen*. Beinahe wie die Unschönheiten des eigenen Gesichts (Wittgenstein 1984b 8, 557).

In der Tat ist der Stil ein nicht selbst bedeutungshaftes, sondern fast physiognomisches Element in Wittgensteins Texten. Es ist gleichsam die Hand- oder die Unterschrift des Individuums in ihnen, und sein semiologisches Pendant ist das Symptom, nicht das Zeichen. Symptome ›zeigen sich‹, Zeichen ›sagen etwas‹ über die Welt.

Wittgensteins »Gedankenbewegung« orientiert sich an Metaphern (die Knoten im Verstand, die zu entwirrenden Knäuel, das Stellwerk der Sprachspiele, die ideal starre Maschine, die Fliege im Fliegenglas, der harte Felsen, an dem sich unser Spaten umbiegt, usw.) und beständigen Analogien (die Familienähnlichkeit der Sprachspiele u. a.). Viele davon sind in Gleichnisse entfaltet wie der Vergleich der Sprachkompetenz mit einem »hypothetischen Reservoir, woraus das gesehene Wasser fließt« (Wittgenstein 1984b 4, 49), oder derjenige der Füllwörter, die den Fluss einer Sprachkette skandieren, mit dem »Schmied, der, um im gleichen Rhythmus zu schlagen, schwache Schläge zwischen den wirksamen schlägt« (ebd., 67) usw.

Was ist daraus zu lernen für Wittgensteins Weise zu philosophieren? Dass er seine Einsichten induktiv am Leitfaden eines Stroms der spekulativen Phantasie empfängt und entwickelt. Wer aber durch Beispiele dauernd sich vom Fassen des Begriffs ablenken lässt, der ähnelt dem Subjekt der kantischen reflektierenden Urteilskraft, die nach dem Begriff ausholt, der ein gegebenes Phänomen zureichend interpretieren würde, und ihn doch nicht mit Sicherheit findet, weil mehrere Begriffe (selbst wenn sie miteinander unverträglich wären) gleich gute Kandidaten sein können für seine befriedigende Deutung (Unterbestimmtheit jeder empirischen Theorie à la Quine). Auch Kant kam im Verfolg dieses Gedankens unvermeidlich auf die Analogie der Induktion mit dem Geschmacksurteil, so wie Wittgenstein unausweichlich zu literarischen Mitteln getrieben wurde, um das Tastend-Unabschließbare seines Gedankenflusses in die ihm angemessene Form zu bringen. Es wird dann auch noch einmal (und aus einem anderen Gesichtspunkt) deutlich, warum sich seine »Gedankenbewegung« in Fragmentform darstellen musste; denn nur in ihr kann sich der gleichzeitige Ausgriff auf ein System mit der Einsicht in dessen Uneinlösbarkeit widerspruchsfrei verbinden. Wittgenstein – in der Sachbezogenheit seines Fragens – hat auf diesen Zug seiner philosophischen *écriture* nicht oft oder nicht ausdrücklich reflektiert. Im sogenannten *Gelben Buch* (den von Alice Ambrose notierten Vorlesungen von 1933/34) gibt es aber einen Anlauf dahin, wie stets in gleichnishafter Rede:

Es ist etwas Wahres an Schopenhauers Ansicht, daß die Philosophie einen Organismus bildet, und daß ein Buch über Philosophie, das Anfang und Ende hat, eine Art Selbstwiderspruch darstellt. Eine Schwierigkeit mit der Philosophie ist, daß wir keine Übersicht haben. Die Schwierigkeiten, auf die wir stoßen, sind von der Art, wie wir sie mit der Geographie eines Landes hätten, für das wir keine Karte haben, oder nur eine Karte isolierter Teilstücke. Das Land, von dem hier die Rede ist, ist die Sprache, und die Geographie ist ihre Grammatik. Wir können ohne weiteres in dem Lande herumgehen, doch wenn wir gezwungen sind, eine Karte anzufertigen, geraten wir auf Irrwege. Die Landkarte wird verschiedene Straßen aufweisen, die durch ein und dasselbe Land führen und von denen wir jede beliebige nehmen können, aber nicht zwei, genauso wie wir in der Philosophie ein

Problem nach dem anderen aufgreifen müssen, obwohl eigentlich jedes Problem zu einer Vielheit von Problemen hinführt. Wir müssen warten, bis wir wieder an unseren Ausgangspunkt gelangen, ehe wir entweder das zuerst angegangene Problem abhandeln oder zu einem anderen übergehen können. In der Philosophie sind die Dinge nicht so einfach, daß wir sagen könnten: »Wir wollen einen ungefähren Eindruck gewinnen«, denn wir kennen das Land ausschließlich durch die Kenntnis der Verbindungen zwischen den Straßen. Deshalb schlage ich die Wiederholung als Mittel vor, einen Überblick über die Verbindungen zu bekommen (Wittgenstein 1984a, 199).

Es war Wittgenstein (obwohl er hier anonym von »*der* Philosophie« spricht) mithin wohl klar, warum die Grundstellung seines Denkens ihm verbieten würde, die Diversität seiner Einfälle in einen durchgängigen Zusammenhang zu bringen; war er doch – wie die Frühromantiker – zutiefst davon überzeugt, dass es kein Denken aus einem Prinzip geben könne, welches die Fragmente (die »isolierten Teilstücke« oder die »verschiedenen Straßen«) zu einem System (einer »Landkarte«) vernetzte.

Es ist uns auch nicht gegeben, letztgeltende Argumente zu finden. Die Begründung von Argumenten, zu der wir tatsächlich fähig sind, beruht immer auf Annahmen, die wir eines Tages selbst nicht wieder begründen können. Wir korrigieren eine angenommene Begründungsbasis (ein akzeptiertes Sprachsystem) zugunsten einer anderen, die diese Begründung wieder nicht ultimativ leisten kann, auf eine dritte verweist und so immer weiter. – Die Alternative zum infiniten Begründungsregress wäre der Aufweis einer grundlegenden Kenntnis (einer »basic knowledge« [Chisholm 1977, 16-33]). Sie müsste aus sich selbst einleuchtend sein und alle anderen Kenntnisse begründen können, ohne selbst von einer weiteren abzuhängen. Das war Descartes', Jacobis, Reinholds und Fichtes Programm. Aber schon die Skeptiker um Erhard, Niethammer und Friedrich Schlegel haben es zum Einsturz gebracht. Wäre – so argumentieren sie – Evidenz ein privates Bewusstseinserlebnis, so eignete sie sich nicht zum Prinzip von Ableitungen, die von einem All-Satz auszugehen haben. Der aber könnte nur hypothetische Geltung für sich beanspruchen (von der Art, wie es kantische Ideen tun). Und so scheint kein Weg an der These vorbeizuführen, die Wittgenstein in den *Zetteln* festhält: »Die Kette der Gründe hat ein Ende.« Nicht, weil wir nach lang genug fortgesetzter Suche auf eine (intersubjektiv einleuchtende) Evidenz gestoßen wären, »sondern weil es – in *diesem* System – keinen Grund gibt« (Wittgenstein 1984b 8, 342, Nr. 301; vgl. 346, Nr. 314: »Die Schwierigkeit ist hier: Halt zu machen«).

Entsprechend war ihm der Gedanke einer metamathematischen *Begründung* der Mathematik fremd, ja zuwider (Wittgenstein 1984b 4, 296 ff.). Die Aversion passt zu derjenigen gegen die Obsession, es gebe eine »Über-Ordnung« *des* Satzes, aus der alles Verstehen (wie aus der ›ideal-starren Maschine‹) mechanisch zu deduzieren wäre (Wittgenstein 1984b 1, 295, Nr. 97). Dem hält sein Stil die Treue.

Obwohl von den Sprachwissenschaftlern bestimmt als ›paralinguistischer Zug‹, ist der Stil doch die Weise, in der das Unaussprechliche Ereignis wird. Wenn es sich auch nicht ›*sagen*‹ lässt, so ›*zeigt*‹ es sich doch *tatsächlich* – denn auch das stilistische Sich-Zeigen untersteht einem epistemisch ausweisbaren Kriterium. Was sich zeigt, ohne unmittelbar ins Semantische einzugehen, muss sich erkennen lassen, wie wir ein Anzeichen, ein Symptom, eine Handschrift oder eine Physiognomie identifizieren. Die nicht selbst bedeutungshaften Charaktere einer *écriture* sind es, in welchen das schreibende Individuum schweigend, aber fühlbar sich zur Co-Präsenz bringt. Individuell heißt das Einmalige, Unwiederholbare eines bewussten Aktes. Schon darum könnte es nicht unter die rekursiv definierbaren Qualitäten der Grammatik fallen, die den Bereich des Sagbaren mit dem des Typischen – des gleichsinnig Wiederholbaren – auf eine Ebene stellen.

So sind Logik, Ethik und Ästhetik nicht die einzigen Instanzen des Sinn ermöglichenden Unsagbaren, wie der frühe Wittgenstein glaubte. Die Grammatik tritt Anfang der 1930er Jahre an ihre Seite. Und in den letzten Aufzeichnungen, über deren erste Niederschrift Wittgenstein nicht mehr hinauskam, ist es das in jedem Wissensanspruch unthematisch vorausgesetzte System von Annahmen, die mit dem Hineinwachsen in eine sprachlich artikulierte Tradition immer schon (also ›*a priori*‹) gegeben sind. Dieses »Vor-Wissen« ist im gleichen Sinne ›transzendental‹, wie Wittgenstein es früher von der ›logischen Form‹ sagte, nämlich nicht seinerseits »Gegenstand« oder »Thema« möglicher kognitiver Einstellungen. Ich muss es, wenn ich »wahr und falsch unterscheide«, als einen ›Weltbild-Hintergrund‹ immer schon voraussetzen, auch wenn dieses Weltbild nach Maßgabe neuer Erfahrungen oder Einstellungen »wieder in Fluß geraten« und in neuen (Verständnis und Erfahrung determinierenden) Regeln »erstarren« kann (Wittgenstein 1984b 8, 139 f.). Dies Vor-Wissen ist kein propositionales Wissen, sondern eine Art von allem alltäglichen Handeln einwohnender »Sicherheit«, die sich praktisch bewährt und erst dann in ›sinnvolle Sätze‹ gerinnt. Vorwissentlich vertraute Sachverhalte sind solche, die gleichsam von bewährter Lebenspraxis unterschrieben worden sind – von eben solcher, die, selbst insignifikant, Räume von Verständnis öffnet.

Von der Art ist die Handschrift, die sich wie ein physiognomischer Schleier über Wittgensteins Texte legt, sie auf eine Weise individualisierend, die ihren Anspruch auf systematische Kohärenz und allgemeine Geltung durchkreuzt. So werden sie, wie diejenigen des Novalis, *malgré eux* zu Fragmenten und mahnen die philosophische Anmaßung an das »élément non signifiant«, das alle Universalitäts-Ansprüche an ihre individuelle Mitgift verweist und jenseits aller Intention singularisiert. Nur so wird das sprechende oder schreibende Individuum fühlbar, nur so kann ich sicher sein, keinen spekulativen Monolog mit mir selbst zu führen, sondern fremder Existenz – in ihrer Irreduzibilität auf die meine und auf das intersubjektiv ›Sagbare‹ – zu begegnen. Nur so treten wir, über die sogenannte Botschaft seiner Texte hinaus, in ein echtes Gespräch mit Ludwig Wittgenstein.

6. Kants Grundgedanke

Kant wurde am 22. April 1724 als viertältestes Kind des Riemermeisters Johann Georg Kant und seiner aus Nürnberg stammenden, schon in Kants 13. Lebensjahr verstorbenen Frau Regina im Königsberger Kneiphof geboren. Zu der Zeit war die dortige Universität keine renommierte Adresse. Sie war im Jahre 1544 vom Markgrafen Albrecht von Brandenburg als ein »Wittemberg des Ostens« gegründet worden. Es wehte ein gnadenlos evangelisch-lutherischer Wind. Die Professoren der theologischen unter den drei ›oberen Fakultäten‹ lehrten vor allem Hebräisch, Griechisch und Latein, die anderen kirchliches und römisches Recht, die dritten Medizin. Die philosophische Fakultät war ihnen untergeordnet, reduziert auf eine Art *Studium generale* oder Wissenschaftspropädeutik. Als »geistlos sammelnde Gelehrsamkeit« hat man ihre Tätigkeit charakterisiert, der Aristotelismus habe alles Geistige »überwuchert«, der Pietismus so ziemlich alle öffentliche kulturelle Aktivität behindert (Theaterbesuche waren den Studenten zum Beispiel verboten [Dietzsch 2003, 39]). Mit einem Wort: Die Uni war so unattraktiv wie die Stadt, die immerhin den Status einer Residenz hatte und von der Kants dritter Lehrstuhl-Nachfolger, Karl Rosenkranz, mit hörbarer moralischer Anstrengung urteilte:

> Königsberg ist dem Fremden eine düstere, ungenießbare, abschreckende Stadt, aber wenn man die trübe, schroffe Außenseite und den Egoismus der Königsberger, Königsberger zu sein, überwunden hat, gewinnt man Respekt vor so viel Bildung und Charakter in solch ungastlicher Natur (Brief an Karl Gutzkow vom 10. Juli 1837, in: Rosenkranz 1994, 144).

Und einem Freund schrieb er:

> Daß Kant hier das Licht der reinen Vernunft anzündete, erkläre ich mir so, wie die Holländer auch die besten Landschaftsmaler wurden. Im Dunkel sucht man nach Licht (Rosenkranz 1843, in: Jacobson 1894, 148).

Aber *wie* hat Kant, der Königsberg zeitlebens nicht über einen Radius von 50 Kilometern hinaus verlassen hat, es dort gefunden?

Seine einzigartige Begabung bleibt das Geheimnis aller Versuche, einen Schriftsteller aus seinen Zeitumständen zu erklären: aus

Sprachüblichkeiten, Denkgewohnheiten, Traditionen, Standeszugehörigkeiten, seelischen Verläufen. Damit verglichen ist es schon leichter, den *einen* Gedanken anzugeben, den Kant wie alle großen Denker gehabt und in seinem Gesamtwerk nur entfaltet hat.

Zunächst scheint freilich auch das vermessen. Hat nicht Kant ein immenses Lebenswerk hinterlassen, das von der Theorie der Erkenntnis über die Naturtheorie zur Ethik, Ästhetik, Anthropologie, physischen Geographie, Religions-, Rechts- und politischen Philosophie reicht? Auf allen diesen Feldern hat Kant Unvergleichliches und Bleibendes geleistet. Dennoch ist die Nachwelt übereingekommen, die *Kritik der reinen Vernunft* (von 1781 beziehungsweise 1787) für sein Hauptwerk zu erklären. Welches wäre die es erschließende ›ursprüngliche Einsicht‹?

Kant, der nie über eigene Werke las, sondern seinen Vorlesungen Standardwerke der ›Schulphilosophie‹ zugrunde legte (wie Meiers *Logik*, Baumgartens *Metaphysik* oder Achenwalls/Pütters *Rechtsphilosophie [Jus naturalis]*), machte sich zu diesem Zweck Notizen, die die Herausgeber der Akademieausgabe irreführend ›Reflexionen‹ genannt haben. Es waren im buchstäblichen Sinne Vorlesungsnotizen. Und wie es zu gehen pflegt, finden sich in diesen Notizen nicht nur solche, die man als Gedächtnisstützen für den freien mündlichen Vortrag ansehen muss, sondern wertvolle und breit ausgeführte Argumente, die die Genese seines Grundgedankens für die Forschung haben nachvollziehbar werden lassen. Eine dieser für den Vorlesungsgebrauch gewiss nicht gemeinten Notizen besagt: »Das Jahr 69 gab mir großes Licht.«[1]

Viel ist gerätselt worden, worin es bestanden hat. Die Hypothese, die Véronique Zanetti und ich anderswo ausführlich begründet haben (Kant 1996, 918 ff.), lautet: in der Einsicht, dass die reine Vernunft in ihren Raisonnements nicht zu gültigen Einsichten kommen kann und dass nur diejenigen Sätze gelten, die durch sinnliche Erfahrung kontrolliert werden können. Darum eben heißt Kants Hauptwerk *Kritik* der reinen Vernunft, und nicht ›Verteidigung‹ der reinen Vernunft.

›Rein‹ nennt Kant Einsichten, zu denen wir ohne alle Mitarbeit

1 Geschrieben im Rückblick der Jahre 1776-78 (Refl. Nr. 5037, *AA* XVIII, S. 69; die Aufzeichnung findet sich im Kontext der die eigene intellektuelle Entwicklung reflexiv durcharbeitenden Notizen dieses Jahres, meist zur »Vorrede« von Baumgartens *Metaphysica*, hier: S. XXXVI).

der Sinne gelangen, zum Beispiel den ontologischen Gottesbeweis des René Descartes oder die Gesamtheit der metaphysischen Behauptungen, die das Abendland aufgestellt hat.[2] Kein Wunder, dass der aufgeklärte, aber fromme Moses Mendelssohn im Vorbericht zu seinen *Morgenstunden* vom Werk des »alles zermalmenden Kant« sprach (Mendelssohn 1785, 1 f.). Und Heinrich Heine urteilt über Kants Widerlegung der Gottesbeweise: »Die Danteschen Worte: ›Laßt die Hoffnung zurück!‹ schreiben wir über diese Abteilung der ›Kritik der reinen Vernunft‹« (Heine 1997 III, 601).

In der Tat, als Hinrichtungsmaschine wurde Kants Vernunftkritik unmittelbar nach ihrem Erscheinen von den Zeitgenossen betrachtet: als die Guillotine, von der scharenweise die Köpfe der alten Götter und aller Gestalten rollen, die bis dahin die übersinnliche Welt bevölkert hatten. Kein Wunder, dass Kant selbst und viele seiner Zeitgenossen einen tiefen Zusammenhang sahen zwischen der Vernunftkritik und dem Ausbruch der Französischen Revolution. Wurden hier Herrschaftsansprüche ›von Gottes Gnaden‹ ihrer Nichtigkeit überführt, so dort Geltungsansprüche, die ihre Rechtfertigung in der Metaphysik suchten. Heine etwa sagt von der *Kritik der reinen Vernunft*: »Mit diesem Buche [...] beginnt eine geistige Revolution in Deutschland, die mit der materiellen Revolution in Frankreich die sonderbarsten Analogien bietet, und dem tieferen Denker eben so wichtig dünken muß wie jene« (Heine 1997 III, 590). Und er fährt fort:

> Auf beiden Seiten des Rheines sehen wir denselben Bruch mit der Vergangenheit, der Tradition wird alle Ehrfurcht aufgekündigt; wie hier in Frankreich jedes Recht, so muß dort in Deutschland jeder Gedanke sich justifizieren, und wie hier das Königtum, der Schlußstein der alten sozialen Ordnung, so stürzt dort der Deismus, der Schlußstein des geistigen alten (ebd.).

Diese Parallele zwischen dem Kantianismus und den revolutionär-nachrevolutionären Ereignissen in Frankreich war tief im Überzeu-

2 Der Genauigkeit halber sollte man anfügen, dass Kant einige Erkenntnisse *a priori* nicht rein nennt, wie die das Kausalgesetz betreffende, denn Veränderung impliziert Existenz (*KrV* B 3), und Existenz lässt sich nur aus Wahrnehmung (also empirisch) erkennen (B 272 f.). Darum lassen sich Verhältnisse der Erscheinungswelt, bei denen Existenz ins Spiel kommt (wie die Frage: Ist a oder b die Ursache von c?) nicht aus reiner Vernunft antizipieren (B 208 f.). Es gibt also nicht-reine synthetische Urteile, die dennoch *a priori* heißen (Cramer 1985).

gungssystem der Epoche verwurzelt: Man findet sie betont bei Marx, Engels und besonders bei Moses Heß (Heß 1961, 200 f. und 208).

Schon die Idealisten selbst haben es so gesehen. Am berühmtesten ist Hegels Diagnose aus den Vorlesungen zur *Geschichte der Philosophie*:

Kantische, Fichtesche und Schellingsche Philosophie. In diesen Philosophien ist die Revolution als in der Form des Gedankens niedergelegt und ausgesprochen, zu welcher der Geist in der letzteren Zeit in Deutschland fortgeschritten ist; ihre Folge enthält den Gang, welchen das Denken genommen hat. An dieser großen Epoche in der Weltgeschichte, deren innerstes Wesen begriffen wird in der Weltgeschichte, haben nur diese zwei Völker teilgenommen, das deutsche und das französische Volk, sosehr sie entgegengesetzt sind. [...] In Deutschland ist dies Prinzip als Gedanke, Geist, Begriff, in Frankreich in die Wirklichkeit hinausgestürmt (*TWA* 20, 314).

Aber schon in seinem Nachruf auf Kant von 1804 hatte Schelling von der »vollkommenen Harmonie [Kants] mit seinem Zeitalter« gesprochen und das wie folgt begründet:

Es ist nichts weniger als bloß scheinbare Behauptung, daß das große Ereignis der französischen Revolution ihm allein *die* allgemeine und öffentliche Wirkung verschafft hat, welche ihm seine Philosophie an sich selbst nie verschafft haben würde. Nicht ohne eine besondere Schickung darin wahrzunehmen, bewunderten manche seiner enthusiastischen Anhänger das Zusammentreffen beider in ihren Augen gleichgewichtigen Umwälzungen, nicht bedenkend, daß es ein und derselbe von lange her gebildeter Geist war, der sich nach der Verschiedenheit der Nationen und der Umstände dort in einer realen, hier in einer idealen Revolution Luft schaffte. Wie es eine Folge der Kantischen Philosophie war, daß in Deutschland schneller sich ein Urtheil über die Revolution bildete, so machte dagegen eine Erschütterung, die alle bisherigen Grundsätze in Anspruch nahm, die Ueberzeugung von den ewig haltbaren, durch sich selbst dauernden Grundsäulen des Rechts und der gesellschaftlichen Verfassung zu einer allgemeinen Angelegenheit und die Kenntniß der Kantischen Philosophie, welche hierüber in oberster Instanz entscheiden zu können das Ansehen hatte, zu einem Bedürfnisse selbst der Weltleute und Staatsmänner (*SW* I/6, 4).

Resignierter, schon im Rückblick auf begrabene revolutionäre Hoffnungen hat Schelling dann in seiner Münchener Zeit (wohl im WS 1833/34) »das fortdauernde und immer wieder erregte Interesse der

Deutschen an Philosophie«, ja den »wirklich religiösen Ernst«, mit dem »in Deutschland Philosophie betrieben worden«, »geschichtlich« gedeutet, nämlich als Kompensation der durch äußeren Druck verhinderten und frustrierten emanzipatorischen Praxis, wodurch die mit der religiösen Reformation nur begonnene »That der Emancipation« und ihre Folge: der Verlust der »äußerlichen Einheit« des Deutschen, »innerlich und auf dem Feld der Wissenschaft wiederhergestellt« werden solle (*SW* I/10, 193 ff., bes. 194). »Und so sehen wir uns doch«, folgert Schelling unter Vorwegnahme jener Marx'-schen Einsicht (von der Aufhebung der Philosophie durch Verwirklichung), »am Ende genöthigt, wenigstens für *möglich* zu halten, daß jener Entfernung von der Philosophie im deutschen Sinn, die wir bei den andern Völkern wahrnehmen, etwas Wahres und Richtiges zu Grunde liegen könnte« (ebd., 195).

Kant selbst hat die Parallele zwischen seiner Philosophie und der Revolution in Frankreich deutlich wahrgenommen: Seine Sittenlehre, seine Schriften zum ewigen Frieden usw. sind ganz nach den Prinzipien der allgemeinen Freiheit und Gleichheit sowie der Menschenrechtserklärung gearbeitet. Bekanntlich hat er von der »Revolution eines geistreichen Volks, die wir in unseren Tagen haben vor sich gehen sehen«, gesagt, sie »findet [...] in den Gemütern aller Zuschauer (die nicht selbst in diesem Spiele mit verwickelt sind) eine *Theilnehmung* dem Wunsche nach, die nahe an Enthusiasm grenzt, und deren Äußerung selbst mit Gefahr verbunden war, die also keine andere als eine moralische Anlage im Menschengeschlecht zur Ursache haben kann« (*AA* VII, 85).

So viel zur revolutionären Schleifung der Bastion von Geltung aus Gottes Gnaden, das heißt: aus reiner Vernunft. Hat aber denn Kant gar keine Schlüsse der reinen Vernunft (gleichsam ›unjustifiziert‹) gelten lassen? Wie stünde es etwa um das berühmte ›Faktum der Vernunft‹, nämlich das Sittengesetz, an dessen objektiver Geltung Kant keinen Zweifel duldete? Und in der Folge der Zweifellosigkeit des kategorischen Imperativs schlich sich auch das Postulat der Existenz Gottes wieder ein – so sehen es jedenfalls manche, allen voran wieder Heinrich Heine. Nachdem er in seiner *Geschichte der Religion und Philosophie in Deutschland* Kants Gottesmord drastisch vorgeführt hat, fügt er – im Blick auf die *Kritik der praktischen Vernunft* – diesen Abschnitt hinzu:

Ihr meint, wir könnten jetzt nach Hause gehen? Bei Leibe! Es wird noch ein Stück aufgeführt. Nach der Tragödie kommt die Farce. Immanuel Kant hat bis hier den unerbittlichen Philosophen traciert, er hat den Himmel gestürmt, er hat die ganze Besatzung über die Klinge springen lassen, der Oberherr der Welt schwimmt unbewiesen in seinem Blute, es gibt jetzt keine Allbarmherzigkeit mehr, keine Vatergüte, keine jenseitige Belohnung für diesseitige Enthaltsamkeit, die Unsterblichkeit der Seele liegt in den letzten Zügen – das röchelt, das stöhnt – und der alte Lampe [Kants Diener] steht dabei mit seinem Regenschirm unterm Arm, als betrübter Zuschauer, und Angstschweiß und Tränen rinnen ihm vom Gesichte. Da erbarmt sich Immanuel Kant und zeigt, dass er nicht bloß ein großer Philosoph, sondern auch ein guter Mensch ist, und er überlegt; und halb gutmütig und halb ironisch spricht er: »der alte Lampe muß einen Gott haben, sonst kann der arme Mensch nicht glücklich sein – das sagt die praktische Vernunft – meinetwegen – so mag auch die praktische Vernunft die Existenz Gottes verbürgen.« In Folge dieses Arguments unterscheidet Kant zwischen / der theoretischen Vernunft und der praktischen Vernunft, und mit dieser, wie mit einem Zauberstäbchen, belebte er wieder den Leichnam des Deismus, den die theoretische Vernunft getötet (Heine 1997 III, 604 f.).

Gewiss, Kants Eifer in dieser Sache ist unbestritten. Doch lehrt ein nüchterner Blick, dass wir unseren herben Satz über die Ungültigkeit reiner Vernunftansprüche auch hier nicht zurücknehmen müssen. Denn der berühmte kategorisch gebietende Imperativ ist eben ein Gebot – und nicht ein deskriptiver Satz, der sich demonstrieren ließe –, auch wenn der Eifer Kant gelegentlich so weit treibt, ihm ein »Tatsachen«-Wissen, eine objektive Erkenntnis entsprechen zu lassen.[3] In Wahrheit gründet sich die Geltung des Sittengesetzes auf eine unbedingte Vernunftforderung, ein von Kant so genanntes Postulat, das lediglich regulative Kraft hat und nicht wahrheitsfähig ist. Kant nennt die Gründe, die uns Sätze der reinen Vernunft annehmen lassen, ›Ideen‹; und er fügt hinzu: Es sind ›bloße Ideen‹. Auch die menschliche Freiheit, ohne die das Sittengesetz nicht bestünde, ist der Demonstration nicht fähig. Sie hat den Status einer bloßen, einer regulativen Idee. Kein Wunder, dass die Hirnphysiologie kein physisches Pendant zu ihr findet und für einen harten

3 »Was aber sehr merkwürdig ist, so findet sich sogar eine Vernunftidee (die an sich keiner Darstellung in der Anschauung, mithin auch keines theoretischen Beweises ihrer Möglichkeit fähig ist) unter den Tatsachen, und das ist die Idee der *Freiheit*« (*KU* § 91, B 457 [Kant 1996, 856]). Unter B 459 schreibt er dem Sittengesetz beziehungsweise der Freiheit »objektive Realität« zu (Kant 1996, 859).

Determinismus optiert. Kant, der vernünftige Postulate strikt von demonstrablen Wahrheiten trennte, konnte mit beiden Positionen leben. In der Welt der Objekte – und menschliche Personen haben Körper, und Körper sind Objekte – herrscht ein durchgängiger Determinismus. Für Geister unterstellen wir Freiheit, aber wir können diese rein-vernünftige Intuition nicht demonstrativ beweisen.

Wie aber steht es um Sätze der Mathematik oder der von Kant so genannten ›reinen‹ Naturwissenschaft? Deren Geltung werden wir nicht anzweifeln wollen. Und doch: Wären die nicht rein genau in dem Sinne, den Kant nicht gelten lassen will? ›Keineswegs‹, so lautet die zweite Auskunft von Kants Kritik der *reinen* Vernunft. Mathematische Sätze (wie ›Gleichseitige Dreiecke sind gleichwinklig‹, oder ›Bei rechtwinkligen Dreiecken ist das Quadrat der Hypothenuse gleich dem der beiden Katheten‹ oder ›Bei einer chemischen Reaktion bleibt die Gesamtmasse der beteiligten Substanzen erhalten‹) – solche Sätze sind zwar *a priori* einsichtig, aber sie sind keine ›Aussprüche der reinen Vernunft‹. Sie sind nämlich, anders als Vernunftideen, einer Demonstration fähig. ›Demonstrieren‹ heißt: etwas *sinnlich* dartun, einem Begriff anschauliche ›Bedeutung‹ verschaffen, in diesem Falle: Begriffe *a priori* in der Anschauung ›konstruieren‹. Und hier kommt ein weiterer Gedanke der Kant'schen Vernunftkritik ins Spiel. Kant war nämlich davon überzeugt, dass es nicht nur reine Begriffe gebe (also solche, die nicht aus der Erfahrung abgeleitet sind, zum Beispiel: Einheit, Allheit, Realität, Ursache, Möglichkeit). Kant war überzeugt, dass es auch reine Anschauungen gebe. Diese nannte er ›Formen‹ (wobei er mit ›Form‹ nur meint: unabhängig von allem empirischen ›Stoff‹, den uns die Welt liefert durch Reizung unserer Sinnesnerven); es sind Raum und Zeit. Die Arithmetik kann (unter dem Schema der Zahl) ihre Begriffe *a priori* in der Zeit und die Geometrie die ihren *a priori* im Raum konstruieren. ›Reine Vernunftoperationen‹ sind solche Konstruktionen dennoch nicht, weil das große Licht, das Kant 1769 aufgegangen war, auch hier scheint: Wahrheitsfähig (im Sinne von demonstrabel) sind nur solche Verstandeseinsichten, die sich sinnlich dartun lassen oder denen etwas Sinnliches ›entspricht‹. Begriffe allein sind nämlich leer (also empirisch gehaltlos), und Anschauungen allein sind blind (sie sehen nicht etwas, wie es ein Begriff artikuliert; oder sie sind ›bedeutungslos‹, wie Kant zu sagen pflegt). Dergleichen aus Verstand und Sinnlichkeit zusammengesetzte Urteile heißen darum ›synthetisch‹. In ihnen muss die Vernunft über sich hinausgehen und sich mit etwas ihr Heterogenem zusammentun. Auch mathematische Sätze sind von dieser Art, obwohl ihre Wahrheit mit geschlossenen Augen eingesehen werden kann.

Das setzt natürlich voraus, dass Sinnlichkeit und Verstand *toto cœlo* verschiedene Vermögen sind. Und genau das nimmt Kant an. Man spricht von seiner ›Zwei-Stämme-Lehre‹ der menschlichen Erkenntnis. Wie alle dualistischen Positionen hatte sie herbe Kritik zu bestehen, die vor allem von Salomon Maimon und den Vertretern des Deutschen Idealismus vorgebracht wurde. Warum Kant eine so unbequeme Position bezog, wird erst einsichtig, wenn man sich nach der *Funktion* dieser Trennung erkundigt. Kant wollte damit nämlich einer Position widersprechen, die einen Monismus von Sinn und Verstand vertritt. Diese Position, meinte Kant, hält der Kritik der reinen Vernunft nicht stand.

Ein Philosophieren aus reiner Vernunft, das war das Programm der sogenannten Schulphilosophie, deren Hauptvertreter in Leibnizens Nachfolge Christian Wolff und seine Schüler waren. Man nennt diese Position (weil ›Vernunft‹ ja das lateinische ›ratio‹ übersetzt und das Philosophieren bis dahin weitestgehend auf Lateinisch geschah) Rationalismus. Sie bildete die mächtigste philosophische Bewegung der deutschen Aufklärung und wurde auch in Königsberg ausschließlich gelehrt (zum Beispiel von Kants Lehrer Martin Knutzen, auf dessen Nachfolge er vergeblich spekulierte). Kants philosophische Anfänge gehören ganz der Schule an; und wäre er vor der Veröffentlichung der *KrV*, also etwa in seinem 56. Lebensjahr, gestorben, die Philosophiegeschichte hätte ihn als einen selbst denkenden Wolffianer eingeordnet.

Leibniz und Wolff nun hatten Sinnlichkeit und Verstand als Entwicklungsstufen eines und desselben geistigen Vermögens erklärt. Zwischen ihnen herrscht das berühmte ›Gesetz der Stetigkeit‹. Sinnliche Erkenntnis ist demnach nur eine verworrene Ansicht dessen, wovon unser Verstand deutliche Begriffe entwickeln kann. Zur Verworrenheit der Erfahrungserkenntnis gehört, dass sie diejenigen Anteile an ihrem Zustandekommen, die sie sich nicht selbst zuschreiben kann, zum Werk einer geistunabhängigen Ursache erklärt. Der Verstand dagegen erkennt sich als spontan, während wir die Sinnlichkeit für passiv (oder rezeptiv) halten. Da Monaden aber bekanntlich keine Fenster haben, durch die die Welt hereinblickte, erzeugen auch die Sinne als aktive Vorstellungskräfte die Welt, nur wissen sie es nicht. Darum heißt ihre Erkenntnis niedrig (›inferior‹) und verworren (›confusa‹). Unterschiede in der Sinnenwelt – samt Zeit- und Raumabständen – sind nur als solche undurchschaute Begriffsunterschiede.

Diese monistische Ansicht hat einen hohen Preis, den Kant wild entschlossen war, nicht zu bezahlen. In jenem lichtspendenden Jahr 1769 notiert er: »Die Sinnlichkeit der Vorstellungen besteht nicht in der Verwirrung noch das intellektuale der Natur nach in der Deutlichkeit[;] das sind nur unterschiede der logischen Form. Aber es kann große Deutlichkeit im sinnlichen und Verwirrung im intellektualen sein« (*AA* XV, 79, Refl. Nr. 204).

Nehmen wir einmal an, Leibniz und Wolff hätten recht: Sinnlichkeit und Verstand wären wesentlich identisch. Dann könnte man die Sinnlichkeit über ihre Identität mit dem Verstand (und umgekehrt) nicht aus eigenem Vermögen, sondern allein aus der Perspektive eines ›unendlichen Geistes‹ belehren. Einen solchen nehmen Leibniz und Wolff als Gott oder Zentralmonade tatsächlich an. Ein unendlicher Geist ›schaut intellektuell an‹. Das heißt, dass sich ihm alle veridischen Gedanken sogleich in sinnlicher Erfüllung präsentieren. Unser Verstand ist dagegen leer; er bedarf eines sinnlichen, eines informationellen Inputs, ohne dessen Eingaben er keine Erkenntnis zustande brächte. In den Worten des Novalis: »Hieraus sehn wir beyläufig, dass Ich im Grunde nichts ist – Es muß ihm alles *Gegeben* werden« (*NS* II, 273, Z. 31 f.). Die vom Ich gebildeten Kategorien nennt er »Fächer ohne Inhalt. Es sind absolute Correlata – Sie wollen gefüllt werden« (250, Nr. 466). Die Idee eines anschauenden Verstandes (eines, wie die Schule sagte, *intellectus archetypus*) fällt unter den Hieben einer Kritik der reinen Vernunft – gerade so wie der traditionelle Gott unter den Hieben der Kritik an den Gottesbeweisen. »Hört Ihr die Glöckchen klingeln?«, fragt Heine. »Kniet nieder – Man bringt die Sakramente einem sterbenden Gotte« (Heine 1997 III, 591).

Hier ist nun der Ort eines anderen heftig umstrittenen Theorems der Vernunftkritik: der Annahme eines Dings an sich (oder, wie Kant oft sagt: von Dingen an sich im Plural; einer En-bloc-Vorstellung steht also eine pluralistische gegenüber). In beiden Fassungen hat Kants Lehre ihre Unbequemlichkeiten. Eine ist, dass Kant Einheit und Vielheit für Kategorien hält und darum nur auf Erscheinungen, nicht auf außergeistige Entitäten anwenden dürfte. (Das Problem lässt sich vielleicht lösen, wenn man den Singular und den Plural als ›Reflexionsbestimmungen‹ und nicht als Kategorien versteht; wenn man also das Problem der Pluralität der Dinge an sich von den Begriffen ›Identität‹ und ›Verschiedenheit‹ her angeht – ich werde diesen kniffligen Punkt hier nicht erörtern [siehe dazu aber im vorliegenden Band Text 14].) Eine andere Unbequemlichkeit ist die, dass Kant das Ding an sich immer wieder als die Kausalursache unserer Sinnesaffektionen bezeichnet, obwohl er auch das nach seiner eigenen Anweisung in den »Paralogismen der reinen Vernunft« nicht dürfte – hält er doch auch die Kausalität für eine Kategorie, die nur für Erscheinungen gilt und nicht auf transzendente Entitäten angewandt werden darf. (Dieser Einwand wurde Kant vor allem von Jacobi, Maimon und am präzisesten und unermüdlichsten von Schopenhauers akademischem Lehrer Gottlob Ernst Schulze gemacht, der seinen Angriff hinter dem Skeptiker-Pseudonym Aenesidemus versteckte [Frank 1998a, 79 ff., 91 ff., 279 ff.].)

Viel Tinte ist über dies Problem geflossen. Und wenn man Kants Lehre als inkonsistent beurteilen muss – als im Widerspruch stehend zu seinen eigenen Prämissen –, so sieht man doch gerade hier, dass er die Inkonsistenz dem Vorwurf vorzog, ein Adept der reinen Vernunft oder gar ein Idealist zu sein (also ein Denker, für den eine außergeistige Wirklichkeit nicht besteht). Von der *KrV* an, deren zweite Auflage ein eigenes so überschriebenes Kapitel enthält, bis in die späteste Arbeit am Alterswerk, über dem ihn die geistigen Kräfte verließen, sieht man Kant unermüdlich mit der »Widerlegung des Idealismus« beschäftigt. Der Skeptiker Maimon in seinem *Versuch über die Transcendentalphilsophie* (1789) und der Idealist Fichte in seiner *Recension des Aenesidemus* (1792) werden kurzen Prozess mit dem Ding an sich machen, freilich um den Preis des Rückfalls in eine vorkritische Position, in der Kant die Umrisse des überwundenen Leibniz'schen Idealismus zu entdecken glaubte. So auch der Kantianer, Reinhold-Schüler, Kommilitone und Freund des Novalis, Friedrich Karl Forberg, der in den *Fragmenten aus meinen Papieren* angesichts der komfortablen Fichte'schen Liquidation der Außenwelt/des Dinges an sich, deren Ohrenzeuge er in Jena war, notierte: Es sei ihm in Fichtes Nähe »nicht anders zu Muthe, als in der Nähe eines Taschenspielers«; er bitte Gott nur, Kant vor seinen selbst ernannten Freunden zu bewahren, »vor seinen Feinden wird er sich wohl selbst in Acht nehmen«. Wie viele Reinhold-Schüler hielt er sich an die Devise: Lieber mit Kant scheitern als mit Fichte siegen (Forberg 1796, 74, 42).

Wieder sehen wir also Kant an seinem Grundgedanken festhalten, fester als an der Widerspruchsfreiheit seiner Theorie. Wer das tadeln möchte, unterschätzt die Kraft philosophischer Motive. Ein so scharfsinniger Analytiker wie David Lewis erinnert im Vorwort zu seinen *Philosophical Papers* daran, dass es zwingende oder *Knockdown*-Argumente im philosophischen Geschäft gar nicht gibt, dass Theorien ihre Widerlegung überleben: »at a price« (Lewis 1983, x). Der Preis, den Kant auf keinen Fall bezahlen wollte, war der absolute Idealismus. Dafür sind ihm Schulden im Begründungswerk entstanden. Aber wer würde sie nicht lieber auf sich nehmen, als mit dem Idealismus zu siegen. Ohnehin hat die Nachwelt ihr Urteil gesprochen.

Aber gar so rasch wollen wir das Problem des Dings an sich nicht beiseite schieben; dafür hat es gerade in der ersten Phase der Kant-Rezeption eine zu bedeutende Rolle gespielt. Kant war der felsenfesten Überzeugung, dass es keinen Sinn ergibt, etwas eine ›Erscheinung‹ zu nennen, ohne ein *Etwas* anzunehmen, das darin zur Erscheinung kommt. Es ist der untilgbar empirische Bodensatz, die kausale Herkunft aus der Wirklichkeit, welche ›Erscheinung‹ zu einem Zwitterbegriff macht. Kant meint nämlich, die Rede von der Erscheinung habe zwei Seiten: eine repräsentative (sie bringt *etwas* zur Erscheinung, das Ding an sich) und eine erkenntniszugewandte (sie erscheint einem Subjekt) (*KrV* B XXVI f.).[4] Von demjenigen

4 So auch im Brief an Garve vom 7. August 1783: »[...] daß man alle uns gegebene Gegenstände nach zweyerley Begriffen nehmen kan, *einmal* als Erscheinungen und *dann* als Dinge an sich selbst« (*AA* X, 341, Anm.). In den *Prolegomena* wiederholt Kant, dass, so wie ›Ich bin‹ nicht bloß eine Erscheinung des inneren Sinns (in der Zeit), sondern auch das seiende »Subjekt des bewusstseins« meine, ebenso ein ›Körper im Raum‹ nicht nur eine Erscheinung des äußeren Sinns, »sondern auch das Ding *an sich selbst* bedeutet, was dieser Erscheinung zum Grunde liegt« (*AA* IV, § 49, 337). Die Metapher des Grundes oszilliert irreführend zwischen Ursache und Grundlage/Fundament (vgl. die ähnlich unklare Formulierung in § 32, 314 f.). Auch lässt Kant, wie gesagt, völlig unentschieden, ob er einer *En-bloc*-Auffassung des Dings an sich folgt oder ob er (wie viele Formulierungen nahelegen) an die (präkategoriale) Existenz mehrerer Dinge an sich glaubt. Überhaupt hat Kant nie erklärt, wie er sich das Verhältnis der (sinnlichen) Mannigfaltigkeit zur (intellektuellen) Kategorie Vielheit und beider zum ›Reflexionsbegriff‹ Differenz denkt.

Aspekt der Erscheinung, der »an sich nicht Erscheinung ist«, sagt Kant sehr klar, dass die Erscheinung ihm ›entsprechen‹ müsse (*KrV* A 251, unten), auch wenn er »gänzlich unbestimmt«, das heißt begrifflich unspezifiziert bleibe (A 253, oben). Wäre nämlich nicht mehr an der Erscheinung als dies, dass sie einem Subjekt erscheint, so wäre sie von einem subjektiven Schein nicht zu unterscheiden. Nun implizieren Erscheinungen aber ein Sein; und »[d]er Verstand, ebendadurch [...] daß er Erscheinungen annimmt, gesteht auch das Dasein von Dingen an sich selbst zu«. Würde der Verdacht, bloße Erscheinung für ein Subjekt zu sein, auf »alle Dinge« ausgedehnt, so müsste man annehmen, es gebe außer Erscheinungen gar kein sie tragendes subsistentes Sein (*AA* IV, § 32, S. 315). Und dann ließe sich Berkeleys Satz *Esse est percipi,* der aus dem subsistenten Sein einen rein subjektiven Schein macht, nicht mehr konsistent zurückweisen. Das aber will Kant um jeden Preis, wenn auch nicht überall mit überzeugenden Argumenten (zum Beispiel nicht an der berühmten Stelle *KrV* A 120) – aus blanker Berührungsangst vor einem absoluten Idealismus. Jedenfalls scheint Kant anzunehmen, dass die Welt der Erscheinungen mit der Welt der Dinge an sich weitgehend identisch ist (wobei ›weitgehend‹ meint: all das abgerechnet, was durch die Formen unseres Geistes hinzukommt [vgl. Paton 1965 I, 61]). Die reine Wirkung der Dinge auf unsere Sinne gehört zum Beispiel nicht zu den Letzteren (*KrV* A 28 f.); darum dürfen die primären Qualitäten der Gegenstände ›objektiv‹ heißen. So darf der Physiker den Regenbogen für »eine bloße Erscheinung bei einem Sonnregen« erklären, die physischen Tropfen (mit ihren primären Qualitäten) aber für ›Sachen an sich selbst‹, die unsere Sinne »so und nicht anders bestimm[en]« (A 45 f.).[5] Natürlich entsprechen die physischen Erscheinungen bestimmten Modifikationen unserer Sinne; aber sie sind darauf nicht zu reduzieren. Das hängt – noch einmal – damit zusammen, dass empirische Erkenntnisse eine die

5 Reinhold paraphrasiert diesen Gedanken noch deutlicher realistisch, wenn er in seiner *Neuen Darstellung* schreibt: »Die objektive Beschaffenheit des Stoffes in der Vorstellung eines gegebenen Baumes hängt lediglich davon ab, daß ich so, und nicht anders, von außen her afficiert werde« (Reinhold 1790, 210 unten; vgl. 241 ff., bes. 246 unten: »Der von Außen gelieferte Stoff repräsentirt daher etwas außer dem Gemüthe Befindliches«; auch Kant *KrV* B 69 f.: »Die Prädikate der Erscheinung können dem Objekte selbst beigelegt werden, in Verhältnis auf unseren Sinn, zum Beispiel / der Rose die rote Farbe, oder der Geruch«).

Formen des auffassenden Subjekts übersteigende Mitgift vom Ding an sich haben. Äußere Wahrnehmungen, notwendige Bestandteile der Welterfahrung, sagt Kant, sind »nur durch die *Wirklichkeit* äußerer Gegenstände möglich« (B 278 unten; Hervorhebung M. F.).

Man kann dem sehr verkürzten Argument, das Kant im § 32 der *Prolegomena* vorträgt, diese explizitere Wendung geben: Wäre die Erscheinung nicht die Repräsentation eines Seienden, das *an sich* nicht Erscheinung ist, so wäre sie Erscheinung von nichts Wirklichem, also von Nichts (*bloßer* Schein). Nun geht aber in die Erscheinung ein Anteil ein, der dem Subjekt (von außen) ›gegeben‹ wird und den das Subjekt aus eigenen Mitteln ›nicht antizipieren‹ kann. Also muss die Erscheinung als Beleg für die Präsenz eines an sich Wirklichen verstanden werden. Und damit ist der radikale Idealismus des ›Esse est percipi‹ widerlegt. (Würde ich für ›esse‹ jedesmal ›percipi‹ einsetzen, so zeigte sich rasch, dass ich die Existenz *ad infinitum* auf ein selbst *nicht* Seiendes stützen will – was einer *reductio ad absurdum* gleichkäme.)

Ich stelle mir das Verhältnis der an sich betrachteten zur uns erschlossenen Wirklichkeit naiv so vor, wie es auch Kants berühmtester Schüler Reinhold getan hat (vgl. Frank 1998a, 238 ff.]): Die Dinge an sich liefern den (existierenden, gedanklich nicht antizipierbaren) Stoff, der als ›bloßer Stoff‹ eine erkenntnisabgewandte Seite hat. Darum nennt ihn Kant ›transzendental‹ (und wird hier, wie oft, ›transzendent‹ meinen; dass er das meinen muss, erhellt aus dem Appell an die Empfindung, die das einzige epistemische Organ ist, dem Wirkliches gegeben wird [*KrV* A 225]). Insofern die Empfindung den Stoff aber gleichwohl *auffassen* kann, tut sie es nach seiner ›formalen‹ Seite. Damit ›realisiert‹ sie den existierenden, den transzendenten Stoff. Als Reales, als Gehalt nun ›entspricht‹ er den Empfindungen (vgl. *KrV* A 175 unten).

Reinhold hat versucht, das theoretisch auszubuchstabieren. Den Stoff *als* Stoff nennt er den ›bloßen‹ Stoff (der bloße Stoff, fügt er hinzu, ›gehöre‹ dem an sich seienden Gegenstande ›an‹); und hinsichtlich seiner Anpassung an die Auffassungsfähigkeit durch ein Erkennen schreibt er ihm eine ›Form‹ zu; durch diese ›gehöre‹ der Stoff dem Subjekt ›zu‹ (Reinhold 1790, 183). Was *in* der Vorstellung für ein *Außer-ihr* steht, darf der ›Repräsentant‹ dieses Äußeren heißen (237 f.; vgl. 246: »Der von Außen gelieferte Stoff repräsentirt daher etwas außer dem Gemüthe Befindliches«). Die Idee, dass sich der Stoff gleichzeitig in und außer der Vorstellung befinden muss, ist natürlich prekär. Aber es ist klar, was Reinhold – nur bemüht, Kants Gedanken fasslich wiederzugeben – meint: Die Affektion liefert nicht nur Bewusstsein der nackten ›*Wirklichkeit*‹ des Gegenstandes (das wäre Devitts »Feigenblatt-Realismus« [Devitt 1984, 22]), sondern auch seiner ›*objektiven Beschaffenheit*‹ (Reinhold 1790, 185, 242 f., 213). Sie kann zwar nur einem Bewusstsein ›erscheinen‹; doch liegt ihr, um eine veridische Vorstellung zu sein, das Ding an sich »zum Grunde« (ebd., 216; vgl. 238: der »Entstehungsgrund« des *Gehalts* – oder der *Repräsentationsfunktion* – einer Vorstellung liegt »im Gegebenseyn des bloßen Stoffes«). Dieser objektiven Beschaffenheit eines Gegenstandes kann die Vorstellung natürlich ›entsprechen‹ oder nicht entsprechen (der Stoff, sagt Reinhold, heißt »*objektiv bestimmt*[,] in wieferne er durch das Objekt, dem er in der Vorstellung korrespondirt, bestimmt ist« [210 oben]). Die *Form* einer Vorstellung *allein* (also: die spontanen Subjektanteile der Vorstellung, die auch mehreren Vorstellungen gemeinsam sein können) reicht also nicht hin zur Individuierung eines Gegenstandes: »So unterscheidet sich die Vorstellung eines Hauses von der Vorstellung eines Baumes nur durch den in beyden verschiedenen Stoff, der durch die verschiedenen Objekte bestimmt ist« (183).

Ich denke, dass Reinhold eine nicht ganz durchsichtige Doppelaspekt-Theorie von Ding an sich und Gegenstand vorgeschwebt hat. Eingangs gibt er eine Klassifizierung der verschiedenen Objekt-Typen, zu denen auch das Ding an sich gehört (vgl. 171). Dann präzisiert er beiläufig, dass es sich um »[e]ben dasselbe Ding« handelt (185), also um eine numerisch einige Entität, die sich unter verschiedenen Titeln ausdifferenziert (als Objekt überhaupt, Gegenstand oder Ding, Vorgestelltes und Ding an sich):

> Ebenderselbe Gegenstand kann und muß also zwar zugleich Ding an sich und Vorstellbar seyn: aber in ganz entgegengesetzten Rücksichten: Er ist Ding an sich, in wieferne er nicht vorstellbar; und vorstellbar, in wieferne er nicht Ding an sich ist (186).

Danach gibt es eine und dieselbe Welt, die an sich existiert und mir erscheint. Worin unterscheiden sie sich wesentlich? Darin, dass die Menge der Vorstellungen, durch die mir die Wirklichkeit vermittelt wird, mich noch nicht zu Urteilen über ihre Objektivität berechtigt. In Objektivitätsbehauptungen gehen, wie Kants Deduktion der Kategorien sich zu zeigen bemüht hat, Wahrheitsansprüche ein, die teilweise erfahrungsunabhängig sind. Kant folgt darin seinem Vorbild Rousseau, der in der *Profession du vicaire savoyard* gesagt hatte, wir seien passiv als Sinnenwesen, aber aktiv in der Verknüpfung der Sinnesdaten. Diese Verknüpfung geschehe in Urteilsform; und Wahrheit sei eine Eigenschaft nicht von Gegenständen, sondern von Urteilen (Rousseau 1969, 571 f.; darüber gleich mehr, wenn wir auf Kants Deduktion der Kategorien schauen, die nichts anderes sind als auf Prädikatformat zusammengedrängte Urteilsformen).

Hier ist zunächst nur die Frage, wie ein Ding an sich in einen Vorstellungsgehalt (in ein *Repräsentat* des Dings an sich) übergehen kann; und darüber verrät uns Reinhold herzlich wenig. Aber er ersetzt ein Argument hierfür durch wiederholten Appell an die Evidenz, dass wir (als Transzendentalsubjekte) uns definitiv wissen als Nicht-Urheber des Stoffes als Stoff, der da von einem vorstellungsunabhängigen Jenseits ›gegeben‹ wird. Dieses außerformale *extra nos* macht die Aposteriorität des empirischen Stoffs so ›unentbehrlich‹ für eine Transzendentalphilosophie, die nicht Idealismus sein will.

In der Tat, dass die Lilie am Teich gelb und nicht blau ist, dass sie so und so groß, so und so geformt ist, so und so duftet usw., wissen wir nicht aus Begriffen, sondern allein aus der Wahrnehmung, durch die ein aposteriorisches – ein *a priori* gar nicht antizipierbares – Element ins Spiel kommt. Die Formen von Raum und Zeit, die nur einen leeren Wahrnehmungsrahmen abstecken, oder die Kategorien, die nur Prädikate von Gegenständen überhaupt sind, tragen uns nie bis zur Individuierung eines Einzelgegenstandes.

So viel zur Verteidigung von Kants unbeirrtem Festhalten an der Idee, es gebe eine von unseren Theorien unabhängige Wirklichkeit an sich, an die unsere Vorstellungen sich anzupassen haben. – Aber freilich: Ganz *will* Kant den Idealismus gar nicht abweisen. Seine eigene Position erklärt sich vielmehr als eine Varietät desselben: als ›transzendentalen Idealismus‹. Den Ausdruck ›transzendental‹ will Kant so verstanden wissen: was sich nicht geradehin auf Dinge bezieht, sondern auf die Art, wie sie uns epistemisch zugänglich werden, *sofern,* fügt er hinzu, in diese Gegenstandskonstitution apriorische Elemente einfließen (*KrV* B 25). ›*A priori*‹ heißen sie darum, weil sie aller Empirie vorausgehen und auch im Voraus schon bekannt sind. Eines davon kennen wir bereits: die Formen der Anschauungen. Das zweite bilden die Kategorien oder reinen Verstandesbegriffe. Sie geben den sinnlichen Gegebenheiten, die wir von außen empfangen, eine begriffliche Deutung, zu der diese Gegebenheiten von sich her nicht imstande wären. Durch diese Verstandeszutat verwandeln sich ungegliederte Anschauungsmassen (Kant sagt: ›das Mannigfaltige der Sinne‹) in Objekte. Objekte sind, anders als reine Sinnesgegebenheiten, in sich einig. Darum wäre es falsch, Objekte (Kant denkt hier nur an natürliche Gegenstände) für das Ergebnis der Sinneserfahrung zu halten, wie das – etwas vereinfacht gesagt – einige britische Empiristen getan hatten. Objekte sind vielmehr konstituiert. Und dieser wichtige Ausdruck (›konstituiert‹) will sagen: nicht von unserem Verstande hervorgebracht (das wäre Idealismus), sondern aus apriorischen Begriffsressourcen *gedeutet.* So kann Kant die Kategorien, die für die transzendentale Idealität der Objekte aufkommen, auch als ›Prädikate beziehungsweise Begriffe von Gegenständen überhaupt‹ bezeichnen ([*KrV* B 128 unten; vgl. A 69, B 113, A 117, A 156, B 128; vgl. *AA* XVIII, 614, *Refl.* 4629] – wobei das ›überhaupt‹ nur sagen will, dass Kategorien lediglich für die *Objektivität* der Gegenstände verantwortlich sind, nicht für ihr existentielles Bestehen oder dafür, dass wir es hier mit einer Eidechse, dort mit einem Stuhl und wieder anderswo mit einem Asteroiden zu tun haben).

Damit hat Kant unser Wissen über die Welt *zum Teil* abhängig gemacht von apriorischen Strukturen der Subjektivität – aber nur zum Teil: Dass wir dort ein Glas, hier einen Rechner, hüben eine Platane und drüben ein blendendes Licht gewahren, das alles wissen wir – nach Kant – durch die Welt, nicht aus uns selbst. Aber dass Objekte vier wesentliche Eigenschaften haben, gedacht in Form der Kategorien, das wissen wir tatsächlich aus uns selbst, also allem sinnlichen Input zuvor. Kant hat von einer durch die Exploration der transzendentalen Ermöglichungsbedingungen von Erkenntnis durchgesetzten ›kopernikanischen Wende‹ in der Philosophie gesprochen (*KrV* B XVI f.) – und damit einer fatal erfolgreichen, aber einseitigen Rezeption seines Grundgedankens Vorschub geleistet. Die Analogie zu Kopernikus springt in die Augen: Nicht dreht sich die Sonne um die Erde (wie es der Augenschein suggeriert und wie es Menschen von der Steinzeit bis ins Mittelalter und noch heute auf dem Dorf glaub[t]en), sondern umgekehrt dreht sich die Erde um die Sonne. In unseren bewusstseinsphilosophischen Kontext übersetzt: Nicht dreht sich unser Denken um die Gegenständlichkeit, sondern diese rückt an die Peripherie und macht dem Denken als dem Zentrum Platz. Heinrich Heine drückt das in seiner *Geschichte der Religion und Philosophie in Deutschland*, eng angelehnt ans Kants Wortlaut, aber doch launiger, so aus:

Die bisherige Philosophie, die schnüffelnd an den Dingen herumlief, und sich Merkmale derselben einsammelte und sie klassifizierte, hörte auf, als Kant erschien, und dieser lenkte die Forschung zurück in den menschlichen Geist und untersuchte, was der kund gab. Nicht zu Unrecht vergleicht er daher seine Philosophie mit dem Verfahren des Kopernikus. Früher, als man die Welt stillstehen und die Sonne um dieselbe herumwandeln ließ, wollten die Himmelsberechnungen nicht sonderlich übereinstimmen; da ließ Kopernikus die Sonne still stehen und die Erde um sie herum wandeln, und siehe! Alles ging nun vortrefflich. Früher lief die Vernunft, gleich der Sonne, um die Erscheinungswelt herum und suchte sie zu beleuchten; Kant aber läßt die Vernunft, die Sonne, stillstehen, und die Erscheinungswelt dreht sich um sie herum und wird beleuchtet, je nachdem sie in den Bereich dieser Sonne kömmt (Heine 1997 III, 600).

Der Vergleich der kantischen Transzendentalphilosophie mit der kopernikanischen Wende ist aber konstruktivistisch-idealistisch missbraucht worden. Diejenigen, die sie als Kants eigentliche Leistung herausgestellt haben, haben den systematischen Ort der ›transzendentalen Deduktion‹ nicht richtig eingeschätzt. Sie haben auch übersehen, dass Kant in den Gedanken des Objekts nicht allein Leistungen der Subjektivität einfließen ließ. Zur Objektivität gehört *wesentlich* ein untilgbarer »Erdenrest, zu tragen peinlich«: die Mitgift der Dinge an sich (sprich: der geistunabhängig *existierenden* Welt), die – wie wir sahen – die Hauptverantwortung dafür trägt, dass die reine Vernunft bei Kant unter den Hieben der transzendentalen Kritik fällt, und nicht etwa fröhliche Urständ feiert.

Gleichwohl: Mit der These von der Sinnesdatenunabhängigkeit der Objektivität haben wir einen verschlungenen Begriffsknoten gezurrt, den wir erst einmal aufzulösen haben: keine bequeme Aufgabe. Beginnen wir mit Kants These, Objekte seien nicht (allein) das Werk der Sinnesempfindungen, wie die Empiristen annahmen. Tatsächlich unterliegen Objekte Konstanzbedingungen, die für Sinnesempfindungen nicht gelten. Die Letzteren sind vielmehr, wie Hume gesagt hatte, »distinct existences«; sie kehren nicht zweimal identisch wieder. Objekte aber haben eine Identität über die Zeit hinweg, sie stehen in kausaler Interaktion miteinander, sie kommen entweder einzeln oder im Plural vor usw. Eine vergangene Empfindung kann ich nicht wiederfinden (höchstens erinnern, aber dann musste ich sie schon als Typ vergegenständlicht haben), aber meinen verlorenen Schlüsselbund wohl. Und das, erklärt Kant, ist die Zutat unseres Verstandes, der dem sinnlich Aufgenommenen seine ›Stammbegriffe‹ einprägt. Man muss sich die Arbeit des Verstandes aber nicht idealistisch als Schöpfung oder Hervorbringung aus nichts vorstellen; denn die Kategorien greifen ja nur, wenn ihnen etwas gegeben wird, und zwar aus einer außerverständigen Quelle, eben der Sinnlichkeit. Und hinter der sieht der ontologische Realist Kant eine robuste Wirklichkeit auftauchen, die von den Gehalten unserer Erkenntnis nur repräsentiert oder, wie Kant sagt, zur Erscheinung gebracht wird. Wir können aber über diese hintergründige Welt der Dinge an sich nichts sagen, da wir *nur* mit Erscheinungen bekannt sind. Man könnte sagen, die Dinge an sich bilden die erkenntnisabgewandte und die Erscheinungen die erkenntniszugewandte Seite derselben Welt. Und genauso will es Kant verstanden wissen. Er sagt: Wer Erscheinungen zugibt, gibt auch ein darin Erscheinendes zu, das selbst keine Erscheinung ist. Es ist das Ding an sich. Die Wendung von ›Dingen an sich‹ ist eigentlich eine abgekürzte Redeweise, deren vollständige Version heißt: ›die Dinge, an sich selbst betrachtet‹. Man kann die Dinge demgegenüber auch so betrachten, wie sie *für uns* sind, also: wie sie erscheinen. Dann sind Dinge an sich und Erscheinungen nur zwei Aspekte ein und derselben Entität. (Darüber hatten wir schon weiter oben nachgedacht.)

In unser Begriffsknäuel lag noch der Gedanke verwickelt, dass die Sinnlichkeit sich von sich selbst her als mannigfaltig oder unverbunden präsentiert. Das war der Grund, warum zum Beispiel Hume, der unsere Weltkenntnis lediglich aus Sinnesempfindungen aufbauen wollte (ohne Zutat eines unabhängigen Verstandes), die Einheit und Konstanz der Gegenstände nicht erklären konnte (oder kurzerhand für das Werk der Einbildungskraft, also für imaginär erklärte). So nicht Kant, der hierin Rousseau folgt: Ist die Einheit aus der Mannigfaltigkeit und Sukzession der Empfindungen unerklärlich, so muss sie aus dem anderen Erkenntnisstamm, dem Verstand, erklärt werden – ein Drittes gibt es ja nicht. Und so tut es Kant. Der Verstand hat ihm zufolge ein Prinzip, das er für das

»höchste im ganzen menschlichen Erkenntnis« erklärt: das Selbstbewusstsein, das er – mit Leibniz – auch Apperzeption nennt.

(Ich öffne eine Klammer: Warum ›Apperzeption‹? Weil es für selbstbewusste Wesen, wie wir es sind, charakteristisch ist, dass sie nicht lediglich Perzeptionen – Kant sagt: Vorstellungen – haben, sondern dass sie ihr Vorstellen jederzeit auf den Gedanken beziehen können, dass *sie* es sind, die diese Vorstellungen haben. Sie perzipieren also nicht nur, sondern sie ad-perzipieren noch zusätzlich ihr Vorstellen. Sie kennen Kants berühmte Formulierung: »Das Ich denke muss alle meine Vorstellungen begleiten können« [*KrV* B 131 f.].)

Um auf den entscheidenden Punkt zu kommen: Kant denkt, es sei die Einheit des Selbstbewusstseins, die sich in ihrer Anwendung dem sinnlich Mannigfaltigen mitteilt und es so ›vereinigt‹. Das tut das Ich aber nicht undifferenziert und pauschal, sondern vermittels der Kategorien, die die Einheit des Selbstbewusstseins gleichsam prismatisch in kleinere Einheiten zerlegen. Diese Einheiten kann man auch als Regeln des geordneten Übergangs von einer Vorstellung zur anderen charakterisieren. Sie erben damit die Fähigkeit ihres Urhebers, des Ich, sich im Übergang zwischen seinen Vorstellungen identisch zu erhalten. Ist das Ich Prinzip des Verstandes und dieser das Vermögen zu urteilen, so lässt sich die Ich-Einheit in der Bindekraft des kopulativen ›ist‹ aufweisen. Es ist eine Art Leibniz'scher Ausstrahlung (*fulguration*) des Ich ins Urteil. Noch ein kühner Gedanke leuchtet auf: Das veritative ›ist‹ des Urteils ist nur ein Abglanz der cartesianischen Gewissheit des Selbstbewusstseins. Nur so kann das Ich sich zum Garanten der urteilsvermittelten Wahrheit seiner objektiv gültigen Vorstellungen machen (dazu Henrich 1988).

Kant hat noch ein weiteres Argument gegen die empiristische Erklärung unserer Objekt-Vorstellungen aus Sinnesdaten. Empfindungen sind zufällig miteinander verbunden, Objekte stehen aber in kausaler Interaktion miteinander. Und Kausalität nennen wir nicht zufällige, sondern *notwendige* Verknüpfungen zwischen Zuständen eines oder mehrerer Objekte. Überhaupt nennen wir nur das ein Objekt, dessen Elemente nach notwendigen Regeln verknüpft sind und nicht bloß, wie Hume glaubte, nach einer kontingenten Abfolge, an deren Regel wir uns am Ende gewöhnen. Dagegen meint Kant, dass aus der Erfahrung genommene, selbst häufig in ähnlicher Abfolge sich wiederholende Erscheinungen die Notwendigkeit dieser Abfolge (als eines Gesetzes) und dessen Allgemeinheit nicht erklären können. Notwendig heißt (nach Kant): dessen Gegenteil schlechterdings unmöglich ist (wie etwa, dass p zugleich -p sein könne). Der Gegensatz von ›notwendig‹ ist ›kontingent‹ (deutsch: ›zufällig‹). Zufällig heißt dann entsprechend, was ohne Widerspruch im Gedanken auch anders, ja entgegengesetzt sein könnte. Nach dieser Begrifflichkeit ist klar, dass von Erfahrungstatsachen Notwendigkeit nicht ausgesagt werden kann. Sie könnten prinzipiell anders sein, als sie sind. »Denn, wenn zum Beispiel bisher auf der Erde eine stete Abwechslung von Tag und Nacht gewesen, so ist doch nicht einzusehen, daß dieß nicht einmal auch sich verändern und jener Wechsel aufhören könne« (*SW* I/6, 75). Kant illustriert die Kontingenz der empirischen Natur in der *KU* am Beispiel der Höhlung im Knochenbau der Vögel. Die Natur, sagt er, hätte dies Instrument zur Verringerung des Körpergewichts und zur Erleichterung des Fluges auch »auf tausendfache Art [...] anders bilden können« (§ 61, B 269) – im Unterschied zu den Strukturen der Objektivität, die notwendig so sind, wie sie sind (nämlich nach vier denknotwendigen Kategorien eingerichtet: Es gibt aber keine den Kategorien vergleichbaren apriorischen Begriffe, die uns darüber belehren, wie die empirische Natur in der Vielfalt ihrer Gesetze und Erscheinungsformen sein *müsse*). Auch die *Allgemeinheit* einiger unserer Einsichten ist – wenn überhaupt – nur *a priori* zu begründen. Denn Sätze der Erfahrung werden induktiv bewiesen,

> d. h. es wird gezeigt, daß unter denselben Umständen, solange man noch sie beobachtet habe, immer dasselbe erfolgt sey. Aber dieß ist durchaus keine wahre und strenge, sondern nur angenommene und nur vergleichungsweise geltende Allgemeinheit. Denn daraus, daß etwas jederzeit bisher beobachtet worden ist, folgt nicht, daß es auch künftig so ohne Ausnahme erfolgen werde« (*SW* I/6, 75).

Damit haben wir Kants Grundgedanken, auf dessen Artikulation wir von Anfang an hinblickten, aber immer noch nicht vollständig gefasst. Wir wissen jetzt, dass und warum Kant einen intrinsischen Zusammenhang von Objektivität und selbstbewusster Einheit annimmt. Wir wissen auch, dass dieser nicht direkt greift, sondern den Umweg über die Kategorien nimmt. Und hier kommt ein drittes Erklärungs-Element ins Spiel: die Wahrheit. Sie ist, wie Kant mit Aristoteles (und – wie wir sahen – mit Rousseau) sagt, ein Charakter nicht von Gegenständen, auch nicht von gegenstandsbezogenen Vorstellungen, sondern von Gedanken (»das Wahre [tò aläthés] und das Falsche [tò pseûdos]«, hatte Aristoteles gesagt, »ist nicht in den Dingen, oú gar éstin en toîs prágmasin, all' en dianoía« [*Met.* E 4, 1027 b 25 ff.]). Gedanken haben die Struktur von prädikativen Urteilen: Sie sagen etwas (eine Eigenschaft, sprachlich vertreten durch ein Prädikat) von etwas (einem Objekt, vertreten durch ein grammatisches Subjekt): *tì katà tinós.* Nur Urteile können wahr oder falsch sein. Und so kam Kant auf den Gedanken, die Kategorien aus den Grundformen unserer Urteile abzuleiten (zu ›deduzieren‹, wie er sagt).

Aber, werden Sie sagen, was hat Urteilswahrheit mit selbstbewusster Einheit und Objektivität unserer Vorstellungen zu tun? Diese Frage beantwortet Kant in der berüchtigt dunklen »transzendentalen Deduktion der Kategorien«, dem argumentativen Herz- und Kernstück der *KrV* (vgl. Henrich 1976).

Ich möchte zunächst die geniale Intuition vorstellen, die Kant bei seiner Deduktion leitete. Sie begrifflich auszubuchstabieren ist ein hartes Stück Gedankenarbeit – ungeeignet für eine Ringvorlesung. Kant denkt, der Ausdruck ›objektiv‹ oder ›Objekt‹ enthalte einen verdeckten Geltungsanspruch. Und diesen Geltungsanspruch versteht Kant als Wahrheit. Wenn wir nämlich etwas Anschauliches ein Objekt nennen, dann meinen wir: dass wir uns das nicht nur einbilden oder dass diese Vorstellung nicht bloß subjektiv, sondern veridisch ist, eben objektiv (*KrV* B 141 f.): Sie repräsentiert ein reales Objekt in Raum und Zeit. Objekte entspringen nicht aus den Sinnen, sondern werden durch Gedanken konstituiert.

Nun ist Denken Urteilen; und »Urteilen« heißt die Funktion, durch welche eine Mannigfaltigkeit verschiedener Vorstellungen zu einer einzigen vereinigt wird. Dieselbe Funktion, sagt Kant, die eine Vielfalt von Vorstellungen im Urteil in eine einzige zusammenbindet (die Urteilsfunktion), ebendie konstituiert auch in Anwendung aufs Mannigfaltige des sinnlich Gegebenen die synthetische Einheit eines Objekts – und heißt alsdann ›Kategorie‹(A 79 = B 104 f.). Ist das der Fall, so muss man annehmen, dass nichts vom grammatischen Subjekt eines empirischen Urteils repräsentiert sein könnte, wenn nicht dessen Begriff mindestens zwei voneinander unterschiedene Inhalte oder Aspekte aufwiese. So zeigt sich die Verschiedenheit der im Subjekt-Terminus des Urteils vereinigten Qualitäten als notwendige Bedingung der Möglichkeit, dass ihm eine Vielfalt distinkter Prädikate beigelegt werden können; andernfalls würde das über ihn gefällte Urteil den in der Stellung des Subjekt-Terminus bezeichneten Inhalt lediglich (tautologisch) wiederholen. Kant war überzeugt, dass die synthetische Verfasstheit ein *definiens* des Urteilens sei, weil nur ein Urteil, das ein vielfältig charakterisierbares/prädizierbares Subjekt enthält, dem Kriterium der Verifizierbarkeit beziehungsweise – ihr entsprechend – der Negierbarkeit genügt. Ein nicht verifizierbares Urteil könnte sich auf kein Objekt beziehen (denn »in den Sinnen ist ja weder Wahrheit noch Irrthum, weil sie garnicht Urteilen« [*Refl.* Nr. 5642 in *AA* XXVIII, 281]). Demnach muss auch das Bewusstsein, das von einem Objekt existiert, als ein solches gedacht werden, das von der synthetischen Verknüpfung verschiedener Vorstellungen besteht. Kurz: ›Objekt‹ darf nur ein solcher Vortellungsverbund heißen, über den eine Reihe wahrer Urteile (Prädizierungen) gefällt werden kann. Die Blume dort ist nur dann ein Objekt, wenn von ihr einer Reihe möglicher Urteile wahr sind: ist rot, dornig, gehörig zur Familie *Rosaceae* usw. Das ist der Zusammenhang zwischen Objektivität von Einzeldingen und Wahrheit von Aussagesätzen (›Urteilen‹), wie ihn Kant entdeckt hat.

Er lässt sich auch ohne Rekurs auf die Urteilsstruktur an der Struktur von Objekten aufweisen: Sie sind notwendig komplex, das heißt verbunden durch eine Synthesis. Hätte ein Objekt nur *eine* Eigenschaft, so wäre deren Negation gleich auch die Vernichtung des Gegenstandes selbst. Maimon fügt 1789 hinzu: Von solch einem einsilbigen Objekt könnte ich nicht einmal ein Bewusstsein haben: »Hätte ich beständig die Vorstellung roth zum Beispiel ohne eine andere Vorstellung zu haben, so könnte ich niemals zum Bewußtseyn derselben gelangen« (Maimon 1965, 132). Es muss grundsätzlich möglich sein, von einem Objekt vielerlei auszusagen, so dass es die Absprechung einer Qualität überlebt. Andernfalls gäbe es keine Objekte, sondern nur Eigenschaftskolonien: die Auffassung der Leibniz-Schule.

Auf die Grundeinsicht seiner transzendentalen Deduktion ist Kant nicht von selbst gekommen. Er verdankt sie – wie wir vorweggenommen haben – dem *Savoyardischen Vikar* von Rousseau (zu

Beginn des IV. Buchs des *Emile* [Rousseau 1969, 570 ff.]). Vielleicht dachte Kant auch an dieses Stück, als er schrieb: »Rousseau hat mich zurecht gebracht« (*AA* XX, 44; dazu Brandt 2001). Der Grundgedanke des Vikars lässt sich so skizzieren: Während ich mich passiv fühle als sinnliches Wesen, fühle ich mich aktiv, sowie ich denke. Denken ist Urteilen. Im Urteilen werden verschiedene Vorstellungen nach wechselnden Gesichtspunkten (von Prädikaten repräsentiert) in eine Einheit zusammengegriffen, und diese Einheit wird zuerkannt durch das veritative ›ist‹, das allen Aussagen gemein ist. Wer das ›ist‹ im Blick auf Vorstellungen sinnvoll anwendet, bindet sie unter einem ihnen gemeinschaftlichen Merkmal zusammen: ihrem Begriff, der ihr Gemeinsames festhält. Kommt der Begriff einem Seienden zu – das heißt ist das Urteil über den zugrunde liegenden Sachverhalt wahr –, so ist dieses Seiende als Objekt konstituiert. Seine Objektivität besteht (und bewährt sich) darin, dass es jederzeit in eine Menge wahrer Urteile übersetzt werden kann. Objektivität von Einzeldingen ist also eine Funktion der Wahrheit von Urteilen. An ihrem Ursprung steht die Identität des Ich, die sich im ›ist‹ des Urteils ins Werk setzt (vgl. *KrV* B 141 f.).

Auf diese Weise – Kant hat sie nur unvergleichlich gründlicher ausgeführt – besteht ein unauflöslicher Zusammenhang zwischen Ich-Identität, Wahrheit (als einer Eigenschaft von Aussagen) und Objektivität (als einer Eigenschaft von Vorstellungen). Diesen Zusammenhang in gebührender Präzision als zwingend aufgewiesen zu haben, war der einzige Ehrgeiz von Kants ›transzendentaler Deduktion der Kategorien‹. Das Prinzip dieser Deduktion, das Ich selbst, war ihm nur wegen seiner – freilich unentbehrlichen – Prinzipien-Natur wichtig, anders gesagt: wegen der Konsequenzen, die aus ihm für eine Explikation des Grundes von Objektivität fließen. Es scheint zu Kants größten Überraschungen gehört zu haben, dass er sehen musste, wie seine Schüler sich vor allem mit der Struktur dieses Ichs auseinandersetzten und nachzuweisen bemüht waren, dass Kants Philosophie an ihrer Beschreibung scheitert.

Darüber möchte ich im folgenden Text sprechen.

7. Kant über Selbstbewusstsein

›*Selbstbewusstsein*‹ steht als Name für ein philosophisches Problem, das seine Bedeutung nicht unter Beweis zu stellen hat. Nach Vorläuferschaften in der Stoa oder bei Augustin hat René Descartes der Tatsache, dass ich mir meiner bewusst bin, eine sowohl erkenntnistheoretische als auch ontologische Sonderstellung eingeräumt. Er glaubte, der Satz *ego cogito* drücke eine unerschütterliche, eine im Wortsinne grundlegende Wahrheit aus, auf die sich alle weiteren Wissensansprüche gründen lassen. In dieser Intuition sind ihm Leibniz, Wolff, Kant, Reinhold, Fichte und – auf jeweils verschiedene Weise – noch die Neukantianer und Phänomenologen gefolgt. Selbst in unseren Tagen werden allerlei Argumente für eine Sonderstellung des Selbstbewusstseins im Bereich der epistemischen Tatsachen angeführt. Freilich gehen nur wenige Denker noch davon aus, dass Selbstbewusstsein zur Wissensbegründung geeignet sei. Einer von ihnen war Roderick Chisholm (1981, 75 ff.). Ein anderer, Sydney Shoemaker, glaubt, dass ein nicht unmittelbar selbstbewusstes Wesen (er nennt es ›selbstblind‹) keinen Zugang zur Sphäre des Rationalen hätte. Es würde sich seelische Zustände zuschreiben, ohne mit den Wahrheitsbedingungen dafür vertraut zu sein (Shoemaker 1996, 25 ff., hier: 31). Tyler Burge folgt ihm weitgehend: Ein nicht selbstbewusstes Wesen würde die motivierende Kraft von Vernunftgründen nicht ›unmittelbar‹ auf sich selbst anwenden können (Burge 1998). Und vor einiger Zeit hat Laurence BonJour den Fundamentalismus mit dem Argument verteidigt, es sei sehr wohl möglich, zwischen selbstbewussten Zuständen und satzförmigen Überzeugungen logische Abhängigkeitsverhältnisse anzunehmen, wenn man nämlich diese Zustände für Protoüberzeugungen hält, die zu reflexiv ausbuchstabierten Propositionen in einem konstitutiven Verhältnis stehen (BonJour 1999, 130 ff.; 2001, 24 ff.). Im Grunde überlebt in solchen Begründungsversuchen der Keimgedanke von Kants ›transzendentaler Deduktion‹ (siehe im vorliegenden Band Text 6); denn die Rechtfertigung der Anwendung der Kategorien auf jederlei sinnlichen Input lässt sich sehr gut auch als Begründung von Rationalität aus dem Selbstbewusstsein charakterisieren. Freilich, selbst wenn wir solch kühne Begründungshoffnungen aufgeben, bleibt Selbstbewusstsein ein Gegenstand von erstklassiger Bedeutung. Schließlich bildet die Vertrautheit, in der wir uns zu uns selbst halten, unsere allerintimste Form von Selbstversicherung. Die Mystiker sprachen vom ›Seelenfünklein‹ (der *scintilla animae*).

Aber auch Anti-Cartesianer wie David Hume haben zugeben müssen, mit dem Selbstbewusstsein Probleme ganz besonderer Art zu haben. Ihn hinderte die empiristische Prämisse (wonach nur isolierte Sinneserfahrungen und die Reflexion darauf als Erkenntnisquellen zugelassen sind) daran, ein über die Zeit hinweg mit sich identisches Selbstbewusstsein anzuerkennen. Gleichwohl musste er im »Appendix« zu seinem Hauptwerk einräumen, dieses eine Mal nicht nur unsicher, sondern geradezu ratlos zu sein: Denn die Konnexität der »bundles of perception« verlangt, wenn Einheit kein Charakter der Sinneseindrücke sei, nach einem alternativen Vereinigungsprinzip. Aber ein solches musste er aus Konsequenz gegenüber der empiristischen Maxime abweisen. »All my hopes vanish«, bekannte er,

> when I come / to explain the principles, that unite successive perceptions in our thought or consciousness. I cannot discover any theory, which gives me satisfaction on this head.
>
> In short there are two principles, which I cannot render consistent nor is it in my power to renounce either of them, viz. *that all our distinct perceptions are distinct existences,* and *that the mind never perceives any real connexion among distinct existences* [...].
>
> For my part, I must plead the privilege of a sceptic, and confess, that this difficulty is too hard for my understanding. I pretend not, however, to pronounce it absolutely unsuperable. Others perhaps, or myself, upon more mature reflexion, may discover some hypothesis, that will reconcile those contradictions (Hume 1888, 635 f.).

Diese Leistung verdanken wir Kant. Wie Descartes und Leibniz nahm er die Kenntnis, die bewusste Wesen nicht nur von ihren mentalen Zuständen, sondern auch von deren Zusammenhang in der Einheit bewussten Lebens besitzen, für ein Deduktionsprinzip aller wahren Überzeugungen – Kant sagt: ›Urteile‹ –, aus deren Anwendung auf die Sinneserfahrungen er wiederum den Gedanken möglicher Objektivität abzuleiten unternahm. (Das war das Thema des vorangehenden Textes.) Wie Descartes war Kant mit der Begründungsfunktion, die er dem Ich in seiner Philosophie zudachte, so ausgelastet, dass er sich der Struktur dieses Prinzips selbst nie wirklich zugewandt hat. Wie wir sahen, war seine Überraschung nicht gering, als er erleben musste, dass dies ein Hauptaugenmerk seiner Schüler und Nachfolger werden sollte (schon Reinhold, Diez und Maimon, erst recht Fichte sowie Hölderlin und Novalis).

Wie wir sahen, hat Kant das reine Selbstbewussein den »höchsten Punkt« der (theoretischen) Philosophie genannt: An ihm hafte »aller Verstandesgebrauch, selbst die ganze Logik, und nach ihr, die Transzendental-Philosophie« (*KrV* B 134, Anm.). Wenig später präsentiert Kant ihn abermals, diesmal in traditioneller (an Leibniz angelehnter) Formulierung als »Einheit der Apperzeption [...], welcher Grundsatz der oberste im ganzen menschlichen Erkenntnis ist« (ebd., 135).

Mit dem ungebrochenen Glauben an die Eignung des Bewusstseins, welches denkende Wesen von sich selbst besitzen, zum obersten Grundsatz der Philosophie ist Kant – wie gesagt – keineswegs originell gewesen. Seine Originalität ist auch gar nicht hier zu suchen, sondern in der Funktion, die er dem Grundsatz des Selbstbewusstseins im Hinblick auf die Erklärung der Objektivität unserer Vorstellungen zugedacht hat. Spekulationen über die Natur des Selbst waren ihm keineswegs Selbstzweck (wie sie es, in gewisser Weise, für Fichte und die Frühromantiker sein würden). Ihm ging es darum, weittragende Schlüsse zu ziehen aus einer bestimmten Eigenschaft des mit sich in cartesianischer Evidenz vertrauten ›Ich denke‹, nämlich seiner *Identität*. Identität ist wohl unterschieden von analytischer Einheit (vgl. *KrV* B 133 f.). Mit dem letzteren Ausdruck ist jene Eigenschaft des Ichs bezeichnet, die als gemeinschaftliches Merkmal an allen vom Ich begleiteten Vorstellungen haftet (nämlich insgesamt darin übereinzukommen, vom Gedanken des *einen* und ständigen ›Ich denke‹ begleitet werden zu können). Mit ›Identität‹ (Kant sagt auch: ›synthetischer Einheit‹) ist dagegen jene andere Eigenschaft des Ichs gemeint, kraft deren es sich nicht nur, wie im obigen Falle, gleichsam transversal auf alle Vorstellungen beziehen lässt, sondern diese Vorstellungen auch horizontal untereinander verkettet (Henrich 1976; 1988). Dazu bedarf es einer endlichen Menge von Übergangsregeln zwischen den einzelnen Vorstellungen, die Kant Kategorien nannte. Wie wir sahen (im vorliegenden Band Text 6), sind Kategorien Prädikate von einer so weiten Extension, dass etwas nicht zugleich Objekt sein und nicht durch Kategorien bestimmt sein könnte; anders gesagt: Kategorien sind notwenige Prädikate von Gegenständen überhaupt. So bilden sie gleichsam, Anschauungskomplexionen zugesprochen, kondensierte Urteile, und es wird ihrer eben soviele geben, wie es Formen von Urteilen gibt.

Das wissen wir schon. Wir kennen auch *grosso modo* die Beweisstrategie der ›transzendentalen Deduktion‹. Da Kant das Selbstbewusstsein als deren Prinzip angibt, konnte ihm nicht gleichgültig sein zu sehen, dass einige der Klügsten unter seinen Nachfolgern ihm den Vorwurf machten, keine einsichtige Beschreibung der Struktur von Selbstbewusstsein geliefert zu haben, ja an diesem Problem geradezu gescheitert zu sein. Vor allem Fichte hat 1797 diesen Einwand in herber Wortwahl erhoben.

Wäre er begründet, so wäre er ernst. Sollte die Einsichtigkeit von Kants ›oberstem Grundsatz‹ in Frage stehen, würde sofort auch die – von den Kantianern nie in Frage gestellte – transzendentale Deduktion um ihre Beweiskraft gebracht sein. Der Vorwurf lautet in der Tat wie folgt: Völlig absorbiert von der Aufgabe einer Deduktion der Kategorien (als gültig für *alle* Anschauungen), hat Kant die Einsichtigkeit seines höchsten Prinzips vernachlässigt; ja er muss ihm geradezu die Erkennbarkeit absprechen.

Erkennbar sind in der Tat – nach Kants eigener Anweisung für den Wortgebrauch von ›Erkenntnis‹ – nur Objekte. Objektivität ist das Ergebnis eines Eingreifens der Einheit des Selbst in die chaotische Mannigfaltigkeit dessen, was uns die Sinne liefern. Dieser Eingriff erfolgt vermittels der Kategorien, die mich nach Maßgabe von *a priori* einleuchtenden Regeln von einer Vorstellung zur anderen übergehen heißen, so dass alles Repräsentable sich zur Einheit einer kontinuierlichen Weltansicht fügt. Eine durch die Kategorien bestimmte Anschauungsmannigfaltigkeit ist ebendas, was Kant ›Erkenntnis‹ nennt. Nun springt in die Augen, dass das Prinzip, in dessen Namen jene Bestimmung erfolgt, nämlich das reine Selbstbewusstsein, seiner Nichtsinnlichkeit halber nicht Gegenstand einer Erkenntnis werden könnte. Kant nennt es, nicht ohne Verlegenheit, eine »*intellektuelle* Vorstellung der Selbsttätigkeit eines denkenden Subjekts« (*KrV* B 278). Andererseits kann nur dasjenige auf den Titel eines Objekts – das heißt eines gesicherten Wissensbestandes – Anspruch erheben, das erkennbar ist. Tatsächlich spricht Kant ja von der *objektiven* Einheit des Ichs (zum Beispiel B 139 f.). Da er gleichzeitig die Möglichkeit einer ›intellektuellen Anschauung‹

leugnet – das wäre eine Verstandes-Synthesis, durch welche der Anschauungsinhalt nicht nur vereinigt, sondern auch materiell hervorgebracht würde (von der Art eines göttlichen Verstandes: *KU* 76, Anm., § 77) –, fragt es sich, wie alsdann dem Selbstbewusstsein der Status eines objektiv Seienden zukommen könnte.

In anderen Worten: Insofern allein die Erkenntnis mir objektives Wissen liefert, kann es keine Erkenntnis vom (reinen) Ich geben. Aber kaum ist dieser Schluss anerkannt, sieht man ein, dass er desaströse Konsequenzen hat für die Einsichtigkeit jenes höchsten Punktes der theoretischen Philosophie.

Nun unterscheidet Kant streng zwischen dem *Sein* des Selbstbewusstseins und seinem *Sich-Erscheinen* in der Zeit. Letzteres sei nur als ein empirisches Faktum (mithin als Gegenstand einer Erkenntnis) denkbar. Dagegen bleibe das Erstere, das nackte Sein des Selbsts, als Ermöglichungsbedingung seines Sich-Erscheinens bloße Voraussetzung (*KrV* A 402). Das solcherart Vorausgesetzte ist ein Seiendes ohne alle Eigenschaft und Qualität (B 404, A 355); von ihm weiß ich lediglich ›*daß* es ist‹, nie: ›*was* es ist‹ oder ›wie es sich erscheint‹ (B 155-157). Ich gewahre an ihm nur den *actus purus* seines nackten Daseins (vgl. Anm. B 157 f.). Da jedes Erscheinen des Ichs sein Sein zur Voraussetzung hat, könnte man hinsichtlich seiner (unter Benutzung einer berühmten Formulierung Sartres) sagen, in ihm gehe die Existenz der Essenz voraus. Nun ist allein das Erscheinen – die Essenz – einer Erkenntnis zugänglich. Kant bemerkt dazu, das Ich habe zu seinem Sein Zugang nur über die Prädikate, durch die es sich zugleich bestimmt und in seinem Sein verstellt (A 366 und B 404). Dieses Sein selbst, vorprädikativ und vorkategorial (also nichtpropositional, Kategorien sind ja kondensierte Propositionsformen), bietet sich keiner Erkenntnis dar. Und dennoch muss von ihm ein Bewusstsein bestehen, soll »der höchste Punkt der Philosophie« nicht seine Einsichtigkeit einbüßen. Man könnte einwenden wollen, die Rede vom Sein des Bewusstseins (im Gegensatz zu seinem Sich-Erscheinen) meine nur seine Seins*weise*, also gleichwohl eine Wesensbestimmung desselben, etwa im Sinne der Formulierung »ich existiere als Intelligenz« (B 158), womit ja nicht gesagt sein soll, die Intelligenz habe über die Tatsache hinaus, als Intelligenz zu erscheinen, noch ein subsistentes Sein außer dieser Bestimmtheit. Und doch ist es eben die transphänomenale *Existenz* – nur sie könnte in einem radikalen Sinne ›nackt‹ oder eigenschaftslos heißen –, an welche Kant denkt. Um das zu zeigen, kann ich mich glücklicherweise auf eine kleine, aber bedeutungsschwere Anmerkung stützen, die Kant der Zweitauflage des Paralogismenkapitels hinzugefügt hat (B 422 f.). Dort – wie übrigens im umgreifenden Kontext – unterscheidet Kant die im Descartes'schen Satz *Cogito sum* ausgesagte *Existenz* erstens in aller Deutlichkeit von Begriffen wie ›Realität‹ und ›Dasein‹ (damit sind Konzepte zweier Kategorientypen aufgerufen: derjenigen der Qualität und derjenigen der Modalität, Begriffe mithin, die auf Erfüllung durch Anschauungsinhalte angelegt und insofern ungeeignet sind, im Rückschlag das Wesen des rein bestimmenden Ichs zu charakterisieren); und Kant unterscheidet zweitens die bare Existenz des reinen Ichs von jedem ›gebenden Bezug‹ auf ›Empfindung‹, durch welche (nach einer seiner zutiefst realistischen Überzeugungen) das Dasein von (sinnlichen) Objekten verbürgt wird. Welcher Bewusstseinsmodus könnte unter diesen Umständen dem reinen Sein des Selbstbewusstseins entsprechen? Sicherlich nicht die Anschauung, denn die Anschauung richtet sich auf die sinnliche Welt, und die Existenz des reinen Ichs enthält keine Spur von Sinnlichkeit.[1] Ebenso wenig aber der Gedanke, denn das Denken ist niemals unmittelbar, sondern erreicht seinen Gegenstand *vermittels* eines Begriffs, das heißt eines analytisch abgesonderten Merkmals, den dieser Gegenstand mit vielen anderen gemein hat (A 68 f. = B 93 f.). Die in der reinen Apperzeption gewahrte Existenz überfordert mithin sowohl die begriffliche als auch die sinnliche Ausstattung unseres Erkenntnisvermögens; sie situiert sich entschieden diesseits der Schwelle, jenseits deren die Unterscheidung von Anschaulichem und Begrifflichem allererst statthat und möglich wird. Kant lässt ihr die merkwürdige Konstruktion »einer unbestimmten empirischen Anschauung, d. i. Wahrnehmung« (B 422) entsprechen, die er früher schon einmal als »innere Erfahrung« oder auch »innere Wahrnehmung« qualifiziert hatte (A 342 f. = B 400 f.). Diese innere (und doch) empirische Wahrnehmung ist durchaus unterschieden von und hat gar nichts zu tun mit dem, was Kant in anderen Kontexten ›innere Wahrnehmung‹ nennt, wobei die Wendung ganz synonym gebraucht ist mit ›innerer Sinn‹, durch welchen (sinnliche) Erscheinungen des (empi-

1 Vgl. *Refl.* Nr. 5661 (*AA* XVIII, S. 318 f.): dass »das Bewußtseyn [...] an sich nichts Empirisches ist«.

rischen) Ichs – sagen wir grob: die Daten seines empirischen Seelenlebens – empfunden werden (vgl. etwa B XL/XLI, A 107, B 277, B 430, B 156, B 68). Das lässt sich leicht durch die Tatsache belegen, dass Kant diese unmittelbare innere Selbstwahrnehmung oder -anschauung als »rein intellektuell« bestimmt; sie trägt in sich, fügt er hinzu, den Ursprung einer »lauteren Spontaneität« (etwa B 428, B 430 f.), die offenkundig dem empirischen Ich fehlt, die aber gleichwohl in sich die *Existenz* einschließt, hinsichtlich deren Kant bemerkt, dass sie der Apperzeption »[als] etwas Reales [...] gegeben worden, und zwar nur zum Denken überhaupt, also nicht als Erscheinung« (B 430 mit B 423; ›real‹ meint hier offenkundig ›existent‹/›wirklich‹).

In Kants Augen steht also fest, dass die reine Apperzeption das unmittelbare Bewusstsein ihrer Existenz einschließt und dass dieses Bewusstsein, obwohl vor-anschauungshaft, gleichwohl die Wahrnehmung eines Existierenden einschließt; denn Existenz kann vom Denken nicht erreicht, sie muss *gegeben* werden, sowie Bewusstsein von ihr besteht. Auch an anderen Stellen bezieht Kant das Ich-Bewusstsein nicht aufs Denken, sondern auf die Wahrnehmung:

> Der Gedanke Ich ist [.] gar *kein Begriff*, sondern nur innere Wahrnehmung, aus ihm kann also auch gar nichts (außer der gänzliche Unterschied eines Gegenstandes des inneres Sinnes von dem, was bloß als Gegenstand äußerer Sinne gedacht wird), folglich auch nicht die Beharrlichkeit der Seele als Substanz gefolgert werden (*AA* IV, 543).[2]

Um die besondere Aporie dieser Überlegung zu verstehen, ist es

2 Vgl. ebd., 470. Kant übersetzt den von Leibniz übernommenen Begriff ›Apperzeption‹ gelegentlich auch durch ›Selbstwahrnehmung‹ oder gar ›Selbstempfindung‹ (*AA* XVII, S. 647, Z. 14 f.; S. 658, Z. 2; S. 688, Refl. Nr. 4723). In Reflexion Nr. 4225 (*AA* XVII, S. 465) nennt er »das Ich [...] eine Unerklärliche Vorstellung. Sie ist eine Anschauung, die unwandelbar ist«. Vgl. ebd., 346, Nr. 3921: »Das Ich, welches gleichwohl kein Begriff, sondern eine [Empfindung] Anschauung ist [...].«

Schon Leibniz nannte das Sich-selbst-Gewahren (»aperception«) nicht eine Vernunft-, sondern eine Tatsachen-, also eine – ihrer cartesianischen Evidenz unerachtet – empirische Wahrheit, ja eine »erste Erfahrung« *(Nouveaux Essais sur l'Entendement Humain,* Buch IV, Kapitel IX [= *PS* 3.2, 428; vgl. 366 [§ 7]). Sie sei also »a posteriori«, nicht »a priori« begründet, weil es logisch keinen Widerspruch erzeugt, wenn ich sage: Ich hätte auch nicht existieren können. Nicht alle Evidenzen dürfen mithin ›vernünftige‹ oder ›logische‹ heißen. Darum ist das Bewusstsein unserer selbst auch keine Intellektion, sondern ein Gefühl, das Existenzgewissheit einschließt (3.1, 404).

angezeigt, sich Kants Überzeugung vor Augen zu führen, dass ›Existenz (Sein) kein reales Prädikat‹ sei *(KrV* A 598 f. = B 626 f.).[3] Die Eigenschaft Realität konstituiert eine der drei Unterabteilungen der Hauptkategorie Qualität; durch sie wird eine der Washeiten (Qualitäten) des betroffenen Gegenstandes beurteilt, seine *realitas,* seine Sachheit oder Seinsweise (*KrV* A 143 = B 182 und A 597 f. = B 625 f.). ›Existenz ist kein reales Prädikat‹ heißt dann: Mit Existenzurteilen wird nichts über die Seins*weise* (*qualitas, realitas, quidditas*) geurteilt: Sein ist keine Eigenschaft in diesem Sinne. Sage ich ›Ich existiere als Intelligenz‹, so ist Intelligenz ein reales (zur Qualität des *cogito* gehöriges) Prädikat, und das Urteil selbst ist analytisch (»unmittelbar«, »tautologisch«, sagt Kant auch [A 354 f.]). *Ob* ein solches ›Cogito‹ auch unabhängig von seiner Eigenschaft als denkend *existiert,* ist damit nicht ausgemacht. Und doch soll der Satz ›Cogito‹ die empirische Tatsache ›Ich existiere‹ nach Kant in sich enthalten. Worin bestünde alsdann jener Überschuss, den das Existenzurteil gegenüber dem die *realitas* betreffenden beanspruchen darf?

In seiner kleinen Schrift von 1763 *Der einzig mögliche Beweisgrund zu einer Demonstration des Daseins Gottes* hat Kant seine These von den zwei Bedeutungen des indefiniten Verbalausdrucks ›sein‹ zuerst zusammenhängend vorgestellt. Sein, heißt es da, ist Gegenstand einer relativen, Dasein ist Ergebnis einer absoluten Setzung. Eine Setzung von etwas ist relativ, wenn dieses Etwas in Bezug auf ein anderes (relativ auf dieses) gesetzt wird, etwa im Aussagesatz ›a ist B‹; hier ist a lediglich in Bezug auf sein B-Sein, nicht aber absolut gesetzt. Von dieser Art Setzung ist offensichtlich diejenige des Ichs in der Aussage ›Ich bin als Intelligenz‹. Absolut wäre dagegen die Setzung von a nicht in Bezug auf B, sondern auf a selbst; in diesem Falle wird a das »Dasein« (wie Kant sagt) zugesprochen (vgl. auch *KrV* A 598 f. = B 626 f.). Sage ich ›Dies a existiert‹, so beziehe ich mich nicht auf ein anderes oder auf irgendwelche Bestimmtheiten von a, sondern ich setze beziehungslos a als da seiend. Relative und absolute Setzung vollziehen sich indes in Form von Urteilen. Gewöhnlich verbinden Urteile Vorstellungen verschiedener Klassen. Im einfachen singulären Aussagesatz wird ein Anschauungsinhalt mit einem Be-

3 Schon Aristoteles hatte sie formuliert: »οὔτε τὸ ὂν γένος«: »Auch ist das Sein keine Gattung« (*Metaphysik* B 4, 1001 a 21).

griff verknüpft (›a ist B‹), beide sind – in Kants Terminologie – reale Bestimmtheiten. Im Urteil ›a existiert‹ wird dem Anschauungsinhalt dagegen nicht ein Begriff übergestülpt, sondern der von ihm vermeinten Sache wird das Sein zugesprochen: Sie wird ohne weiteren charakterisierenden Zusatz als solche ›gesetzt‹. Diese Zusprechung von Existenz (durch welche die rein begriffliche Bestimmtheit der Sache überschritten wird) erfolgt über die sinnliche Wahrnehmung. Ob ein Begriff einen da seienden Inhalt hat oder ob ich ihn nur denke, davon kann nur die sinnliche Empfindung mich überzeugen oder abbringen. Die Kategorien der Modalität (unter welche die Existenz fällt), sagt Kant, »haben das Besondere an sich: daß sie den Begriff, dem sie als Prädikate beigefüget werden, als Bestimmung des Objekts nicht im mindesten vermehren, sondern nur das Verhältnis zum Erkenntnisvermögen ausdrücken« (A 219 = B 266). Dasein, Wirklichkeit oder Existenz (Ausdrücke, die Kant gewöhnlich synonym verwendet) berühren also lediglich die »Frage: ob ein solches Ding uns gegeben sei, so, daß die Wahrnehmung desselben vor dem Begriffe allenfalls vorhergehen könne. Denn, daß der Begriff vor der Wahrnehmung vorhergeht, bedeutet dessen bloße Möglichkeit; die Wahrnehmung aber, die den Stoff zum Begriff hergibt, ist der einzige Charakter der Wirklichkeit« (A 225 = B 272 f.; vgl. A 374 f.: »Wahrnehmung [ist] die Vorstellung einer Wirklichkeit«; »was [...] durch Wahrnehmung vorgestellt wird, ist [...] auch wirklich«; *Refl.* 5710 [*AA* XVIII, 332]: »Ich erkenne die Existenz [nur] durch Erfahrung«). Trifft das zu, so folgt, dass das Merkmal des absoluten Gesetztseins zusammenfällt mit dem des Sinnlich-Empfundenseins (denn nur dadurch nimmt das Erkenntnisvermögen Stoff auf, der einer von ihm selbst unabhängigen Quelle entstammt).

Ich untersuche hier nicht die Problematik und Ambiguität dieser These. Mir liegt im gegenwärtigen Kontext lediglich daran, verständlich zu machen, welche Gründe Kant bewegt haben können, in Leibniz' Fußstapfen dem kontingenten Existenzurteil ›Ich bin‹ – wobei das Beurteilte hier die *reine,* nicht die empirische Apperzeption ist – eine ›unbestimmte empirische Anschauung, d. i. Wahrnehmung‹ (und mithin ›Empfindung‹) zuzuordnen. Die einzige Art und Weise, in der Bewusstsein mit Existenz in Kontakt tritt, ist diejenige Anschauungsspezifikation, die Kant ›Empfindung‹ nennt. Nur sie vermöchte das absolute Gesetztsein des *Cogito* zu bezeugen.

Ist das der Fall – und nach Kants Prämissen scheidet eine andere Erklärung aus –, muss der Auto-perzeption (oder: Ad-perzeption)[4] des *Cogito,* ihrer lauteren Spontaneität/Intellektualität ungeachtet, ein Anschauungselement zugeordnet sein – anders gesagt, Kant kommt schließlich nicht umhin, die von ihm so leidenschaftlich abgewiesene Möglichkeit einer *intellektuellen Anschauung* dennoch ins Spiel zu bringen. Um eine *Anschauung* handelt sich's beim reinen Ich, denn nur sie – als ›Rezeptivität‹, im Unterschied zur ›Spontaneität‹ der Intelligenz – könnte Existenz (absolute Setzung) bezeugen; die Anschauung ist gleichwohl *intellektuell,* da sie auf der reinen Spontaneität des Verstandes beruht und die Idee einer vollkommenen ›Bestimmtheit‹ mit sich führt – alle Bestimmung erfolgt über Begriffe. Das reine Ich existiert also, und es besteht hinsichtlich seiner eine unmittelbare (das heißt vorbegriffliche und auch vorreflexive) Kenntnis.[5]

Dies ist freilich eine Konsequenz, die in unerträglichen Widerspruch tritt zu Kants Überzeugung, dass die zwei Stämme des Erkenntnisvermögens – Intellekt und Sinnlichkeit – voneinander völlig unabhängig sind, dass der Gedanke, dass ich denke, ganz frei ist vom Element der Anschauung und dass umgekehrt »die Anschauung der Funktionen des Denkens auf keine Weise [bedarf]« (A 91 = B 123); »denn ohne die Funktionen des Verstandes können uns allerdings Erscheinungen in der Anschauung gegeben werden« (A 90 = B 122); »wir können etwas empfinden, ohne zu denken« (*Refl.* 5643 [*AA* XVIII, 282]). Außerdem hat Kant, in anderen Kontexten, hartnäckig die Möglichkeit einer *unmittelbaren* Selbst-Apperzeption bestritten (dies in der Tradition des Leibniz, der *aperception* durch *réflexion* übersetzt, zum Beispiel im vierten Paragraphen der *Principes de la Nature et de la Grace*). Das transzendentale Ich, sagt Kant an einer bekannten Stelle, ist eine

4 Den Unterschied zwischen Etwas-Vorstellen (*percevoir*) und Sich-selbst-beim-Etwas-Vorstellen-Vorstellen *(s'appercevoir)* hat schon Leibniz sehr klar beschrieben (zum Beispiel *PS* 3.1, 154, § 4).

5 Dieser unbeabsichtigten Konsequenz hat schon Schelling, unter Berufung auf die Fußnote zu B 422 f., Kant überführt (*SW* I/1, 401 f.). Er war sich auch vollkommen im Klaren darüber, dass diese Art von ›intellektualer Anschauung‹ mit derjenigen nicht in Widerspruch treten wird, die Kant ausdrücklich ablehnt und in welcher die Spontaneität des Verstandes die Materie der Sinne autark erschüfe (ebd., 181 f.).

an Inhalt gänzlich leere Vorstellung [...], welche nur durch die Gedanken, die seine Prädikate sind, erkannt wird, und wovon wir, abgesondert, niemals den mindesten Begriff haben können; um welches wir uns daher in einem beständigen Zirkel herumdrehen, indem wir uns seiner Vorstellung jederzeit schon bedienen müssen, um irgend etwas von ihm zu urteilen (A 345 f. = B 404).

Das vorprädikative *Sein* der reinen Apperzeption bleibt also im Dunkel; oder richtiger (da wir auf es nicht verzichten können): Es bleibt uns nichts übrig, als es je immer schon vorauszusetzen. Kant sagt, dass wir immer nur Manifestationen des Ichs zu greifen bekommen – »Prädikate« – und dass uns der Vergleichungspunkt (das »Korrelatum«) fehlt, der uns erlauben würde, sie uns *als die unsrigen* zuzuschreiben (A 365 f., A 402, B 404).[6]

6 Zum Folgenden vgl. den ausführlichen Text 15 im vorliegenden Band.

8. Schillers Ästhetik zwischen Kant und Schelling

I.

Im Jahre 1792 hat Schiller seine Produktion durch eine Denkpause unterbrochen. Ausgelöst wurde sie durch das Bedürfnis einer gründlichen Auseinandersetzung mit Kants *Kritik der Urteilskraft.* Dabei mag es Schiller so ergangen sein wie seinem (16 Jahre) jüngeren Landsmann Schelling, der den Supernova-Effekt des Kantischen Kritizismus auf das deutsche Geistesleben so beurteilte (an Hegel, 6. 1. 1795):

Wenn ein großer Mann erscheint und einen neuen meteorischen Gang, weit über die Köpfe der Menschen weg, vorschlägt, wie angst und bang wird es da dem großen Haufen der gemäßigten, wohlgeregelten Menschen, die die Mittelstraße wan/deln [...]. Wer mag sich im Staub des Altertums begraben, wenn ihn der Gang seiner Zeit alle Augenblicke wieder auf- und mit sich fortreißt. Ich lebe und webe gegenwärtig in der Philosophie. Die Philosophie ist noch nicht am Ende. Kant hat die Resultate gegeben: die Prämissen fehlen noch. Und wer kann Resultate verstehen ohne Prämissen? (*Mat.* 118 f.)

Damit gibt Schelling einer weithin geteilten Überzeugung Ausdruck: *Juvat vivere, juvat philosophari*, wenn man das ungeheure Glück hat, Zeitgenosse eines der größten, der revolutionärsten Denker des Abendlandes zu sein. Diese Chance durfte nicht durch dumpfe Missachtung vertan werden. Indes: Allgemein galten Kants Konsequenzen für mangelhaft begründet und damit für uneinsichtig. Man suchte nach Erklärungsgründen, aus denen sie verständlich würden. Der bedeutendste unter denen, die dies seit den endenden 1780er Jahren versuchten, war Schillers Jenaer Kollege Karl Leonhard Reinhold. Was war denn der treibende Gedanke in Kants kritischem Projekt? Unter seinen Vorlesungsnotizen findet sich die knappe Erklärung: »Das Jahr 69 gab mir großes Licht.«[1]

1 Geschrieben im Rückblick der Jahre 1776-1778 (Refl. Nr. 5037, *AA* XVIII, S. 69; die Aufzeichnung findet sich im Kontext der die eigene intellektuelle Entwicklung reflexiv durcharbeitenden Notizen dieses Jahres, meist zur »Vorrede« von

Die Kant-Forschung hat allerlei Hypothesen vorgeschlagen, um Kants Notiz einen Sinn zu geben. Mir scheint, dass sich Kant gegen das Jahr 1769 erstmals seines Grundgedankens versicherte, von dem Text 6 dieser Sammlung handelt. Es ist der, dass die Ansprüche der reinen Vernunft an Befunden der Sinnlichkeit zu überprüfen sind. Teile der Sinnlichkeit (unsere Raum-Zeit-Vorstellungen) hielt Kant selbst für rein. Eine ernstere Demütigung erfährt die reine Vernunft aus dem anderen Teil der Sinnlichkeit, der Erfahrung, die Wahrnehmungsgegebenheiten einzuarbeiten hat. Die Wahrnehmung ist die einzige Erkenntnisquelle, durch die wir von der gedankenunabhängigen Wirklichkeit wissen (*KrV* A 225). Kant wollte die reine Vernunft in erster Hinsicht *kritisieren.*

Der Ausdruck ›rein‹ hört sich in Kontexten deutscher Philosophie immer gut an. Nicht ohne Weiteres so für Kant. Ihm heißen ›rein‹ Einsichten, zu denen wir ohne alle Mitarbeit der Sinne gelangen, zum Beispiel der ontologische Gottesbeweis des René Descartes oder die Gesamtheit der metaphysischen Behauptungen, die das Abendland aufgestellt hat. Darum wurde Kants *Kritik* von vielen Zeitgenossen als die Arbeit einer gigantischen Guillotine betrachtet: aufgestellt, um Geltungsansprüche von Behauptungen auf der Grundlage reiner Vernunft über die Klinge springen zu lassen. Gerade so, wie die Guillotine des parallel aufgeführten Stücks der Französischen Revolution haltlose Geltungsansprüche auf Herrschaft ›von Gottes Gnaden‹ enthauptete.

Um diese Hinrichtungsmaschine gegen die reine Vernunft in Anschlag zu bringen, musste Kant eine wichtige theoretische Voraussetzung akzeptieren. Sinnlichkeit und Verstand mussten für in der Wurzel getrennte Vermögen gelten. Und genau das nimmt Kant an. Man spricht von seiner ›Zwei-Stämme-Lehre‹ der menschlichen Erkenntnis. Wie alle dualistischen Positionen hatte sie herbe Kritik zu bestehen, die vor allem von Salomon Maimon, Friedrich Schiller und den Vertretern des aufkommenden Deutschen Idealismus vorgebracht wurde. Warum Kant eine so unbequeme Position bezog, wird erst einsichtig, wenn man sich nach der *Funktion* dieser Trennung erkundigt. Kant wollte damit nämlich einer Position widersprechen, die einen Monismus von Sinn und Verstand vertritt. Die-

Baumgartens *Metaphysica*, hier: S. XXXVI). (Vgl. dazu im vorliegenden Band Text 6.)

se Position, meinte Kant, hält der Kritik der reinen Vernunft nicht stand.

Getroffen werden sollte durch diese Kritik zunächst und zuvörderst die sogenannte Schulphilosophie, deren Hauptvertreter in Leibnizens Nachfolge Christian Wolff und seine Schüler waren. Sie vertraten die Auffassung, dass zwischen Sinnlichkeit und Verstand ein Kontinuum walte. Danach sind Sinneserlebnisse verworrene Begriffe und Begriffe klare, im Idealfall deutliche Anschauungen. Auch die Ästhetik fand in diesem Entwicklungsgang ihren Ort: Anschauungen, die wir ›schön‹ nennen, geben uns durchaus etwas zu erkennen, aber sie tun das auf elementare, aber unbegriffliche, mithin verworrene Weise (»cognitio inferior«). Freilich: Gerade darin besteht ein Teil ihres Reizes, ihr »je ne sçais quoy« (Leibniz, *Discours de Métaphysique,* § 24 [= *PS* 1, 124 unten]), dass sie den Geist unbestimmt anregen, ohne sich einem Begriff definitiv zu erschließen. Auch Schillers *Philosophische Briefe* (von 1786) mit ihrem Enthusiasmus für das innere Band zwischen Sinn und Verstand, Geist und Natur, aber schon die antimaterialistisch eiferende Dissertation von 1779 (*Philosophie der Physiologie*) sind tief durch Leibnizens und Wolffs All-Einheits-Lehre geprägt.

Aber diese monistische Vision hat einen Preis, den Kant wild entschlossen war, nicht zu bezahlen. In jenem lichtspendenden Jahr 1769 hatte er notiert, die Grenze zwischen Verwirrung und Deutlichkeit verlaufe nicht zwischen dem Anschauungs- und dem Denkvermögen, sondern quer durch beide: Es gebe sehr klare Anschauungen und sehr verworrene Gedanken/Begriffe *(Refl.* Nr. 204 [*AA* XV, 79]).

Angenommen, Sinnlichkeit und Verstand wären, wie Leibniz und Wolff glaubten, wesentlich identisch. Dann könnte man die Sinnlichkeit über ihre Identität mit dem Verstand (und umgekehrt) dennoch nicht aus eigenem Vermögen, sondern allein aus der Perspektive eines ›unendlichen Geistes‹ belehren. Einen solchen nehmen Leibniz und Wolff als Gott oder Zentralmonade tatsächlich an. Ein unendlicher Geist ›schaut intellektuell an‹. Das heißt, dass sich ihm alle veridischen Gedanken sogleich in sinnlicher Erfüllung präsentieren. Unser Verstand ist dagegen leer; er bedarf eines sinnlichen, eines informationellen Input, ohne dessen Eingaben er keine Erkenntnis zustande brächte. In den Worten des Novalis: »Hieraus sehn wir beyläufig, dass Ich im Grunde nichts ist – Es muß ihm alles

Gegeben werden« (*NS* II, 273, Z. 31 f.). Die vom Ich gebildeten Kategorien nennt er »Fächer ohne Inhalt. Es sind absolute Correlata – Sie wollen gefüllt werden« (250, Nr. 466). Die Idee eines anschauenden Verstandes (eines, wie die Schule sagte, *intellectus archetypus)* fällt unter den Hieben einer Kritik der reinen Vernunft – so wie der traditionelle Gott unter den Hieben der Kritik an den Gottesbeweisen. Kant widmet der Unterscheidung unseres endlichen (›diskursiven‹) und eines nur als Konstrastprogramm entworfenen unendlichen oder anschauenden Verstandes einen ganzen Paragraphen der *Kritik der Urteilskraft* (§ 77).

Dieses Buch, Kants sogenannte dritte *Kritik,* möchte eine »große Schwierigkeit« auflösen: »ein Problem, welches die Natur so verwickelt hat« (*KU* IX), dass es seinen Denkanstrengungen wie kein anderes widersteht. Bringen wir es in die Form einer Frage: Wie lässt sich die Einheit der Vernunft aus einem Grundsatz herleiten, der die Ausdifferenzierung ihrer Funktionen als Vermögen der Kategorien einerseits, der Ideen andererseits nicht nur nicht behindert, sondern einsichtig macht? Das Prinzip des Verstandes, das reine *cogito* und seine Spontaneität, ist nicht zugleich Prinzip der Praxis; und doch wäre es für die systematische Verfasstheit der Philosophie unerträglich, die »Kluft« zwischen Deskription und Präskription, Theorie und Praxis, Natur und Freiheit (oder wie immer man sie artikulieren will) ungeschlossen lassen zu müssen. Diesem Dualismus tritt ein weiterer behindernd zur Seite: der zwischen Sinnlichkeit und Verstand, dem im Bereich der praktischen Philosophie ungefähr der zwischen niederem und höherem Begehrungsvermögen entspricht; wenig befriedigend ist auch die Integration der Einbildungskraft in die Ökonomie der theoretischen Philosophie.

Auf diese Fragen sucht die *Kritik der Urteilskraft zu* antworten. Urteilskraft und Einbildungskraft erscheinen ihr als besonders aussichtsreiche Kandidaten für die Schließung des Abgrunds: die Einbildungskraft, weil sie das anschaulich Gegebene mit den Bedingungen der Verstandessynthese vermittelt; die (reflektierende) Urteilskraft, weil sie zu konkreten Gegenständen den Vernunftbegriff sucht, der auch noch ihre scheinbare Kontingenz mitzuerklären vermöchte.

So werden Einbildungskraft und Urteilskraft zu »Mittelgliedern« zwischen Sinnlichkeit und Verstand einerseits, Verstand und Vernunft andererseits. Die Urteilskraft in ihrer Reflexivität hat aber den längeren Atem. Sie bezieht vom Verstand (vermittels der Einbildungskraft) schon bearbeitete Anschauungskonfigurationen auf die Vernunft. Warum auf die Vernunft? Weil der gesuchte Begriff kein solcher des Verstandes sein könnte, denn der würde Anschauungen zu einer Erkenntnis zusammenfügen. Wenn ich über die Schönheit einer Vorstellung(skonfiguration) urteile, bezieht das Urteil die Vorstellung(en) nicht auf einen Verstandesbegriff, sondern auf das subjektive Gefühl und die Stimmung, welche die Harmonie der Saiten meiner Seele normiert. Gewiss bedient sich auch die Urteilskraft der Verstandeskategorien – die »Analytik des Schönen« folgt ja deren Tafel –, sie wendet sie an, verfügt darum aber doch nicht über Begriffe, die ihr eigentümlich zugehörten. Die Begriffe, die sie hervorbringt, sind unbestimmt oder leer, sie geben nichts zu erkennen, sagt Kant. Sie liefern eine Verwendungsregel, die keinerlei Objektivität verbürgt. Sie ist subjektiv; die Urteilskraft normiert sich selbst und kann gar nicht anders, weil ihre Urteile in Ermangelung einer Schiedsinstanz sonst auf ewig suspendiert bleiben müssten. Und doch spielt sich alles so ab, als seien die Urteile des Gefühls nicht bloß individuell, als sei es vernünftig, ihnen allgemeine Verbindlichkeit zu unterstellen. Das liegt, wie wir sahen, daran, dass das, was nicht aus privater Motivation entspringt, auch keinen Privatgründen für seine Geltung untersteht.

Ich sagte: Die Urteilskraft normiert sich selbst; und das hat sie mit der praktischen Vernunft gemein. Auch diese lässt sich ihre Handlungen weder von der Sinnlichkeit noch vom Verstand vorschreiben. Frei und souverän prägt sie der Sinnlichkeit ihr Gesetz auf. Kant redet von einer Übereinstimmung zwischen der Struktur des Geschmacksurteils und der aufs Gute gerichteten Handlung. Das Geschmacksurteil ist, sagt er, mit dem moralischen Interesse »verwandt« (zum Beispiel *KU* 114, 169 f.). Worin genau besteht das Band dieser Analogie? Darin, dass in beiden Fällen die Freiheit Phänomene der Sinnenwelt ihrer Botmäßigkeit unterstellt. Aber die Analogie reicht nicht weiter. Denn im Falle des ästhetischen Urteils handelt sich's nur in einem uneigentlichen Sinne um Freiheit, nämlich um die kategoriale/begriffliche Ungebundenheit, mit der die Einbildungskraft die Erkenntnisvermögen spielen lassen darf, während im Falle des sittlichen Urteils die reine Freiheit ins Spiel kommt und das Spiel der Erkenntniskräfte beziehungsweise das Begehrensvermögen durch ihr Gesetz streng bindet. Immerhin eignet sich das

›freie Spiel der Einbildungskraft‹ zum Symbol der ›freien Gesetzmäßigkeit‹ der praktischen Vernunft – mit dem bekannten Unterschied, dass die Einbildungskraft begrifflos (in Übereinstimmung nur mit den ästhetischen Imperativen des Gefühls) normiert und eigentlich selbst passiv (zur Sinnlichkeit gehörig) ist. »Intellectuel«, notiert Kant, »ist das, dessen Begrif ein Thun ist« (*Refl.* Nr. 4182, *AA* XVIII, 447). In diesem Sinne *tut* die Einbildungskraft nichts. Dagegen verfährt die Freiheit gesetzeskonform (und beansprucht darum *a priori* universelle Zustimmung). Nun sind symbolische Darstellungen – anders als Schemata – nur unvollkommene Begriffsrepräsentationen (*KU* § 59). Die Einbildungskraft kann die reine Freiheit nur indirekt, nach einer von der Reflexion ans Licht gebrachten Analogie, darstellen. Diese Analogie reicht immerhin so weit, dass sie eine Unvollkommenheit durch die andere repräsentiert: Die anschauliche Unerfülltheit der sittlichen Idee (›Undarstellbarkeit‹) spiegelt sich gleichsam in der begrifflichen Ungesättigtkeit der ästhetischen Idee, ihrer ›Inexponibilität‹ (*KU* 192 f. [= § 49], 239 ff. [= Anm. I zum § 57]) – und die äußere Analogie beider Verhältnisse wird von der Reflexion entdeckt. So wird die begriffliche Unausschöpflichkeit des Schönen zum Symbol der anschauungsmäßigen Undarstellbarkeit und Uberschwänglichkeit der Freiheit.

II.

Es ist eben diese Analogie und die theoretische Schwierigkeit, die sie eher bezeichnet als auflöst, welche Friedrich Schillers ästhetische Überlegungen auf den Plan gerufen hat. Zwischen 1792 und 1796 unterbricht er seine dichterische Produktion, gewiss in der Absicht, ein vertieftes Selbstverständnis aus der theoretischen Besinnung aufs Wesen des Schönen zu ziehen. Von Beginn an ist es seine Hauptsorge, einen Ausweg aus den – wie er denkt – zerstörerischen Konsequenzen des kantischen Dualismus zu finden. Dabei lässt er sich von der Analogie zwischen dem ästhetischen und dem sittlichen Urteil wie von einem Kompass leiten. Eine Analogie kann die fehlende Einheit nicht ersetzen; Ahnlichkeitsverhältnisse bleiben letztlich willkürlich und entbehren der Ausweisung durch ein einsichtiges Prinzip. Ist es aber sinnvoll, die Ästhetik in einem Prinzip zu fundieren, welches kein anderes sein könnte als das der Philosophie überhaupt? Ein Prinzip könnte nicht, wie das der *Kritik der Urteilskraft,* in einer bloß subjektiven Reflexion, es müsste in einem objektiven Kriterium verankert werden. Und genau das ist die erklärte Absicht der *Kallias*-Briefe (*Kallias oder über die Schönheit*), die sich daranmachen, »einen Begriff der Schönheit objektiv aufzustellen und ihn aus der Natur der Vernunft völlig a priori zu legitimieren« (Schiller 1992, 176). Und in der Tat – die ganze erste Hälfte von Gadamers *Wahrheit und Methode* (1965) führt uns das mit Nachdruck vor Augen – erkauft doch Kant die Begründung der Ästhetik durch eine radikale Subjektivierung des Phänomens der Schönheit. Schön ist nicht, was einer Realität, sondern nur, was einer Reflexion des Gemüts auf sein Gefühl anlässlich einer bestimmten Anschauungskonfiguration entspricht. In seinem Handexemplar der *Kritik der Urteilskraft* hat Schiller im ersten Satz des ersten Paragraphen die Wendung ›sich selbst fühlt‹ unterstrichen:

> […] das Gefühl der Lust und Unlust, wodurch gar nichts im Objekte bezeichnet wird, sondern in der *das Subjekt,* wie es durch die Vorstellung affiziert wird, *sich selbst fühlt* (in: Kulenkampff 1974, 129).

Danach ist das Gefühl der ästhetischen Befriedigung eine Art *Selbstgefühl.* In ihm wird kein Beitrag geleistet zur erkennenden Bestimmung eines *Objekts.* Es ist Schillers Ehrgeiz, diese subjektivistische Restriktion, die Kants Unternehmen beeinträchtigt, zu überwinden im Blick auf eine *objektive* Begründung des Phänomens des Schönen. Dabei lässt er sich von der Idee des Symbols und der von ihr implizierten Analogie leiten, die er sofort herausstreicht. Entsprechend den beiden Ausprägungen der Vernunft als theoretische und praktische gebe es zwei Typen von Analogie, durch die das ästhetische Urteil zum indirekten Spiegelbild – zum *Mimema – der* Vernunft werden kann. Unter »Form der Vernunft« versteht Schiller die »Art und Weise«, in der Vernunft ihre »Verbindungskraft« äußerlich darstellt. Vernunft ist ja wesentlich ein Vermögen der Synthesis, der Verbindung; und das kann sie auf verschiedene Weise ausüben, wobei Schiller die verschiedenen Weisen der Synthesis als »Formen« bezeichnet (darin der Terminologie Carl Leonhard Reinholds folgend). Nach diesem Wortgebrauch wird man als »Materie« bezeichnen, was sich als sinnlicher Inhalt der Vernunft zum Zweck der Vereinigung unter Begriffen darbietet. Da es in der Welt zwei Arten von Materie gibt (sinnliche Vorstellungen und Willenshandlungen), muss es entsprechend zwei Weisen ihrer synthetischen Vereinigung geben: die Formen des Verstandes (die Kant Kategorien nennt) und die Formen der (praktischen) Vernunft. Wenn die Vernunft Vorstellungen untereinander zu Erkenntnissen verbindet, spricht man von Formen der theoretischen Vernunft; verknüpft sie Vorstellungen mit dem Willen zu einer Handlung, so hat man mit der Form der praktischen Vernunft zu tun. In beiden Fällen findet indes eine »Übereinstimmung« statt zwischen der Vernunft (sie sei theoretisch oder praktisch) einerseits und den Vorstellungen beziehungsweise den Willenshandlungen andererseits. Anders gesagt: Materie und Form, sinnlicher Inhalt und Vernunfttätigkeit stimmen zusammen. Diese Übereinstimmung zwischen Vernunftform und Vorstellungs- beziehungsweise Willenssynthesis kann nun entweder notwendig oder zufällig sein. Sie ist notwendig, wenn der Begriff (des Verstandes oder der Vernunft) der (anschauungsmäßigen oder volitiven) Materie gebieterisch sein Gesetz aufprägt. Es kann sich aber fügen – und das ist eine Überlegung, wie sie Kant kaum ferner liegen könnte –, dass sich die Vernunft einfach »überrascht« findet durch die Tatsache, dass die Materie (der Vorstellungen oder Volitionen) sich *freiwillig* in die Form schickt, die Verstand oder Vernunft für sie vorsehen:

> Hier findet also die Vernunft Übereinstimmung mit ihrer Form; dort wird sie überrascht, wenn sie sie findet (ebd., 281).

Man könnte mit Kant (der diese Möglichkeit sehr wohl vorsah) von einer »*Gunst der Natur*« sprechen, denn Sinnlichkeit und Begehrungsvermögen gehören ja zu unserer Naturausstattung; und wenn sich unsere Natur freiwillig dem bequemt, was die Vernunft fordert, so begünstigt sie *sua sponte* deren Anwendung (*KU* 303, Anm., vgl. 15 f.). Die gewaltsame Unterjochung der Natur durch die Vernunft weicht einem Zustand gewaltlosen Einverständnisses.

Schiller erwägt nun, entsprechend der Vielfalt von Kombinationsmöglichkeiten, vier Vereinigungsweisen von Materie und Form der Vernunft.

– Zunächst die der theoretischen Vernunft, die Vorstellungen mit Vorstellungen verknüpft. Geschieht diese Verknüpfung mit Notwendigkeit, das heißt auf Geheiß eines Begriffs *a priori*, der den Stoff der Vorstellungen seiner Form (den Kategorien) unterwirft, so ergibt sich eine (objektive) *Erkenntnis.*

- Wenn sich dagegen die Vorstellungen gleichsam freiwillig dem Begriff fügen, heißt das resultierende Urteil *teleologisch* (es sagt aus, die Anschauungen seien in einer Anordnung so, *als ob* sie von einem reinen Begriff normiert worden wären).
- Auf Seiten der praktischen Vernunft gibt es drittens Verknüpfungen nicht zwischen Vorstellungen und Vorstellungen, sondern zwischen Vorstellungen und Willen: Daraus ergibt sich nicht Erkenntnis, sondern *Handlung.*
- Nun kann die Handlung wieder entweder notwendig sein (das ist der Fall, wenn die Synthesis sich bildet auf Geheiß des reinen Sittengesetzes) oder zufällig, und dann entsteht *Schönheit.*
- Die Schönheit besteht also, in Schillers Augen, in einem zwangfreien, mithin freiwilligen Einverständnis zwischen der Vorstellung-Willen-Synthesis und dem vom Sittengesetz Geforderten; freilich muss dieses nicht mehr gebieterisch auftreten, da sich die repräsentierte Handlung freiwillig, durch Gunst, seinen Imperativen bequemt. Ich habe schon angemerkt, dass Schiller, was Kant im § 59 der *KU* »Symbol« genannt hatte, durch »Analogon« wiedergibt (ein Ausdruck, der sich auch gelegentlich bei Kant findet). So sagt er auch jetzt, die Unterwerfung der Vorstellung-Wille-Synthesis unters Sittengesetz, als unabsichtliches, nicht prämeditiertes Ereignis, sei nicht die Verwirklichung des Sittlich-Guten, sondern nur sein Analogon. All jene nichtnotwendigen Einverständnisse zwischen Sinnlichem und Vernünftigem stellen solche Analoga, solche mittelbaren Nachbildungen der Sittlichkeit, dar, von der wir ja wissen, dass sie direkter Darstellung nicht fähig ist. Reicht aber ein Analogieverhältnis zur Begründung der Rede von einer *objektiven* Vernunftdarstellung in der Erscheinung?

Es ist klar, dass Schillers Räsonnement auf dem Theoriegrund der kantischen Kritik aufruht. Dennoch werden wir nicht übersehen, dass er einige nicht unbedeutende Modifikationen anbringt, die schon Hölderlins (in der metrischen Vorfassung des *Hyperion* gefeierte) Version einer »Gunst der Natur« vorwegnehmen – und damit die ersten Schimmer einer von Schelling und den Romantikern zu schaffenden Naturphilosophie. In der Tat ist Kant zwar die Voraussetzung einer »Einsicht in das übersinnliche Substrat der Natur und dessen Einerleiheit mit dem, was die Kausalität durch Freiheit in der Welt möglich macht« (*KU* 421, Anm.), alles andere als fremd.

Aber dies ist eben eine notwendige *Voraussetzung,* um das Zusammengehen des mechanischen Naturlaufs mit den Forderungen des Sittengesetzes denkbar zu machen. Die Vorstellung eines, wie Schiller und Schelling wollen, gleichsam *naturwüchsigen* Einverständnisses zwischen Natur und Vernunft ist Kant dagegen völlig fremd (wie könnte ein der Freiheit beraubtes Wesen sich »freiwillig« zu seinem Gegenteil hinneigen?); auch hätte er nicht akzeptiert, dass man das Schöne als *tatsächlich* vollbrachte Erscheinung der Freiheit bezeichne. Ebendas behauptet Schiller aber ohne Zögern: »Schönheit *ist* Freiheit in der Erscheinung« (»Aus Vorlesungen zur Ästhetik«, Schiller 1992, 1069). Um erscheinen zu können, müsste die Freiheit sich vollständig vergegenständlichen, die Form eines Objekts annehmen können; das könnte in Kants Augen höchstens symbolisch geschehen, aber Symbole sind keine Objekte, und ihre Deutung ergibt keine Erkenntnis; die Restriktion durchs *Als-ob* fällt bei Schiller hinweg. Das Schöne *kann* sich präsentieren, *als ob* sich in ihm von Weitem ein Vernunftbegriff ankündigen wollte. Wer diesen Nebensatz in assertorische Form bringt, macht sich romantischer Schwärmerei schuldig.

Schiller ist sich der Kühnheit seiner Konsequenz wohl bewusst und verteidigt sie gegenüber Gottfried Körner:

> Ich vermute, Du *wirst aufgucken,* daß Du die Schönheit unter der Rubrik der theoretischen Vernunft nicht findest, und daß Dir ordentlich dafür bange wird. Aber ich kann Dir einmal nicht helfen, sie ist gewiß nicht bei der theoretischen Vernunft anzutreffen, weil sie von Begriffen schlechterdings unabhängig ist; und da sie doch zuverlässig in der *Familie der Vernunft* muß gesucht werden und es außer der theoretischen Vernunft keine andere als die praktische gibt, so werden wir sie wohl hier suchen müssen und auch finden. Auch, denke ich, sollst Du, wenigstens in der Folge, Dich überzeugen, daß ihr diese Verwandtschaft keine Schande macht (Schiller 1992, 282 f., 165).

Nun wird man einwenden, dass doch auch Kant selbst – wie immer vorsichtiger, und ohne regulative mit konstitutiven Prinzipien zu verwechseln – das Schöne als Symbol des Sittlichen (also der praktischen Vernunft) betrachtet hat (*KU* § 59). Worin besteht dann die entscheidende Differenz zwischen ihm und Schiller?

Tatsächlich hat sich die »Analytik des Schönen« am Leitfaden der vier Kategorien orientiert; und die Kategorien determinieren den Bereich nicht der Handlungen, sondern der Erkenntnisse. Die Betrachtung des Schönen unterm Blickwinkel der reinen Verstandesbegriffe nimmt das betrachtete Phänomen mithin als ein solches der theoretischen Vernunft. Andererseits hat Kant dem Schönen zugetraut, das Sittlich-Gute zu symbolisieren. Schiller würde sagen, dass, um die praktische Vernunft zu symbolisieren, Kants Einbildungskraft doch ein Phänomen der theoretischen Vernunft bleibt. Von der Einbildungskraft und ihrem Spiel kann nur in einem uneigentlichen Sinne gesagt werden, sie seien frei – ebendiese uneigentliche (sozusagen theoretische) Freiheit wird aber, nach einer von der Reflexion entdeckten äußeren Analogie, zum Symbol der authentischen, der praktischen Freiheit. Dagegen verficht Schiller eine Position, nach welcher die Schönheit die Kapazität des Erkenntnisvermögens überschreitet und nur von Seiten der praktischen Vernunft eine Fundierung erfahren kann. Die Randbemerkungen in seinem Handexemplar der *Kritik der Urteilskraft* zeigen sehr schön, welche Gründe er dafür auf seiner Seite glaubte. Die vier Grundqualitäten des Schönen – seine Allgemeinheit, seine Interesselosigkeit, seine Innerlichkeit (darunter versteht Schiller die Tatsache, dass die Schönheit an das Tiefste unseres Wesens rührt) und seine Sinnfülle (seine begriffliche Unausschöpfbarkeit [vgl. *KU* 192 f.]) – diese vier Grundeigentümlichkeiten des Schönen werden allesamt erklärlich, wenn man die praktische Vernunft als ihr Prinzip annimmt: Das moralische Urteil beansprucht zu Recht Allgemeinheit; es ist frei von allem individuellen Interesse, artikuliert mithin kein Privatbegehren; es betrifft mich in meinem innersten Wesen als vernünftig handelnde Person; und schließlich könnte nur eine Idee der reinen praktischen Vernunft unerschöpflich sinnreich sein, während es absurd wäre, das Gleiche von einem Verstandesbegriff im Blick auf seine sinnliche Realisierung zu sagen (dazu und zum Folgenden Henrich 1967). Es war vor allem das letzte Merkmal, die Bedeutungsfülle, das Schiller – wie nach ihm Schelling (zum Beispiel *SW* I/3, 619 f.)[2] und besonders die Romantiker – für seine These ausgebeutet hat, das Schöne sei eine Erscheinung nicht der theoretischen,

2 Ein schöner Ausdruck dieser Überzeugung findet sich im Spätwerk: Mit dem Kunstschönen verhalte es sich wie mit einem (etwa dem Goethe'schen) Märchen, dessen eigentlicher Reiz darauf beruhe, »daß es uns einen / Sinn vorspiegle oder in der Ferne zeige, aber der sich uns beständig wieder entziehe, dem wir nachzujagen gezwungen wären, ohne ihn je erreichen zu können« (*SW* II/1, 12 f.).

sondern der praktischen Vernunft. Dem liegt etwa folgender Argumentationsgang zugrunde: Die Freiheit, Wesen der menschlichen Wirklichkeit, ist an sich selbst menschlicher Erkenntnis unzugänglich. Sie kann nie Objekt werden, weil es ihr an Sinnlichkeit gebricht; und sie kann auch nicht schematisiert werden, weil keine Konfiguration der Einbildungskraft ihr adäquat sein könnte. So entgleitet sie dem Zugriff der theoretischen Vernunft. Um sich zum Symbol (oder, wie Schiller lieber sagt, Analogon) der Freiheit zu schicken (und das gesteht ihr Kant ja zu), kann das Schöne keine Erscheinung der Theorie sein. Es ist vielmehr Symbol dessen, was allein mit Mitteln des Denkens nicht dargestellt werden kann. Das innere, zum Scheitern verurteilte Kreisen der kantischen Philosophie, der Zirkel, der darin besteht, theoretisch das Wesen der Praxis und mithin die Einheit der Vernunft zu begründen – dieser Kreis ist aufgebrochen, das Problem, dem er nur aporetisch zu entsprechen vermochte, gelöst und versöhnt durchs Faktum der Schönheit: anschaulich, nicht begrifflich (da ja kein Begriff der Idee der praktischen Vernunft gemäß sein könnte, die Anschauung durch ihre Sinnfülle der begrifflichen Undarstellbarkeit der Freiheit aber als symbolisches Substitut dienen kann). In genau diesem Sinne konnte Schiller glauben, der Schönheit ein *objektives* Prinzip aufgewiesen zu haben. Gewiss, dies vorgeblich objektive Prinzip setzt das transzendentale Subjekt als sein Verifikationskriterium voraus; und es ist auch richtig, dass das Spiel der befreiten Einbildungskraft ein Phänomen der Subjektivität bleibt. Nun gut, sagt Schiller, die Einbildungskraft ist ein subjektives Vermögen, aber sie kommt in Gang durch eine Absicht, die nicht subjektiv, die objektiv und auf die Vergegenständlichung ihres ansonsten bloß innerlichen oder subjektiven Zustandes aus ist.

Aber wird die Befreiung des Schönen, könnte man einwenden, nicht durch eine andere Einseitigkeit bezahlt, nämlich ihre Unterwerfung unter die Botmäßigkeit der Freiheit? Mit anderen Worten: Wie ist der Akt der Vergegenständlichung der Einbildungskraft, von dem Schiller spricht, zu denken?

Schiller antwortet: dadurch, dass im Schönen eine Selbstdarstellung des Praktischen im Theoretisch-Sinnlichen geschieht. Dadurch würde die Theorie selbst und insgesamt zu einer Reflexions-, zu einer Selbstdarstellungsform der Praxis. In seiner Besprechung von Friedrich von Matthissons Gedichten (*Über Matthissons Ge-*

dichte) von 1794 erscheint diese Wendung zum ersten Mal. Ich zitiere den ganzen Passus:

> In tätigen und zum Gefühl ihrer moralischen Würde erwachten Gemütern sieht die Vernunft dem Spiele der Einbildungskraft niemals müßig zu; unaufhörlich ist sie bestrebt, dieses zufällige Spiel mit ihrem eigenen Verfahren übereinstimmend zu machen. Bietet sich ihr nun unter diesen Erscheinungen eine dar, welche nach ihren eigenen (praktischen) Regeln behandelt werden kann; so ist ihr diese Erscheinung ein Sinnbild ihrer eigenen Handlungen, der tote Buchstabe der Natur wird zu einer lebendigen Geistersprache, und das äußere und innre Auge lesen dieselbe Schrift der Erscheinungen auf ganz verschiedene Weise (Schiller 1992, 1025).

Das heißt doch wohl: Das Bild, welches uns das Schöne zurückspiegelt, ist nicht mehr bloß das theoretische Analogon des Praktischen, sondern enthüllt sich als sinnliche *Selbst*darstellung der Vernunft, die selbst über den Gegensatz von Theorie und Praxis hinausliegt. Spricht man mit Schiller von einer *Selbst*darstellung der Vernunft, so hat man eingeräumt, dass das Sinnliche nicht mehr wie für Kant entgegengesetzter Pol des Intelligiblen ist; nein: das Sinnliche ist *dasselbe wie* das Geistige, das Andere der Vernunft selbst, ihr eigenes (nicht mehr indirektes,. analogisches oder unvollkommenes, sondern adäquates) Bild. So verwandelt sich das Schöne aus einem Symbol/Analogon der (sei's theoretischen, sei's praktischen) Vernunft in einen Ort, an welchem sich das einige Prinzip von Theorie und Praxis selbst offenbart. Wer ein echtes Kunstwerk betrachtet, versichert Schiller, erschaut eine »*ästhetische Idee*«, das heißt, blickt »wie in eine grundlose Tiefe« (ebd., 1026). Aber der Anblick erschreckt uns nicht, er zieht uns an, denn es ist ein uns verwandter Geist, der uns aus dieser grundlosen Tiefe anspricht. Das Rätsel unserer ganz eigentümlichen »Betroffenheit« vor dem Schönen erklärt sich nicht aus der Fremdheit des Erblickten, sondern – im Gegenteil – aus der Erfahrung einer tiefen Wesenseinigkeit, die uns aus dem Abgrund wie ein Vertrautes, ein Verlorenes und Wiedergefundenes anblickt: Wir sind das selbst, was uns so rätselhaft fremd schien, und wir reagieren auf die Auflösung des Befremdens mit ästhetischem Wohlgefallen. Novalis sagt: »Die Kunst, auf eine *angenehme* Weise *zu befremden,* einen Gegenstand fremd zu machen und doch bekannt und anziehend, das ist die romantische Poetik« (*NS* III, 68,5, Nr. 668). Da auf der anderen Seite das, was im Kunstwerk so rätselvoll uns anblickt, der weder in Anschauung darstellbare noch in Begriffen exponible (vgl. *KU* 238 ff.) ›übersinnliche Einheitsgrund der Natur und der Vernunft‹ ist (vgl. ebd., XX, LVI, § 59, 258 f., § 67, 304, 352, 358, *passim*), kann das Befremden nie ganz in Vertrautheit sich auflösen, die Inkommensurabilität des Absoluten nie ganz in Selbstbewusstsein sich verlieren. Darum fügt Novalis an:

> Vom Unerreichbaren, seinem Caracter nach, läßt sich keine Erreichung denken. [Darum sind ...] die höchsten Kunstwercke [...] schlechthin *ungefällig* – Es sind Ideale, die uns nur approximando gefallen können – und *sollen* – ästethische [sic!] Imperative (*NS* III, 413, Nr. 745).

Schiller empfiehlt uns, den Schock, den uns die Erfahrung des Schönen beibringt, als Effekt einer Offenbarung zu verstehen: Das sinnlich dargebotene Bild offenbart uns – ganz objektiviert – das verborgenste Innere unseres Gemüts. Im tiefsten Grunde muss das Schöne mehr sein als eine menschlich indifferente Modifikation des Erkennens. Soll der Mensch sich von der Schönheitserfahrung gleichsam aufgerufen fühlen – Novalis sprach von einem ästhetischen Imperativ –, soll gelten, dass er in seinem Innersten getroffen wird durch Schönheit, und zwar tiefer als durch irgendeine andere Erfahrung, dann lag es für einen kantianisch geschulten Ästhetiker nahe, den Grund der Möglichkeit dieser Erfahrung im Sittlichen aufzusuchen – denn sie ist des Gemütes tiefste Tiefe. Schiller kann sich den tiefen Eindruck der Schönheitserfahrung anders einfach nicht erklären, als dass durch sie hindurch das Sinnliche aufs Sittliche verweist. Im ästhetischen Wohlgefallen haben wir das Erlebnis eines *Wieder*erkennens; und was wir da verwundert und angenehm befremdet wieder erkennen, muss ein schon Erkanntes sein – wie anders könnten wir mit freudiger Zustimmung reagieren? Unsere Seele, sagt Schiller, sucht und findet *sich* in der Erscheinung des Schönen; daraus folgt aber, dass das Schöne, in seiner Sinnlichkeit, ein Monogramm unserer Seele ist, wie Schelling sagen wird, ein »verschlungener Zug« derselben (*SW* I/3, 611).

Auf der Grundlage des kantischen Ansatzes, welcher zwei aufeinander völlig irreduzible Quellen unserer Erkenntnis annimmt, könnte ein solcher Gedanke nicht mehr gerechtfertigt werden. Darum stellt Schiller in *Anmut und Würde* (von 1793) die innovatorische These auf, zwischen beiden Erkenntnisstämmen vermittle ein *Band der Liebe,* das auch noch den Abgrund zwischen Verstand und

Vernunft überspanne. In der Liebe waltet ja (und das macht sie zum Paradigma der ästhetischen Erfahrung) eine entschieden zentrifugale, eine selbstlose Tendenz, die wenig gemein hat mit dem, was Kant ›niederes Begehrungsvermögen‹ genannt hat. Liebend überschreitet ein Wesen die Sphäre seiner Individualität, deren Gravitationszentrum außerhalb seiner zu liegen scheint. Wer, wie man damals sagte, »entbrannt ist« von Liebe zum anderen, der sucht seinen Selbstwert außerhalb seiner, der sucht sein eigenes Wesen gesteigert von dort zurückzugewinnen, wo das Geliebte ist. Wer liebt, sagt Schiller, begehrt den anderen nicht, wie man ein Ding begehrt, er schätzt ihn, wie man eine Person achtet (Schiller 1992, 183 f.). So appelliert die Liebe – im Widerspruch zu Kants theoretischem Ansatz – an ein der Dichotomie von Sinnlichkeit und Vernunft überlegenes Prinzip, das gleichursprünglich die beiden Relata, das Selbst und das Andere-des-Selbst, Sinnlichkeit und Vernunft, einschließt, so wie es der Beginn von Hölderlins Hymne *Der Abschied* ergreifend in Worte fasst:

> Trennen wollten wir uns? wähnten es gut und klug?
> Da wirs taten, warum schröckte, wie Mord, die Tat?
> Ach! wir kennen uns wenig,
> Denn es waltet ein Gott in uns.

Die Entscheidung zur Trennung wird in dieser Strophe drastisch dem Mord verglichen; und zwar darum, weil der andere, sofern ich ihn liebe, nicht wirklich ein anderer ist, sondern ich selbst in der Stellung des anderen. So öffnet sich die Liebe auf das, was mehr ist als ich und du, wie Hölderlin es in Anspielung auf Ovids »Est Deus in nobis« sagt. Es gibt in uns, über uns, einen Gott, der uns unwissentlich durchwaltet und die untrennbare und undarstellbare Einheit bildet, von der die Entgegensetzung des Selbst und des anderen nur ein unvollkommener und defizitärer Ausdruck ist.

Ebendiese Struktur wendet Schiller auf die Beziehung an, die im Phänomen des Schönen zwischen dem Sinnlichen und dem Intelligiblen besteht. Ich zitiere die drei entscheidenden Passagen, in denen Schiller dieses Verhältnis erörtert. Die erste findet sich in einer Jenaer Vorlesung von 1792 über Ästhetik und ist überschrieben »Verhältnis des Schönen zur Vernunft«. Sie gibt zugleich eine gute Illustration der rhetorischen Wucht und explikativen Kraft, durch die Schiller Kants verwundenen Stil zu übertreffen hoffte:

Der Umstand, dass das Schöne bloss *gefühlt,* nicht eigentlich erkannt wird, macht die Ableitung der Schönheit aus Prinzipien *a priori* zweifelhaft. Es scheint, dass wir uns mit pluralistischer Gültigkeit der Urteile über Schönheit begnügen müssen.

Wir *beobachten* entweder oder *betrachten* die Naturerscheinungen; *Betrachtung* allein kommt der Schönheit zu. Das Mannigfaltige gibt der *Sinn*; *die Form gibt die Vernunft.* Die Vernunft verbindet Vorstellungen zur *Erkenntnis* oder zur *Handlung.* Es gibt *theoretische* und *praktische* Vernunft. Freiheit der Erscheinungen ist das Objekt der *ästhetischen / Beurteilung.* Freiheit eines Dinges in der Erscheinung ist dessen Selbstbestimmung, wiefern sie in die Sinne fällt.

Die ästhetische Beurteilung schließt alle Rücksicht auf objektive Zweckmäßigkeit und Regelmäßigkeit aus und geht bloß auf die Erscheinung; ein Zweck und eine Regel können nie erscheinen. Eine Form erscheint dann *frei,* wenn sie sich selbst erklärt und den reflektierenden Verstand nicht zur Aufsuchung eines Grundes außer ihr nötigt. Das Moralische ist vernunft*mäßig,* das Schöne ist vernunftähnlich. Jenes erregt *Achtung, ein* Gefühl, das durch Vergleichung der Sinnlichkeit mit der Vernunft entsteht. Die Freiheit in der Erscheinung erweckt nicht bloß Lust über den Gegenstand, sondern auch *Neigung zu* demselben; diese Neigung der Vernunft, sich mit dem Sinnlichen zu vereinigen, heißt *Liebe.* Das Schöne betrachten wir eigentlich nicht mit *Achtung,* sondern mit *Liebe;* ausgenommen die *menschliche* Schönheit, welche aber Ausdruck der *Sittlichkeit* als Objekt der Achtung in sich schließt. – Sollen wir das Achtungswürdige zugleich lieben, so muß es von uns erreicht oder für uns erreichbar sein. Liebe ist ein Genuß, Achtung aber keiner; hier ist Anspannung, dort Nachlassung. – Das Gefallen der Schönheit entspringt also aus der bemerkten Analogie mit der Vernunft und ist mit Liebe verbunden (Schiller 1992, 1072 f.).

Das zweite Zitat ist aus *Anmut und Würde,* ein Jahr später entstanden; es handelt von der Anmut als einer Teilklasse des Schönen, nämlich als Freiheit in derjenigen Erscheinung, die sich bewegt:

In der Anmut hingegen, wie in der Schönheit überhaupt, sieht die Vernunft ihre Forderung in der Sinnlichkeit erfüllt, und überraschend tritt ihr eine ihrer Ideen in der Erscheinung entgegen. Diese unerwartete Zusammenstimmung des Zufälligen der Natur mit dem Notwendigen der Vernunft erweckt ein Gefühl frohen Beifalls (*Wohlgefallen*), welches auflösend für den Sinn, für den Geist aber belebend und beschäftigend ist, und eine Anziehung des sinnlichen Objekts muss erfolgen. Diese Anziehung nennen wir Wohlwollen – *Liebe*; ein Gefühl, das von Anmut und Schönheit unzertrennlich ist (ebd., 387).

In diesem Passus, wie schon im vorangehenden, wird der Begriff »Liebe« zunächst angerufen, um das »freudige Erschrecken« zu erklären, das die Begegnung des Schönen hervorruft, auch um das Begehren zu rechtfertigen, das die Seele ergreift, vor ihm zu verweilen. In der Folge tritt ein anderes Motiv in den Vordergrund: die platonische Sehnsucht, sich im geliebten anderen zu verlieren oder vielmehr: mit ihm zusammen auf- und einzugehen in jenen schon beschworenen »Deus in nobis«. Ich zitiere wieder *Anmut und Würde*:

Von der Achtung kann man sagen, sie *beugt sich* vor ihrem Gegenstande; von der Liebe, sie *neigt sich zu* dem ihrigen; von der Begierde, sie *stürzt auf* den ihrigen. Bei der Achtung ist das Objekt die Vernunft und das Subjekt die sinnliche Natur. Bei der Liebe ist das Objekt sinnlich und das Subjekt die moralische Natur. Bei der Begierde sind Objekt und Subjekt sinnlich. Die Liebe allein ist also eine freie Empfindung, denn ihre / reine Quelle strömt hervor aus dem Sitz der Freiheit, aus unsrer göttlichen Natur. Es ist hier nicht das Kleine und Niedrige, was sich mit dem Großen und Hohen mißt, nicht der Sinn, der an dem Vernunftgesetz schwindelnd hinaufsieht; es ist das *absolut Große* selbst, was in der Anmut und Schönheit sich nachgeahmt und in der Sittlichkeit sich befriedigt findet, es ist der Gesetzgeber selbst, der *Gott* in uns, der mit *seinem eigenen Bilde* in der Sinnenwelt spielt. Daher ist das Gemüt aufgelöst in der Liebe, da es angespannt ist in der Achtung; denn hier ist nichts, das ihm Schranken *setzte, da* das absolut Große nichts über sich hat und die Sinnlichkeit, von der hier allein die Einschränkung kommen könnte, in der Anmut und Schönheit mit den Ideen des *Geistes* zusammenstimmt. Liebe ist ein Herabsteigen, da die Achtung ein Hinaufklimmen ist. Daher kann der Schlimme nicht lieben, ob er gleich vieles achten muß; daher kann der Gute wenig achten, was er nicht zugleich mit Liebe umfinge. Der *reine Geist* kann nur lieben, nicht achten; der Sinn kann nur achten, aber nicht lieben (ebd., 388 f.).

Vor diesen Textauszügen könnte man auf die Idee kommen, Schiller bewege sich bereits mehr oder weniger souverän auf dem Grunde des spekulativen Idealismus etwa Hegels, dessen Dialektik ja ebenfalls von der Erfahrung der selbstbereichernden Selbstentäußerung, welche die Liebe ist, ausging. Hegel hat auch gestanden, dies Motiv Schiller zu verdanken. In die Entwicklung von Schillers eigenen Ideen gehen indes Motive ein, die eine idealistische Lesart behindern. In der Tat versteht Schiller unter ›Liebe‹ recht allgemein eine (freiwillig eingegangene) Vereinigung von Sinn und Vernunft. Im

Falle der Deskription des Schönheitsphänomens scheint die Formulierung unverfänglich. Denn die Freiheit, Repräsentantin eines reinen Vernunftbegriffs, soll sich hier in ihrer Erscheinung als sinnliche Vorstellung spiegeln. Erscheint der Akt der Vergegenständlichung überdies als der einer Versinnlichung, dann scheint Schillers Rede von einer Hinneigung der Vernunft zum Sinnlichen einigermaßen plausibel. Diese Deutung trifft nur *einen* Aspekt der Liebe. Unter ›Liebe‹ verstehen wir normalerweise eine kosubstantielle Beziehung zwischen Wesen, die nach Rang und Autonomie gleichgestellt sind. In Schellings schöner Formulierung:

> Dieß ist das Geheimniß der Liebe, daß sie solche verbindet, deren jedes für sich seyn könnte und doch nicht ist, und nicht seyn kann ohne das andere (*SW* I/7, 408; vgl. 174).

Nun kann zwischen Sinnlichkeit und Vernunft von einer solchen Gleichheit-im-Wert nicht die Rede sein, wenigstens so lange nicht, wie die »kantische Gränzlinie« unüberschritten bleibt, von der Hölderlin, mit kritischem Blick auf Schillers Kantianismus, im Brief an Neuffer vom 10. Oktober 1794 sprach. Mehr noch: Schiller spricht der Vernunft eine *Neigung*, eine Affektion zu, die nach Kant nur zur Ausstattung der Sinnlichkeit gehören könnte.

Wie kann Schiller dieser Selbstwiderspruch entgangen sein? Die Antwort darauf kann nur gegeben werden im Blick auf die eigentümliche Unentschiedenheit seines Denkens zwischen Kantianismus und einem ihm noch unerschwinglichen Idealismus. Diese Unentschiedenheit drückt sich darin aus, dass er den Gedanken der Selbstvergegenständlichung der Vernunft weitgehend in einer Sprache formuliert, die Kants Grundansatz die Treue hält. Von daher kann Sinnlichkeit aber nur unter größten Einschränkungen und mit vielen Reserven als Entäußerungsform des Intelligiblen begriffen werden. Die suchenden und ratlosen Verweise auf den ›übersinnlichen Einheitsgrund von Natur und Freiheit‹ weisen freilich in dieselbe Richtung, in die sich Schiller bewegt. Aber sein Fortschritt ist mehr rhetorisch als gedanklich. Schiller bleibt Kantianer.

Das will ich abschließend genauer belegen. Nach Kant ist die Art und Weise, in der wir uns rezeptiv gegen die Welt verhalten, die Sinnlichkeit. Spontan sind wir als verständige, aktiv als frei-vernünftige Wesen. Schiller hat diesen Dualismus von Vermögen übernommen als Schema auch seiner Auffassung vom Geist. Das wird vor allem spürbar in seinen moralphilosophischen Räsonnements, in denen er keinen Zweifel lässt, dass sinnliche Schranken um der Sittlichkeit willen überschritten werden müssen – ein Verhältnis, das Achtung, nicht Liebe erheischt. Auch in seinen ästhetischen Entwürfen hat er die Grundanlage des sinnlich-vernünftigen Dualismus nie wirklich in Frage gestellt, und damit verliert die kühne Forderung einer Selbstobjektivierung der Vernunft im Sinn alle Einsichtigkeit. »Selbstobjektivierung« meint ja, es sei kein der Vernunft Anderes, sondern *sie selbst, die* sich im Sinn erfasst. Nun ist für Kant die Sinnlichkeit gewiss das Andere der Vernunft, aber keineswegs ihr eigenes Anderes. Sie mag sich mithin allemal im Sinn spiegeln: Das Spiegelbild wird nie den Sinn als das Andere ihrer selbst hervortreten lassen. Der Sinn bleibt der Vernunft auf unüberwindliche Weise fremd und äußerlich, denn er gründet in einem ihrer Botmäßigkeit völlig entzogenen Erkenntnisstamm.

Um Schillers Projekt einsichtig zu machen, bedürfte es einer völligen Neubegründung seiner Erkenntnistheorie, insbesondere einer *Revolutionierung seiner Auffassung von Freiheit.* Ohne sonderlich darauf Acht zu geben, verwendet Schiller den Ausdruck in wenigstens vier voneinander abhebbaren Bedeutungen.

- Da ist zunächst *die der Natur eigene Freiheit* im Sinne der alten Griechen: die Freiheit des *phyein,* des ungehemmten Sich-Entfalten-Dürfens etwa der Pflanze (aber auch des Naturwesens Mensch) aus ihren Keimen nach Maßgabe ihres inneren Bauplans, den Aristoteles ›Entelechie‹ nennt. Das ist eine Kants Denken ganz fremde Vorstellung.
- Daneben kennt Schiller die *Freiheit der Einbildungskraft,* der auch Kant allerlei Auftritte in der »Analytik des Schönen« einräumt, die er aber der (im Grunde passiven) Anschauungsfähigkeit zuordnet. Bei Schiller verschwimmt sie manchmal mit der natürlichen Freiheit, gehört doch nach seiner Auffassung (die wieder eher aristotelisch ist) die Einbildungskraft zur Naturausstattung des Menschen, nicht zu seinem intellektuellen Vermögen.
- Drittens gibt es bei Schiller *Freiheit als sittliche Selbstbestimmung,* die – anders als die beiden vorangehenden Fassungen – kein theoretisches, sondern ein entschieden praktisches Vermögen darstellt, mithin auch nicht als natürlich bezeichnet werden könnte. In Kants Werk unterhält die Freiheit der Einbildungskraft allenfalls ein Ähnlichkeitsverhältnis zur praktischen Freiheit (eine

Analogie, die freilich auch gewisse Naturprodukte, Organismen genannt, einschließt). Ähnlichkeit ist aber nicht Identität; und auf die kann sich die Rede von der Selbstdarstellung der Vernunft im Sinnlichen nicht stützen – denn hier wird Identität behauptet.
– Schiller war sich dessen, wenn auch nicht hinreichend deutlich, bewusst; darum nimmt er die Existenz einer vierten Freiheit an, die wir ›*synthetische Freiheit*‹ nennen können. Sie besteht in der freiwilligen Zusammenstimmung, in einem glücklichen Gleichgewichts- oder Indifferenz-Zustand zwischen Sinnlichkeit und Moralität, so, als ob die Natur freiwillig in die Ordnung sich fügte, die die Sittlichkeit ihr abverlangen würde. Sie hat nicht den Charakter eines Prinzips, sondern nur einer Synthesis; denn statt die Vereinigung der Opposita von oben zu regeln, muss sie sich damit begnügen, ein stimmiges Verhältnis zwischen beiden zu reflektieren: Sie ist der Indifferenzpol, nicht das Identitätsprinzip von Sinn und Vernunft: der Punkt, an dem die Pole ihre Gegenwirkung gleichsam auf »*null*« beschränken (Schiller 1992, 635 f.).
Nur von dieser vierten Freiheit macht es einigen Sinn zu sagen, sie verbürge die Möglichkeit eines *Sich*-Spiegelns der Freiheit in dem, was nicht Freiheit, was Sinnlichkeit ist. Bei genauerem Zusehen müssen wir uns aber davon überzeugen, dass dies nicht ganz korrekt ist. Denn es mag wohl sein, dass die Freiheit im Sinnlichen ihr eigenes Bild anschaut; nicht aber gilt darum schon, dass die Sinnlichkeit – der Spiegel – selbst mit Haut und Haar die Objektivierung der Freiheit ist. Und das müsste sie, soll mit Recht von einer Selbstvergegenständlichung der Freiheit im Sinn und als Sinn gesprochen werden können. So bleibt die schöne Seele, die Schiller als Idealzustand von mit Sittlichkeit versöhnter Sinnlichkeit beschwört, beschränkt auf ein quantitatives Gleichgewicht zwischen Vermögen, die an ihnen selbst durch kein inneres Band identifiziert sind; und die Rede vom liebenden Selbstbezug bleibt unausgewiesene Rhetorik. So bringt Schiller sein unüberwundener Kantianismus um die Früchte eines wirklich neuen Ansatzes, auf den nur in Ausblicken und in Wunschform hingewiesen wird.

Man sieht aber, indem man den kritischen Punkt ins Positive wendet, zugleich, worin dieser Neuansatz bestehen müsste. Der Mittel- oder »*Null*«-*Zustand* zwischen Sinn und Vernunft, von dem Schiller 1795 in den *Ästhetischen Briefen* spricht (ebd., 636), bedürfte einer Fundierung in einer Identität beider; und von ihr wäre zu zeigen, dass die Schönheit ihr vollkommenster Ausdruck ist. Ein Prinzip, das gleichursprünglich Realität und Idealität ist, würde die Formel einsichtig machen, Vernunft begegne im Anderen der Vernunft *sich selbst.* Eine solch absolute Identität des Reellen und des Ideellen, der Natur und des Geistes hat aber erst Schelling, etwa zur gleichen Zeit wie Schiller, als notwendige Voraussetzung beider Relata und ihres Widerspiels angenommen. Ließe sich ihre Existenz erweisen, so könnte endlich das kantische »Als-ob«, das Schiller nur rhetorisch überwunden hat, fallen gelassen werden. So tut es in fast jubilatorischem Ton das sogenannte *Älteste Systemprogramm des deutschen Idealismus*, dessen Autor Schelling sein mag:

Zuletzt die Idee, die alle vereinigt, die Idee der *Schönheit,* das Wort in höherem platonischem Sinne genommen. Ich bin nun überzeugt, daß der höchste Akt der Vernunft, der, indem sie alle Ideen umfast, ein ästhetischer Akt ist, und daß *Wahrheit und Güte, nur in der Schönheit* verschwistert sind - Der Philosoph muß eben so viel ästhetische Kraft besitzen, als der Dichter. Die Menschen ohne ästhetischen Sinn sind unsre BuchstabenPhilosophen. Die Philosophie des Geistes ist eine ästhetische Philos. Man kan in nichts geistreich, seyn(,) selbst über Geschichte kan man nicht geistreich raisonniren – ohne ästhetischen Sinn. Hier soll offenbar werden, woran es eigentl. den Menschen fehlt, die keine Ideen verstehen, – und treuherzig genug gestehen, daß ihnen alles dunkel ist, sobald es über Tabellen u. Register hinausgeht.

Die Poesie bekömmt dadurch e. höhere Würde, sie wird am Ende wieder, was sie am Anfang war – *Lehrerin der (Geschichte) Menschheit;* denn es gibt keine Philosophie, keine Geschichte mehr, die Dichtkunst allein wird alle übrigen Wissenschaften u. Künste überleben (*Mat.* 111).

III.

So oder ähnlich könnte die Überbietung Schillers durch kühne idealistische Spekulation aussehen. Aber schiere Kühnheit ist *per se* keine philosophische Tugend. Und so sollten wir uns am Ende unseres Durchgangs durch Schillers ästhetische Überlegungen nüchtern fragen, ob wir den Ausgang von einem (angeblich in Gedanken fassbaren) Absolutum wirklich für die gebotene Alternative zu Schillers Scheitern halten wollen. Meine Empfehlung ist die laute Antwort ›nein‹.

So haben es auch die Frühromantiker getan, nachdem sie eine Zeit lang mit dem Grundgedanken eines absoluten Idealismus geflirtet hatten, unter ihnen vor allem der große Schiller-Verehrer Friedrich von Hardenberg, Novalis. Sein Jenaer Studienfreund Friedrich Karl Forberg notierte angesichts von Fichtes absolut-idealistischer Liquidierung des kantischen Kritizismus spöttisch, er wolle lieber mit Kant scheitern als mit Fichte siegen. Und so frage ich mich und Sie, ob wir nicht auch lieber mit Schiller scheitern als mit Schelling siegen wollen.

Denn gegen die Annahme eines *existierenden* Absoluten spricht doch allerlei. Zunächst Kants stehender Einwand gegen die Möglichkeit einer ›intellektuellen Anschauung‹ beziehungsweise eines ›unendlichen Verstandes‹. Der unsere ist beschränkt und arbeitet mit Begriffen. Begriffe sind Werkzeuge, durch die wir etwas (zusätzlich zum Begriff) Gegebenes *bestimmen*, und Bestimmen heißt: Grenzen setzen (*omnis determinatio est negatio*). Würden wir dieses Gegebene in einer Verwirrung unseres Geistes suchen, die sich aus seiner Unvollkommenheit erklärte, oder für die unbewusste Kreation eines *intellectus archetypus* halten, so fielen wir gerade in jenen Leibnizianismus zurück, gegen den Kants ganzes kritisches Projekt steht. Für eine solche Releibnizianisierung Kants kann man den Deutschen Idealismus halten. Der alte Kant beobachtete den Gang einiger der begabtesten unter seinen philosophierenden Schülern in den absoluten Idealismus mit wachsender Resignation.

Freilich: Es lag etwas Richtiges in den Überbietungsabsichten gegenüber Kant. Hatte nicht dieser selbst in die Richtung eines Einheitsgrundes gewiesen, der alle Dualismen seiner Philosophie aufhöbe? Reinhold hatte ein solches Fundament der Kantischen Philosophie zu finden geglaubt. Es muss ein solches angenommen werden, war sein Argument. Denn wenn wir ›Wissen‹ als ›begründete Meinung‹ definieren, so muss es wenigstens einen Satz geben, der aus sich selbst einleuchtet. Nur ein solches Wissen dürfte im Wortsinne ›absolut‹ heißen; denn absolut ist nur eines, *quod est omnibus relationibus absolutum.* Würde aber Wissensbegründung im ständigen Verweis eines Satzes auf einen ihn begründenden bestehen, so verliefe die Begründungskette im Unendlichen, und alles Wissen wäre relativ.

An diesem Argument, das sich in Fichtes Grundsatzphilosophie zu vollenden schien, kamen aber unter Reinholds Schülern, darunter Novalis, bald Zweifel auf. Sie entfalteten sich in drei Richtungen: Zum Ersten wurde bestritten, dass sich ein System von Überzeugungen überhaupt auf eine Evidenz stützen lässt; denn Evidenzen sind private Bewusstseinserlebnisse. Unter Berufung auf sie kann man die innersubjektive Konsensbildung nicht erklären. Sie bildet aber ein Kriterium für das, was wir ein Wissen nennen. Außerdem lassen sie sich bei genauerer Analyse nicht klar von den ›Ansprüchen (manchmal heißen sie auch ›Aussprüche‹) des gemeinen Verstandes‹ abheben. Auch sie können wir gewöhnlich nur auf sogenannte Intuitionen gründen – das heißt, wir glauben an sie. Glaubenssätze haben einen den euklidischen Axiomen ähnlichen Charakter (und ἀξίωμα heißt ja: ein *Geglaubtes*). Würden sie bewiesen werden können, so verlören sie sofort ihren Status oberster Grundsätze – denn ein Satz, der in einem anderen seine Begründung findet, ist kein oberster. So aber wird Wissensbegründung zu einem Glaubensartikel. Novalis wird sagen: »Es ist ein Product der Einbildungskraft, woran wir *glauben,* ohne es seiner und unsrer Natur nach, je zu erkennen vermögen [syntaktisch sic!]« (dazu im vorliegenden Band die Texte 1 und 2). – Am ernstesten und folgenreichsten aber fiel der dritte Einwand aus: Reinholds oberster Satz steht tatsächlich gar nicht auf eigenen Füßen. Vielmehr setzt er andere Sätze zu seiner Begründung voraus, die angeblich aus ihm folgen.

Dies wäre eine ruinöse Konsequenz für die Grundsatzphilosophie. Und so sah es beispielsweise Novalis. Er notiert: »Vom Unerreichbaren, seinem Carakter nach, läßt sich keine Erreichung denken« (*NS* III, 685, Nr. 671). Und er sagt: Ein Ich als Absolutum denken hieße: sich selbst widersprechen – sofern der Gedanke ›Ich‹ nämlich einen *bestimmten* Inhalt haben soll. Und sein Freund Friedrich Schlegel hält fest: »*Erkennen* bezeichnet schon ein *bedingtes* Wissen. Die Nichterkennbarkeit des Absoluten ist also eine identische Trivialität« (*KA* XVIII, 511, Nr. 64). Beide zogen daraus die Konsequenz, dass allein die Kunst uns das *mittelbar* – symbolisch oder, wie Romantiker lieber sagen, allegorisch – vor Augen zu stellen vermöge, was weder Anschauung noch Begriff für sich allein fassen können. Im unerschöpflichen Sinnreichtum des ästhetischen Gebildes zeige sich die begriffliche Unbezwingbarkeit des Absoluten *als solche.* »Wenn der Caracter des gegebenen Problems Unauflöslichkeit ist«, folgert Novalis, «so lösen wir dasselbe, wenn wir seine Unauflöslichkeit [als solche] darstellen« (ebd., 376, Nr. 612). – Im Grunde war gerade dies der Vorschlag von Kants dritter *Kritik*; und Schiller war von einem guten Geist beraten, wenn er die ›Kantische Grenzlinie‹ nicht überschritt – freilich war dies gerade seine Absicht gewesen. In seinem (vermutlich) späten Aufsatz (Erstdruck 1801) *Über das Erhabene* hat er dann seine idealistischen Aspirationen widerrufen und ist zu Kant zurückgekehrt.

Uns steht er darum näher als der Schelling der identitätsphilosophischen Phase, den freilich immer wieder selbstkritisch-frühromantische Grillen umtrieben, bis sie ihn zur Aufgabe des absoluten Idealismus trieben. Vor allem ist uns Schillers Ästhetik näher als Hegel, der das ästhetische Gebilde nicht mehr als Ausdruck der »wahrhaften Interessen« der Menschheit anerkennen wollte; die Reflexion – das absolute Begreifen – habe die schönen Künste überflügelt (Hegel 1955, 56 f.). Wir glauben heute aber nicht mehr an absolute Versicherungsgründe für unser Dasein, auch nicht an die Ableitbarkeit unseres Wissens aus einer absoluten Identität oder einem absoluten Ich. Die Kunst hingegen betrachten wir keineswegs als Zeugnis der Vorzeit, sondern als eine der zeitlos gültigen Weisen menschlicher Selbstverständigung. Schiller ist auf diese Weise unser Zeitgenosse geblieben.

9. »Selbstgefühl« und »Grundsinn«

Das vermeinte Erwachen des Selbstbewusstseins aus dem Tastsinn

Als ich Ende der 1960er Jahre meine Doktorarbeit über das Zeitproblem der Romantik schrieb und erstmals gründlich in die *Fichte-Studien* des Novalis eindrang, stieß ich gleich zu Beginn auf den Ausdruck ›Selbstgefühl‹. Ich hatte ihn nie gehört und hielt ihn für einen Neologismus. Gerhard Sauder, damals Assistent am Heidelberger Germanistischen Seminar, schrieb seinerseits gerade an seinem enzyklopädischen Standardwerk über die Empfindsamkeit (Sauder 1974). Sein lebhaftes Interesse an diesem Ausdruck und seiner Verwendung durch Novalis (im September 1795) brachte mich auf eine Fährte.

I.

Worum es Novalis zu tun war, ist ebenso originell wie rasch bezeichnet. In einer vom Subjektivitätsthema so tief durchdrungenen Zeit räsonniert er über die Weise, wie der Philosophie dieses ihr Leib- und Magenthema gegeben sein könnte:

> Was könnte es wohl seyn?
>
> Sie handelt von einem Gegenstande, der nicht gelernt wird. Wir müssen aber alle Gegenstände lernen – also von gar keinem Gegenstande. Was gelernt wird muß doch verschieden seyn von dem Lernenden. Was gelernt wird ist ein Gegenstand – also ist das Lernende kein Gegenstand. Könnte also die Filosofie vielleicht vom Lernenden handeln, also von uns, wenn wir Gegenstände lernen?
>
> Die Filosofie ist aber selbst im Lernenden. Nun da wird sie Selbstbetrachtung seyn. Ey! wie fängt es der Lernende an sich selbst in dieser Operation zu belauschen. Er müßte sich also lernen – denn unter lernen verstehn wir überhaupt nichts, als den Gegenstand anschauen und ihn mit seinen Merckmale[n] uns einprägen. Es würde also wieder ein Gegenstand. Nein Selbstbetrachtung kann sie nicht seyn, denn sonst wäre sie nicht das Verlangte. Es ist ein Selbstgefühl vielleicht. Was ist denn ein Gefühl?

/ Die Filosofie ist ursprünglich ein Gefühl. Die Anschauungen dieses Gefühls begreifen die filosofischen Wissenschaften. / (*NS* II, 113, Nr. 15, Z. 12 ff.)

So läuft das Argument: Das Lernende in seiner radikalen Subjektivität kann kein Gegenstand sein (auch kein Gegenstand der später so genannten ›Reflexion‹, in der der Denkende sich vergegenständlichend auf sich selbst zurückbiegt). Innere Gegenstände lassen sich betrachten – nämlich durch den seit John Locke dafür ausersehenen ›inneren Sinn‹. Über innere Gegenstände und Zustände lässt sich Wissen erwerben, denn »Wissen kommt her von Was« (105, Z. 23). Indem ›Selbstgefühl‹ als Kandidat für die Weise erwogen wird, wie die radikale Subjektivität mit sich selbst bekannt ist, ohne sich darum zu ›wissen‹ oder zu ›betrachten‹, wird es als Kandidat für eine Form ungegenständlichen Bewusstseins erwogen. Und da es sich um ein Bewusstsein von sich handelt, muss die Art von unbegrifflichem Bewusstsein, die hier vorliegt, als Gefühl, also als Selbstgefühl spezifiziert werden. Auch von Glaube ist die Rede: »Was ich nicht weis, aber fühle / das Ich fühlt sich selbst als Gehalt / glaube ich« (104, Z. 11-13).

Hier ist Jacobis Einfluss unverkennbar. Der wiederum hing wesentlich von Hamann ab, viel stärker, als ihm lieb war und er öffentlich sehen ließ (um so beredter ist der Briefwechsel [Frank 1998a, 676, Anm. 22]). Aber bei Hamann fand ich den Ausdruck ›Selbstgefühl‹ nicht, den Jacobi[1] gelegentlich und ein anderer verdeckt operierender Hamann- und Hemsterhuis-Schüler, nämlich Herder, häufig verwenden. Herders Einfluss auf die Frühromantik kann grob charakterisiert werden als ebenso umfassend wie schwer nach-

1 Jacobi sagt, die französische Sprache habe ihm in seinem Brief an Hemsterhuis den »Ausdruck, le sentiment de l'être, [...] an die Hand [gegeben]« (Jacobi 1789, 193 f.), den er »reiner und besser« als den deutschen ›Bewußtsein‹ finde. Im Brief an Hemsterhuis redet Jacobi auch vom »sentiment de soi-même«, das dem Wollen eingepflanzt sei und den Vorrang des Denkens vor dem Wollen belege. Diesen Ausdruck verdeutscht Jacobi selbst durch »Selbstgefühl« (ebd., 109). Seinsgefühl und Selbstgefühl gehen natürlich Hand in Hand. ›Sum‹, nicht ›cogito‹ heiße die erste Einsicht (XXIV f.; vgl. *NS* II, 268, Nr. 559: »Der Grund des Denkens – SUM«). Die ursprüngliche Selbsterfahrung ist als eine Seins- eine *Wirklichkeits*erfahrung, »welche sich unmittelbar im Bewußtseyn darstellt, und durch die That beweist« (Jacobi 1789, XXXVI f., Nr. XXIX): Der Modus dieses Bewusstseins ist Fühlen: »Selbst von unserem eigenen Daseyn haben wir nur ein Gefühl; aber keinen Begriff« (420, Anm.).

weisbar durch robuste Textbelege. Das hängt zusammen mit Herders Dunkelheit, seiner Vernachlässigung gediegener Begriffsarbeit und der unzusammenhängend-ruckartigen Darbietung seiner Einfälle. Herder präzise zu zitieren ist schwierig, weil man ihn durch einzelne Thesen außerhalb ihres Zusammenhangs und entblößt von ihrem stilistischen Gewand kaum charakteristisch zu fassen bekommt.

Aber tun wir nicht den dritten Schritt vor dem zweiten. Des Novalis Überlegung ist Jacobi und Herder noch in einem anderen Aspekt verpflichtet. Novalis bestimmt nämlich Bewusstsein als einen ek-statischen (oder sagen wir: intentionalen) Bezug aufs Sein: als »Seyn außer dem Seyn im Seyn« (106, Z. 4 ff.). Das hat eine hart realistische Pointe: Sein – oder wie Novalis mit Jacobi sagt: »Urseyn« (142, Z. 13) – besteht, ohne dass ein Bewusstsein sich darauf richtet; aber Bewusstsein gibt es nur als ontologisch einseitig abhängige Beziehung aufs Sein. Vom ›Sein‹ – diesem in der abendländischen Philosophie ebenso zentralen wie vieldeutigen Gegenstand – spricht Novalis auch als von »Existenz« oder »Nur Seyn«. Er meint damit: Des Seins Charakter ist ›Begriffs-‹ und ›Modifikationslosigkeit‹ (also Bestimmungsunabhängigkeit oder Eigenschaftslosigkeit) (ebd., Z. 20). Es ist das einzige Thema der Philosophie und wird nicht gewusst, sondern gefühlt oder geglaubt: »Nur aufs Seyn kann alle Filosofie gehn. Der Mensch fühlt die Grenze [...]; er muß sie glauben, so gewiß er alles andre weiß« (107 oben).

Das Gefühl ist also für zweierlei zuständig: Es sichert das unbegrifflich-ungegenständliche Bewusstsein des Subjekts von sich; und es erfasst dessen begrifflich unbestimmte Existenz. Wieder steht Novalis in einer Tradition, an der der Kant-Schüler Herder maßgeblich mitgewirkt hat. Diese Tradition behauptet einen tiefen Zusammenhang zwischen dem Selbst- und dem Existenzgefühl (Frank 2002). Worin kann der bestehen? Das wollen wir im Folgenden besser verstehen lernen, und zwar durch eine exemplarische Erkundung dieser Tradition. Fürs Erste müssen wir uns mit einer Intuition begnügen. Novalis scheint geglaubt zu haben, das Gefühl als das epistemische Organ für eine ungegenständliche Vertrautheit mit sich sei auch das Organ für die Auffassung des Seins (*qua* Existenz) in seiner radikalen Vorbegrifflichkeit, natürlich des eigenen. Beginnen wir mit der Frage, die Novalis selbst stellt: »Was ist denn ein Gefühl?«

II.

Der Ausdruck nimmt das lateinische *sensus/sensatio* (frz. und engl. *sens*[*e*]/*sensation* beziehungsweise *sentiment*) auf. Im Deutschen steht ›Gefühl‹ fast *indistincte* neben ›Empfindung‹, obwohl es Autoren gibt, die einen Unterschied machen (Hissmann 1777, 98; vgl. 106, 159 f.). Thomas Abbt sucht die französisch-englische Unterscheidung auf Deutsch nachzuahmen, indem er ›Empfindung‹ (*sensation*) gegen ›Empfindnis‹ (*sentiment*) stellt (Abbt 1772, 115 f.; Tetens und Herder haben sich diesem Wortgebrauch angeschlossen).

Die Bedeutung des Ausdrucks ›Gefühl‹ oszilliert also zwischen ›Tastsinn‹ (einem unmittelbaren Berühren des Gegenstandes, *pars pro toto* für jeden sinnlichen Direktkontakt mit Gegenständen) und einer reflektierten Art und Weise, Sinneserlebnisse zu verarbeiten (dem Gefühl der Lust und Unlust oder von Schmerz und Vergnügen, wie auch gesagt wird). Das Gefühl der Lust und Unlust bewertet, grob gesagt, die Tauglichkeit des empfangenen Eindrucks zur Beförderung oder Hemmung des Lebens (*AA* VII, 153). Damit ist Kants Klassifikation der Gefühle vorgegeben. Sie werden eingeteilt in solche, die ›objektive‹ Eindrücke der Wirklichkeit verarbeiten (das »Materielle [Reale] derselben [wodurch etwas Existirendes gegeben wird]«; das sind die ›Empfindungen‹ *sensu stricto*), und solche, die ›subjektiv‹ Sinneserlebnisse (reflektierend) bewerten – insbesondere ästhetisch[2] – und darum nur uneigentlich ›Empfindungen‹ heißen.[3]

Zu einem ähnlichen, wenn auch im Einzelnen differenzierteren Ergebnis waren die Gefühlstheorien des 17. und frühen 18. Jahrhunderts gekommen. Sie hatten – grob gesagt – Gefühle irgendwo zwischen Wahrnehmungen und Urteilen angesiedelt (Soldati 2000). Einige, wie der Ekel, ähneln in der Unmittelbarkeit ihres Sich-Einstellens auf physische Reize mehr einer Wahrnehmung (die Auffassung von Descartes in *Les Passions de l'âme*), andere, wie die Bewunderung oder die Beschämung, eher einem evaluativen Urteil (die

2 Komplizierter steht es um die moralischen Gefühle (wie die Achtung), die ich hier übergehe.

3 Vgl. *KU* B XLII ff., 4 f. (dort findet sich auch die Rede vom »Lebensgefühl«) und 8 f.

Auffassung Humes im Zweiten Buch seines *Treatise of Human Nature*).

Wir müssen nun einen kurzen Blick auf das Kompositum ›Selbstgefühl‹ werfen.

III.

Die Bestandteile dieses Ausdrucks sind erst spät in der deutschen Sprache aufgekommen. Als Bezeichnung einer gehobenen moralischen Selbstbewertung (unserem ›Selbstwertgefühl‹ vergleichbar) scheint der Ausdruck seit dem 17. Jahrhundert geläufig, auch umgangssprachlich, während die zweite Bedeutung (Kenntnis der eigenen seelischen Vorgänge) auf Basedows Übersetzung des englischen ›inner [oder ›internal‹] sense‹ (Basedow 1764, II, § 10) zurückzugehen scheint und nur im spezialistischen Kontext der empirischen Psychologie des endenden 18. Jahrhunderts eine allerdings mächtige Karriere machte. Diese Tradition hat dann auch dafür gesorgt, dass Selbstgefühle typischerweise als gegenständliche Kenntnisse verstanden wurden, in denen ein mentaler Observator gleichsam auf seine seelischen Zustände, auf den Träger dieser Zustände oder auf die persönliche Identität eines bewusst über die Zeit sich erstreckenden Lebens gerichtet war. Ein solches, wie Michael Hissmann es nennt, ›Sich-auf-sich-Zurückbeugen‹ der Seele hatten schon Descartes und Leibniz ›Reflexion‹ genannt (im Gegensatz zum Wolff-Kantischen Wortgebrauch, wonach ›Reflexion‹ das begriffsbildende Überdenken von Vorstellungen nach Kriterien der Differenzierung und der Vergleichung meint; von *conceptus reflexionis* sprach die Wolff-Schule [vgl. im vorliegenden Band Text 14]). Auch Locke verwendet den Ausdruck im cartesischen Sinne; und auf diese Verwendung stützt sich die empirisch-psychologische Tradition in Deutschland weitgehend (Hissmann 1777, 97, unter Berufung auf Lockes *Essay Concerning Human Understanding,* Buch II, Kapitel 1, § 4). So ist im Blick auf das Selbstgefühl häufig die Rede von einer »Beobachtung [unserer] selbst« (Hissmann 1777, 108). Das war der Sinn, den Novalis eingangs für den Gehalt des Selbstgefühls abgewiesen hatte.

Wir haben es also beim ›Selbstgefühl‹ mit zwei Gehalten zu tun. Das Subjekt fasst dadurch sich selbst in seiner ungegenständlichen

Subjektivität (die Novalis auch ›Zuständlichkeit‹ – im Gegensatz zu ›Gegenständlichkeit‹ nennt [*NS* II, 208 ff.]); und es erfasst sein eigenes existentielles Sein.

Dass Sein, zumal das eigene, von einer Art Gefühl aufgefasst werde, war nun eine weit verbreitete Überzeugung des 18. Jahrhunderts. Sie findet sich schon bei Rousseau und den Enzyklopädisten (das berühmte »sentiment propre de mon existence« [Rousseau 1969, 570 f.; vgl. Mortier 1964]), bei Crusius, Tetens, Jacobi, Platner oder Heydenreich (alle Quellen sind belegt in: Frank 2002). Dabei habe ich bewusst nur Autoren genannt, mit denen Novalis nachweislich bekannt war (vgl. *NS* III, 333, Nr. 459 sowie das Namenregister in *NS* V, 838, 862, 866 f., 920). Zwei Namen habe ich ausgelassen: Kant und, ihm unmittelbar folgend, Herder.

Die Ansicht, die mich hier interessiert, besagt, Gefühl – als ein Modus der Erfahrung – sei das Organ der Auffassung von Wirklichkeit. ›Wirklichkeit‹, ›Dasein‹ und ›Existenz‹ werden von Kant ausdrücklich gleichbedeutend gebraucht. Kants berühmte, aber wenig verstandene Erklärung, Sein sei kein ›reales Prädikat‹ (*KrV* A 598 f. = B 626 f.), besagt zweierlei: Durch die Beilegung einer Eigenschaft, wie sie in einem Prädikat oder Begriffswort zum Ausdruck kommt, geschieht ein Beitrag zur *realitas*, zur »Sachheit« eines Gegenstandes, nicht zu seinem Sein. ›Sachheit‹ ist die deutsche Übersetzung von *realitas* (die Kant unter die Kategorien der Qualität rechnet); *actualitas* wurde durch ›Wirklichkeit‹ übersetzt, die Kant einer anderen Kategorien-Gruppe zurechnet: der Modalität. Dass das Einhorn ein ponyähnliches weißes Tier ist, ein Horn auf der Stirn trägt und sich nur von einer Jungfrau zähmen lässt, sind prädikative Bestimmungen. Sie charakterisieren das Einhorn aber nur in seiner *realitas*, in seinem Wesen, also in dem, *was* es ist, nicht in seinem Sein – denn Einhörner existieren gar nicht. Den Unterschied zwischen Was-Sein und Dass-Sein kannten schon die Scholastiker, indem sie die *quidditas* einer Sache von ihrer *quodditas* unterschieden. Diese These hat Kant maßgeblich modernisiert und damit einen Durchbruch in der Verständnisdifferenzierung des unbestimmten Verbalausdrucks ›sein‹ erreicht, der auf die Entdeckung des Existenzquantors durch Russell vorausweist (vgl. Tugendhat/Wolf 1983, 186-193).

Aber Kant verband mit seiner Entdeckung eine unversehene Konsequenz. Wenn ›Sein‹ nicht das Ergebnis einer Begriffszuschreibung ist – und für Begriffszuschreibungen ist das Denken verantwortlich –, was ist es dann? Seine Auskunft ist ebenso klar wie überraschend:

1. hat der Ausdruck ›Sein‹ nur eine ›einzige‹ Kernbedeutung: ›Setzung‹ (oder im damals üblicheren Latein der Wolff-Schule: ›Position‹: vgl. den § 34 von Baumgartens *Metaphysica*: *AA* VII, 33; ferner den § 37 und Kants Reflexion Nr. 3524, ebd., 35). Die Position kann nun relativ oder absolut, also beziehungsweise oder schlechthin, erfolgen. Sie erfolgt beziehungsweise, wenn etwas (zum Beispiel ein Prädikat) hinsichtlich eines Subjekt-Terminus (der wiederum für einen Gegenstand steht) ausgesagt wird. Sie ist absolut, wenn der Bestand des Gegenstandes, für den der Subjekt-Terminus steht, un-bedingt (also nicht unter Bedingung einer Prädikation) behauptet wird (*AA* II, 73, Z. 24-30). Der Begriff ›Position‹ ist also ein Gattungsname, und alle Varietäten sollen von ihm her verständlich gemacht werden.
2. ist es nicht der Intellekt, das Denken, dem sich Sein enthüllt, sondern die Erfahrung – denn gemäß Kants dualistischem Ansatz gibt es zum Intellekt nur eine Alternative: die Sinnlichkeit (Erfahrung ist obendrein *a posteriori* affizierte Sinnlichkeit, da es ja auch eine ›reine‹ gibt). Kant sagt nun nicht weniger, als dass Erfahrung (die ›Empfindung‹ als Direktberührung, gleichsam als Abtasten der Gegenstandsoberflächen einschließt) »der einzige Charakter der Wirklichkeit« sei (*KrV* A 225 f. = B 272 f.).

Wie aber steht es um das Sein des eigenen Ichs? Erstaunlicherweise zögert Kant nicht, der Erfahrung des eigenen Existierens ein Gefühl zuzuordnen: »Das Erste, was ganz gewiß ist, ist das: daß ich bin; ich fühle mich selbst, ich weiß gewiß, daß ich bin« (*AA* XXVIII/1, 206, Z. 3 f.). Diese Kenntnis ist also nicht begrifflich, sondern ein Analogon der Sinneserfahrung. »[D]as Ich ist gar kein Begriff.« Die »Vorstellung der Apperception, das Ich«, als Begriff zu denken, würde nämlich heißen, das entsprechende Prädikat auch anderen Gegenständen zuschreiben zu können. »Nun ist es [das Ich] nichts mehr als ein Gefühl eines Daseins, ohne den mindesten Begriff« (*AA* IV, 334 mit Anm.).

Kant stand mit dieser Auffassung nicht nur in der empiristischen, sondern auch in Leibniz' Tradition, der dem Ich-Gedanken, der »Apperzeption«, nicht den Status einer apriorischen Vernunft-, sondern lediglich den einer kontingenten Tatsachenwahrheit zugestand. Sie sei gleichwohl grundlegend (›première‹), und unmittelbar gewiss, »parce qu'il y a immédiation entre le sujet et le predicatum«. Aber es liegt kein logischer Widerspruch in der Behauptung, dass derjenige, der zu sich ›ich‹ sagt, auch hätte nicht existieren können. Selbstbewusstsein ist also, seiner unmittelbaren Gewissheit unerachtet, keine begriffliche oder keine ›Vernunft‹-, sondern eine empirische Wahrheit *(PS* 2, 428 unten).

Dem entspricht Kants viel umrätselte Fußnote B 422 f. zu den B-Paralogismen. Das ›Ich denke‹, heißt es dort, sei ein empirischer Satz und enthalte den Satz ›Ich existiere‹ in sich. Ihm entspreche eine »unbestimmte [unbestimmte, weil nicht begrifflich artikulierte] empirische Anschauung, d. i. Wahrnehmung«. ›Wahrnehmung‹ wiederum ist definiert als bewusste Empfindung (A 119, B 207).

IV.

Kant bezieht sich mit seiner These über das Sein (seine Begriffsunabhängigkeit und Wahrnehmungsabhängigkeit) direkt nur auf das Werk *eines* »berühmte[n]« Vorläufers (*AA* II, 76 unten) – da deren Zahl doch Legion war. In der Tat war es Crusius, der Kants Gedanken von der Irreduzibilität der Existenz auf einen Gedanken – als Möglichkeitsentwurf – am deutlichsten vorgearbeitet hatte. »Das blosse Seyn in Gedanken machet die Möglichkeit aus«, sagt Crusius (1745, 74, § 46), ganz in Kants Sinne. »Daher sagen wir auch: *möglich* ist, was sich dencken lässt.«[4] Und er unterscheidet mit Nachdruck – in scholastischer Tradition, aber mit antiessentialistischer Stoßrichtung – an jedem Ding die zwei Aspekte, *dass* es ist, und *was* es ist: sein Existieren und sein Wesen. Ein Gedankeninhalt kann ein Wesen, aber keine Existenz haben. Der Bewusstseinsmodus, der der Existenz entspricht, ist darum nicht der Gedanke, sondern die unmittelbare und nichtinferentielle Kenntnisnahme, die in der empiristischen Tradition ›Empfindung‹ genannt wird (ebd., 17-19, § 16). Sofern wir einen Gegenstand nur danach betrachten, »wie fern er im Verstande ist«, wir uns also einen ›Begriff‹ davon machen können (ebd., 95, § 56), betrachten wir lediglich sein Wesen, absehend

4 Vgl. Crusius 1745, 94: »Was gedacht wird, aber noch nicht existiret, oder von dessen Existenz wir abstrahiren, nennen wir *möglich*.« Vgl. 95, § 56.

von seiner Wirklichkeit, die dem Wesen nie widersprechen kann. Nun beruhen unsere primitiven epistemischen Beziehungen zur Welt auf Empfindungen, und Empfindungen sind Kenntnisnahmen von Existierendem (ebd., 98, § 56). Wäre nicht einiges empfunden, so könnte in der Folge nichts gedacht werden. Diese Konsequenz nennt Crusius den erkenntnistheoretischen Vorrang des Wirklichen vor dem Möglichen. Der natürliche oder wesentliche Vorrang besteht darin, dass nichts möglicherweise existieren könnte, das nicht kausal von einem existierenden Gegenstand abhängig wäre (ebd.). Das ist ein früher Vorläufer der These, dass die Existenz dem Wesen (der Essenz/Möglichkeit) vorangeht. Hölderlin wiederholt sie in seiner Argumentationsskizze über *Urtheil und Seyn* (Hölderlin 1991, 156, Z. 31 f.).

Nicht minder energisch als Kant hat Crusius den Erfahrungs- beziehungsweise Empfindungsbezug der Wirklichkeit betont (Crusius 1745, 73, § 45; vgl. 28 f.). So wie Empfinden dem Denken vorausgeht, so die Wirklichkeit der Möglichkeit. Kant greift das auf: Denken vollzieht sich nicht nur in logischer Widerspruchsfreiheit, sondern setzt auch etwas voraus, an dem sich die Widerspruchslosigkeit von Prädikationen bewähren lässt. Der Satz ›*a* kann nicht zugleich *B* und *non-B* sein‹, setzt das Bestehen von *a* voraus. Kant sagt: Gibt es »kein Materiale zu irgend etwas Denklichem, [so fällt] alle Möglichkeit [...] gänzlich weg« (*AA* II, 78). Das lässt sich auch so formulieren: Es wäre widersinnig, etwas als eine Möglichkeit von etwas zu erwägen, das nicht zunächst als wirklich unterstellt wäre. Darum setzt der Sinn von Sein als Prädikabilität den Sinn von Sein als »schlechthin Gesetzt sein« voraus (ebd.). Dies existentielle Sein kann logischerweise kein ›reales‹ (also kein sachqualifizierendes) Prädikat, mithin nicht etwas bloß Denkbares,[5] es muss ein durch

5 Es muss freilich berücksichtigt werden, dass Kant seinen Möglichkeitsbegriff in den »Postulaten des empirischen Denkens« nicht lediglich – wie Leibniz (vgl. *KrV* A 232) – als logische Widerspruchsfreiheit, sondern als ›reale‹ Möglichkeit eines empirischen Gegenstandes versteht. Realmöglichkeit meint Konformität »mit den formalen Bedingungen der Erfahrung« (A 218, A 221 f.), die ihrerseits, wie alles Empirische, ein *a priori* nicht antizipierbares Materiales einschließen: »Da aber an den Erscheinungen etwas ist, was niemals a priori erkannt wird, und welches daher auch den eigentlichen Unterschied des Empirischen von dem Erkenntnis a priori ausmacht, nämlich die Empfindung (als [Rezipientin der] Materie der Wahrnehmung), so folgt, daß diese es eigentlich sei, was gar nicht antizipiert werden kann« (A 167; vgl. A 226 unten: »Da nun keine Existenz der Gegenstände der Sinne völlig

Wahrnehmung Bestätigtes (oder prinipiell ein empirisch Ausweisbares) sein, sonst fehlte dem Begriff ›Sinn und Bedeutung‹ (*KrV* A 239 f., 241 o.; A 223; B 147; zum Empirie-Bezug der ›Bedeutung‹ vgl. A 156 und Paton 1965 II, 251).

V.

Nirgends ist Herder seinem Lehrer so buchstabengenau gefolgt wie bei diesem Theorem. Es wird Einsatzpunkt seiner ganzen Theorie des Selbstgefühls. Das Gefühl, das wir von uns selbst und unserem Dasein haben, sei abkünftig aus dem Tastsinn als einem privilegierten Modus der Wahrnehmung. Das »Sein«, schreibt er in seinem frühen *Versuch über das Sein* (wahrscheinlich von 1764), »ist der erste, sinnliche Begriff, dessen Gewißheit allem zum Grunde liegt: Diese Gewißheit ist uns angeboren, die Natur hat den Weltweisen benommen zu beweisen, da sie überzeugt hat« (Herder 1985, 19). Und wenig später: »Das Sein ist der allersinnlichste [Begriff]; ist also der eine total unzergliederliche und alle andere sind dies nur zum Teil, weil sie sich alle in ihn auflösen lassen« (ebd., 20). Auch das Selbstgefühl, das sich als ›Ich bin‹ ausspricht, hält Herder für bloß sinnlich, ja für den Ausdruck einer Körper-Selbstwahrnehmung durch Berühren (Propriozeption).[6] Von einem Blindgeborenen, der sich mit dem Tastsinn die weiteren Bereiche der sinnlichen Welt erschließt, sagt er: »Er fühlt sich selbst: seine Glieder und hat sie sich erklärt« (Herder 1994, 236).

Hier haben wir also ein klares Vorbild für des Novalis' Ansicht, es sei nicht das Denken, sondern das ›Gefühl‹, dem das ›Sein‹ gegeben werde. Gefühle gehören ja – wie die Wahrnehmungen – zur Klasse der Anschauungen (nach der Leibniz-Schule unerkennbar kleine,

a priori erkannt werden kann […]«). Darum ist auch Realmöglichkeit nicht Konstruierbarkeit *a priori* nach Art mathematischer oder rein-physikalischer Erkenntnisse (A 223 f.). Und die Leibniz'sche Opposition alternativer möglicher Welten zu unserer aktualen ist für Kant schief (A 230 ff.): Das Reich des Möglichen ist eben nicht prinzipiell größer als das des Wirklichen, weil Begriffe in transzendentaler Hinsicht nicht möglich sind, wenn sie keine ›Bedeutung‹, das heißt keinen Empirie-Bezug haben (vgl. den Beginn des Kapitels über »Phaenomena und Noumena«).

6 Vgl. das Kapitel »Herders Ästhesiologie und die Konstituierung des Subjekts aus der Taktilität« in Braungart 1995, 70-77.

darum dunkle Vorstellungen, die wir nicht klar auseinanderhalten können); und nach einigen Theoretikern, etwa Condillac, Herder oder Lossius, steht ›Gefühl‹ *tout court* für die Wirkung der Reizung, für die alle Sinne empfindlich sind, also für die »fünffache Art des Afficirtwerdens« (Lossius 1804, Bd. II, 378 f.). Condillac sprach in seinem *Traité des sensations* – einer für Herder maßgebenden Referenz – von einer vagen organischen Gesamtempfindung, die er ›Grundgefühl‹ (»sentiment fondamental«) nannte und aufs Engste mit dem Tastsinn assoziierte (Condillac 1984, 89 f.). Das Fühlen im Sinne von Tasten ist mithin – *pars pro toto* – der Sinn schlechthin: das privilegierte Organ zur Kontaktnahme mit der Wirklichkeit physischer Gegenstände:

Notre statue, privée de l'odorat, de l'ouiё, du goût, de la vue, et bornée au sens de toucher, existe d'abord par le sentiment qu'elle a de l'action des parties de son corps les unes sur les autres, et surtout des mouvemens de la respiration: voilà le moindre degré de sentiment où l'on puisse la réduire, je l'appelerai sentiment fondamental; parce que c'est à ce jeu de la machine que commence la vie de l'animal: elle en dépend uniquement (89).

Condillac bedient sich des (vor ihm schon wiederholt bemühten) Gleichnisses einer Statue, die durch die Künstlerin Natur Schritt um Schritt aus rein äußerlichen Beziehungen zwischen physischen Zuständen (Körperqualitäten) zum Bewusstsein ihrer selbst erweckt wird. Statt sich auf so etwas wie eine Seele zu konzentrieren, verbreite sich ihr Ich über alle Zustände des Körpers. Es ist im Grund nur eine »collection des sensations qu'elle éprouve« (56). Das eigentliche Ich-Gefühl erwache mit der Selbstberührung; die lasse sich ganz wörtlich als ein Selbstgefühl charakterisieren und von den Leistungen der spezifischen (über den Körper verteilten) Sinne unterscheiden: »il [l'être sentant] se sent dans toutes les parties du corps. Ainsi il ne lui arrive plus de se confondre avec ses modifications: il n'est plus la chaleur ou le froid, mais il sent la chaleur dans une partie et le froid dans une autre« (105). Übers Gefühl gelangt also die Statue zum Aufbau eines Selbstbewusstseins: Die tastende Hand fühlt sich selbst, aber das Getastete – die eigene Brust zum Beispiel – nur, wenn es gleichfalls taktil innerviert ist. Auch ein anderer damals berühmter empirischer Psychologe, Karl Franz von Irwing, sah das so: Die Idee eines eigenen Selbst hänge am »so natürliche[n] und unvermeidliche[n] Befühlen unsres eigenen Körpers«, verbunden mit der Auflage, auf diese Idee eigens Acht zu geben (Irwing 1777, 184).

Das sind willkommene Belege für die metonymisch ausgeweitete Orientierung des Ausdrucks ›Gefühl‹ am Tastsinn. ›Gefühl‹ steht darum allgemein für die Registrierung von Affektionen durch einen Organismus, weil uns kein Sinn so eindrucksvoll wie der Tastsinn darüber belehrt, dass 1. etwas von außen (kausal) auf uns einwirkt, 2. die Innen- und die Außensicht ineinander übergehen. Die Hand nämlich, die angefasst wird (und das ›von innen‹ fühlt), ist auch die Hand, die Äußeres berührt, im privilegierten Fall sich selbst oder ein anderes (taktil empfindliches) Körperteil, so dass hier Inneres und Äußeres ineinander überzugehen scheinen. Wir fühlen uns berührend und berührt. Herder, der diesen Gedanken wie kein anderer (vor Merleau-Ponty) ausgeschlachtet hat, sieht darin einen Beleg für die Verflechtung von »Material oder Immaterial« unserer Seele (Herder 1994, 354). »Die Seele«, sagt er,

> fühlet sich in die Welt hinein. Da sie in ihren Kräften durch Raum und Zeit eingeschränkt ist: so kann sie nicht alles unmittelbar erkennen: einiges aber, und das wird ein Spiegel des Andern: das ist ihr Leib (zit. nach Braungart 1995, 71 f.).

Herders nachdrückliches Eintreten für eine Höherschätzung des Gefühls – nicht nur im Blick auf die Ästhetik, die er als die eigentliche »Philosophie des Gefühls« bezeichnet – ist noch aus einem anderen Grunde bemerkenswert. Herder versteht unter Gefühl gerade nicht einen ›reflektierten Sinn‹ à la Hutcheson oder Shaftesbury, sondern er nimmt das Wort aus der semantischen Sphäre des Tastsinns und bewahrt ihm die ursprüngliche Bedeutung durch metonymische Ausdehnung. Im vierten *Kritischen Wäldchen* schreibt er:

> Wir haben ihn [den Tastsinn, das Gefühl] unter den Namen der unfeinern Sinne verstoßen: wir bilden ihn am wenigsten aus, weil uns Gesicht und Gehör, leichtere und der Seele nähere Sinne, von ihm abhalten, und uns die Mühe erleichtern, durch ihn Begriffe zu bekommen: wir haben ihn von den Künsten des Schönen ganz ausgeschlossen, und ihn verdammet, uns nichts, als unverstandne Metaphern zu liefern, da doch die Ästhetik, ihrem Namen zufolge, eben die Philosophie des Gefühls sein sollte (Herder 1993, 294).

Wer, mit Leibniz, an die stetige (gleichsam ontogenetische) Aufhellung von Bewusstseinsgraden aus dunkleren (tierischem Gefühl etwa aus »Pflanzengefühl« [ebd., 276]) glaubt, dem kann der Gedanke nicht abwegig erscheinen, das tastende Gefühl sei eine Art Ursinn, der verfeinerte Abstraktionen des Empfindens ›unter sich enthalte‹, die sich aus Leistungen des dunklen Fühlens irgendwie herleiteten. (Natürlich ist das Subsumtionsverhältnis des ›Enthaltenseins unter‹ gerade das umgekehrte von Begriffen zu ihren Konkretionen/Instantiierungen; nicht sagt man von Abstraktionen, sie seien ›unter‹ einem Individuum ›enthalten‹. Wer Herders knapp vierseitige Nachschrift von Kants Logik-Vorlesung nach Georg Friedrich Meier sieht, wird sich über diesen irregeleiteten Wortgebrauch nicht wundern [*AA* XXIV/1, 3-6].) Jedenfalls sieht Herder die Dinge so, dass die feineren Sinne unter dem Ursinn des Gefühls stehen und sich aus ihm entwickelt haben, so wahr das Konkrete dem Abstrakten vorausgehe:

> Was folgt hieraus? sehr viel. Das Gefühl muß also wohl nicht so ein grober Sinn sein, da er eigentlich das Organ aller Empfindung andrer Körper sein soll, und also eine so große Welt von feinen, reichen Begriffen unter sich hat. Wie sich die Fläche zum Körper verhält, so und nicht minder verhält sich das Gesicht zum Gefühle, und es ist bloß eine gewohnheitsmäßige Verkürzung, daß wir Körper als Flächen se / hen, und das durch das Gesicht zu erkennen glauben, was wir würklich in unsrer Kindheit, nicht anders, als durchs Gefühl und sehr langsam lernten (Herder 1993, 296 f.).

Die Wirkung von Herders Gedanken war mächtig – oder ist es richtiger zu sagen, dass solche Gedanken einfach in der Luft lagen? Zu den Verfechtern eines Grund- oder Ursinns gehörten zum Beispiel auch Schelling und Schleiermacher. Statt ihrer konzentriere ich mich auf den württembergischen Arzt Johann Georg Steinbuch. Auf sein Werk hat mich Georg Braungart hingewiesen. Steinbuch versteht sich nicht als Herder'scher Feuerkopf oder als Originalgenie mit großen, aber wirren Intuitionen (er erwähnt Herder nicht einmal); nein, er sieht sich als streng experimentell verfahrenden empirischen Psychologen. In seinem *Beytrag zur Physiologie der Sinne* (1811) widmet er ein ganzes Kapitel (und mehr) dem »Gemeingefühl, als ausschließliche[r] Quelle der ersten Vorstellungen des menschlichen Fötus« (ebd., 19-23).

Mit dem Ausdruck ›Gemeingefühl‹, der üblichen Übersetzung von ›Coenesthesis‹ beziehungsweise ›κοινὴ αἴσθησις‹ nimmt Steinbuch ein weitere, sehr verbreitete Tradition auf, die sich auf schwer entflechtbare Weise gegen 1800 mit der Begriffsgeschichte von ›Selbstgefühl‹ verflicht (darüber einschlägig Rzesnitzek 2006). ›Gemeingefühl‹ steht aber nicht für den (wie immer metonymisch ausgeweiteten) Tastsinn, auch nicht für das Selbstgefühl, sondern für eine Art ganzheitlicher Propriozeption des lebenden Organismus, ein ›Körper-Ich‹, wie es die spätere Psychiatrie nennen sollte (ebd., 58 ff.). Der zu seiner Zeit berühmte Philosoph, Logiker und empirische Psychologe Johann Christoph Hoffbauer, dessen Standardwerk von 1794 auch Novalis besaß und für seine *Fichte-Studien* benutzte (*NS* II, 191, Z. 21), schreibt: »Die Coenesthesis [oder das Gemeingefühl] [...] stellt uns, was in unserem Körper [nicht im Ich, auch nicht in der ertasteten äußeren Welt] vorgeht, *als demselben angehörig* dar« (Hoffbauer in: Crichton 1810, 22 f.). Auftrieb erhielt dieser Wortgebrauch durch des berühmten romantischen Arztes Johann Christian Reils Abhandlung *Commentatio de Coenesthesi* (deutsch: *Vom Gemeingefühl*) aus dem Jahre 1794, deren terminologische Unterscheidung eines Selbstgefühls (»self-feeling«) vom Gemeingefühl selbst in England Nachfolger fand (Crichton 1798, 113).[7] – Freilich ist, was Steinbuch betrifft, recht deutlich, dass er den Begriff ›Gemeingefühl‹ nicht wie Reil verwendet, sondern in Condillacs und Herders Nachfolge eng an den des »Getasts« anlehnt (Reil 1794, 297 ff.).

Steinbuch geht von der (materialistischen) Voraussetzung aus, dass seelische Vorgänge aus ersten automatischen Muskelbewegungen hervorgehen, die durch Mitwirkung der zum Hirn führenden Nerven in Vorstellungen übersetzt werden (ebd., 5 ff., 19). Freilich unterschreibt er die idealistische Prämisse, dass seelische Vorgänge – im Unterschied zu physischen – wesentlich (oder notwendig) bewusst seien ($24_{,1}$). Anders ließen sich Leistungen der Spontaneität oder Willenshandlungen nicht einer Person zurechnen (24 ff.). Darum müsse zugleich gelten, dass nicht alle Bewegung allein von den

7 Crichton, einer der führenden Psychiater seiner Zeit, Leibarzt berühmter Herrscher, bezieht sich ausdrücklich auf Reils Abhandlung, die zunächst unter dem Namen seines Doktoranden Hübner erschienen war: »Praeside J. C. Reil[i], defendit Christianus Fridericus Huebner«.
Ich korrigiere damit meine von Udo Thiel (1997, 62, Anm. 12) ungeprüft übernommene Behauptung, Crichton habe den Ausdruck »self-feeling« von Basedow übernommen (Frank 2002, 103). Die Belehrung verdanke ich der MA-Arbeit von Lara Rzesnitzek (2006, 20).

(unwillkürlichen) Muskeln ausgehe, sondern dass der Wille über die bloß unwillkürlichen Muskelbewegungen mit dem Wachstumsprozess »bald die Zügel ergreift« (12) – und das tue er aufgrund der »Abhängigkeit der Contractilität der Muskeln von der Nervenkraft« ($12_{,2}$). Wie es freilich Nerven anstellen, Eigenschaften zu haben, die notwendig bewusst (und gemäß Voraussetzung nicht physisch) sind, und wie diese dann kausal wirksam werden können, verrät uns Steinbuch nicht. Jedenfalls kommt er zur folgenden Deutung:

Die ersten Vorstellungen des Menschen, insoferne sie aus den Bewegungsnerven des Körpers hervorgehen, werden dem Bewußtseyn der Seele [...] durch das Gemeingefühl gegeben, das als ein Zweig des äußeren Sinnes sein Organ in den durch den ganzen Körper verbreiteten Nerven hat. Ein besonderes Sinnesorgan, dergleichen eines einem jeden der übrigen Zweige des äußeren Sinnes zukommt, ist bekanntlich dem Gemeingefühl nicht angewiesen. Die Vorstellungen, welche das Gemeingefühl liefert, unterscheiden sich aber auch dadurch von den / übrigen Vorstellungen der äußeren Sinne, daß sie nicht, wie diese, ihren Ursprung der Aussenwelt, dem Macrocosmus, verdanken; sondern, daß sie ihren Grund in dem Microcosmus, oder der Innenwelt, selbst haben.

Diese Vorstellungen des Gemeingefühls unterscheiden sich aber, außer dieser Verschiedenheit des Ursprungsortes, von denen des übrigen äußeren Sinnes auch noch dadurch, daß sie in der Seele nicht, wie Letztere, an einen Raumbegriff, sondern an Gefühle gebunden sind, wodurch sie [...] gleichsam der natürliche Barometer des physischen Zustandes seines Körpers, oder die Wächter seiner inneren Wohlfahrt sind (ebd., 20 f.).

Ausfürlich parallelisiert Steinbuch – und wer dächte da nicht an Condillacs und Herders Vorläuferschaft? – das Erwachen des tastsinnbedingten Bewusstseins der äußeren Welt mit dem Selbstbewusstsein (ebd., 106 ff.). Wir kämen geradezu durch Ertasten der Welt zum Selbstbewusstsein (Steinbuch 1811, 107 unten), wobei der eigene Körper nicht nur das Bindeglied bilde, sondern die erste Erfahrung überhaupt eines Weltgegenstandes, den wir aus der Vertrautheit des Gefühls und zugleich aus der Fremde eines Außer-uns kennen. Hier macht Steinbuch die wichtige Beobachtung, dass reine Präsentationen von Eigenkörperlichem noch kein Selbstbewusstsein ausmachen, sodass ein Mensch nicht ohne Weiteres wüsste, »daß dieser in seiner Anschauung vorhandene Menschenkörper sein Körper, und kein anderer sey« (ebd., 108 unten). Wie weiß er das aber?

Selbstgefühl, erklärt Steinbuch, entstehe entwicklungsgeschichtlich aus der Kreuzung der Perspektiven von innen und von außen, wie sie in dieser Form nur der Tastsinn kennt. Ihn unterscheidet Steinbuch (unter dem komischen Namen »Getast«) als aktiv von dem »Hautgefühl«, das lediglich passiv sei ($66,_1$). In ihrer Wechselwirkung bilden sie gerade das, was Steinbuch mit Condillac (aber ohne ihn zu nennen) den »Fundamentalsinn oder Prinzipalsinn« nennt: als Bezeichnung für den »Gattungsnahmen, der diese beyden untergeordneten Sinnesarten in sich begreifen soll« ($66,_2$). Tastend verursache ich Empfindungen, die der Hautsinn registriert – so freilich, dass der Tastsinn selbst nicht auf die Fingerspitzen beschränkt, sondern über die ganze Hautoberfläche ausgebreitet ist. So entstehe ein Ich-Gefühl, das sich als tastend-ertastet, spontan und rezeptiv gleichermaßen vertraut sei. Selbstbewusstsein sei dann nur die Isolierung des Für-sich-Seins desselben Phänomens, durch das sich das Ertastete – mit ihm mein Körper – in die Karte der objektiven Welt einträgt ($111,_2$). Auf die Erklärung dieser Übertragung oder Übersetzung wendet Steinbuch besondere Mühe.

VI.

Diese Erklärung will ich mir ersparen und stattdessen zum Abschluss auf den Schwachpunkt dieser und verwandter Erklärungsversuche blicken. Sie kranken alle an demselben Fehler, dass sie nämlich bereits voraussetzen, was sie angeblich allererst erklären. Solche Erklärungen nennt man zirkelhaft. Ohne vorheriges Selbstbewusstsein lässt sich eine Fingerberührung zirkelfrei weder ihrem Gegenstand (und seiner Lokalisierung im Raum) noch dem subjektiven Akt als dem meinigen zuordnen. Und ohne eine vom Bewusstsein in den äußeren Raum führende Koordinationszentrale, die aber dem Bewusstsein zugänglich sein muss, könnte ich meine innere Tastwelt ohne Erklärungszirkel nicht in die objektive Raumwelt eintragen.

Georg Braungart hat im Blick auf Herder, Condillac und ihre zahlreichen Überzeugungsgenossen von einer »sensualistischen Begründung von Subjektivität« beziehungsweise von einer »Konstituierung des Subjekts aus der Taktilität« (Braungart 1995, 70 ff.) gesprochen.

Als Beschreibung einer Erklärungsabsicht könnte die Formulierung nicht glücklicher gewählt werden. Wie aber sollen wir uns zu dem so bezeichneten Projekt stellen? Ich meine, dass hier erstens Genesis und Geltung verwechselt werden. Man leistet keinen Beitrag zur Aufklärung der Geltung der Mathematik – nehmen wir die schlichte Gleichung 2 + 2 = 4 –, wenn wir das Erwachen der mathematischen Intelligenz beim Kinde oder subjektive Überzeugtheitszustände untersuchen, die sich beim korrekten Rechnen einstellen. Nicht weil ich subjektiv davon überzeugt bin, zwei und zwei sei vier, ist der Kalkül richtig; auch nicht, weil ich nachweisen kann, dass meine Hirnnerven kausal diese Überzeugung anbahnen. Dergleichen Versuche sind von Frege und Husserl als ›Psychologismus‹ abgewiesen worden – und haben seither kein Bürgerrecht mehr im veridischen Diskurs. Entsprechend gewinnen wir keinen Aufschluss über Struktur und Logik des Selbstbewusstseins, wenn wir es aus der Perspektivenkreuzung der tastenden und der ertasteten Hand erklären wollen, denn um zu tasten, musste die Hand schon psychisch innerviert sein, also schon Bewusstsein haben – was doch eben demonstriert werden sollte.

Ein anderer Fehler der an Herder anknüpfenden Versuche, das Kognitive aus dem Leiblich-Sinnlichen herzuleiten, besteht darin, Herder für einen Anticartesianer zu halten. Ein Wissenschaftsbestseller des angesehenen amerikanischen Neurobiologen und Psychologen Antonio Damasio heißt *Descartes' Error* (1994). Die deutsche Übersetzung trägt charakteristischerweise ein freies Herder-Wort als Titel: *Ich fühle, also bin ich* (recte: »*Ich fühle mich! Ich bin!*« [Herder 1994, 236]). Klarerweise soll hier das leibhaftige Fühlen gegen das unsinnlich-körperlose Denken des Vaters der neuzeitlichen Philosophie ausgespielt werden. Aber der Schachzug gegen Descartes' angeblichen Rationalismus führt rasch zum Matt des Angreifers. Für Descartes ist das Tasten nur ein Modus der *cogitatio* neben anderen, nicht eine sinnenfreudige und materienahe Alternative zu ihr. Das Tasten ist *per se* nichts Materielles, sondern eine cartesianische Idee, wobei ›Idee‹ heißt: ein seelischer Zustand, dessen ich mir notwendig und unmittelbar bewusst bin (Descartes 1953, 407). Wer also, wie Condillac, Herder, von Irwing oder Steinbuch, Bewusstsein (oder Ichheit) aus Leistungen des Tastsinns ›herleiten‹ will, bewegt sich in jenem leicht durchschaubaren Zirkel, von dem eben die Rede war. Auf ihn hat (mit Blick auf Condillacs Statue) der französische Philosoph und Psychologe Maine de Biran in den ersten Jahrzehnten des 19. Jahrhunderts wiederholt und scharfsinnig hingewiesen.[8] Gäbe es nicht Bewusstsein in einiger (wenigstens deskriptiver) Unabhängigkeit von Physischem, so könnten wir etwa den Duft einer Blume nicht von der aufnehmenden Sinneswahrnehmung und diese wiederum nicht von einem physischen Nervenreiz unterscheiden. Selbst wenn wir, wie das die Assoziationisten des 18. Jahrhunderts und auch Herder wollten, Gefühle für Wahrnehmungen des Sinnenreizes selbst erklären wollten, brauchen wir eine vom Sinnenreiz unabhängige Beschreibung dieser Wahrnehmung. Ist Bewusstsein aber gerade das Kriterium, das uns den bewusstlosen Körper von der – laut Annahme – selbstbewussten Seele zu trennen erlaubt, dann könnte Bewusstsein aus dem Körper nur entstehen, wenn dieser Bewusstsein – wie immer keimhaft – in sich schon enthielte. Und gerade das ist der Fall beim Tastsinn, der uns zwar eine ausgezeichnete Gewissheit der Wirklichkeit von Gegenständen außerhalb unserer Hautgrenze, ja von der Wirklichkeit unseres eigenen Körpers liefert, selbst aber eine Äußerung des Bewusstseins ist. Ich erkenne mein (nach einem Skiunfall) gebrochenes Bein als meines nicht dadurch, dass ich es zunächst als Weltstück neben anderen wahrnehme (zum Beispiel taste) und dann auf den zugehörigen Körper beziehe; es ist vielmehr das Körperbewusstsein, in diesem Fall der Schmerz in meinem Bein, der mir diese Selbstzuschreibung so unproblematisch möglich macht. Dann aber darf dieses Bewusstsein nicht als Epiphänomen eines Körpers erklärt werden.

Es ist eben nicht so leicht, Descartes' Irrtum treffend zu beschreiben oder den Rationalismus des »Vater[s] der neuern Philosophie« (Schopenhauer 1977 VII, 11) siegreich hinter sich zu lassen. Soviel ich sehe, ist dies Herder jedenfalls nicht gelungen.

8 Maine de Biran (1812, in: Biran 2001, 2): »Or tant qu'elle [sc.: la statue] *est* odeur de rose, et rien de plus, elle n'existe pas pour elle-même. Il n'y a point de fondement intérieur au verbe ou à la copule, *je suis.*« »Sans ce sentiment d'existence individuelle que nous appelons en psychologie *conscience* (*conscium sui, compos sui*) il n'y a point de fait qu'on puisse dire connu, point de connaissance d'aucune espèce, car un fait n'est rien s'il n'est pas connu, c'est-à-dire s'il n'y a pas un sujet individuel et permanent qui connaisse.«

10. Einige Blicke auf Schleiermachers Dialektik[1]

I. Zum Charakter des Werks

Eine Schleiermacher'sche ›Metaphysik‹ *sensu stricto* gibt es nicht, jedenfalls nicht als philosophische Basis-Lehre. Schleiermacher war nämlich nicht der Überzeugung, dass die Metaphysik den höchsten Gegenstand des menschlichen Geistes erreiche oder seine wesentlichen Interessen erschöpfend bearbeite. Den Ausdruck ›Metaphysik‹ reserviert er (zum Beispiel zu Beginn der zweiten Rede *Über die Religion*) für das System der deskriptiven Wahrheiten. Ihm steht zur Seite das ›Ethik‹ oder ›Moral‹ genannte System der Handlungen (nicht nur der richtigen). Das ›Höchste‹ liege über den Erkenntnisansprüchen beider und müsse insofern ›transzendenter Grund‹ beider genannt werden, als es mit den Mitteln beider Disziplinen nicht adäquat repräsentiert werden könne.

›Transzendent‹ heißt der Grund, weil er »über jede mögliche Erfahrung und jedes mögliche bestimmte Denken hinaus[geht]« (Zusatz der Vorlesung 1831 zu § 85). Von der durch Kant eingeführten Differenzierung in ›transzendental‹ (diesseits der Gegenstände liegend und ihre Erkennbarkeit begründend) und ›transzendent‹ (jenseits der Erkenntnisgrenzen liegend) wolle er, sagt Schleiermacher, »ganz abstrahieren«. Von einem ›transzendenten Grunde‹ (sowohl des Subjekts als des Gegenstands) hatte schon Reinhold 1792 ge-

1 Um der ausgabenunabhängigen Zugänglichkeit willen belege ich Zitate aus der *Dialektik* in diesem Aufsatz (und nur in ihm) nach Paragraphenziffern. Sie beziehen sich stets auf den Grundtext von 1814/15 sowie die Randbemerkungen und Vorlesungszusätze zu ihm (wiederabgedruckt in: Schleiermacher 2001 I). Die Sigle *Dial O* verweist auf die von Odebrecht kompilierte Sammlung von Vorlesungsnachschriften zum Kolleg von 1822 (wiederabgedruckt in: Schleiermacher 2001 II). Die Sigle *Dial J* verweist bei überlangen Zitaten aus dem Grundtext von 1814/15 auf die Seitenzahlen der Jonas-Ausgabe (im Text von Schleiermacher 2001 I, in eckigen Klammern mit angegeben). Die Sigle *C* verweist auf die von Jonas so genannte Beilage *C* (Schleiermachers Handschrift zum Kolleg von 1822), die unter dem Text der Odebrecht-Nachschrift mit abgedruckt ist (Schleiermacher 2001 II). Über den Text(stand) der Ausgabe informieren das Vorwort und der Beginn der Einleitung zu Schleiermacher (2001 I, 7 ff., 15 ff.).

sprochen (Reinhold 1794, 6 ff.); und ein Psychologe wie Johann Nicolas Tetens verwendet ›transzendental‹ und ›transzendent‹ *indistincte* (wie oft auch Kant selbst).

Statt ›Metaphysik‹ nennt Schleiermacher seine Erste Philosophie in platonischer Tradition ›Dialektik‹. Die Wortwahl ist von der platonischen Praxis des διαλέγεσθαι inspiriert und bestimmt ›Dialektik‹ als »Kunst der Gesprächsführung im reinen Denken« (Schleiermacher 2001 II, 5 ff.). ›Rein‹ heißt ein Denken, das weder durch künstlerische/ästhetische noch durch ›geschäftliche‹ Rücksichten vom alleinigen Interesse an der kooperativen Wahrheitssuche abgelenkt wird. Ein *Kriterium* der Wahrheit ist nach Schleiermacher – angesichts der epistemischen Transzendenz ihres Gegenstandes – der Konsens (ein anderes ist die Kohärenz unserer Überzeugungen). Aber die *Definition* der Wahrheit ist – wie bei Kant – Korrespondenz (oder ›Übereinstimmung‹) mit dem Gegenstand (*Dial O*, 135 ff.; § 95).[2] Dissens in unseren Überzeugungsbildungen kann ›maximal‹ ausbrechen, wenn die gemeinsame Gegenstandsfixierung (also die Individuation der Sache, über die wir denken/sprechen) fraglich ist (Schleiermacher 2001 II, 22) – mit dieser Möglichkeit rechnet Schleiermacher allerdings nicht wirklich. Denn – so argumentiert er – ein typisch dialektischer Konflikt entsteht, wenn verschiedenene Denker/Sprecher nicht bloß unterschiedlich, sondern widersprechend denken. Und das können sie nur unter der (quasitranszendentalen) Voraussetzung der »Selbigkeit« eines Gegenstandes, dem nicht nur unterschiedene (aber logisch gleichermaßen mögliche), sondern widersprechende Bestimmungen (›Prädikate‹) beigelegt werden (ebd., § 3, 19 ff.). Darum setzt die dialektische Praxis identische Sachreferenz und damit eine realistische Wahrheitstheorie voraus, die Schleiermachers Projekt scharf vom idealistischen eines Hegel unterscheidet.

Die *Dialektik* ist Schleiermachers philosophisches Hauptwerk – oder wäre es gewesen, wenn ihm die Lebenszeit zu seiner Ausarbeitung zur Verfügung gestanden hätte. (Schleiermacher war im WS 1833/34 gerade dabei, die Einleitung für den Druck vorzubereiten. Am 6. Februar zog er sich eine schwere Lungenentzündung zu, die er seinen Lieben zunächst verschwieg, die aber in der Nacht unver-

2 Mit dieser Ansicht verbindet Schleiermacher eine robuste Kausaltheorie der Referenz (zum Beispiel *Dial O* 21 Mitte, 136 unten, 139, 180 oben; 188 unten; 217 unten; *Dial J* Vorl. 1818: 48, 55 unten, 123 unten).

drängbar ausbrach und ihn am 12. Februar 1834 buchstäblich dahinmähte.) Aber nicht nur Lebenszeit, auch schiere Kraft mag Schleiermacher gefehlt haben. Dicht vor seinem Tode scheint er vor der gewaltigen Aufgabe resigniert und sich auf den Plan eines Kompendiums nach Art der *Theologischen Enzyklopädie* beschränkt zu haben. Freilich, auch zur Ausführung dieses bescheideneren Planes kam es nicht.

Schleiermacher hat seine Vorlesung(en) zur philosophischen ›Grundlehre‹ erst 1810 mit seiner Berufung auf den theologischen Lehrstuhl der neugegründeten Friedrich-Wilhelms-Universität zu Berlin begonnen. Mit dem Ruf wurde Schleiermacher zugleich »Mitglied der philosophischen Klasse der Königlich-Preußischen Akademie der Wissenschaften zu Berlin«, deren Sekretär er seit 1814 war, das heißt, er bekam das Recht, auch spezifisch philosophische Lehrveranstaltungen anzubieten. Das war angesichts von Schleiermachers vielseitiger Kompetenz und zumal seiner philosophischen Herkunft mehr als angemessen.

Nach anfänglichem Zögern entschloss sich Schleiermacher, und zwar im Sommersemester 1811, erstmals den neu erworbenen institutionellen Rahmen nicht nur zur gelegentlichen Niederschrift, sondern zum systematischen Vortrag seiner grundlagenphilosophischen Überzeugungen zu nutzen[3] und »als Einleitung zu meinen philosophischen Vorlesungen die Dialektik zu versuchen, die mir lange im Kopfe spukt« (Brief an J. Chr. Gaß vom 20. Oktober 1810). Das geschah auch in Opposition gegen Fichtes philosophisches Übergewicht und in Ablehnung eines dialogvergessenen ›Philosophierens aus oberstem Grundsatz‹ (dazu Frank 1998a). Der Erfolg des Kollegs – gerade auch in der Zurückdrängung des Fichte'schen Einflusses – war groß, wie sich an der Hörerzahl zeigt. Schleiermacher betrieb einen regelrechten Verdrängungswettbewerb, indem er sein Kolleg gleichzeitig mit dem Fichte'schen anbot (etwas Ähnliches hatte Fichte in Jena selbst praktiziert, als er seine Publikumsvorlesung in Konkurrenz zum Sonntagsgottesdienst anbot [Jacobs 1984, 56]). Wie Schleiermachers Schüler Twesten berichtet, wollte sich Schleiermacher auf eine Verlegung des Termins »gar nicht ein-

3 Freilich hatte Schleiermacher schon in Halle Vorlesungen über philosophische Ethik gehalten, sie allerdings als christliche Sittenlehre verpacken müssen. Vgl. Arndt/Virmond (1992), 300, und Arndt in Schleiermacher (1996b, 1088 f., 1097 f.).

lassen« (Tagebuch Twestens vom 25. März 1811). Zur Hörerzahl heißt es in Schleiermachers Brief an Gaß vom 11. Mai 1811: »Ich lese vor sechzig Zuhörern etwa und mag wol, die Mediciner ausgenommen, diesmal das stärkste Auditorium haben«. Kurz, Schleiermacher zog weit mehr Hörer an als sein Kollege Fichte. Die Zahl der Hörer stieg von 63 (1811) auf 148 (1831).[4]

Schleiermacher hatte im philosophischen Bereich ein starkes Interesse an ethischen Fragen. Aber er sah, wie einseitig-fundamentalistisch dies Interesse bei Fichte zum Austrag kam. Umgekehrt glaubte er, in Schellings Naturphilosophie ein physikalistisches Gegensteuern gegen den praxisphilosophischen Kurs erkennen zu können, der ihm ebenso wenig behagte. Die Dialektik – das wird schon klar in seinen *Grundlinien* (von 1803) und seiner (eher freundlichen) Rezension von Schellings *Vorlesungen über die Methode des akademischen Studiums* (1804) – sollte eine Wissenschaft sein *über* dem Gegensatz von Tun und Wissen, von Praxis und Theorie.[5] Gleichzeitig aber wollen die Vorlesungen über die Dialektik Hegels Logifizierung/Vergeistigung der Wirklichkeit widersprechen; schließlich war ›Dialektik‹ auch der Grundbegriff des Hegel'schen Verfahrens, das freilich – anders als Schleiermacher – auf eine Letztbegründung des Systems unserer theoretischen *und* praktischen Kenntnisse abzielte (Stichwort »absolutes Wissen«). Darum ist die Intuition, auf der

4 Die Hörerzahlen nach Lenz (1910 Bd. 1, 356; Bd. 2/1, 208). Lenzens positivistisches, aber in liberalem Geist geschriebenes Standardwerk über die Geschichte der (nachmals sogenannten) Humboldt-Universität liefert sehr anschauliche und lesenswerte Schilderungen von Schleiermachers akademischer Wirksamkeit und seinem engen und freundschaftlichen Verhältnis zu den Studenten. Einen Auszug aus dem Werk, der Schleiermachers politisches Engagement in der Zeit der sogenannten Demagogen-Verfolgung schildert, hatte ich wieder zugänglich gemacht und kurz eingeleitet (Frank 1980).
Zu Schleiermachers Hörerzahlen siehe auch das Verzeichnis in Arndt/Virmond (1992). Zum Vergleich die Hörerzahlen der Hegel'schen Kollegs: Hegel (1956).

5 Schleiermacher spricht von diesen untergeordneten Realwissenschaften gewöhnlich als von der ›Ethik‹ und der ›Physik‹. Dass es ihm nicht in den Sinn gekommen wäre, wie Eilert Herms annimt (Herms 1974; dagegen Arndt in Schleiermacher 1996b, 1106 ff.), die Dialektik aus der Ethik abzuleiten, zeigt klar seine »Deduction der Ethik aus der Dialektik« (Entwurf von 1812/13, in: Schleiermacher 1913, 247 f. [im Original gesperrt]). Dort wird die Ethik als die »Darstellung des endlichen Seins unter der Potenz der Vernunft« klar der Physik als ebenderselben Darstellung »unter der Potenz der Natur« an die Seite gestellt. Beide fließen aus der Dialektik, deren Wissen »Ausdruck gar keines Gegensatzes« sei.

Schleiermachers Dialektik beruht, in frühromantischer Tradition antifundamentalistisch, ja partiell realistisch (dazu Frank 1998a). Schleiermacher steht in der psychologisierenden, empiriefreundlichen Tradition von Denkern, die teils unmittelbar an Kant anknüpfen (wie Carl Christian Erhard Schmid, dessen *Empirische Psychologie* [1791] eine unübersehbare Tradition stiftete, in der sich auch andere Jenaer Kantianer wie Schmids Schüler Novalis, Herbart oder Fries, dem er freundschaftlich verbunden war, bewegen werden). Zum anderen war die psychologisierende Tendenz auch in der Leibniz-Nachfolge virulent geworden, etwa bei Platner oder Schleiermachers Halleschem Lehrer Eberhard (zum Beispiel Eberhard 1776, 19: »transcendentale [...] Psychologie«), nicht zu vergessen Tetens, dessen Hauptwerk ein Meilenstein der empirischen Psychologie (Tetens 1777) und Schleiermacher gewiss vertraut war (das vermutete schon Odebrecht in seiner Einleitung zur *Dial O* XIV). Wenn Schleiermacher statt von der Sinnlichkeit etwa von der ›organischen Funktion‹ spricht, zeigt sich dieser Hang zur Psychologisierung transzendentaler Grundbegriffe besonders deutlich; aber im Grunde erkennt Schleiermacher strikt apriorische Begriffe für Empirisches gar nicht mehr an. Realistisch darf die tragende Intuition seiner ›Dialektik‹ auch darum heißen, weil sie – abermals wie Schmid oder Novalis – ein ›Sein‹ vor dem und außerhalb des Bewusstseins annimmt (von dem die ›organischen‹ Informationen herrühren); und antifundamentalistisch, weil sie Wissen nicht im logischen Ausgang von einem Prinzip begründet, sondern »in der Mitte« beginnt (*Dial O* 195 Mitte, 390; § 291 der Handschrift von 1814). Dem Widerspiel von Rede und Gegenrede schwebt statt eines präetablierten Prinzips eine kantische Idee als Richtmaß vor, so dass jede erzielte Verständigung revidierbar bleibt. Dies Hin und Her von These und Gegenthese oder das Überwinden eines Sachwiderstandes im einsamen Denkprozess (vgl. 9 f.) nennt Schleiermacher mit Platon διαλέγεσθαι, daher Dialektik. Schleiermacher ist als romantischer Denker kein ›deutscher Idealist‹, wenn damit Denker gemeint sind, die ein Absolutum in unfehlbar geltenden Gedanken oder als »Grund im Bewusstsein« (Henrich 1992) zu erfassen glauben – dieser Unterschied ist oft verkannt worden.

II. Kantische und Leibniz'sche Voraussetzungen

Die *Dialektik* ist das widerspenstigste, zugleich aber eben das philosophische Basiswerk Schleiermachers. Nach anderthalb Jahrhunderten zeigt es uns immer noch ein Rätselgesicht. Verständniserschwerend ist schon die äußere Form, in der es überliefert ist. Schleiermacher hat zwar das handgeschriebene ›Grundheft‹ von 1814 allen weiteren Vorträgen (1818, 1822, 1828, 1831), selbst den letzten, zugrunde gelegt. Doch hat er nie eine durchgearbeitete Fassung der Dialektik für den Druck vorbereitet. Und als er sich endlich daranmachte (1833/34), kam er nicht über die (wichtige) »Einleitung« hinaus. So sind wir auf studentische Nachschriften angewiesen, die der erste Editor der *Dialektik,* Ludwig Jonas, auszugsweise seiner Reproduktion des Grundtextes von 1814/15 angefügt hatte und von denen weitere inzwischen durch den von Andreas Arndt besorgten Band der *KGA* zugänglich gemacht worden sind (*KGA* X, in 2 Teilbänden).

Ein weiteres Problem bildet die Einordnung der Dialektik in die zeitgenössische philosophische Tradition. Zu lange und zu ausschließlich hat man auf Kant und den Deutschen Idealismus gestarrt, zu deren Diskursform man die *Dialektik* irgendwie zugehörig glaubte. Da man aber mit dieser konstellatorischen Hinsichtnahme nicht recht vorankam, schien es geraten, die Orientierung zu wechseln – und nun kam neben der (durch Jacobi und Heydenreich zugeeigneten) Spinoza'schen insbesondere die (u. a. durch Schleiermachers Hallenser Universitätslehrer Eberhard vermittelte) Leibniz'sche Erbmasse in den Blick. Sie scheint sich für die Deutung zumal der merkwürdigen Begriffs- und Urteilslehre Schleiermachers als erheblich fruchtbarer zu erweisen als der Blick auf die Kant-Nachfolge. Es zeigt sich sogar, dass von hier ein neues Licht auch auf Schleiermachers oft beschworene, nie auf den Grund einsichtig gemachte Schelling-Nachfolge fällt – samt der Maximum-Minimum-Lehre und derjenigen von den Ober- und Untergrenzen der reellen und der ideellen Reihe, die Schleiermacher in seiner Schelling-Rezension (vom April 1804) von Schellings berühmtem »Indifferenzpunkt« ausstrahlen sah (Schleiermacher 1996b, 280 [ff.]). Denn auch Schelling gibt an, zu diesem Gedanken weit weniger durch Kant als durch Leibniz geführt worden zu sein, dessen Philosophie er im Grund mit der des Spinoza für verträglich, ja für wesentlich einerlei hielt (*SW* I/6, 109; vgl. I/2, 37; I/1, 443; weitere Belege in Frank 1986, 107 ff.). Diese Meinung, die in Heydenreichs *Gott und Natur nach Spinoza* (von 1789) ihren Ursprung hat und auch von Schleiermacher geteilt wurde (vgl. seine *Kurze Darstellung des spinozistischen Systems* [Schleiermacher 1996a, bes. 30 f.) vollzieht eine kühne Gleichung des Leibniz'schen Identitätskriteriums der Monade mit Spinozas Nachweis (aus dem fünften Lehrsatz des ersten Teils der *Ethik*), dass es bei Anlegung dieses Kriteriums nur *eine* Substanz geben könne.[6] Die in den Einzelmonaden abgeschatteten Eigenschaften der Zentralmonade sind dennoch in allen identisch vertreten:[7] Fulgurationen, wie Leibniz sagt, der Informationskeime *einer* Substanz. So wird Identität Disparater (meist heißen sie: das Reelle und das Ideelle, bei Schleiermacher auch Sein und Denken) zum beherrschenden Thema der Philosophie.

Eine Zeit lang wurde darum ganz selbstverständlich, von den idealistischen Systementwürfen insgesamt und undifferenziert, den Schleiermacher'schen eingerechnet, als von solchen der ›Identitätsphilosophie‹ gehandelt. Was aber erklärt die Karriere des Identitätsgedankens so sehr, dass er den Rang eines philosophischen Prinzips jahrzehntelang behaupten konnte? Der Hinweis auf die Wirkungsgeschichte von Jacobis *Spinoza-Büchlein* ist *question begging*. Denn wir fragen ja nach dem Interesse, das diese Inthronisierung erklärt. Es lag nun nahe, die ganze idealistische Bewegung als Versuch einer groß angelegten Überwindung der kantischen Dualismen zu deuten – ein Unternehmen, an dem Schleiermacher seinen Anteil habe. Den dabei regulativ leitenden Einheitsgedanken führte man kurzerhand auf kantische Anregungen zurück. Fichte wusste es noch besser: Es war, sagt er, Maimons kraftvolle Releibnizianisierung Kants (Maimon 1970), die den (nur durch die Ideenlehre ge-

6 In Schellings Worten: »Spinoza sagt: es ist nur Ein Universum, und Eine Substanz; Leibniz: es sind so viel Universa und so viel Substanzen als Monaden sind. Die absolute Substanz wird durch die Vielheit nicht getheilt, denn sie ist in jeder Monas *ganz*; nur auf diesem sich selbst-nicht-gleich-Seyn beruht die Einheit der Substanz; sie ist nicht numerisch, sondern vom Begriff oder der Idee nach Eine, und hört daher auch durch die Vielheit der Monaden nicht auf absolut Eine zu seyn« (*SW* I/6, 104).

7 »Da jede Monade das gesammte Universum repräsentirt, also auch repräsentirt, was in jeder andern Monade vorgeht, so ist die Todte Materie für uns zum Beispiel nichts anderes als die Erscheinung der verworrenen Vorstellungen anderer, bewußtloser Monaden« (*SW* I/6, 106).

tragenen) Systemgedanken mit dem der Apperzeption zusammenführte und so die kritische Grenzlinie zuerst auf eine Identitätsansicht der Gesamtphilosophie hin überschritt (Belege in Frank 1998a, 4. und 5. Vorlesung; zu Fichtes Selbsteinschätzung dieser durch Maimon vermittelten Wirkungsgeschichte vgl. Fichtes Brief an Reinhold vom März oder April 1795 [*GA* III. 2, 282]).

Kant hat die Gefahr einer Releibnizianisierung seiner Philosophie realistisch eingeschätzt, allerdings auch Maimons Talent erkannt.[8] Wahrscheinlich hätte er es sonst nicht der Mühe für wert gehalten, auf Eberhards Angriff (der übrigens Schleiermachers volle Zustimmung hatte)[9] mit einer Streitschrift zu antworten.[10] Als Fichte und Schelling ihre Begründungen aus der Identität eines absoluten Ichs vorlegten, war Kant zu alt und zu geistesschwach,[11] um mehr als seine vernichtende »Erklärung« gegen die ›Unhaltbarkeit dieser Systeme‹ (vom 7. August 1799) ins Intelligenzblatt der *ALZ* einrücken zu lassen (*AA* XII, 370 f.; vgl. den Kommentar in XIII, 542 ff.). Die wahre Gefahr drohte nicht aus einer Weiterverarbeitung seines Gedankens, das Ich und der ihm eigne Einheitssinn eigne sich als Deduktionsprinzip für Geltungsansprüche (Henrich 1988) – es war der auch in Schelling mächtig sprudelnde metaphysische Monismus Leibniz'scher Abstammung. Das wäre in vielen Details zu belegen, zum Beispiel in der durchaus Leibniz'schen Ansicht, die Monade missdeute diejenigen Aktivitäten, die sie sich selbst nicht unmittelbar zuschreiben kann, als sinnlichkeitsvermittelte, darum nur verworren perzipierte Kausalwirkungen der Gegenstände. In der Tat folgt Schleiermacher (wie auch Schelling [vgl. *SW* I/6, 106-109]) Leibniz in der Annahme, dass »agere und pati nur dem Grade nach verschieden« seien, womit »die opposition zwischen Ich und Nichtich auf[ge]h[o]ben« werde (*KGA* I.2, 85, Nr. 36); unter Berufung auf Propositio 51 der *Principia Philosophiae,* in der Leibniz Rezeptivität als Unvollkommenheit der Monade bezeichnet, die verworrene Vorstellungen habe,

8 Vgl. Kants Brief vom 26. Mai 1789 an Marcus Herz in *AA* XI, 48 ff. Der ausführliche und substantielle Brief ist eigentlich an Maimon selbst gerichtet.

9 Der Briefwechsel zeigt, dass Schleiermacher sich ganz entschieden auf die Seite Eberhards und gegen Kant und Reinhold stellt (vgl. etwa *KGA* V.1, Brief 128, Z. 262 ff.).

10 Dazu Gawlina (1996), der allerdings Maimon nicht erwähnt.

11 Vgl. den Brief vom 8. September 1798 an Christian Garve (bes. *AA* XII, 257 oben).

während Tätigkeit als Vollkommenheit mit Besitz deutlicher Vorstellungen ausgezeichnet wird (so auch Eberhard [1776, 34 ff.], der sich auf dieselbe Leibniz-Passage bezieht [44]). So auch Schleiermacher selbst (*Dial O* 365): Hier wird Leiden als begriffliche Unvollständigkeit ausgelegt. In vollständigen Urteilen sei das (grammatische) Subjekt selbst »Grund der Veränderung«, die im Prädikat ausgedrückt wird. »Beim Ausdruck ›Leiden‹ setzen wir [dagegen] den Grund der Veränderung des Subjekts [...] außer demselben«; und das ergebe ein unvollständiges Urteil. Eberhard hält diesen Fall für eine einschränkungsbedingte ›Täuschung‹, da doch, »wenn die Seele in ihren Operationen gehindert wird, *sie selbst es ist, die sich hindert*« (Eberhard 1776, 68). Die Konsequenz wirft ein neues Licht auch auf Maimons und Fichtes Abhängigkeit von der Leibniz-Schule. Schelling liegt ganz in dieser Tradition, wenn er Leibniz' Position so referiert: »Die Materie ist daher nicht an sich, sie ist nur die Erscheinung der unvollkommenen Vorstellungen der Monaden« (*SW* I/6, 106). Oder (ebd., 108 f.): »Die Materie ist für mich nur die Vorstellung der / verworrenen Vorstellungen der Monaden, also sie ist selbst nur eine vorgestellte Vorstellung. Ebenso der Leib.«

Ich beschränke mich auf zwei andere Punkte, die Schleiermacher (vielleicht unter Eberhards Einfluss) indirekt von Leibniz, direkt aber von Schelling übernimmt.

Ich beginne mit der Schelling-Übernahme. Dabei möge den Leser oder die Leserin nicht verwirren, dass ich Schellings Grundgedanken zunächst scheinbar doch an Kant anknüpfe. (Die Verwirrung löst sich, wenn man in Kants Lehre vom ›transzendentalen Ideal‹, die so übermächtig auf Schelling wirkte, die eigentliche Erbschaft Leibnizens identifiziert – natürlich in vielen Zwischenschritten, die ich hier nicht nachvollziehen kann [Bickmann 1996, III. Teil, B; Hogrebe 1989, 59 ff.; Gabriel 2006, 104 ff.]). Es lässt sich nämlich zeigen, dass Schelling seinen Begriff eines absoluten Geistes nicht aus der Fortentwicklung des Ich-Gedankens, sondern aus Kants Bestimmung des Organismus als eines selbstregulativen Prinzips geschöpft hat.[12] Das Von-sich-selbst-zugleich-Ursa-

12 Vgl. schon die *Ich*-Schrift, (*SW* I/1, 241 f.) mit der berühmten Anmerkung, die zwar nicht auf § 66, sondern auf § 76 der *KU* sich bezieht: »Vielleicht aber sind nie auf so wenigen Blättern so viele tiefe Gedanken zusammengedrängt worden, als in der Kritik der teleologischen Urteilskraft §. 76. geschehen ist.«

che-und-Wirkung-Sein formuliert Schelling um in den Gedanken, dass das Absolute *von sich selbst* zugleich Affirmierendes und Affirmiertes sei (*SW* I/6, 161, 164, 173) und dass dieser ›doublierte‹ Selbstbezug das eigentliche Wesen des ›Geistes‹ sei (*SW* I/7, 424 f.). Dabei wird kühn die kantische Restriktion des ›Als-ob‹ abgestreift (*SW* I/1, 42, 386).

Schellings Gedanke hat zwei unmittelbare Konsequenzen, beide für Schleiermacher prägend.

1. Zur ersten gelangt Schelling so: Ist (gemäß Voraussetzung) das Absolute ›von sich selbst‹ zugleich das Affirmierende und das Affirmierte, so sind Subjekt und Objekt der unendlichen Selbstbejahung jeweils auch in sich selbst wieder das ganze und eine Absolute; und ihre Differenzierung gegeneinander kann nur als Überwiegen oder Zurücktreten eines der Momente gegenüber dem anderen verständlich gemacht werden (Frank 1991b, vgl. hier S. 357). Schelling spricht gerne vom wechselnden ›Exponenten‹,[13] unter welchem das Identitätsverhältnis jeweils gesetzt ist, also dem des Affirmierten oder des Affirmierenden (deren jedes, noch einmal, wieder in sich ›unendliche‹ Einheit ist). Ich nenne diesen Gedanken den der *präponderanten Synthesis.*
2. Der zweite Gedanke ist in dem ersten impliziert. Die Operation mit der präponderanten Synthesis beruht nämlich auf einer *Identitätstheorie des Urteils.* Im Blick auf jene hatte Schelling – statt von einer ›einfachen‹ – von einer in sich ›doublierten‹, von einer ›Identität der Identität‹ oder von einem ›gedoppelten Leben‹ aller besonderen Wesen in sich und im Absoluten gesprochen (*SW* I/4, 134, Anm.; I/6, 165, vgl. 173 oben, 187). Und da er – wie Schleiermacher – die Copula des Aussagesatzes für eine Identitäts-Anzeige hielt, hat er an der Struktur des Urteils (er denkt ans einfache Subjekt-Prädikat-Urteil) erläutert, wie er das versteht: Im Satz über die Identität des Bejahenden und Bejahten handle es sich, genau besehen, um die Konjunktion zweier Urteile. Das Erste laute ›X ist A‹, und das zweite ›X ist B‹ (*WA* I, 26 ff.). Nicht *als* A oder *als* B (also nicht als Prädikate) werden Ideelles und Reelles mithin identifiziert, sondern insofern sie beide – wie er sagt – von

13 Die Redeweise wird, soviel ich sehe, eingeführt im ersten Identitätssystem (von 1801), erwartbarerweise im Zusammenhang mit der Potenzenlehre: *SW* I/4, 134 f. Sie liegt dem ganzen *Würzburger System* (1804) zugrunde.

X ›gewesen werden‹, also ›transitiv‹ im Sein unterhalten werden oder – noch anders gesagt – dasselbe Subjekt instantiieren/ausdeuten, das insofern – wie bei Schleiermacher – absolut heißen darf (*SW* I/7, 205, Anm. 1; vgl. II/3, 227,₂). Im strengen Sinn der ›Einerleiheit‹ ist also nur X (das Subjekt beider Teilurteile) selbst mit sich identisch, während die Prädikate untereinander differieren dürfen (*WA* I, 27,2). Die Bindekraft des absoluten Subjekts wird also an die Copula nur gleichsam delegiert. Schelling spricht – unter Rückgriff auf die Metapher aus dem *Timaios*[14] – von einem »Band seiner selbst als Einheit, und seiner selbst als des Gegentheils, oder der Vielheit« (*SW* I/7, 55).[15]

Schelling hat schon in den ersten Aufzeichnungen zu seinem ›absoluten Identitätssystem‹ (vgl. *SW* I/4, 113 und II/1, 371) von dem sogenannten ›Wesen‹ (oder ›An-sich‹) und der ›Form‹ des Absoluten gesprochen; und mit Form hat er immer die der Aussage (des ›Satzes‹) gemeint, in der das Eine sich als Subjekt unter einem Prädikat zum Verständnis bringt (erstmals *SW* I/4, 116 f., § 4 und 5).

Nun muss ich zeigen, dass (und wie) Schleiermacher sowohl den Gedanken der präponderanten Synthesis (1 a) als auch die Identitätstheorie der Urteils (2 a) übernimmt.

1a) Tatsächlich redet Schleiermacher von einem Überwiegen oder Zurücktreten bald der sogenannten organischen gegenüber der intellektuellen Funktion, bald des Wollens gegenüber dem Denken (§ 239, 2.). Er spricht von einer fundamentalen »Identität beider Funktionen« (*Dial O* 360 oben) und statuiert »ein Wissen mit dominirender Begriffsform […] und ein Wissen mit dominirender Urtheilsform« (§ 197). Unmittelbar übernimmt er das von Schelling, mittelbar aber von Eberhard.

Wie sein Meisterschüler war nämlich auch Eberhard von der »Identität der Vernunft und der Organisation« ausgegangen.[16] Die-

14 Dass der *Timaios* und zum Teil auch *Philebos* die – durch Oetinger und Hahn vermittelten – Quellen für Schellings Rede vom Band der Identität sind, das die von ihm Verbundenen übergreift, ist Gegenstand des im vorliegenden Band als Text 13 abgedruckten Aufsatzes.

15 Schellings Identitätstheorie des Doppelurteils ist formal ausbuchstabiert in Hogrebe (1989, 81 ff.).

16 Vgl. Schleiermacher § 122 mit Schleiermacher (2001 I, Nr. 23-26 = S. 421-423) und *Dial O* 360: »Identität beider Funktionen«.

se Voraussetzung ist der gesamten Leibniz-Schule gemein. Man ging von einer einfachen ›Grundkraft‹ der Seele aus (Eberhard 1776, 17 [ff.]), »wovon die Erkenntniß- und Empfindungskraft [lediglich] Modifikationen sind« (ebd., 31). Anders ließen sich die mannigfachen ›Übergänge‹ von Handlungen oder Zuständen unseres Seelenlebens nicht als Ereignisse *eines* und desselben Wesens fassen. Nur im Vorbeigehen merke ich an, dass diese Lehre den Keim für Schleiermachers berühmte Theorie des ›Übergangs‹ gelegt hat. Aus der ›numerischen Identität‹ dieser Grundkraft werde die Annahme eines stetigen ›Übergangs‹ von Sinn und Verstand (Eberhard sagt: ›Empfindungs‹- und ›Erkenntniskraft‹) einsichtig; denn diese Einheitsannahme schließe ein, dass dem Verstand ein ›Minimum‹ von Sinnlichkeit innewohne und umgekehrt, so, dass beider ›Einheit‹ nur als ein ›Überwiegen‹ der einen über die andere Funktion auseinanderzubringen sei (*Dial O* 142-144, 157). Eberhards Ansicht von Empfinden und Denken als »Einschränkungen« einer einigen ›Urkraft‹ präfiguriert also ganz deutlich Schleiermachers Ansicht, »daß [...] die Benennung des Denkens und Empfindens sich blos nach dem Merkmahle richte, das in einem jeden Zustande die Oberhand hat« (Eberhard 1776, 58). Damit ist der Unterschied von Sinn und Verstand auf das Überwiegen oder Zurücktreten einer Funktion gegenüber der anderen reduziert (vgl. Eberhard 1788, 131 f., 139,3, 143 ff., *passim*). Schleiermacher sagt: »*Den Gegensatz zwischen Rezeptivität und Spontaneität können wir nur als einen relativen, nicht als einen absoluten denken.* In der / Empfänglichkeit muß die Kraft als Minimum mitgesetzt sein« (*Dial O* 255 f.).[17]

Diese Leugnung eines prinzipiellen Gegensatzes zwischen Spontaneität und Rezeptivität ist übrigens unverträglich mit der herben Ausweisung der organischen Funktion aus der (gleichgerichteten) Begriffsproduktion, wie sie der Annahme angeborener Ideen zugrunde liegt. Darum meine ›Angeborensein‹ »eigentlich nur: dem Denken vorhergehend, und es kann nichts anderes damit gemeint sein, als daß dieselbe Richtung auf dasselbe System von Begriffen in allen angelegt ist« (ebd., 151). Aber diese Anlage kann nicht aus dem

17 Weitere Belege: »Wollen wir die organische Funktion ganz vernichten, so haben wir auch kein Denken mehr« (*Dial O* 144). Ähnlich äußert er sich im dritten Abschnitt von § 231, wo der Begriffsseite (auch ihrem »eingebohrne[n[System«) ein Minimum an Rezeptivität so wie der organischen Affektion ein Minimum an Spontaneität zugeschrieben wird.

Organischen selbst verständlich gemacht werden und scheint schwer versöhnbar mit der Annahme, wonach es »verschiedene [...] Abstufungen des geistigen und sinnlichen« gebe (Vorlesung 1818 zu § 195, 2.), aber keine Reinform. Zwar sagt Schleiermacher: »Die Begriffe, zu deren Bildung die Vernunft prädeterminiert ist, entwickeln sich in jedem auf Veranlassung der organischen Funktion.« Das hört sich so an, als sei nur die *Disposition* zur Begriffsbildung, (wohlbemerkt: auch der von Individualbegriffen [§ 176, 4]) allen Menschen ›angeboren‹. Aber – so fährt Schleiermacher fort – ihr »Inhalt« sei allein durch die Vernunft gegeben (*Dial O* 233), »indem wir die Entstehung des Begriffs aus der organischen Affection leugneten (§ 175)« (Vorlesung 1818 zur Randbemerkung zu § 186. 4. = *Dial J* 119). Damit kommt die organische Funktion in die Rolle eines Störenfrieds bei der rein rationalen Abwicklung der Kommunikation gleichgeschalteter Intelligenzen: »Nebenbei liegt hierin, daß die Differenz in der Begriffsbildung, die das subjektive hervorbringt, nur müsse zunächst in der organischen Function gesucht werden« (Randbemerkung zu § 177, *Dial J* 107). Das wäre eine magere Auskunft, inkonsistent mit der These einer stetigen Übergänglichkeit und Abstufung zwischen beiden Funktionen, die ja zu implizieren scheint, dass der »individuelle Faktor« – er heißt auch: der ›individuelle Coefficient‹ (*C* 249 und zu § 191, § 256, 2.) – überhaupt nie ganz auszuscheiden ist, Einigung im Gespräch (Hinsichtnahme auf Wissen) also beabsichtigt werden muss, aber nicht garantiert werden kann.

Dieses Problem sei hier nur notiert. Es ist eines der vielen, die ich bei angestrengtem Verstehenwollen der *Dialektik* nicht bewältigen konnte. Aber es kann uns nicht ablenken von den Leibniz'schen Basen des Gedankens der präponderanten Synthesis.

2a) Auch die Überzeugung, dass der Gedanke der präponderanten Synthesis eine Identitätsauffassung des Urteils einschließt, übernimmt Schleiermacher direkt von Schelling und indirekt von Leibniz. Der Erstere besagt (noch einmal), dass Sinn und Verstand (beziehungsweise ihre Gegenstände Natur und Geist) wesentlich eines sind und sich nur unterscheiden nach Verhältnissen des Überwiegens oder Zurücktretens eines der Gesichtspunkte gegenüber dem anderen. Ist der Satz aber die ursprüngliche ›Form‹ dieser Identität, so dürfen Subjekt und Prädikat nicht spezifisch, sondern nur hinsichtlich ihrer logischen Funktion unterschieden sein. Daraus ergibt sich eine monistische Ontologie, die dem, wofür Subjektausdrücke stehen, keine spezifisch anderen Entitäten zuordnen darf als dem, wofür Prädikatausdrücke stehen. Und die Copula steht gerade für diese wesentliche Nichtunterscheidung zweier Wirklichkeitsbereiche. Das heißt: Schleiermacher denkt nicht, dass singuläre Ausdrücke für natürliche Gegenstände stehen und Prädikatausdrücke für Eigenschaften, die jene näherhin charakterisieren. Er denkt, dass beide ›Begriffe‹[18] und dass Begriffe wesentlich nichts anderes sind als Bündel aus Eigenschaften, deren Elemente ›Merkmale‹ heißen. Ihr Verhältnis ist das von ›höheren‹ zu ›niederen Begriffen‹; und ›höher‹ nennt Schleiermacher Begriffe, deren Umfang (Extension) größer ist, sodass eine Menge minder umfangreicher ›*unter* sie fällt‹. Die Exposition eines Begriffs geschieht aber prinzipiell so, dass die unter ihm gefassten Merkmale (engeren Begriffe) aufgezählt werden, und das ergibt eine intensionale Charakterisierung des Begriffs (die Exposition buchstabiert aus, was ›*in* ihm [dem Begriff] enthalten ist‹).[19]

Das bedeutet dann auch, dass Schleiermacher die Verschiedenheit von Gegenständen, für die Begriffe stehen, zurückführen muss auf die Verschiedenheit von Merkmalskombinationen und nicht einfach deiktisch – nach der Verschiedenheit der Orte oder Zeitpunkte – entscheiden kann, wie der Dualist Kant es gegen Leibniz zu tun vorschlug (*KrV* A 263 f. = B 319 f.; A 271 f. = B 327 f.). Mit Leibniz und Eberhard glaubt Schleiermacher, dass es Individualbegriffe gibt: »Das Einzelne [ist] die niedrigste Stufe des Begriffs« (*Dial O* 225).[20] Einzelbegriffe sind extensional äußerst »unvollständig« (vgl. *Dial O* 202 f.); darum harren sie prädikativer Weiterbestimmung.

18 Damit folgen sie – wie auch Kant – der scholastischen Tradition, die die Komponenten eines Urteils (einer *propositio*), also Subjekt- und Prädikat-Termini, *indistincte* ›Begriffe‹ nennt, zum Beispiel Ockham oder Leibniz (Mates 1986, 58).

19 »[E]in vollkommen ausgebildeter Begriff [wird] insofern ein höherer sein, als er mehrere unter sich begreift, und ein niederer, insofern es weniger in ihm zu [unter]teilen gibt. Die Teilbarkeit macht also den Wert des Begriffs aus« (*Dial O* 195).

20 In den Notizen zur *Dialektik* von 1814 sagt Schleiermacher, der Ausdruck »niederer Begriff« schließe grenzwertig den »der einzelnen« ein (§ 176, 5. mit Randbemerkung). Darauf bezieht sich eine Bemerkung der Vorlesung 1818 zurück, in der Schleiermacher bemerkt, »daß die Vorstellung des einzelnen Dinges ein Begriff ist, wie jeder andre auch« (*Dial J* 212).

Schleiermachers Standardbeispiel für einen extensional unter- (aber nicht un)bestimmten Subjekt-Begriff ist denn auch »Da glänzt etwas« (*Dial O* 190, 203, 216). Der deiktische Ausdruck ›da‹ ist in Schleiermachers Analyse nur Platzhalter einer Bestimmung, die das rudimentäre Prädikat urteilend und individuierend soeben beibringt.[21] Es macht den Anfang – so heißt es in Schleiermachers immer wiederkehrender Formulierung – einer ›unendlichen Menge (oder Möglichkeit) von Urteilen‹ (meint: ›Prädikationen‹ [*C* 194 zu § 147]; und über diesen Informationskanal empfangen wir überwiegend Wahrnehmungsmaterial[22]).

III. Eine Identitätstheorie des Urteils und was aus ihr folgt

Diese Ansicht ist nicht kantisch. Kant hat Begriffe für Klassifikationstermini oder für Mengen gehalten, *unter* denen, wie er sich ausdrückt, Gegenstände (typischerweise empirisch, nicht begrifflich gesicherte Anschauungen) enthalten sind. Auch der kleinste Begriff subsumiert noch, sodass die Rede von Individualbegriffen abwegig ist.[23] Bei Kant geschieht die Gegenstandsfixierung anschaulich-deiktisch, nicht durch Begriffsarbeit. Leibnizens Standpunkt und der seiner Schüler, von denen sich Kant kritisch abgrenzt, ist dagegen intensionalistisch: Die Wolff-Schule hält Subjektbegriffe für Merkmalsbündel, die durch Prädikationen analysiert, also partiell identifiziert werden. Die Merkmale fallen also nicht *unter,* sondern *in* den Begriff, dessen Teile, nicht dessen Instantiierungen sie sind. Der Relationstyp, um den es sich hier handelt, ist die Inhärenz. Darum muss die eben benutzte Schleiermacher'sche Rede von einer sukzessiven Merkmalsbereicherung des Subjekt-Begriffs im Laufe des Urteilsprozesses so korrigiert wer-

21 In einer nicht genauen Vorlesungsnachschrift findet sich die dennoch hilfreiche Formulierung, das indexikalisch Individuierte sei noch »gar kein Begriff. Dieser wird erst gesetzt und durch Urteile ergänzt« (*Dial O* 203). Vgl. die Formulierung der Vorlesung 1818 zu § 207: »daß wir auf dieser untern Grenze [...] den Gegensaz von Begriff und Gegenstand verlieren«.

22 »[...] im Prozeß der Urteilsbildung [ist] die organische Funktion das Überwiegende [...], weil alle eigentlichen Urteile historischer Art sind, das heißt ein bestimmtes Erfülltsein in Raum und Zeit aussagen« (*Dial O* 353).

23 Darüber am fasslichsten der Wortlaut der *Wiener Logik* (*AA* XXIV.2, 908 ff.).

den: Die um Geltungsansprüche konkurrierenden Partner eines wahrheitsorientierten, eines ›dialektischen‹ Gesprächs müssen das Werden des Wissens als ein synthetisches Wachsen ihrer Einsichten verkennen.[24]

Wenn ich recht sehe, trifft die Beschreibung dieser Begriffsverhältnisse wenigstens ein Kernelement in Schleiermachers Überzeugung. Mit Leibniz und Schelling nimmt er einen ›Grund der Termini einer Proposition‹ an.[25] Dieser Verbindungsgrund, der von der Copula nur bezeichnet wird, ist die Identität der Terme. Danach inhäriert das Prädikat dem Subjekt (Leibniz 1903, 16 f., 402, 474; vgl. Mates 1986, 84 ff.), steht also *intensionaliter* für den Teil eines Merkmalsbündels, als den Schleiermacher den ›vollständigen Begriff‹ (im Gegensatz zum einzelnen ›Urteil‹) bestimmt. Die Relation des *inesse* impliziert ontologische Homogenität zwischen Subjekten und Prädikaten, so wie Schleiermacher sie – nach dem Gesetz der präponderanten Synthesis – zwischen den kantischen Erkenntnisstämmen annimmt (»Identität der beiden Funktionen« [*Dial J* 56, Vorlesung 1818]). Prädikate sind inkomplette Teile von Begriffen (Mates 1986, 60 f.). Ferner gilt für die *inesse*-Relation: *A* ist in *B* enthalten oder wird von *B* genau dann impliziert, wenn es unmöglich ist, dass ein Gegenstand unter *A,* aber nicht unter *B* fällt. Und: Begriff *A* ist in *B* enthalten genau dann, wenn alle einfachen Bestandteile von *A* auch Bestandteile von *B* sind. So ist der Begriff ›Tier‹ im Begriff ›Mensch‹ enthalten, Daraus folgt, dass wahre Urteile analytische Sätze sind. Das gelte nicht nur für die Tautologien, sondern auch für sogenannte synthetische Sätze (wie ›A = B‹). Von ihnen wird unterstellt, dass sie sich durch Einfügung hinreichend vieler Mittelglieder in analytische überführen lassen (wie ›AB = B‹). Für die Überzeugung, dass es eigentlich[26] keine synthetischen Sätze gibt, wird Schleiermacher noch von Lotze und Sigwart gelobt (vgl. Rülf 1920, 73; vgl. § 308 und *Dial J* 563, 5.).

24 Das ist der Fall, wenn etwas »in dem Umfang des Begriffs mitgesetzt« ist, »was in Beziehung auf ihn zufällig ist, was aber der Möglichkeit nach Urteile enthält« *(Dial O* 201). Von der Art ist, was Schleiermacher die bloße Möglichkeit der Prädikation nennt, die gegen den Grenzwert der Vollbestimmtheit hin tendiert und am Ende keinen Raum mehr lässt für ein eigentliches (im Kant'schen Sinne synthetisches) Urteil.

25 Leibniz an Arnauld (am 14. Juli 1686). »C'est là mon grand principe.«

26 ›Eigentlich‹ meint: im Blick auf vollständige Begriffe (§ 150, 1.).

Einen Punkt möchte ich, zum Abschluss dieses Abschnitts, noch ansprechen: Es ist für Leibniz, Schelling und Schleiermacher gleichermaßen charakteristisch, dass sie hinsichtlich des ›großen Prinzips‹ der Identität die Grenzlinien von Metaphysik und Logik (beziehungsweise von Ontologie und Erkenntnistheorie) verwischen. Das Ununterscheidbarkeitsprinzip nennt Bedingungen der Individuation von *Gegenständen* (ist also ontologisch), während das zweite Identitätsbedingungen zwischen *Sätzen* aufstellt (also logisch ist). Im zweiten macht Leibniz geltend, zwei Ausdrücke seien identisch, die in Sätzen ohne Verlust des Wahrheitswerts (*salva veritate*) durcheinander ersetzt werden können (*PG* VII, 219, 228; Leibniz 1903, 240, 362 f., 519 f.). Das erste Prinzip, bekannt als ›principe des indiscernables‹, ist ontologisch und erklärt sich über innerweltliche Substanzen. Über sie setzt es fest, »qu'il n'est pas vray que deux substances se ressemblent entierement [c'est-à-dire selon toutes leurs dénominations intrinsèques], et soyent differentes *solo numero*« (*Discours de Métaphysique,* § 9; vgl. *Monadologie,* § 9). Diese beiden Anwendungen des Identitätsprinzips – das logische und das ontologische – müssen sorgfältig entflochten werden; man kann sogar zweifeln, ob es sich wirklich um ein und dasselbe Gesetz handelt. Das aber meinte Schleiermacher. Die Korrespondenztheorie der Wahrheit, die er vertritt, verpflichtet ihn, seinen Begriffen und Prädikaten Entitäten in der außergeistigen Wirklichkeit zuzuordnen, die von jenen ›repräsentiert‹ werden. So haben die von Begriffen spezifizierten Gegenstandsklassen in diesen ihre realen Entsprechungen: ›Sein‹ entspricht der höchsten Extension, ›Chaos‹ der kleinsten. Entsprechend verhält es sich mit den Ober- und Untergrenzen des Urteils oder der Prädikation – dem von Schleiermacher (verwirrenderweise) so genannten ›absoluten Subjekt‹ (dem vollständig prädikatgesättigten Subjekt-Terminus [§ 200]) einerseits, der chaotischen Prädikatenmenge andererseits –, die gleichsam noch auf ihre Zuweisung zu einem Subjekt warten (§ 363). Da Schleiermacher sich den Gang der Dialektik als einen Weg von Leere zu Fülle vorstellt, muss er sich denken, dass die maximale extensionale Unbestimmtheit (›Sein‹) am Ende des Wegs maximal intensional aufgefüllt wird. Am Ende des Prozesses koinzidieren mithin das ›Sein‹ und das ›absolute Subjekt‹ – was nachvollziehbar ist unter der Leibniz'schen Voraussetzung, dass (logische) Subjekte Bündel aus Begriffen (Prädikaten) sind (vgl. Vorlesung 1822 zu § 310). –

Dem Sein entspricht nun in der Realität die (höchste) *Kraft* oder *Gott* und dem Chaos die (unterste) *Erscheinung* (§ 180, § 183). Der Obergrenze des Urteils ordnet Schleiermacher in der Wirklichkeit die Vorsehung (oder absolute Notwendigkeit) zu, der Urteils-Untergrenze (als bloßer bewusstloser »Totalität aller Causalverhältnisse«) das Schicksal (§ 202; vgl. *Dial O* 261 ff.; vgl. Kasprzik 1994, 118).

IV. Die vier Formeln für den ›transzendenten Grund‹

Die vier Formeln für den transzendenten Grund ergeben sich aus der Einsetzung dessen, was den zwei Begriffs- und den zwei Urteilsgrenzen in der Wirklichkeit (ontisch) entspricht. Das sind Gott oder die höchste Kraft (an der Begriffsobergrenze [§ 183]), das materielle Chaos oder die unterste Erscheinung (an der Begriffsuntergrenze [§ 185]). Die Letztere heißt ›niedrigste Erscheinung‹, weil sie nicht mehr als Kraft einer noch niedrigeren betrachtet werden könnte. So wie jeder Begriff in einer Relation zu einem höheren (*genus proximum*) und einem niederen steht (*differentia specifica*), so auch das System der Kräfte und Erscheinungen (§ 181 f.): Jede Kraft kann als Erscheinung einer höheren Kraft und jede Erscheinung als Kraft einer niederen Erscheinung aufgefasst werden. Der Obergrenze des Urteils – dem absoluten Subjekt (der nicht mehr in eigentlicher Prädikation weiterbestimmbaren Prädikatenmenge [§ 200]) – ordnet Schleiermacher in der Wirklichkeit die Vorsehung (oder absolute Notwendigkeit) zu, der Urteils-Untergrenze (als bloßer bewusstloser »Totalität aller Causalverhältnisse«) das Schicksal (§ 202; vgl. *Dial O* 261 ff.). Alle vier Formeln sollen den transzendenten Grund repräsentieren, aber inadäquat.

Lassen wir der Übersichtlichkeit halber außer Acht, was Schleiermacher für die wirklichen Entsprechungen der Urteilsgrenzen hält. Hier kommt eine verwirrende Auffassung von Kausalität und Freiheit ins Spiel (die sehr wenig der kantischen, aber stark der Leibniz-Spinoza'schen ähnelt). Leichter nachvollziehbar erscheint die Identifikation Gottes mit einer (Leibniz'schen) höchsten Kraft. Und nun entsteht die Frage, warum diese Formel ›nicht transzendent genug‹ sein soll, um die höchste Einheit adäquat zu repräsentieren. Schleiermacher hatte schon in § 149 festgehalten, »die Idee der absoluten

Einheit des Seins, in wiefern darin der Gegensaz von Gedanke und Gegenstand aufgehoben ist, [sei] kein Begriff mehr«.[27] Diese Einheit wird näherhin erst als die Einheit des Ideellen und des Reellen, dann als die höchste Kraft spezifiziert. In § 136 war die »Idee des Seins« geradehin als das beschrieben, wovon Ideales und Reales die »modi« seien (vgl. § 153). Darin ähnelte sie der Spinoza'schen Substanz – jedenfalls in der Lesart Schellings, der zufolge Leibniz und Spinoza im Entscheidenden übereinkommen (vgl. Frank 1986, 103-112): Beide hätten angenommen, die Menge aller widerspruchsfrei konjugierbaren Prädikate (das ›Maximum der Kompossiblen‹ [vgl. Mates 1986, 44]) sei genau *eine* Menge und mithin *einem und nur einem* absoluten Subjekt zuzuordnen. Gäbe es zwei Subjekte, auf welche diese Mengen zuträfen, so wären diese durch kein Prädikat zu unterscheiden und also nach dem *principium identitatis indiscernibilium* (dem Prinzip der Identität Nichtunterscheidbarer) identisch.[28] So auch Schleiermacher in seinem Fragment Nr. 44 zu Leibniz (von 1797/98): »Alles ist nur eins, und jedes Individuum ist doch ein Ganzes« (*KGA* I.2, 288). Hier gibt es also die Spannung zwischen zwei Kandidaturen auf den Posten der höchsten Einheit.

Dies ist eine der neuralgischen Stellen in Schleiermachers Vortrag, an welcher Ludwig Jonas sich hilfreich ordnend, belegend und kommentierend einschaltet. Zunächst betont er die Inkonsistenz in Schleiermachers Notizen. Die Kritik an der pantheistischen Formel für das Höchste (Unbedingte, Urgrund oder Absolute) lautet durchgängig, dass es nicht »mit allem unter ihm stehenden in einer Reihe liegend« gedacht werden könne (*Dial J* 115; ähnliche Formulierungen: ebd., § 184, § 186, Randbemerkung; Vorlesung 1818, 121 unten: »Die Gottheit kann in dieser Reihe nicht liegen, ist also auch nie ein Wissen«; ähnlich gegen Schelling: sein Absolutum bleibe

27 Vgl. Beilage *E* (1831), XLII (*Dial J* 516): »[…] daß das wirkliche Denken aufhört, wenn die Entgegensezung von Subject und Object aufhört […].«

28 Diese Antwort auf die Frage, wie die allen Sprecherinnen und Sprechern gleiche Einteilung der Welt in verschiedene Gegenstände mit einer und nur einer Prädikatenmenge zusammengehe, so, als gebe es nur *einen* Gegenstand, verdanke ich einem Schreiben von Wolfgang Kasprzik vom 8. Mai 2000. Über Leibniz' Ansicht, dass als Begriff die Totalität der innerweltlichen Tatsachen eines ist, das alles in sich enthält, sodass »der Begriff jedes als wirklich seiend erfahrenen oder als möglich gedachten Teils […] *a priori* den Begriff des *wirklichen Ganzen* aller wirklichen und möglichen Teile [voraussetzt]« (Holz 1992, 90 f.).

»ganz unter die Form des höchsten Begriffs gestellt, und entspricht also nicht dem über den Begriff erhabenen«; es liege noch im »Gebiet der erscheinenden Kraft« [§ 183, 3.]). Eine Variante dieser Formulierung betont die Ungleichartigkeit des Absoluten mit dem unter (oder in) ihm Befassten (§ 186, Randbemerkung, § 188, 1.). Dagegen liegen Gattung und Art auf einer Ebene, die Übergänge nach oben oder unten geschehen nach den Gesetzen der Spezifikation oder der Generalisierung (*Dial O* 242,1; vgl. 188, 1.: »so wäre unser Wissen um die Gottheit homogen mit unserem physischen und ethischen [sc. Wissen], und eine Construction, die hierauf Anspruch macht, kann schon nicht die höchste sein«).

Einen dritten Formulierungsversuch für die Abgrenzung des transzendenten Grundes von den pantheistisch-naturphilosophischen Begriffen der höchsten Substanz unternimmt Schleiermacher: Die Einheit der Letzteren ›verbleibe‹ immer noch ›im Gegensatz‹ oder sei von Spuren der ›Zweiheit‹ gezeichnet oder ›durch anderes bedingt‹ (eingeschlossen die aus ihr entfalteten Gegensätze, die unter sie fallen [*Dial O* 241,2; 243,3; 244 C unten; 245,2/3; 247,1; 247 unten; 248,1; solche Formulierungen fehlen in den Notizen von 1814/15 und in der Vorlesung 1818]).

Nun bemerkt Jonas, Schleiermacher habe in § 128-137 doch sehr wohl selbst »den Gegensaz des idealen und des realen als den höchsten und die Idee des Seins als die ihn befassende und aus sich entwickelnde Einheit gefunden« (*Dial J* 115). Was fehlt also dieser Idee noch, um das Unbedingte adäquat zu repräsentieren? Sicher nicht dies, dass sie etwa nicht außer der Reichweite unserer Begriffe läge, denn das gilt ja für die Begriffs- und Urteilsgrenzen ebenso: »Aber die Begriffsgrenze war ihm doch auch jene in den Gegensaz zerfallende und aus dem Gegensaz zusammengefaßte Einheit des Seins, *die kein Begriff mehr ist, weil sie nichts über sich hat*« (ebd., Kursivierung M. F.), das »höchste Subject«, zusammenfallend mit der »höchsten lebendigen Kraft, welche unter keine höhere mehr subsumirt werden kann«, also selbst auch nicht mehr erscheint (§ 200; in § 174 a war gesagt worden, das absolute Subjekt und die absolute Einheit des Seins, obzwar »als Gedanken genetisch verschieden, drücken [...] nur dasselbe Sein aus«). Jonas meint, Schleiermacher habe nicht nur diese höchste, von nichts Höherem subsumierbare Begriffsgrenze gemeint, die, obwohl Identität des Realen und des Ideellen, dennoch mit allem übrigen in einer und derselben Reihe liegt, sondern auch *diejenige Einheit, die absolut über dem Begriff, auch dem höchsten, liegt,* der man sich nicht nähert, wie weit man auch hinaufsteige, und die also auch nicht mit der Totalität des Wissens und Seins identisch, sondern deren absolute Grundlage ist, das wahrhaft unbedingte alles bedingende, während das absolute Subject (die höchste Kraft, die höchste Gattung) nur so alles bedingt, daß es selbst von allem bedingt wird (*Dial J* 115, Kursivierung M. F.).

Aber welches Motiv hatte Schleiermacher zu dieser Abgrenzung?

Er wiederholt zunächst, Wahrheit als Korrespondenz des Denkens mit dem Sein sei in der Identität beider fundiert (§ 188 mit Randbemerkung Vorlesung 1818). Auch darin, dass er betont, diese Einheit könne nicht mehr begrifflich eingeholt werden, weil sie nicht mehr als Spezifikation eines höheren Begriffs begriffen werden kann, greift er früher Gesagtes auf. Aber das gilt für die oberste Begriffsgrenze, das ›absolute Sein‹ ebenso und behindert nicht die Homogenität zwischen dem Grenzbegriff und dem nächsthöchsten ihn spezifizierenden. Schon Leibniz hatte dieses Problem. Er nennt Gott ein überweltliches Eins (*unum extramundanum*), ein Subjekt, dem alle gleichmöglichen Prädikate zukommen, das aber außerweltlich ist, weil die Welt sein einziges Prädikat ist (vgl. Holz 1992, 89). Oder variiert Schleiermacher die These Hölderlins und Hardenbergs, dass der Grund des Urteils im Urteil selbst nicht als solcher erscheinen könne? Oder dass er im Selbstverweis des Bewusstseins immer nur vorausgesetzt werden, in diese Verweisstruktur aber nicht mehr eingehen könne? Fragen, auf die ich keine klare Antwort weiß.

Jedenfalls weist Schleiermacher andere Formeln für Gott oder den Weltursprung mit ähnlichen Gründen ab, am übersichtlichsten in der Vorlesung 1818 zu § 186 (*Dial J* 118 f.): Die Materie als unterste Begriffsgrenze kann Bewusstsein nicht erklären (das mag zutreffen, wird aber dogmatisch nur behauptet); in Kombination mit einem ihr Form gebenden Gott kommen wir wieder nicht aus der Dualität hinaus. Setzen wir aber Gott als ihren Schöpfer, so wird sie zu einem Nichts – ein *nihil privativum* oder μὴ ὄν –, also nichts Selbständiges, das sein Sein in sich selbst hat (zum Letzten vgl. 246, auch *C* 244). Auf den Gedanken der Schöpfung aus einem Nichts ist Schleiermacher allgemein schlecht zu sprechen; sie habe ›keinen spekulativen Wert‹ (298, 300) und liefere jedem Nachdenklichen Motive zum Atheismus. Ein Grund ist, dass die freie Tätigkeit des Schaffens zwar »[d]ie Idee der Zeit [...] der Form nach, nicht aber der Sache nach fortschaffen« kann: das alte Paradox der zeitlosen Schöpfung der Zeit (268).

V. Die Lehre vom ›transzendenten Grund‹ und ihre entwicklungsgeschichtlichen Vorstufen

Nicht nur Hölderlin und Novalis, auch Schleiermacher mag seine intensive Auseinandersetzung mit Spinoza an Heydenreichs Schrift *Gott und Natur bei Spinoza* orientiert haben. Heydenreich hatte dort eine extrem realistische Auffassung von der Bewusstseins- und Gedanken-Jenseitigkeit der ›Wirklichkeit‹ oder der ›Seyns‹ vertreten. Dabei stützte er sich auf Kants berühmte These übers ›Sein‹, wonach dies kein ›reales‹, also kein die *realitas* (›Sachheit‹) einer *res* charakterisierendes Prädikat sei (*AA* II, 72 ff.; *KrV* A 596 ff.). Prädikate geben an, *was* eine Sache ist; *dass* oder *ob* sie ist, das heißt existiert, ist davon gar nicht berührt. Kant hatte mit dieser These die andere verbunden, dass, wäre nicht einiges wirklich, gar nichts möglich sein könnte. Entwerfen Begriffe aber nur Räume des Möglichen, so folgt ohne Weiteres, dass Begriffe *abhängig* sind von einer Wirklichkeit, die insofern passend ›transzendent‹ heißen darf. Novalis, der bei Heydenreich in Leipzig studiert hat, und Hölderlin, der ihn kannte und so sehr schätzte, dass er ihn als Mitarbeiter für sein Zeitschriften-Projekt zu gewinnen suchte (Waibel 1995), waren klar von Heydenreich angeregt, als sie ähnliche Gedanken notierten. Dass Schleiermacher Heydenreichs Schrift kannte, wissen wir aus seinen Jacobi-Exzerpten (*KGA* I.1, 545, bezugnehmend auf Jacobi 1789, 358). Der Sache nach ist die Abhängigkeit ganz offensichtlich.

Das Heydenreichs damals viel gelesene Abhandlung eröffnende *Einleitungsgespräch über die Abhängigkeit des Menschen* [...][29] nimmt Kants These einer einseitigen ontologischen Abhängigkeit des Denkens (auch des als *cogito* verstandenen Selbstbewusstseins) von der

29 Der volle Titel lautet: *Einleitungsgespräch über die Abhängigkeit des Menschen, über Deismus, Pantheismus und Atheismus*, 1/3-74. Die Gesprächspartner sind Parmenides und Xenophanes, die im zweiten Teil ihr Gespräch wieder aufnehmen.

Wirklichkeit auf und bereitet (wenigstens der Sache nach) den Grund für allerlei ähnlich gerichtete Spekulationen bei Schleiermacher, Hölderlin[30] und Novalis:

Wir können freylich nichts höheres, als Denken, allein eben dadurch, das[s] Denken für uns das höchste ist, sollten wir unsre Niedrigkeit und Schwäche erkennen; denn Denken hat gar keinen Einfluß auf Wirklichkeit, sondern spiegelt nur Wirklichkeit nach; das, was Wirklich / keit hervorbringt, und bestimmt, muß ganz etwas anders seyn, als Vorstellen und Denken, (wie verfeinert und erhöht wir uns auch diese Kraftäußerungen dichten mögen,) muß etwas seyn, wovon durch Denken gar keine Idee bewerkstelligt werden kann. – Sonderbar, fast möchte ich sagen kindisch, ist das *usteron proteron*, welches wir begehn, indem wir den Grund aller Wirklichkeit, alles Seyns, und aller besondern Arten und Bestimmungen desselben in Gedanken suchen. Gedanke setzt allezeit etwas voraus, was ist (außer dem Denkenden), aber das seyende setzt eben so wenig Gedanken voraus, als ein Original eine Kopie; sonst würden diese (die Gedanken) wieder sich auf eine Wirklichkeit beziehn müssen, diese wieder auf Gedanken und sofort bis ins Unendliche. – [… / …] [D]enken, und nach gedachten Absichten handeln [ist] offenbar ein Zeichen von Abhängigkeit und Mangelhaftigkeit […]. Denn jedes Denken setzt einen Gegenstand voraus, welchen der Gedanke abschattet, jeder gedachte Endzweck ein fehlendes Gut, nach welchem man hinstrebt (Heydenreich 1789, 55-57).

Sicher hat kein Autor so sehr wie Schleiermacher die Ungegenständlichkeit und Irreflexivität des, wie er sagt, ›unmittelbaren Selbstbewusstseins‹ betont und auf die Einsicht bezogen, dass Selbstbewusstsein für sein eigenes Sein nicht aufkommt, sondern vom Sein ›schlechthin abhängt‹. Man sollte denken, dass Schleiermachers Gefühls- und Glaubenstheorie die Tradition krönt und vielfach ins Reine bringt. Dennoch findet sich, soviel ich weiß, der Ausdruck ›Selbstgefühl‹ nicht in seinem Werk, wenigstens nicht in einem terminologisch anspruchsvollen oder signifikanten Sinne (vgl. etwa *KGA* I.12, 102). Umso mehr ist vom Gefühl als dem ursprünglichen Modus des abhängigen Selbstbewusstseins die Rede. Es lohnt, die Vorstufen der Theorie der schlechthinnigen Abhängigkeit des Selbstgefühls vom transzendenten Sein entwicklungsgeschichtlich zu verfolgen.

30 Vgl. dazu Violetta Waibel (1995, 211). Die Verfasserin des entsprechenden Abschnitts weist nach, dass Hölderlin Heydenreich (auch persönlich) kannte und so sehr schätzte, dass er ihn als Mitarbeiter für sein *Iduna*-Projekt ins Auge fasste.

In den Jahren 1793/94 hatte Schleiermacher Exzerpte und Kommentare zu Jacobis Spinoza-Büchlein angefertigt, aus denen dann die wichtigen Aufzeichnungen zu Spinoza und Leibniz (*Spinozismus* und *Kurze Darstellung des Spinozistischen Systems* [*KGA* I.1, 511 ff., 559 ff., 583 ff.]) hervorgegangen sind.[31] Ein Jacobi-Exzerpt (aus Jacobi [1789, 358]) hatte Heydenreichs Schrift über *Natur und Gott nach Spinoza* bereits hervorgehoben.[32] Schleiermachers Aufzeichnungen deuten jedenfalls den später reich entfalteten Gedanken der Reflexionstranszendenz des ›Seins‹ und seiner indirekten Auffassung im Gefühl an. Wie in der *Dialektik* (besonders derjenigen von 1822) und den Einleitungsparagraphen des *Christlichen Glaubens* (von 1821 beziehungsweise 1830) unterstellt Schleiermacher, dass die Einheit des Selbstbewusstseins aus seiner Reflexivität (der Subjekt-Objekt-Beziehung, in der es wie jedes Bewusstsein besteht) nicht einsichtig gemacht werden kann. Es muss darum als Repräsentation einer höheren und fugenlosen Einheit verstanden werden, die Schleiermacher mit Jacobi ›Sein‹ nennt. Als überreflexiv ist das einige Sein *ipso facto* bewusstseinstranszendent (denn wie die meisten seiner Zeitgenossen, wie zum Beispiel Fichte, versteht Schleiermacher unter ›Bewusstsein‹ allein ein gegenständliches oder intentionales Vorstellen; der Ausdruck steht also nicht für ein präreflexives Innesein). Aufgefasst wird das Sein allein vom Gefühl (einer nicht-›wahrnehmend‹-vergegenständlichenden Bewusstseinsart, die sich durch alle Einzelvorstellungen – selbst ›unwahrgenommen‹ – durchhält):

Das eigentliche wahre und reelle in der Seele ist das Gefühl des Seyns, der unmittelbare Begrif wie es Spinoza nennt; dieser läßt sich aber niemals wahrnehmen, sondern es werden nur einzelne Begriffe und Willensäußerungen wahrgenommen, und außer diesen existirt auch nichts in der Seele,

31 Die *Kurze Darstellung des Spinozistischen Systems* ist wiederabgedruckt in Schleiermacher 1996b, 9-33, Arndts Kommentar 1060 ff. und 1280 ff. – Vgl. insgesamt zu den Jugendschriften die ausführliche Einleitung in *KGA* I.1 durch Günter Meckenstock, XVII-LXXXIII. Die letzte Seite gibt eine Datierungstabelle aller erhaltenen und nicht erhaltenen Jugendschriften.

32 Allerdings steht die Notiz im Zusammenhang mit Jacobis Zurückweisung von Herders Kritik, Spinoza habe sich von Descartes' »Definition der Ausdehnung« nicht losmachen können. Vgl. *KGA* I.1, 545: »Ueber diese Kartesianische Definition der Ausdehnung und was damit zusammenhängt müßte ich mich also vorzüglich aus diesem Schriftsteller [Heydenreich] belehren«, notiert sich Schleiermacher.

in keinem Moment der Zeit; kann man aber deswegen sagen die einzelnen Begriffe hätten ihr abgesondertes, individuelles Daseyn? Nun, eigentlich existirt nichts, als das Gefühl des Seyenden: der unmittelbare Begrif[[f]. Die einzelnen Begriffe sind nur seine Offenbarungen. – Kann man sagen jener unmittelbare Begrif[f]. existire nur in einem andern Denkenden? Mitnichten, er ist ja der eigentliche wesentliche Grund der Seele, dasjenige, an dessen modis (Verstand und Willen) alle jene einzelnen Begriffe inhärieren. Aber freilich muß man nicht davon ausgehen zu sagen, der unmittelbare Begrif[f] sei das *Zusammen* der einzelnen Begriffe (in: *Spinozismus* [*KGA* I.1, 535]).

Als »Grund der Seele« versteht Schleiermacher das Seinsgefühl. Der Ausdruck stammt von Baumgarten,[33] aber bei Schleiermacher wandelt sich seine Funktion. In der zweiten der *Reden über die Religion* ist von einem »Grundgefühl der unendlichen und lebendigen Natur« die Rede (Schleiermacher 1996b, 102). Wie später das ›unmittelbare Selbstbewusstsein‹ zwei Seiten hat: eine innerzeitliche als psychisches Phänomen und eine überzeitliche (nämlich als Manifestation der transzendenten Einheit); so hat das Gefühl schon in der frühen Aufzeichnung den Charakter einer Einheit, die dem synthetisierenden »Zusammen«-Greifen von Einzelnem voraus- oder eher: zugrunde liegt. Es ist ferner nicht »in einem anderen Denkenden«. Das wird heißen: Es ist nicht das Ergebnis einer denkenden Zuwendung, die durch ein zweites Relat, nach Art einer Reflexion, gestiftet würde; vielmehr ruht es in sich selbst. Und die übrigen ›Begriffe‹ und ›Modi‹, etwa Wollen und Denken (wie Schleiermacher in einer möglichst Spinoza-nahen Terminologie sich ausdrückt), »inhärieren« ihm. Gälte das Umgekehrte, so wäre nicht verständlich zu machen, wie die verschiedenen Begriffe und Modi ineinander übergehen können. Diese Übergänglichkeit setzt eine qualitative Identität zwischen den *termini a quibus* und den *termini ad quos* voraus. Wie sein Lehrer, der Leibnizianer Eberhard, denkt Schleiermacher den Fluss des Seelenlebens und den dabei erfolgenden Wechsel von Vorstellungstypen als stetig – Denken und Sinnen sind dann grundsätzlich ein und dasselbe unter wechselnden Übergewichten der einen Bestimmung über die andere[34] – und wider-

33 »FUNDUS ANIMAE« (§ 511 der *Metaphysica,* in der von Kant für seine Vorlesungen benutzten 4. Auflage von 1757 [Halle: Hemmerde], wieder abgedruckt in *AA* XV, 6).

34 Vgl. Eberhard (1776, 17 ff., 58); zum ›Übergang‹ zwischen verschiedenen Vorstel-

spricht damit schroff dem kantischen Dualismus, der zwischen Sinnen und Denken, aber auch zwischen Denken und Wollen eine unüberbrückbare Kluft einzieht. Schließlich enthält das Gefühl noch eine unmittelbare Existenzanzeige; es ist »Gefühl des Seyenden«.

Damit ist, wenn auch nur mit groben Pinselstrichen, das Tableau begonnen, das Schleiermacher in den Jahren 1820 bis 1822 vom Gefühl als dem Ort einer Erfahrung des transzendenten Seins ausmalen wird. Ein bedeutendes Zwischenstadium bildet die zweite *Rede über die Religion* (von 1799). Darin wird die auf die Erfassung äußerer Gegenstände gerichtete ›Anschauung‹ (*indistincte* auch ›Wahrnehmung‹ [zum Beispiel Schleiermacher 1996b, 104]) vom ›Gefühl‹ (*indisticte* auch: ›Empfindung‹) so unterschieden, wie es später die *Dialektik* zwischen Wahrnehmung und Empfindung tut: Anschauungen repräsentieren die Welt, Empfindungen Zustände des erregten Subjekts (Schleiermacher 1996, 109 f.; Schleiermacher 2001 I, 249 = § 190, 1. und 2. Abschnitt; *Dial O* 127, 135, 250; vgl. Eberhard 1776, 45 ff.). Gefühle bilden sozusagen den qualitativen (oder phänomenalen) Charakter sinnlicher Eindrücke. Darum kann Schleiermacher sagen, »daß jede Anschauung ihrer Natur nach mit einem Gefühl verbunden ist«, während das Umgekehrte nicht gelte (Schleiermacher 1996b, 109). Diese Differenzierung beachtet Schleiermacher aber nicht immer pünktlich; und so ist bald von einer Anschauung, bald von einem Gefühl des ›Unendlichen‹ oder des ›Universums‹ die Rede. Das Wesentliche ist, dass Anschauungen unmittelbare und einzelne Weltrepräsentationen sind (104 unten). Anders als Gedanken, die – gemäß Schleiermachers Maximum-Minimum-Lehre – einen höheren Grad an Spontaneität aufweisen, sind Anschauungen maximal ›passiv‹ (103), und das müssen sie sein, sollen sie dem menschlichen Subjekt seine absolute (das heißt von keinerlei Selbsttätigkeit abgeschwächte) Abhängigkeit vom Absoluten zur Darstellung bringen. Nur als sinnliches Wesen ist der Mensch den Wirkungen der Weltgegenstände (oder, wie Schleiermacher sagt, »dem Einfluß des Angeschaueten auf den An-

lungstypen vgl. 32 f., 38; Eberhard (1788, 131 f., 139,3, 143 ff.). Vgl. meine Einleitung zu Schleiermacher (2001 I, 42-44, 107 f.). Auch Tetens kennt den »*Uebergang*« unserer Vorstellungskraft zwischen ihren verschiedenen Äußerungen (zum Beispiel Tetens 1777 I, 197). Ihr entspricht sogar ein »Gefühl des Uebergangs« (198; vgl. 291). Auch Tetens kommt natürlich als Quelle für Schleiermacher in Frage.

schauenden« [103]) passiv ausgeliefert; nur ist es beim religiösen Gefühl ein »Anschauen des Universums«, dem gegenüber das Subjekt sich *schlechterdings* als abhängig erfährt. Da der Realismus die Theorie ist, die die Wirklichkeit zur Ursache unserer Kenntnisse macht, darf Schleiermacher seinen Standpunkt einen »höhern Realismus« nennen (102). Das Universum, von dem unser Geist absolut abhängt, wird, wie in der *Kurzen Darstellung,* auch in der zweiten *Rede* mit Spinozas Substanz enggeführt (102 f.). Und wie dort wird der Gegenstand, *von* dem die absolute Abhängigkeit gefühlt wird, als dem System der deskriptiven Wahrheiten (»Metaphysik«) und dem System des Handelns (»Moral«) vor- und übergeordnet bezeichnet (95). In der zweiten *Rede* wiederholt sich auch der Zug, dass frommes Selbstgefühl als der Punkt aufgewiesen wird, in dem Handeln und Denken zusammenfallen (was sich an der Übergänglichkeit beider manifestiere).

So auch wieder in der *Dialektik,* am deutlichsten im Vortrag von 1822. Es sind die getrennten Modi Verstand und Wille, an denen sich die übergangsermöglichende Einheit des Gefühls bewähren muss. Im fünften Kapitel wird der transzendente Grund, der im und vom Gefühl ›repräsentiert‹ werden soll, genau als qualitative Identität von Wissen und Wollen bestimmt. Diese Identität ist aber nur die letzte und höchste – vorausgegangen waren ihr allerlei Vereinigungen niederer Art, die Relationen innerhalb des Denkens miteinander zu vermitteln hatten (organische und intellektuelle Funktion, Urteil und Begriff usw.). Diese neue Bestimmung des transzendenten Grundes als Identität von Denken und Wollen ergibt sich als Endpunkt der pleromatischen Methode, nach der Schleiermacher durchgängig verfährt: Sie korrigiert Stück für Stück die Einseitigkeiten der bisher aufgestellten Formeln.[35] Um einer vollen Bestimmung des Geistes willen muss also zuletzt noch die Einseitigkeit des Denkens durch das Wollen ergänzt werden. (Wie Locke – und gegen Descartes – ist Schleiermacher davon überzeugt, dass Wollen und Denken nicht unter dem gemeinsamen Oberbegriff *cogitatio* zusammengefasst werden dürfen.) *Dass* aber Übergänge beider ineinander zur phänomenalen Ausstattung unseres

35 Schleiermacher spricht von einer Methode des ›Ergänzens‹, ›Ersetzens‹ oder ›Supplementierens‹, zum Beispiel Schleiermacher (2001 II, 275 ff.; vgl. 2001 I, 265-268).

bewussten Lebens gehören, wird durch die Tatsachen des »Wissenwollen[s]« oder von ›Zweckbegriffen‹ exemplarisch belegt (Schleiermacher 2001 II, 20, 23, 278 f., 317 ff., 352 ff.).

Dazu bedarf es einer Instanz, der wir die Operation des Übergangs zuschreiben können. Sie darf, wie Schleiermacher sagt, niemals gleich null sein (286,$_2$). Die im Wechsel begriffenen Geisteszustände können für das, was sie ineinander überführt, nicht aufkommen. Also müssen wir zur Begründung des Phänomens eine Einheit fordern, die selbst nicht erscheint (und darum ›transzendent‹ heißt), aber die erscheinende Übergänglichkeit der Zustände vermittelt. Schleiermacher spricht vom »transzendente[n] Grund beider«, der in beiden »derselbe sein [muss]« (280). Er erscheint als ›Repräsentat‹ im ›unmittelbaren Selbstbewusstsein‹, das immer dann auch ›Gefühl‹ heißt, wenn nicht der Übergangsaspekt, sondern die Abhängigkeit vom transzendenten Grund im Blickpunkt steht. Selbstbewusstsein ist ein mentaler Zustand wie andere. Seine Ausdehnung ist wie die der anderen zeitlich. Aber anders als die anderen hält sich das Selbstbewusstsein durch alle Phasen des Zeitflusses hindurch, bald stärker hervor-, bald mehr zurücktretend, »nie ganz verschwindend« (289,$_1$). Der Übergang hat eine Zeiterstreckung, die in der Identität ihres Grundes »negiert« ist (286 unten). Demnach trägt auch das unmittelbare Selbstbewussstsein noch Spuren einer Spaltung, ohne die es die beiden Pole nicht zusammenführen, aber auch Zeitphasen nicht stetig durchlaufen könnte. Schleiermacher spricht davon, dass wir auch im unmittelbaren Selbstbewusstsein die Identität von Denken und Wollen nur als ›relative‹ haben (Schleiermacher 2001 I, 271 f. [§ 215 und 215. 1.]; vgl. 274 [= Vorlesung 1818 zur Randbemerkung von § 216]), eben als fließenden Übergang in der Zeit, sodass immer ein Gedanke zwischen zwei Willensakten und ein Willensakt zwischen zwei Gedanken als »Mittelglied« zu stehen kommt (Schleiermacher 2001 II, 286 unten; 292). In der Zeit und als Zeit kann sich reine Identität natürlich nicht zeigen; aber ein stetiger Übergang lässt sich aus der Distinktheit der Phasen allein nicht erklären; er manifestiert eine Identität, die sich als solche nicht darstellen kann (268 unten). Darum kann das Identitätsmoment im Selbstbewusstsein nicht isoliert auftreten; in jedem zeitlichen Übergang sind die Denk- und Willensfunktionen »mitgesetzt« (292), bald mehr, bald weniger; und ein Übermaß des einen wird in der Folge durch sein Zurücktreten und ein Übergewicht des anderen korrigiert, kompensiert oder, wie Schleiermacher auch sagt, ›supplementiert‹ oder ›komplettiert‹ (*C* 290 unten; 293 unten; vgl. 294,$_1$; 296,$_2$). Auf die Weise kann vom ›unmittelbaren Selbstbewusstsein‹ gesagt werden, in ihm werde der transzendente Grund ›repräsentiert‹ (*C* 290 unten). Insofern gibt die Einheit, die eigentlich und *als solche* dem Bewusstsein nicht zugänglich ist, dennoch ihren Einstand im zeiterstreckten Selbstbewusstsein. Darum kann Schleiermacher sagen: »Aus dem Gebiet der Gegensätze sind wir jetzt heraus« (288,$_2$). Wir sind es nicht wirklich, aber doch insofern, als die Vermittlung, die der transzendente Grund beim Übergang zwischen numerisch verschiedenen, aber auch verschiedenartigen Bewusstseinszuständen[36] leistet, die pleromatische Methode zur Vollendung bringt.

Kein Denker des romantischen Zeitalters führt die mit Namen wie Jacobi, Heydenreich oder Tetens markierten Traditionsstränge so zusammen wie Schleiermacher. Ein Strang – noch einmal – ist die Auffassung, das basale Phänomen unseres bewussten Daseins sei nicht eine Kognition, sondern ein Gefühl; ein anderer Strang ist aus Einsichten geflochten, die daraus die Unselbständigkeit des Selbst erschließen: Wir sind unserer Existenz nach nicht Urheber unserer selbst; und dass wir es nicht sind, davon haben wir eine Anzeige in unserem elementarsten Selbstgefühl, das nicht ein Tun, sondern ein Leiden konnotiert. Nichts anderes hatte Novalis zu Beginn der *Fichte-Studien* dem Absolutismus eines Ichs entgegengehalten, das sich als *omnitudo realitatis,* ja als alles »Sein« in sich absorbierend verkennt (Fichte 1971 I, 98 f., 128 f., 132 [ff.]). Auch Novalis hatte in seinen *Fichte-Studien* (von 1795/96) einen Zusammenhang geahnt zwischen dem abhängigen Seinsbezug des Selbst und seiner Ungegenständlichkeit oder Präreflexivität. Doch muss man urteilen, dass erst die Einleitungsparagraphen von Schleiermachers *Christlichem Glauben* (von 1821 beziehungsweise in der 2. Auflage von 1830) und das fünfte Kapitel der *Dialektik*-Vorlesung von 1822 diesen Zusammenhang ausdrücklich gemacht haben.

Schleiermacher stellt die Ausdrücke »Gefühl« und »unmittelbares Selbstbewußtsein« so eng zusammen, dass man glauben könnte, er identifiziere sie (Schleiermacher 2001 II, 286 ff.; 1960 I, 14 ff.). Wir

36 Schleiermacher sagt, das unmittelbare Selbstbewustsein sei »das Verknüpfende *aller* Momente *beider* Funktionen, des Denkens und Wollens« (Schleiermacher 2001 II, 291,$_3$ unten [Kursivierung M. F.]).

haben aber vorhin gesehen, dass beide Ausdrücke zwar einen typgleichen mentalen Zustand bezeichnen, ihn aber nach Aspekten differenzieren. Mit ›unmittelbares Selbstbewusstsein‹ ist vor allem gemeint, dass der Zustand und sein Gehalt präreflexiv bekannt sind. Es ist kein Akt des intentionalen oder aufmerkenden Gerichtetseins auf etwas in Gegenstandsposition Vorgestelltes. Darum sagt Schleiermacher, unmittelbares Selbstbewusstsein sei kein »Wissen um Etwas«, es sei nicht als »reflektierend« oder als ein »gegenständliche[s] Bewußtsein[...]« zu denken (Schleiermacher 1960, 16 f.). In der *Dialektik* von 1822 entsprechen dem Formulierungen, »der Gegensatz Subjekt-Objekt bleib[e] hier gänzlich ausgeschlossen als ein nicht anwendbarer«, und das »unmittelbare Selbstbewusstsein« verfüge noch über keine Kenntnis eines Ich, die erst im und mit dem »*reflektierte[n] Selbstbewusstsein*« aufkomme (Schleiermacher 2001 II, 287 f.).[37] Als Gefühl dagegen ist dasselbe Phänomen nicht auf die präreflexive Vermittlung des Übergangs zwischen seelischen Zuständen (Schleiermacher 1960, 19) beziehungsweise auf die Fähigkeit des »*Sich-selbst-habens*« verpflichtet (Schleiermacher 2001 II, 288), sondern auf seinen Mangel an Sein.

Schleiermacher ist nicht eindeutig im Hinblick auf die Semantik von ›Sein‹. Bald stellt er es so dar, als sei ›Sein‹ das Ergebnis einer progressiven Abstraktion, nämlich als der extensional reichste und inhaltsärmste aller Begriffe, noch über dem von Gegenstand und Subjekt stehend. Dann aber verschiebt sich seine Transzendenz – der oberste Begriff ist darum begriffstranszendent, weil er nicht mehr als Spezifikation einer höheren Gattung begriffen werden kann (Frank 2002) – in Richtung auf Sein-im-Sinne-von-Existenz, die aus den von Crusius und Kant gelieferten Gründen kein möglicher Denkgegenstand mehr sein könnte. Es ist dieser Sinn, der den Ton von § 4 der *Glaubenslehre* angibt: ›Schlechterdings‹, also absolut abhängig kann das Selbstbewusstsein nur hinsichtlich seiner Existenz sein, indem es nicht sich verdankt, dass es da ist (und diese radikale Abhängigkeit schließt gleich auch seine Freiheit ein, die ebenso ›geworfen‹ ist wie das Denkvermögen [Schleiermacher 1960, 27 f.]). Darüber schiebt sich ein dritter Sinn von ›Sein‹, der für den Grund der Einheit des Subjekts und Objekts steht, wie sie im

37 Zur These von der Ichlosigkeit des präreflexiven Bewusstseins vgl. Schleiermacher (2001 II, 290 f.): »Wir haben keine Vorstellung vom Ich ohne Reflexion«, und: »Selbstbewußtsein und Ich verhalten sich wie Unmittelbares zu Mittelbarem.«

Selbstbewusstsein als einzigem bewusstseinszugänglichen Ort aufscheint (Schleiermacher sagt: ›repräsentiert‹ wird). Nur hier fällt Evidenz im Geiste mit einer Existenzerfahrung zusammen (Schleiermacher 2001 I, 190 f. = § 101 f.; 194 [Vorlesung 1828 zu § 106]; 417 f.; II, 270). Wir haben also im Selbstbewusstsein, das zirkel- und regressfrei nur als unmittelbares beschrieben werden kann, einen Beleg für die Wahrheit der Identitätsthese, die den transzendenten Grund zugleich als das ontologisch Eine und Alles fasst. ›Ontologisch‹ meint aber auch (im Sinne von Kants These übers Sein): bewusstseinstranszendent.

Schauen wir also zunächst auf Schleiermachers Rede von der *Transzendenz* dieses Grundes. Abgesehen davon, dass die Wortbedeutung zwischen der von ›transzendent‹ (im kantischen) und ›transzendental‹ (im vorkantischen Sinne) schwankt (Schleiermacher 2001 I, 178; Zusatz der Vorlesung 1831),[38] mag sich Schleiermacher an Reinholds Sprachgebrauch orientiert haben (Reinhold 1794, 6 ff.). Reinhold hatte einen transzendenten Grund der Tatsachen der äußeren und einen der inneren Erfahrung unterschieden – sagen wir, einen transzendenten Grund des Subjekts und einen des Objekts. Die legt Schleiermacher mit der monistischen Annahme der ursprünglichen Einheit der psychischen und der physischen Welt identitätsphilosophisch zusammen und verlangt nur, das transzendente Sein beider werde vom unmittelbaren Selbstbewusstsein oder Gefühl ›repräsentiert‹ (Schleiermacher 2001 II; *C* 289). Aber wie soll das geschehen, wenn alles ›wirkliche Denken‹ einige Zeit erfüllt, nicht aber der transzendente Grund? Indem sich das Gefühl, als Modus des wirklichen Bewusstseins, nicht aufs Transzendente direkt, sondern auf seine eigene Unfähigkeit richtet, ihn adäquat zu repräsentieren. Anders gesagt: Schleiermacher lässt es nicht *per impossibile* auf den absoluten Grund, sondern auf den in ihm selbst ausgetragenen absoluten ›Mangel‹ an Begründetheit reflektieren. Es fühlt sich ja *absolut* abhängig vom Sein; und diese Abhängigkeit wird indirekt als Abhängigkeit vom *Absoluten* repräsentiert. Das, was dem unmittelbaren Selbstbewusstsein (oder Gefühl) einleuchtet, wenn es zwischen dem einen und dem anderen Pol der Reflexionsspaltung hin- und herflackert, ist also nicht die positive Fülle

38 Auch Tetens redet ebenfalls *indistincte* vom Transzendentalen wie vom Transzendenten (auch mit Anwendung auf den Grund).

einer überreflexiven Identität, sondern vielmehr das *Negative von deren Mangel.* Immer, sagt Schleiermacher, durchquert das Selbstbewusstsein im Augenblick des »Übergang[s]« (286) vom Reflektierten zum Reflektierenden die Leerstelle einer »fehlenden Einheit« (*C* 290, § LI). Da das Selbst sich diesen Mangel nicht als eigene Tat zuschreiben kann, muss es ihn als Effekt einer ihm »transzendenten [das heißt außer seiner Macht liegenden] Bestimmtheit« erkennen (ebd.). Nur den *Erkenntnis*grund dieser unverfüglichen Abhängigkeit kann sich das Selbst also zuschreiben. So kann Schleiermacher sagen, die Ursache des Abhängigkeitsgefühls sei nicht *»von* dem Subjekt bewirkt, sondern komm[e] nur *in* dem Subjekt zustande« (Schleiermacher 1960, 18 [Kursivierung M. F.]). Werde doch die Selbsttätigkeit auch im Gefühl »niemals Null«. »Ohne alles Freiheitsgefühl [...] wäre ein schlechthinniges Abhängigkeitsgefühl nicht möglich« (ebd.).

Warum aber verlangt der Erkenntnisgrund, der ins Abhängigkeitsgefühl eingeht, eine präreflexive Deutung? Weil »das unmittelbare Selbstbewusstsein oder Gefühl«, wäre es ursprünglich nichts als Bewusstsein eines von ihm vorgestellten Gegenstandes und eben nicht »ungegenständliches Selbstbewusstsein«, sich für etwas halten müsste. Stattdessen kann es nun einsehen, dass es selbst allem Etwas (oder dem Sein) gegenüber relativ nichts ist (ein μὴ ὄν; die Pronominalform ›nichts‹ veneint ›etwas‹). Darin gründet seine Fähigkeit, Seiendes und in letzter Instanz seinen eigenen transzendenten Grund zu repräsentieren (ebd., *C* 288 f.).[39] In der Lehre von Begriff und Urteil (das heißt, dass, sehr grob gesagt, Begriffe Gegenstände bestimmen und dabei auf Urteile angewiesen sind, die den Gegenständen veridische, meist wahrnehmungsgestützte Eigenschaften zusprechen),[40] gibt es ein ähnliches Verhältnis. Da die Eigenschaften das sind, was der Gegenstand an sich selbst nicht ist, kann Schleiermacher gelegentlich zu der Formulierung greifen, im Gesamt des Prädikablen sei die »Totalität des Nichtseins« erschöpft. Ist doch das Satz-Subjekt (das für einen Gegenstand steht) ein »für sich Gesetztes«, während das Prädikat auch darin ein μὴ ὄν ist, dass es für sich allein nie auftreten könnte. Vielmehr bedarf es

39 Zu Schleiermachers Ansicht, dass alles Denken ein Seiendes außerhalb seiner repräsentiere, vgl. die Belege in meiner Einleitung zu Schleiermacher (2001 I, 41, 54 ff.).

40 Dazu ausführlich meine Einleitung zu Schleiermacher (2001 I, 65 ff., hier: 79).

einer Stütze durch das relativ unabhängige Subjekt (beziehungsweise den Gegenstand). Das vom Prädikat Bezeichnete ist »immer ein in einem anderen Gesetzes« (Schleiermacher 2001 II, 205 unten).

VI. Fragen an Schleiermachers Konstruktion

Es fällt im ruhigen Rückblick auf, dass Schleiermacher die These von der Bewusstseinstranszendenz des Seins auf merkwürdig Leibnizianischen Basen übernimmt (›merkwürdig‹ darum, weil Leibniz die Transzendenz Gottes nicht für ein prinzipielles, sondern nur für ein kontingentes Problem des Informationsmangels individueller Monaden hielt). Ich glaube, dass die Unentschiedenheit hinsichtlich dieses wichtigen Unterschieds eines der begrifflichen Hauptgebrechen von Schleiermachers These eines in Wissen uneinholbaren Seins ist.

Nun muss man fragen, wie Schleiermacher überhaupt in die Situation geraten konnte, diesen Zwiespalt unaufgelöst stehen zu lassen. Und da scheint mir die Antwort leicht: Die Korrespondenztheorie der Wahrheit, die er mit Nachdruck vertritt, verlangt die Integration einer realistischen Seinsthese à la Kant, und die ist – wie (nicht erst) der späte Schelling gezeigt hat – mit einem absoluten Idealismus unvereinbar. Mit Recht hat man immer wieder die realistischen Aspirationen der Schleiermacher'schen *Dialektik* betont. Schleiermacher hat gezeigt, dass Wissens-Streit die gemeinschaftliche Hinsichtnahme auf einen denktranszendenten Gegenstand voraussetzt, dessen »Selbigkeit« unterstellt werden muss. »Alle Denkenden haben als Gegenstand des Denkens dieselben Gegenstände« (*Dial O* 140,2). Weil das typischerweise so ist, nennt Schleiermacher die intersubjektive Uneinigkeit über die Gegenstandsfixierung »das Maximum des Streits« (*Dial O* 21 f.; vgl. § 86 ff.; *Dial O* 135 ff.) – ein Grenzfall, der ohne kausale Intervention der Wirklichkeit gar nicht zu beheben wäre. Wenn dagegen diejenige Schleiermacher'sche Auffassung richtig ist, wonach außerhalb des Gehalts von Begriffen keine zusätzliche Realität besteht, dann ist die Gegenstandsfixierung das Werk von Prädikationen an der Untergrenze des Begriffs. »Da glänzt etwas« fixiert nur pseudoindexikalisch ein Seiendes; aber was an ihm *ist,* kommt ihm (nach dieser Deutung) von Begriffs wegen zu. Individuen sind *species infimae.* Können sie dann bewusstseinstranszendent heißen?

Dieser Rekonstruktion widerspricht natürlich Schleiermachers Kausaltheorie der Referenz. Was uns glauben macht, ein Gehalt sei ›Repräsentant‹ eines äußeren Gegenstandes,[41] ist, dass er vom Letzteren kausal hervorbracht worden ist. Selbst der Gehalt des Gefühls wird als ›Repräsentation‹, ja als ›Abspiegelung‹ einer außerbewussten Entität interpretiert, eben des transzendenten Grundes.[42] Solche Formulierungen lassen den Leibniz-Wolff-Diskurs hinter sich und schließen sich mit bemerkenswerter Konkretheit dem Kant'schen an. Kant hatte Kausalität als dynamischen Grundsatz bezeichnet, weil er Wirklichkeit ins Spiel bringt. Wirklichkeit lässt sich nicht (wie es für Gegenstände der mathematischen Grundsätze prinziell möglich ist) begrifflich antizipieren (*KrV* A 167; vgl. A 226 unten); sie werden ausschließlich von Wahrnehmungen erfasst (*KrV* A 225 = B 272 f.). Und deren Gehalt (›Stoff‹ oder ›Materie‹ genannt) lässt Kant in problematischen, aber klaren Formulierungen vom Ding an sich abhängen (Belege in Frank 1998a, 79 ff.). – Ontische Abhängigkeiten des Selbstbewusstseins oder Gefühls vom Sein (im Sinne von Wirklichkeit) hatten schon Tetens (1777, 191 ff.)[43] und

41 Vgl. zum Beispiel § 94: »Man denkt *etwas* heißt nicht nur das Denken ist bestimmt, sondern es bezieht sich auf ein außer ihm gesetztes.«

42 Die Rede von der Repräsentationsleistung des Denkens und der Kausalabhängigkeit der Gedanken-Gehalte vom transzendenten Sein lässt sich leicht aus Schleiermachers Texten belegen. Er schließt sich nicht nur der realistischen Korrespondenztheorie der Wahrheit an (»Übereinstimmung des Denkens mit dem Gegenstand«: 135 ff., § 95), sondern deutet auch durchgängig die ›Veranlassung‹ von Gedanken durch Informationen/Affektionen als ein Kausalverhältnis (vgl. *Dial O* 21 Mitte, 136 unten, 139, 180 oben, 188 unten, 217 unten; *Dial J* Vorlesung 1818: 48, 55 unten, 123 unten). Schließlich nimmt er an, gültige Gedanken ›repräsentierten‹ die Wirklichkeit (zum Beispiel *Dial J*, Vorlesung 1818, 78: die Vernunft müsse das ganze Sein »abspiegeln«, oder *C* 289 f., wo das unmittelbare Selbstbewusstsein als »Repräsentation« [*C* 289 f., im Original gesperrt], ja als »Abspiegelung« des transzendenten Grundes ausgezeichnet wird [295, 298], während ungültige oder leere Vorstellungen [»wie Feen, Zentauren u. dgl.«] darum kein Wissen sind, weil sie keine ›Entsprechung im Sein‹ haben [*C* 139]).

43 Tetens handelt von einem »Gefühl der Abhängigkeit« oder einem »*Gefühl des Absoluten*«, das außerdem »unmittelbar« heißt, weil es ohne begriffliche Vermittlung direkt auf die Wirklichkeit bezogen ist (Tetens 1777, 191, 193). Einflüsse von Tetens auf Schleiermacher belegt nicht, aber suggeriert Odebrecht in seiner Einleitung zu *Dial O* XIV. Dass Schleiermacher Tetens gekannt hat, ist bei seinem ausgeprägten

Heydenreich (1789, 55-57; vgl. 29 ff.)[44] angenommen – zwei Autoren, mit denen Schleiermacher vertraut scheint. Weil die Beziehung aufs Sein, im Gegensatz zu der auf konkrete Gegenstände, nicht wirklich sinnlich ist, hatten sie von einem Gefühl (und hinsichtlich des wissenden Bezugs aufs eigene Sein von einem ›Selbstgefühl‹) gesprochen. Diese Sprachregelung übernimmt Schleiermacher. Wenn bewusste Beziehung aufs Sein nicht (wie die auf Gegenstände) als kausal ausgelegt wird, so darum, weil die Bewusstseinsabhängigkeit vom Sein absolut (›schlechthinnig‹) ist (Schleiermacher 1960, § 4, 23). Sie setzt genau jene Homogenität der Momente außer Kraft, die der idealistische Grundsatz des Bischofs Berkeley beschworen hatte. So entdeckt Schleiermacher schließlich eine vierte Dimension von ›Identität‹, die aus ganz prinzipiellen Gründen begrifflich unzugänglich ist. Wenn sich an ihr die ›Macht des Subjekts bricht‹ (wie es in einer Marginalglosse zu § 4.3 der *Glaubenslehre* heißt [Schleiermacher 1960 I, 27]), so nicht aus intrikaten Gründen der Unbegreiflichkeit von Begriffsgrenzen. Es kommt vielmehr eine fundamental neue Ansicht des Sinns von ›Sein‹ ins Spiel, an der die Leibniz'schen und auch die identitätsphilosophischen Basen Schellings scheitern. Es ist der Umschlagspunkt einer Theorie der Wissensbedingungen in eine Glaubenslehre.

Interesse an der empirischen Psychologie und der Bedeutung, die er dem Theorem des abhängigen ›Selbstgefühls‹ beimaß, wahrscheinlich.

44 Sollte die Rede einer »völlige[n] Abhängigkeit« des Ichs von einer »fremden Macht« in Schleiermachers *Darstellung des Spinozistischen Systems* eine Anspielung auf Heydenreich enthalten (Schleiermacher 1996b, 19 f.)? In *Spinozismus* wird Heydenreich als ein zu beachtender Autor notiert (*KGA* I.1, 545).

11. Schellings Hegelkritik und die Anfänge der Marx'schen Dialektik

Die Geschichte der abendländischen Philosophie bietet immer wieder Gelegenheit zur Bewährung einer allgemeinen Erfahrung: Theoretische Innovationen sind unmittelbar nur insoweit erfolgreich, wie sie die Integrationsfähigkeit der zeitgenössischen Weltansicht nicht überfordern. Drängen sie voreilig und ohne sichtbare Anknüpfung an die Sinnerwartungen ihrer Epoche ans Licht, so ächten nicht nur die Götter und – ich ergänze – die Zeitgenossen ihr »unzeitiges Wachstum« (das lässt sich begreifen); auch die Nachwelt versieht sie oft noch mit dem Index eines Tabus. Als ein besonders auffälliges Beispiel ist mir immer der verspätete, aber eminente Nachruhm Nietzsches vorgekommen, insofern man ihn als den Entdecker jener vorbewussten Lebenstriebkraft nennt, die den Intellekt in ihren Maja-Netzen ködert und wähnen macht, er selbst entscheide über die Ökonomie der Werte, die der machthungrige Wille entwirft. Diese Auszeichnung Nietzsches geht häufig Hand in Hand mit heftigen Ausfällen gegen Schopenhauer, dem nicht nur abgesprochen wird, die eigentliche paradigmatische Revolution in der Willensmetaphysik der nachidealistischen Epoche eingeleitet (oder doch zum Durchbruch gebracht) zu haben, sondern der auch für alle Impräzisionen und Erschleichungen geradestehen muss, die das Werk seines Nachfolgers in so viel höherem Maße auszeichnen als das seine. Es sieht so aus, als müsse die offizielle Ideographie erst einen Namen aus ihrem Kanon streichen, bevor sie sich dazu versteht, einen anderen Namen – der Konsequenzen aus der getilgten Lehre gezogen hat – nicht nur zu dulden, sondern auch zu rühmen: Jaspers' und Heideggers Nietzsche-Interpretationen sind klassische Beispiele für jenes Ritual, das den Akt der Rehabilitation an das Schlachtopfer eines Ahnherrn bindet.

Etwas Vergleichbares – scheint mir – hat sich mit Schellings Nachruhm abgespielt. In dem Maße, wie der Gedanke seines Werks eine gleichsam subkutane Wirkung tat, verfolgte man seinen Namen. Ich rede nicht davon, dass in den Seminaren eine Zeit lang schon seine Nennung neben Fichte oder gar Hegel entweder für eine Obszönität oder für eine unfreiwillige Selbstentlarvung galt und dass der hastige Übergang von Fichte zu Hegel in der Chronik der Geistesgeschichte eine Lakūne der Verlegenheit überbrücken musste. Auch davon nicht, dass der Kniefall vor Hegels ›Tiefsinn‹ – einer semantisch höchst fragwürdigen Kategorie – uns viele Aufführungen des Stücks von des Kaisers neuen Kleidern beschert hat, während Schellings logische Erschleichungen (vor allem die des Identitätssystems von 1801) – für Paradebeispiele eines unseriösen und genialischen, von Opium und Romantik getriebenen Gedankentaumels geltend – der Selbstprofilierung von philosophischen Kärrnern dienten. Ich meine vielmehr, dass in Schellings Werk ein Gedanke zur Sprache drängte (und sie oft genug nicht erreichte), der – im Bloch'schen Sinne – übergleichzeitig zu seiner Epoche sich verhielt: Er war nicht eigentlich innovativ, sondern weithin antizipativ.

In einem Vortrag darf man – um der Zuspitzung willen – dann und wann übertreiben. Indem ich – mit Ihrer Zustimmung – von dieser Lizenz Gebrauch mache, behaupte ich, dass Schellings ›ursprüngliche Einsicht‹ ein Gedanke gewesen ist, der sich im diskursiven Korsett der idealistischen Grammatik nur unangemessen artikulieren konnte. Wer darauf – und mit gewissem Recht – den Akzent legt, bezieht gegenüber den argumentativen Schwächen des Schelling von 1801 die idealistische Position – zum Beispiel der Hegel'schen *Phänomenologie*. Gewiss, die Wirkungsgeschichte dieses Werks – der *Phänomenologie* – sollte sich als außerordentlich erweisen: zunächst als das Dokument jenes Durchbruchs, mit dem der reife Idealismus sein Publikum gewann – sodann, und zum Teil noch in unseren Tagen, als ein bedeutendes Korrektiv oder Pharmakon gegen die Skleroseanfälligkeit eines immer dogmatischer und subhumaner argumentierenden Materialismus. Ich füge gleich eine weitere Übertreibung an: Am Anfang und am Ende jener Bewegung, die als der dialektische Materialismus registriert ist, stand und steht Hegel. Kein Denken war – neben dem Marx'schen – vergleichbar erfolgreich für das Selbstverständnis nicht nur des Materialismus, sondern der Moderne überhaupt. Aber in der Zwischenzeit – und sie hat gut ein Jahrhundert gewährt und erhebliche Transformationen im institutionellen Gefüge unserer gedanklichen und gesellschaftlichen Wirklichkeit hervorgebracht – gab der Weltgeist – über Hegels eigenes Vermächtnis sich hinwegsetzend (wie es seine Art ist) – die Parole einer Überwindung des Idealismus aus.

Von ihr her wurde auch Hegels Werk aufs Neue studiert (zum Beispiel vom jungen und vom reifen Marx – und von der Studentenbewegung unserer Tage bis hinein in die Heidelberger Seminare), aber das war eben eine Lektüre, die den Index einer Dekonstruktion trug (wie man neuerdings sagt) und die allenfalls an solche Traditionen anknüpfen mochte, die – wenn schon häretisch sich verhaltend zum Idealismus Hegels – den Standard seines Argumentierens nicht unterbot. Sie merken, worauf ich hinauswill: Die einzige in der Stunde Null der materialistischen Idealismuskritik zuhandene Philosophie, in der eine Kritik an Hegels idealistischer Dialektik von wirklich grundstürzender Tragweite formuliert war, lag eben vor in Schellings – weitgehend unpubliziertem – Spätwerk, also in studentischen Nachschriften seiner Erlangener, Münchener und Berliner Kollegs, von denen man weiß, dass sie – unter der Hand und zum Kummer ihres Autors – zu hohen Preisen und bis nach Frankreich und Russland hinein gehandelt wurden, wo sie lebhaftes Interesse bei jenen adeligen Intellektuellen erregten, die mit solcher Lektüre so etwas wie ihre spekulative Feuerprobe zu bestehen hofften (wie Pawlow, Tschadajew, Herzen, Bakunin, Belinskij oder Turgenjew), aber auch bei den Schülern St.-Simons (zum Beispiel Prosper Enfantin) und bei Vertretern des sogenannten religiösen Sozialismus (zum Beispiel Lamennais und Leroux [Belege in Schelling 1993, 14 ff.]). (Marx hatte von diesen Zusammenhängen und auch vom Wortlaut wenigstens zweier Schriften des alten Schelling recht gute Kenntnis; und das kann nur den verwundern, der entweder keine Vorstellung von der unerhörter Publizität hat, die Schellings Berliner Auftritt im WS 1841/42 umbrandete, oder der sich das Aufblühen eines Gedankens, der die Welt bewegt, sehr unmarxistisch als den Akt einer Urzeugung vorstellt. Friedrich Engels, Schellings Hörer, beginnt seine Polemik gegen diesen Auftritt mit den pathetischen Worten:

Wenn ihr jetzt hier in Berlin irgendeinen Menschen, der auch nur eine Ahnung von der Macht des Geistes über die Welt hat, nach dem Kampfplatze fraget, auf dem um die Herrschaft über die öffentliche Meinung Deutschlands in Politik und Religion, also über Deutschland selbst, gestritten wird, so wird er euch antworten, dieser Kampfplatz sei in der Universität, und zwar das Auditorium Nr. 6, wo Schelling seine Vorlesungen über Philosophie der Offenbarung hält. Denn für den Augenblick sind alle einzelnen Gegensätze, die der Hegelschen Philosophie jene Herrschaft streitig machen, gegen die *eine* Opposition Schellings verdunkelt [...] (Schelling 1993, 535).

Tatsächlich spielt Schellings Spätwerk – über das frühere hört man freundlichere Töne, denn es ist ja eine Stufe, die in den Hegel'schen Tempel hinaufführt – offiziell keine Rolle für die Genesis der Marx'schen Dialektik. Wie könnte das auch anders sein, da dieser Autor – der zwar u. a. wegen Einschränkung seiner Lehrfreiheit in München nach Berlin ging, dort als erste Tat die Aufhebung der Zensur gegen die *Halleschen Jahrbücher* erwirkte und von Arnold Ruge im August 1841 als »politisch und religiös freisinnig« charakterisiert wurde (ebd., 500) – da also dieser Autor als ein notorischer Reaktionär geführt wird.

Nun, der Brief, den Marx am 3. Oktober 1843 an Feuerbach geschrieben hat (ebd., 566 ff.), lässt sich so lesen, als sei dies auch Marxens ureigenste Ansicht gewesen – wenigstens auf den ersten Blick. Die Angelegenheit scheint mir freilich eines zweiten Blicks würdig. Marx glaubte – fälschlich –, aus einer Andeutung der Vorrede zur zweiten Auflage des *Wesen*[*s*] *des Christentums* schließen zu können, dass Feuerbach »mit einer ausführlichen Arbeit über Schelling beschäftigt« sei. Er rät ihm dringend zu – und nennt ein paar Gründe. Erstens sei Schelling »38tes Bundesmitglied« (eine Anspielung auf Schellings politisch wenig einflussreiche Berufung in den Staatsrat), die ganze deutsche Polizei samt der Zensurbehörde »stehe zu seiner Disposition«. Schelling müsse also, da er gemäß Zensurinstruktion in Journalen nicht angegeriffen werden könne, in einem größeren Buch attackiert werden.

Eine umfangreichere Arbeit sei aber schon deshalb geboten, um Schelling »vor der franz. Schriftstellerwelt [zu enthüllen]« – die sich merkwürdigerweise von ihm habe »ködern« lassen und besonders zu fürchten sei, da ja einige ihrer Vertreter – zum Beispiel »der geniale Leroux«, der Schelling in einer Serie von Artikeln übersetzte, rühmte und verteidigte – die Sache des Sozialismus vertreten. Ein Angriff auf Schelling sei ferner »indirekt ein Angriff auf unsre gesamte und namentlich die preußische Politik«, da Schelling seine Lehre ja in den Dienst der »Diplomatie« gestellt habe. Endlich aber – und nun horcht man auf – sei es notwendig, dass gerade Feuerbach den Angriff führe.

Sie sind grade der Mann dazu, weil Sie der *umgekehrte Schelling* sind. Der – wir dürfen das Gute von unsrem Gegner glauben, – der *aufrichtige Jugendgedanke* Schellings [...], der bei ihm ein phantastischer Jugendtraum geblieben ist, er ist Ihnen zur Wahrheit, zur Wirklichkeit, zu männlichem Ernst geworden. Schelling ist daher Ihr *antizipiertes Zerrbild,* und sobald die Wirklichkeit dem Zerrbild gegenübertritt, muss es in Dunst und Nebel zerfliessen (ebd.).

Ich denke, dass man noch heute, da die Angelegenheit alle Aktualität eingebüßt hat, unmittelbar den Zwiespalt in Marxens Kompliment verspürt: Niemand, der um seine intellektuelle Identität ringt, tut sich leicht mit der Aufforderung, seinem eigenen antizipierten Zerrbild gegenüberzutreten, zumal wenn es sich erstens um ein Stück Weltphilosophie handelt, dessen ›Gutes‹ nicht verleugnet werden darf, und wenn zweitens sein phantastischer Anstrich nur unter *der* Bedingung in eitlen Nebel sich auflöst, dass man sich seinem Anspruch »männlich« entgegenstellt. Es *gibt* also etwas bei Schelling, das in Feuerbachs »positiver Philosophie« seine natürliche Erbin und, in der Stunde des Abfalls von seiner ursprünglichen Intention, seine natürliche Gegnerin gefunden hat.

Nun, Feuerbach ist nicht erst von Marx zu einem solchen Schritt aufgefordert worden – obwohl von keinem Zeitgenossen entschiedener als von Marx. Und wenn er über ein Jahrzehnt Scheu empfand, ihn zu tun, so wohl vor allem deshalb, weil er das Heikle einer Konfrontation mit seinem eigenen Zerrbild – und das war ja, unter uns, keine *quantité négligeable* – scheute. Drei zum Teil umfangreiche Briefentwürfe spiegeln Feuerbachs Verlegenheit (Schelling 1993, 569 ff.): Er hat fleißig aus der Paulus-Nachschrift exzerpiert, sich hin und her gewunden, ein paar Wochen Arbeitszeit geopfert und gestanden, Marx habe ihn da »in keinen geringen Zwiespalt mit mir selbst versetzt« (ebd., 572). Marx hatte offenbar ein Trauma berührt: Immer schon hatte Feuerbach versucht, Schellings offensichtliche Vorläuferschaft nur in dessen anmaßlicher »Phantasie« stattfinden zu lassen. (Es ist nicht ohne Delikatesse, dass Marx dies zitiert.) Auch fiel ihm zur Kennzeichnung seiner eigenen Position kein besserer Name als derjenige ein, durch den auch Schellings späte Philosophie sich charakterisierte: »positive Philosophie«, die freilich bei ihm, im Gegensatz zu Schelling, »die *wirkliche* (nicht imaginäre) *absolute Identität* aller Gegensätze und Widersprüche« befasse (Feuerbach 1970, 260). Diese Konstellation muss sich vor Augen halten, wer Aufschlüsse über sein Verhältnis zu Schelling im Werk Feuerbachs sucht.

Mit diesen – ich weiß: viel zu fragmentarischen – Andeutungen breche ich die biographisch-philologische Recherche nach Berührungspunkten zwischen dem Schellingschen und dem Feuerbach-Marx'schen Materialismus vorerst ab und gebe eine weitere These vor: Es gab – nicht nur im Feuerbach-Marx'schen Materialismus, sondern auch im französischen Sozialismus, bei Bakunin oder Cieszkowski (dazu in Schelling 1993, 14 ff. sowie Anhang III) – eine mächtige Tradition hegelkritischer Argumente, die sich aus Schellings späten Vorlesungen gespeist und die materialistische Pointe ihres Einsatzes mit hervorgetrieben hat. Die Unsichtbarkeit dieser Traditionsspur, die sich bis in Lenins Notizhefte hinein verfolgen lässt, erklärt sich zum einen daraus, dass Schelling kein einziges Kolleg zu Lebzeiten veröffentlicht hat – die kurze *Vorrede zu Cousin* und der Raubdruck einer Nachschrift des ersten Berliner Kollegs waren die einzig zitierbaren Dokumente seiner Wende zur »positiven Philosophie«; zum anderen aber aus dem Umstand, dass den meisten Theoretikern der Linken der Gedanke einer Vorläuferschaft Schellings aus Gründen ihrer politischen Identität unerträglich war. (Es wäre reizvoll, die Nahtstelle zwischen dem romantischen und dem sozialistischen Antiliberalismus genauer zu analysieren [vgl. Frank 1989]. Hier kämen viele eingeschliffene Terme unserer politischen Semantik sehr ins Schwimmen.) Übrigens bestand diese Aversion nicht immer und vor allem nicht zu Anfang. Ruges Interesse am Wortlaut der Schelling'schen Kehre war so groß, dass er sich ihm als Editor seiner Vorlesungen anbot; Feuerbach, der sich in dieser Zeit an einer Schelling'schen Nachschrift inspiriert zu haben scheint, schickte dem Philosophen mit offenbar ungeheuchelter Ehrfurcht seine Dissertation (was wäre wohl geschehen, wenn Schelling sie goutiert hätte? Zweifellos war ihm der Denkstil zu hegelisch); Cieszkowski, dessen *Historiosophie* Schelling gekannt zu haben scheint, hat sich stets für Schelling – auch für dessen religiöse Option – lebhaft interessiert und ließ sich vom Berliner Kolleg in die polnische Heimat berichten (außerdem gibt es zwei Briefentwürfe von ihm an Schelling). Bakunin schrieb nach Hause: »Ihr könnt euch nicht vorstellen, mit welcher Ungeduld ich die Vorlesungen Schellings erwarte« (Schelling 1993, 539). Und Schelling, der sich im Grunde seines Herzen immer für den verkannten geistigen Vater des

Junghegelianismus ansah, hat seinerseits gesehen, dass diese jungen Leute »auch etwas der Art wollten«, wie es die positive Philosophie war. Nur suchten sie es mit immanent hegelianischen Mitteln, und das könne nur scheitern: Eine systemverändernde Praxis müsse das Gebäude der »logischen Notwendigkeit« durchbrechen und sich von der immanenten Legitimation eines teleologisch konzipierten Intellektualprozesses emanzipieren (*SW* II/3, 90). Man muss sehr deutlich sehen – der junge Friedrich Engels ist dafür ein Paradebeispiel –, dass ein Teil der Affekte gegen Schelling typische Gruppenreaktionen von jungen Leuten sichtbar macht, die ihre Solidaritätsbasis – den Konsensus in Hegel – bedroht fühlen, sobald fundamentale Prämissen seines Idealismus ins Wanken geraten. Das ist denn auch der wiederkehrende Reim ihrer Bittschreiben an Schelling: Er sei willkommen als Hegels Lehrer in Berlin; nur möge er des symbolischen Vaters Grab nicht schänden – das heißt nicht etwa den Idealismus bekämpfen.

Diese Restriktion gilt offensichtlich nicht mehr für Marx: Er rühmt Feuerbach nicht nur als den Überwinder des junghegelianischen Idealismus von »Bruno Bauer und Konsorten« (ebenso kritisch äußerte sich Bakunin gegen die idealistische Linke), sondern deutet deren »Ärger gegen eine Praxis, die anders als die Auflösung einer bestimmten Kategorie in die ›*schrankenlose Allgemeinheit des Selbstbewusstseins*‹ sein will«, in Schellings eigenen Worten (*MEW* II, 204). Ich mache gleich die Probe: »In der Logik«, hatte Schelling gelehrt (und damit außer Marx auch Ruge, Bakunin und Cieszkowski beeindruckt),

> [i]n der Logik liegt nicht Weltveränderndes. […] Die […] Umkehrung kann nicht vom Denken ausgehen […] Mit dem […] Letzten der rationalen Philosophie [also: mit dem Gedanken der absoluten Identität des Realen und des Idealen; M. F.] ist nichts anzufangen. […] Die Vernunftwissenschaft führt […] wirklich über sich selbst hinaus und treibt zur Umkehr; diese selbst kann aber doch nicht vom Denken ausgehen. Dazu bedarf es vielmehr eines praktischen Antriebs; im Denken aber ist nichts Praktisches, der Begriff ist nur contemplativ, und hat es nur mit der Nothwendigkeit zu thun, während es sich hier um etwas ausser der Nothwendigkeit Liegendes, um etwas Gewolltes handelt (*SW* I/10, 153 und II/1, 565).

Bevor ich nun – jenseits der Ebene der Polemik, die sich an der Oberfläche abgespielt hat – weitere Dokumente für sachliche Konvergenzen zwischen Schellings Spätphilosophie und dem Ansatz von Marxens praktischem Materialismus herbeischaffe, muss ich zunächst das schier Unmögliche versuchen: nämlich eine Skizze dieser Spätphilosophie und besonders ihrer Stellung zu Hegel zu liefern: Man muss den Duktus und den Stil dieses Denkens nämlich sehr genau vor Augen haben, wenn man bei der Suche nach Intarsien von Schelling-Anspielungen in Marxens Frühwerk fündig werden will. Dass diese Entzifferung nicht längst geschehen ist, kann ich mir nicht anders als aus dem Desinteresse der machthabenden Verwalter der Marx'schen Doktrin an Schelling erklären. Es handelt sich um ein Desinteresse, das sich – dem Geiste und dem Buchstaben nach – nicht einmal auf Marx berufen kann und selbst dann, wenn es dies könnte, ein ziemlich antediluvianisches Verständnis von dem, was einen Text im Gewebe einer Epoche konstituiert, zum Ausdruck bringt.

Nach meiner Ansicht kann man den einen Gedanken, der Schellings Philosophieren von Anfang an bewegt, sehr genau angeben: *Es ist die Überzeugung, dass das Sein (das als fugenlose Identität begriffen wird) nicht aus Verhältnissen der Reflexion abgeleitet werden kann.* In gewissem Sinne war dies freilich die gemeinsame Überzeugung der drei Tübinger Freunde – etwa gegenüber Fichte. Dieter Henrich hat in liebevoller Restaurationsarbeit die Ruinen eines Gesprächs freizulegen versucht (Henrich 1971, 22 ff.), in dessen Verlauf es Hölderlin gelungen sei, auch Hegel – den Nachzügler in der freien Spekulation – von diesem Gedanken zu überzeugen und ihn über die »Gränzlinie der kantischen Philosophie« (Hölderlin an Neuffer: 10. Oktober 1794), nämlich die Klippe des abstrakt seinem Anderen entgegengesetzten Subjekts, hinauszuführen. Hölderlin argumentierte etwa folgendermaßen (Hölderlin 1991, 156, Z. 13-15; vgl. Hölderlin 1979, Anm. 312, Z. 19; 314, Z. 36): Absolutheit und Selbstbezüglichkeit des Gedankens ›Ich‹ schließen sich aus. Denn wenn die Ichheit unter der Bedingung stünde, sich explizit auf sich zu beziehen, dann könnte dieser Gedanke nicht im strengen Sinne unbedingt genannt werden. Auf der anderen Seite kann auf dies Unbedingte nicht einfach verzichtet werden, da anders das Moment des *Sich*-Habens in der Entgegensetzung der Relata – also das evidente Identitätsgefühl im Selbstbewusstsein – unerklärt bliebe. Es kann also nicht darum zu tun sein, eines der beiden Momente zu leugnen, sondern lediglich darum: zu betonen, dass nicht schon die aktive Beziehung des Selbst auf sich zu erklären erlaubt, woher ich

Kenntnis von der Identität der Beziehungsglieder habe. Ich habe diese Kenntnis jedoch untrüglich, und also – folgert Hölderlin – muss sich in der »unendlichen Einigkeit« des Selbst »ein *vorzüglich Einiges* und Einigendes [manifestieren], das, *an sich kein Ich* ist« (Brief an den Bruder von Mitte 1801). Hölderlin und Schelling, der seinem Freunde weitgehend folgt, nennen es das »Sein« oder die »Identität« – im Gegensatz zur »Indifferenz«, die dadurch ausgezeichnet ist, dass sie die Gleichheit ihrer Momente mit sich nur durch den Akt ihrer Synthesis herstellen kann und zu diesem Zweck auf eine gänzlich irreflexive Identität zurückgreifen muss, die dem Spiel der Beziehung als solchem entgleitet.

Während Schelling – wie gesagt – in dieser Überzeugung mit Hölderlin übereinstimmt (es gab Differenzen, die mir terminologischer Natur gewesen zu sein schienen: Schelling versuchte, seinen Gedanken zunächst in der Sprache von Fichtes Wissenschaftslehre zu artikulieren, um – wie er später sagte – »mit Fichte nicht abzubrechen« [Schelling 1993, 124; im Original kursiv]);[1] während also Schelling mit Hölderlin weitgehend übereinstimmte, hat Hegel die von Hölderlin empfangene Anregung von vornherein in einer reduzierten Perspektive angeeignet. Sie verhalf ihm zwar zu dem entscheidenden Schritt über die kantianische »Gränzlinie«, in dessen Folge er die »Vereinigung« der entgegengesetzten Wesenstendenzen von Liebe und Selbstheit nicht länger mehr von der abstrakten Subjektivität erhoffte. Dagegen war er nicht bereit, diese im Medium der Reflexion selbst geschehende Vereinigung wie Hölderlin aus einem transreflexiven »Seyn« – oder, wie Sinclair sagte: aus der reinen »Athesis«[2] – zu erklären, die der Beziehung noch vorausliege. ›Liebe‹, ›Leben‹, ›Geist‹ sind eben dies, in sich selbst den Gegensatz des Unendlichen und des Endlichen hervorzutreiben, ihn seiner Unwahrheit zu überführen und auf die in jeder Einseitigkeit ermangelte Ganzheit hin zu überschreiten (*pléroma*). Sie bewährt sich mitten in der Endlichkeit der Beziehung als die »wahre Unendlichkeit«, die nun nicht mehr ein Bezogenes ist, sondern als der argumentative *Fundus* einleuchtet, kraft dessen diese Beziehung zugleich als Einheit oder kraft dessen die Substanz zugleich als Subjekt gedacht werden kann. Ein solcher Einheitsbegriff duldet kein über ihn hinaus-

1 Zum früheren Verhältnis Schellings zu Hölderlin vgl. Dieter Henrich (1992, 126 ff.) und Manfred Frank (1985, 61 ff.).

2 Ein wiederkehrender Term aus Sinclairs »Raisonnements« (in: Frank 1991a, 30 ff.).

gehendes Sein, das ihn zur Reflexionsnegation zwänge; als solches wäre er immer schon sein Relat, das heißt ein bestimmter und unvollständiger Aspekt der unbegriffenen Totalität.

Vielleicht stimmen Sie mir – unter dem Zwang der Eile – zu, dass dies keine böswillig verzerrende Charakterisierung von Hegels ursprünglicher Einsicht gewesen ist. Er hat sie in der *Jenenser Logik* von 1804 und besonders in der *Phänomenologie* von 1807 vertieft und in großem Stil angewendet. Die eigentliche methodische Reflexion auf den formal-ontologischen Status seiner philosophischen Grundoperation hat er aber erst in der *Wissenschaft der Logik* geleistet. Und innerhalb dieses Werks ist für uns von besonderem Interesse der Ort, an welchem das Sein den Nachweis erfährt, dass es in Wahrheit als ein Moment der ganz auf sich gestellten Reflexion besteht. Ich kann die außerordentlich komplizierte Argumentation Hegels – in die Dieter Henrich vor Jahrzehnten und, wie ich meine: als Erster, einiges Licht gebracht hat – hier nicht einmal in Abkürzung referieren: Ich würde damit Ihre Gutmütigkeit überfordern. Stattdessen will ich einen Geisterdialog erfinden, in welchem Hegel mit Hölderlin über die Konsequenzen dieses Schritts sich verständigt (tatsächlich hat er ja mit dem umnachteten Freund nie mehr gesprochen – und auch das angebotene Gespräch mit Schelling tunlichst vermieden).

Hegel also hätte geltend gemacht, dass in die Kennzeichnung jenes »reinen Seins, ohne weitere Bestimmung« nur negative Prädikate eingehen können; zum Beispiel dasjenige der Un-mittelbarkeit und das der Un-bezogenheit. Hölderlin hätte zugestimmt. Nun charakterisiert Hegel – scheinbar arglos – diesen Ausdruck der Unbezüglichkeit des Seins auch so, dass er es als ein »Nur«-auf-sich-bezogen–Sein kennzeichnet. Die reine *Negation* mäßigt sich hier zu einer bloßen Restriktion, die grundsätzlich die Möglichkeit der Beziehung-auf-sich nicht ausschließt. Ist das Sein aber einmal als unartikulierte oder wie Hegel sagt, »einfache« *Beziehung*, angenommen, dann ist es – nach Hegels Prämissen – nicht nur nicht ausgeschlossen, sondern logisch notwendig, auch zuzugestehen, dass es einen Gegensatz in sich enthält, ohne den es ja übrigens völlig unbestimmt bliebe (was sich nicht negativ gegen ein Anderes profiliert, könnte auch nicht es selbst sein). Charakteristischerweise spricht Hegel auch stets – zumindest dem Sinne nach – vom Sein als vom »Begriff Sein«: Auch dadurch kommt er der Meinung zuvor, hier gehe es geradezu um ein transreflexives Sein – einen Gegenstand, der ja in einer Logik, also in einem formal-ontologischen System, gar keinen Ort haben könnte. Der Schritt, den Hegel im Übergang von der Indifferenz – also der letzten Position der Seinslogik – hin zur Logik des Scheins – also der ersten Kategorie der Wesenslogik – vollzieht, lässt sich mithin so charakterisieren: Der Begriff einer Beziehung im Zustand der Einstelligkeit wird mit ihr selbst im Zustande der Zweistelligkeit geglichen, oder: Es wird in der Reflexionslogik eine verborgene Implikation des Begriffs der »einfachen Beziehung nur auf sich« expliziert; und damit kommt ans Licht, dass diese Selbstbeziehung eine Beziehung auf Anderes einschließt. Diese Konsequenz nun vollzieht sich nach Hegel im Rahmen eines Gedankens und fordert das Zugeständnis heraus, dass die Beziehung-auf-Anderes sich nicht lösen lasse von dem Begriff der Beziehung des Selbst nur auf sich.

Hölderlin konnte nicht *in persona* antworten. An seiner Stelle hat Schelling das Wort ergriffen, und zwar – vermutlich – zuerst in seinen Vorlesungen über die Geschichte der neueren Philosophie vom Sommersemester 1822 in Erlangen (Schellings Sohn, der des Vaters Werk aus dem Nachlass ediert hat, hat an die berühmten Münchener Hegel-Kritik aus den späten 1820er und aus den 1830er Jahren das Fragment eines älteren Manuskripts aus der Erlangener Zeit angestückelt, bei dem es sich eigentlich nur um eine Vorstufe dieser Vorlesung handeln kann.)[3] Auch Schellings Replik verbirgt hinter der Anschaulichkeit ihrer Sprache eine ziemlich komplizierte Argumentation, die ich – um der Bündigkeit willen – abermals nur auf ihr Gerippe hin freilegen kann. Dabei erlaube ich mir, gelegentlich Formulierungen aus Schellings Würzburger System von 1804 einfließen zu lassen: Sie zeigen unter der Oberfläche eines weitgehenden Konsenses mit Hegels Jenaer Philosophie bereits alle Bruchstellen ihrer späteren Auseinandersetzung.

3 Die *Geschichte der Philosophie*, die bei Schelling nie ein eigenes Werk war, sondern in den Vorlesungszusammenhang seiner Grundlegung der positiven Philosophie gehört, hat Schellings Sohn aus diesem Zusammenhang gelöst und fälschlich auf 1827 datiert (sie stammt vermutlich aus einer Münchener Vorlesung von 1833/34 oder 1836/37). Die Version von 1827/28 (Schellings erster Münchener Vorlesung) ist seither in einer studentischen Nachschrift (derjenigen von Ernst von Lasaulx) ediert (und eingeleitet) von Siegbert Peetz (Schelling 1990, darin besonders S. 22 ff. [etwa 6. bis 16. Vorlesung]).

Nun, Schelling erkennt in Hegels Vorgehensweise mit einer, wie man sagen muss, ingeniösen Treffsicherheit den *circulus in probando:* Um als das, was er ist, am Ende seines Weges sich erkennen zu können, musste der Begriff (oder die Idee) schon eine implizite Kenntnis seiner (beziehungsweise ihrer) selbst besitzen (was Hegel – unter Rehabilitierung der ›intellektuellen Anschauung‹ im Methodenkapitel der *Logik* – verschämt zugesteht [*TWA* 6, 553]). Ist dies jedoch der Fall – Hölderlin hatte es zuerst gezeigt –, dann kann man nicht länger behaupten, den Gedanken des Selbst in einer Folge von Schritten aus dem Gedanken des selbstlosen Seins »voraussetzungslos« abgeleitet zu haben: Dies vorgeblich selbstlose Sein musste schon als eine Selbstbeziehung gedacht sein, und zwar als der Begriff einer Selbstbeziehung, die überdies eine – wenn auch unreflektierte – Kenntnis ihrer selbst besitzt (verfügte sie über diese Kenntnis nicht, so könnte das Sein in der Idee nicht als eine Form von Sich-Wissen gesetzt, aufgehoben und zugeeignet werden). Dies ist Schellings erster kritischer Einsatz: Der dialektische Fortschritt im Prozess der Entfaltung der Idee verdankt sich einem speculären oder narzisstischen Dialog der Reflexion nur mit sich selbst: Eine implizite Voraussetzung wird expliziert und dann als ein Moment des Explikats überführt. Feuerbach hat diese Kritik nur wiederholt, wenn er dem Beweisverfahren der *Logik* vorwarf, »in den Gegensatz der Idee schon eine *Prämisse* einzubringen, die sie selbst sich vorausgeschickt hat« (Feuerbach 1970, 40). Auf diese Weise führe die Dialektik, die doch eigentlich eine dialogische Disziplin sei, »einen Monolog der Spekulation mit sich selbst«; ihre vorgebliche Voraussetzungslosigkeit sei eitle Beteuerung (ebd., 37 f.). – So etwas mag er in einer Nachschrift Schellings zuerst gelesen haben; denn ein Blick auf Feuerbachs intellektuelle Entwicklung lehrt, dass seine Hegel-Kritik nicht aus Prämissen seines eigenen Denkens erwachsen ist, sondern sich durch einen jähen Bruch vollzogen hat, den man durch ein eindeutiges und fast wörtliches Schelling-Zitat in einer Tagebuchaufzeichnung von 1828 genau datieren kann: Dort schreibt er, dass die »unbefleckte Jungfer [Logik]« von sich aus niemals ein Sein, das nicht abermals bloß logischer Natur ist, gebären könne (Feuerbach 1971, 155 f.; vgl. *SW* I/10, 152).[4]

4 Dass Feuerbach zur Niederschriftszeit seiner Notiz (1827/28) mit Schellings Hegel-Kritik vertraut gewesen sein muss, dazu siehe Frank 1992a, 280 f. mit Anm. 52. Für seine Bekanntschaft mit einer der frühen Münchener Vorlesungen – in einer Nach-

Schelling hat es bei diesem Zirkel-Einwand nicht belassen, sondern gezeigt, dass der Zirkel einer unhaltbaren Theorie über die Natur des Selbst entspringt. Abermals hören wir den verstummten Hölderlin in Schellings Argumenten sprechen: Die Reduktion des identischen Seins auf die Reflexion ist nicht nur zirkelhaft, sie glaubt außerdem auch daran, dass sich das Merkmal des Selbst im Widerspiel zweier Reflexe konstituiere – eine fast allgemein verbreitete Vorstellung, hinsichtlich deren so verschiedene Positionen wie die von William James, Edmund Husserl und Jacques Derrida übereinkommen. Tatsächlich, so lehrte Schelling schon 1804, lässt sich die Synthesis der Selbsterkenntnis nicht als Realgrund für unsere Kenntnis vom Ich begreifen: Keinem der beiden Relate und auch nicht dem Begriff der Relation als Ganzer steht es auf der Stirn geschrieben, dass sie dasselbe sind wie ihr Anderes beziehungsweise wie das von ihr Erfasste. Dieser Zweifel besteht ganz unabhängig davon, ob man zugibt, dass sich das Bewusstsein des Selbst nur in der Einheit desselben Gedankens ergibt, in dem auch die Relation ihr Spiel treibt. Das war bekanntlich Hegels Absicht, und Schelling bestreitet sie nicht. Was er geltend macht, ist lediglich: dass zwei aufeinander bezogene Negationen (oder auch: die Selbstbeziehung der Negation) zwar notwendig sind, aber nicht ausreichen, um die existentielle Erfahrung des *cogito sum* zu fundieren. Zwei einander negierende Reflexe vermögen einander das selbständige und unabhängige Sein wohl abzuerkennen – aber sie vermögen weder das Bewusstsein der Selbigkeit der Relate noch das ihres unbezweifelbaren Seins zu stiften. Da dieses Bewusstsein einer absoluten Positivität jedoch besteht, folgert Schelling, muss es aus einer Erfahrung stammen, die dem Spiegelspiel der Negationen vorausliegt und sie in ihrem Sein begründet (*SW* I/4, 358; I/6, 185). Schon das Bestehen der Negation als Negation ist übrigens eine Sache, die nicht als Effekt der Negation gedacht werden könnte: Existenz ist kein Implikat ihres Begriffs: Wenn man sagt, die Negation sei der Grund des Seins (denn sie besitzt ja in der Möglichkeit ihrer Verdopplung das Vermögen ihrer Selbstaufhebung zugunsten eines Positiven), so

schrift? – spricht u. a. eine Anspielung in seinen *Vorläufige[n] Thesen zur Reformation der Philosophie* (1970, 259, 3). Die Rede ist von Schellings »Realprinzip« und von den »sogenannten positiven Philosophen«. Der Ausdruck war aber von Schelling erst 1827 eingeführt worden. Ohnehin kannte Feuerbach Schellings *Vorrede zu Cousin* von 1834 (*SW* I).

muss man zugleich sehen, dass sie durch dieses Vermögen nicht schon als zeugende Kraft des Seins überführt ist, sondern eben nur als sein Idealgrund. Man hat tatsächlich nicht mehr gesagt als dies: Es gibt keinen Begriff von Sein außerhalb desjenigen, der am Horizont einer Selbstaufhebung der Reflexion erscheint. Darüber gibt es keine Differenz zwischen Hegel und Schelling. Was Schelling geltend macht, ist, dass die Negation vermöge ihrer Selbstanwendung zwar zugunsten des Seins sich zurücknehmen und ihm auf diese Weise zu erscheinen gestatten könne (sie ist Grund der *Erscheinung* von Sein), dass damit aber weder ihr eigenes noch das Sein des von ihr Negierten affirmiert worden ist. Das ist unmittelbar – weil analytisch – einzusehen: Die Negativität kann vernichten (auch sich selbst), aber sie kann nicht erschaffen. *Wenn* sie in ihrem Widerspiel ein Sein (oder ihr eigenes Sein) bejaht, so ist eben dadurch ausgemacht, dass es sich nicht wirklich um ihr eigenes Sein handeln kann. Man könnte das – mit Sartre – den »ontologischen Beweis der Reflexion« nennen (Sartre 1943, 27 ff.).

Aus ihm ergeben sich eine Reihe von Konsequenzen. Zum Ersten die (ich formuliere sehr vereinfacht), dass das Sein dem Bewusstsein vorausliegt und dass diese Erkenntnis im Scheitern des immanenten Versuchs autonomer Selbstbegründung besiegelt wird. Sodann die andere (die freilich eng damit zusammenhängt), dass das Wesen zwar Erkenntnisgrund des Seins (und auch seines eigenen Seins) ist, aber nicht sein Realgrund. Sobald es ist, ist es ›unvordenklicherweise seiend‹. Das heißt, dass es – um auch nur die formalontologische Bedingung des Wesen-Seins zu erfüllen – vorab sein muss. Sartre hat diesen Sachverhalt durch den Kunstausdruck des »être été« gekennzeichnet. Er will sagen, dass das begrifflich Seiende – das Wesen – vom transreflexiven Sein »gewesen«, also in seinem Sein unterhalten wird, da es an sich unselbständig ist. Ohne auf dem Sockel des Seins, das nicht Reflexion ist, zu stehen, müsste es sich in nichts auflösen. – Das ist die Bedeutung der Rede von der »negativen Philosophie«: Sie kennzeichnet eine seinsvergessene Spekulation, die sich von ihrem eigenen Existieren absolviert, indem sie das ›transzendente Sein‹ auf eine Wesensbestimmung reduziert.

Bis hierin – ich gebe es zu – bleibt Schellings Kritik ziemlich abstrakt. Bevor ich jedoch zu handgreiflicheren Konsequenzen (und vor allem zu solchen, die von Marx übernommen wurden) übergehe, will ich anmerken, dass gerade die Abstraktheit der Schelling'schen Hegel-Kritik ihre mögliche Allgemeingültigkeit und damit ihre tiefe, wenn auch unterschwellige Wirksamkeit begründet hat. Schelling hat Hegel auf dem Niveau von dessen eigener Wesenslogik zu treffen versucht – und er hat seinen Einwurf so formuliert, dass Hegel ihn nicht mit dem Hinweis erledigen konnte, der Gedanke eines Seins vor dem Begriff tangiere die Argumentation der *Logik* selbst auf keine Weise. Schelling bemerkt nämlich – zu Recht, wie ich meine –, dass die *Logik* ihr eigenes Programm nicht verwirklicht. Dieses Programm war, Formen des Konflikts zwischen Gegensatz- und Einheits-Begriffen auf den Begriff einer beiden übergeordneten Einheit zu bringen, die er im »Idee«-Kapitel als »Identität des Reellen und Ideellen« bestimmt. Nun sagt Schelling, der Ort dieser existierenden Idee bleibe vakant, solange nicht der Term der Realität eine sinnliche Aufladung erfahre, die ihn tatsächlich und nicht nur begrifflich von seinem Korrelatbegriff, dem Ideellen, abgrenzt. Wo kein wirklicher, sondern bloß ein nur wesentlicher oder (was gleich gilt) potentieller Gegensatz vorhanden ist, da, sagt Schelling – und Feuerbach wiederholt es fast wörtlich – findet auch keine wirkliche Dissonanz statt. »Es geht alles ganz friedlich zu – zwischen Seyn und Nichts (als bloßen Potenzen) ist kein Gegensatz, die thun einander nichts« (*SW* I/10, 137; vgl. Feuerbach 1970, 152 f.). Anders gesagt: Wenn die *Logik* ihre eigene Intention auf Realität nicht erfüllt, erreicht sie nur den Begriff ihrer Wahrheit und muss die Wahrheit selbst – als ein zu Postulierendes – einer anderen Disziplin überlassen. Das tut sie denn ja auch in der Tat. Der »bloß logische« Begriff empfindet sein Ungenügen – seinen »unendlichen Mangel an Seyn« (*SW* II/2, 49; Schelling 1972, 439) – und entschließt sich, wie Hegel sagt, zur Natur: Dort sollen die Rippen der Idee Fleisch und Blut ansetzen und, solcherart bereichert, endlich ihre wirkliche Wahrheit, das Selbstbewusstsein des existierenden Geistes, erreichen.

Hegel akzeptiert also den Einwurf des Seinsmangels – sobald er die *Logik* zur Ouvertüre seines enzyklopädischen Systems macht. Doch gerade die Anlage dieses Systems ist belastet mit der Hypothek desselben Zirkels, die schon auf der *Logik* lastete. Wie sollte denn ein des Seins gar nicht mächtiger Begriff die seiende Natur aus sich hervorbringen? Das Zugeständnis, es fehle der Hegel'schen *Logik* an Wahrheit, affiziert mithin Hegels gesamtes System – insofern es aus der Logik entspringt – und qualifiziert es in einem viel drastischeren Sinne als negativ, als Hegel lieb sein konnte. Man fühlt die Erstlingsfrucht der Naturphilosophie in Schellings Leibe hüpfen, wenn er diesen Triumph ausspielt: Der Einwurf war ohne Zweifel sein wirkungsgeschichtlich erfolgreichstes Argument gegen Hegel, und Feuerbach hat es ebenso gern wiederholt wie Marx, bei dem man freilich ein minderes Interesse an naturphilosophischen Konsequenzen spürt. Immerhin erkannte er, dass »Natur« ein Synonym für »Wirklichkeit« ist und dass dem *System der Philosophie* nur im Durchgang durch die Naturwirklichkeit eine mehr als nur logische (das heißt virtuelle) Realität zuwachsen kann. Ich glaube, ich darf mir – zu dieser Frage – Belege aus Marxens Frühschriften schenken: Sie sind anderswo (zum Beispiel in Alfred Schmidts immer noch unübertroffener Arbeit über den Naturbegriff bei Marx [Schmidt 1978]) versammelt – freilich ohne die Parallelführung zur Argumentation des alten Schelling.

Ich will Ihnen, bevor ich den Vergleich mit Marx beginne, zwei weitere Konsequenzen vorstellen, die sich aus Schellings Einwand gegen Hegel ergeben. Die eine betrifft das Finale des Systems in der Idee eines absoluten Selbstbewusstseins. Diese Idee bezeichnet den Ort, an dem dieses System – nach Hegels Anspruch – seine Wahrheit erreicht. Die Wahrheit besteht darin, dass der Unterschied, der der Reflexion eignet, hier nicht mehr die Qualität des Andersseins hat, sondern »sich vollkommen durchsichtig« wird (wie Hegel gerne sagt). Nun besteht Hegel darauf, dass diese absolute Aufhebung der Differenz von Anderssein und Selbstsein abermals im Spiegelspiel einer Reflexion bezeugt werden muss. Also, wendet Schelling ein, zerstört sich der Gedanke der absoluten Identität durch das Mittel selbst, das ihn ins Werk setzt. Wieder spricht Hölderlin: Eine reale Differenz vermöchte niemals Rechenschaft zu geben über eine ideale Einigkeit. Sie bleibt also auch im höchsten Satze des Hegel'schen Systems ein Postulat – das an eine andere Wissenschaft (Schelling und Feuerbach würden sagen: an die »positive Philosophie«) appelliert: Marx hat in ähnlicher Weise auf die »Einseitigkeit und [...] Grenze Hegels«, wie sie im Schluss-Kapitel der *Phänomenologie* aufscheint, hingewiesen (*MEW* I, Ergänzungsband, 174).

Die letzte Konsequenz, die ich hier vorstellen möchte, ist vielleicht die überraschendste. Schelling glaubte aus gewissen Formulierungen im Vorspann zur zweiten Auflage der *Logik* heraushören zu dürfen, dass Hegel sich des abstrakt negativen Charakters seiner Reflexionsphilosophie selbst zu versichern begonnen habe. Hegels Tod habe dann die Fortsetzung dieser Revisionsarbeit unterbunden. Immerhin lässt seine Formulierung aus dem die *Logik* einleitenden Essay aufhorchen. Es heißt dort:

So wird noch mehr der absolute Geist, der als die konkrete und letzte höchste Wahrheit sich ergibt, erkannt, als am Ende der Entwicklung sich mit Freiheit entäußernd und sich zur Gestalt eines *unmittelbaren* Seins entlassend, – zur Schöpfung einer Welt sich *entschließend*, welche alles das enthält, was in die Entwicklung, die jenem Resultat vorangegangen, fiel und das durch diese umgekehrte Stellung mit seinem Anfang in ein von dem Resultate als dem Prinzip Abhängiges verwandelt wird (*TWA* 5, 70).

Der Kontext dieses Satzes zeigt, dass Hegel mit der Rede von einer Schöpfung nicht die Entäußerung der Idee zur Natur meint. Er denkt vielmehr in einem radikalen Sinne über die Implikate des Reflexionsbegriffs nach, auf den seine Argumentation sich stützt. Ein unserm Zitat vorangehender Passus lautet:

Man muß zugeben, daß es eine wesentliche Betrachtung ist – die sich innerhalb der Logik selbst näher ergeben wird –, daß das Vorwärtsgehen ein *Rückgang* in den *Grund*, zu dem *Ursprünglichen* und *Wahrhaften* ist (ebd.).

Hier ist eindeutig die Rede von einer Umkehrung der logischen Dialektik selbst, und auch davon, dass nur der Grund wahrhaft ›sei‹, ja dass von seinem Sein die Möglichkeit einer aktualen Schöpfung abhänge. Den Sinn dieser Umkehrung hatte Schelling in seinen ersten Erlangener Vorlesungen *Über die Natur der Philosophie als Wissenschaft* (Januar 1821) eingehend analysiert: Reflexion, sagt er dort, heißt Umkehrung: Sie verspiegelt den Richtungssinn jeder Sache, die sich in ihr darstellt und gibt als das Erste aus, was im Grunde nur das Zweite ist; und sie stellt als das Zweite zurück, was im Grunde – oder in Wirklichkeit – das Erste ist (*SW* I/9, 234 [im Kontext]). Bleibt die Reflexion unkritisch, so wird sie das, was doch lediglich für sie das Erste ist, als das in der Tat Erste ausgeben. Aber da sie die Möglichkeit hat, auch sich selbst zu reflektieren, vermag sie die verkehrte Stellung des Gedankens zur Wirklichkeit immanent zu korrigieren: Sie begreift dann, dass der dialektische Prozess, der vom Sein zur Reflexion führt, in Wahrheit von der Reflexion zum Sein führt, mit der Auflage freilich, dass dieses Sein nur als die Grenze der Reflexion sichtbar wird und nicht mehr innerhalb der Vernunftwissenschaft selbst thematisiert werden kann. Diese Konsequenz verfolgen heißt nicht: den Idealismus vollenden, sondern ihn aufheben.

Wenn Sie die berühmte Hegel-Kritik kennen, die Marx im Schlusskapitel seiner *Ökonomisch–philosophische[n] Manuskripte* (von 1844) gibt, wird Ihnen die Konvergenz der Argumente aufgefallen sein. Die »Verkehrtheit« der Hegel'schen Spekulation gegenüber der Wirklichkeit ist zweifellos der Favorit unter seinen Einwänden. Schelling hatte ihn bereits in die Formulierung gekleidet, dass bei Hegel die Positionen des Subjekts und des Prädikats gegeneinander invertiert seien. Feuerbach hatte das mit den gleichen Worten wiederholt, und noch Marx schreibt, bei Hegel würden »der wirkliche Mensch und die wirkliche Natur [...] bloß zu Prädikaten, zu Symbolen dieses verborgenen unwirklichen Menschen und dieser unwirklichen Natur. Subjekt und Prädikat haben daher das Verhältnis einer absoluten Verkehrung zueinander«(*MEW* 1. Erg.-Bd., 584). Schelling hatte Hegels Verkehrung von Natur und Geist so charakterisiert: »Was sonst das Prädicat ist, ist selbst an der Stelle des Subjekts« (*SW* II/3, 162). Auch sonst rekrutieren sich die Argumente, mit denen Marx diese Vorstellung bekämpft, soviel ich sehe, weitgehend aus den Schelling'schen Ressourcen: Die Negation, sagt er, habe aus sich keine Möglichkeit, das Positive zu generieren; ja sie hebe sich – nicht im Hegel'schen Sinne, sondern absolut – auf, sobald ihr das reale *Hypokeimenon*, die Seinsbasis der Natur, entzogen würde. Den Einwand des Zirkels im Gedanken voraussetzungsloser Reflexion strapaziert Marx nicht so stark wie Schelling und Feuerbach – aber er schließt sich Schelling, mehr als Feuerbach, wieder an, wenn er die Unwahrheit des Hegel'schen Finalgedankens damit begründet, dass sie als selbstbezügliche Negation gerade diesseits der Schwelle ihres Seins stehen bleiben müsse. Es gibt bei Marx wenigstens drei Formulierungen, die ich mir nur als freie Schelling-Zitate erklären kann (bei vielen anderen könnte es sich um Feuerbach-Anspielungen handeln). Das eine bezieht sich auf das Krude der Hegel'schen Vorstellung, der Geist müsse, nachdem er am Schluss seine verkehrte Stellung zum Sein erkannt habe, nun über dieselben Stufen wieder herabsteigen, auf denen er hinaufgestiegen sei, sodass »durch diese Umkehrung [...] der Mensch als [...] hervorbringende Ursache der Thierwelt, das Thierreich als hervorbringende Ursache des Pflanzenreichs, der Organismus überhaupt als Ursache der unorganischen Natur erscheine u. s. w.« (*SW* I/10, 158 f.). Diesen Ulk hat Marx ähnlich wiederholt: »In Hegels Geschichtsphilosophie, wie in seiner Naturphilosophie«, schreibt er, »gebiert der Sohn die Mutter, der Geist die Natur, die christliche Religion das Heidentum, das Resultat den Anfang« (*MEW* 2, 178; vgl. 12).

An anderer Stelle schreibt Marx, »die *Abstraktion*, i. e. der abstrakte Denker« habe die Idee nur darum zur Selbstaufgabe »in ihr Anderssein« sich entschließen lassen, weil er schon vorher »durch Erfahrung gewitzigt und über ihre Wahrheit aufgeklärt« gewesen sei (*MEW* 1. Erg.-Bd., 585 f.) In der Paulus-Nachschrift hatte Schelling gespottet, dass der abstrakte Denker die Natur nach Vollendung der Idee nur darum noch zu bearbeiten sich getrieben fühlen mochte, weil sie in der Erfahrung nun einmal da sei (Schelling 1993, 130). Am besten scheint Marx aber der folgende Scherz Schellings aus der *Vorrede zu Cousin* gefallen zu haben. Schelling schrieb dort:

Die logische Selbstbewegung des Begriffs [...] hielt, wie vorauszusehen, so lang vor, als das System innerhalb des bloß Logischen fortging; sowie es den schweren Schritt in die *Wirklichkeit* zu thun hat, reißt der Faden der dialektischen Bewegung gänzlich ab; eine zweite Hypothese wird nöthig, nämlich daß es der Idee, man weiß nicht, warum? wenn es nicht ist, um die Langeweile ihres bloß logischen / Seyns zu unterbrechen, beigeht oder einfällt, sich in ihre Momente auseinanderfallen zu lassen, womit die Natur entstehen soll (*SW* I/10, 212 f.).

Und nun das Marx'sche Pendant:

Dieser ganze Übergang der Logik in die Naturphilosophie ist nichts andres als der – dem abstrakten Denker so schwer zu bewerkstelligende und daher so abenteuerlich von ihm beschriebne Übergang aus dem *Abstrahieren* in das *Anschauen*. Das mystische Gefühl, was den Philosophen aus dem abstrakten Denken in das Anschauen treibt, ist die *Langweile*, die Sehnsucht nach einem Inhalt.

[...] insofern diese Abstraktion sich selbst erfaßt und über sich selbst eine unendliche Langweile empfindet, erscheint bei Hegel das Aufgeben des / abstrakten, nur im Denken sich bewegenden Denkens [...] als Entschließung, die *Natur* als Wesen anzuerkennen und sich auf die Anschauung zu verlegen (*MEW* 1. Erg.-Bd., 586 f.).

Die Zeit zwingt mich, den mehr philosophischen Katalog der Schelling-Exzerpte im Marxschen Frühwerk zu beschließen. Ich habe anderswo gezeigt, welche Schätze er sonst noch birgt (Frank 1992c, Kapitel VII).

Indessen höre ich Sie seit langem fragen: Was nützt der vollständigste Katalog der Schelling-Marx-Affinitäten dem Buchstaben nach, wenn ihre Differenzen im Geist unüberbrückbar sind? Ich bin mir dessen gar nicht so sicher wie Sie. Auf dem Felde der Wissenschaft – und auf dem glaubten sich sowohl Schelling wie Marx zu bewegen – kann die politisch-moralische Position eines Autors immer nur insoweit belangvoll sein, wie sie die Qualität seiner Argumente bestimmt. Marx und Engels haben Hegel für den Seismographen, ja für den Ideologen der preußischen Restauration gehalten – und doch nicht die geringsten Bedenken getragen, von ihm zu lernen. Sollte das für Schelling nicht auch gelten dürfen? Es ist eines, Schelling als »38tes Bundesmitglied« zu bekämpfen, dem die gesamte preußische Polizei zur Verfügung stehe, und ein anderes, eine Nachschrift seiner ersten Berliner Vorlesung einigermaßen genau (und mit wiederholter Zustimmung) zu studieren. Es lohnt nicht recht, darüber abstrakt zu debattieren: Denn Marx hat das eine getan, ohne das andere zu unterlassen.

Man beobachtet in der Geschichte der Philosophie immer wieder, dass Systeme von späteren Generationen mit ganz anderem Erkenntnisinteresse zugeeignet werden, als es dasjenige ihres Autors gewesen ist. Das bedeutet nicht, dass dadurch die Struktur dieses Systems aufgehoben würde. Ihrer Struktur nach – und ganz entblößt von den politisch-theologischen Interessen ihres Autors – hat Schellings Konzeption der Geschichte unleugbar größere Affinität zu der des historischen Materialismus als die Hegelsche. »*Wirkliche* Dialektik«, lehrte er in Berlin, »ist nur im Reiche der Freiheit: sie allein *vermag alle Rätsel zu lösen*« (Schelling 1993, 168). Die Freiheit aber erwirbt beim alten Schelling zentrale Bedeutung durch den Umstand, dass er den geschlossenen Stromkreis dessen, was er ›logische Nezessitation‹ nannte, aufzubrechen versucht und der menschlichen Wirklichkeit aufträgt, sich auf der Basis eines Seinszusammenhanges, der nicht ihr Werk ist, ihres praktischen Wesens wieder zu besinnen. Das waren Formulierungen, für die zumindest Pierre Leroux, Michail Bakunin und August Cieszkowski empfänglich waren (ausführliche Belege in meiner Edition von Schelling 1993, 538 ff., 544 ff., 554 ff.). Auch hat Schelling – selbst wenn seine persönliche Haltung gegenrevolutionär genannt werden kann – den

Staat als einen Zwangsverband in Tönen inkriminiert, deren ätzende Schärfe nur in Bakunins oder Proudhons anarchistischen Manifesten wieder erreicht worden ist (vgl. zum Beispiel *SW* II/1, 534 ff.; vgl. im vorliegenden Band Text 12).

Auch Marxens Gedanke einer »Wiedererhöhung«, einer »Resurrektion der [gefallenen] Natur« im Kommunismus, eines durchgeführten Naturalismus der Menschheit und Humanismus der Natur (vgl. *MEW* 1. Erg.-Bd., 538, 536, vgl. 573 f.) knüpft unmittelbar an Schelling an (Schelling 1946, 32 f.), wenngleich natürlich beide Traditionslinien verpflichtet sind, die auf den Neuplatonismus der Renaissance, die jüdische Kabbala und Jakob Böhme zurückführen. Heine schreibt im gleichen Sinn: »›Gott‹, welcher [...] von der deutschen Philosophie das Absolute genannt wird, ›ist alles, was da ist‹, er ist sowohl Materie wie Geist, beides ist gleich göttlich, und wer die heilige Materie beleidigt, ist dabei so sündhaft, wie der, welcher sündigt gegen den heiligen Geist« (Heine 1997 III, 565 f.).

Wichtiger ist wahrscheinlich Marxens und Schellings Konvergenz in der Idee der »Entfremdung«. Der Ausdruck, der sich schon bei Franz Baader und Adam Müller im Kontext einer konservativen Kapitalismuskritik findet, bezeichnet bei Schelling ein Verhältnis der Verkehrung zwischen den dialektischen Momenten des Realen und des Idealen, also des Seienden und des Seinsollenden. Die These vom Primat des Seins vor dem Wesen (und im Bereich des erscheinenden Geistes: der Natur vor der Vernunft) kennzeichnet ein ontologisches Verhältnis: Nur dem Sein, nicht der Würde nach, sagt Schelling, übertrifft das natürlich Seiende die menschlichen Wesenskräfte. Nun erreicht der Naturprozess im Laufe der Evolution eine Stufe, in der sein weiteres Schicksal auf dem Spiel steht: Es ist der Moment, da das menschliche Selbstbewusstsein produziert und das zukünftige Geschick der Natur einer indeterminablen Freiheit überantwortet ist. Diese Chance hat der Mensch – so Schelling – vertan und vergeben: Statt die ontische Priorität seiner Naturbasis als Ermöglichungsbedingung seines Freiseins anzuerkennen und zu achten, hat er sie – selbstzerstörerisch – zum Objekt seiner Herrschaft und Ausbeutung degradiert und so jenen »Umsturz« verschuldet, von dessen inhumanen Konsequenzen uns jeder Blick auf die eigene wie auf die uns umgebende Natur in trostloser Weise belehrt. Das war die Tat der »Entfremdung« des Menschen von der Natur, die ihn an den »Staat« – diesen Leviathan der Antiphysis –

ausgeliefert hat, unter dessen Zuchtrute er nun seufzt und dessen Mechanismus seine Freiheit versklavt. Dies sind nicht nur Gedanken von unleugbarer Aktualität – sie stimmen, ihrer Struktur nach, auch zu Marxens Begriff der Entfremdung. Durch ihn wird ja ebenfalls eine Verkehrung dessen, was der Menschennatur zur Basis dienen sollte, und seiner eigentlichen Wesenskräfte bezeichnet – mit der Folge, dass der Mensch seine Wesenskräfte nun in den Dienst seiner leiblichen Erhaltung stellen muss, statt auf der Basis seiner Natur Freiraum für die Entfaltung seiner im eigentlichen Sinne menschlichen Möglichkeiten zu gewinnen.

Immerhin ist die Tat der Entfremdung kein Werk der Natur, sondern des Menschen – mithin abschaffbar. Schellings methodischer Materialismus eröffnet der Freiheit das Feld einer prinzipiell unabgeschlossenen und unabschließbaren Geschichte. Denn aus dem Gedanken der Bewusstseinstranszendenz des Seins folgte für ihn auch, dass keine denkbare Stufe der Evolution der Gattung legitimerweise von sich behaupten könnte, die Wahrheit erreicht zu haben: Schellings religiöse Option – und das haben ihm die Hoffenderen unter den Sozialisten nicht vergessen – war immerhin gegen eines resistent: Sie war nicht gezwungen, mit der Wirklichkeit in irgendeiner Form Frieden zu schließen, wie dies für Hegel aus systematischen Gründen notwendig war (vgl. im vorliegenden Band Text 12). Schelling hat auch Hegels totalitäre Staatslehre in einer Münchener Vorlesung attackiert. Aber ich müsste eine neue Vorlesungsstunde eröffnen, um die Wirkungsgeschichte dieser Kritik auf die Hegel'sche Linke zu untersuchen. Das will ich Ihnen ersparen und lieber mit einem Zitat des französischen Frühsozialisten Pierre Leroux schließen. Aus ihm kann man lernen, dass es nicht notwendig und gleichsam aus natürlicher Feindschaft der Sozialismus ist, der sich an Schellings Lehre stößt, sondern lediglich eine orthodox hegelianische Fraktion desselben, die sich in einem technokratischen und dogmatischen Marxismus fortgesetzt hat und von dem man bedauern muss, dass sie so gar rasch von den humanistischen Entwürfen einer sozialistischen Utopie – der immer eine religiöse Komponente anhaftet – zu einer hegemonialen Weltmachtpolitik und zu dem übergegangen ist, was sie – mit misstönigem Eigenapplaus – bis hin zu ihrem Kollaps den wissenschaftlichen Sozialismus nannte. Nun also das Leroux-Zitat:

Zutiefst wahr ist alles, was Schelling zur gegenwärtigen Lage der Philosophie sagt [...]. Wie er so spüren auch wir die Gefahren, die heute die Philosophie bedrängen, und zwar nicht nur von Seiten ihrer natürlichen Feinde, den Anhängern aller Götzendienste der Vergangenheit, sondern auch von Seiten derjenigen, die sich als Philosophen ausgeben, und doch nur Eklektiker sind. Leider hat die [in marxistischen und linkshegelianischen Kreisen betriebene] unwahre Auslegung/ Hegels viele Seelenkräfte erstarren lassen. Der Pantheismus des Meisters hat den Skeptizismus und die Gleichgültigkeit der Schüler nach sich gezogen. Leider gibt es heute viele sich so nennende Progressive, die glauben, dass die Philosophie darin ihr Ziel habe, alles in Zweifel zu ziehen, und nicht darin, sich praktisch *glaubend* für etwas zu engagieren, ja die diesen Glauben für eine große *Mystifikation* erachten. Warum eigentlich – so muss man fragen – hat es so weit kommen können, dass *mystifizierende* Philosophen und Sophisten nun gar bereit sind, die Philosophie zu verraten und sie an die Herrschenden zu verschachern (Pierre Leroux: »Von Gott oder vom Leben, in seinen Einzelerscheinungen und seinem universalen Wesen betrachtet«, in: Schelling 1993, 555 f.).

12. Ein Geistergespräch zwischen Bakunin und Schelling

Nach einem Brief Bakunins vom 22. Oktober bis 3. November 1841 an seine Schwester Varvara[1]

Varinka,
Herzensschwesterchen,

viel Zeit scheint mir verflossen, zu viel, weiß Gott, seit wir uns vergangenen August in Bad Ems zuletzt umarmten. Ich will Dir tätige Reue beweisen und heute um so umständlicher schreiben. Mein Bericht soll Dir den Wechsel von Schmerz[2] und Langeweile in Dresden für eine Stunde wenigstens unterbrechen.

Dabei war und bin ich nicht untätig. Im Gegenteil, ich ergebe mich dem Studium der deutschen Philosophie beinahe bis zur Betäubung. Ich denke Tag und Nacht nur an die Hegel'schen Kategorien. Auch darüber, wie ich mich von ihnen befreien kann.

Du weißt, warum ich vorletzten Sommer nach Berlin übergesiedelt bin. Die Brust ward mir zu eng im zaristischen Russland. ›Nun

1 Den Brief, den Bakunin wirklich an seine Familie (Schelling 1993, 538 f.), nicht (nur) an seine Schwester Varvara geschrieben hat, die damals mit Bruder Pavel und ihrem kleinen Sohn in Dresden wohnte, habe ich nur reich ausgeschmückt, doch nichts in ihn aufgenommen, was nicht durch Originalzeugnisse oder Berichte Dritter belegt wäre. Das Geistergespräch dagegen ist frei erfunden; doch auch in ihm finden sich keine Formulierungen oder Ansichten, die sich nicht in den Schriften Schellings oder Bakunins wörtlich oder abgewandelt nachweisen ließen. Nur Kontexte und Äußerungszeiten habe ich gelegentlich manipuliert. Meine Quellen sind anschließend offengelegt.

2 Varvara hatte eine Affäre mit dem Hegelianer Stankevic, dem sie mit dem kleinen Sohn aus ihrer Ehe nach Rom gefolgt war, wo Stankevic an Schwindsucht starb. Bakunin lud die schwer getroffene Schwester nach Deutschland ein und traf sich mit ihr im August 1841 in Bad Ems; auch Bruder Pavel stieß dazu. Die Geschwister lernten dort die Familie Elagin kennen, von der Bakunin Schelling grüßen wird. »Die Elagina« war die Mutter der Kireevskij-Brüder Piotr und Ivan, die Schellings Systemwandel 1929/30 in München als Hörer und Vertraute Schellings mitverfolgten und eifrig nach Moskau berichteten (*Spiegel* I, 326 ff., 331 f.). Die Elagina hatte Schelling in Karlsbad kennengelernt (Auskunft von Sigrun Bielfeldt).

wahrlich‹, wirst Du spotten, ›da wünsche ich Dir mehr Glück im spätfeudalen Preußen und unter den deutschen Philistern‹.

Da sagst Du nun ein wahres Wort mit ziemlicher Gelassenheit. Ich habe in Berlin recht viel Umgang mit Menschen verschiedener Nation, besonders mit Landsleuten, Polen, Litauern, Tschechen, Dänen, Franzosen, Österreichern, Schweizern und einigen wenigen Italienern. Aber so viel ich Nationalitäten aus der Nähe sah, nirgends fand ich behaglichere Philister als unter den Deutschen. Ihr Typus ist einerseits der deutsche Professor. Etwas Kläglicheres und Lächerlicheres lässt sich nicht ausdenken. Es kann einem die Wissenschaft, ja selbst die Philosophie verleiden, die sie lehren. (Ich rede vom *deutschen* Professor; als russischer Philosophieprofessor hoffe ich mich freilich nach meinen Berliner Studien in Moskau zu etablieren.) Den anderen Typ des deutschen Philisters fand ich im protestantischen Pfarrer. Ich sage dir, ich will an seine Menschwerdung nicht eher glauben, als bis er selbst sein Pfarrhaus mit Weib und Kind den Flammen übergeben hat!

Nein, nicht der deutsche Spießer hat mich verlockt, in die preußische Hauptstadt zu fliehen, noch die Liebe zum Typus des deutschen Professors. Ich war der zwischen Horror und Langeweile wechselnden Offizierslaufbahn überdrüssig (ja, offen gestanden, habe ich mir die militärische Karriere durch Liederlichkeit selbst verpfuscht und endlich gegen Vaters Wunsch meinen Abschied eingereicht), sehnte mich nach dem neuen Geist, der von der Hegel'schen Philosophie ausging und den Du nicht mit dem Muff verwechseln musst, der den deutschen Mann auf der Straße wie ein Misthaufen umwabert. Du erinnerst Dich (und hast mich manchmal insgeheim verspottet), dass ich diesen neuen Geist schon bei Dir in Prjamuchino und wieder in Moskau einzuatmen begonnen hatte. Hegel hatte ich übersetzt und eine Einleitung für meine russischen Landsleute verfasst. An der Quelle des Weltgeistes wollte ich endlich trinken. Ich tat es gierig und – zu hastig. Von der Reise nach Berlin und dem Hören von Vorlesungen versprach ich mir Wiedergeburt und Taufe. Ich fühle in mir eine so starke und tiefe Fähigkeit – doch muss ich meinem ungeduldigen Geist noch die bedächtige Gangart beibringen, ohne dabei zum Philister zu werden.

Freilich musst' ich bald lernen, dass Hegels Tod unter seinen Nachfolgern einen großen geistigen Kahlschlag hinterlassen hat. Der ihm, neben Gabler, nachfolgte, Gans, trägt seinen Namen zu

Recht. Er starb 1840, und der neue König (Friedrich Wilhelm IV.) hat sich in den Kopf gesetzt, Schelling, »den ersten Philosophen Deutschlands«, zu seinem (nicht des Königs, sondern des Gänserichs) Nachfolger zu ernennen. Die besten unter den älteren Hegelianern (die sich aber die jungen nennen) sind die ›Linkshegelianer‹; sie legen sich mit König und Regierung an. Auf eine Konstitution sind sie aus – freilich, ein Staat muss es bei den deutschen Philistern allemal sein, als hätten uns nicht die Franzosen beigebracht, wie weit es die zivilisierte Menschheit bringen könnte, wenn Sie es einmal keck mit dem Konzept einer ›freien Assoziation‹ versuchen wollte. Ich gerate ins Schwärmen …

Einer dieser Linkshegelianer, dem ich näher gekommen bin und den ich jüngst in Dresden besucht habe, ist Arnold Ruge, Herausgeber der fortschrittlichen *Deutschen Jahrbücher.* ›Und Ruge‹, wirst Du fragen, ›wäre kein deutscher Philister?‹ Recht so, Schwester, aber mit Maßen! ›Junghegelianer‹ nennt er sich, aber ältlich und altklug ist sein Wesen. Mit dem Verstand ist er Demokrat. Er kritisiert seinen Meister Hegel, weil der Frieden um jeden Preis mit der Wirklichkeit geschlossen habe, während das Wirkliche doch (noch) nicht vernünftig sei, sondern es erst werden solle. Das ist schön! Doch fehlt ihm die kindisch-dämonische Freude des russischen Volkes am Feuer, auf welche schon Rostopschin sein Stratagem gegen Napoleon beim Brande von Moskau berechnet hatte. Ich sagte ihm: Dem russischen Bauern, in welchem die natürliche Güte der bedrückten Natur sich am kindlichsten erhalten habe, sei nur beizubringen, dass die Verbrennung der Schlösser seiner Herren, mit allem, was darin und daran, vollkommen gerecht und Gott wohlgefällig sei, um eine Bewegung über die Welt hervorzurufen, aus welcher mindestens doch eben die Zerstörung alles dessen hervorgehen müsse, was, aus dem tiefsten Grunde beleuchtet, selbst dem philosophischsten Denker des zivilisierten Europas als eigentlicher Quell des Elendes der ganzen modernen Welt erkenntlich sein müsste. Diese zerstörende Kraft in Bewegung zu setzen dünkte mich das einzig würdige Ziel der Tätigkeit eines vernünftigen Menschen: eines Philosophen, der dieses Namens würdig sich mache.

Ruge drückte sich verlegen an einer Antwort vorbei. Ob ich den »Oberfeuerwerker« einer künftigen Weltrevolution abgeben wolle? ›Nicht ohne einen ordentlichen Schluck zuvor‹, antwortete ich – wohl sehend, dass Ruge wenig gesonnen schien, mir etwas Bekömmliches zu kredenzen. Als er endlich, widerstrebend, mit einer Flasche Wein zurückkam, auch zwei kleine Gläslein aus dem Regal zusammenklaubte und sich anschickte, mir einzuschenken, ergriff ich die ganze Flasche und nahm sie in einem Zug zu Herzen. Als Ruge befremdet nach der Flasche langte, rief ich: ›Sieh da, den deutschen Philister der linken Partei! Widerwärtig ist mir der Genuss des Weines in den üblichen kleinen Gläsern. Überhaupt ist mir der Wein eigentlich widerwärtig, welcher das Bedürfnis nach alkoholischer Aufregung in so philisterhaft ausgedehnten und verteilten Dosen zu befriedigen sucht, wogegen ein kräftiger Zug Branntwein mit einem Mal und schnell diesen doch immer nur beiläufig zu erzielenden Zweck erreicht. Das Widerwärtigste in allem ist mir das Behagen an der Ausdehnung des Genusses durch berechnete Mäßigung, während einem wahren Menschen doch nur die nötige Stillung des Bedürfnisses hieraus erwachsen darf und der einzige Genuss des Lebens menschenwürdig allein in der Liebe bestehen kann.‹

So oder ähnlich perorierte ich. Ruge suchte, heiter zu scheinen. Doch sah ich, dass er, ohne eine neue Flasche zu holen, hüstelnd das Thema zu wechseln suchte. Ich wollte ihn nicht weiter in Verlegenheit bringen und bat ihn, mir Rat zu geben. Darauf mahnte er mich recht dringend (die leere Flasche vom Tisch entfernend), Schellings nächstens beginnende Vorlesung nur recht genau und kritisch zu hören und ihm gefälligst Rapport über meine Eindrücke zu erstatten. »Politisch und religiös freisinnig« habe er den greisen Konservativen bei einem Gespräch in Karlsbad gefunden. Auch in den Regierungswechsel setzt Ruge kühne Hoffnungen. »Den ersten deutschen Revolutionär« hat er den König Friedrich Wilhelm IV., freilich nicht ohne einige Ironie, genannt (*ich* finde, als Nichtpreuße, er hat das mit vollem Recht gesagt), nachdem der König Amnestien gegen politische Gefangene, sogar eine gänzliche Aufhebung der Zensur gegen die *Halleschen Jahrbücher* versprochen hat – zum Letzteren, denk' Dir, soll ihn kein anderer als Schelling selbst vermocht haben, der gar das Schicksal seiner Berufung an diese Bedingung geknüpft habe. All das hat Ruges Interesse an dem großen alten Herrn so ziemlich vermehrt. Er hat ihn sogar besucht und – geblendet von Schellings Wende zur »positiven«, zur Philosophie nicht der Gedanken, sondern der *Wirklichkeit* –, er soll ihm angeboten haben, die unpublizierten Vorlesungen des Mannes selbst herauszugeben, deren Nachschriften man für teures Geld erstehen kann (ich habe mir selbst das Exemplar der Nachschrift eines gewissen Helmes von einem Münchener Kolleg über *Grundlegung der positiven Philosophie* vom Wintersemester 1832/33 beschafft und mit Eifer studiert).

Ein Gehalt, wie nie ein Berliner Professor eines bezogen hat, soll Bunsen, des Königs Diplomat, Schelling geboten haben, Mitgliedschaft im Staatsrat (der freilich wenig oder nichts zu sagen hat) und weitere hoch dotierte Stellungen. Seine (des Königs) eigene Worte waren, Schelling, »der geistreichste Mann des deutschen Vaterlandes«, sei »der von Gott erwählte und zum Lehrer seiner Zeit berufene Philosoph«, geschickt, die »Drachensaat des Hegel'schen Pantheismus« auszurotten und »der flachen Vielwisserei und der gesetzlichen Auflösung häuslicher Zucht, deren Ernte in jene Tage fallen«, einen Riegel vorzuschieben. Ob er sich nur nicht in Schelling verschätzt hat!? Noch selten sind Philosophen den Herrschenden lange oder so, wie diese es sich von ihnen gewünscht haben, nützlich geblieben, sofern sie nur die ›Sehnsucht nach dem Unendlichen‹ über das Katzbuckeln gestellt haben – denk', Schwesterchen, an Platons gar kurzen Ausflug nach Syrakus.

Ein slawophiler Schellingianer (seinen Namen wirst Du nicht kennen) war es, der meinen Entschluss, nach Berlin zu gehen, zur Reife gebracht hatte, und nun soll ich Schelling selbst hören und sehen! Du kannst Dir nicht vorstellen, mit welcher Ungeduld ich die Vorlesungen Schellings erwarte. Im Laufe des Sommers habe ich viel von ihm gelesen, auch übersetzt, und fand darin eine so unermessliche Tiefe des Lebens, des schöpferischen Denkens, dass ich davon überzeugt bin, dass er uns auch jetzt viel Tiefsinniges offenbaren wird. Am Donnerstag, das heißt morgen, fängt er an.[3] Ich werde Dir bald über ihn schreiben.[4]

So viel kann ich Dir aber schon jetzt erzählen. Denn denk' Dir, ich hatte bereits eine erste, mehr enthusiastische als philosophische Begegnung mit Schelling.[5] Katkow oder Dragomanow mögen Dir berichtet haben, dass die hiesigen Studenten einen Fackelzug zu Schel-

3 Schellings Kolleg fing tatsächlich erst am 15. November an.

4 Dieser Brief hat sich entweder nicht erhalten oder befindet sich ungedruckt in Bakunins Nachlass, an dessen kritischer Sichtung der Stalinismus und seine Erben auffällig uninteressiert waren und sind.

5 Hier irrt sich Bakunin: Die fand erst im März 1842 statt, zeigt aber erst recht, dass

lings Ehren gegeben haben. An Krajewski hat Katkow geschrieben, und von dem habe ich, bei der Geschwätzigkeit der russischen Gemeinde hier, den Bericht selbst zugespielt bekommen – was meinst Du, sieht er Deinem für »erfrischende Rücksichtslosigkeit« bekannten Bruder ähnlich? Dies Kompliment machte mir jüngst der althegelianische Professor Werder, bei dem ich »Logik« belegt habe. – Damit Du nicht denkst, die Phantasie treibe seltsame Blüten in meinem Hirn, will ich Katkow wörtlich zitieren: »In höchst charakteristischer Weise prägte sich Bakunin unserm Gedächtnis ein. Einmal veranstalteten die Studenten zur Ehren eines berühmten Professors einen Fackelzug. Eine Menge von jungen Leuten versammelte sich vor dem Hause des Jubilars, und als der ehrwürdige Greis auf dem Balkon erschien, um für die zuteil gewordene Ovation zu danken, da erschallte ein lautes ›Hoch!‹ Aber am stärksten ertönte in unsern Ohren eine uns bekannte Stimme: Es war Bakunin. Seine Gesichtszüge sah man nicht; wo das Antlitz sein musste, klaffte nur ein weit aufgerissener Mund; Bakunin schrie lauter als alle, war eifriger als alle, obwohl der Gegenstand des Jubels ihm vollkommen fremd war.« Katkow übertreibt nach seiner Art. Zwar kann ich Schellings Vorlesungen noch nicht gehört haben, aber den Autor habe ich doch schon in Mütterchen Russland und jetzt in Berlin aufmerksamer gelesen als er und die Seinen.

Nun aber sollte die Stunde des echten, des wahrhaften Kennenlernens kommen! Du wirst nicht wissen, Schwester, dass sich die preußischen Studenten eine Einschreibenummer für die Vorlesungsteilnahme bei dem Professor ihrer Wahl selbst abholen müssen (wir müssen ihm löhnen für den Vorlesungsbesuch, darüber hinaus verdient er die phantastische Summe, von der ich oben sprach). Du weißt aber, dass der russische Ausdruck auch ›Logierzimmer‹ oder – hier passender – ›Studentenbude‹ heißen kann – und so magst Du Dir vorstellen, dass ich in Schellings Privatwohnung pilgerte, um den ehrwürdigen Herrn persönlich nach einer Unterkunft zu fragen. Schelling hat eine – mir nicht ganz angenehme – Schwäche gegen russische Adelige wie unsereinen. Ich brachte ihm die Grüße von der Elagina, die er in Karlsbad kennengelernt hatte. Ich sprach mit ihm über meine Studien, darüber, was er lesen wird – all das im

Bakunins Enthusiasmus für Schelling das – angebliche enttäuschende – Kolleg des Wintersemesters überlebt hat.

Verlauf von einer halben Stunde. Er lud mich ein, ihn wieder zu besuchen. Er gleicht seinem Portrait, das Du kennen magst, fast überhaupt nicht – ist von kleinem Wuchs, aber seine Augen sind wunderbar. Geisterhaft groß und blau, mit gleichwohl unbestechlicher Schärfe und Gerichtetheit – unvergesslich für jeden, der darein schauen durfte, scheinen sie in eine andere Welt als diese zu schauen, aber diese bietet ihnen jedenfalls kein Hindernis.

Als ich, aus dem Höflichkeitsabstand einiger Tage, meinen Besuch demütig ankündigte, erhielt ich umgehend sein zustimmendes Billet, mit der Anrede: »Dem unbekannten Freunde vom Fackelzug, mit dem ich bald bekannt zu werden hoffe.« Du musst Dir die Ehre denken: Die ganze gebildete Welt liegt Schelling zu Füßen. Ein rheinischer Volontär namens Engels, der in der Kaserne unweit meiner Wohnung sein Quartier bezogen hat, hat jüngst im *Telegraphen für Deutschland*, kaum übertreibend, geschrieben:[6] »Wenn ihr jetzt in Berlin irgendeinen Menschen, der auch nur eine Ahnung von der Macht des Geistes über die Welt hat, nach dem Kampfplatze fraget, auf dem über die Herrschaft über die öffentliche Meinung Deutschlands in Politik und Religion, also Deutschland selbst, gestritten wird, so wird er euch antworten, dieser Kampflatz sei in der Universität, und zwar das Auditorium Nr. 6, wo Schelling seine Vorlesungen über Philosophie der Offenbarung hält.«

Und *ich,* Schwesterchen, durfte mich ausgezeichnet fühlen, bei dem bedeutenden Herrn so schnurstreichs vorgelassen zu werden, der von Herrn Engels' Existenz (trotz des übrigens spöttischen, weil sklavisch junghegelianischen Artikels – der Wuppertaler verbirgt sich hinter dem Pseudonym Oswald) keinen Schimmer hatte. Als ich den Türklopfer – wider mein Temperament: nicht zu heftig – betätigte, öffnete nicht Schelling, auch nicht seine Bediente oder wer weiß ich, nein – ein wunderschönes Mädchen mit ausdrucksvollem Gesicht tat mir die schwere eichene Tür auf. Ich erschrak (obwohl Du mich in solchen Situationen nicht als Hasenherz kennst), weil ich, weiß Gott, nicht mit einem schönen Fräulein gerechnet, sondern meinen Verstand krampfhaft und im Wettlauf mit meinem Herzklopfen auf die ›positive Philosophie‹ gerichtet hatte – es war, denke Dir (und dass ich nur kurz bin),

6 Wieder irrt Bakunin im Datum. Engels' Artikel erschien erst zwei Monate später.

Schellings Tochter! Nun weißt Du, dass die Deutschen, die ja bereit sind, selbst eine Missgeburt noch für ein wunderschönes Mädchen zu halten, keinerlei Autorität über mein Geschmacksurteil haben. Aber wenn *ich* Dir sage, diese Tochter war schön, ja liebreizend, so wirst Du ermessen, was nun geschehen könnte: Ei, ei, vielleicht verliebe ich mich in sie, sie hat sich ihrerseits schon bei den ersten, noch förmlichen Worten halb in mich verliebt, auf den ersten Blick – ein Bürgermädchen, auch wenn es Schellings Tochter ist, kann doch bei einem Hallodri von russischem Adeligen immer noch allerlei im *Comment* lernen; und so werde ich endlich als Schellings Schwiegersohn in die Philosophiegeschichte eingehen. – Schelling erschien, er bemerkte unsere *Entente* nicht missfällig und geleitete mich in den Salon. Was nun folgte, ein nicht ganz kurzes Gespräch, das will ich Dir nach Art unserer romantischen Romanciers in Dialogform einblenden. Du sollst es allen vorlesen, die in der Heimat einiges Interesse an mir und am Schicksal der deutschen Philosophie nehmen:

SCHELLING (*sich in ein nicht prunkloses Fauteuil niederlassend und mich mit einer Geste zum Sitzen einladend, mein Glas mit – gar nicht saurem – Rheinwein füllend und mir zuprostend*): Sie mögen doch ein Gläschen deutschen Weines? Ich mag den Rheinwein gerne. »Mag Claudius dich [er meint: den Burgunder] tadeln, / Nur seinen Rheinwein adeln, / Der mir den Hals verengt, […].« Ich stimme Claudius zu, Herr Graf – oder wie nennt man Adlige Ihres Ranges in Ihrer russischen Heimat? Wenn ich recht verstehe, kommen Sie aus der Gegend unweit des Alten Twer …

ICH: Allerdings, aus Prjamuchino. Mein Vater besitzt dort weitläufige Güter, doch gestehe ich, dass ich auf den Adelstitel nicht eben erpicht bin. Ich kam nach Deutschland, um die Philosophie zu studieren. Und das philosophische Denken ist an der Wahr-falsch-Unterscheidung orientiert, es kennt nur den im Austausch der Argumente errungenen, keinen geborenen Adel.

SCHELLING: Sieh da, stolz wünsch ich mir den russischen Adligen! Es mag wohl auch einen Adel geben, den der Mensch besitzt, nicht erst erwirbt. Andererseits gibt es gewisse Ideen, die man nicht in sich aufnehmen kann, ohne ein anderer zu werden, da hilft die Geburt nicht. – Doch lassen Sie sehen: Was führt Sie in mein Kolleg? (Die Belegnummer ist Ihnen – beiläufig – sicher, ich habe Ihnen einen guten Platz angewiesen. Ein dänischer Religionsfundamentalist – sein Name ist ›Friedhof‹ oder ähnlich, hoch begabt – sitzt zu Ihrer Seite.)

ICH: Es ist mir mit Hilfe meiner russischen Freunde, darunter die Kireevskij-Brüder und Turgenjew, die sämtlich Ihre Verehrer sind,[7] gelungen, eine Vorlesungsnachschrift eines Ihrer Münchener Kollegs über die positive Philosophie zu erwerben. Und so brenne ich darauf, von Ihnen im Detail zu erfahren, wie das, was Sie ›Wirklichkeit‹ nennen, gegen das blasse Spinnweb, in das der Hegel'sche Idealismus die Welt hüllt, argumentativ behauptet werden kann.

SCHELLING (*lächelnd*): Mein Kampf geht ständig gegen den Handel von Vorlesungsnachschriften, ja meine Indignation über einen gewissen Gebrauch derselben ist nicht gering. Ich habe besonders diejenigen im Auge, die, eigener Produktivität unfähig, gleich Hummeln (*fucis*) anderer Honig stehlen. Diejenigen, die sich nachgeschriebene Hefte zu verschaffen suchen, halte ich für Zweideutige; und wenn diese auch versichern, keinen Gebrauch davon machen zu wollen, so steht dies gar nicht in ihrer Macht. Aber Sie, junger Freund, will ich von diesem Tadel ausnehmen. Lesen Sie mit Verstand, und prüfen Sie die Brauchbarkeit Ihrer Quelle am Wortlaut dessen, was ich Ihnen nächstens offenbaren werde.

ICH: Gnädigen Dank! – Ich ringe um eine Philosophie der Tat. Aus der Nachschrift glaubte ich zu ersehen, dass Sie selbst die freie Tat den logischen Abhängigkeitsverhältnissen entgegensetzen, in deren fest gefügtem Gewebe uns Hegels negative Philosophie verstricken will.

SCHELLING: Ich nenne ›positiv‹, was den Gedanken präveniert. Das ist einerseits die unvordenkliche Wirklichkeit, die sich nicht auf eine Hegel'sche Kategorie zurückführen lässt; und andererseits ist es das Ereignis einer Tat. Aus vielen von ihnen besteht die Geschichte, die wir nicht, wie Hegel glaubte, aus zwingenden Gedanken erklären können. Ein wirklicher Vorgang, ein wahres Geschehen ruht auf etwas Realem, es ist nicht

7 Alexander Turgenjew hatte Schelling, zusammen mit Tschadajew, 1825 in Karlsbad kennengelernt und darüber Tagebuch geführt (*Spiegel* I, 290 ff.; vgl. 362 ff., 376, 396).

Bewegung eines Begriffs. Wir lernen es aus der Erfahrung, also *a posteriori*, weil wir es nicht in Gedanken vorwegnehmen können.

ICH: Wie aber stehen Sie zu jenen anderen ›Philosophen der Tat‹, etwa dem Grafen Cieszkowski, die, wiewohl Hegelianer, dem System ihres Meisters einen Mangel an Wirklichkeit vorwerfen? – Ich gestehe, mit diesen Tatphilosophen eine nicht geringe Sympathie zu empfinden.

SCHELLING: Davon wird Sie das Studium bei mir nicht abbringen. Ich habe dem Grafen Cieszkowski, der manches von mir gelernt und es bisher an Ehrfurcht gegen mich auch nicht hat fehlen lassen, zu bedenken gegeben, dass sich nicht in einem steten Fortgange, ohne Unterbrechung und ohne alle Umkehrung von der Negation – dem unendlichen Mangel an Sein – zur Position durchstoßen lasse. Wer das für möglich hält, befindet sich in schwerem Missverständnis der Grundeinsicht eines nur auf Gedanken gegründeten Systems, dessen man eher Ursache hat, sich gegen Hegels Schüler anzunehmen. Erst wenn die außerlogische Wirklichkeit des Prinzips gesichert ist, kann in der Folge eine dialektische Bewegung Realität erwerben. Oder lassen Sie es mich noch anders sagen: Erst eine material, das heißt positiv fundierte Dialektik könnte gewiss sein, den schlecht-idealistischen Reduktionen des Hegel'schen Systems zu entrinnen.

ICH: Ich las in der Münchener Nachschrift den Satz: »In der Logik liegt nichts Weltveränderndes.«

SCHELLING: In der Tat, mit dem Letzten der logischen oder rationalen, der Hegel'schen Philosophie – der ›Idee‹ oder dem ›absoluten Geist‹ – ist im Wortsinne nichts anzufangen. Die Vernunftwissenschaft führt zwar wirklich über sich selbst hinaus und treibt zur Umkehr; diese selbst kann aber doch nicht vom Denken ausgehen. Dazu bedarf es vielmehr eines praktischen Antriebs; im Denken aber ist nichts Praktisches, der Begriff ist nur kontemplativ und hat es nur mit der Notwendigkeit zu tun, während es sich hier um etwas außer der Notwendigkeit Liegendes, um etwas Gewolltes und Beabsichtetes handelt. Wirkliche Dialektik ist allein im Reich der Freiheit.

ICH: Auch Feuerbach nennt seine Philosophie ›positiv‹, und so tut es mein Freund Ruge.

SCHELLING: Ich verkenne nicht, dass diese Herren auch etwas der Art wollen; nur waren sie der Meinung, diese positive Philosophie müsse auf dem Grunde des Hegel'schen Systems aufgebaut werden und lasse sich auf keinem andern aufbauen, dem Hegel'schen Systeme fehle weiter nichts, als dass *sie* es ins Positive fortsetzten. – Glauben Sie mir: Wie gern hätte ich sie an mich gezogen, wie gerne denen geholfen, die von mir nichts wissen wollten! Durchaus missfällt mir der kecke Ton in den Journalen der Bauer oder Ruge nicht, zumal wenn ich ihn vergleiche mit der langweiligen sogenannten Gründlichkeit der *Berliner Jahrbücher.*[8]

ICH: In Ihrer Jugend sollen Sie den Staat eine Maschine genannt haben, die mit der Idee der Freiheit unverträglich sei. »Wir müssen also auch über den Staat hinaus! – denn jeder Staat muss freie Menschen als mechanisches Räderwerk behandeln; und das soll er nicht; also soll er *aufhören*.«

SCHELLING (*lächelnd*): Ich habe den kecken Jugendgedanken in meinem *System des transzendentalen Idealismus* aufgegriffen. Dort nenne ich das im Staat verkörperte Rechtssystem eine »zweite Natur«, »eine von Menschenhänden eingerichtete Maschine«, die, »nachdem der Künstler seine Hand davon abgezogen, gleich der sichtbaren Natur ihren eigenen Gesetzen gemäß und unabhängig, als ob sie durch sich selbst existierte, fortwirkt«. Und in einer Stuttgarter Privatvorlesung (von 1810) habe ich diese zweite Natur die »Folge des auf der Menschheit ruhenden Fluchs« genannt. Ich habe meinen Hörern gesagt, der Staat trage einen Widerspruch in sich aus. Er sei eine Natureinheit, die ganz deterministisch nach physischen Gesetzen wirke; und doch solle er ideebestimmten höheren Handlungsmotiven untertan sein. In Wahrheit liegen diese außer seiner Gewalt; und gleichwohl rühmt er sich, einen sittlichen Zustand hervorbringen zu können, also eine *Macht* zu sein gegen die Natur. Aber für freie Geister reicht keine Natureinheit zu; da gehört ein höherer Talisman dazu, und daher ist jede Einheit, die auch in einem Staat entsteht, doch immer nur prekär und temporär. Wir müssen also über den Staat hinaus …

8 Die damals unter der Leitung des Theologen Marheineke standen, den Bakunin unter die ›vermittelnden Positivisten‹ zählt und besonders scharf ablehnt.

ICH: ... aber auf welches Ziel zu? Die Anarchie, die auf freier Geselligkeit beruhende Assoziation?

SCHELLING: Die bleibenden Schäden der Vielherrschaft, wie ich sie lieber nenne, haben schon der »schwärmerische« Platon und der Komiker Aristophanes für alle Zeiten aufgedeckt. Darum nimmt der kluge und vielerfahrene Aristoteles schon keinen Anstand, mit dürren Worten auszusprechen: Die beste aller Herrschaften ist die Monarchie. Der König soll über dem Gesetz stehen und dessen menschenfeindliche Wirkungen lindern. Oder, in den Worten, die ich einst einem König schrieb:[9] »Er [der König] ist nicht der bloße Vollstrecker des Gesetzes, gleichsam nur das handelnde Gesetz selbst; seine Bedeutung beruht darauf, dass er nichts Allgemeines, sondern eine *Persönlichkeit* ist, die Persönlichkeit, die über das Gesetz hinausreicht und dessen Mängel erfüllt.«

ICH: Über diesen Punkt, Herr Professor, möchten wir uns veruneinigen, vielleicht auch, weil Ihnen die lebendige Erfahrung der feudalen Praxis in einem Agrar- und Leibeigenen-Staat von der Art meines ›Mütterchens Russland‹ abgeht, wie das keineswegs schwärmerische, sondern verblendete, Not leidende und nach einer liebenswerten Identifikation schmachtende Volk seine grausame Heimat nennt.

SCHELLING: Ich denke, dass auch dieses Notleiden, wie Sie es nennen, von einem wahren »Volkskönig«, wie ich ihn nenne, gelindert, ja überwunden werden könnte, nimmermehr aber von dem vernunftlosen, entfesselten Pöbel. »Εἷς κοίρανος ἔστω!«, sagt der große Homeros. Er allein kann die Ausbreitung von städtischem Proletariat verhüten, wie es König Ludwig von Bayern mit reichlich dotierten Kreis-Unterstützungskassen versucht hatte, aus denen solchen, die ohne ihr Verschulden zurückgekommen waren, Hilfe zuteil wurde, um sie bei ihrem Geschäfte und Gewerbe zu erhalten. Wichtiger scheinen mir noch die *Kinder-Bewahranstalten.* Neben meiner Wohnung ist eine (Sie werden sie im Vorbeigehen gesehen haben), an der ich zuweilen den Wagen Ihrer Majestät der Königin habe halten sehen. Die Kinder sehe ich täglich, nie ohne Rührung,

9 Diesmal ist es Schelling, der sich im Datum täuscht. Den Brief an Maximilian II. wird er erst am 17. Dezember 1853 schreiben.

kommen und gehen, froh der menschlichen Behandlung, die ihnen zuteil wird und sie den Szenen der Roheit, deren Zeuge oder Opfer sie zu Hause sein mussten, entreißt.[10] (*Bricht ab mit einem Seufzer. Eine längere Pause entsteht.*)

ICH: Haben Sie einmal einen Versuch unternommen, den Staat positiv zu sehen, gar als reale Existenzform der Vernunft?

SCHELLING: Allerdings, das war in den ersten Jahren, während deren ich mein Jenaer und Würzburger Identitätssystem ausarbeitete und auf die verschiedenen Felder der erscheinenden Wirklichkeit anzuwenden suchte. Ich erwog, den Staat als »organische Einheit« der Interessen des Einzelnen und der Öffentlichkeit zu konstruieren, also als ein Verhältnis, in dem gerade nicht der Staat als tötendes Gesetz auf seine Glieder drückte, in welchem die maschinenmäßige Herrschaft also vielmehr überwunden wäre. Mit Plato sprach ich vom »πολιτεύειν, dem Leben mit und in einer sittlichen Totalität«. Diese Konstruktion hat dann ein anderer übernommen und gewaltig aufgeblasen. Doch habe ich meinerseits nie den Konstruktionsfehler, das wesentliche Defizit dieser Konstruktion, übersehen. In einer späten Münchener Vorlesung habe ich Hegels Staatsverherrlichung eines »wesentlichen Illiberalismus« geziehen. Nicht aus kontingenten, sondern aus systematischen Gründen sei Hegel gezwungen, das, was er ›Begriff‹ nennt, eines Tages Frieden schließen zu lassen mit dem Anderen seiner selbst: der Wirklichkeit. Dazu sei er schon darum gezwungen, weil er – etwa in der Vorrede zur *Rechtsphilosophie* – den Gedanken auf die Wirklichkeit folgen lässt. Ist nun der Gedanke, wie er glaubt, des Absoluten mächtig, so müssen die gesellschaftlichen Verhältnisse, unter denen das möglich wurde, es prinzipiell auch sein. Andere nennen das die »Akkomodation der Idee an das, was ist«. Der Idee kann aber nie ein real Seiendes gemäß sein; und darum ist der illiberal, der der Menschheit die Sehnsucht zum Überschreiten des Bestehenden nehmen will.

ICH: Offenbar sind Sie spät zu Ihrer frühen ungünstigen Ansicht der Staats zurückgekehrt?

10 Auch hier antizipiert Schelling kühn den Wortlaut seines Schreibens vom 15. Februar 1851 an König Max II. von Bayern.

Schelling: Allerdings. Der Staat ist bestenfalls ein unvermeidliches Übel, um die vernunftlose Bestie unter die Knute zu bringen. Wer aber den Staat zu seinem Himmel machen will, dem wird er zur Hölle. Als eine Geißel Gottes, die mit physischer Gewalt den Sündenfall der Freiheit an der Materie bestraft, sehe ich den Staat heute – und in meinen Vorlesungen werden Sie einiges an Deutlichkeit nichts zu wünschen übrig Lassende dazu aus meinem Munde vernehmen. Der Staat jeder beliebigen Verfassung ist eine Zuchtrute, ein knechtendes Gesetz, er übt unerträglichen Druck auf die unter ihm Schmachtenden. In ihm ist ein beabsichtetes Mittel zur Erreichung von Höherem zum Selbstzweck entfremdet. Dienen soll der Staat einem ihm übergeordneten *Zweck,* bloße Voraussetzung, *Conditio sine qua non,* soll er sein höherer, *an sich* wertvoller Güter, wie wir die Natur auch nicht als Zweck, sondern nur als Trägerin eines höheren, über sie hinausgehenden Lebens ansehen. Ich halte den Staat, um mich deutlich auszudrücken, für etwas »dem menschlichen Willen gleichsam Eingewebtes und Eingestochenes«. Wer über den Staat hinausgehen will, hat meine Sympathie. Immer habe ich mich gegen das »bloße (im Grunde negative) Erhalten des Staats« ausgesprochen, seine Disposition zur revolutionären Umgestaltung, ja die »Umgestaltung der Verfassung« für »unvermeidlich«, den Wunsch danach für zutiefst legitim erklärt.[11] Selbst in ihrer denkbar vollkommensten Gestalt kann keine Staatsform das Endziel der Geschichte sein. Ich gestehe dem Menschen entschieden ein Streben zu, ihn zu überwinden – ganz wie im *Ältesten Systemprogramm.* Der wahre *Schluss* der Geschichte ist das Jenseits, ist die kommende Welt; er kann also nicht in die Gegenwart versetzt werden, deren wahres Ziel und Ende nur sein kann, aufgehoben zu werden und einer andern Welt Platz zu machen, in der, wie ein dritter Apostel sagt, Gerechtigkeit wohnen wird. Es ist nicht zufällig, wenn diese Bestrebungen, nach einem *hier* zu erreichenden Ideal der menschlichen Gesellschaft in Schwärmereien, wie dem Kommunismus, enden, deren Anhänger ganz recht haben, die sogenannten Konstitutionellen als auf

11 Schelling gebraucht eine Formulierung, die er im Schreiben an König Maximilian von Bayern, der sein Schüler gewesen ist, am 20. Juli 1848 wieder aufgreifen wird.

halbem Weg stehen geblieben zu verlachen und zu verachten.[12]

ICH: Leichter, Herr Professor, könnte ich Ihnen folgen, wenn Ihre positive Philosophie nicht so bedingungslos an Gott ausgerichtet wäre, sondern ihn auf die Seite des Staats stellte.

SCHELLING: Wie wollen Sie dann die staatsüberwindende Tat begründen? Gott ist mir die Ressource an Unabgegoltenem, aus der wir schöpfen, um über den *Status quo* der ›bestehenden Verhältnisse‹ (wie Ihre Freunde sie gern nennen) hinaus zu kommen. Wer, wie Hegel, das Absolute mit diesen Verhältnissen identifiziert, der *kann* nur – wir sahen es eben – zum Frieden mit der Wirklichkeit kommen.

ICH: Genügt zur Begründung der weltverändernden Tat nicht, was Sie in der Münchener Vorlesung die ›Unangemessenheit der Wirklichkeit ans Wesen‹ nennen?[13] Das reicht doch für sich völlig aus, um diesen metaphysischen Friedensschluss zu vereiteln und dafür zu sorgen, dass nie die Geschichte der Menschheit in einem Ideal zum Stillstand oder gar zum Abschluss kommt.

SCHELLING: Das Wesen, dem die bestehende Wirklichkeit unangemessen ist, das ist mir gerade eine notwendige Eigenschaft Gottes.

ICH: Ich entwerfe eine Schrift, deren Titel Ihnen nicht behagen wird: *Die Reaktion in Deutschland.* Gogol argwöhnte zum ersten Entwurf, er sei nicht gegen Sie, sondern gegen Hegel und seine Schule gerichtet.[14] Und in der Tat: Die ›Positiven‹, die

12 Wieder ein Anachronismus. Schelling zitiert die Beilage (Nr. 3) seines Briefs an Max vom Januar 1852. Oder soll man sagen, dieser Brief zitiert das gesprächsweise Bakunin Anfang November 1841 Mitgeteilte?

13 Bakunin tut hier mit der Vorwegnahme seiner ›anti-metaphysischen Wende‹ den zweiten Schritt vor dem ersten. In der *Reaktion in Deutschland* hatte die »Religion« – wie bei Schelling – noch die Funktion der Garantin einer Zukunft in Freiheit und Gleichheit, durch die sich ein nicht Abgegoltenes oder Ausstehendes modaldialektisch von einem »Bestehenden« abhebt.

14 Baukunin schaut noch weiter in die Zukunft. Er antizipiert nämlich einen Brief Gogols an Jazykov vom 28. Mai 1843. Darin ist von einem Artikel die Rede, den Bakunin »gegen die Hegelianer« schreiben wolle, »vielleicht [...], um Schelling gefällig zu sein«. Schon 1842 bezieht Bakunin in Briefen an den Bruder Pavel die Junghegelianer als »fleischlose Idealisten« ins Spektrum seiner Kritik ein. Immer wieder wird deutlich, dass der (Hegel'sche) Idealismus an der »Wirklichkeit« zer-

ich darin zu geißeln gedenke, sind keineswegs diejenigen, die Ihnen, wie ich und andere, darin folgen, dass »der Wirklichkeit« ein ganz neues Gewicht zu verleihen sei: eines, das ihnen den Schritt über den bürgerlichen Idealismus hinaus ermöglicht. Ich unterteile »die Positiven« in die »konsequenten«, die aufrichtig und ehrlich sind und wie wir jede Halbheit hassen. Ihnen muss man sogar großen Dank wissen. Sie meinen (ich denke an Sie), dass das Negative sich als solches zu verbreiten strebt, und sie denken, ebenso wie wir selbst, dass die Verbreitung desselben die Verflachung der ganzen geistigen Welt wäre; zugleich haben sie in der Unmittelbarkeit ihres Gefühls ein ganz berechtigtes Streben zum lebendigen, vollen Leben, und da sie im Negativen nur die Verflachung desselben finden, so kehren sie zur Vergangenheit zurück, so wie sie noch vor dem Entstehen des Gegensatzes zwischen dem Negativen und Positiven war. – Meine Kritik gilt nicht diesen, sondern der theoretischen Unehrlichkeit jener »vermittelnden Positivisten«, welche, klüger und einsichtsvoller als die konsequenten, dem praktischen Drange zur Wahrheit niemals erlauben, das zusammengekünstelte Bauwerk ihrer Theorien zu sprengen. Es sind die Initiatoren fauler Kompromisse, die durch ihr peinvolles Hinhalten die dialektisch-tätige und dadurch in die Wirklichkeit tretende Auseinandersetzung des Positiven mit dem Negativen verhindern. Mir selbst ist die weltverändernde Tat das wahrhaft Positive: das, was wir nur *post festum* lernen, nicht *a priori* absehen können. Mir deucht, die Vollendung der Theorie sei ihre Selbstauflösung in eine ursprüngliche und neue praktische Welt. – Ich notierte kürzlich diesen Satz und dachte an Ihre Formulierung, wonach die Vernunft sich in »unserer modernen, einseitig theoretischen Bildung auf eine Spitze gestellt sieht, auf der sie sich nicht halten kann und die sie in eine Krisis stürzt: Das ist der Beginn der positiven Philosophie. Ihr Beginn ist eine Tat, nicht ein Gedanke.«

SCHELLING (*lächelnd*): Ihnen möchte dabei eine andere Perspektive vorschweben als mir. Doch finde ich Kühnheit und wahrhaft spekulativen Geist in Ihren Überlegungen. Ihn vermisse ich

schelle – geradeso, wie Schelling es in seiner Hegel-Kritik vorgeführt hatte (Auskunft von Sigrun Bielfeldt).

bei den halb Negativen der sogenannten linken Hegel'schen Schule. (*Nachdenklich*) Ein gewisser Dr. Feuerbach schickte mir vor Jahren huldvoll gewidmet seine Dissertation. Auch er nennt seine gegen Hegels Versöhnung gerichtete Philosophie eine ›positive‹, Sie erwähnten es früher …

Ich: Doch wird er wie viele, die Ihnen die Befreiung vom Idealismus verdanken, nicht müde, Sie und Ihr Werk zu schmälen, weil sie es der politischen Rechten zuordnen. Mich stört, was man seinen retrograden Charakter nennt, nicht, weil ich nichts anderes von ihm erwartet habe. Ich lerne begierig von Ihnen, den Gedanken der zerstörenden Tat auf das Positive, das Wirkliche zu gründen. Für das Negative, in das sich die Idealisten wie in einen Kokon einpuppen, weil es das ist, was *nicht* das Wirkliche ist – für dies Negative bleibt immer noch genug Raum. Es ist das, was auch im befreienden Sinne ›nein!‹ sagt zur bestehenden Wirklichkeit. Ich glaube, dass die eigentlich produktive Kraft des Menschen eine Kraft der Zerstörung ist.

Schelling (*altersweise, milde*): Wie sagt unser Dichter: »Mag sich der Most noch so absurd gebärden, / Es werd halt doch emol e Woi.« (*Auf die Uhr blickend*) – Der Mensch, schrieb ein früh verstorbener Phantast, der große Gaben mit ins Grab nahm – der Mensch spricht nur von dem, was er nicht hat. Darum sprach Hegel so viel vom ›Sein‹ –

Ich: – und Sie, Herr Professor, vom Wein. Der ist über unserm Gespräch doch ziemlich zur Neige gegangen, jedenfalls findet sich keiner mehr in meinem Glase.

Schelling (*mir den Rest der Flasche nachgießend, den ich auf einen Zug leere*): Ein Zeichen, dass wir unser Gespräch für heute beenden – uns aber recht bald wieder in meiner Wohnung zum Gespräch einfinden sollten. Ich bin begierig, was Sie zu meiner in 14 Tagen beginnenden Vorlesung sagen werden.

Schelling streckte mir demonstrativ die Hand hin, die ich wohl oder übel zu ergreifen hatte, und heraus geleitete er mich mit freundlichem Nachdruck. Meinen Blick erriet er (»die Tochter liest ihren Xenophon, wie stets um diese Stunde, entschuldigen Sie sie bitte für heute, Herr Graf«); ich ging, wie betäubt, aus dem Hause …

– und gestehe Dir, Schwesterchen, dass ich diese Zeilen im Fortgang nicht ohne ein gehöriges Quantum Weinbrand verfasst habe (denn Wodka ist hier, wenn man sich nicht gerade in Slawenzirkeln befindet, recht schwer zu bekommen), sodass sich das Wunderbare und das Wahrscheinliche auf seltsame Art verwirrt haben könnten. Wäre ich ein Romantiker? Ich frage mich manchmal ...

Bald – versprochen – erzähle ich Dir mehr von mir, von Schellings Kolleg, von meinen neuen Bekanntschaften und – wer weiß – von Demoiselle Schelling,

Dein Dich herzender und stets liebender Bruder
Michail

Benutzte Quellen

Bakunin, Michail: (1968), daraus besonders *Die Reaktion in Deutschland* von 1842, 61-96, und *Gott und der Staat* von 1871, 97-315);
– (1972);
– (1973);
– (1973a), besonders 49 ff.;
– *Steklov,* Bd. 3, 66, 75, 78, 160, 218.

Novalis: *NS* II, 461, und I (^{3}1977), 486 f.

Schelling, F. W. J.: *SW* I/3, 582 ff.; I/5, 313 ff.; I/7, 461 f.; I/10, 153; II/1, 532 ff., 565; II/3, 86 ff.;
– *Mat.*, besonders »Das Älteste Systemprogramm des deutschen Idealismus«, 110-113, und Schellings Gedanken über den Staat aus der Einleitung: 32 ff.;
– (1972), vor allem die Einleitungsvorlesungen;
– (1989a), besonders die Kapitel 9 und 11;
– (1993), vor allem die Einleitung des Herausgebers und die Anhänge II und III);
– *Spiegel.*

Wagner, Richard: (1911), besonders der Bericht über Bakunin: I, 455 ff.

13. Existenz, Identität und Urteil

Schellings späte Rückkehr zu Kant

Als »absolute[s] Identitäts-System« (*SW* I/4, 113 unten) hat Schelling das Ganze seines reifen Philosophierens charakterisiert. Man kann sagen, dass er der Ausbuchstabierung dieses Gedankens sein Leben als Denker gewidmet hat. Während der Frühphase hing Schelling noch stark von Reinhold und seinem Kritiker, dem Repetenten Diez im Tübinger Stift (Henrich 2004, XVI. Kapitel), dann von Fichte ab. Ab 1800 tritt (nach einer fünfjährigen Inkubationszeit)[1] Spinoza in den Vordergrund. Das ›wahrhaft Seiende‹ ist die ›absolute Identität von Natur und Geist‹; und die Form, in der sie sich ausspricht, ist das Urteil. Denn Urteilen muss wesentlich als ein Identifizieren verstanden werden, wie es der für die Ausbildung der Tübinger Stiftler zuständige Logiker und Metaphysiker Ploucquet gelehrt hatte. Das Urteil aller Urteile – das der absoluten Identität – ist damit die Matrix jedes veridischen Urteils überhaupt,[2] sodass Prädikation aus Identität verständlich gemacht werden muss: als eine Minderform (›relative Position‹) dessen, was Kant ›absolute Position‹ genannt hatte.[3] Genau das scheint Hölderlin vorgeschwebt zu haben, als er im Frühjahr 1795 notierte: »*Seyn* –, drükt die Verbindung des Subjects und Objects aus« (Hölderlin 1991, 156).

1 Vgl. die Äußerung in dem berühmten Brief an Hegel vom 4. Februar 1795: »Ich bin indessen Spinozist geworden! [usw.]« (*Mat.* 126 f.).

2 »Der Satz A = A ist die einzige Wahrheit, welche *an sich* [...] gesetzt ist« (*SW* I/4, 117, Zusatz 2 zu § 4). »*Formell* betrachtet wird in dem Satz A = A Subjekt und Prädicat absolut gleichgesetzt« (*SW* I/6, 146).

3 Hölderlins aparte Deutung des Urteils als ›Ur-teilung‹ eines (vormals) fugenlos Einen (Hölderlin 1991, 156) ist nur dem Schein nach von der Schelling'schen unterschieden. In der ungefähr gleichzeitig entstandenen *Ich*-Schrift hat auch Schelling das absolute Sein noch über die Urteilsform und damit über die Identitätsrelation hinausgehoben (*SW* I/1, 177 f.; auch I/3, 506; vgl. Frank 1998a, 712 ff.); auch Novalis nannte »Identität« einen »*subalterne[n]* Begriff« (*NS* II, 187, Z. 3 f.). Hölderlin folgt eigentlich nur der Wolff'schen Definition, dass Urteilen ein Verbinden *und Trennen* von Relaten sei (Wolff 1983, § 39 f.). Und mit dieser Relationierung wird ›das Sein‹, die ›absolute Position‹, beschädigt oder besser: aufgelöst.

Durch das Übereinanderlegen von Kants berühmter These über das Sein und der Identitätsauffassung der Prädikation entsteht die für Hölderlin und Schelling eigentümliche Auffassung vom Wesen der absoluten Identität als einen Grund einschließend, der alles Bewusstsein abweist. Aber erst im Alter geht Schelling auf, dass Kant mit seiner These harte ontologische Auflagen verbunden hatte. Sie führen den Idealismus – die Überzeugung, dass die Strukturen der Wirklichkeit auf Leistungen des Geistes beruhen oder sich aus der angenommenen Evidenz eines Subjekts ableiten – an seine Grenzen, ja bringen ihn zum Einsturz. So nähert sich der späte Schelling der Einsicht seiner frühromantischen Weggefährten und Hölderlins, wonach das Subjekt selbst und das Bewusstsein beziehungsweise Urteil, durch das es sich kennt, auf einer Voraussetzung beruhen, über die sie nicht verfügen. Schelling wird sie das »unvordenkliche Seyn« nennen.

Ich will diesen Denkweg im Folgenden nachzeichnen.

I.

Am Anfang steht eine Beobachtung. Zu den Auffälligkeiten der Kant-Rezeption gehört die maßlose Erfolgsgeschichte des Gleichnisses von der ›kopernikanischen Wende‹ (*KrV* B XVI f.; vgl. XXII Anm.). Bestimmt, die partielle Abhängigkeit unserer Weltrepräsentation von apriorischen Formierungen ins Licht zu stellen, hat sie im öffentlichen Bewusstsein Kants grundrealistische Option nachhaltig verdunkelt. Dabei lässt schon Kants (ontologische) Wahrheitsdefinition (*KrV* A 58, 237) keinen Zweifel, dass er all unser *empirisches* Wissen für kausal abhängig hält von den Eingaben der Welt.[4] Schwierigkeiten und Widersprüche, die sich aus dieser Auffassung ergaben (und die früh bemerkt wurden), waren ihm lieber als der Ruf, einen absoluten Idealismus zu initiieren. Der Reinhold-Schüler und Freund des Novalis Friedrich Karl Forberg notiert mit Blick auf Fichtes formidable Liquidation des Dings an sich, er wolle, was dies betrifft, lieber mit Kant scheitern als mit Fichte siegen, und Kant möge sich vor seinen selbst ernannten (idealistischen)

4 Belege für die Kausaltheorie der Referenz bei Kant in Frank (2002, 57 f.); Zanetti (2002).

Freunden besser in Acht nehmen als vor seinen Feinden (Forberg 1796, 41 f.).

Worum geht es? Eine berühmte Formulierung Kants besagt, dass die »Vorstellung an sich selbst [...] ihren Gegenstand *dem Dasein nach* nicht hervorbringt«, sondern von der Welt sich geben lassen muss (*KrV* A 125). ›Wahr‹ heißen demnach diejenigen Kenntnisse, die von der Welt wahr gemacht werden, nicht von der formierenden Spontaneität oder irgendeinem ›Vermögen‹ unserer (oder einer höheren) Subjektivität.[5]

Dabei gilt näherhin, dass wir ›empirisch‹ nur diejenigen Kenntnisse nennen dürfen, bei denen *Existenz* ins Spiel kommt; denn Existenz ist durch ihren wesentlichen Bezug aufs Wahrgenommenwerden der eigentliche Widersacher *reiner* Vernunfterkenntnis, mit deren Kritik Kants Hauptwerk ja befasst ist (*KrV* A 225 f.; so schon *AA* II, 73, Z. 3 f.). Die Sinnlichkeit *per se* kann diese Kritik nicht leisten, da sie nach Kants Überzeugung teilweise selbst rein ist. Darum gilt nur für eine (verhältnismäßig kleine) Teilmenge von Kenntnissen, dass sie *a priori* – also unabhängig von empirischen Ursachen – einsichtig sind: Es sind die logischen oder begrifflichen Wahrheiten, die mathematischen, besonders die geometrischen Einsichten und einige wenige Sätze der sogenannten reinen Naturwissenschaft.[6] Auch bei den beiden Letzteren kommt zwar Sinnlichkeit, aber keine auf Wirklichkeit gerichtete Wahrnehmung ins Spiel. Kenntnisse, die durch Formbedingungen des Geistes gebildet werden, nennt Kant ›konstituiert‹. Die Konstitution hat ihre natürliche Grenze an der *Existenz* von Gegenständen. Kant nennt das Datum der Affektionen ihre Materie oder ihren Stoff. Es ist dasjenige, was einem – ansonsten leeren – Begriff ›Sinn‹ oder ›Bedeutung‹ verleiht (*KrV* A 239 ff.; mit Blick auf die Empirizität der Bedeutung:

5 So würden Reinhold und Schiller sagen. Kant hält sich bedeckt auf die Frage, ob die Formen der Anschauung selbst auch gegeben oder ob sie das Werk einer Spontaneität, etwa der »Einbildungskraft (als Vermögens der Anschauungen *a priori*)«, sind (so etwa *KU* B XLIV und 155).

6 Dass diese letztere These genauerer Überprüfung nicht standhält, hat zuerst Salomon Maimon gezeigt, indem er Kants ›rationalem Dogmatismus‹ einen ›empirischen Skeptizismus‹ zur Seite stellt, der den meisten der von Kant für synthetisch *a priori* gehaltenen Sätzen der Physik eine empirische Deutung gibt – so der Parallelogramm-Regel für zusammengesetzte Kräfte – und alle empirischen Sätze für möglicherweise falsch erklärt (Freudenthal 2003). Zum Unterschied von ›rein‹ und ›*a priori*‹ siehe das Standardwerk von Konrad Cramer (1985).

A 223, B 147, A 156). »[D]ie Materie (das Physische), oder der Gehalt« in der Erscheinung bedeute ein »Etwas [...], das [...] ein Dasein enthält und der Empfindung *korrespondiert*« (A 723; vgl. A 20 [Kursivierung M. F.]).

Verweilen wir einen Augenblick bei der Rede von einer Korrespondenz. Für begriffliche oder synthetisch-apriorische Wahrheiten wäre es ganz sinnlos, ein Korrespondenzverhältnis anzunehmen; sie leuchten aus sich selbst ein. Doch tut dies Kant beharrlich, wenn er von empirischen Wahrheiten handelt. Sie können nur verstanden werden als (teilweise) von der Welt abhängig. Dass wir dort ein Glas, hier einen Zylinder, hüben einen gelben Klecks und drüben eine warme Röhre gewahren – all diese Kenntnisse schöpfen wir nicht aus unserer Subjektivität. Das wird besonders deutlich, wenn Kant von sogenannten »Antizipationen der Wahrnehmung« das unterscheidet, was sich an Wahrgenommenem *nicht a priori* antizipieren lässt (*KrV* A 178; vgl. 167 und 226 unten).[7] Es ist der gesamte Bereich dessen, was nicht bloß den Formen unserer Subjektivität gemäß (›konstituiert‹) sein (das ist nur eine notwendige Erkenntnis-Bedingung), sondern dem darüber hinaus »auch ein Objekt korrespondiere[n]« muss (B XXVI Anm.;[8] vgl. dazu Schelling 1993, 117).[9] Jedes solche Objekt hat mithin zwei Seiten: eine, hinsichtlich deren es *Wirkliches* ›re-präsentiert‹ (das ist die stoffliche), und eine, hinsichtlich deren es sich unserem *Erkenntnisvermögen* mitteilt, das

7 Hier spielt die ›Materie‹ oder der ›Stoff‹ des Gegebenen die entscheidende Rolle. Der Stoff repräsentiert einerseits bewusstseinsunabhängige Aspekte/Oberflächen wirklicher Gegenstände, ist aber andererseits den Formierungen der aufnehmenden Subjektivität zugänglich. Insofern ist die Materie ein Grenzbegriff des transzendentalen Idealismus. Ohne seine Annahme wäre aber die realistische Rede von einer Stimulation unserer Sinne (»Affektion«) nicht verständlich. Belege dafür zum Beispiel: *KrV* A 168, A 175 unten; Paton (1965, II, 136 f.).

8 Weitere Belege für die Korrespondenzauffassung von empirischer Wahrheit in Frank (2002, 1. Exkurs = 52 ff.); Zanetti (2002). Hinzuzufügen wären zwei Stellen aus der *KU*. In § 76 erinnert Kant an die »zwei ganz heterogene[n] Stücke« unseres endlichen Erkenntnisvermögens: »Verstand für Begriffe und sinnliche Anschauung für Objekte, die ihnen korrespondieren« (*KU* B 340). Ebendort, in § 91, definiert er ›Tatsachen‹ als »Gegenstände für Begriffe, deren objektive Realität [...] vermittelst einer ihnen korrespondierenden Anschauung [...] bewiesen werden kann« (B 456 unten).

9 Ein weiterer Beleg für Schellings Verständnis: »Denken ist noch nicht Wissen; es wird dies erst, wenn zum Objekt übergegangen wird« (Schelling 1993, 140 [im Original kursiv]; vgl. 117).

heißt einen (anderwärtsher gegebenen) Stoff formiert.[10] Kant unterscheidet diese beiden Aspekte anhand der Kategorien *Existenz* und *Realität,* die verschiedenen Klassen zugehören: die erste der Modalität, die zweite der Qualität. ›*Realitas*‹ wird von Kant gelegentlich durch »Sachheit« übersetzt (A 143),[11] weil sie das Wesen oder Was[12] einer Sache (›*res*‹) ausmacht. Realität ist mannigfacher Grade fähig, die sich *a priori* antizipieren lassen[13] (jede Wahrnehmung hat eine Intensität und – auf der Objektseite – jeder physische Körper einen Dichtegrad). Dagegen ist Wirklichkeit – wie Wahrheit – keiner Steigerung oder Verminderung fähig. Etwas existiert, oder es existiert nicht.

Wir dürfen diesen Abschnitt also beschließen mit der Einsicht, dass im Bereich empirischer Wahrheiten der Vergleich der transzendentalphilosophischen Methode mit der Revolution des Kopernikus zumindest in die Irre führt.

II.

Nichts scheint auf Anhieb weniger einleuchtend, als von Kants ontologischem Realismus her einen Weg ins Eigene des Schelling'schen Denkens zu suchen. Hat nicht der junge Schelling – in den Fußstapfen Jacobis, Maimons, des Aenesidem und Fichtes – mit Leidenschaft den ›transzendenten Gebrauch‹ der Kausalkategorie gegeißelt (nämlich in ihrer unstatthaften Anwendung auf Noumena als Ursachen von Zuständen erscheinender Gegenstände)?[14] Hatte er nicht die Annahme von Dingen an sich dogmatisch genannt und den bloßen Versuch durch eine idealistische Liquidation geistunabhängiger Entitäten beschieden? Selbst wenn man geltend machen

10 Vgl. *KrV* B XXVII, A 251 f.; Brief an Garve vom 7. August 1789 [*AA* X, 341]; *AA* IV, § 49, 337. Zur Diskussion der Doppelaspekt-Deutung des Dings an sich siehe Van Cleve (1999, 134 ff., besonders 143 ff.).

11 Eine deutliche Abgrenzung der Existenz von der Realität findet sich erwartbarerweise auch in der Widerlegung des ontologischen Gottesbeweises (A 597 f.).

12 Zur Gleichung von ›Wesen‹, ›Inhalt‹ und ›Was‹ vgl. Schelling (1993, 101).

13 Darum gehört ›Realität‹ in den Zusammenhang der mathematischen Grundsätze, die allesamt gegenstandskonstitutiv sind. Wirklichkeit ist dagegen ein dynamischer Grundsatz, seine Geltung ist »bloß *regulativ*« (*KrV* A 180).

14 Zum Beispiel im Rückblick der *Geschichte der Philosophie* (*SW* I/10, 83 ff.; so schon 1796/97: *SW* I/1, 355 f. oder I/3, 343 f.).

wollte, dass Schelling (zwischen 1794 und 1797) dem Geist im engeren Sinne die Natur voranstellt, der genetisch »die Priorität zukomm[e]«, »weil diese den *Standpunkt* des Idealismus selbst erst entstehen lässt und ihm dadurch eine sichere, *rein* theoretische Grundlage verschafft« (*SW* I/4, 92) – als des Geistes »transzendentale Vergangenheit« (*SW* I/4, 84 ff. und I/10, 93 f.) –, selbst wenn man dies anführt, so hat Schelling doch bis in die identitätsphilosophische Phase hinein keinen Zweifel gelassen, dass auch die Natur eine Manifestation des Geistes im weiteren Sinne sei und nicht über Ding-an-sich-artige Kausalwirkungen unserem Bewusstsein sich mitteile.

All das ist *prima facie* unstrittig. Nehmen wir jedoch einigen Abstand und weiten wir insbesondere unseren Blick auf Schellings philosophische Entwicklung als Ganze, müssen wir die Gewichte anders setzen. Bestand nicht das Eigene von Schellings Positionierung etwa gegenüber Fichte darin, dass er – wie der Homunkulus gleichsam von innen – an die Glaswand der Phiole zu klopfen begann, in die der subjektive Geist gebannt schien: »Das ist die Eigenschaft der Dinge: / Natürlichem genügt das Weltall kaum; / Was künstlich ist, verlangt geschloßnen Raum« (*Faust* II, V. 6883-85)? Der letzte Schritt war der Ausbruch in das, was unser Denken unvordenklich fundiert und damit das Gehäuse sprengt, und das geschah in Schellings spätester Denkphase. Der Ausdruck ›unvordenklich‹ meint – wörtlich – das, *vor* welches kein Gedanke reicht, um es zu fundieren.[15] Denken versteht Schelling – wie Crusius[16] und Kant – als Entwerfen von Möglichem. ›Unvordenklich seiend‹ ist darum ein solches, das in keiner ihm zuvor gedachten Potenz (*po-*

15 »Die Natur des notwendig Existierenden (der Begriff, von dem wir ausgingen) bringt es mit sich, dass er actu existiert, ehe er sich selbst kennt. Sogar der actus des Existierens kommt ihm zuvor; *er ist seiend, ehe er sich denkt,* ist also *unvordenklicher Weise seiend,* und insofern ist ihm das Sein allerdings ein Notwendiges, existentia ineluctabilis, wofür oder wovor es nichts kann« (Schelling 1993, 166,$_2$).

16 In der Tat war es Crusius, der Kants Gedanken von der Irreduzibilität der Existenz auf einen Gedanken – als Möglichkeitsentwurf – vorgearbeitet hatte. »Das blosse Seyn in Gedanken machet die Möglichkeit aus«, sagt Crusius, ganz in Kants Sinne (Crusius 1745, 74, § 46). »Daher sagen wir auch: *möglich* ist, was sich dencken lässt« (95, § 56). Und er unterscheidet mit Nachdruck – in scholastischer Tradition, aber mit antiessentialistischer Stoßrichtung – an jedem Ding die zwei Aspekte, *dass* es ist, und *was* es ist. Der erste heißt Existenz, der zweite Wesen (29 f., § 17).

tentia = Möglichkeit [*SW* II/3, 227 f.]) seinen Grund hat: »absolute Wirklichkeit, *vor* aller Möglichkeit – Wirklichkeit, der *keine* Möglichkeit vorhergeht« (ebd., 262; vgl. 160).[17]

Zwar bleibt auch in Schellings spätester Denkphase die großartige (spinozistische) Vision erhalten, dass Geist und Natur in einer Einheit zusammengefügt sind – eine Vision, die noch heutige Leib-Seele-Theorien inspirieren kann. Doch fürchtet Schelling, die Natur könne in dieser ›Nacht der Identität‹ (*SW* I/2, 403)[18] oder in dieser Umklammerung durch den Geist ihre Selbständigkeit einbüßen. Ein dunkler ›Ungrund‹ oder ›Urgrund‹, ein ›Wille‹ – früher war es die der ›ideellen‹ oder ›limitativen‹ Tätigkeit vorausgehende ›unendliche‹ oder ›reelle‹ – muss nun dem Bewusstsein oder der ›Existenz‹ im Wortsinne ein (reales) Fundament legen (*Freiheitsschrift;* ›Exis-

17 Die in Fußnote 15 zitierte Textstelle (Schelling 1993, 166) setzt sich fort: »Kein posse geht diesem Sein voraus, aber wenn es vor dieses Sein nichts kann, so folgt nicht, daß es nicht nach dem Sein und über dasselbe etwas vermöge. *Es findet sich in jenem* blinden *Sein,* ehe es sich selbst denkt und weiß, und insofern ist es ihm ein zufälliges. Hier tritt der Unterschied unserer Philosophie gegen *Jacobi* hervor, welcher *Gott gleich mit Bewußtsein* setzt. Vielmehr *müssen wir von einem Ursein Gottes ausgehen, das ihm selbst zuvorkommt.* […] Der Akt des Existierens ist ein von Gott nicht Vorgesehenes und Gewolltes, damit objektiv ein absolut Notwendiges, aber *in Beziehung auf Gott ein Zufälliges, weil ein seinem Begriff von sich Zuvorkommendes.* Das actu, nicht dem Begriff nach notwendige Existieren ist *das zufällig Notwendige*« (Schelling 1993, 166 f.). In diesem Zitat wie in vielen anderen, die auf eine teilweise Rehabilitation des von Kant verworfenen ontologischen Arguments aus sind, ist Schellings Rede von ›notwendig‹ äquivok. Er meint hier (wie oft) etwas, was ein Handelnder (Gott) nur nicht vermeiden konnte, was ihm insofern notwendig (das heißt nicht gewollt) geschieht. Hier hat »nothwendig« den Sinn von »grundlos« oder ›zufällig‹ (*SW* II/3, 163). In diesem Sinn widerfährt auch Gott, *wenn* er ist, sein Sein grundlos; und die Gottheit ist nur sein Wesen (ebd., 160). Daneben – vor allem in seiner Idealismus- und Hegel-Kritik – ist ›notwendig‹ für Schelling ein Seinsmodus (oder etwas Logisches) neben ›möglich‹ und ›wirklich‹.

18 Ausführlich heißt das Zitat: »Denn die meisten sehen in dem Wesen des Absoluten nichts als eitel Nacht und vermögen nichts darin zu erkennen; es schwindet vor ihnen in eine bloße Verneinung der Verschiedenheit zusammen, und ist für sie ein privatives Wesen […].« Karl Jaspers (1955, 302) hat in diesem Zitat das Vorbild vermutet für Hegels berühmte Kritik an Schellings vorgeblich eigener Auffassung, nach der die absolute Identität die »Nacht« sei, »in der alle Kühe schwarz sind« (Hegel 1952, 19). Vgl. auch eine ähnliche Formulierung in Schellings *Darstellung* (von 1801, *SW* I/4, 127): »[…] nichts als die reine Identität, in welcher nichts unterscheidbar ist […].«

tenz‹ hat hier noch gar nicht die spätere Bedeutung dessen, was *actu* existiert). In den *Weltaltern* werden ›Seyn‹ und ›Seyendes‹ unterschieden (Schelling 1946, 124 ff.). Aber die auffällige Wortwahl kann nicht verbergen, dass Schelling keinerlei *ontologischen* Primat mit der Voranstellung des Seins verbindet. Das zeigt sein völlig argloser Umgang mit dem ontologischen Argument, das er bedient, als wäre Kants Widerlegung desselben spurlos an ihm vorbeigegangen. So spricht er – ein beliebiges Beispiel – von dem »allen Bekannte[n] [...], dass in Ansehung des Absoluten das Seyn unmittelbar aus dem Wesen folge« oder »zu dessen Idee es gehört zu *seyn*« (*SW* I/4, 367; I/6, 149).[19] Gleichwohl ist festzuhalten: Schelling unterminiert die Autarkie des Ideellen, das zwar, wie er sagt, *dignitate prius* und insofern das Höhere ist (*SW* I/10, 103, 3), zu seiner Fundierung aber eines anderen bedarf, von dem sich sagen lässt, es sei *entitate* oder *actu prius*. Was eines anderen zu seiner Fundierung bedarf, ist nicht selbstgenügsam; es hat seinen Grund außer sich.[20] Es ist das »Realprinzip«, schrieb Feuerbach gehässig, »das der Schurke in Berlin sucht und nicht findet, weil er kein Herz im Leibe hat« (an Chr. Kapp, 18. Februar 1842, in: Feuerbach 1964 XIII, 132).

Als er es gefunden hatte, spendete ihm die Hegel'sche Linke manchen Beifall. Schellings Überwindung der lediglich begriffsbasierten Hegel'schen durch »*wirkliche,* blutige Widersprüche« stößt auf Bakunins lebhafte Zustimmung (Schelling 1993, 38 unten; im vor-

19 Ein weiteres Beispiel aus dem Jahr 1806: »[...] das Göttliche ist eben das, was gar nicht anders denn wirklich seyn kann [...]; denn seine Selbstoffenbarung *ist* seine Existenz; es müsste also, wenn es in jenem [sc.: dem Anderen seiner selbst] aus sich herausträte, in seiner Existenz außer sich selbst seyn und sich selbst entfremdet werden, welches ohne Zweifel die Ungereimtheit aller Ungereimtheiten ist; insbesondere da das Ewige oder Gott eben das ist, dessen Wesen in der Existenz besteht« (*SW* I/7, 57). – Im Alter resümiert Schelling selbstkritisch bündig und treffend wie folgt: »Die alte Metaphysik war positiver Rationalismus; diese hat Kant durch seine Kritik zersetzt. Mit Zersetzung dieses positiven Rationalismus war *ein neuer,* nicht etwa negativer (denn dieses ist erst im Gegensatz des positiven) *Rationalismus* in Aussicht gestellt, der Sache nach schon in *Kants Kritik* enthalten. Diese *lässt der Vernunft nur den Begriff Gottes* und macht auch vom Begriffe Gottes keine Ausnahme, sodass auch er nur das *Was* enthält. *Vergeblich sei das Bemühen, durch Schlüsse in die Existenz hinaus zu kommen*« (Schelling 1993, 137).

20 Man muss sich übrigens von Schellings changierender und ständig wechselnder Terminologie nicht irre machen lassen, so davon, dass er 1809 die Aktualisierung des ›Grundes‹ im Bewusstsein noch ›Existenz‹ nennt.

liegenden Band Text 12). Ganz ähnlich auf diejenige Sören Kierkegaards, eines weiteren Hörers (und Mitschreibers) von Schellings erstem Berliner Kolleg: Zunächst ist auch er begeistert von Schellings Aufbrechen des Hegel'schen Begriffspanzers (»als er das Wort ›Wirklichkeit‹ nannte, vom Verhältnis der Philosophie zur Wirklichkeit, da hüpfte die Frucht des Gedankens in mir vor Freude wie in Elisabeth« [Tagebuch-Eintrag vom 22. November 1841, in: Schelling 1993, 530]).

Die Passage, die ihn so aufgewühlt hat, ist von ihm selbst überliefert:

Es ist das *Verhältnis der Philosophie zur Wirklichkeit* – hervorzuheben. An allem Wirklichen ist zweierlei zu erkennen / oder von ihm auszusagen: *Quid sit* und *quod sit* = was ein Seiendes ist und daß ein Seiendes ist. Jenes macht, dass ich einen Begriff davon habe, dieses, daß ich *seine Existenz weiß*, d. h. daß ich es *erkenne* (Schelling 1993, 98 f.; vgl. Ruges Rezension: 335; Frauenstädts Nachschrift: 354; Kierkegaards Nachschrift: 391).

Das ist trotz der scholastischen[21] Reminiszenz wesentlich kantisch gedacht und so auch formuliert: Was ein leeres Denken oder Begreifen von einem echten[22] Erkennen unterscheidet, ist, dass Letzteres eine existenzhaltige Information verarbeitet (vgl. Schelling 1993, 140). Über sie hat der Begriff keine Macht. In der ersten Berliner Vorlesung von 1841/42 schreibt Schelling diesen Respekt vor der Existenzhaltigkeit des Objektiven »Kants Kritik« ausdrücklich als Verdienst zu. Sie habe sich noch »von der Erfahrung leiten [lassen]«, die der nachfolgenden »Fichteschen Wissenschaftslehre« als Richtmaß gänzlich aus dem Auge geraten sei (ebd., 111,3). So viel zur Gedankenunabhängigkeit der Existenz. *Was* dagegen eine Sache ist, das (und nur das) lässt sich begreifen.[23] Danach wären uns Wesen prin-

21 Darauf weist mit Recht Arnold Ruge in seiner Rezension der Vorlesung von 1841/42 hin (in: Schelling 1993, 335).

22 Ich meine: nicht nur synthetisch-apriorischen, sondern empirischen.

23 Vgl. Novalis: »Wissen kommt her von Was – es bezieht sich allemal auf ein was« (*NS* II, 105, Nr. 2, Z. 23). Zu Kants Wortgebrauch: Von ›Wesen‹ oder ›wesentlich‹ spricht Kant als Gegenstand dessen, was sich *a priori* konstruieren lässt, zum Beispiel (eine x-beliebige Stelle) *KrV* B 218 f.: Die nicht selbst wahrnehmbare, also apriorische Synthesis der Wahrnehmung enthält das, was »das Wesentliche einer Erkenntnis der *Objekte* der Sinne, d. i. der Erfahrung [...] ausmacht«. Zum Wesen der Dinge gehört also das Dasein nicht dazu; darum bleibt, wie dann die *KU* sagen wird, die ›Verstandesansicht‹ der Dinge unvoll-

zipiell gedanklich zugänglich. Wer das Wesen der Gegenstände (oder der Welt) erfasst, hat damit ihre *quidditas* erfasst, ihre Washeit. Was eine Sache ist, ist nach Kant (dem Schelling nur folgt) ein Aspekt ihrer – wenn auch ›realen‹, das heißt nicht nur logischen – Möglichkeit (A 178 f.). Aber *dass* eine Welt ist (*quodditas*), wissen wir nicht *a priori*. Zur Unterscheidung des ›Dass es ist‹ von seinem ›Was‹ (oder ›Wie es mir erscheint‹) vergleiche man am Beispiel des Selbstbewusstseins § 24 der »Transzendentalen Deduktion« (*KrV* B 155-157). Dahin passt die Anmerkung zu § 25, die den »Aktus [...], mein Dasein zu bestimmen« (ihm also ein Wesen zu verleihen), vom nackten Gegebensein dieses Daseins unterscheidet (B 157). So auch Schelling (zum Beispiel 1993, $157_{,2}$): »Man kann ihm [dem ›*Blindseiende*[*n*]‹, der ›Existenz selbst‹] das Sein nicht attributive zuschreiben: Als das Existierende selbst ist es ein *reines quod, in dessen Begriff kein quid enthalten ist*«.[24]

Darum zählt Kant die Modi des Seins auch nicht unter die ›realen Prädikate‹ (*KrV* A 598 f.), weil sie keinen Beitrag zur *realitas,* der Sach- oder Washeit der Gegenstände, liefern. Und das ist auch der Grund, warum Kant den (›dynamischen‹) Kategorien Kausalität und Wirklichkeit, die das nackte Gegebensein eines Gegenstandes zu berücksichtigen haben, »bloß regulativ[e]« Geltung zuerkennt (A 179 f.), während er den Kategorien Realität und Quantität, die ihren Gegenstand gleichsam mit Haut und Haar ›konstruieren‹, den Titel der ›mathematischen‹ verleiht. Da die *Wirklichkeit* von Gegenständen aber doch erkannt werden kann und unser Erkenntnisvermögen außer über Gedanken nur über Sinneswahrnehmungen verfügt, wird sie eben ›wahrgenommen‹ (und damit auch ›empfunden‹).[25] Und wahrgenommen zu werden ist, wie Kant per-

ständig und muss durch eine teleologische Ansicht ergänzt werden, die (nicht *a priori* antizipierbare) Hypothesen über die wirkliche (empirische, kontingente) Beschaffenheit der Welt wagt (ich stelle mir vor: ähnlich dem hypothetisch-deduktiven Verfahren der empirischen Naturwissenschaften, soweit sie nicht – wie Kant noch in den *MAN* glaubte – *a priori* antizipierbar sind, wie angeblich Teile der Physik).

24 In der Nachschrift sind die Wörter ›quod‹ und ›quid‹ in der Reihenfolge vertauscht, nicht so in der von Schellings Sohn abgedruckten Version: *SW* II/3, $162_{,2}$.

25 Wahrnehmung wird erklärt als empirisches Bewusstsein, »d. i. ein solches, in welchem zugleich Empfindung ist« (B 207, vgl. auch § 26 der »Transzendentalen Deduktion«). Sie unterscheidet sich von der bloßen Empfindung durch Bewusstsein

emptorisch feststellt, »der einzige Charakter der Wirklichkeit« (A 225).[26] Wenn Schelling im Alter diesem Gedanken einen ›höheren Empirismus‹ des Seins entsprechen lässt, hat er nichts getan, als sich des Kantischen Realismus zu besinnen.[27]

III.

Damit kennen wir den Stand von Schellings später Spekulation, die zu einer Grundeinsicht Kants zurückfindet. Wie aber kam Schelling dahin, und wie müssen wir uns seine Wegwendung vom Idealismus und sein Hin zu einem »*Existential-System*« motiviert denken (Schelling 1993, 125)?

Dabei wollen wir von der Unterstellung ausgehen, dass Schellings Philosophieren *ein* Grundproblem verfolgte und dass wir dessen Sinn erst an seinem Zielpunkt/Ende ablesen können (*SW* II/3, 249,$_2$ – ein Verfahren, das er übrigens selbst für den Aufschluss über den Sinn des *mythologischen* Prozesses anrät). Dann stellt sich die Frage: Was ist die innere Logik dieses lebenslangen Ringens?

(was immer das heißen mag [A 119 f.; vgl. A 225: »Das Postulat, die *Wirklichkeit* der Dinge zu erkennen, fordert *Wahrnehmung*, mithin Empfindung, deren man sich bewußt ist«; auch A 197: »Wir haben Vorstellungen in uns, deren wir uns auch bewußt werden können«]; weitere Stellen: B 147, B 160, A 116, B 207 und A 374). Weitere Belege aus den »Postulaten« für die Gleichung von Wirklichkeit mit Wahrgenommenwerden: »Was mit den materialen Bedingungen der Erfahrung (der Empfindung) zusammenhängt, ist *wirklich*« (A 218; B 147: »Sinnliche Anschauung ist entweder reine Anschauung [Raum und Zeit] oder empirische Anschauung dessen, was im Raum und der Zeit unmittelbar als wirklich, durch Empfindung, vorgestellt wird«).

26 Ausführlich heißt das wichtige Zitat: »Denn, daß der Begriff vor der Wahrnehmung vorhergeht, bedeutet dessen bloße Möglichkeit; die Wahrnehmung aber, die den Stoff zum Begriff hergibt [das ist natürlich ganz unangemessen idealistisch ausgedrückt; Kant meint: den Stoff zur Begriffsbildung empfängt, M. F.], ist der einzige Charakter der Wirklichkeit.«

27 Vor allem Schelling (1972, 238 ff., bes. 271 ff.; *SW* I/10, 225 ff.; Schelling 1993, 144 ff.; *SW* II/3, 163). Da sie nicht vom Gedanken oder Begriff, sondern vom »*Absolut-Transzendenten*« selbst ausgeht, verdient die positive Philosophie insgesamt den Namen ›Empirismus‹. Doch da ihr Gegenstand das Sein, nicht ein bestimmtes sinnlich zu erfahrendes Seindes ist, kann in ihr von einer Erfahrung nicht im üblichen Sinne die Rede sein (Schelling 1993, 146).

Nach meiner Überzeugung erwuchs Schellings letzte Antwort auf sein Grundproblem aus der Einsicht in die Fruchtlosigkeit aller Versuche, den Grund der Subjektivität in dieser selbst zu suchen. Hält man – wie Schelling es mit Fichte tut – *jedes* Bewusstsein für ein Bewusstsein *von etwas,* so gerät auch das Subjekt in die Stellung eines Gegenstands. Dann aber fehlt das Motiv, es ontologisch von der Welt der Gegenstände prinzipiell abzugrenzen. Den ungegenständlichen Grund der Subjektivität, der nie *als* ungegenständlicher ins Licht des Bewusstseins tritt, nennt Schelling das *reine* Subjekt. Es ist nicht nichts, und doch ist es »*als* nichts. Nicht nichts, weil doch Subjekt, *als* nichts, weil nicht Objekt, weil nicht im gegenständlichen Sinne seyend« (*SW* I/10, 99). Eine andere Stelle (aus den *Ferneren Darstellungen*): »Es ist nur da, inwiefern ich es nicht habe, und inwiefern ich es [gegenständlich] habe, ist es nicht mehr« (I/4, 357, Anm. 2).

Wie aber habe ich es dann? Schon Kant hatte das Problem gesehen: Will ich »das bloße Ich bei dem Wechsel der Vorstellungen beobachten«, so fehlt mir »ein Correlatum der Vergleichungen«: Das Ich selbst scheint sich hinter dem Schleier seiner empirischen Eigenschaften zu verbergen, und ich kann es immer nur ›unterschieben‹ oder ›voraussetzen‹ (*KrV* A 365 f.; vgl. A 345 f. und A 402). In anderen Worten: Indem ich aussprechen will, wer ich bin, muss ich Wahrnehmungsqualitäten zu den meinigen erklären. Sobald ich mir jedoch die Frage nach der Legitimität dieser Selbstzuschreibung(en) vorlege, wird mir klar, dass ich sie nur vornehmen konnte, wenn ich zuvor schon mit dem vertraut war, was ›ich‹ beziehungsweise ›mein‹ bedeuten. So sehe ich mich gezwungen, mich selbst zum Vergleichspunkt zu wählen, der mich darüber aufklären soll, welche Eigenschaft mich definiert, und setze auf diese Weise eben das voraus, was ich in Erfahrung zu bringen beansprucht hatte.

Die Erlanger Einleitung (Januar 1821) bietet die elaborierteste Antwort auf die Frage nach der Möglichkeit unserer Kenntnis vom reinen Subjekt. Das Subjekt ist ein alle Bestimmung (Eigenschaft, Vergegenständlichung) von sich Abweisendes – gerade wie bei Kant. Seine einzige Eigenschaft ist negativ: ein »*Durch alles durchgehen und nichts* seyn, nämlich nichts so *seyn,* dass es nicht auch anderes seyn könnte« (Schelling 1969, 16). »Es ist nichts, das es wäre, und es ist nichts, das es *nicht* wäre« (ebd., 17). Wie wird es sich dann fasslich? Durch eine Reflexion auf die Bedingungen seiner epistemischen Unzugänglichkeit selbst. Durch Vergegenständlichung verstellt es sich den Zugang zu sich. Also gilt: »Suche das An-sich nicht außer dir oder dich außer ihm, so wird es auch / unmittelbar aufhören bloß *für dich* zu seyn« (*SW* I/4, 356). Epistemische Selbstvergegenständlichung ist Reflexion. Reflexion ist eine Form des Wissens. Die Einstellung des Wissens ist also dem Grund der Subjektivität gegenüber ›aufzugeben‹ (Schelling 1969, 38). Lässt das Wissen – in einer Selbstverleugnung, die Schelling ›Ekstase‹ nennt – ab von seinem vergegenständlichenden Blick, kann die ungegenständliche Natur des Subjekts hervortreten, aber eben nicht als (begrifflich individuierter) Gegenstand, sondern als ein urständliches Wesen; und auf diese ungegenständliche Uroffenbarung kann das Wissen – als nunmehr »wissendes Nichtwissen« (45) – reflektieren. Da ›Reflexion‹ – wörtlich übersetzt – verkehrende Spiegelung bedeutet (»das *Umgekehrte*, daher Reflexion!« [47 f.; vgl. 44 unten]), wird sich das Subjekt der Ursache seines Sich-im-Kern-Verfehlens bewusst. (Freilich sieht man nicht, welches der Gehalt eines Nichtwissens sein könnte und wie er sich in einer verdoppelten Reflexion darin finden ließe, ohne dass der Zustand des Nichtwissens irgendein positives Merkmal aufwiese, etwa ein nichtbegriffliches Bewusstsein von der Art eines Zumuteseins oder Gefühls-zu-sein, wie das Novalis in erstaunlich ähnlichem Kontext zu Beginn der *Fichte-Studien* vorgeschlagen hatte.)

Wie auch immer: Schelling hatte sich schon in dem Aufsatz von 1801 »Ueber den wahren Begriff der Naturphilosophie und die richtige Art, ihre Probleme aufzulösen« der aristotelischen Unterscheidung des ›Ersten für uns‹ (oder des dem Bewusstsein Nächstliegenden) und des ›Ersten an sich‹ bedient. Versetzt man sich, wie Fichte, gleich in die höchste Potenz des Evolutionsprozesses, ins seiner selbst gewisse Ich, so erscheint die Welt aus einer Subjekt-Perspektive erschlossen (oder als ein Charakter der Subjektivität), während sie *an sich* in diese Stellung erst am Ende des Naturprozesses gerät (*SW* I/4, 84-87). Nun ist das Ich wesentlich Selbstreflexion. ›Reflexion‹ ist eine Metapher für ›spiegelnde Abbildung und dabei Verkehrung ursprünglicher Verhältnisse‹. Damit trägt das Subjekt der Reflexion in sich selbst den Schlüssel zur Korrektur seiner narzisstischen Selbstverblendung. Konsequent empfiehlt Schelling, beim Denken des reinen (nämlich hinsichtlich seiner Subjektivität oder Objektivität völlig ›indifferenten‹) »Subjekt-Objekts« von dem diesen Akt Ausführenden zu abstrahieren, also von der psychologischen Beteiligung des empirischen Subjekts abzusehen. So werde sich der Inhalt dieses Gedankens in seiner lauteren Objektivität erschließen; und von ihr aus lasse sich dann die Stufenleiter der Potenzierungen bis hinauf zum subjektiven Subjekt-Objekt nachkonstruieren (87 f., 85,$_{2}$; vgl. § 1 der *Darstellung meines Systems*: I/4, 114 f.; schon I/4, 26,$_{2}$). »Dadurch ward die Wissenschaft vom Subjekte unabhängig«, kommentiert Schelling seine – vordergründig gegen Fichte gerichtete – Wendung im Rückblick der ersten Berliner Vorlesung (Schelling 1993, 111 unten).

Das sind immerhin respektable Versuche, dem philosophierenden Subjekt zu einer Einsicht in den Ursprung seiner Bekanntschaft mit seinem ungegenständlichen Grund zu verhelfen. Doch bleibt der Gehalt dieser Kenntnis, wie Schelling sich ausdrückt, allemal nur der ›unmittelbare Inhalt der Vernunft‹ (oder »der Begriff der ins reine Denken sich zurückziehenden Vernunft« [Schelling 1993, 157]),[28] also in eine idealistische Erkenntnisperspektive eingeschlossen. So führt von hier nicht ohne Sprung ein Weg zu der ontologischen Wende, nach der wir fragen. Schelling wird, nachdem er sie vollzogen hat, auch nicht von einem organischen Übergang, sondern einem gänzlichen ›Abbrechen‹ mit dem Idealismus, einem ›Umsturz‹, einer ›Umwendung‹ der negativen Philosophie sprechen. Negativ heißt diese Philosophie, weil sie die Wirklichkeit nur in der Potenz des Geistes darstellt, also in dem, was die Wirklichkeit *nicht* ist: ihrem Wesen. Das Wesen aber hat das eigentlich Positive, das ›rein Seiende‹, den nackten ›Actus der Existenz‹, immer schon hinter sich – und dann ist es zu spät, sich vom Wesen die entscheidende Auskunft über das Positive zu erhoffen (*Andere Deduktion, SW* II/4, 337 ff.).

Worin sieht Schelling das zwingende Motiv zum Bruch mit dem Idealismus? Einen ersten Hinweis finde ich in einer selten beachteten Passage der *Abhandlungen zur Erläuterung des Idealismus der Wissenschaftslehre* (von 1796/97). Als einzigem Zeitgenossen (neben Jacob Sigismund Beck)[29] war Schelling die Bedeutung von Kants

28 »Das Blindseiende ist [dagegen] der mit dem Denken nicht identische Inhalt (im Gegensatz zum Anfang der negativen Philosophie)« (Schelling 1993, 159).

29 Vgl. Beck (1796, 251-255). Die Existenz werde nicht aus dem ›Ich denke‹ *ge*schlossen, sondern liege in dem Ereignischarakter des ›Ich denke‹ *be*schlossen: »Dagegen ist das *ich denke* selbst ein existirendes Objekt, nämlich eine Begebenheit, das

Anmerkung zu den B-»Paralogismen« (*KrV* B 422 f.) aufgegangen. Kant hatte dort von dem Satz *cogito*, ›Ich denke‹, gesagt, es sei ein empirischer Satz, und er schließe den anderen, ›Ich existiere‹, in sich. Da ihm, wie wir gesehen haben, alles Existieren ein Wahrgenommenwerden-Können ist und er (wie wir noch sehen werden) nur eine völlig einheitliche Semantik für den Ausdruck ›Sein‹ vorsieht, sah er sich gezwungen, auch den Ich-Gedanken, sofern ihm etwas wirklich Bestehendes entspricht, »eine unbestimmte empirische Anschauung, d. i. Wahrnehmung« ›ausdrücken‹ zu lassen. Unbestimmt heißt die Anschauung, weil sie keine Begriffskomponenten enthält.[30] Empirisch ist sie, weil sie über die Anschauungsformen hinaus ein Existierendes berührt.

Ich lasse die Deutung dieser heiklen Passage gerne den Kant-Spezialisten und betone nur, dass Schelling unter expliziter Berufung auf »*Kants* eigene Worte, Krit. der r. Vern., 3te Aufl. S. 423«, das Zugeständnis herausliest, eine (von Kant sonst stets geleugnete) intellektuelle Anschauung zur Aufklärung der folgenden Doppelerfahrung anzusetzen: Es ist aufzuklären 1. die epistemische Selbstdurchsichtigkeit des Vorstellens (so übersetzt die Reinhold-Schule korrekt den cartesianischen Gattungsnamen ›cogitatio‹) und 2. das gewisse Bewusstsein der Existenz des diese Vorstellung Ausführenden (*SW* I/1, 401 f.). Erst im Alter kam Schelling freilich zu der Einsicht, dass die Aufklärung der einen Erfahrung die der anderen notwendig mit sich führt.

Sein Argument dafür ist ingeniös. Ich werde ihm später die verdiente Aufmerksamkeit zuwenden. Für jetzt genügt die Verständigung über seinen Inhalt: Ließe sich Sein aufs Bewusstsein reduzieren, das ein Subjekt von ihm hat (wie es die berühmte idealistische Formel des Bischofs Berkeley wollte: *esse est percipi*), so müsste das Bewusstsein selbst schon *sein*; sonst würde Sein *per absurdum* aufs

heißt: der Satz ich denke, ist mit dem: ich existire, identisch« (253). Freilich führt von dieser Feststellung kein direkter Weg zu Schellings Deutung, das ›Ich denke, ich existiere‹ führe – in Verbindung mit Kants These übers Sein – auf die Rehabilitierung des von Kant verworfenen Theorems einer intellektuellen Anschauung.

30 Vgl. *AA* IV, 543: »Der Gedanke Ich ist dagegen gar *kein Begriff*, sondern nur innere Wahrnehmung.« Ebd., 334: »[Die] Vorstellung der Apperception, das Ich«, als Begriff zu denken würde heißen, das entsprechende Prädikat auch anderen Gegenständen zuschreiben zu können. »Nun ist es [sc.: das Ich] nichts mehr als Gefühl eines Daseins, ohne den mindesten Begriff und nur Vorstellung desjenigen, worauf alles Denken in Beziehung (*relatione accidentis*) steht.«

Nichts, genauer: auf Nichtsein gegründet. *Ist* es aber, so kommt ihm das Sein notwendig unabhängig von einem darauf gerichteten Bewusstsein zu; anders gerieten wir in einen infiniten Regress. Der nimmt zwei Formen an, je nachdem, ob wir uns über das *Sein* oder über unsere *Kenntnis* des Bewusstseins verständigen wollen. Diese beiden Erfahrungen laufen ja im *cogito* zusammen: die der unmittelbaren Transparenz des Vorstellens für sich selbst und die seiner Existenz. Ist die erste aufgeklärt (nämlich durch den Nachweis, dass Selbstbewusstsein nicht als Resultat eines darauf gerichteten Wissens – einer Reflexion – begriffen werden kann), bleibt noch die zweite. Das epistemisch gesicherte *cogito* selbst: Es *existiert*, und zwar genauso unabhängig von einer weiteren darauf gerichteten *cogitatio.* So führt die Lösung des epistemischen Problems die des ontologischen mit sich.

IV.

Um diese Konsequenz zu verstehen, müssen wir einen Blick auf Kants These über das Sein nachholen – und die verschlungenen Wege aufdecken, über die sie nicht nur Schellings spätes ›Existenz‹-Verständnis, sondern auch seine Auffassung vom Wesen der Identität (in der Wirklichkeit und im Urteil) geprägt hat.

Kants These (auf die ich zu Beginn des VI. Abschnitts genauer eingehen werde) ist so bekannt, dass das unnötig scheinen könnte. Dabei wurde wenig beachtet, dass sie merkwürdig verflochten ist in den unausgeführten Ansatz einer allgemeinen Theorie des Urteils oder der Prädikation.[31] In der Tat aber sah sich Schelling schon früh, etwa gleichzeitig mit seinem Freunde Hölderlin, von Kants These über das Sein zu einer allgemeinen Urteilstheorie angeregt: »Seyn«

31 Erst wenn Kant in dem dunklen Kapitel über das transzendentale Ideal der Vernunft einen »Grundsatz der Bestimmbarkeit« erwägt, wonach jeder Einzelbegriff auf der Suche nach durchgängiger Bestimmtheit von jedem möglichen Paar kontradiktorischer Prädikate notwendig genau eines annehmen muss (*KrV* A 571) – erst dann kommt etwas von diesem unausgeführten Projekt in den Blick (das möglicherweise erst in Maimons »Satz der Bestimmbarkeit« ins Ziel gelangte). Schelling jedenfalls erblickte in diesem Kapitel der *KrV* »die Keime« für die Entstehung des nachkantischen Idealismus (*SW* II/1, 287; vgl. 283 ff., 585 f.; dazu Hogrebe 1989, § 11 f.).

hat intrinsisch mit »Urtheil« zu tun (Hölderlin 1991, 156; vgl. Frank 1998a, 27. Vorlesung). Beide, soviel ich sehe, Hölderlin nicht minder als Schelling, vertreten eine Theorie der Prädikation als Identifikation. Der Grundgedanke ist kurz, dass Kant das Sein-überhaupt keineswegs ohne Absicht auf eine Urteilstheorie als *Position* bestimmte. In absoluter Position wird die Existenz eines (Begriffs-) Gehalts gesetzt, in relativer wird ein Gehalt auf ein Prädikat bezogen. In beiden Positionen waltet das »Seyn, im einzigen Sinne des Worts« (wie es in der Vorrede der Segmente einer vorletzten Fassung des *Hyperion* heißt [Hölderlin 1984, 163, Z. 1]). Und das bedeutet, dass man das prädikative Sein als eine Abform des existentiellen zu verstehen habe. Ein aussichtsreicher Mittelgedanke wäre der, die Prädikation als eine Art von Identifikation zu verstehen und einen engen Zusammenhang zwischen Existenz und Identität zu unterstellen. Genau diese Gedankenverknüpfung vollzieht Schelling in § 6 seiner *Darstellung meines Systems* (von 1801). Dort heißt es, was durch den Satz A = A gesetzt werde, sei weder A noch seine Subjekt- oder Prädikat-Stellung. »Sondern das einzige Seyn, was durch diesen Satz gesetzt wird, ist das der *Identität selbst*« (*SW* I/4, 117 [im Original gesperrt]). Deutlicher noch ist die Fußnote zu diesem Paragraphen: »Das, was durch ihn [den Satz A = A] gesetzt ist, ist nur dieses unbedingte Gesetztseyn selbst« (*SW* I/4, 117), also gerade das, was Kant *promiscue* ›Existenz‹ oder ›absolute Position‹ und Schelling ›absolute Identität‹ nennt.

Auf Kants These über das Sein und seinen Zusammenhang mit einer Identitätstheorie des Urteils werde ich, wie gesagt, in Abschnitt VI. genauer eingehen. Zunächst hole ich eine andere, kaum weniger wichtige Information nach.

Hölderlin und Schelling mögen nämlich noch im Stift wesentliche Anregungen für Ihre Urteilstheorie aus der Lektüre Gottfried Ploucquets bezogen haben. In der Tat vertrat Ploucquet eine pointierte und zu seiner Zeit stark beachtete Identitätsauffassung der Prädikation. Zwar war er 1782 durch einen Schlaganfall als tätig Lehrender der Philosophie ausgeschieden und 1790 gestorben. Doch stützte sich Johann Friedrich Flatt, als Extraordinarius gewissermaßen Ploucquets intermittierend für die theoretische Philosophie eingesetzter und minderformatiger Nachfolger/Vertreter, bei seinen Vorlesungen über Logik und Metaphysik (ab 1785/86) auf Ploucquets Kompendium letzter Hand (1782), die *Expositiones Phi-*

losophiae Theoreticae (Henrich 2004, 77); und auch Christoph Gottfried Bardili legte sie in den Jahren 1788 bis 1790 seinen Repetitorien zugrunde, zu deren Besuch die Stiftler verpflichtet waren. Dem ontologischen Part von Ploucquets Kompendium sind wiederum die Magistralthesen entnommen, die Hölderlin und Hegel 1790 im Fach Philosophie zu verteidigen hatten. Möglicherweise hat Flatt die Auswahl der Thesen vorgenommen (Franz 1996, 110 ff.; Franz 2005b, 30 ff., 39 f., 61).

Auch der fünf Jahre jüngere Schelling hatte zu Ploucquets Werk Zugang und hat sich noch in späteren Jahren daraus belehren lassen (Franz 2005b, 39, 532). In der Biographie seines Vaters, die den von Plitt herausgegebenen Briefwechsel einleitet, berichtet Schellings Sohn:

> Schelling scheint sich auch nach vorhandenen Spuren [seinen Studienhefte?] mit dem System des kurz zuvor [nämlich vor Schellings Eintritt ins Tübinger Stift] gestorbenen, in ziemlichem Ansehen stehenden Professors der Philosophie, Gottfried Ploucquet, bekannt gemacht zu haben. Ploucquet war ein Anhänger der Leibnitzischen Philosophie, welche er durch die Anwendung des logischen Calculs weiter zu bilden versuchte (*Plitt* I, 28).

Allerdings wird Schellings Sohn eher das System der Metaphysik als die Schriften zum logischen Kalkül im Blick gehabt haben; auch die 1790 im MA-Examen zu verteidigenden Thesen betrafen, wie gesagt, nur die zur Ploucquet'schen Ontologie, nicht zur Logik.[32] Das logische Defizit in der Ausbildung der Tübinger Fraktion des Deutschen Idealismus ist immer wieder bedauert worden; und auch Flatt war kein voller Ersatz für Ploucquet. Gleichwohl ist überliefert, dass sich Schelling noch als Student verschiedene Kalkulationen nach Ploucquets Methode in seine Studienhefte notiert hat (Franz 2005b, 532); und in der *Form-* sowie in der *Ich*-Schrift benutzt er das Ploucquet'sche Negationszeichen »ist nicht: >«) (*SW* I/1, 98, 108, 222). In die für seine reife Identitätstheorie des Urteils so wichtige *Weltalter*-Phase fällt die (für einen von sich so eingenommenen Professor wie Schelling) durchaus anerkennende Bemerkung im Brief an einen vertrauten Freund (den Rat Eberhard Friedrich Georgii, 12. Januar 1812):

32 »Die Inauguralthesen zum Magisterium in Tübingen 1790-1792«, in: Franz (2005b, 24-69).

Könnten sie [die Tübinger Professoren] mir vorerst den alten Ploucquet wieder von den Todten erwecken; das war wenigstens Metaphysik und schon als solche erhebend zum Geistigen. Von diesem Mann schreibt sich die Gediegenheit, der tüchtige Sinn, die Festigkeit unserer alten Pfarrer noch her, an der ich mich oft erbaut habe und gegen welche die Leerheit und bloße Buchstabenweisheit der jüngeren so stark absticht (*Plitt* II, 280).

Bereits 1802, in der Zeit der Ausarbeitung seines Jenaer »absoluten Identitäts-Systems«, hatte sich Schelling »die Ploucquetschen philosophischen Schriften, besonders seine *Logik und Metaphysik*, ferner *über die Monadenlehre* «,[33] von seinem Vater erbeten – sie waren nur in Württemberg zu erwerben (an die Eltern vom 8. Juli: *Plitt* I, 373).[34] Freilich – man darf das bedauern – scheinen ihn beide Male nicht der logische, sondern der ontologische und der metaphysische Teil der Ploucquet'schen Lehre interessiert zu haben. Doch kann man vermuten, dass er auch ihnen einen Gedanken[35] schuldet, der mit der Identitätsauffassung des Urteils in indirekter Beziehung

33 Ein Verzeichnis aller Schriften Ploucquets findet sich in Franz (2005b, 65-69). Schelling scheint neben der Berliner Preisschrift *Primaria Monadologiae capita accessionibus quibusdam confirmata* (Ploucquet 1748) vor allem die *Expositiones Philosophiae Theoreticae* (»Editio ultima«, Stuttgart 1782; Neudruck des logischen Teils in Ploucquet 2006) im Sinn zu haben. Sie wurden auch nach Ploucquets Ausscheiden aus der aktiven Lehrtätigkeit als Kompendium den (zum Beispiel Johann Friedrich Flatt'schen) Vorlesungen über die Theoretische Philosophie zugrunde gelegt (Franz 2005b, 40). Ihnen sind auch fast alle Inauguralthesen entnommen (und zwar weitgehend wörtlich), die Hölderlin und Hegel 1790 zu verteidigen hatten (ebd., 55, 59 [ff.]). Die beiden Teile der theoretischen Philosophie wurden in der Schulphilosophie des 18. Jahrhunderts üblicherweise unter dem Gattungsnamen ›Logik und Metaphysik‹ geführt, so noch von Reinhold, Fichte und Hegel in ihrer Jenaer Zeit. Zum Kontext von Schellings Brief an den Vater vgl. Franz in seiner Einleitung zu Ploucquet (2006, XIV, Anm. 37).

34 Schellings Vater hatte sein eigenes Studium bei Ploucquet schon vor dem Erscheinen der Erstauflage (unter dem Titel *Fundamenta [...]* 1759) des gewünschten Werks abgeschlossen, sodass der Sohn sich den *Kauf* des Buches erbitten musste. Es war, wie erwähnt, außerhalb von Württemberg nicht zu erhalten. Darum drängt Schelling seinen Vater, ihm die Auslagen erstatten zu dürfen.

35 Den bei Ploucquet vielfach und zentral präsenten Ausdruck »Weltseele« hat Schelling natürlich aus Platons *Timaios* geschöpft. Dennoch mag auch Ploucquet bei der Namenswahl Pate gestanden haben. Für seine Arbeit an der *Weltseele* (1798) bittet Schelling am 4. September 1797 seinen Vater um die Zusendung von naturphilosophischen Schriften Ploucquets und anderer Autoren, die sich mit dieser Frage beschäftigt haben. Namentlich führt er an: »Ploucquet de notione Vitae, de mensura virium, de Hylozoismo« und fügt an: »auch wenn Ploucquet sonst etwas

steht und zunächst aus davon unabhängigen Gründen unser Interesse verdient (s. Abschnitt V.).

Eine weitere Anregung für Schellings Identitätsauffassung des kopulativen ›ist‹, noch aus der Nürtinger Lateinschulzeit, mag das Logik-Lehrbuch des Philosophie-Professors und späteren Stuttgarter Gymnasialrektors Johann Christoph Knaus (1709-1796) geliefert haben. Das Knaus'sche Lehrbuch (Knaus 1751)[36] war nichts anderes als die lateinische Übersetzung des Deutschen Logik-Kompendiums von Paul Eugen Layritz (Layritz 1743);[37] sie war im Auftrag des Stuttgarter Konsistoriums erfolgt (Franz 2004, 214-225; bes. 220-225). Das Kompendium wurde in pietistisch orientierten Ländern wie Württemberg dem Schulunterricht zugrunde gelegt (nach Auskunft von Schenk [1999] sollte die Übersetzung zwei Fliegen mit einer Klappe schlagen, nämlich auch Schulübungszwecken im Lateinischen dienen). Das Lehrbuch basiert wesentlich auf Wolffs lateinischer Logik, teilweise auf Baumgarten und Meier. Die Knaus'sche *Logik* gibt auch eine ganz unkantische Erklärung der Rolle der Kopula (ebd., 316 ff., 332). Sie sei eine Identitätsanzeige gemäß der Inhärenztheorie des Prädikats im Subjekt. Die Wolff'sche Definition, der gemäß im Urteil Begriffe aufeinander bezogen oder voneinander getrennt werden (Wolff 1983, 129-131 = § 39 f.; vgl. »De judicio in specie«, 216 ff. = § 198 ff.), wird übernommen. Im ersten Falle wird das Subjekt durch das Prädikat bejaht oder eher: bestätigt (es steckt im Subjekt drinnen),[38] im anderen ausgeschieden (es steckt nicht darin). Damit hängt auch die sogenannte ›Konverti-

über die Physik geschrieben hat« (*HKA* I.6, 3 f.; dort ausführliche Bibliographie der genannten Texte mit dem Zusatz, dass eine Schrift *De notione Vitae* nicht zu ermitteln war; Schelling mag die von seinem Onkel Nathanael Köstlin verteidigte *Dissertatio de vi animae se sibi manifestandi, charactere eius primitivo [...]*, Tübingen 1764, gemeint haben). Ploucquets Dissertation *De hylozoismo veterum et recentiorum* (Tübingen 1775) dagegen enthält wesentliche theoretische Winke auf die »anima mundi« und auf literarische Quellen zu diesem Begriff. Auf Seite 77 der *Weltseele* scheint sich Schelling indirekt auf Ploucquets Schrift zu beziehen (vgl. den editorischen Bericht S. 15 f.).

36 Abbildung der Titelseite in Franz/Jacobs (2004, 188).

37 Abbildung in Franz/Jacobs (2004, 223). Vgl. Knaus (1751, Vorwort, 220 f.). Layritz erklärt seinerseits, die gründlichen und deutlichen *Institutiones philosophiae logicae* des Wolffianers Friedrich Christian Baumeister nur an den Schulgebrauch didaktisch adaptiert zu haben (222 f.).

38 Gemäß der Leibniz'schen *inesse*-Relation inhäriert das Prädikat dem Subjekt (*Cou-*

bilitätsbedingung‹ zusammen, die in den mittelalterlichen Logiken eine große Rolle spielte und mit der noch Schleiermachers *Dialektik* arbeitet (Schleiermacher 2001 II, 364 ff.): Wenn Subjekt und Prädikat »einerlei« sind, kann man den Satz *salva veritate* in beiden Richtungen lesen; andernfalls ist die Beziehung asymmetrisch (Schenk 1999, 317,$_{2}$; vgl. Wolff 1983, 264 ff. = § 282 ff.).

Das war auch eine Konsequenz des Ploucquet'schen Kalküls. Er verstand Subjekt und Prädikat zwar nicht als inhalts-, sondern als umfangsgleich und die Verneinung mithin als Exklusion des Prädikats, seinem ganzen Umfang nach genommen, aus dem Subjektgehalt. Man hat von solchen Theorien als von Identitätstheorien der Prädikation gesprochen. Sie geben der Copula etwa den Sinn eines mathematischen Gleichheitszeichens, und dafür spricht auch die Rede statt von der ›*aequalitas*‹ zwischen beiden Urteilsgliedern statt von der strikten Gehaltsidentität.[39] ›*Aequalis*‹ heißt eine Gleichheit der Art nach, indem zwei Gegenstände unter demselben Begriff(sumfang) enthalten sind. Nach Ploucquets Methode muss nun nicht nur das Subjekt, sondern auch das Prädikat quantifiziert, nämlich auf den Umfang des Subjekts eingeschränkt werden. Quantifika-

turat 16 f., 402, 474; vgl. Mates 1986, 84 ff.). Die Relation des *inesse* impliziert ontologische Homogenität zwischen Subjekten und Prädikaten (Prädikate sind inkomplette Teile von Begriffen [Mates 1986, 60 f.]). Ferner gilt für die *inesse*-Relation: *A* ist in *B* enthalten oder wird von *B* genau dann impliziert, wenn es unmöglich ist, dass ein Gegenstand unter *A*, aber nicht unter *B* fällt. Und: Begriff *A* ist in *B* enthalten genau dann, wenn alle einfachen Bestandteile von *A* auch Bestandteile von *B* sind. So ist der Begriff ›Tier‹ im Begriff ›Mensch‹ enthalten, denn traditionell gilt es für unmöglich, dass etwas ein Mensch ist, ohne ein Tier zu sein; also lässt sich (in dieser Tradition) der Begriff ›Mensch‹ durch ›vernünftiges Tier‹ analysieren (Mates 1986, 87). Daraus ergibt sich die (noch von Maimon und Schleiermacher vertretene) Anicht, dass es gar keine synthetischen Urteile, sondern nur solche geben kann, deren Analytizität dem Urteilenden – wegen der Beschränktheit seines Verstandes – nicht oder noch nicht bekannt ist. Das ist der Fall, wenn etwas »in dem Umfang des Begriffs mitgesetzt« ist, »was in Beziehung auf ihn zufällig ist, was aber der Möglichkeit nach Urteile enthält« (Schleiermacher 2001 II, 201).

39 Einen schlagenden Beleg liefert Franz (Franz 2005a, 106; vgl. 2006, XXXII): »In omni propositione extensio subjecti aequalis est extensione praedicati« (= § 35, S. 8 der Ploucquet'schen *Elementa Philosophiae Contemplativae [...]* von 1778, dem Vorläufer der »editio ultima« von 1782, die in *Expositiones [...]* umbenannt wurde. Vgl. ebd., § 15: »*Extensio* est multitudo rerum, de quibus idem terminus praedicatur«, also der Begriffs*umfang*).

tion muss ferner »komprehensiv« verstanden werden. ›Komprehensiv‹ hat ›exklusiv‹ zum Gegenteil; und mit einer Exklusion haben wir zu tun, wenn wir Sätze wie ›einige P sind Q‹ so lesen: ›Einige P sind Q, und einige andere P sind *nicht* Q‹. Komprehension schließt aber Allheit als Grenzfall in sich ein; das heißt : mit ›einige‹ können durchaus ›alle‹ gemeint sein;[40] der Allquantor wird vom partikularisierenden nicht eigens abgehoben. Daraus ergeben sich folgende Möglichkeiten (im Beispiel): bejahendenfalls »Alle Menschen sind einige Tiere« (mit der Konversion: »Einige Tiere sind alle Menschen«) oder »Einige Tiere sind (unter einigen) Löwen« (mit der Umkehrung: »Einige Löwen sind einige Tiere«); im Falle der Verneinung etwa »Kein Mensch ist unter (allen) Engeln« (Umkehrung: »Unter allen Menschen ist kein Engel«) oder »Einige Kohlenstoffe sind nicht unter (allen) Diamanten« (Konversion: »Kein Diamant ist unter einigen [bestimmten] Kohlenstoffen«). So zu reden widerspricht zwar den Sprachüblichkeiten, ergibt aber logisch durchaus Sinn (Ploucquet 2006, § 24 und 31). Auch ist diese Redeweise hilfreich zur Behebung einer beklagten Schwierigkeit der traditionellen Syllogistik, die nur universell bejahende (A-), partiell bejahende (I-) und universell verneinende (E-)Urteile *salva veritate* umkehren konnte (wenn auch bei der universalen Affirmation durch Partikularisierung des Quantors: »*Alle* Menschen sind sterblich« → »*Einige* Sterbliche sind Menschen«). Bei der vierten Klasse, den O- oder partiell verneinenden Urteilen, ging auch das nicht. Nach Ploucquets Notation sind nun *alle* Urteile in beiden Richtungen lesbar: »Einige Quarze sind keine Bergkristalle« wird zu »Kein Bergkristall ist unter einigen (bestimmten) Quarzen«. Dazu war – in Konsequenz der ›komprehensiven‹ Fassung des Partialquantors – eine Änderung des seit Aristoteles üblichen logischen Symbolismus nötig. Ploucquet nimmt sie vor, indem er ein eigenes Zeichen für den Prädikatsquantor einführt (Ploucquet 2006, § 40-44). Damit entfiel die Unbequemlichkeit der traditionellen Notation, die logischen

40 »Es ist [...] schlechterdings nothwendig, dass die logische Form eines partikularen Satzes nichts unbestimmtes bedeuten kann; denn man denkt nur das Subjekt, welches / ist und so fern es ist, und nicht dasjenige, welches nicht ist. Z. B. ich sehe einige Bäume, die grün sind; so muß ich nach der Wahrheit nothwendig denken: einige Bäume sind grün; es mögen alle Bäume, oder nur diese Bäume grün seyn [...]; dann [sic!] *einige* in der Form schließt das *Alle* in der Materie nicht aus, sondern abstrahirt nur davon« (Ploucquet 1970, 176 f.).

Schlüsse in eine unübersichtliche und in der Logik-Geschichte immer umstrittene Anzahl von Kombinationen, Figuren und Modi zu gliedern (Aner 1909, 20 f.; Franz 2005a, 99 f.; 2005b, 529).

Ploucquet hat seine »Abänderung der logischen Construction« (Ploucquet 1970, 155) in einer ausführlichen Replik auf Lamberts Anmerkungen zu seinem Verfahren (1765) lichtvoll verteidigt. Es sei irrig, sagt er dort, partikulare Sätze für ausschließend, nämlich für die Allgemeinheit verneinend anzusehen. Dieser Irrtum habe von Aristoteles bis auf seine Zeit zum unrichtigen Beweis der Schlussarten Baroco und Bocardo geführt (ebd., 177). Diese Schlussarten betreffen die falsche Verneinung eines partikularen Satzes. In ihm wird das *Prädikat* falsch von seinem Subjekt verneint; wahr wäre also die Bejahung des Prädikats. Aber das ändert den Umfang des Subjekt-Ausdrucks nicht:[41]

> Da nun dasselbe Subjekt particular ist, so ist schlechterdings nothwendig, dass es seine Partikularität auch in dem bejahenden Satze beibehalte. Wenn es falsch ist, dass *einige* A, nicht B sind; so ist nothwendig wahr, dass diese *einige* A, B sind, nicht aber, dass alle A, B sind; dann [sic!] der Fehler wurde bey dem Prädikat, nicht bey dem Subjekt begangen (ebd.).

Mit anderen Worten: Das Subjekt büßt seine Partikularität in der Negation nicht ein, sondern behält sie; nur das Prädikat wird einmal bejaht, das andere Mal verneint. (Wenn ich glaube, Maulwürfe hätten keine Augen, so glaube ich, einige Tiere hätten keine Augen – und meine mit ›einige Tiere‹ genau und nur die Maulwürfe. Wenn das falsch ist, so ist das Gegenteil zu meiner Überzeugung nicht: »Alle Thiere haben Augen: sondern nur: *Einige Tiere,* d. i. diejenigen Thiere, von denen ich glaubte, dass sie keine Augen haben, haben Augen« [ebd., 178].)

Daraus ergibt sich nun, dass die traditionelle Unvereinbarkeit (sub)konträrer und kontradiktorischer Gegensätze ihre Schärfe verliert (Franz 2005b, 99, 101). Hatte Ploucquet zunächst – im Geiste der Tradition – gesagt, dass (nur) im Falle der partikulär verneinenden (der O-)Urteile das Verneinte exklusiv, also ›in seiner ganzen Weite‹ zu verstehen sei, so scheint sein Argument gegen Lambert gerade zeigen zu wollen, dass es sich doch partikulär verstehen las-

41 Vgl. *Expositiones,* § 37: »*Idem* enim, quod negatur, per oppositionem affirmatur« (Ploucquet 2006, 12).

se.[42] Dann muss Ploucquet Kontradiktion nur noch für den Fall des Urteilspaars IE (›Einige M sind R‹ und ›Kein M ist R‹) anerkennen, kann sie aber für AO umschiffen (›Alle [nämlich – komprehensiv gelesen – einige] M sind R‹ und ›Einige [andere] M sind nicht R‹ [Ploucquet 2006, § 37 f., S. 12 f.]).[43]

V.

Solche Überlegungen könnten nun Schellings Versuchen zur Aufklärung der Identitätsformel einige Hilfestellung geboten haben: Wenn das bejahende Urteil auf die beiden Seiten der Copula Äquivalente verteilt, dürfen die Glieder von Sätzen wie ›A = B‹ oder ›Geist ist Natur‹ als umfangsgleich gelten. Denn genau dann, wenn etwas Natur ist, so ist es auch Geist (*et vice versa*). Das impliziert nun nicht, dass ›Geist‹ und ›Natur‹ auch bedeutungsgleich sind und denselben Wahrheitsbedingungen unterstehen. Sie können sehr wohl, wie man damals sagte, inhaltlich oder intensional verschieden sein. Wie das Letztere möglich ist, das sucht Schelling unter Rückgriff auf die alte logische Figur der Reduplikation zu erklären – darüber mehr im VI. Abschnitt.

Auch die merkwürdige Schwächung des Widerspruchsprinzips konnte Schelling gelegen sein (vgl. *SW* I/7, 205, Anm. 1), obwohl er für die Erklärung seiner Identitätsformel (1.) nur auf affirmative Urteile zurückgreifen musste, (2.) eine besondere Erklärung für die Sinn-Verschiedenheit von umfangsgleichen Prädikaten hatte (›reduplikative Lesart‹) und (3.) ausdrücklich – wahrscheinlich gegen Hegel – betonte, dem Satz des Widerspruchs allen denkbaren Respekt widerfahren zu lassen.[44]

42 Denn Partikularität soll ja ›komprehensiv‹, die Möglichkeit der Allheit einbeziehend, verstanden werden. »*Propositio particularis* sensu comprehensivo sumta aequipollet universali ratione [aufgrund] quantitatis *Logicae*« (Ploucquet 2006, § 28, 8).

43 Eine andere von Franz (2005b, 99) betonte Konsequenz der Ploucquet'schen Auffassung ist, dass subkonträre Urteilspaare (SiP/SoP) nicht nur nicht zugleich wahr sein können, sondern »sich aufs schärfste negieren«.

44 Dafür findet sich ein früher und auffälliger Beleg in den *Aphorismen über die Naturphilosophie* (1806): Es sei »Missverstand des ersten Gesetzes aller Logik«, wenn einer den Satz A = B so lesen wollte, als werde A *als* A geradehin mit B identifiziert. A sei »das Wesen oder *Esse* von B«, nicht B *in concreto,* und B als ein Partikulares *sei* nur, insofern es von A in diesem seinem Sein unterhalten werde (es sei nur, inso-

Dass Schelling die Satz-Copula tatsächlich als Identitätsanzeige verstanden hat, unterliegt keinem Zweifel. Seit seiner *Darstellung meines Systems der Philosophie* (1801) hat er das Wesen der absoluten Identität von Natur und Geist durch die Form des Urteils erläutert, in der sie sich ausspricht. Dabei unterscheidet er den Gehalt oder das Wesen der Identität von der Form des Urteils, durch das es (das Wesen) sich dem Erkennen vermittelt, also von »A als Subjekt und A als Prädicat«. Sagt man statt ›Wesen‹ ›Seyn‹, so können die Satzglieder auch Seins›*weisen*‹ oder ›Arten des Seyns‹ heißen.[45] Während

fern A es – akkusativisch – *ist*), so wie ein Prädikat nicht an sich, sondern nur an einem Subjekt auftrete, ohne mit ihm zusammenzufallen. Dennoch hält Schelling, »so paradox es [...] scheinen mag«, daran fest, von einem Verhältnis der Identität zwischen A und B, Subjekt und Prädikat, zu sprechen, weil er eben eine Identitätsauffassung der Prädikation vertritt (*SW* I/7, 205, Anm. 1).
Auch in den *Weltalter*-Entwürfen wird der Satz des Widerspruchs mit Nachdruck verteidigt (Schelling 1946, 27, 128).

45 In dieser idealistischen Phase macht Schelling allerdings – philologisch streng genommen – noch einen Unterschied zwischen ›Wesen‹ und ›Sein‹. Zum Sein, sagt er, gehört die Aktuierung einer vormaligen Potenz (*SW* I/4, 122 f., § 24 und 134 unten, § 31). In der Satzform ›A = A‹ ist der Unterschied der Relate zwar angezeigt, aber nur als begrifflicher oder virtueller; er ist noch nicht als wirklich vollzogen. Erst mit der Aktuierung der beiden Glieder beginnt offenbar ihr ›Sein‹. Von diesem Augenblick an herrscht – bei fortwährender ›qualitativer Identität‹ – ›quantitative Differenz‹. Und jetzt muss die alte Formel ›A = A‹ in ›A = B‹ umgeschrieben werden, weil die Relate darin inhaltlich (begrifflich) auseinandertreten (124, Erl. zu § 23). Diese Differenzierung darf ich im Folgenden vernachlässigen, weil Schelling die absolute Identität ja in der Folge als ›unbedingtes Gesetztsein‹ oder ›absolute Position‹, mithin eben doch als Sein charakterisiert (Fußnote zu § 6, S. 117; I/7, Anm. 1). – Im *Würzburger System* (1804) ist die terminologische Verschleifung von Sein und Wesen dann explizit vollzogen. Vgl. *SW* I/6, 156 (§ 10 mit Folgesatz). Es findet hier eine direkte Gleichsetzung zwischen ›allem, was ist, insofern es *ist*‹, mit ›absoluter Identität‹ statt. Sein = Identisch-Sein. Es heißt ferner: Das, worin überhaupt Verschiedenheit gesetzt sei, »gehört nicht zum Wesen, zum wahren *esse*, sondern zum *non-esse*, zum Nichtseyn der Dinge«. Hier werden ›Wesen‹ und ›Sein‹ einfachhin identifiziert.
Am konsequentesten finde ich diese terminologische Verschleifung vollzogen in Schellings Streitschrift gegen Fichte (von 1806: *SW* I/7, 52 ff.). »[D]as Wesen oder das Seyn«, heißt es nun, sei das Positive oder Bejahte der Selbstaffirmation; die Form oder das Bejahende fügen das Erkenntnis-Moment hinzu. Weil aber auch die Form (oder Erkenntnis) nicht *ist*, sofern sie nicht vom Sein = Wesen ›gewesen‹ werde, dürfe auch sie selbst positiv heißen (I/7, 53,3). Das ist die logische Implikation der Rede des ›Von-sich-selbst-zugleich-Bejahendes-und-Bejahtes-Sein‹, dass beide Relate wieder das Eine und ganze Absolute sind.

das Wesen selbständig existiert, können die kopulativ Verbundenen »nicht von sich selbst seyn«: Sie bestehen nur als vom Wesen *Verbundene* (*SW* I/4, 120 f.).[46] Ungeachtet der Tatsache, dass die Satzform mithin unmittelbar mit dem Sein der absoluten Identität mitgesetzt ist (ebd., § 15), gilt doch ein zwar nicht zeitlicher oder aktueller, aber doch (onto)logischer Vorrang des Wesens vor der Form:

Was zugleich mit der Form des Satzes A = A gesetzt ist, ist auch unmittelbar mit dem Seyn der absoluten Identität selbst gesetzt, es gehört *aber nicht zu ihrem Wesen*, sondern nur zu der Form oder Art ihres Seyns (ebd., Zusatz 1; im Original gesperrt, Kursivierung M. F.; deutlicher ebenso *SW* I/6, $147_{,3}$ und 163 unten).

Es gibt also eine asymmetrische Abhängigkeit der Form vom Sein oder Wesen, die nur mühsam im Verband einer Identität beider unterkommt: eine für Schelling charakteristische Annahme. Dazu passt, dass Schelling die Form des Satzes stets als etwas einführt, in dem sich das Wesen des Absoluten nur ›ausspricht‹ oder ›ausdrückt‹ (zum Beispiel *SW* I/6, 150, Zusatz zu § 7). In Form der Vernunft (oder des Erkennens) – und nichts anderes ist die Form des absoluten Satzes – »*wiederholt*« sich nur die absolute und vorprädikative Identität (ebd., $151_{,2}$; 155 oben).

Auch hier könnte man, bis in die Terminologie hinein, einen in Schellings Studienzeit zurückreichenden Einfluss Ploucquets vermuten. Zu den Grundüberzeugungen von dessen Ontologie (wir sahen: dem alleinigen Gegenstand der 1790 im Stift zu verteidigenden Inauguralthesen) gehört, dass sich die Substanz in sich selbst offenbart (›manifestiert‹). Substanz ist, wie bei Leibniz, der basale Gegenstand der Ploucquet'schen Ontologie. Es gibt nur eine: die Gottes. Wie bei Leibniz und Wolff ist sie, und zwar wesentlich – nicht bloß akzidentell –, durch Kraft charakterisiert. Aber, anders als bei Leibniz oder Wolff, äußert sich die Kraft der Substanz nicht als Ursprung für das Fortschreiten von einer Vorstellung zur anderen (*Monadologie* § 15)[47] oder als »Quelle von Veränderungen«

46 Vgl. *SW* I/2, 360 f. Am explizitesten über die Wesen-Form-Unterscheidung ist der Beginn der *Stuttgarter Privatvorlesungen* von 1810: *SW* I/10, 421 ff.; vgl. aber schon § III der *Ferneren Darstellungen aus dem System der Philosophie* von 1802, wo die ›Form‹ mit dem ›Erkennen‹ gleichgesetzt wird (*SW* I/4, bes. 373).

47 Die Kraft (*Force*), die die Monade belebt, ist nur eine abgeleitete oder eine Erscheinungs-Form dieser »*Appetition*«. Vgl. Leibniz (1978, 148 f., Anm.; ferner

(Wolff 1720/1725, Kapitel II. , § 115), sondern darin, sich selbst ein Licht über sich anzünden (oder Selbstbewusstsein gewinnen) zu können:[48] »substantia est id, quod *in se* est manifestabile« (Ploucquet 1782, Ontologia, § 153; ähnlich § 161: »Substantia, quae Principium Manifestationis in se sola habet [...]«).[49] Aber die Substanz ist nur der Realgrund der Manifestation, nicht ihr Erkenntnisgrund. Das, *was* die Substanz (unabhängig von ihrer Offenbarung, gleichsam an ihr selbst) ist, nennt Ploucquet ihr *Wesen*; das ihr innewohnende Prinzip, das sie (die Substanz) dem Erkennen enthüllt (ihre »*intellegibilitas*«), nennt er ihre *Form*.[50] Entsprechend werden in § 7 und 8 der Ontologia zwei Weisen der Einsichtigkeit/Intelligibilität der Substanz unterschieden: die *intelligibilitas, quae* und die *intelligibilitas, qua*. Jene geht auf das Was, diese auf das Wodurch der Einsicht. Wenn das nicht einen Wink auf Schellings spätere Konstruktion gibt!

Aber der Blick auf Ploucquet ist noch aus einem weiteren Grunde hilfreich. Ploucquet hat sich nämlich noch in deren Erscheinungsjahr in einer eigenen Abhandlung mit Kants These über das Sein auseinandergesetzt (Ploucquet 1763). Er hat Kant zugegeben, dass Sein keine sachcharakterisierende Eigenschaft sei und dass Sein durch »*positio*«, nicht durch »*perfectio*« ausgezeichnet sei (Inauguralthese VI: in: Franz 2005b, 30; vgl. 61 f., 55 f.). »*Perfectio*« meint in scholastischer Tradition einen Zustand, in dem ein *ens* all das wirklich aufweist, was ihm nach seinem Wesen (= seiner Möglichkeit) zukommt oder, wenn es *ist*, was es sein kann (›*complementum possibilitatis*‹; vgl. die ersten Paragraphen von Wolff 1977). Indem Ploucquet nun den Terminus ›*perfectio*‹ durch den der ›*positio*‹ ersetzt, repariert er Wolffs rationalistische Fehldeutung von Sein, wenngleich nur *verbaliter*. Indem er allerdings Wolff folgt und jedem *ens* ein immanentes Selbstdarstellungsvermögen (»*intelligibilitas*«) zuordnet

S. 41). In der Lettre II. à Mr. Bourguet schreibt er: »De la manière que je définis perception et appétit, il faut que toutes les monades en soient douées. Car perception m'est la représentation de la multitude dans le simple, et l'appétit est la tendance d'une perception à une autre [...].«

48 Eine bekannte Parallelformulierung bei Schelling: »Jenes absolute Licht, die Idee Gottes, schlägt gleichsam ein in die Vernunft, und leuchtet in ihr fort als eine ewige Affirmation von Erkenntniß« (*SW* I/6, 155).

49 In der XXIII. Inauguralthese von 1790 ist die Definition präsent in dem Satz: »Vis est principium manifestationis« (entspricht Ontol. § 62; in: Franz 2005b, 32).

50 Belege in Franz (2005b, 47 ff., 55 ff.).

(Wolff 1977, § 3), gewinnt er auch über die Seinsthese Anschluss an seine Grundüberzeugung, dass die Substanz »allein in sich« das Prinzip ihrer »Selbstoffenbarung« trage.[51] Überträgt man nun in kühner Spekulation den Gedanken der Selbstoffenbarung des existentiellen Seins in seiner Form auf die Form des Urteils und sieht das kopulative ›ist‹ als Minderform des existientiellen Seins, dann ist man von Schellings gedanklicher Grundoperation nicht weit entfernt (ebd.). Man muss nur noch ein gewisses Verständnis vom Urteilen als einem Identifizieren in die Operation nachtragen, die wieder eine Quelle in Ploucquet haben könnte.

Zwar hat sich Kant gegen eine Identitätsauffassung der Prädikation gewendet – und damit auch gegen Leibniz und Wolff (Stuhlmann-Laeisz 1976, bes. 73 ff.). Prädikate sind ihm – wie Frege – Klassifikationsausdrücke, die Gegenstände ›unter sich‹ subsumieren, während Anschauungsformen Ganzheiten sind, deren Elemente als Teile beschrieben werden müssen (*KrV* B 40; Michael Wolf 1995, 243 ff.). Doch wie sich über dem schlanken Aufriss seiner kritisch revidierten Metaphysik – gleichsam in Strichellinie – die Kontur des neugotischen Doms der Schulphilosophie ahnen lässt, so wird auch seine Revision der Urteilslehre erst einsichtig, wenn man sie als Revision der Wolff'schen erkennt. Ohnehin nahm Kant ja keinerlei Anstand an dem Vorhaben, seine kritisch gereinigte Metaphysik »dereinst [nach] der strengen Methode des berühmten *Wolf*, des größten unter allen dogmatischen Philosophen«, abzufassen (*KrV* B XXXVI). Aber tun wir einen Schritt nach dem anderen.

51 Ein manifestes Echo auf diese These findet sich in Schellings Streitschrift gegen Fichte (1806): »Wie gelangen wir zu diesem Gegensatz [von Wesen und Form]? – Eben nur durch die nothwendige Folge der Selbstoffenbarung, die da selbst das Seyn ist« (*SW* I/7, 54). Es liegt also in der Natur (im Wesen) des Seins, sich sich selbst in Satzform kenntlich zu machen. Auf diesem Wege kommt Schelling zu jener dialektischen Formulierung: »Existenz [= Sein] ist das Band eines Wesens als Eines mit ihm selbst als einem Vielen« (56 unten; so schon – ohne die Rede von Existenz – ebd., 55,3).

VI.

Der erste Schritt ist Kants Überzeugung, dass der Ausdruck ›Sein‹ in allen seinen Verwendungen eine grundlegend einheitliche Bedeutung hat. Schon in der Schrift über den *Einzig möglichen Beweisgrund* (1763) wird diese ›völlige Einfachheit‹ betont (*AA* II, 73; vgl. 70, Z. 17). Sie hat ein Echo in Hölderlins Rede vom »Seyn, im einzigen Sinne des Worts« (Hölderlin 1984, 163, Z. 1 f.). Der Name für diesen einfältigen Sinn ist – wieder in Wolffischer Tradition – ›Position‹, deutsch ›Setzung‹, griechisch ›Thesis‹ (so Schelling, schon unter dem terminologischen Einfluss der *Wissenschaftslehre,* in § 16 der *Ich*-Schrift, wo Setzung als die Urtätigkeit des Absoluten Ichs genommen wird, aus der alle – übrigen – Kategorien sich ableiten). ›Position‹ ist gleichsam der Gattungsname für ›Sein‹,[52] der – sagt Kant – begrifflich »beinahe unauflöslich« sei (*AA* II, 73 unten). Beinahe, denn es gelinge gleichwohl eine zweifache Spezifikation: die in relative und absolute Setzung. Relativ heißt eine Setzung, die einen Klassifikator relativ auf ein Subjekt setzt, wie es in gewöhnlichen prädikativen Sätzen der Fall ist. Absolut dagegen ist ein Begriff gesetzt, wenn ihm überhaupt etwas entspricht, wenn er also keine Leermenge beschreibt, wie exemplarisch die (prädikatlosen) Sätze: ›Es *ist* ein Gott‹ oder ›Ich *bin*‹. Streng genommen beschränkt sich also die Bedeutung von ›Sein‹ (qua ›Existenz‹) auf die der absoluten Setzung. Der späte Schelling nennt Aussagen über das existentielle Sein ›*absolut prädikatlos*‹ oder ›nicht-attributiv‹ (Schelling 1972, 426; *SW* II/3, 162).

Kants These hat einen ontologischen und einen erkenntnistheoretischen Aspekt. Der erste erklärt Sein (im Sinne von Existenz) zu einem Denkunabhängigen. Der zweite verweist es an den anderen Erkenntnisstamm: die Wahrnehmung, welche Empfindung einschließt (*KrV* A 225).

Doch damit ist – nach Schellings und seines Freundes Hölderlins Überzeugung – der Reichtum von Kants These über das Sein noch nicht erschöpft. Im Frühjahr 1795 deuten sie Kants Rede von der im Urteil vorliegenden Relativierung eines »unbedingte[n] Gesetztseyns« (*SW* I/4, 117, Anm. 1) als einen ›Ableitungs‹-Zuammenhang

52 »Der Begriff der Position oder Setzung ist völlig einfach und mit dem von Seyn überhaupt einerlei« (*AA* II, 73).

(ebd., I/1, 154). ›Sein‹ hat die (alleinige) Bedeutung von Identität, Identität ist tätig in der Urteil-Synthesis, und das ›ist‹ des Urteils kann, ja muss als eine Minderform (ein Sartresches »moindre-être«) des kompakten/fugenlosen Seins verstanden werden. Die Intuition, die diese Spekulation anleitet, ist minder abwegig, als es zunächst den Anschein haben mag. Auch Frege hat einen tiefen, wenngleich dunklen Zusammenhang von ›Identität‹ und ›Existenz‹ (im ›Erkenntniswert‹ konnotiert) vermutet (Frege 1975, 40 f.). Und wenn wir eine Entität, die da *ist,* mit dem »Wert einer gebundenen Variablen« gleichsetzen (Quine 1980a, 12 f.), dann rückt ihre Existenz ganz nahe heran an die *Identifikation* des Einzelgegenstandes in einer Wahrnehmungs- oder Zeigehandlung. Schon Kant sah ›im Wahrgenommenwerden den einzigen Charakter der Wirklichkeit‹, sofern Wahrnehmungen auf *Einzelnes* gehen und vorbegrifflich sind; Begriffe – ausgedrückt durch Prädikate – gehen auf Klassen von Einzelnem; darum ist Wirklichkeit »kein reales Prädikat« (*KrV* A 225; A 598). Für Hume schrumpft die relationslose Sichselbstgleichheit eines Einzeldings auf die Eigenschaft seiner Existenz zusammen (Hume 1888, 200,4; vgl. Quine 1980b, 208). So schon § 280 in Christian Wolffs *Logica* (Wolff 1983, 260): »*idem ens est illud ipsum ens, quod est, seu, omne A est A,* ubi A denotat generatim ens cujuscunque speciei vel generis, sive in communi, sive in singulari.«

Hölderlin und Schelling denken darüber so: Die in der Copula ›ist‹ vorliegende Identität zweier Glieder muss (1.) zwar als die feinste aller Relationen, aber gleichwohl als Relation und damit als Minderform des kompakten existentiellen Seins verstanden werden, sofern man, wie Schelling es tut, das absolute Sein als *omnibus relationibus absolutum* versteht. Man könnte sagen, die im Urteil vorliegende Identität sei eine aus den Fugen geratene vordem fugenlose. Akzeptiert man dies, so nimmt man an, dass ›Sein‹ im Ableitungszusammenhang höher steht als Identität (wie es Hölderlin und Schelling 1795 tatsächlich vertreten: Hölderlin 1991, 156, Z. 7 und 18; *SW* I/1, 177 f.).

Exkurs

Hier ließe sich die Frage stellen, ob sich Kants Korrespondenztheorie der Wahrheit mit dieser identitätslogischen Auffassung vereinbaren lässt. Tatsächlich hält Schelling das Urteil nicht nur für ein aus der absoluten Identität Abkünftiges. Er hält die Wahrheitsdefinition (»Uebereinstimmung eines Objektiven mit einem Subjektiven« [*SW* I/3, 339; vgl. I/6, 138]) auch für einen ganz angemessenen Ausdruck für die Minderung, die das Sein durch die Prädikation erfährt. Tugendhat hat Schellings Bestimmung der Wahrheit als Identität von Subjekt und Objekt »umwerfend primitiv« oder auch »höchst phantastisch« genannt (Tugendhat 1979, 316; 1976, 250) und als Beispiel für ein Philosophieren angeführt, das beim Versuch einer Überbietung der Tradition in den schlimmsten Unsinn sich verrenne.

Dabei setzt er eine (antirealistische) sprachanalytische Wahrheitstheorie voraus, die sowohl mit der Korrespondenz- als auch mit einer Identitätsauffassung allerdings unverträglich ist. Aber das reicht nicht schon hin, um die Letztere zu disqualifizieren. Der reife Schelling würde sagen, eine Prädikation sei genau dann wahr, wenn der Prädikatsausdruck eine mögliche Bestimmung der unendlichen Bestimmbarkeit des Subjekts sei – gemäß der Annahme, dass das unendliche Subjekt durch alles, das heißt durch alle (widerspruchsfrei kompossiblen) Bestimmungen, hindurchgehe und nichts sei, »nämlich nicht so *sey* [...], dass es nicht auch anderes seyn könnte« (Schelling 1969, 16). Damit glaubt er übrigens, Kants ›Grundsatz der Bestimmbarkeit‹ zu folgen (*KrV* A 571), der die »materielle Möglichkeit eines Dings [...] auf seiner durchgängigen Bestimmtheit [beruhen lässt], das heißt [darauf,] dass es durch alle *möglichen* Prädicate hindurch ein bestimmtes ist, indem von allen einander entgegengesetzten je eines ihm zukommen *muß*« (*SW* II/1, 284). Diese Bestimmung des Subjekts darf – unter Bedingungen einer Identitätstheorie – nicht als Kausalbezug gedacht werden (denn die Substanz könne nicht auf sich selbst wirken), sondern als eine solche der (partiellen oder aspekuellen) Identität,[53] indem das Subjekt der Reihe seiner Bestimmungen nicht gleichsam träge »zugrunde« liege, sondern »die Mannichfaltigkeit der Dinge [...] vielmehr als die

53 »Zwischen Realem und Idealem, Seyn und Denken ist kein Causalzusammenhang möglich, oder das Denken kann nie Ursache einer Bestimmung im Seyn, oder hinwiederum das Seyn Ursache einer Bestimmung im Denken seyn. Denn Reales und Ideales sind nur verschiedene Ansichten ein und derselben Substanz, sie können also so wenig etwas ineinander bewirken, als eine Substanz etwas in sich selbst bewirken kann« (*SW* I/6, 500 f.; vgl. 538 f. und 548 f.).

vollständige *Folge* aus ihm betrachtet werden [müsse]« (*SW* II/1, 287).

Zu zeigen wäre auch noch, dass für Schelling – in Leibniz'scher Tradition – die Kausalität, mit deren Hilfe bei Kant die Wirklichkeit unsere Sinnlichkeit affiziert, ihrerseits als Minderform der Identität erscheint. In grober Vereinfachung meint das, der Satz vom Grunde habe in der Tatsachenwelt die Stellung, die der Identitätssatz in der Welt der Vernunftwahrheiten innehat. Kausalität sei geradeso eine aus den Fugen geratene (oder eine Minderform von) Identität, wie es das Urteil in der Logik ist. Wären Ursache/Affirmierendes und Wirkung/Affirmiertes im Absoluten nicht eines, so könnten sie in der erscheinenden Welt nicht auseinandertreten und trotzdem ihren intrinsischen Bezug aufeinander bewahren. Ohne Identität als Ausgangspunkt oder Zielgröße wäre Kausalität gar nicht zu denken: Ein Nicht-Wesen, sagt Schelling, sucht sein Sein in einem anderen, das selbst keines hat und es in einem weiteren sucht, und so *ad infinitum* (*SW I/6*, 195 f.; vgl. I/4, 130 f., 343 f., 397). *Gäbe* es nicht ein Seiendes, das sein Sein *in sich* statt in einem weiteren hätte (das also *absolutê*, nicht *relativê* existierte), bräche die ganze Kausalkette als eine haltlose, auf nichts Unabhängiges gestützte Relativität in nichts zusammen. (Näheres zu dieser Auffassung in meiner Einleitung zu Schleiermacher 2001 I, 97 ff.)

Im Übrigen hat der alte Schelling noch ein weiteres – antiidealistisches – Motiv für den Wiederanschluss an die Korrespondenztheorie darin gesehen, dass die Vernunft nur die Möglichkeit, nur die »*Potenz des Erkennens*« in sich enthalte, sodass ihr »Inhalt« ohne den Bezug auf ein unabhängiges Seiendes leer bleibe (»*[d]a allem Erkennen ein Sein entspricht, so entspricht der unendlichen Potenz des Erkennens die unendliche Potenz des Seins*« [Schelling 1993, 100]).

Daraus ergibt sich (2.) eine Identitätstheorie der Prädikation, die Schelling zeitlebens verfochten hat und für die er (wie gesagt) schon im Stift Anregungen empfangen haben mag. ›Sein‹ und ›absolute Identität‹ werden synonym verwendet mit ›absolutes Band‹ oder ›absolute Copula‹ (*SW* I/2, 360; I/7, 204); und von ihr wird gesagt, »das Urteil sey eigentlich nur das entfaltete Band« (Schelling 1946, 28) – darüber gleich mehr.

Ein weiteres Charakteristikum dieser Kant-Umdeutung ist (3.) die systematische Engführung (man könnte auch sagen: Verwechslung) logisch-semantischer und ontologischer Fragestellungen – worauf zuerst Wolfram Hogrebe (1989) hingewiesen hat. Die Zersetzung des Seins in ein Urteil, das identifiziert (und dabei entgegensetzt) wird – sowohl von Hölderlin wie von Schelling – ohne Weiteres auch als Subjekt-Objekt-Trennung charakterisiert. Auch das Selbstbewusstsein unterliegt der Urteilsstruktur: In ihm bezieht sich eines auf sich selbst *als* auf sich selbst; und das wäre nach Hölderlins Überzeugung aus der bloßen Relation eines Subjekts auf ein Objekt nicht verständlich zu machen (Hölderlin 1991, 156, Z. 13-15).

Diese »gänzliche und absolute« Abhängigkeit sowohl der Satz-Glieder Subjekt und Prädikat als auch der Relate des Selbstbewusstseins vom Sein muss (4.) als eine unumkehrbar-einseitige betrachtet werden. Das heißt, der Gedanke ›Sein‹ wäre aus dem Reflexe-Spiel der Relate/Urteilsglieder unerklärbar – damit ist Hegels Versuch, das Sein auf die autonom gedachte Reflexion zu reduzieren, abgewiesen, bevor er noch an die Öffentlichkeit trat (Hölderlin 1991, Z. 7 ff.; *SW* I/4, 117, § 6; 120 unten, § 15 Zusatz 1; deutlicher I/6, 147, 163 f.).

Noch eine Überzeugung, die versteckt in Hölderlins und Schellings Kant-Umdeutung eingeht, bedarf der Explikation. Die Vorstellung, dass jede Identifikation auch trennt, war in der Schulphilosophie durchaus verbreitet. In seiner Ontologie (die Kants Metaphysik-Vorlesungen als Basis diente) hatte Baumgarten die Reflexionsbestimmungen (*conceptus reflexionis,* charakteristisch auch ›Verhältnis-‹ oder ›Vergleichungsbegriffe‹ genannt) Identität und Differenz (deutsch ›Einerleiheit‹ und ›Verschiedenheit‹, nicht zu verwechseln mit den objektkonstitutiven Kategorien Einheit und Vielheit) – Baumgarten also hatte hinsichtlich dieser Begriffe ein *principium negatae totalis dissimilationis et diversitatis* formuliert. Es gilt für natürliche Gegenstände und besagt, stark verkürzt, es sei unmöglich, dass *zwei* getrennte Einzelgegenstände (*duo extra se singularia*) *völlig* oder *schlechterdings* (*prorsus*) verschieden sind (§ 269 mit § 267 und 74 [*AA* XVII, 84 f., 43]). Umgekehrt müssen zwei Gleiche in wenigstens einem Merkmal differieren.[54] Über Maimons

54 Im ersten *Weltalter*-Entwurf bezieht sich Schelling charakteristischerweise direkt auf Leibniz, den er wiederum in die scholastische Tradition stellt. Leibniz habe die Unwahrheit der bekannten Formel aufgewiesen, »Disparate können weder von

Versuch über die Transcendentalphilosophie (1789), der Baumgartens Prinzip (unter Verweis auf die Quelle) ausdrücklich übernimmt (Maimon 1965, 111 ff.), gelangt das Theorem an Fichte. In § 3 der ersten *Wissenschaftslehre* findet sich die Behauptung, Verschiedene (»Entgegengesetzte«) seien notwendig in wenigstens einem Merkmal identisch, so wie Gleiche in wenigstens einem Merkmal differieren müssen. »Ein solches Merkmal = X heisst der Grund, im ersten Falle der *Beziehungs*-[,] im zweiten der *Unterscheidungs*-Grund« (Fichte 1971 I, 111). Das ist bis in die Terminologie hinein Sprache der Wolff-Schule, die für alles und jedes eine *ratio* angibt: hier eine *ratio* (oder: ein *fundamentum*) *comparationis* und eine *ratio differentiationis*.

Die Pointe dieser Spekulationen ist allemal, dass sich die Einheit des Seins aus dem Widerspiel der Satzglieder so wenig verständlich machen lässt wie die epistemische Einheit (der wissende *Selbst*bezug) des Ich aus dem Widerspiel der Reflexe von Ich-Objekt und Ich-Subjekt.[55] Schelling sagt: Unbedingt *gesetzt* sei die Einheit, *nicht* gesetzt (oder – in Kants Redeweise – nicht absolut, sondern nur relativ gesetzt) seien die Satzglieder Subjekt und Prädikat (Anm. zu § 6 der *Darstellung* [*SW* I/4, 117]). Das Eine *als* ›bloßes Eins‹ darf in der Relation nicht dem Vielen *als* Vielen entgegengesetzt werden, so wenig wie das Unendliche *als* solches dem Endlichen. Wer so spricht, hält sich an »Reflexions-« oder »Verhältnißbegriff[e]« (*SW* I/7, 58). Was allein wirklich *existiert*, ist die »Ineinsbildung« der Relata: das Band oder die Copula zwischen dem Band und dem von ihm *abstractê* verbundenen und unterschiedenen Einen und Vielen (ebd., 60,3).

In der Folge unterscheidet Schelling die Thesis als das ›Wesen‹ von der ›Form‹. Unter ›Form‹ versteht er die »Satz«- oder Urteilsform, in der sich die höchste Thesis zugleich dem Bewusstsein mitteilt und *als* undifferenzierte Einfachheit verbirgt (I/4, 117 f.; I/4, § 15 f., S. 120 f.; 133, Anm.; I/7, 425). *Mitteilt*, denn nur als bewusste ist sie uns bekannt; *verbirgt*, denn nur unbedingt Gesetztes *ist* im empha-

sich gegenseitig noch von einem Dritten ausgesagt werden«. Was in einer Hinsicht Seele, könne in einer anderen Hinsicht Leib sein (Schelling 1946, 28; ausführlicher ebenso 127).

55 Der Punkt ist, »dass ich mich mir selbst entgegenseze, mich von mir selbst trenne, aber ungeachtet dieser Trennung mich im entgegengesezten *als dasselbe* erkenne« (Hölderlin 1991, 156, Z. 13-15).

tischen Wortsinne. In den *Aphorismen* (1806) findet Schelling diese fast Hegel'sche Wendung: »Das Seyn der Dinge in Gott [...] ist ihr nicht-Seyn in Relation auf/einander«, wo das Sein (die absolute Position) mit der Selbstnegation der relativ nicht Seienden (der μὴ ὄν) geradehin identifiziert wird (*SW* I/7, 196 f., auch 194; ganz ähnlich schon die Fichte-Streitschrift I/7, 61 f.; vgl. Henrich 1982, 167 ff.). Hölderlins Freund Isaac Sinclair findet die glücklichste Formulierung: »Die verschiedenen sind nicht verschieden, insofern sie *sind*. (Ich setze die verschiedenen nicht verschieden[,] insofern ich sie setze)« (Sinclair 1991, 48). Und Novalis notiert 1795/96: »Alles Denken ist also eine Kunst des Scheins. [...] Denken ist der Ausdruck / die Äußerung / des Nichtseyns. [...] Aller Denkstoff ist Scheinstoff« (*NS* II, 181 oben und Z. 14; 146, Z. 25 f.; als bloße Einbildung/Imagination hatte auch Schelling 1806 die Ansicht des Verbundenen ›unter Absehung vom‹ Band charakterisiert: *SW* I/7, 60 ff.; man *sehe* nur das Band, nicht die von ihm abgelösten Relate *als* solche).

Was ergibt sich daraus für die Struktur des Urteils? Zunächst einmal: Schellings Ansichten darüber dürfen als kühne Variationen des von Kant zuerst 1763 angestimmten Themas verstanden werden. Erst in den *Weltalter*-Entwürfen finden sie, wie Hogrebe (1989) gezeigt hat, zu einem einigermaßen deutlichen (urteilslogischen) Selbstbewusstsein. Das Urteil wird dort analysiert als Konjunktion zweier Unterurteile. ›Geist und Natur sind Eines‹ wird verstanden als: Es gibt ein X, und dies X ist einerseits A (Geist) und andererseits B (Natur). B *als* B ist nicht ›einerlei‹ mit A; und A *als* A ist nicht einerlei mit B. Die Identität beider beruht auf ihrem Gleichermaßen-im-Sein-erhalten-Werden durch X (oder das absolute Sein). Scheiden sie aus diesem Identitätsverbund aus, so verkommen sie zu abgelösten, zu ›abstrakten Existenzen‹ (*SW* I/7, 241, Nr. CCXXXI; 190,4; 208 f.; I/7, 55, 61; *passim*), zu platonischen μὴ ὄντα – darüber gleich mehr. Nur X ist im strengen Sinne mit sich selbst nicht nur generisch identisch, sondern strikt als Individuum ›einerlei‹.[56] A

56 Darum kann Schelling die Lehre, wonach das Absolute durch generische Identität, also durch Gleichheit ›dem Allgemein- oder Gattungsbegriff nach‹ ausgezeichnet sei, barsch verwerfen (*SW* I/4, 376). Seine Rede von ›qualitativer Identität‹ meint die Identität eines ungeachtet seiner Allgemeinheit »*individuelle*[*n*] Wesen[s]« (I/7, 438,$_2$) in numerischer Selbigkeit. Dass die Form des Identitätssatzes eine Zweiheit artikuliert, schließt die (numerische) Einerleiheit des in der Form behaupteten Wesens (= X) nicht aus.

und B interpretiert Schelling – wider die Oberflächengrammatik der Formel ›A = B‹ – nicht als singuläre Termini, also nicht als Substanz- oder Individuen-Konstanten, sondern als Aspekte – Beschreibungen oder Prädikate – von X (Schelling 1946, 26 f., 128 f.).

Damit glaubte Schelling eine urteilslogisch befriedigendere Erklärung des Wesens der absoluten Identität gegeben zu haben, als es ihm in den unvollendeten Entwürfen der identitätsphilosophischen Phase gelungen war (das *Würzburger System* ausgenommen). Schon in der *Darstellung* von 1801 war ihm zwar aufgegangen, dass die absolute Identität nicht als Verneinung aller Relation charakterisiert werden darf, sondern als eine in sich artikulierte. Direkt von Christian Wolff, indirekt von der ›älteren Logik‹ übernimmt er den Gedanken einer in sich verdoppelten (oder ›duplizierten‹) Identität (Schelling 1989b, 49 f.), die er auch »Identität der Identität« (zum Beispiel *SW* I/4, 121 f.; I/6, 165, 173, vgl. 187; Schelling 1946, 28; 1988, 50, 72) nennt – jedenfalls so lange, bis ihm Hegel die freudig übernommene Formel von der Identität der Identität und der Nichtidentität an die Hand gibt (aufgegriffen zuerst im Kolleg von 1801 [Schelling 1988, 34], dann wieder im Dialog *Bruno* [*SW* I/4, 236 ff.]; vgl. auch Schellings Brief an Fichte vom 3. Oktober 1801 [Schelling 1968, 141]):

> Die Indifferenz von Erkennen und Seyn ist also nicht *einfache* Identität von A als Subjekt und A als Objekt (Spinoza), sondern Indifferenz von A = A als Ausdruck des Seyns und A = A als Ausdruck des Erkennens (*SW* I/4, 134, Anm.; vgl. I/6, 165, 174, 187).
>
> Wäre allein das Ewige (= A^3), so wäre, da dieses die Indifferenz [der beiden vorangehenden Potenzen] ist, eben damit weder das Endliche noch das Unendliche gesetzt; es wäre *nur* Indifferenz gesetzt, allein in/dem Absoluten ist die Differenz (in diesem Betracht) ebenso absolut als die Indifferenz, die Einheit und die Entgegensetzung sind selbst wieder eins (*SW* I/7, 186 f., Anm.).

In der erwähnten Vorlesungsnachschrift zur *Darstellung meines Systems der Philosophie* (Sommer 1801) geht Schellings Erklärung etwas mehr ins Detail: Der Satz A = A identifiziere – unter genauer Analyse – zwei Identitäten, ›das Identische‹ selbst (so zum Beispiel *SW* I/4, 124) und die Satzform A = A (ebd., 126, Anm.: »Einheit des Seyns und der Form«; vgl. Schelling 1988, 50). Das kann man auch so ausdrücken, dass der Satz A = A »Denken und Sein« des Absoluten identifiziere (ebd., 34), also das Wesen der Identität mit ebendieser

Identität in Satzform ›ausgedrückt‹ (*SW* I/4, 117, § 7), in der die Einsichtigkeit der Identität gründet. Als absolute, nicht bloß relative dürfe die Identität nämlich weder das eine noch das andere abgesondert (also weder *als* Subjekt noch *als* Prädikat allein existieren [vgl. *SW* I/4,117 mit Anm., 120 unten; I/6, 147, 163 f.]) und müsse doch auch »das eine und das andre zugleich« sein. Darum müsse die Identität ihre beiden Gestalten, das bare ›Wesen‹ des Absoluten und seine Satz-›Form‹ A = A, noch übergreifen. Denn was in A_1 und A_2 eigentlich *ist,* seien nicht Subjekt und Prädikat in ihrer Verschiedenheit, sondern sei nichts als die absolute Identität selbst; *als* Entgegengesetzte haben sie am Sein im strengen Sinne nicht teil.

Exkurs

Es lohnt sich, hier einen Augenblick innezuhalten und Schellings Hinweis auf das Vorbild Wolffs und der ›älteren Logik‹ genauer anzusehen – um so mehr, als die Forschung diese Abhängigkeit nie wirklich aufgeklärt hat. Das hängt auch damit zusammen, dass Schelling seine gedanklichen Abhängigkeiten gerne verbirgt und hier nur recht vage andeutet. Zitieren wir zunächst Schellings – mündlich, nicht in publizierter Form gelieferte – Quellenangaben ausführlich:

Durch das Ich in freier Bloßheit, oder a^0[,] ist weder ein entschiedenes a, noch b, weil es b noch werden kann, dasselbe aber noch nicht geworden ist. Es ist das Ich in seiner Indifferenz, a und b gleichgesetzt, ohne dass es als a oder b wäre, obwohl es [die] Möglichkeit[,] nicht nur das als a, als auch das als b zu sein[,] als völlig gleiche Möglichkeit in sich schließt. Entscheidet es sich nun aber, und nimmt es wirklich Sein an, welches folglich als angezogenes ein von seinem reinen Wesen verschiedenes ist, so ist es nicht mehr als a^0, sondern weil es b geworden als a. Von den beiden in ihm liegenden Möglichkeiten ist eine jetzt erfüllt. Vorher waren beide Möglichkeiten in ihm äquivalent, jetzt aber ist das als a gesetzte a mit sich selbst dupliziert. Wenn sich dieser Ausdruck nicht mehr in der neueren Logik findet, so ist er doch in der Wolff'schen/ üblich, in welcher der Ausdruck reduplikatives Setzen soviel bedeutet, als dass das a aus dem impliziter b sein können heraustritt, und dann als a folglich mit sich selbst multipliziertes a ist. A kann also nicht b sein, ohne nicht zugleich als a zu sein. Wir hätten nun auf der einen Seite a = b; auf der andern Seite a im Gegensatze und in der Spannung, wodurch das a zu einem a^2 wird (Schelling 1989b, 49 f.).

Der Passus wirft ein Licht auf Schellings Motiv, sich der mathematischen Potenzierung als Metaphernspender zu bedienen. Bei grundlegender Indifferenz von a und b überwiegt kein Aspekt den anderen (»in freier Bloßheit«). Setze ich aber a unter dem Aspekt von (*respectu*) B, so ist a mit B multipliziert: Ba. Entsprechend ist A, unter seinem eigenen Aspekt gesetzt (›a, insofern es A ist‹): Aa, also = a^2. Es findet, wie Schelling sagt, eine Reduplikation oder, was hier dasselbe meint, eine Multiplikation von a durch sich selbst statt. (Schelling kennt wie seine Zeitgenossen keinen graphischen Unterschied in der Notation von Gegenständen und Eigenschaften.)

Schellings Sohn hat einen ähnlichen Passus aus einer Münchener Vorlesung des Vaters *Zur Geschichte der neueren Philosophie* (*SW* I/10, 103) überliefert. Im Rückblick der Wintersemester 1833/34 oder 1836/37 (die Angabe des Sohns ›1827‹ ist falsch [Fuhrmans in Schelling 1972, 33 f.]) kommt Schelling hier auf seine eigene Naturphilosophie und das in ihr thematisierte Verhältnis des Absoluten zu seinen Prädikaten zu sprechen:

> Das als A gesetzte A ist aber nicht mehr das einfache A, sondern A, das A ist, nicht – ist und nicht ist, sondern entschieden ist. A, das A ist, ist das mit sich selbst duplicirte A (in der älteren Logik wurde diese Art des Setzens, wo A nicht simpliciter, sondern *als* A gesetzt wird, die reduplicative oder Reduplicatio genannt), also das als A gesetzte A ist nicht mehr einfaches, sondern duplicirtes A, das wir (nachdem der Begriff erklärt ist) der Kürze wegen A^2 [also: A in zweiter Potenz] nennen können, und wir hätten also nun auf der einen Seite A, das B [Objekt] geworden ist, auf der andern im Gegensatz und in der Spannung mit diesem – aber eben darum zugleich in der Erhöhung *durch* dieses – A^2 (das in sich selbst erhöhte A, denn das heißt das als solches gesetzte A).

In der Tat benutzte die ›ältere Logik‹, die Schelling (1946, 28, 127) über Leibniz hinaus als die scholastische identifiziert – zum Beispiel Thomas von Aquin in seinem *Sentenzenkommentar*[57] (8415 f., 8690) oder Jean Buridan in seinen *Organon*-Kommentaren[58] –, den Ausdruck *reduplicatio* im Sinne einer Aspekt-Festlegung (»*praecisio*«) des Subjekts, die vom eigentlichen Prädikat

57 *Scripta super libros sententiarum* (1252-1256). Das erste Hauptwerk bietet einen sehr freien Kommentar zu den *Libri quattuor sententiarum* des Petrus Lombardus (1150-1152).

58 *Quaestiones in Analytica Priora* (Liber primus, Quaestio 43a) und *Posteriora* (Liber

(»*praedicatum principale*«) noch unterschieden ist. (Der ebenso mögliche Fall einer Reduplikation des Prädikats interessiert im gegenwärtigen Kontext nicht.) Ein Beispiel: »*Homo est sensibilis inquantum animal.*« Typischer, aber nicht notwendiger Weise ist der reduplikative Ausdruck (»terminus reduplicativus«: *animal*) mit dem des eigentlichen Prädikats (*sensibilis*) nicht identisch (ist er identisch oder ist das Prädikat im Subjekt impliziert, so heißt die Reduplikation »*inutilis*«: Beispiel: »*omniscius*« und »*spiritus sapientissimus*« [vgl. Leibniz 1999, N. 241, 1243]). Die Reduplikation selbst wird ausgedrückt durch Konjunktionen beziehungsweise Adverbien, je nachdem, ob ein Nebensatz oder eine Nominalphrase folgt: (*pro*)*ut, respectu, quatenus, qua, in quantum, quando, secundum quod, qua ratione* u. Ä. (Bäck 1996). Der Subjekt-Ausdruck biegt sich gleichsam auf sich zurück und reflektiert *sub respectu quodam* seine Bedeutung, die sich dadurch in zwei aufspaltet (›dupliziert‹). Die Idee: Von jedem Subjekt-Terminus kann in mehrfacher Hinsicht die Rede sein. Die Reduplikation soll den gerade relevanten semantischen Gesichtspunkt festlegen. Ein Standard-Beispiel: »Ein Mensch, *insofern* er Mensch ist, ist das würdigste aller Geschöpfe; *insofern* er aber ein ruchloser Übeltäter ist, verdient er Verachtung.« Oder: »Wer Menschen *als* Kranke heilt, ist Arzt; wer sie *als* Sünder heilt, ist Geistlicher.« Oder: »*Als Konsul* hat Fabius Maximus Autorität über seinen Vater; aber *als Sohn* steht er unter des Vaters Autorität« (ein Beispiel aus Plutarchs *Leben des Fabius Maximus*). »Ein Zylinder ist *hinsichtlich seiner Basis* größer als ein anderer, kleiner *hinsichtlich seiner Höhe*.« »Blume B ist *der Form nach* schöner als Blume A, die wiederum einen schöneren Geruch hat« [Beispiele aus Leibniz 1999, N. 241, 1242 f.]. Oder: »*Als* Amphib *schwimmt* das Krokodil im Wasser und *läuft* am Lande.« Vorbild sind ein berühmter Passus aus Aristoteles' *Analytica Priora* (1.38) und seine metaphysische Rede vom ›Seienden *als* Seienden‹ (oder, wie es üblicherweise übersetzt wird, vom ›Sein des Seienden‹: τὸ ὂν ᾗ ὄν [*Metaphysik* IV, 1003a; dazu Angelelli 1978; Honnefelder 1989, 102 f.; Brands, in: Sherwood 1995, 260, Anm. 141]). Wer etwa reduplikativ vom Guten ›*als* vom Guten‹ oder ›*soweit* es gut ist‹

secundus, Quaestio 21a); auch im *Tractatus de Consequentiis*, 4.4 »De syllogismis ex propositionibus reduplicativis«, 28a. (Ich verdanke Christian Ströbele die Bekanntschaft mit diesen signifikanten Passagen.)

spricht, greift den für seinen Kontext wesentlichen Aspekt heraus und schließt die übrigen aus. Meister Eckhart musste sich wegen der reduplikativen Rede vom »Guten, insofern er gut ist (*Bonus inquantum bonus*)«, in Avignon verteidigen, zumal er ihn mit »der Güte« schlechthin identifizierte. Dabei hatte er durchaus nichts anderes getan als einer, der die Wendung vom *ens qua ens* durch *Sein des Seienden* übersetzt.[59]

Offenbar war die *reduplicatio* für mittelalterliche Theologen vor allem darum wichtig, weil es galt, die doppelte Natur Christi als widerspruchsfrei denkbar auszuweisen. Aber die Sätze »x, insofern es F ist, ist H« und »x, insofern es G ist, ist nicht H« laufen eben doch auf eine Kontradiktion zu, weil F-heit H-heit einschließt (›*entails*‹), G-heit aber nicht. Ohne Kontradiktion geht es im Falle Bobs ab, der als Ehemann scheidbar ist, nicht aber als Kapitän der Marine (der Kapitänsrang schließt Ehescheidungsfähigkeit weder ein noch aus: Vallicella 2004; Bäck 2003). Schelling legt das Problem von Beginn vorsichtiger an, indem er von der Natur-Geist-Identität (X) als Prämisse ausgeht und dann nur noch verständlich machen muss, wie diese beiden einzigen Prädikate/Kennzeichnungen der absoluten Identität als Reduplikationen von X miteinander bestehen können. Dabei beruft er sich, wie wir sehen werden, explizit auf Leibniz (Schelling 1946, 28, 127), der für einige scheinbar inkompatible philosophische Überzeugungen nach einer »konkordistischen« Lösung suchte. Leibniz, sagt Schelling dort, habe die Unwahrheit jener viel zitierten logischen Regel gezeigt, die da lautet: »Disparate können weder von sich gegenseitig noch von einem Dritten ausgesagt werden«

59 Eckhart meinte: Der abstrakte Terminus Güte könne nicht die Eigenschaft der ›Geborenheit‹ vertragen (freilich stört das einem Universale nicht einsichtig zukommende Maskulinum ›bonus‹ statt ›bonum‹; siehe Théry 1926/27, 156 ff.; 186 ff.). – Ähnlich wird die Frage beschieden, ob man zukünftigem oder vergangenem Sein den Modus der Notwendigkeit zusprechen dürfe, da doch alles Seiende notwendig sei: Nein, man dürfe das nicht von Zukünftigem *als* Zukünftigem oder von Vergangenem *als* Vergangenem sagen, sondern nur vom Seienden *qua* Seiendem. »Der Sinn ist: Alles, was ist, *wenn/insofern es ist (si sit)*, ist, notwendig [...]. Lässt man die Reduplikationsformel weg, wird der Satz [nämlich: ›Alles Seiende ist notwendig‹] falsch. Denn von dem, was sein wird, lässt sich doch vorstellen, es werde nicht sein (Nam quod futurum est tamen intelligi potest non fore). Und von dem, was nicht gewesen ist, lässt sich doch vorstellen, es wäre gewesen (Et quod non fuit tamen intelligi potest fuisse)« (1994, 66/8 [Übersetzung M. F.]).

(ebd.). ›Konkordistisch‹ heißt der Vermittlungsversuch zwischen zwei Thesen, weil und wenn er die eine »*en un bon sens*«, also unter einer wohlwollenden Deutung (*reduplicatio*) liest, in der sie mit der anderen nicht mehr unvereinbar ist. So die These der Kompatibilität unserer Leiblichkeit und Geistigkeit (*GP* IV, 523 f.; *PS* 3.1, 4 ff.), die unserer Determiniertheit und Freiheit oder die der sinnlichen Empfangenheit vs. Angeborenheit unserer Ideen: Der Dialog zwischen Philalethes und Theophile in den *Nouveaux Essais* ist durchgängig nach der konkordistisch-reduplikativen Methode gearbeitet, wie gerade der Beginn des ersten Buches illustriert: Philosophen – selbst ›Sektierer‹ unter ihnen – haben oft recht in dem, was sie behaupten, unrecht nur in dem, was sie leugnen. Daniel Schulthess hat genau gezeigt, wie die nach dieser Einsicht arbeitende konkordistische Methode funktioniert: Man verwandelt Thesen (Behauptungen) in Disjunktionen einander entgegengesetzter Unterthesen (*disjuncta*), von denen eine(s) – und mithin die Disjunktion als ganze – notwendig wahr ist. Nach dem später nach dem Logiker Augustus De Morgan genannten, aber dem späten Mittelalter vertrauten Gesetz (Kneale/Kneale 1962, 295) ist die Negation einer disjunktiven Aussage die Konjunktion der Negationen ihrer Teile: $-(P \vee Q) \leftrightarrow (-P \,\&\, -Q)$. Damit sind aber nun *beide* Hörner der Alternative verneint, während in der (bejahten) Ausgangsform ein Horn der Alternative wahr sein musste. Konsequenz: Man darf Theorien nie pauschal verwerfen: »Raison tu as / en ce qu'affirmes, tort / en ce que tu nies« (vgl. Leibniz' Briefe an N. Remond vom 10. Januar und vom 14. August 1714 [*PS* 5.2, 322, 340 ff.]; Schulthess 2006). Heute würde man von »schwachen« oder »kompatibilistischen« Theorien sprechen, die alternative Standpunkte nicht gegeneinander ausspielen, sondern auf einem bescheideneren Niveau beziehungsweise einer konzilianteren Ebene integrieren.

Mir scheint, dass, sucht man nach einer Parallele zur neueren Philosophie, der Gedanke der reduplikativen Hinsichtnahme auf ein Subjekt am ehesten mit Peter Geachs Theorie der Relativität von Identität verglichen werden kann. Geach ist ein herausragender Mittelalter-Kenner, obwohl er sich nicht auf die Operation mit der *reduplicatio* beruft. Geach nennt ›strikte‹ oder ›absolute‹ Identitätsaussagen über zwei Dinge oder Namen oder Prozesse sinnlos, sofern und solange wir den Aspekt (repräsentiert durch einen *count noun*, *mass* oder *general term*) nicht spezifizieren, hinsichtlich dessen wir sie identifizieren. Strikte Identitätsaussagen, die zwei Terme schlechterdings gleichsetzen, haben die Form ›x=y‹ oder, genauer, ›$Fy \Leftrightarrow \exists x\ (Fx \wedge x=y)$‹ oder ›$Fb \wedge b=a \rightarrow Fa$‹); ›relative‹ – nämlich aspektrelativierte – Identitätsaussagen haben dagegen die Form: ›x ist dasselbe A wie y; aber x ist nicht (notwendig auch zum Beispiel) dasselbe B wie y‹. ›x ist mit y identisch‹ wird mithin als eine unvollständige Aussage analysiert, in relativen Identitätsaussagen ist der Quantor unbeschränkt (»unrestricted«). Ein solcher (durch einen generellen Terminus bezeichneter) Aspekt liefert, sagt Geach, das Identitäts*kriterium* der Relation zwischen x und y (Geach 1968, 63 f.; vgl. 149 ff.). Das der vermeintlich strikten Identitätsauffassung zugrunde liegende Identitätskriterium gebe – bei genauer Analyse – nur die Ununterscheidbarkeit zweier Gegenstände *in einer Theorie* an, stelle sich aber theorieunabhängig (›was immer von x gilt, gilt auch von y, egal, welche Theorie zugrunde liegt‹). Darum ziehe sich die strikte Identitätsauffassung das Problem zu, dass, was in einer Theorie ein Identitätsprädikat, in einer anderen Theorie desselben Gegenstandsbereichs möglicherweise keines mehr sei (Grellings Paradox [Geach 1972b]).

Beispiele für relative Identität: Dem *Typ* nach ist ›spricht_1‹ dasselbe Wort wie ›spricht_2‹; sie differieren aber als Einzelzeichen (*tokens*). Der Beefeater vor dem Buckingham-Palast ist *als* Funktionsträger der nämliche wie gestern, aber nicht *als* individuelle Person: Gestern war es Mr. Foster, heute heißt er Mr. Smith. Lord Newriche spricht am Montag und Dienstag mit demselben Herold Bluemantle; aber er spricht mit zwei verschiedenen Männern, weil es von Montag auf Dienstag einen Personalwechsel gegeben hat (dazu Griffin 1977; Henrich 1979, 146-148). Oder, um ins Mittelalter zurückzukehren – ein Beispiel Buridans (Kommentar zu den *Analytica Priora,* Quaestio 43a, 4.; vgl. *Tractatus de consequentiis*, 4.4.3 und Kapitel 5.8.5 des logischen Hauptwerks, der *Summulae de Dialectica* 5.8.5): Sokrates ist als Mensch lächerlich, als Philosoph nicht. Man kann auch sagen: Unter einer Beschreibung ist x F, unter einer anderen G (vgl. Anscombe 1981). In diesem Sinne definiert ein frühneuzeitliches philosophisches Lexikon (von 1613) die *reduplicatio* als »quaedam conditio posita in propositione reddens rationem, qua praedicatum attribuitur Subjecto, vt[,] Qua, Κατά [im Text fälschlich: Καθ'ι], Quatenus«, also: als eine Bedingung, die in einer Aussage gesetzt (oder: einer Aussage beigefügt) wird und eine Berechtigung dafür angibt, das Prädikat dem Subjekt zuzusprechen: *als, insofern* (Goclenius 1989, 965). Und gerade in diesem Sinn, als »*conditio, sub qua praedicatum convenit subjecto termino*«, kennt sie dann auch Wolff (Wolff 1983, 230 [ff.] = § 227 [ff.]); allerdings habe ich, entgegen Schellings Versicherung, den Ausdruck, den Leibniz geläufig benutzt,[60] in Wolffs Logiken nicht gefunden (zu Leibniz' Verwendung der Reduplikation: Nuchelmans 1983, 223 f.; Burkhardt 1980, 230 f.; Schulthess 2006). Auch ohne dies ist die Ähnlichkeit mit Schelling einerseits, Geach andererseits aber unübersehbar. Ein Satz klinge gelegentlich kategorisch, obwohl eine Analyse seiner Tiefenstruktur eine Hypothese (eine verborgene Bedingung) ans Licht bringe, unter der der Subjekt-Ausdruck *de facto* stehe. Buchstabiere man diese (implizite) Bedingung aus, so lese sie sich wie folgt: ›*sofern* das Subjekt so oder so spezifiziert/bestimmt ist‹: »Kommt nämlich das Prädikat dem Subjekt nicht schlechthin (absolute), sondern nur *unter einer Bedingung* zu, so tritt die Bedingung doch nicht so zurück, dass die Konditionalpartikel [*als*] nicht ausdrücklich gesetzt würde (*expresse ponatur*). Die Aussage bleibt also hypothetisch« (Wolff 1983, § 218.). Wolff illustriert das an dem Satz: ›Ein aus großer Höhe gefallener Stein hat eine gewaltige Wucht (*impetum*)‹. Er ist formal kategorisch, aber versteckt hypothetisch, denn verborgen wird gesagt: ›*sofern* er aus großer Höhe fällt‹ (ebd., 231 [§ 227]).

Freilich – der stark modale Zug in Schellings Operation mit der Figur der *reduplicatio* (›als a- oder als b-sein-*Können*‹ und In-Widerspruch-Geraten erst mit der *Aktualisierung* der reduplizierenden Position) lässt sich von Wolffs *Logica* her nicht verständlich machen. Das gilt auch, wenn man in die der Modalität gewidmeten Paragraphen seiner *Ontologia* schaut (Wolff 1977, 232 ff. = § 285 ff.). Dort wird – in charakteristisch reduplikativer Rede – begründet, warum ein Mögliches notwendig möglich ist und je-

60 Leibniz beruft sich gelegentlich auf Joachim Jungius' *Hamburgische Logik* (1638, Jungius 1977; Leibniz' Exzerpte »Logica de notionibus Jungiarum Schedarum excerpta annotata«, in: Leibniz 1999 VI, N. 241, 1211-1299, hier bes. 1241-1244 (»quatenus«); über Leibnizens Hochschätzung von Jungius: Leibniz 1999, N. 162, 726.

des Seiende, als sich ergebend aus dem Satz des zureichenden Grundes, notwendig seiend ist (»*Quodlibet, dum est, necessario est*«, ebd., 233 = § 288 und 234 = § 289).[61]

Kommen wir zurück auf Schellings ersten (während seiner identitätsphilosophischen Phase unternommenen) Versuch, die Identität von Natur und Geist reduplikativ zu verstehen. Nicht mit einer einfachen, sondern mit einer in sich gedoppelten oder einer ›Identität der Identität‹ hätten wir hier zu tun. Die Verdoppelung der Identität verlangt dann eine begriffliche Nachbesserung der Identitätsformel, die Schelling nun – diesmal unter Rückgriff auf Kants Bestimmung des Organismus als von sich selbst zugleich Ursache und Wirkung (*KU* B 286, 291, 295 f.)[62] – so vornimmt: Das Absolute sei dasjenige, das *von sich selbst* das Affirmierende und das Affirmierte ist (Frank 1998). Die Formel ›von sich selbst‹ ist reduplikativ gemeint. Eine genaue Interpretation dieser Wendung (›von sich selbst‹) bringt dann zutage, dass jedes, das Affirmierende und das Affirmierte (unter wechselnden Exponenten oder Übergewichten), das *ganze* Absolute ist (§ 18 des *Würzburger Systems* [= *SW* I/6,

61 Ich bekam die Glocenius und Wolff betreffenden Hinweise von Jürgen Stolzenbergs fachkundigen Mitarbeitern Stefan Lang und Oliver-Pierre Rudolph, denen ich hier freundlich danke.

62 Im *Timaios*-Kommentar (1794) erläutert Schelling Platons Rede vom Weltganzen als einem Lebewesen durch die in § 65 der *KU* gegebene Bestimmung des Organismus »als ein[es] Wesen[s], dessen Teile nur durch ihre Beziehung auf das Ganze möglich sind, dessen Teile wechselseitig sich gegen einander als Mittel u. Zwek verhalten« (Schelling 1994, 33). Die Organismus-Definition springt dann – Platons Rede vom ζῷον νοητόν aufnehmend – über auf die Bestimmung des *Geistes* als eines in diesem Sinne lebendig, das heißt organisch Verfassten (ebd., 28 ff.). In den *Abhandlungen zur Erläuterung des Idealismus der Wissenschaftslehre* (1796/97) wird erstmals in publizierter Form der Ausdruck »Geist«, der in der Folge eine so steile Begriffskarriere antreten sollte, durch die Kernattribute lebendiger Organisation charakterisiert (*SW* I/1, 366 ff.). Schellings Einführung des Begriffs ›Geist‹ wird also nicht zunächst als Weiterentwicklung des Fichte'schen ›Ich‹-Gedankens verständlich, sondern ist aus Kants Bestimmung des Organismus als eines selbstregulativen Prinzips geschöpft. Nur weil unser Geist selbst organisch verfasst ist, kann der Naturorganismus Geist-Symbol werden: »Daher ist jeder Organismus etwas *Symbolisches*, und jede Pflanze ist, so zu sagen, *der verschlungene Zug der Seele*« (386). – Dass Kants Organismus-Bestimmung Patin stand bei Schellings Geist-Konzeption, habe ich detaillierter zu zeigen versucht in (Frank 1991a, Kapitel III, 98 ff.).

161 ff.; so schon die *Darstellung* von 1801: *SW* I/4, 121, § 16, Zusatz 1]; 123, § 41, Zusatz; 139 unten, 143 oben]). Auch diese Konsequenz lag bereits in Kants Betonung der systemischen Verfassung organischer Strukturen: Die Wechselwirkung ihrer Teile[63] werde nur aus ihrer gemeinsamen ›Abhängigkeit‹ von einem Ganzen einsichtig (*KU* 349, 291); die Information über das Ganze ist jedem Teil gleichsam intrazellulär eingeprägt. Das Ganze lebt aber nicht auf Gnaden der Natur oder der Freiheit, sondern, wie Kant unmissverständlich schreibt, deren Einerleiheit.[64]

Schellings Gedanke hatte eine Vorstufe in der Potenzen-Lehre seiner Naturphilosophie. Durch ›Höherpotenzierung‹ soll erklärt werden, wie sich Differenzierungen einer Substanz mit dem Fortbestand ihrer wesentlichen Identität zusammen denken lassen. Absolut sind (gemäß Voraussetzung) Bejahendes und Bejahtes, sofern beide je in sich wieder das ganze Absolute enthalten. Erst wenn sie in Relation zueinander treten und sich aus dem ›göttlichen Verband‹ lösen, scheint eine Differenz an ihnen auf. Differenz kann sich mithin nur ›quantitativ‹, eben als Überwiegen oder Zurücktreten eines der Glieder der absoluten Identität, geltend machen (*SW* I/4, 123 ff.). Das Überwiegen kann darum einer Potenzierung verglichen werden, weil das schrittweise Zurückdrängen der B-Anteile in der Gleichung A = B (Geist = Natur) durch ein »mit sich selbst multipliziertes A« zustande kommt: AA = A^2 (Schelling 1989, 49 f.; dabei beruft er sich einmal mehr auf die der »älteren Logik« und noch Christian Wolffs wohlbekannte Figur der »*reduplicatio*«, die ein Subjekt nur *unter einem Aspekt* auf sein Prädikat bezieht). Eine Potenz des zu sich kommenden Geistes wird einem Wirbel verglichen, in dem der Fluss der Evolution nur scheinbar stillesteht (*SW* I/3, 18 Anm. 2, 289). Das reife *Würzburger System* (1804) zählt sechs Potenzen:

- erstens die Materie (als Synthesis aus Schwerkraft und Licht oder aus Kohäsion und Expansion);
- die zweite begreift die Materie, insofern in ihr die Formen der

63 Kant sagt: »die Wirkung der konkurrierenden bewegenden Kräfte der Teile«.

64 Kant spricht in der große Fußnote zu § 87 von einer »Einsicht in das übersinnliche Substrat der Natur und dessen *Einerleiheit* mit dem, was die Kausalität durch Freiheit in der Welt möglich macht« (*KU* 421 unten [Kursivierung M. F.]). – Im Briefwechsel mit Fichte beruft sich Schelling am 3. Oktober 1801 auf die inexistente Anmerkung zu § 74 (Schelling 1968, 133). Er wird die obige meinen.

Bewegung Formen der Tätigkeit sind (sie entsteht aus dem Zusammenwirken von Magnetismus, Elektrizität und chemischem Prozess);
- die dritte Potenz ist die organische Natur (ihre Elemente [nach Blumenbach und Kielmeyer]: Reproduktion, Irritabilität und Sensibilität);
- die vierte Potenz, die bereits den Blitzeinschlag der Intelligenz erfahren hat, ist die des Wissens (mit den ihm untergeordneten Formen der Empfindung, der produktiven Anschauung und der freien Reflexion);
- die fünfte Potenz ist die der Praxis (ihre Momente sind die Freiheit, die Sittlichkeit und das prinzipiengeleitete Handeln);
- die sechste und letzte Potenz ist der Kunst aufgespart, sofern sie symbolisch die Selbstvergegenwärtigung der unendlichen Produktivität des absoluten Geistes leistet in Gestalt einer von keiner Deutung ausschöpfbaren Unendlichkeit der Anschauung (*SW* I/3, 620, 627; I/6, 134-136; im Rückgriff auf Kant: *KU* B, § 49, 192 f.).

(Auf die Entwicklung von Schellings Potenzenlehre hatte einen bedeutenden Einfluss C. A. Eschenmayer. Freilich äußert dieser am 21. Juli 1801 an Schellings Umgang mit seinem Einfall ernste Zweifel [*Plitt* I, 336 ff.]: Zwischen Heterogenem dürfe, weil es Differenz einschließe, kein mathematisches Gleichheitszeichen stehen.)[65]

Mit diesen Voraussetzungen (dem Reduplikationstheorem und der Potenzenlehre) ist dann der Weg frei zu einer Identitätstheorie des Urteils, die der Differenz der Geglichenen Rechnung trägt. In den Publikationen des Jahres 1806 findet sich wiederkehrend die dunkle Formel vom »*Seyn* selbst« als dem »Band eines Wesens als Eines mit ihm selbst, als einem Vielen« (*SW* I/7, 55; I/2, 365; vgl. 360 f.).

65 Auch hier schlägt ein Theorem der Wolff-Schule durch, wonach alle Verschiedenen ein ›Minimum‹ von einander in sich tragen und nie ganz, sondern höchstens ›maximal‹ von einander differieren. Ich habe dies Theorem gelegentlich ›*präponderante Synthesis*‹ genannt: A und B werden nicht überhaupt, sondern nach Verhältnissen ihrer ›quantitativen Differenz‹ individuiert (zuerst *SW* I/4, 123 f., 131, *passim* [= §§ 23 u. 37]). Das Theorem findet sich prominent auch bei dem Eberhard- (und also indirekt Wolff-) Schüler Friedrich Schleiermacher (vgl. im vorliegenden Band Text 10., S. 245 sowie meine Einleitung zu: Schleiermacher 2001 I, 42 ff., 55 f.).

Die Übersetzung von ›Copula‹ durch ›Band‹ geschieht in Anlehnung an den δεσμός des platonischen *Timaios* (31c; weitere Belege: 36a, 38e, 41b, 43a, 73b, 73d, 77e) und an die Rede von der Identität des Vielen und Einen beziehungsweise dem ›vermittelnden Dritten‹ aus Unendlichem (ἄπειρον) und Endlichem (πέρας) im *Philebos* (14c ff., 23d ff.), zu dem noch ein viertes Prinzip als die Ursache dieser Vermittlung hinzutritt (*Philebos* und *Timaois* waren die Dialoge, denen Schelling im Frühjahr 1794 einen ausführlichen Kommentar gewidmet hatte [Schelling 1994; freilich finden wir eine Anspielung an den δεσμός schon in Schellings Magisterarbeit: *HKA* I.1, 129]). Hegel hatte das Kernzitat aus *Timaois* 31c in der *Differenzschrift* wieder aufgegriffen, um die Schelling'sche These als platonisch auszuweisen, wonach beide, die Identität und die Nichtidentität, jede wieder das ganze Absolute seien (*TWA* 2, 97 f.). Das Band vermittelt also nicht zwischen zwei Separaten, die es der Identität überführte. Es verknüpft »sich selbst« mit dem von ihm Verbundenen *als* mit sich selbst (*SW* I/2, 361), sodass das Verbundene auch das Andere *seiner selbst* (oder »*in* diesem Anderen sich selbst das Eine«) heißen kann (*SW* I/7, 54 [f.]). Nur wenn die Teile des Verbundenen »für sich«, also vom Bande abstrahiert, auftreten, heißen sie dem ›bloß Einen‹ gegenüber ›das Viele‹. Das *Timaios*-Zitat, das sichtbar Schellings Überlegungen inspiriert, lautet, nach der eckigen Schlussklammer in Hegels ungeschickt-unübersichtlicher Übersetzung:

[Zwei Dinge schön zusammenzufügen ohne ein Drittes, das ist nicht möglich; denn es muss doch zwischen den beiden ein Band (δεσμός) sein, das sie zusammenhält. Das schönste aller Bänder ist aber] das, welches sich selbst und die Verbundenen eins macht. Denn wenn von irgend drei Zahlen oder Massen oder Kräften das Mittlere, was das Erste für dasselbe ist, eben das für/das Letzte ist, und umgekehrt, was das Letzte für das Mittlere ist, das Mittlere eben dies für das Erste ist, – und dann das Mittlere zum Ersten und Letzten geworden ist, das Erste und Letzte aber umgekehrt, beide zum Mittleren geworden sind, so werden sie notwendig alle dasselbe sein; die aber dasselbe gegeneinander sind, sind alle eins‹ (*Timaios,* Steph. 31 f.; nach Hegel, *TWA* 2, 97 f.).[66]

66 Fasslicher ist Rudolf Rufeners Übersetzung: »Leibhaft also und sichtbar und tastbar muss das sein, was entsteht; ohne Feuer aber könnte wohl nie etwas sichtbar werden und nie etwas tastbar ohne etwas Festes; Festes aber gibt es nicht ohne Erde. Daraus folgt, dass der Gott, als er begann, den Leib des Alls zusammenzusetzen, ihn aus Feuer und Erde schuf. Aber nur zwei schön zusammenzufügen ohne ein Drittes, das ist nicht möglich; denn es muss doch zwischen den beiden ein

In seiner ausgezeichneten (noch ungedruckten) Dissertation (1998) hat Bruce Matthews gezeigt, dass Schelling die Bedeutung dieses platonischen Gedankens schon früh unter dem Einfluss von Friedrich Christoph Oetinger und besonders Philipp Matthäus Hahn aufgegangen ist, dem Schelling 1790 einen frühreifen Nachruf gedichtet hatte (*HKA* I.1, 43 ff.). Beide schwäbischen Pietisten lösen ein Grundproblem ihres Denkens, die ›Verbindung einer göttlichen und einer notwendigen Kausalität durch ein Mittleres‹, unter Verweis auf den *Timaios* (68e5-69a1) und den *Philebos* (16c5-e5). Das ›vermittelnde Dritte‹ des *Philebos* ist nur ein anderer Name für jenes »unauflösliche[...] Band« des *Timaios* (bei Schelling vor allem *SW* I/7, 54-61; I/2, 55, 360 ff.). Die Welt-Schöpfung erfolgt durch Aufhebung der ursprünglichen »Indifferenz« der Glieder zugunsten eines aktuierten[67] Antagonismus von Naturkräften: ein Schema, das Schelling leicht auf Kants Vermittlung zweier Typen von Kausalität im Gedanken der natürlichen Selbst-Organisation beziehen konnte. (Zahlreiche Belege in Matthews 1998, Kapitel II.)

Die Formel vom Band eines Wesens als Einen mit ihm selbst als einem Vielen belegt erstens Schellings Auffassung vom Wesen der Copula als eines Identifikationszeichens. Identifiziert werden durch das judikative ›ist‹ »das Prädicirende mit dem Prädicirten«. Dabei kann nun zweitens entweder »auf die absolute Gleichheit [Ploucquets »*aequalitas*«], die Copula selbst, oder auf das Subjekt und das Prädikat, als die [unterschiedenen] Gleichgesetzten«, reflektiert

Band sein, das sie zusammenhält. Das *schönste aller Bänder* aber ist das, welches aus sich selbst und aus den Teilen, die es verbindet, eine möglichst feste Einheit bildet; das aber kann die Proportion am schönsten zustande bringen. Denn wenn von irgendwelchen drei Zahlen, ob von körperhaften oder flächenhaften, die mittlere sich zu der letzten so verhält wie die erste zu ihr selbst, und wenn wiederum die mittlere zu der ersten sich so verhält wie die letzte zu ihr selbst und wenn dann also die mittlere zu der ersten und zu der letzten wird und die letzte und die erste ihrerseits beide zu der mittleren werden, so muss sich dabei ergeben, dass notwendigerweise alle dasselbe werden, und wenn sie *voneinander dasselbe* sind, werden sie auch alle Eines sein« (Platon 1974 VI, 211 [Kursivierungen M. F.]).

67 Schelling stellt sich die Indifferenz als einen bloß begrifflichen oder *potentiellen* Unterschied des Realen und Idealen vor (»[w]ir haben nicht drei Wesen, sondern nur EIN *dreifaches* Wesen« [*SW* II/3, 236]). Erst wenn eines *a potentia in actum* (ins *wirkliche* Sein) übergeht, drängt es sein Anderes aus der eigenen Sphäre, und die Verbindung zwischen beiden wird zu einer wirklichen, wie es die Kontiguität, die Zeitfolge oder die Kausalität sind (besonders deutlich im Spätwerk, zum Beispiel ebd., 75 ff., 212 ff., 291 ff.).

werden (*SW* I/2, 361,6). Die erste Einheit ist nur das uninteressante Sich-selbst-Gleichsein des Wesens ›nur mit sich selbst‹, nicht mit seinem Anderen (»ein reines bloßes Eins, in dieser seiner abstrakten Einheit«). Damit kommt der dritte (platonische, Hahn-vermittelte) Gedanke zum Zug: Die eigentliche gehaltvolle Identität findet statt zwischen dem Wesen (dem, worüber – Hahn sagt auch: wodurch/kraft dessen – geurteilt wird) und seiner Form (der zweigegliederten Prädikation), die in einem trivialen (tautologischen) Sinne nicht ›dasselbe‹ ist wie das Wesen (»daß das, was als Eins *ist*, oder existirt, in dem *Seyn* nothwendig ein Band seiner selbst und eines Anderen sey« [*SW* I/7, $55_{,1}$]). Nenne ich jenes das Verbindende, diese die Verbundenen, so komme ich zu der eben zitierten Formel einer Einheit, die »das Verbundene mit dem Band« selbst noch verknüpft (I/2, $61_{,6}$): das ›vermittelnde Dritte‹ der platonischen Spätdialoge (zum Nachweis dieser Formulierung vgl. schon die 1797 gedruckte Einleitung zu den *Ideen zu einer Philosophie der Natur* [*SW* I/2, 55]).

Wir haben es dann nicht mehr mit einem Gegensatz des Einen und des Vielen oder des Unendlichen und des Endlichen zu tun,

> sondern *dasselbe*, was die Vielheit ist, dasselbe ist auch die Einheit, und was die Einheit ist, dasselbe ist auch die Vielheit, und dieses nothwendige und unauflösliche Eins der Einheit und Vielheit selbst in ihr nennst du ihre Existenz (*SW* I/7, 56; ebenso Schelling 1946, 26 f.: »dasselbe Existirende / welches das eine ist, ist auch das, welches das andere ist«).

Diese Formel erfährt in den *Weltaltern* folgende Erläuterung:

> Wir würden allgemein sagen: das Band im Urtheil sey nie ein bloßer Theil von ihm, wenn auch, wie angenommen wird, der vorzüglichste, sondern sein ganzes Wesen, und das Urtheil sey eigentlich nur das entfaltete Band selber; der wahre Sinn eines jeden Urtheils, zum Beispiel des einfachsten, A ist B, sey eigentlich der: *das, was A ist, ist* das, was auch B *ist*, wobey sich zeigt, wie das Band sowohl dem Subjekt als dem Prädikate zu Grunde liegt. Es ist hier keine einfache Einheit, sondern eine mit sich selbst verdoppelte oder eine Identität der Identität (Schelling 1946, 28; ausführlicher 129).[68]

In der Münchener *Einleitung in die Philosophie* (1830) erläutert Schelling diese Differenzierungsleistung, die das eine Band in zwei

68 Formalisieren könnte man das auf verschiedene Weise: Wir haben eine Individuenkonstante a (Geist), eine Individuen-Variable x (das Absolute) und eine Prädikatskonstante F (Natur). Damit wird einer Unterscheidung Rechnung getragen, die Schelling (nach Hogrebe) anstellt zwischen ›pronominalem‹ und ›prädikati-

Verbundene auseinanderlegt, als Leistung der Begriffspartikel ›als‹ (Schelling 1989b, 44 f., 49). Eine anmutige Frau verliert diesen höchsten Reiz in dem Augenblick, da sie sich *als* anmutig betrachtet; ein König reist *incognito*, hört damit aber nicht auf, König zu sein, nur reist er nicht *als* König. So ist das Absolute *selbst* (= X) nicht *als A* oder *als B,* und die beiden Beschreibungen/Kennzeichnungen drücken beide das ganze und ungeteilte Wesen von X aus, ohne dass sie sich in Äußerungen durch einander ersetzen ließen (A und B haben also verschiedene Wahrheitsbedingungen): Das Unendliche ist nicht *als solches* das Endliche, so wie der Freie nicht *als solcher* der Gekettete ist (*SW* I/7, 205, Anm. 1). Entsprechend gilt: Meine Verliebtheit ist nicht als solche eine V-Faser-Reizung meines Cortex. Aber es mag Eines geben, das unter einer (epistemischen) Beschreibung Verliebtheit und unter einer anderen (neurobiologischen) ein elekromagnetisches Hirnphänomen ist. Ja, man mag so weit gehen zu sagen, die Hirnfaserreizung sei die einzige physische Realisatorin des Bewusstseinszustandes.

Wir haben es hier mit einer Alternative zu tun, die durchaus dem scheinbaren Dilemma ähnelt, das Schelling – unter Verweis auf

vem‹ Sein. Das erste wird durch singuläre Termini (also referentielle Ausdrücke) symbolisiert, das zweite durch Ausdrücke für generelle Termini (eben Prädikate). Dann gilt:

$Fa \rightarrow \exists x \ (x=a \wedge Fx)$

(Geist ist Natur. Daraus folgt: Es gibt ein x so, dass x gleich Natur, und Geist ist x.)

Oder auch (Vorschlag von Jürgen Pafel): »℩x(ax) = ℩x(Bx) [›Das, was A ist, ist das, was auch B ist‹]. »Seit Peano ist es in der Logik üblich, die Zeichenfolge ›℩x‹ – mit einem auf dem Kopf stehenden Jota: ›℩‹ – in der Bedeutung ›das Objekt x, so dass‹ zu verwenden. Damit wird aus den zusammengesetzten singulären Termini ›der Autor von Waverley‹ und ›die Primzahl zwischen 5 und 11‹:

℩x (x hat Waverley geschrieben) und ℩x (x ist Primzahl $5 < x < 11$)

Singuläre Termini, in dieser Form geschrieben, heißen Kennzeichnungen« (Quine 1974, 276 f.).

Wir haben dann die Identität als Subjekt und A und B als Prädikate. Mir scheint dies das zu sein, was Schelling wollte.

Noch eine andere Formel wäre denkbar (Hogrebe 1989, 81): Wir haben jetzt zwei Individuen-Variablen x und y und zwei Eigenschafts-Konstanten F (Natur) und G (Geist). Dann gilt:

$(x) \ [Fx \rightarrow (\exists y) \ (Gy \wedge x=y)]$.

(Für alle x gilt: Wenn x Natur ist, dann gibt es ein y, so dass y Geist ist und x [Natur] gleich y [Geist] ist.)

Leibniz und seine scholastischen Vorgänger (Schelling 1946, 28, 127) – nach der reduplikativen Methode zu lösen gedenkt. Der Proponent sagt etwa, phänomenale Zustände seien subjektiv, weil es für ihr Auftreten notwendig ist, dass einem Subjekt dabei irgendwie zumute ist. Das ist aber für neuronale Zustände nicht so, sie sind völlig objektiv. Mithin – so scheint es – ist kein seelischer Zustand – seinem Typ nach – neuronal (Nagel 1979b). Wenden wir die *reduplicatio* an, ergibt sich diese kompatibilistische Lesart: Typen seelischer und Typen neuronaler Zustände sind nicht an sich – oder nicht metaphysisch – verschieden (nämlich nicht, insofern sie von X unterhalten werden). Sie sind es nur unter einer begrifflichen (oder epistemologischen) Perspektive. Ein Zustandstyp kann unter einem Begriff subjektiv (phänomenal) und unter einem anderen (neurowissenschaftlichen) objektiv sein. Wir können dann sagen: *Als* phänomenaler Zustand ist er subjektiv und *als* neuronaler ist er objektiv. (Natürlich bleiben McGinns und Blocks Fragen auch von Schelling unbeantwortet, nämlich wie ich mir diese Wahrheit ihrerseits subjektiv – »epistemisch« – fasslich machen oder vorstellen kann, da ich ja nur mit dem einen Horn der Alternative vertraut bin: Ich spüre meinen Schmerz, aber nehme *insofern* keine C-Faser-Reizung wahr. McGinn spricht von einer prinzipiellen Grenze der Verständlichkeit, die er »cognitive closure« nennt: »You cannot see a brain state *as* a conscious state« [McGinn 1991, 11; noch sophistizierter zur selben Unmöglichkeit Ned Block in »The Harder Problem of Consciousness«: Block 2005, bes. 90 f.].)

Identität – das ist Schellings Gedanke in Kürze – darf nicht eliminativ verstanden werden, so, als meine ›Identität von Natur und Geist‹ dies: ›Natur, *und nicht* Geist‹ oder: ›Geist nur, sofern er – unter genauer Analyse – in Natur kollabiert‹. Nach seiner Überzeugung begeht der Fichte'sche Idealismus nur den umgekehrten Fehler. Für diese Überzeugung hat Schelling in neuerer Zeit Unterstützung durch Donald Davidson gefunden.[69] Identität, hat er betont, muss als ein symmetrisches Verhältnis respektiert werden: »I see no good reason for calling identity theories ›materialist‹: if some mental events are physical events, this makes them no more

69 Ich habe ihm Anfang der 1990er Jahre eine Urfassung dieses Gedankens vorgestellt und seine lebhafte Zustimmung erfahren. Er notierte sich Stellen aus Schellings Werken.

physical than mental. Identity is a symmetrical relation« (Davidson 1987, 453; dazu Frank 1991b, 115 ff.).

Schellings Beispiel liegt – unter Berufung auf Leibniz – ganz auf dieser Linie: »Ebenso könne zwar nicht gut geradezu gesagt werden: die Seele sei der Leib, der Leib Seele; wohl aber, dasjenige, was in dem einen Betracht Leib ist, sey in dem andern Seele« (Schelling 1946, 28). Von diesen ließe sich, mit einer gewissen Gewalt gegen die Sprache, sagen, dass sie von X, dem eigentlich Seienden (ὄντως ὄν), dem »Band im Urteil« (ebd.), ›gewesen werden‹. Die Formel ›être été‹ stammt zwar von Sartre (1943, 58 oben, $162_{,11}$, *passim*), doch hat sie in Schellings Werk eine bedeutende Vorläuferin. Ich meine den Gedanken des ›transitiven‹ Seins, welches das von ihm Durchwaltete beziehungsweise Gewesene damit ins Sein hebt (*SW* II/1, 293; II/3, 227). Für diesen Gedanken gibt es ein Vorbild schon 1806 in den *Aphorismen* (*SW* I/7, 205, Anm. 1). Dort wird die spinozistische Formel ›Gott ist alle Dinge‹ »*invita latinitate*« so übersetzt, dass die von Gott gewesenen, also ins Sein versetzten Dinge im Akkusativ stehen: »*Deus est res cunctas*« (dazu ausführlich Frank 2002, 234 ff.).

VII.

Dieser Gedanke wird in den identitätsphilosophischen Schriften aber immer noch durch das idealistische Vorurteil verdunkelt, Sein sei (im Absoluten) ein Implikat des Wesens (so zum Beispiel *SW* I/4, 118, § 8, Zusatz 1).[70] Erst das Spätwerk ändert die Vorzeichen und macht das Wesen ontologisch einseitig abhängig vom Sein. Fortan gilt: Es könnte kein Denken geben ohne ein Sein, das sich damit in dessen Intentionalobjekt verwandelt; wohl aber kann es ungedachtes (oder unerkanntes) Sein geben. Das wäre sogar der Normalfall. »Unser Ausgangspunkt ist [fortan] das allem Denken zuvor, das unbedingt Existirende« (*SW* II/4, 337). »In *ihm selbst* ist kein *Was*, e[s] ist das reine *Daß* – actus purus« (*SW* II/1, 586). »Denn nicht weil es ein Denken gibt, gibt es ein Seyn, sondern weil es ein Seyn gibt, gibt es ein Denken« (*SW* II/3, 161, Anm. 1 unten).

70 Das ergibt sich schon aus der Behauptung, außer der Vernunft (*praeter ipsam*) sei nichts, in ihr alles (*SW* I/4, 115, § 2; 116, § 3; 118, § 10).

Versteht man Denken, wie Schelling es tut, als Entwerfen von Möglichkeiten, so ließ sich ein weiteres Mal an Kants Seinsthese von 1763 anschließen. Kant hatte nämlich in seinem Text über den *Einzig möglichen Beweisgrund* auch dies gezeigt, dass Sein – als absolute Position – nicht aus einer ihm vorausgehenden Möglichkeit verständlich gemacht werden kann. Genauer: Es könnte nicht etwas eine Möglichkeit von etwas sein, das nicht zunächst (im Modus der Wirklichkeit) *existierte*. Hebe ich das Dasein schlechthin auf, so ist auch nichts mehr gegeben, dessen Möglichkeiten sich entwerfen ließen: Es gäbe, sagt Kant, »kein Materiale [mehr] zu irgend etwas Denklichem, und alle Möglichkeit fällt weg« (*AA* II, 78). Es ist zwar logisch nicht widersprüchlich, alle Existenz zu verneinen, indem man hier etwas setzt und wieder aufhebt. Dort aber eine Aufhebung oder eine Potentialisierung vornehmen zu wollen, wo gar nichts Wirkliches gegeben ist, das widerspricht sich. Daraus ergibt sich, dass die Negation hier nie schlechthin, sondern nur partial auftreten könnte: als (teilweise) Einschränkung eines Positiven, das zu anderen Teilen fortbesteht, mithin als Bestimmung. Wieder ist dieser Gedanke durch Maimon an Fichte weitergeleitet worden (Maimon 1965, 111 ff.; vgl. im vorliegenden Band Text 14).

Erst im Alter kommt Schelling auf diese kantische Einsicht zurück. Unter Verweis auf *KrV* A 613 f. und die dort ausgesprochene Ehrfurcht vor dem alles Denken niederschlagenden Sein schreibt Schelling: »Ich führe diese Worte an, weil sie Kants tiefes Gefühl für die Erhabenheit dieses allem Denken zuvorkommenden Seyns ausdrücken« (*SW* II/3, 153). Keine Potenz, lehrt er in der ersten Berliner Vorlesung, ›präveniert‹ den *actus purus* der Existenz (Schelling 1993, 168), und der Gedanke Gottes als *causa sui*, als Ursache seiner eigenen Wirklichkeit, ist schlicht abwegig (ebd., 154 f[f.], 166 f.). Denn dann müsste *per impossibile* Wirkliches aus einer Denkbestimmung, die einen Raum möglicher Gegenstände beschreibt, also aus einer Potenz hervorgehen (ebd., 160). Wirklichkeit ist aber die *potentia potentiae:* diejenige (nur uneigentlich so genannte) »Potenz, die die Potenz [selbst noch] in ihrer Hand hat«, indem sie allererst diesen Entwurf, die Potenz, dieses δύναμις ontisch fundiert (ebd., 162 f., 166 unten). Erst dem »*blinden* Sein« zeigt sich *post actum* ein Seinkönnen (165); auch das »*Sein Gottes kommt selbst seinem eigenen Denken zuvor*« (163).

Möglich also, haben wir gesehen, das heißt *durch die Natur des Seienden nicht widersprochen,* ist die dem Sein nachfolgende Potenz; denn *erst das Reinseiende kann das Seinkönnende [transitiv] sein.* Die potentia pura, der Anfang der negativen Philosophie, war sogar impotent, Potenz zu sein und konnte sich als solche nicht halten. Erst das rein Seiende ist das der Potentia Mächtige, und da es nicht Potenz des Actus sein kann, ist es materiell schon potentia potentiae. Was immer sein Sein voraus hat, ist das eigentlich etwas wollen- oder anfangenkönnende, dadurch, dass es sein Sein unabhängig von sich hat, sein Sein voraus hat und desselben sicher ist (165).

Der reine Geist ist absolute Wirklichkeit, *vor* aller Möglichkeit – Wirklichkeit, der *keine* Möglichkeit vorhergeht (*SW* II/3, 262).

Ganz Kant-treu hatte in *Urtheil und Seyn* (Mai 1795?) Schellings Jugendfreund Hölderlin dies genau gesehen: »Wenn ich einen Gegenstand als möglich denke, so wiederhohl' ich nur das vorangegangene Bewußtseyn, kraft dessen er wirklich ist. Es giebt für uns keine denkbare Möglichkeit, die nicht Wirklichkeit war« (Hölderlin 1991, 156, Z. 29-31). Nicht so Schelling in seiner wenig früher entstandenen *Ich*-Schrift. Zwar geht auch er mit Kant (und Fichte) von der obersten Thesis aus, dem unbedingten Gesetztsein. Anders als Hölderlin hält er sie aber nicht für eine nicht in Bewusstsein auflösbare *Voraussetzung* des Bewusstseins, sondern für ein ihm Innerliches. Und außerdem deutet er sie als Möglichkeit (als ›absolute Setzbarkeit‹ beziehungsweise als ›objektiv-logische Möglichkeit‹ [*SW* I/1, 226 f.]). Dieser idealistische Fehlschluss liegt ganz auf der Linie seiner Missachtung von Kants Argument gegen den ontologischen Gottesbeweis, das auf der Unableitbarkeit der Existenz aus ›realen‹ Begriffsbestimmungen beruht.[71] Schelling ist in dieser Phase noch

71 Wolff hatte die Existenz als »Ergänzung der Möglichkeit« erklärt; Baumgarten hatte gedacht, ein Ding existiere aufgrund »durchgängige[r] innere[r] Bestimmung« (*AA* II, 76). Populär gesagt, meinte die Wolff-Schule, ein Ding dürfe dann existent heißen, wenn all das, was in seinem Wesen enthalten (oder gedacht) ist, ihm auch tatsächlich (das heißt erschöpfend) zukommt. Als ›Ergänzung‹ erscheint die Existenz hier darum, weil sie auch dasjenige noch bestimmt, was durch die im Wesen eines Dings gedachte Eigenschaftsmenge allenfalls noch unbestimmt gelassen war. Der Fehler dieser Auffassung ist, dass sie den Begriff der Wirklichkeit mit dem der Möglichkeit als gleichartig denkt. Auf diese Weise wird der Begriff der Existenz in den der Möglichkeit hinübergezogen. Das ist, wie Kant gezeigt hat, falsch. Zum Beispiel kann auch ein Einhorn voll (oder ausreichend) bestimmt sein (in Legende und Märchen ist es ein pony- oder ziegenähnliches Tier, trägt ein Horn auf der Stirn, ist weiß, lässt sich nur von einer Jungfrau zähmen usw.), ohne

arglos einig mit Fichte, der vom »Prädicat des reellen Seyns« spricht, als hätte er nie von Kants Widerlegung dieser Auffassung gehört (Fichte 1971 I, 496 f.).

Wie aber greift Schellings – durch Rückgang auf Kant erworbene – späte Einsicht in den Vorrang der Wirklichkeit vor der Möglichkeit/dem Denken, so dass Schelling Denkbestimmungen in eine einseitige ontologische Abhängigkeit vom existentiellen Sein bringt: Denkbestimmungen – und das Subjekt als ihr Prinzip vorab – werden vom Sein getragen. In der Tat bestimmt Schelling das selbstbewusste Subjekt ontologisch (im Anschluss an Platon und Plutarch) als ein μὴ ὄν. Ein μὴ ὄν ist – im Gegensatz zum οὐκ ὄν – nicht ein *Nicht*seiendes, also eines, das in keiner Hinsicht existent genannt werden kann. Ein μὴ ὄν ist dagegen, wie Schelling sich ausdrückt, nur nicht *seiend*, oder es ist nicht *das Seiende selbst*. Zu ihm verhält es sich vielmehr parasitär: als ein relativ Seiendes, das sein Quasi-Sein beim Seienden-im-emphatischen-Sinne borgt. Von ihm wird es ›gewesen‹. Schelling sagt zu dieser merkwürdigen Seinsart, die sich obendrein als eine Relation zwischen Sein und Nicht-etwas- oder Ungegenständlich-Sein darstellt:

> Wir könnten für *diese* Art des Seyns, zu großer Erleichterung des Verständnisses, wohl ein eignes Wort, anstatt des jetzt zu allen Arten des Seyns *promiscue* angewendeten Worts Seyn, brauchen, wenn nicht leider in der deutschen Sprache das alte Verbum *Wesen* außer Gebrauch gekommen wäre (es findet sich nur noch in der vergangenen Zeit – in der Form gewesen), wir könnten jenes ungegenständliche Seyn, das darum nicht ein völliges *nicht* Seyn ist, das rein *Wesende* nennen (*SW* II/3, 212).

Schelling meint das Subjekt, das er ›ungegenständlich‹ nennt, weil es nicht sich selbst, sondern das wirkliche Sein außer sich zum Gegenstand hat. Seine Quasi-Nichtigkeit erlaubt ihm, sich nicht mit sich selbst, sondern mit dem zu befassen, *von* dem es ein Bewusstsein ist. Dazu muss das Bewusstsein (Erkenntnisprinzip im kantischen Sinne) ›an Inhalt völlig leer‹ sein (*KrV* A 345 f.; vgl. B 408).

darum zu existieren. Durch Vollbestimmtheit erfährt das Wesen keine Ergänzung, wie der Erfahrungsbezug eine wäre (Existenzsätze sind nach Kant grundsätzlich synthetisch [*KrV* A 598]). Kant sagt, auch ein als existent gewahrter Gegenstand kann begrifflich unterbestimmt sein; ja, das ist ein Charakteristikum der uns umgebenden Dinge. Wären sie voll bestimmt aufgrund ihrer bloßen Existenz, so wäre Wissen(schaft)sfortschritt unerklärlich.

Anders gesagt: Sein Blick auf die Gegenstände darf nicht durch die Einkapselung eines Gegenstands gehemmt sein; ein innerbewusster Inhalt würde die Durchsichtigkeit des Bewusstseins für sich trüben. Dann würde aber einleuchtender *dieses* wirkliche Sein dasjenige genannt, das das rein Wesende »im *transitiven* Sinn« ist; und so tut es Schelling auch wenig später (*SW* II/3, 227; vgl. II/1, 293; der Sache nach schon 1806: I/7, 205, Anm. 1). Eine Passage, in der Schelling seinen Gedanken explizit an Kants These über das Sein anschließt, macht noch deutlicher, dass es das nichtprädikative, das existentielle oder, wie Schelling hier sagt, das verbale (aber nominalisierte) Sein in Subjekt-Position ist, dem diese transitive Natur zugesprochen werden muss:

> Dieses bloß Existirende ist in seiner Art auch das Existirende selbst, ἀυτὸ τὸ ὄν, wenn wir nämlich ὄν im verbalen Sinn nehmen. Insofern kann man ihm das Seyn nicht *attributive* [als Prädikat] beilegen; was *sonst* das Prädikat ist [eine Flexionsform des Hilfswörtchens ›sein‹, M. F.], ist hier das Subjekt, ist selbst an der Stelle des Subjekts. Die Existenz, die bei allem anderen als accidentell erscheint, ist hier das Wesen (*SW* II/3, 162).

›Transitiv sein‹ meint dann: Das ungegenständliche Subjekt (nicht, wie im obigen Zitat, das grammatische, sondern diesmal das Subjekt der Erkenntnis, das, weil nicht Gegenstand, insofern nicht *ist*) wird vom verbalen, aber nominalisierten Sein (im Sinne von Existenz) ›gewesen‹, das heißt in seinem Quasi-Sein unterhalten. In der Berliner Vorlesung 1841/42 findet sich die charakteristische Formulierung (die vielleicht im obigen Zitat aus einem späteren Vortrag – 1842/43? – nur wieder aufgegriffen wurde), »daß dies Reinseiende [...] bloß im verbalen Sinne, als das Existierende in actu puro existentiae zu nehmen ist und daß sein Wesen eben dies ist, das rein Existierende zu sein. Es hat kein Wesen außer dem Sein« (Schelling 1993, 161). Schelling erläutert diese Seinsart des transitiven Seins, für die er wieder im Deutschen keine Bezeichnung finde, am Arabischen. Hier werde das ›ist‹ (die Copula) wie unser deutsches ›können‹ mit dem Akkusativ konstruiert, sodass die Araber statt ›*homo est sapiens*‹ etwa sagten ›*homo est sapientem*‹. Angewendet auf die Relation, die das existentielle Sein zum rein wesenden Bewusstsein unterhält, müsste man sagen, dass in ihr das Sein das Subjekt akkusativisch trägt, durchwaltet, zur Erscheinung bringt – oder wie man sich ausdrücken will (*SW* II/3, 162,3, 227-229; vgl. I/10,

265).[72] Ein weiterer Beleg für diese transitive (den Akkusativ nach sich ziehende) Bedeutung des existentiellen Seins: »[*E*]*rst das Reinseiende kann das Seinkönnende sein*« (Schelling 1993, 165). Auch das Französische, sagt Schelling, sei ontologisch differenzierter als das Deutsche, da es zwei Wörter zur Bezeichnung des Nichtseienden kenne: *rien* und *néant* (*SW* I/10, 284 f.; vgl. Schelling 1972, 385 f.; ähnlich Sartre 1943, 51, 65). ›Rien‹ wäre eine denkbare Übersetzung für ›οὐκ ὄν‹, so wie ›néant‹ das griechische ›μὴ ὄν‹ wiedergeben könnte. Im ersten Fall wird ein striktes und unspezifiziertes *Nicht*-sein ausgesagt, im zweiten ein Nur-nicht-*Sein*. Im ersten Falle wird selbst die Möglichkeit, im zweiten nur die Wirklichkeit eines Sachverhalts verneint. Schelling illustriert das an einer im Altgriechischen möglichen Unterscheidung, die wir im Deutschen nicht nachahmen können:

Wenn jemand den Vorsatz zu einer Handlung, etwa zu einem Verbrechen gefaßt, ihn aber nicht ausgeführt hat, so würde ich gut griechisch bloß sagen können: μὴ ἐποίησε, er hat es nur nicht *gethan*, nur die Ausführung, das wirkliche Geschehenseyn, die Position wird geleugnet; wenn aber ein Verbrechen begangen worden, und der Thäter zweifelhaft ist, wird man von dem, welcher auch nicht einmal den Vorsatz gefaßt hatte, wo also auch die Möglichkeit geleugnet wird, nothwendig sagen müssen: οὐκ ἐποίησε (*SW* I/10, 284).

Diesen »*Begriff des relativ Nichtseienden* ausgesprochen zu haben« schreibt Schelling seinem System im Rückblick der Berliner Vorlesung von 1841/42 als den »logisch vielleicht [...] größte[n] Gewinn« zu (Schelling 1993, 114).

Seine Überlegung bewegt sich in so verblüffender Nähe zum Grundgedanken von Sartres philosophischem Hauptwerk, dass der Verweis sich förmlich aufdrängt. Schon der Titel *L'être et le néant* bringt die Kernthese auf den Punkt, dass das *néant*, das als Bewusstsein oder Subjektivität vorliegt, *ontisch* einseitig vom existentiellen Sein ›gewesen‹ wird (*est été*), dem es umgekehrt zur Erkenntnis verhilft. Erkenntnis besteht danach von Seiendem, aber sie *ist* nicht im gleichen Sinne wie das, *von* dem sie Erkenntnis ist. Das erlaubt ihr aber, als diejenige sich selbst durchsichtige Leere zu ›wesen‹, die nicht überhaupt *nicht* ist, sondern die nur nicht das gegenständliche

72 Schelling sagt, das ›ist‹ werde analog dem deutschen ›kann‹ konstruiert und laute auch »im Arabischen *kan*, im Hebräischen *kun*« (*SW* I/10, 265).

Seiende *ist*, dem sie zur Erkenntnis verhilft und von dem sie (transitiv) gewesen wird. In einer Vorlesung von 1833 sagt Schelling: »Grund ist gegen das, dem es Grund ist, nicht seiend« (Schelling 1972, 440) – nämlich dann, wenn ›Grund‹ als Erkenntnisgrund verstanden wird. Als Grund dafür, dass das gegenständliche Sein sich dem Bewusstsein zeigt (oder ihm erscheint), ist das Bewusstsein selbst auf das Sein nur bezogen, das heißt es *ist* nicht selbst das Sein (Kant würde sagen: es ist nur relative, nicht absolute Setzung seines Gegenstandes). Anderswo im selben Vorlesungszyklus sagt Schelling: »Das nur Wissende [oder Subjektive] ist eben darum das nicht-selbst-Seiende. Diesem nicht-selbst-Seienden, bloss Wissenden, kann von der anderen Seite / nur das unendliche Positive [»das reine Sein«] entsprechen« (ebd., 310 f.). Schelling nennt das rein Seiende auch das ›gegenständliche‹ und das rein Wesende das ›urständliche Sein‹ (ebd., 408; *SW* I/10, 133). Nach dieser Sprachregelung gilt, dass ohne das rein ›gegenständliche‹ Sein das reine ›urständliche‹ Subjekt sich in ein *Nicht*seiendes, ein οὐκ ὄν oder *rien*, auflösen würde.[73]

73 Ich habe in einer frühen Publikation über Schelling (1975) an mehreren Belegen gezeigt, dass Schelling mit einem ähnlichen Argument schon in seiner identitätsphilosophischen Phase gearbeitet hat (Frank 1992c, 193 ff. [»Der ontologische Beweis der Reflexion«]). Anders als Hegel besteht er auf der Unabhängigkeit seines Prinzips, der sogenannten absoluten Identität, von den durch sie verbundenen Relaten (zum Beispiel *SW* I/6, 147,3). In dieser Unabhängigkeit bestehe das *Sein* des Absoluten, das sich auf Gedankenverhältnisse (auf die ›Reflexion‹, sagt Schelling) nicht reduzieren lasse. Für diese These argumentiert Schelling durch eine *reductio ad absurdum*: Wird die Reflexion als autark gedacht, so bedarf sie keines Existenz-*Inputs.* Dann gälte aber, dass jedes Relat sein Sein aus dem Verweis auf sein anderes beziehen muss. In diesem existenzlosen Spiel können sich die Relate zwar wechselseitig ihr unabhängiges Bestehen absprechen, aber keines begründen: Ein Nichtseiendes hat sein Sein im anderen, das es selbst nicht in sich hat und darum im einen anderen sucht, wodurch sich ein unendlicher Begründungs-»Cirkel« ergibt, der das Sein immer nur voraussetzen kann (*SW* I/4, 358,2; vgl. I/6, 185,2).

VIII.

Es ist oft bemerkt worden, dass Schelling nicht konsequent verfuhr, als er die negative Philosophie neben der positiven friedlich herführte, so, als sei das eine so gut möglich wie das andere. Aber was er hellsichtig an Hegels dialektischer Versöhnung von Sein und Nichts bespottet (»Es geht dabei alles ganz friedlich zu – zwischen Seyn und Nichts ist kein Gegensatz, die thun einander nichts« [*SW* I/10, 137]), das trifft auch seine Unentschiedenheit hinsichtlich der Vereinbarkeit von negativer und positiver Philosophie. Die Einsicht, dass *nur für den Gedanken* das Subjekt Prinzip ist, während *an sich* das Sein zugrunde liegt, hätte einer Philosophie aus einem Guss Eintrag tun und die Selbstgenügsamkeit ihres Prinzips ruinieren müssen. Die These der absoluten Identität von Natur und Geist scheitert am Sein der Natur, das auf Leistungen des Geistes nicht zu reduzieren ist. So »bleibt das Letzte als das Nichterkannte stehen« (Schelling 1993, 138). Glücklicherweise können wir uns an Schelling selbst orientieren, wenn wir zu seiner Korrektur schreiten: »Denn nicht«, sagt er, »weil es ein Denken gibt, gibt es ein Seyn, sondern weil es ein Seyn gibt, gibt es ein Denken« (*SW* II/3, 161, Anm. 1). Feuerbach macht daraus: »Das Denken ist aus dem Sein, aber das Sein nicht aus dem Denken« (Feuerbach 1970, 258, Nr. 4). »Wollen wir irgend etwas außer dem Denken Seyendes, so *müssen* wir von einem Seyn ausgehen, das absolut unabhängig von allem Denken, das allem Denken zuvorkommend ist. Von diesem Seyn hat die Hegelsche Philosophie nichts, für diesen Begriff hat sie keine Stelle« (*SW* II/3, 164). Diese Einsicht lässt sich anthropologisch ausbuchstabieren,[74] indem man statt des absoluten ›Wesens, das es ist‹, das endliche Menschensubjekt zum Gegenstand von Schellings Bestimmungen nimmt.

So hat es sein unbotmäßiger Schüler Ludwig Feuerbach getan, und er wusste für seinen anthropozentrischen Entwurf keinen geeigneteren Namen als den Schelling'schen: »positive Philosophie« – freilich mit dem Zusatz der »neue[n], allein wahre[n]« (Feuerbach 1970 259,4, *passim*). In ihr wird die idealistische Perspektive auf den Gang einer Philosophie, die beim Sein einsetzt und beim Selbstbe-

74 Und zwar in einem tieferen Sinne, als es uns die Stützung auf sein »Anthropologisches Schema« (*SW* I/9, 287-294) erlauben würde.

wusstsein des Menschen endet, ganz Schellingisch aus der spiegelbildlichen Verkehrung erklärt, in der sich – *ordine inverso* – das Bewusstsein gegenüber dem Sein (beziehungsweise der ihm genetisch vorangehenden Natur) befindet. Freilich fügt Feuerbach eine Konsequenz hinzu, die Schelling nur in Angstträumen erwogen, aber sogleich wieder verworfen hat:

Das *Wirkliche in seiner Wirklichkeit und Totalität,* der *Gegenstand* der *neuen Philosophie,* ist auch nur einem *wirklichen* und *ganzen* Wesen Gegenstand. Die neue Philosophie hat daher zu ihrem *Erkenntnisprinzip,* zu ihrem Subjekt nicht das Ich, nicht den absoluten, d. i. abstrakten, Geist, kurz, nicht die Vernunft in abstracto, sondern das wirkliche und ganze Wesen des Menschen. Der Mensch denkt, nicht das Ich, nicht die Vernunft (Feuerbach 1970, 333, § 51).

Die *Einheit von Denken* und *Sein* hat nur Sinn und *Wahrheit,* wenn der *Mensch als ihr Grund,* das *Subjekt dieser Einheit* gefasst wird (ebd., § 52).

Der *absolute Geist* Hegels ist nichts andres als der *abstrakte,* von sich selbst abgesonderte, sogenannte *endliche* Geist, wie das unendliche Wesen der Theologie nichts andres ist als das *abstrakte* endliche Wesen (ebd., 246,5).

So vom Kopf auf die Füße gestellt, entfalten Schellings späte Einsichten erst ihren anthropologische Gehalt, an dessen Wahrnehmung sich Kierkegaard durch das »grenzenlose [theologische] Salbadern« des Meisters gehindert sah, solange er in Berlin sein Schüler war (in: Schelling 1993, 533). »Die Natur ist von der *Existenz ununterschieden,* der Mensch das von der Existenz sich *unterscheidende Wesen.* Das nicht zu unterscheidende Wesen ist der Grund des unterscheidenden – die Natur also Grund des Menschen« (Feuerbach 1972, 259,3).

Nicht das lautere und grundlose Positive ist freilich das Prinzip der Schelling'schen Philosophie.[75] Wie sollte es, da aus dem Gedanken der nackten Wirklichkeit nichts folgt (Schelling 1993, 147,1). Prinzip ist ihm »das Wesen, welches Ist« (zum Beispiel Schelling 1972, 436), das Hineinragen des abstrakten Seins in die Selbstgegenwärtigkeit der Idee, die es ›negiert‹, aufspaltet und aufhebt (Schelling 1993, 164,3). Aufgehoben oder – wie Schelling sagt – »zu einem Moment von sich [gemacht]« (191) ist jedoch nicht der *actus purus* selbst – der übersteht jede Modifikation durch ein ihm Äußeres; aufgehoben ist

75 Das scheint Theunissen (1976, 26 f.) anzunehmen.

nur seine Seins*weise* als An-und-vor-sich-Sein: »[*S*]*ich selbst* geworden[es]« Sein ist es erst im oder als Wesen (ebd. 164 und 190). Anders gesagt: Das Wesen erscheint am Horizont einer freien Ekstase (*SW* I/9, 230; Schelling 1993, 157, 167; *SW* II/3, 163,1) oder Selbst-Transzendierung (Schelling 1993, 171) des Seins in Richtung auf seine Bedeutung.[76] Darin liegt eine seine Selbstheit begründende Negation.[77] Das Reinseiende sieht sich durch Wahl einer Möglichkeit »gegen sein unvordenkliches Sein in Freiheit gesetzt« (ebd., 163; vgl. 169).

Hier nun wird ein paradigmatischer Wechsel im Konzept von Freiheit sichtbar. Im Mittelalter und noch bei Spinoza und Schleiermacher (Frank in: Schleiermacher 2001 I, 103 ff.) wird Freiheit gedacht als Entwicklung oder Ausfaltung eines Wesens in das, was keimhaft in ihm angelegt war. »Freiheit«, sagt stellvertretend für diese Tradition Schleiermacher, ist »nur die Aussichselbstentwicklung« (Schleiermacher 2001 II, 257). Noch in der Freiheitsschrift hatte Schelling diese Auffassung vertreten: Nur das Wesen des Menschen sei frei, aber eine Freiheit *vom* Wesen gebe es nicht; »denn frei ist, was nur den Gesetzen seines eignen Wesens gemäß handelt und von nichts anderem weder in noch außer ihm bestimmt wird« (*SW* I/7, 384). – Gerade dies bestreitet nun Schelling, wenn er der negativen Philosophie vorwirft, Freiheit nur als logische Emanation des im Begriff seines Wesens Eingeschlossenen zu denken, analog zur analytischen Implikation der zugehörigen Gesetze im Begriff eines Dreiecks (Schelling 1993, 121), und mithin als ein ›nur nicht *nicht* zu Denkendes‹.

Gegen eine solche Vorstellung, die Freiheit als das Vermögen eines durchgängig bestimmten Wesens nimmt, setzt Schelling die These von der uneinholbaren Verspätung des Wesens gegenüber der Existenz. Im Selbstbewusstsein geht die Existenz dem Wesen

76 »Es transzendiert ihn, und ist frei gegen seine Existenz. [...] Das unvordenklich Seiende sieht sich nun erst als das *über den Actus* notwendig *Hinausexistierende*« (Schelling 1993, 171). ›Ek-sistieren‹ charakterisiert Schelling gelegentlich durch die Potenz (also Möglichkeit) »*Außersichzusein*« [sic!] (ebd., 170).

77 »[D]as vorfindliche Sein kann nicht schlechthin aufgehoben werden, wohl aber wird es von seiner Stelle gerückt. [...] Früher war es das gerade ausgehende, *jetzt durch die Negation begegnet es sich selbst;* nun erst wird es Seiendes, Sichselbstbesitzendes. [...] das gelassene Sein wird ein *Selbstseiendes*« oder »für sich seiendes« (Schelling 1993, 172 f.).

voran:[78] Das Wesen, das selbst nur ist als das »*Überseiende*« (169) als das über das Sein hinaus Geschrittene oder als das Gewesene, das »überholte Sein« (169) kann zwar faktisches Existieren nicht rechtfertigen, muss sich selbst aber alle Bestimmungen (Verwesentlichungen) zuschreiben, die es dem Sein widerfahren lässt. Durch den zeitstiftenden Schritt lässt es das Sein, das damit zur »Vergangenheit« wird, »*hinter sich als ein Überwundenes*« ($161_{,1}$). Dadurch macht es das unvordenkliche Sein »zu einem Moment von sich«, von dem es nun ›sein Wesen befreien‹ kann (191). Jede Handlung der neu gewonnenen, nämlich ihr Wesen wählenden,[79] nicht aber dessen Gesetze exekutierenden »Freiheit« kann als ein Versuch angesehen werden, der »*Zufälligkeit seines Existierens*« (168), der »unverbrüchlichen [...] ἀνάγκη des Seins« (164) zu entkommen durch Entwurf eines selbst geschaffenen und gewollten Wesens.[80] »*Der Mensch muß von seinem Seyn sich losreißen, um ein freies Sein anzufangen [...]. Sich von sich selbst zu befreien*, ist die Aufgabe aller Bildung. Die Menschen [...], welche nicht von sich selbst hinwegkommen, bleiben unvermögend« (170).

In einer Vorlesungsnotiz notiert Kant die beunruhigende Einsicht: Der Mensch wäre ein furchtbares Wesen, wenn seine Freiheit nicht unter Regeln stünde.[81] Dieser schrecklichen Freiheit blickt Schelling ins Gesicht. Die seine ist dem Sicherheitsgurt des Sittengesetzes entschlüpft – mit zwiespältigen, aber höchst modernen Konsequenzen.

Gewiss, der alte Schelling war ein konservativer, ja wir müssen urteilen: reaktionärer Mann. Doch scheint ein guter Geist seine tiefsten Einsichten so zu lenken, dass sie sich immer wieder gegen ihn selber wenden lassen. Was wäre ein schönerer Beweis für die Subjektunabhängigkeit von Geltung, für die Schelling seit 1801 immer

78 »Existiert sie [die Potenz], so muß die Existenz das Prius sein, der Begriff das spätere« (Schelling 1993, 110).

79 »[D]as Wesen des Menschen ist wesentlich *seine eigne That*« (*SW* I/7, 385).

80 »Es [das entworfene Wesen] transzendiert ihn [den *actus* seiner unvordenklichen Existenz], und ist frei gegen diese Existenz« (Schelling 1993, 171,2).

81 »Wäre ein jeder frei ohne Gesetz, so könnte nichts Schrecklicheres gedacht werden« (aus einer Vorlesungsnachschrift von 1784, in: *AA* XXVII, 1320; vgl. 258, Z. 1 ff.; 243 ff.; 372 f.; 1482, Z. 28-43). Vgl. folgende Reflexionen: *AA* XIX, 163, Nr. 6759; 212, Nr. 6949; 214 f., Nr. 6960 f.; 243 ff.; 270, Nr. 7196; 280, Nr. 7202, Z. 21 ff.; 281 f., besonders 282, Z. 10 ff.; 289, Nr. 7220. Vgl. Bittner (2000), weitere Nachweise bei Prauss (1983, 43, Anm. 10).

wieder eingetreten ist? Ich schließe mit einem Zitat, das ebenso viel Weisheit verrät, wie sein Autor als empirischer »Mensch mit seinem Widerspruch«[82] außer Stande war zu praktizieren:

Wie wenige kennen eigentliche Vergangenheit! Ohne kräftige, *durch Scheidung von sich selbst* entstandene, Gegenwart gibt es keine. Der Mensch, der sich seiner Vergangenheit nicht entgegenzusetzen fähig ist, hat keine, oder vielmehr er kommt nie aus ihr heraus, lebt beständig in ihr. Ebenso jene, welche immer die Vergangenheit zurückwünschen, die nicht fortwollen, indeß alles vorwärts geht, und die durch ohnmächtiges Lob der vergangenen Zeiten wie durch kraftloses Schelten der Gegenwart beweisen, dass sie in dieser nichts zu wirken vermögen (Schelling 1946, 11,2 [Kursivierung M. F.]).

82 Conrad Ferdinand Meyer, *Homo sum* (= 17. Gedicht aus *Huttens letzte Tage*).

14. Identität und Differenz

Ein Rückblick von Schelling auf Fichte, Maimon und die Leibniz-Schule

An zentralen Stellen seines reifen Werks – wie zu erwarten solchen, die das Prinzip seines »Identitätssystems« betreffen – entwickelt Schelling Ansätze einer originellen Deutung der Reflexionsbestimmungen (Identität und Differenz). Seine Grundvoraussetzung ist kantisch: ›Sein‹ hat eine und nur eine Grundbedeutung: ›Position‹. ›Position‹ kann aber ›absolut‹ oder ›relativ‹ erfolgen. Im ersten Falle meint sie das existentielle, im zweiten das prädikative Sein. Letzteres muss als ›Minderform‹ des Ersteren verständlich gemacht werden; und dessen Grundsinn ist Identität. Die ›Satz-Form‹ der Prädikation ist also geminderte Identifikation, eine Art *Selbstunterscheidung* der absoluten Identität.

Diese Ansicht, so apart sie sich ausnimmt, mag Bildungserlebnisse aus der Zeit im Tübinger Stift verarbeiten (Ploucquets Identitätstheorie der Prädikation). Außerdem weist sie über § 3 von Fichtes erster *Wissenschaftslehre* auf den von Fichte so hoch geschätzten Salomon Maimon zurück, der sich wiederum auf Gedanken aus Baumgartens Ontologie beruft, die Wolff und Leibniz verpflichtet sind.

Mein Aufsatz will die Wirkungsgeschichte in einem regressiven Abstieg von Schelling zu Baumgarten (und zu Leibniz) nachvollziehen.

Dem Leser und der Leserin, die sich mit den Quisquilien der Schelling'schen Identitätsauffassung nicht aufhalten wollen, wird empfohlen, nach der Lektüre der Problem-Exposition (I.) direkt zu Abschnitt IV. oder V. zu springen.

I. Leibnizens Prinzip der Identität der Ununterscheidbaren war der erste systematische Versuch, Methode in die Verwendung des Identitätszeichens zu bringen. Leibniz war es auch, der das Problem mit zweierlei Antworten bedacht hat, die verschiedenen Diskursen zugehören. Der erste ist logisch, der zweite metaphysisch (oder ontologisch).[1] Im ersten wird auf die Satz- oder Urteilsform reflektiert, im zweiten über Gegenstände der realen Welt gehandelt. Im ersten macht Leibniz geltend, zwei Ausdrücke seien identisch, die in Sätzen ohne Verlust des Wahrheitswerts (*salva veritate*) durcheinander ersetzt werden können (*GP* VII, 219, 228; Leibniz 1903, 240, 362 f., 519 f.). Der zweite, bekannt als ›principe des indiscernables‹, ist ontologisch und erklärt sich über natürliche Substanzen. Über sie erklärt er »qu'il n'est pas vray que deux substances se ressemblent entierement [c'est-à-dire selon toutes leurs dénominations intrinsèques], et soyent differentes *solo numero*« (*Discours de Métaphysique*, § 9; vgl. *Monadologie*, § 9).[2] Diese beiden Anwendungen des Identitätsprinzips – das logische und das ontologische – müssen sorgfältig entflochten werden; man kann sogar zweifeln, ob es sich wirklich um ein und dasselbe Gesetz handelt.[3] Lässt sich überhaupt

1 Beide werden unter dem vereinfachenden Titel des ›Leibniz-Gesetzes‹ häufig miteinander verwechselt. Klarheit in Unterschied und Zusammenhang beider bringt Kuno Lorenz (1969). Vgl. auch die kleine, aber klassische Abhandlung von Kurt Grelling (1936).

2 Eine Kurzfassung des (ontologisch angewendeten) Identitätssatzes findet sich im Ontologie-Teil von Baumgartens *Metaphysica* (§ 38 = *AA* XVII, 36): »Si in A sunt, quae in B, A et B sunt EADEM. Non eadem sunt DIVERSA (alia).« Heute würde man sagen: Wenn a und b gleich sind, gilt folgende Äquivalenz: ›(F) (Fa ⇔ Fb)‹ oder: ›a ist numerisch identisch mit b, wenn *alle und nur die* Eigenschaften/Prädikate, die (wie Baumgarten intensionalistisch sagt) *in* a sind, auch *in* b sind.‹ Einfacher kann man sagen, dass *jedes* Prädikat, das auf a zutrifft, auch auf b zutreffen muss.

3 Ein Einwand gegen Leibnizens undifferenzierte Gleichbehandlung von logischer und ontologischer Identität reicht von Clarke über Hume, Kant, Peirce, Wittgenstein zu Max Black und Alfred Ayer. Er lautet so: Wäre Identität natürlicher Gegenstände logisch zu rechtfertigen, so geschähe die Rechtfertigung *a priori*. Wir können aber bei der Identifikation natürlicher Gegenstände, da sie ohne Zutun unseres Geistes vorliegen, von Zahl und raumzeitlicher Position nicht absehen. So können wir uns widerspruchsfrei eine symmetrische Welt ausdenken, in der Gegenstände, die hinsichtlich ihrer ›dénominations intrinsèques‹ ununterscheidbar

sagen, dass das Identitätsgesetz, *wenn* es denn eines ist, zweierlei Anwendungen habe: eine logisch-apriorische (»no entity without identity«) und eine empirische: Was sind die Individuationsbedingungen eines konkreten Gegenstandes?

Bedenken am Sinn dieser Unterscheidung (im Bereich natürlicher Gegenstände) hat zuerst David Hume geäußert, wenn er darauf besteht, dass in der Wendung ›mit sich selbst gleich‹ der mit dem Reflexivpronomen bezeichnete Gegenstand von dem geradehin bezeichneten in einer Hinsicht verschieden sein müsse (sonst sage das Urteil zweimal dasselbe, sei also nichtssagend [Hume 1888, $200,_2$; $201,_1$]). Aus diesem Einwand, der Identität letztlich zu einem Unentscheidbaren macht, hat Kant dann Konsequenzen gezogen für den Status der ›numerischen Identität‹ des Prinzips seiner theoretischen Philosophie, des Selbstbewusstseins: Selbstbewusstsein sei nicht nur analytisch eines (so dass ich bei jeder Analyse eines ›ich‹-Gedankens auf die mögliche Vorstellung ›Ich denke‹ treffe); Selbstbewusstsein besitze auch synthetische Einheit (die Kant ›Identität‹ nennt): Es überstehe nämlich auch den Wechsel seiner Zustände, indem es sich im Übergang vom einen zum anderen als dasselbe ›durchhalte‹. So schlägt Kant – unter Berufung auf Hume und in Opposition zu Leibniz – vor, das (ontologische) Identitätsprinzip von dem (logischen) des Nichtwiderspruchs zu trennen. Letzteres besagt, dass man etwas nicht zugleich behaupten und verneinen (oder: dass man eine Sache nicht zugleich mit ihrem Gegenteil setzen) kann; dieses macht geltend, dass etwas nicht identisch heißen

sind, gleichwohl nach Zahl, Ort oder Zeit unterschieden auftreten, wie etwa rechts- oder linkshändige Moleküle. (Es hat sich herausgestellt, dass zum Beispiel Terpentinöl linksdrehend und wässrige Lösungen von Rohrzucker rechtsdrehend sind; vgl. Linus Pauling 1969, 137). Für solche Unterschiede ist Leibnizens Identitätsgesetz nicht feinmaschig genug. Denn ›dénominations intrinsèques‹ werden durch Prädikate (generelle Termini) ohne Zuhilfenahme von singulären Termini (Demonstrativpronomen oder Eigennamen) ausgedrückt.
Verzichtet man unter diesen Umständen auf eine logische Definition der Identität, dann verwandelt sich Identifikation in ein empirisches Problem à la Hume oder Kant: Dass wir zwei natürliche Gegenstände (oder einen Gegenstand über die Zeit) identisch nennen, meint dann einfach, dass unsere physikalischen Parameter und unsere fünf Sinne nicht beliebig genau sind, um sie unterscheiden zu können. Was dagegen die Rede von der Identität abstrakter Gegenstände (zum Beispiel Zahlen, geometrischer Figuren) betrifft, so gibt es Stellen, an denen Leibniz selbst ihren Sinn zu leugnen scheint. Beispiele in Lorenz (1969, 153 ff.).

kann, wenn seine Eigenschaften sich verändern.[4] Das Erstere versteht sich von selbst (es ist trivial); dem Letzteren zufolge bildet Identität *ein echtes Verhältnis zwischen zweien,* denen es nicht auf der Stirn geschrieben steht, dass sie Eines sind. Etwas mit etwas identifizieren heißt dann: eine wirkliche Erkenntnis erwerben, während widerspruchsfrei urteilen etwas Selbstverständliches ist. Damit scheint Identität (im Gegensatz zur logischen Widerspruchsfreiheit) eine Art von Differenz einzuschließen. So etwa müssen wir uns die Problemlage vorstellen, von der Schellings berühmte These über die Identität von Natur und Geist ihren Ausgang nimmt.

Sie artikuliert sich in der an Leibniz anschließenden neuzeitlichen Tradition zunächst als ein Paradox: Einerseits muss, wer sinnvoll und nichttrivial von Identität reden will, distinkte Zustände voneinander unterscheiden können (also etwa *A* von *B;* Beispiele: ›Der Monte Cervino ist das Matterhorn‹, ›Mount Everest = Gaurisankar‹, ›Der Abendstern ist derselbe Planet wie der Morgenstern‹, ›Psychische Erlebnisse sind physische Ereignisse‹ usw.). Wird andererseits die Bedeutung von ›Identität‹ im denkbar stärksten Sinne genommen, so schlägt sie alle Differenz von Zuständen (Eigenschaften, Prädikaten ...) nieder und nimmt dann typischerweise die Form der Identifikation eines ›nur‹ mit sich selbst an (*A* = *A*). Solche Sätze erweitern unser Wissen nicht; sie sind im Wortsinne nichtssagend. Paradox erscheint nun, dass ein objektiv (*de re*) nicht bestehender Unterschied sich im kognitiven Gehalt so aufsässig bemerkbar machen kann. Aus dieser Paradoxie sind mehrere Konsequenzen gezogen worden. Eine wäre, überhaupt nur noch extensionale Kontexte oder *de-re*-Verhältnisse zuzulassen, die subjektive Erkenntnisperspektiven (›kognitive Gehalte‹) ausschließen. Komplementär dazu kann man, wie es Hector-Neri Castañeda vorgeschlagen hat, die gegenständliche Welt in eine Menge von Frege-Sinnen (»guises«) auflösen und Frege-Bedeutungen (mit ihnen die Identität von Subjekten oder Einzelgegenständen) gleichsam als Konstrukte aus solchen ›particular-guises‹ beziehungsweise ›I-guises‹ entstehen lassen (Castañeda 1975; 1982, 231-262; 1999, 180-203, 228-250). Klassisch ist Leibnizens Reaktion, »gewaltstreichartig« alle wahren Sätze zu analytischen zu erklären (Wolf 1986, 100).

4 Eine genaue Problemanalyse dieser kantischen Auffassung findet sich bei Henrich (1976; 1988).

Die unerwünschten Konsequenzen, die der erste und der letzte Ausweg mit sich bringen, können vermieden werden, wenn man das zu strenge Identitätskriterium lockert. Castañeda, der diese Lockerung ins Extrem treibt, beruft sich selbst auf Frege. Frege hatte Identität nicht als sterile Selbstbeziehung eines Relats (einer Sache ›nur‹ auf sich) verstanden, sondern als echte Beziehung zwischen verschiedenen Namen oder Zeichen einer Sache. Danach hätten die beiden Kennzeichnungen ›Abendstern‹ und ›Morgenstern‹ denselben Sachbezug (dieselbe ›Bedeutung‹), aber verschiedenen ›Sinn‹. Diese Lösung ist aber ihrerseits unbefriedigend, da sie auf einen infiniten Regress hinausläuft: Identität wird als Bedeutungsidentität erklärt. Wird gesagt, der Abendstern sei der Morgenstern, so werden nicht zwei verschiedene Gegenstände (*A* und *B*) miteinander identifiziert, sondern *A* und *B* werden als Bedeutungen desselben identifiziert (»die Bedeutung von ›*A*‹ = die Bedeutung von ›*B*‹«). Aber die Identität der Bedeutungen der Ausdrücke *A* und *B* muss (durch Wiedereinsetzung des Analysans in die Gleichung) erneut über die Identität ihrer Bedeutungen erklärt werden, und so entsteht eine unendliche Potenzierung von Bedeutungs-Bedeutungen (vgl. Wolf 1986, 100 f.).

So scheint neben der Auffassung, wonach Identität der Bezug *eines* Relats ›nur‹ auf sich sei, auch diejenige zu scheitern, die Identität als Bezug *zweier* Relate deutet. Dennoch scheinen wir auf Identitätsunterstellungen in unserem Leben und Sprechen nicht verzichten zu können – denn unsere Prädikationen gehen einerseits auf identifizierte Dinge (sonst redeten wir von ›nichts‹ oder hätten keinen Maßstab für Abweichungen in unseren Bestimmungen desselben Gegenstandes),[5] und andererseits ist deren über die Zeit erstreckte Identität – wie zum Beispiel die unserer selbst als Personen mit einer individuellen Lebensgeschichte – ein Hauptbelang unserer Sorge und unseres Nachdenkens. Anders gesagt: Wir unterstellen zwar *in abstracto*, jeder Gegenstand sei mit sich selbst identisch; aber wir wissen in unserer Sprache, die überflüssig viele Bezeichnungen enthält, sehr oft nicht, ob sie für dieselbe Sache stehen (die Identität von Dingen ist uns sehr oft unbekannt, ja sie scheint unerforschlich).

5 Das war ein Hauptaugenmerk der Schleiermacher'schen *Dialektik*. Vgl. die Einleitung zu meiner Edition (Schleiermacher 2001 I, 41 ff., bes. 54 ff.).

Das Problem entsteht, wenn man zwischen der irrelationalen und der relationalen Auffassung von Identität zu wählen hat und die erste gehaltlos, die zweite paradox findet. Schelling war, soviel ich sehe, zwar nicht der erste Denker der Neuzeit, der vermutet hat, dieser Notstand könne einen Sachgrund haben. Aber keiner seiner Vorläufer – Baumgarten, Maimon, Fichte – hat ähnlich viel Licht in die Aufklärung der Problemlage gebracht. Schelling fand es verführerisch, im Gedanken der Identität sowohl Einfachheit wie Unterschiedenheit – also so etwas wie *Selbstunterscheidung* –, anzunehmen. Schon in der überstürzt niedergeschriebenen *Darstellung meines Systems der Philosophie* (1801) artikuliert er den Gedanken der Identität nach drei Aspekten: dem des Wesens oder Identischen selbst; dem der Satzform A = A, in der es sich ausspricht (mit ihr kommt ein virtueller, aber – wie Schelling sagt – noch nicht ›aktuierter‹ Gegensatz ins Spiel); aktualisiert wird der Gegensatz erst in der Formel A = B, die ein echtes Ungleichwerden der Gleichen ins Auge fasst. Aber alle diese Bestimmungen werden als Entfaltungen ein und desselben nach seinen verschiedenen Aspekten betrachtet, sodass das, was ›das Identische‹ heißt, zum selben ›Ganzen‹ gehört wie die Differenz. Damit begegnen wir der Wendung von der »Identität von Identität und der Nicht-Identität, Entgegensetzen und Einssein«, die Hegel in der *Differenz*-Schrift zur Durchsichtigmachung der Formel seines Freundes (»Identität der Identität« [*SW* I/4, 121; I/6, 165, 173, 187] oder »duplicirte Identität« [*SW* I/7, 424 f.; I/8, 216,4; I/10, 103]) einführte (*TWA* 2, 96 im Kontext). Ist diese Formel minder paradox, als es ihre (irrelationalen und relationalen) Vorgängerinnen waren? Diesen Verdacht auszuräumen, war ein Hauptinteresse der Schelling'schen Identitätsphilosophie. Sie versucht, ›Identität‹ so zu fassen, dass in diesem Verhältnis zwei Verschiedene (A und B) vollständig auf ein und dieselbe Sache zutreffen. Damit nimmt sie die Hume'sche Herausforderung an, die ja besagt hatte, ein Ding mit sich nichttrivial zu identifizieren, heiße voraussetzen, dass es in wenigstens einem Aspekt differiere. Während aber Humes Argument in die skeptische Leugnung der Feststellbarkeit von Identität überhaupt mündet, sucht Schelling zu zeigen, dass der Gedanke der Veränderung überhaupt nur in dem der Einheit eines Selbigen sich entfalten kann. Nur was *ein Anderes* sein *könnte,* nur von dem macht es Sinn zu sagen, es sei *sich selbst gleich.* »Unter seiner Sichselbstgleichheit«, sagt Schelling, »ist das sich selbst Ungleichwerdenkönnen verborgen. Diese Möglichkeit liegt in der Einheit verborgen; denn das Sichselbstungleichseinkönnen ist ja das sich selbst Gleiche; demnach schließt es bereits die Möglichkeit in sich ein, aus sich selbst herauszutreten« (Schelling 1989b, 49).

Für dieses spekulative Gedankenexperiment gibt es Vorstufen, eine abermals durch Leibniz erwogen, die andere durch Karl Leonhard Reinhold in die Debatte gebracht (und von Peter Geach später unter dem Titel ›relative Identität‹ aufgegriffen). Reinhold hatte in verschiedenen Formulierungen seines ›Satzes des Bewusstseins‹ stets zwei Aspekte von Tätigkeiten unterschieden, die der eigentliche Aktor des Satzes, »das Subjekt«, ausführt: In einer Hinsicht *bezieht* es – »im Bewusstsein« – die Vorstellung auf Subjekt und Objekt (Fichte spricht 1794 vom ›Beziehungsgrund‹); in einer anderen Hinsicht *unterscheidet* es (wieder mitzudenken: im Medium des Bewusstseins) die Vorstellung von Subjekt und Objekt (Fichte sprach vom ›Unterscheidungsgrund‹, dem ›*fundamentum divisonis*‹ der Wolffianer). Da in allen Zügen, die der Satz des Bewusstseins beschreibt, das Subjekt es ist, das in eine Beziehung des Sich-Unterscheidens und Sich-Beziehens kommt, müssen sie alle als Formen einer sich differenzierenden *Selbst*beziehung charakterisiert werden (Frank 1998a, 11. Vorlesung). Schelling war vom Gedanken der Selbstunterscheidung eines Einigen so beeindruckt, dass er seine ganze Philosophie unter den Titel ›absolutes Identitätssystem‹ stellte (vgl. *SW* I/4, 113 und II/1, 371). Sie besteht in einer einzigen These über die Identität von Natur und Geist – also in einer spekulativen Vorstufe moderner Identitätstheorien von Leib und Seele.

II. Diese These ist nirgends lichtvoller erläutert als im ersten und zweiten Entwurf der *Weltalter* von 1811 (Schelling 1946 I, 26-29; II, 121-131). Dort wird die Ungeschiedenheit von B und A unter dem Titel der Gleichursprünglichkeit, auch »Gleich-Gültigkeit oder [...] Indifferenz« aufgenommen (ebd., 27). ›Gleich-Gültigkeit‹ meint hier: bloße Virtualität von Unterscheidung ohne wirkliche Differenz. (Beispiel: Der Mensch, der böse sein kann, dieser selbe Mensch kann auch gut sein; aber natürlich kann der gute Mensch nicht im selben Betracht böse sein [ebd. II, 127,4].)

Diese Indifferenz, innerhalb deren die Distinktion gleichsam vorgesehen, aber noch nicht aktualisiert ist, ist nun wohl zu unterscheiden von dem, was Schelling ›Einerleyheit‹ nennt (ebd., 26 f.; *SW* I/

7, 421 f.). ›Einerlei‹ heißt eines, dessen Wesen mit der Angabe, es sei es selbst, erschöpfend beschrieben wäre: der Fall gehaltloser oder tautologischer Identität von der Art der bloßen Thesis ›Es *ist*‹. Sie liegt nicht vor bei der Indifferenz, wo A und B begrifflich sehr wohl geschieden, nur nicht wirklich auseinander sind. Schelling sagt auch – mit den Wolffianern –, A und B seien ›*uno eodemque loco*‹ gesetzt: A ist gleichsam da, wo auch B ist, aber beide machen nicht einerlei Wesen, und die Bedeutung der Termini ›A‹ und ›B‹ differiert. Dagegen ist die Einerleiheit eine Pseudobeziehung ohne distinkte Terme; ein und dasselbe A wird zweimal gesetzt oder affirmiert. Diese Widerspruchsfreiheit ist ein strikt analytisches Prinzip und berührt das Problem der Identität nicht einmal.

(In »Events« macht David Lewis übrigens eine ganz ähnliche Unterscheidung zwischen ›Differenten‹, die aber nicht notwendig ›distinkt‹ sein müssen:

»Distinct« does not mean »non-identical«. I and my nose are not identical, but neither are we distinct. There is a clear sense in which our second event is part of the first: the subclass is part of the class, they are neither identical nor distinct. [...] Indeed, we dare not count the two as distinct [Lewis 1986, $256_{,1}$].

Der Unterschied ist begrifflicher Art: Ich kann sagen, dass Russell *qua* Politiker und Russell *qua* Philosoph identisch sind, trotzdem aber wohl unterschieden werden können. Besser wäre folgende Unterscheidung: Russell *als* Philosoph ist »Russell-taken-in-intension: the Russell of our world, taken together with the Russells of other worlds who are his philosophical counterparts«. Das Gleiche gilt für Russell *als* Politiker, nur dass wir statt der philosophischen die politischen *Counterparts* herausgreifen. In dieser unserer Welt ist kein Unterschied zwischen den beiden *Russells-in-intension*. Ihre Mitglieder in dieser Welt sind wirklich alle identisch. Aber die Mitglieder in den andren Welten differieren, denn unser Russell hat viele philosophische-aber-nicht-politische und politische-aber-nicht-philosophische Counterparts. So unterscheiden sich die beiden *Russells-in-intension*, wenn wir sie als ganze, über viele Welten zerstreute Klassen nehmen, wirklich. Ebenso ein Paar von intensionalen Bereichen [*regions-in-intension*], zum Beispiel dieser Bereich *als* Konferenzraum und dieser selbe Bereich *als* Schlachtfeld: Ihre Mitglieder in dieser Welt sind identisch, aber sie unterscheiden sich darin, dass sie viele Mitglieder in anderen Welten haben [ebd., 246 f.].)

Die Beziehung zwischen Unterschiedenen, die trotzdem identisch sind, meint Schelling, ist allerdings eine echte *Relation* von etwas mit etwas anderem. So hat sie die Struktur des Urteils (des Aussagesatzes). An dieser Struktur, der »Natur der Aussage oder des Prädikats«, habe er sich stets orientiert (Schelling 1969, 69). Schelling argumentiert nun folgendermaßen (Schelling 1946 I, 26 f.): Die Satzstruktur bringt eine Zweiheit von Gesichtspunkten ins Spiel. Darum kann man von jemandem, der eine Tautologie äußert, sagen, er habe eigentlich gar nicht geurteilt. Behaupte ich in einer informativen Äußerung, etwas sei mit etwas identisch, so muss (Anspielung auf Humes Paradox der Identität), das zweite ›etwas‹ seinem Gehalt nach vom ersten als verschieden wenigstens angenommen werden können – sonst hätten wir es mit einer sterilen Wiederholung in Prädikatstellung des schon in der Subjektposition Affirmierten zu tun. Für Schelling ist das der Fall des analytisch wahren oder widerspruchsfreien Urteils. Nach diesem Sprachgebrauch wird angenommen, ein Urteil sei analytisch wahr, wenn seine Negation einen Widerspruch impliziert (so Kant *KrV* A 151), oder anders: Analytisch wahr sei ein Satz, dessen Wahrheit aus seiner bloßen Bedeutung einsichtig ist. Eine solche Aussage ist uninformativ in dem Sinne, dass sie unmöglich falsch sein kann und dass sie uns keine Kenntnisse über die Welt liefert (sie wäre informativ nur für den, der die Bedeutung von ›A‹ nicht kennt). Von solcher Art ist eben Schellings Identitätsformel nicht. In ihr wird nicht die Einerleiheit von A und B ausgesagt (was nur heißen könnte: es wird von B gezeigt, dass seine Bedeutung die von A *ist*). Gezeigt wird vielmehr, dass im Urteil ›A = B‹ A eine wirkliche Inhaltserweiterung hinsichtlich seines B-Seins erfährt. A kann freilich nicht die Rechtfertigung dieser Erweiterung in sich allein enthalten. Es muss seinerseits als Kennzeichnung eines Dritten verstanden werden, das auch durch B gekennzeichnet werden kann.

Wie später Wittgenstein lässt Schelling den Ausdruck ›Wissen‹ überhaupt nur für den Fall gelten, dass wir in der Urteilsrelation eine im ersten Glied nicht schon analytisch enthaltene Information aufnehmen. Wissenssätze müssen prinzipiell falsch sein können. Beim analytischen Urteil ist »die Möglichkeit des Gegenteils« aber *a priori* ausgeschlossen; darum wäre es merkwürdig, hier vom Erwerb eines ›Wissens‹ zu sprechen. In einer studentischen Nachschrift der Münchener *Einleitung in die Philosophie* von 1830 liest man:

> Der Ausdruck »Wissen« wird überhaupt in einem weitern und engern Sinn gebraucht, in jenem begreift es dasjenige Wissen in sich, was man durch bloßes Nachdenken, ohne weitere Beihilfe finden kann, oder auch dasjenige, dessen Gegenteil unmöglich ist. Von diesem Wissen durch bloßes oder im bloßen Denken unterscheidet sich das Wissen im engern Sinn dadurch, dass es nicht durch bloßes Denken, sondern durch einen actus, eine Tat entschieden wird; dass es also nur da vorhanden ist, wo etwas sein und nicht sein kann; weswegen man dieses Wissen auch ein emphatisches Wissen, oder ein Wissen cum emphasi heißt. So kann »ist« in jedem Ausdruck mit oder ohne emphasis gesagt werden. Im Satze zum Beispiel »die Uhr ist eine [bestimmte] Maschine« – in welchem Subjekt und Prädikat durch bloßes Denken / verbunden sind, ist die Kopula »ist« – ohne allen Nachdruck, emphasis gesetzt; – soll der Satz ein emphatischer sein, so muß das Subjekt ein solches sein, das ebenso wohl sein als nicht sein kann. a ist b, wenn es auch nicht b sein könnte (Schelling 1989, 17 f.; vgl. auch 1969, 50).

Schelling schlägt also vor, zwischen analytischen und epistemisch gehaltvollen Identitätsrelationen zu unterscheiden. In Letzteren ist der Subjektausdruck nicht als solcher schon einerlei mit dem Prädikats-Ausdruck. Soll trotzdem von Identität die Rede sein dürfen, so muss man die Identitätsrelation zwischen A und B nicht als Beziehung zwischen einem Subjekt und einem Prädikat formalisieren, sondern beide Ausdrücke als Prädikate auffassen, die einem gemeinsamen Subjekt (= X) zugeschrieben werden (Schelling 1946, 27; vgl. 129 f.). Dies Subjekt wäre selbst einfach (im Sinne der analytischen Einerleiheit: es wäre nichts als ›es selbst‹), und die Prädikate wären eins nur in Bezug auf das Subjekt, nicht untereinander. Wer verliebt ist, ist insofern nicht zornig (Liebe und Zorn sind semantisch distinkt – bei Jacob Böhme, an den Schelling hier denkt, bezeichnen die Ausdrücke einen Gegensatz); aber es ist durchaus denkbar, daß der Verliebte und der Zornige die nämliche Person sind (wie Kafkas *kleine Frau*, die dem Ich-Erzähler ganz konträre Botschaften sendet, oder wie die Frau, die mir gestern Zeichen von Liebe übermittelte, dieselbe Person ist, die sich heute darein schickt, mich zu verlieren).

Ich will zu einer Konklusion für diesen Textabschnitt kommen: Schelling zeigt uns, dass die Identität von Subjekt und Objekt, Geist und Natur, gar nicht nach dem Modell ihrer totalen Ununterschiedenheit (oder Einerleiheit) gedacht werden darf (als sei A als A zugleich und im selben Betracht auch Nicht-A). Das verhindert aber nicht, fährt er fort, dass das scheinbare Subjekt des Identitätsurteils A und das scheinbare Prädikat B sich beide (wie immer untereinander nichtidentisch) als Prädikate eines Subjektes = X herausstellen können, welches mit sich selbst so einerlei wäre, wie es die analytische Wahrheit oder Widerspruchsfreiheit erfordert. Statt zu sagen, die Natur sei Geist (was absurd wäre), muss man vielmehr sagen: Es gibt ein X (die absolute Identität, die Copula oder das Band), und dieses X ist einerseits Natur und andererseits Geist (das wären die Prädikate von X); aber der Geist ist darum nicht und als solcher Natur, so wie die Natur nicht als solche und im selben Betracht Geist ist. Man kann diese aus zwei Unter-Urteilen (›X = A‹ und ›X = B‹) gedoppelte Identität auch so umschreiben: Das, worauf A zutrifft, ist eben dasjenige, worauf B zutrifft: $Fa \rightarrow (\exists x)\ (x{=}a \wedge Fx)$ oder auch: $(x)\ [(Fx \rightarrow (\exists y)\ (Gy \wedge x{=}y)]$. Demnach existiert nur X wirklich, und es ist *indistincte* und *toto coelo* es selbst, fugenlos und ohne innere Verdopplung; und B und A sind nur in dem Maße, wie sie von X ›gewesen werden‹. Da B nur eine symbolische Kürzel ist für die Differenz-, und A nur eine solche für die Identitätsbeziehung (zwischen A und B), besagt die voll entwickelte Identitätsformel mithin: Es gibt eine Identität, die sich selbst, als von ihrem Gegenteil (der Differenz) dominierte Relation, mit sich selbst, als unterm Exponenten der Identität gesetzte Beziehung, indifferentiiert:

$$(A = B)^B \equiv (A = B)^A$$

Innerhalb dieser vom Identitätszeichen gestifteten Beziehung zwischen zwei Relationen ist das, was allein existiert, die absolute Identität. Die Relata existieren nur kraft ihrer. In ihrer Ablösung aus dem Identitätsverband verkommen sie zu platonischen μὴ ὄντα, die nur sind, insofern ein anderes sie (transitiv) ist. Bei Sartre heißt ein solch relatives Existieren ›être été‹: von einem anderen – dem ›Seyn im emphatischen Sinne‹ – gewesen werden.

III. In den Abschnitten IV. und VI. des vorangehenden Textes (vgl. im vorliegenden Band Text 13, S. 317 ff. und 340 ff.) war gezeigt worden, wie Schelling seine Urteilstheorie einerseits aus Kants Auffassungen über den Zusammenhang der Positionen als absoluter (existentieller) und als relativer (judikativer) verständlich machen möchte. Absolut heißt eine Position, in der ein Begriffenes ohne Weiteres gesetzt wird; in dem Falle wird ihm die Existenz zugesprochen. Relativ heißt dagegen eine Setzung, durch das Subjekt einer Aussage auf ein Prädikat bezogen, *als* etwas klassifiziert wird. Schon der für beide Varietäten benutzte Ausdruck ›Position‹ zeigt, dass Kant glaubte, es gebe zwischen beiden einen intrinsischen Zusammenhang. Und Schellings Theorie des Urteils als einer Ausfaltung des Seins macht diesen Zusammenhang nur explizit.

Schellings andere Hinsichtnahme – ob in Gestalt wirklicher Anhängigkeit oder Übereinkunft in der Sache – war Ploucquets Auffassung, dass wir in jedem (außer dem existentiellen) Urteil zwei Begriffe miteinander ›vergleichen‹ und im Falle des bejahenden Urteils sogar identifizieren. Ich will hier nur etwas genauer zeigen, wie auch von hier ein theoretischer Weg für Schelling sich öffnete, der Identitätsformel ein wesentliches Moment von Differenz ›einzubilden‹ (wie er sich gern ausdrückt).

Der Ausgangspunkt seiner Überlegung ähnelt der Ploucquet'schen erkennbar: Schelling versteht das Urteilen als eine Art von Zur-Deckung-Bringen zweier Begriffsumfänge, die aber in ihrem Inhalt (ihrer ›Intension‹, wie man sagte) sehr wohl differieren dürfen). Nach Ploucquet werden in jedem (prädikativen) Urteil zwei Begriffe (»notiones«), nämlich ein Subjekt- und ein Prädikat-Begriff, miteinander ›verglichen‹: »*Judicium* est comparatio notionis cum notione« (Ploucquet 1970, 47; vgl. Ploucquet 2006, 2: »*Judicium* est intellectio factae comparationis duarum notionum. *Ratiocinium* est intellectio factae comparationis duorum judiciorum«). Solche Vergleichungen sind das Werk der Reflexion (dazu gleich mehr). Im Reflektieren geschieht eine »Vergleichung schon gegebener Begriffe«, wie noch Kant sagt (*AA* IV, 326). Genauer: Die Reflexion legt zwei oder mehrere Merkmalskomplexionen übereinander und »überlegt« (das meint: ›reflektiert‹), wie viele sich davon überschneiden und wie viele von ihnen differieren. Ein Urteil ist demnach bejahend, wenn in ihm eingesehen wird, dass Subjekt und Prädikat sich vollständig decken (»Intellectio *identitatis* subjecti & praedicati est *affirmatio*«). In diesem Falle lassen sich die beiden Ausdrücke umkehren, das heißt ohne Verlust des Wahrheitswerts in beiden Richtungen lesen (»Conversio propositionis est commutatio subjecti cum praedicato«; vgl. 2006, 114, § 207: »Cum in definitione subjectum & praedicatum eandem notionem exhibeant; omnis definitio est propositio *convertibilis* seu *reciprocabilis*«). Das Urteil ist verneinend, wenn das Subjekt als vom Prädikat verschieden eingesehen wird; in solchen Urteilen sind die Termini nicht vertauschbar (Ploucquet 1970, 48). Bloße Verschiedenheit von Begriffsumfängen begründet also die Negation.

Die Auffassung, nach der *beide* Aussageglieder als *Begriffe* verstanden werden, entspricht einer in der Schulphilosophie verbreiteten Überzeugung, die noch Kant teilt. Heute würde man, wenn man von den Gliedern eines prädikativen Urteils redet, statt undifferenziert von zwei Begriffen von einem gegenstandsbezeichnenden und einem klassifizierenden Ausdruck sprechen, und nur den letzten (generellen, Objekte subsumierenden) würde man ›Begriff‹ nennen. Dass die Urteilstheorie vor und noch nach Kant das nicht tut, also von beiden Gliedern einer Aussage *indistincte* als von Begriffen handelt, hängt damit zusammen, dass sie Gegenstände für Merkmalsbündel hielt und nicht für das, was in der heutigen Ontologie als ›bare‹ oder ›dünne Partikularien‹ bezeichnet wird, also für eigenschaftslose Träger von Eigenschaften.[6] Für Kant sind Prädikate Klassen (›Extensionen‹ oder ›Umfänge‹, sagte man damals). So spricht zum Beispiel der Kantianer Maimon, wenn er Begriffe als »Klassen von Objekten« definiert (Maimon 1970, 8 f.), ›unter die‹ Gegenstände eines durch die Klasse bestimmten Typs fallen (oder unter der sie, wie Kant lieber sagt, enthalten sind). Ein Begriff bezieht sich nach seiner Auffassung nur dann auf ein Objekt, »wenn unter ihm andere Vorstellungen enthalten sind, vermittelst deren er sich auf Gegenstände beziehen kann. Er ist also Prädikat zu einem möglichen Urteile, zum Beispiel ein jedes Metall ist ein Körper« (*KrV* A 69; ähnlich Frege: vgl. Stuhlmann-Laeisz 1976, 27, 87 ff.). Zerteilt man dagegen Begriffe nicht in die darunter befassten Gegenstände, sondern in ihre (auf Merkmalsformat geschrumpften)

6 Die Rede von ›dünnen Partikularien‹ widerspricht der Vorstellung von Gegenständen als Merkmalsbündeln. ›Dünn‹ heißen diese Gegenstände wegen ihrer Eigenschaftslosigkeit. Sie sind gehaltlose Träger von Gehalten, können jedenfalls nicht selbst durch intrinsische Gehalte, höchstens durch äußere oder relationale Merkmale charakterisiert werden (Armstrong 1997, 95 ff., besonders 98, 109 f., 123 ff.). Merkmale sind selbst Begriffe, aber elementare, nicht weiter in noch kleinere aufspaltbare – etwa dem ähnlich, was in der heutigen Ontologie ›Tropen‹ genannt wird (Martin 1980; Armstrong 1997, 22 ff., 97 ff., 132 f.; ausführlicher Armstrong 1989, 16 ff., 44 f., 63 f., 114 ff., 139 f., 125 ff.). Tropen hätten auf der Ebene der Eigenschaften also dasselbe Kleinstformat wie bare oder dünne Einzelgegenstände.

Vorstellungen von Gegenständen, so meint man nicht, dass diese Merkmale ›unter‹ den entsprechenden Begriff fallen, sondern so teil an ihm teilhaben wie Raumabschnitte am Raum insgesamt (*KrV* B 40; *AA* XXIV, 911). Sie gehören zu seinem Inhalt wie Teile zum Ganzen; Kant bestimmt Merkmale Wolffianisch als ›Teilvorstellungen‹ eines Gegenstandes beziehungsweise Begriffs; sind sie vollständig versammelt, so ist der Begriff ›durchgängig‹ bestimmt.[7] Wir hätten dann mit einem Individualbegriff zu tun, über den endliche Geister wie wir aber nicht verfügen. Unsere Begriffe sind grundsätzlich diskursiv-allgemein (*KU* § 77, B 249), auch die vermeintlich kleinsten begreifen noch kleinere Spezien unter sich; so will es das transzendentale ›Gesetz der Spezifikation‹ (*AA* XVI, 229 f., *Refl.* 2286; *AA* XXIV, 910 f.; *KrV* A 656).[8]

Es könnte verwirrend erscheinen, dass sowohl Gegenstände als auch Notionen als Merkmalsbündel aufgefasst werden sollen. Die Verwirrung löst sich aber, wenn man Notionen als Repräsentationen der im Gegenstand gebündelten Merkmale versteht. Merkmalen im Gegenstand entsprechen dann Merkmale im Begriff. So etwa

7 Ein All durchgängig bestimmter Gegenstände ist für Kant ein *realiter* unerreichbares Ideal (*KrV* A 567 ff.).

8 Die Auffassung von umfanglosen Begriffsinhalten wurde damals intensional genannt. Die Unterscheidung verläuft also zwischen dem Begriffs*umfang* und dem Begriffs*inhalt* (vgl. zum Beispiel Stuhlmann-Laeisz 1976, 77 ff.). Danach lässt sich absehen, dass begriffliche Synthesen immer extensional als Klassifikationen, Begriffsanalysen aber als Ausfaltungen von Begriffsinhalten in ihre Merkmale verstanden wurden. »Alle Körper sind schwer« klassifiziert die Körper unter dem ihnen gemeinsamen (und durch Reflexion ermittelten) Merkmal (*conceptus communis*) der Schwere, überschreitet (Kant sagt: ›erweitert‹) dabei aber den Merkmalsbestand von ›Körper‹; das Urteil begreift einen Typ von Gegenständen insgesamt *unter einer Klasse*, die wiederum durch ein isoliertes Merkmal all dieser Gegenstände (ihren *conceptus communis)* – Schwere – definiert ist (*KrV* A 68 f.). Das Urteil »Alle Körper sind ausgedehnt« ist dagegen analytisch und sagt aus, eine Intension sei (teilweise) *in einer anderen enthalten* (denn nicht nur Körper haben eine räumliche Ausdehnung). Analytische Urteile sind also typischerweise intensional, synthetische extensional (Stuhlmann-Laeisz 1976, 89). Ist ein Prädikat *in* einer Vorstellung (Subjekt) enthalten, so ist diese Vorstellung (Subjekt) umgekehrt *unter* dem Prädikat enthalten. Um im Beispiel zu bleiben: Körperlichkeit ist eine Teilvorstellung der Schwere, und Schwere ist die Gattung/Klasse von Körpervorstellungen. Mithin wird der Inhalt eines Begriffs durch die Menge *aller* analytisch von ihm wahren Prädikate festgelegt; und umgekehrt sind Begriffumfänge nicht in allen Vorstellungen (Anschauungen) enthalten, die *unter* ihnen stehen (Körperlichkeit und Schwere).

Maimon in seiner *Neuen Logik*. Dem ›Stoff‹ eines ›Mannigfaltigen (verstanden als der Merkmalsmenge) eines empirischen Gegenstandes entsprechen die Merkmale oder Teilvorstellungen des ihn repräsentierenden Begriffs. Eine vollständige begriffliche Repräsentation des Gegenstandes in *allen* seinen Merkmalen erfasst ihn als Ding an sich. Kann ich ihn nur durch Begriffsumfänge – extensional – klassifizieren, so bleibe ich an seinen ›äußeren Merkmalen‹ oder ›Erscheinungen‹ hängen. Diese äußeren Verhältnisse werden durch die inneren bestimmt; und jede Erkenntnis der Dinge als Erscheinungen in Raum und Zeit ist eine unvollständige – Leibniz würde sagen: undeutliche – Erkenntnis (Maimon 1970, bes. 16, 132 ff.).

So viel zum Gedanken des Urteilens als eines Vergleichens von Begriffsumfängen. Darin liegt die Möglichkeit, dass sie nicht zur Deckung kommen oder sich nur teilweise überschneiden. Das Faktum der Verneinung – sowohl im harten Sinn der Kontradiktion als auch im weicheren der (sub)konträren Entgegensetzung – lässt sich nun aus dem der Nichtüberschneidung oder der völligen Unverträglichkeit von Begriffsgehalten der Glieder eines Aussagesatzes fasslich machen. Differenz setzt freilich Identität voraus, nicht umgekehrt – wie ein Parasit von seinen Wirt abhängt. In bejahenden Aussagen gibt es vollkommene Umfangsgleichheit (»*aequalitas*«) zwischen Subjekt und Prädikat – ist doch das Prädikat auf den Umfang des Subjektausdrucks »komprimiert« (dann wird es »komprehensiv« verstanden);[9] wenn nicht, wenn es also über den Gehalt des Subjekts hinaussteht oder hinter seinem Umfang zurückbleibt oder ihm total ungleich ist, wird das Ungleiche teilweise oder *toto coelo* (›der ganzen Weite/Quantität nach‹) von ihm ausgeschlossen (»Exklusion« [Ploucquet 2006, § 30 f.]). Da dabei das Prädikat quantifiziert werden muss, spielt es keine Rolle, wie der Subjektausdruck quantifiziert ist: Das Prädikat wird sich in jedem Fall an ihn angleichen (et *vice versa*).

Dies tut der Universalität einiger bejahender Sätze keinen Abbruch. Eine Eigentümlichkeit der Ploucquet'schen Logik ist nämlich die Voraussetzung, dass Komprehension Allgemeinheit nicht ausschließt (Ploucquet 1970, 175, 4.). Ploucquet meint, partikulare Quantifikation (›einige S‹) lasse sich in zweierlei Sinn praktizieren

9 Das entspricht der Definition der »aequalitas« als Umfangsgleichheit zweier Termini: »Identitas inter plures quantitates qua tales est aequalitas« (Ploucquet 1782, 160 [zit. nach Franz 2005a, 106]).

(Ploucquet 2006, § 14 f.): im ›komprehensiven‹ Sinne, wenn offenbleiben darf, ob die quantifizierten Einzelgegenstände einer Menge mit ihrer Allheit zusammenfallen (Allheit ist dann ein Grenzfall der Partikularität). Oder im ›exklusiven‹ Sinne, wenn der Quantor ›einige‹ so gelesen wird: ›Einige S sind F, einige andere [S] aber sind nicht F‹. Damit steht ein ›logischer Sinn‹ (»sensu *logico*« [§ 16]) einem ›umgangssprachlichen Sinn‹ der Partikularität gegenüber (»in linguis usitatis« [§ 31]). Im ersten lässt die Partikularität die Universalität als Extrem zu, im zweiten legt sie uns auf ein ausschließendes Entweder-oder fest. Dieser zweite Fall ist gegeben bei einer Nichtüberschneidung des (extensionalen) Gehalts von Subjekt- und Prädikat-Terminus. Hier findet Differenz oder Negation statt: ›Einige S sind nicht F‹. Und dann wird das Ausgeschlossene (F) universal verstanden (§ 31: »Integra enim praedicati notio negatur de subjecto«; auch Ploucquet 1970, 175).

Die für unsere Fragestellung wichtigste These Ploucquets – zugleich diejenige, die Maimon in seinem *Versuch über die Transcendentalphilosophie* (1789) ausführlich und zustimmend zitiert (Maimon 1965, 380-384 [= Ploucquet 1970, 48-53]) – ist die der Subjekt-Prädikat-Identität im wahren bejahenden Urteil. Ploucquet illustriert sie in Kürze am folgenden Beispiel: ›Jeder Kreis ist eine (*quaedam*) krumme Linie‹ muss in der komprehensiven Lesart so verstanden werden: Wir haben eine »notionem *cujusdam lineae curveae*, quae vocatur circulus«, also eine (sc.: ganz bestimmte) gekrümmte Linie, eben diejenige, die da ›Kreis‹ genannt wird (50). Nicht haben wir es zu tun mit *jeder beliebigen* krummen Linie, etwa einer Parabel, die nicht in sich zurückläuft und die keinen Punkt hat, der von allen Punkten der Peripherie gleich weit entfernt ist (51). Wir können den Kreis also nicht mit jeder beliebigen Krümmung, sondern dürfen ihn nur mit derjenigen identifizieren, die begriffsgleich ist mit ›Krümmung, deren Peripherie-Punkte alle gleich weit entfernt sind von einem Mittelpunkt‹. So ist der eigentliche Sinn der Satzes ›Der Kreis ist eine gekrümmte Linie‹ dieser: ›Eine krumme Linie, die in sich selbst zurückläuft, ist *eine bestimmte* (*quaedam*) krumme Linie.‹ Das bedeutet, dass das Prädikat um der Wahrheit des Satzes willen nicht in seiner vollen, sondern in der auf dem Umfang des Subjektterminus zusammengedrängten (›komprehensiven‹) Extension genommen wird: ›einer bestimmten krummen Linie‹; und dieser Satz ist *identisch,* weil seine beiden Extreme (so nannte man die Ecktermini, die den – im Schluss verschwindenden – Mittelbegriff – *terminus medius* – umgreifen) im Grunde nur *einen* einzigen Begriff bilden: »ille mentis actus, quo circulus concipitur esse quaedam [eine bestimmte] linea curvea, nihil aliud est quam intellectio *unius notionis*« (51; vgl. 52; diese Konsequenz, »daß nämlich ein Urtheil nur einen Begriff enthält« [Maimon 1965, 380 unten], war übrigens Maimons Motiv, den eben wiedergegebenen Passus aus Ploucquets Kalkül-Schrift ausführlich zu zitieren: ebd., 381-384). Ein möglicher Einwand: ›Krummlinig‹ meine in beiden Fällen extensional (›*per notionem genericam*‹) dasselbe, egal, ob an einen Kreis oder eine Parabel gedacht wird. Replik: Jedes Prädikat wird dem Subjekt nicht überhaupt, sondern *in einer bestimmten Hinsicht* zugesprochen (›Tali modo‹, ›relatio ad subjectum‹): eben der, in der es mit dem Subjekt *einen* einzigen Begriff bildet, ja, in der es ihm Leibnizisch inhäriert (›inest subjecto‹ [52]). Sage ich etwa: ›Ich sehe diesen runden Stein‹, so habe ich nicht zwei zu konjugierende Begriffe, sondern nur einen: »Licet enim judicium dicatur comparatio ideae cum idea (mag immer das Urteil als Vergleich einer Idee mit einer anderen ausgedrückt werden); *idem* tamen comparatum cum *semet ipso* non sistit res *duas,* vel *unum* (so stellt doch *dasselbe,* mit *sich selbst* verglichen, nicht *zwei,* sondern *eines* dar)« (ebd.). Gäbe es nicht klare Belege für Ploucquets Auffassung der komprehensiven Prädikate als ›extensionaler Quantitäten‹ (zum Beispiel Ploucquet 1970, 18, 54), so würde seine eben zitierte Replik auf den Einwand, Begriffe seien doch Extensionen, nahelegen, dass er sehr wohl an ein intensionales Verhältnis gedacht hat. Dafür spricht schon die Leibniz'sche Ausdrucksweise (*inest subjecto praedicatum*) und die klar analytische Auffassung der Prädikation, die dem Subjektterminus nichts hinzufügt. Dafür spricht auch Ploucquets Deutung eines Begriffs nicht als disjunktive Klasse von Gegenständen, sondern als konjunktive Merkmalsmenge, *in der* die Prädikate (selbst Merkmale) enthalten sind wie Raumteile im Raum. Anders würde es keinen Sinn ergeben, das Urteil ›Alle Kreise sind krumme Linien‹ durch folgende Auslegung *ad absurdum* führen zu wollen: ›Alle Kreise sind Wellenlinien *und* Ellipsen *und* Parabeln *und* Ovale etc.‹ Das aber tut er, zum Beispiel in folgender Überlegung. Im Urteil ›Jeder Mensch ist sterblich‹ »setzen wir nicht nur Menschheit *in Umfangeinheit* mit Sterblichkeit, sondern *innerhalb* des Gegenstandes ›jeder Mensch‹ stellen wir als eines seiner

Merkmale das ›Sterblichsein‹ vor, und so ist es unmöglich, dass die Einheitsvorstellung ›sterblicher Mensch‹ gedanklich auseinandergerissen wird« (Rülf 1920, 20). Das ›Rundsein‹ wohnt als ein *Teilbegriff oder Merkmal* dem Subjekt ›dieser Stein‹ inne (»ipsa haec notio partialis modo determinato inest subjecto«),

und so wird das Subjekt als ein in solcher Weise bestimmtes (qua tali modo determinatum) begriffen und so vom Geiste *ein* Begriff gewahrt (observatur): *runder Stein.* Durch diesen Satz denke ich tatsächlich nichts anderes als *einen* Begriff, nämlich den eines *runden Steines,* indem *zwei* Termini auch durch *einen* ausgedrückt werden können.[10] Mag allemal das Urteil Vergleich einer Vorstellung (ideae) mit einer anderen genannt werden, so wird doch das *nämliche* (*idem*) mit *sich selbst* (*semet ipso*) verglichen, nicht gibt es *zwei* Dinge, sondern nur *eine* (Ploucquet 1970, 52).

Es erhellt, dass sich alle bejahenden Schlüsse (syllogismos) auf *einen* Begriff *(unam* notionem) reduzieren lassen. Was aber auf *eine* bejahende Aussage (propositionem) reduziert werden kann, wird damit auf zwei identische Ausdrücke (terminos) zurückgeführt, mithin auf *einen* Begriff (ebd., 73 unten).

Diese Einheit lässt sich intuitiv oder auf einen Blick erfassen: »uno obtutu« (ebd.).

Ein anderes Beispiel: ›Alle Löwen sind Tiere.‹ Das Urteil besagt nicht, dass die Löwen unter die Klasse aller Tiere, also auch der Hunde, Pferde und Katzen zu rechnen seien, sondern nur, dass zu jedem Löwen das *Merkmal* Tier[11] gehört. »[D]enn der Löw ist nicht das Thier *in abstracto*, sondern *in concreto*, auch nicht das Thier Tiger etc., sondern das Löw-Thier, oder Thier-Löw« (ebd., 175 f.). Die *Identität des Umfangs* und das logische Immanenzverhältnis könnten nicht kürzer bezeichnet werden (obwohl Ploucquet an der eben zitierten Stelle die Sprache der intensionalen Logik spricht: »ob-

10 Wenig früher sagt Ploucquet, die Subjekt-Prädikat-Diversität sei (im bejahenden Urteil) nur ein Schein: Subjekt und Prädikat müssen »als verschiedene Zeichen derselben Sache« betrachtet werden (Ploucquet 1970, 50,4).

11 Ploucquet präzisiert, dass selbstverständlich das Prädikat nur einen *Teil* des Subjekts ausmache, dass aber dennoch von einer *Identität zwischen beiden* gesprochen werden dürfe, weil das Prädikat in seiner komprehensiven Eingrenzung nur diesem bestimmten Subjekt zukomme und, »wenn man es nur unter seinen Bestimmungen verstehe (sub sui determinationibus intellectum), denselben Begriff wie das Subjekt bilde [...]« (Ploucquet 1970, 52 f.).

wohlen *Thier* ohne Absicht auf diesen Saz [dass es nämlich ein Löwe ist] eine grössere Weite hat, und z. E. Pferde, Tiger, Hunde etc. *in sich* [nicht: unter sich] begreift« [Kursivierung M. F.]). Die Kopula, eigentlich bestimmt, diese Identität zwischen Subjekt und Objekt auszusagen, stellt sich in unserer nicht kalkülisierten Umgangssprache als eine Art Elementar-Teilung dar (ebd., 50; vgl. Hölderlins berühmte Überlegung zu ›Urtheil und Seyn‹ [Frank 1998a, 27. und 28. Vorlesung]).

Wir haben im vorangehenden Text (im vorliegenden Band S. 328 ff., 337 ff.), gesehen, wie Schelling seine erkennbar mit Ploucquets verwandte Identitätsauffassung der Prädikation mit der Differenz der Glieder zu verbinden sucht. Koextensionalität der Begriffe A (Geist) und B (Natur) schließt ihre Bedeutungsverschiedenheit gerade nicht aus. Um den Übergang vom allein existierenden Absoluten (ὄντως ὄν, X) zu A und B verständlich zu machen, greift er auf die (mittelalterliche) logische Operation mit der *reduplicatio* zurück. X ist nicht an ihm selber, sondern nur *als* A Geist und nur *als* B Natur. Daraus folgt nicht die Inhaltsgleichheit von Natur und Geist, sondern nur ihre Koinzidenz in X, von dem – dem eigentlichen Satzsubjekt – sie im transitiven Sinne ›gewesen werden‹.

Dieses Subjekt wäre selbst einfach (im Sinne der analytischen Einerleiheit:[12] Es wäre nichts als ›es selbst‹), und die Prädikate (A und B [vgl. Schelling 1946, 27,2]) wären eins nur in Bezug aufs Subjekt, respektive: sofern sie vom Subjekt ›gewesen werden‹, nichts hingegen (bloße μὴ ὄντα) außerhalb dieses Bezugs. Wer verliebt ist, ist insofern nicht zornig (Liebe und Zorn sind semantisch distinkt – bei Jacob Böhme, an den Schelling hier denkt, bezeichnen die Ausdrücke einen konträren Gegensatz); aber es ist durchaus denkbar, dass der Verliebte und der Zornige die nämliche Person sein können (wie Kafkas *kleine Frau*, die dem Ich-Erzähler ganz konträre Botschaften sendet).

Das Prinzip der Widerspruchsfreiheit – darauf insistiert Schelling (Schelling 1946 I, $27,_2$) – wird hier also durch das Identitätsprinzip überhaupt nicht verletzt. Ein Beispiel: Die Seele ist nicht der Leib,

12 »Der wahre Sinn des Urtheils, zum Beispiel das A ist B, kann nur dieser seyn: das, was A ist, ist das, was B ist, oder das, was A, und das was B ist, ist *einerlei*« (*SW* I/8, 213 [der entscheidende Ausdruck von mir kursiviert]). »Der wahre Sinn jener anfangs behaupteten Einheit ist daher dieser: ein und dasselbe = X ist sowohl die Einheit als der Gegensatz« (ebd., 217).

und der Gedanke in seiner mentalen Selbstdarstellung ist kein neurophysiologischer Prozess in meinem Hirn. Aber aus der Unmöglichkeit zu sagen, das Denken sei ein neuronaler Prozess,[13] folgt nicht, so Schelling, dass man mithin nicht sagen darf, »dasselbe, was in dem einen Betracht Leib ist, sey in dem andern Seele« (ebd., 28): erster Morgenschimmer einer Identitätstheorie im zeitgenössischen Sinne.

Fichte (1794) über Identität und Differenz

IV. Urteile überhaupt, sagt Fichte in § 3 seiner *Grundlage der gesammten Wissenschaftslehre* von 1794, lassen sich untergliedern in ›setzende‹ (oder ›thetische‹) und ›entgegensetzende‹ oder ›antithetische‹. Thetisch sind Urteile, in denen etwas (zum Beispiel das Ich) ›schlechthin‹ gesetzt wird: »keinem anderen gleich und keinem anderen entgegengesetzt« (Fichte 1971 I, 115). Entgegensetzend oder antithetisch heißen entsprechend Urteile, die eine Setzung schlechthin aufheben oder negieren (§ 2). Das ist natürlich nur möglich, wenn eine Setzung vorher erfolgt ist – denn wovon sollte die schlechthinnige Negation sonst eine Aufhebung sein? Insofern hängen Negationen parasitär an vorgängigen Positionen und könnten ihnen nicht ebenbürtig sein. (Eine Parallele zu diesem asymmetrischen Verhältnis der Realität zur Negation hat Kant in der vorkritischen Schrift *Der einzig mögliche Beweisgrund zu einer Demonstration des Daseins Gottes* [von 1763] am Verhältnis der Wirklichkeit zur Möglichkeit aufgezeigt [*AA* II, 78-81]: Es könnte nicht etwas eine Möglichkeit von etwas sein, das nicht zunächst *wirklich da wäre*. Hebe ich das Dasein schlechthin auf, so ist nichts mehr gegeben:

> kein Materiale zu irgend etwas Denklichem, und alle Möglichkeit fällt gänzlich weg. Es ist zwar kein innerer Widerspruch in der Verneinung aller Existenz. Denn da hiezu erfordert würde, dass etwas gesetzt und zugleich aufgehoben werden müsste, hier aber überall nichts gesetzt ist, so kann man freilich nicht sagen, dass diese Aufhebung einen inneren Widerspruch enthalte. Allein dass irgend etwas eine Möglichkeit sei und doch gar nichts

13 Nach Art von Davidsons ›anomalem Monismus‹.

Wirkliches, das widerspricht sich, weil, wenn nicht existirt, auch nichts gegeben ist, das da denklich wäre, und man sich selbst widerstreitet, wenn man gleichwohl will, dass etwas möglich sei [78].)

Kant gibt das Beispiel eines feurigen Körpers, dessen ›innere Möglichkeit‹ – also »Zusammenstimmung« des Prädikats *feurig* mit dem Subjekt *Körper* nach dem Satz des Widerspruchs – unproblematisch ist. Damit ist aber nur die Denkbarkeit dieser Verknüpfung zugestanden, nicht die denkunabhängige Existenz [= Wirklichkeit = Dasein] einer solchen Verknüpfung. Kant fragt nun,

ob eine innere Möglichkeit des feurigen Körpers statt findet, wenn gleich nichts existirt. Gesetzt dass ihr anjetzt nicht mehr den Begriff der Ausdehnung in einfachere Data zerfällen könnt, um anzuzeigen, dass in ihm nichts Widerstreitendes sei, wie ihr denn nothwendig zuletzt auf etwas, dessen Möglichkeit nicht zergliedert / [81] werden kann, kommen müsst. So ist alsdann die Frage, ob Raum oder Ausdehnung leere Wörter sind, oder ob sie etwas bezeichnen. Der Mangel des Widerspruchs macht es hier nicht aus; ein leeres Wort bezeichnet niemals etwas Widersprechendes. Wenn nicht der Raum existirt, oder wenigstens durch etwas Existirendes gegeben ist als eine Folge, so bedeutet das Wort Raum gar nichts. So lange ihr noch die Möglichkeiten durch den Satz des Widerspruchs bewähret, so fußet ihr euch auf dasjenige, was euch in dem Dinge Denkliches gegeben ist, und betrachtet nur die Verknüpfung nach dieser logischen Regel; aber am Ende, wenn ihr bedenket, wie euch denn dieses gegeben sei, könnt ihr euch nimmer worauf anders, als auf ein *Dasein* berufen [Kursivierung M. F.].

Anders gesagt: Es ist sowenig möglich, die Negation als von der vorgängigen Realität unabhängige Größe zu denken, wie es selbstwidersprüchlich ist, die Möglichkeit als unabhängig von einem vorgängigen Dasein zu denken:

[…] wodurch das Materiale und die Data zu allem Möglichen aufgehoben werden, dadurch wird auch die Möglichkeit verneint. Nun geschieht dieses durch die Aufhebung alles, also wenn alles Dasein verneint wird, so wird auch die Möglichkeit aufgehoben. Mithin ist schlechterdings unmöglich, dass gar nichts existire [79].)

Fichte zieht daraus die Konsequenz, dass die Negation nicht schlechthin, sondern nur partial auftreten könnte: als (teilweise) Einschränkung eines Positiven, das mithin zu seinen anderen Teilen fortbesteht. Teilweise Negationen eines Realen heißen Bestimmungen (gemäß Spinozas Satz *omnis determinatio est negatio*). Bestimmungen sind nicht schlechthinnige Aufhebungen eines Realen, sondern ›Teilungen‹ desselben. Negation und Position müssen sich mithin in eine gemeinsame (durch die Position umschriebene) Sphäre teilen, so dass eines nur den Raum beansprucht, den das andere nicht einnimmt: So will es der Grundsatz der ›Teilbarkeit‹.

Er hat noch eine andere Konsequenz: Da Negationen nie total sein könnten, könnten es auch die Positionen nicht. Nur Bestimmtes existiert. Wer ›Ich‹ sagt, meint: Ich, und nicht Nicht-Ich (Fichte 1971 I, 522). Damit hat er bereits einen *bestimmten* Gedanken gefasst, der um seiner Spezifität willen andere Gedanken ausschließt. So erweist sich auch der Gedanke ›absolutes Ich‹ als reine Abstraktion (oder bloße Idee), der keine konkrete Bedeutung zugewiesen werden könnte. Denke ich ›Ich‹, so habe ich der Negation schon Raum zugestanden und bin von der Abstraktion einer absoluten Setzung abgerückt. Ein Ich könnte um seiner Bestimmtheit willen nicht als ein Absolutum existieren (Hölderlins Kritik von 1794/95, ebenso Novalis im Herbst 1795).

Ein dritte Konsequenz aus der Partialität von Negation und Position: Jede bewahrt in sich ein Element der anderen. Wer etwas von etwas unterscheidet, tut das vor dem Hintergrund eines beiden Unterschiedenen Gemeinsamen. Und umgekehrt: Wer etwas mit etwas identifiziert, tut es vor dem Hintergrund eines in beiden Identifizierten Verschiedenen. In Leibniz'scher Tradition spricht Fichte von einem jeweiligen *Grund,* einem Beziehungs- und einem Unterscheidungsgrund. Sage ich: ›Der Vogel ist ein Tier‹, so ist der Beziehungsgrund eine animalisch belebte organisierte Materie: das Genus des Vogels, das er mit anderen Tieren seinesgleichen teilt. Der Unterscheidungsgrund aber, von dem bei dieser Klassifikation abstrahiert wird, ist die spezifische Differenz: Der Vogel ist geflügelt, nicht schuppig, behaart, vierfüßig, lebendgebärend usw. (116). Als Grundsatz formuliert:

Wir haben die entgegengesetzten Ich und Nicht-Ich vereinigt durch den Begriff der Theilbarkeit. Wird von dem bestimmten Gehalte, dem Ich und Nicht-Ich, abstrahirt, und / [111] die *blosse Form der Vereinigung entgegengesetzter durch den Begriff der Theilbarkeit* übrig gelassen, so haben wir den logischen Satz, den man bisher den des *Grundes* nannte: A zum Theil = -A und umgekehrt. Jedes Entgegengesetzte ist seinem Entgegengesetzten in Einem Merkmale = X gleich; und: jedes Gleiche ist seinem Gleichen in Einem Merkmale = X entgegengesetzt. Ein solches Merkmal = X heisst der

Grund, im ersten Fall der *Beziehungs*-[,] im zweiten der *Unterscheidungs*-Grund: denn Entgegengesetzte gleichsetzen oder vergleichen nennt man *beziehen*; Gleichgesetzte entgegensetzen heisst sie *unterscheiden*.

Man sieht hier sogleich die Quelle von Schellings Interpretation des Identitätsurteils als der Konjunktion zweier Teilurteile. Das erste Urteil ist ›X = A‹, das zweite ›X = B‹. In X kommen A und B überein (beide werden, insofern sie *sind,* von X ›gewesen‹). Aber um gehaltvoll zu sein, setzt die Identifikation einen Unterschied von A und B (ein Wolff'sches *fundamentum divisionis* [so zum Beispiel Maimon 1970, 53, 119]) voraus, sonst würde eines nicht mit einem anderen, sondern trivial-analytisch nur mit sich selbst gleichgesetzt. X ist also der Grund, der im ersten Falle A und B aufeinander bezieht und im zweiten Falle voneinander unterscheidet.

Das Prinzip der verneinten Totaldifferenz: Maimon und Baumgarten

V. Das Vorbild für diese Auffassung scheint unmittelbar Maimon, mittelbar eine Doktrin der Leibniz-Wolff'schen Schulphilosophie zu sein, von der Maimon in diesem Zusammenhang nur Baumgarten namentlich anführt.[14]

Identität (Einerleiheit) und Differenz (Verschiedenheit) – Kant spricht in der Leibniz-Wolff-Tradition von ›Reflexionsbegriffen (conceptus reflexionis)‹[15] (*KrV* 260 ff. = B 316 ff.) – sind nicht zu verwechseln mit den Kant'schen Kategorien Einheit und Vielheit. Diese sind transzendental, indem sie Mannigfaltiges der Anschauung zu einem oder mehreren Objekten bilden (›konstituieren‹), gleichgültig, ob die Vielen begrifflich (intensional) gleich oder verschieden bestimmt sind. Begrifflich gleich Bestimmte sind aber

14 Baumgarten (2006, § 38): die schon zitierte Kurzformulierung des Leibniz-Gesetzes; vgl. auch Caput III, Sectio I, IDEM ET DIVERSUM, § 265 ff.; Maimons Hinweis in Maimon (1965 II, 111). (Zitate aus Baumgartens *Metaphysica* [der von Kant benutzten 4. Ausgabe, Halle Magdeburgicae: Hemmerde, 1757] durch Angabe des Paragraphen nach Band XVII der Akademie-Ausgabe von *Kant's gesammelten Schriften*, Berlin und Leipzig: de Gruyter, 1926.)

15 Damit übersetzt er also lediglich den Wolff'schen Terminus ins Deutsche (vgl. A 262 = B 318).

nicht (transzendental) eines, sondern (logisch) einerlei, auch wenn sie im Plural auftreten. So zählen für Leibniz zwei ganz gleiche Wassertropfen, wenn sie nur der Zahl nach [›*solo numero*‹] differieren, als einerlei (oder identisch). ›Reflexionsbestimmungen‹ oder ›Vergleichungsbegriffe‹ heißen die Begriffe ›einerlei‹ und ›verschieden‹, weil Kant unter ›Reflexion‹ Überlegung beziehungsweise Vergleichung (auch als ›*comparatio*‹ eigens aufgeführt) versteht. Schon bei der Bildung empirischer Begriffe ist sie am Werk: Bilde ich etwa den Begriff ›Rose‹, so vergleiche ich viele Gegenstände (Blumen), reflektiere über das ihnen gemeinsame Merkmal und sehe ab (›abstrahiere‹) von dem ihnen Verschiedenen; so komme ich auf den Allgemeinbegriff (›*conceptus communis*‹) ›Rose‹.[16] Die Reflexion ist eine analytische Prozedur. Ich kann aus einem Gegenstand *ein* Merkmal nur herausgreifen, wenn es zuvor mit mehreren anderen (›synthetisch‹) zusammen bestand oder mit ihnen eine Komplexion bildete (B 133 f.). Es handelt sich bei der Reflexion um diejenige Überlegung, die bei der Vergleichung zweier oder mehrerer Gegenstände/Merkmalskomplexionen am Werk ist. Zweck der Reflexion ist, herauszufinden, ob beide (oder die mehreren) Vorstellungen dasselbe (inhaltslogisch) enthalten (›einerlei‹ sind) oder nicht (›verschieden‹), ob sie sich widersprechen oder nicht (›Einstimmung‹, ›Widerspruch‹), ob etwas in dem Begriff analytisch enthalten ist oder synthetisch zu ihm hinzukommt (›innerlich‹, ›äußerlich‹) und welcher der verglichenen Gegenstände als so, wie er vorgestellt wird, gegeben (›Materie‹) und welcher nur durch eine epistemische Zugangsweise hindurch erschlossen ist (›Form‹). Dieses letztere Verhältnis nennt Kant auch – Maimon vorwegnehmend– das des Bestimmbaren zu seiner Bestimmung (A 261 = B 317).

Reflexionsbegriffe – noch einmal – konstituieren also nicht Anschauungsmassen zu einer oder vielen, sondern identifizieren beziehungsweise unterscheiden fix und fertig konstituierte Begriffe bzw. Gegenstände.

(Manche Interpreten denken, dass das nicht nur für erscheinende Gegenstände gilt, sondern auch für ›Gegenstände an sich‹, die Kant ja immer mal wieder im Plural auftreten lässt und die doch keine konstituierten Anschauungsmannigfaltigkeiten darstellen.

16 Vgl. *Logik* (Jäsche), § 6 (»Logische Actus der Komparation, Reflexion und Abstraktion« [= AA IX, 94 f.]).

Ihre Vielheit kann also nicht die der Kategorie [›Vielheit‹] sein. Nichts spricht aber dagegen, dass Dinge an sich verschieden sein können. Kant selbst redet von ihnen bald im Singular – die *en-bloc*-Vorstellung –, bald im Plural.[17] – Maimon scheint in seiner *Neuen Logik* den Unterschied von Dingen an sich und erscheinenden Gegenständen – Leibnizianisch – vermittels der Differenzierung der Objekt-Bestimmung nach ›inneren Merkmalen‹ und ›äußeren Verhältnissen‹ erfassen zu wollen [Maimon 1970, 132-144]. Durch innere Merkmale werden Dinge an sich, durch äußere Merkmale, »wodurch ein Objekt bloß im Verhältniß zu einem anderen Objekt bestimmt wird«, bloße Erscheinungen bestimmt [ebd., 198,$_2$]. Demnach wären Objekte »an sich« bestimmt, wenn ihre Begriffe vollständig sind, also ihren Gegenstand – intensional – nach allen seinen ›Merkmalen‹ vollständig [oder, wie Maimon auch sagt, ›deutlich‹] erfassen. Ist das nicht der Fall, ist also der Begriff des Objekts ›unvollständig‹ bestimmt [›verworren‹ erfasst], können wir Objektunterschiede nur an ihrem ›äußeren Verhältnis‹ feststellen: an ihren Positionen in Raum und Zeit. Raum und Zeit sind also nicht, wie bei Kant, sinnliche Objekte, sondern lediglich Formen ihrer Verschiedenheit [199 oben]. Durch externe Verhältnisse sind die Dinge also nicht ›objektiv‹, sondern ›bloß subjektiv‹ bestimmt, insofern sie Bewohner der von der Einbildungskraft hervorgebrachten ›erscheinenden‹ Welt sind, in der sich Gegenstände eben ›außereinander‹ darstellen [139,1]. Maimon erwägt nun zwei Möglichkeiten: Objekte können, »ihrem [umfangslogisch bestimmten] *Begriffe* nach«, infolge unserer verworrenen Auffassungsart einerlei zu sein *scheinen,* während sie *an sich* [inhaltslogisch] verschieden sind [136]: der Fall der kantischen ganz gleich aussehenden zwei Wassertropfen. »[O]der wir müssen annehmen, dass die Objekte, die nach ihrem *Begriffe* [Umfang] nach *einerlei* zu seyn/ *scheinen*, in der That [inhaltlich] *einerlei* sind, und

17 Zwar will Kant die Reflexionsbestimmungen keineswegs zur Charakterisierung von Dingen an sich heranziehen (weil denen die Eigenschaft Raum-Zeitlichkeit fehle [vgl. KrV A 494]); doch tut er das – und mit Recht – faktisch bei der Rede von Dingen an sich (im Plural). Ich unterschreibe im Übrigen Van Cleves Konsequenz: »I would counsel that we not give up the very idea of things in themselves, or the idea that they affect us; we should give up instead the idea that things in themselves are outside space and time. That would leave open the possibility that tables and chairs and stars and electrons are things in themselves« (Van Cleve 1999, 138).

dass ihre *Verschiedenheit* in Rücksicht auf ihr *äußeres Verhältniß* in *Zeit* und *Raum* bloß *scheinbar* ist« [136 f.]. Dieser letzte Fall kann nun nicht auftreten, weil unsere Einbildungskraft *an sich* bestehende Begriffsunterschiede immer und grundsätzlich unter dem ›Bilde‹ [143 f.] von raum-zeitlichen Positionsunterschieden darstellt bzw. konstruiert. Daraus folgt aber nicht, dass Gegenstände an sich nicht im Plural auftreten [voneinander verschieden sein] können, im Gegenteil. Man könnte sogar noch weiter gehen: Unterschiede im äußeren Verhältnis zwischen [empirischen, erscheinenden] Gegenständen sind grundsätzlich *Indikatoren* von Verschiedenheiten in den ihnen entsprechenden Gegenständen an sich, *die* sie zur Erscheinung bringen oder *deren* Erscheinung sie sind, wie Kant sich ausdrückt [*KrV* B XXVI f., A 253; weitere Belege in Frank 2002, 61 f. im Kontext].)

In seiner *Neuen Logik* bestätigt Maimon mit erheblichem Scharfsinn Kants Überzeugung, dass und in welcher Hinsicht Reflexionsbestimmungen von den Quantitäts-Kategorien unterschieden seien. Diese stehen in einem Verhältnis zueinander »*in* [transzendentaler] *Bestimmung eines Objekts*«, jene stehen nur in einem objektlosen Begriffsverhältnis zueinander (Maimon 1970, 44). Man könnte zwar sagen, erwägt Maimon, dass die Reflexionsbestimmungen von den Kategorien einseitig bzw. asymmetrisch abhängen. So scheine Einerleiheit ›notwendig‹ Einheit der Begriffe, und Verschiedenheit scheine notwendig Vielheit der Begriffe vorauszusetzen, während umgekehrt Vielheit von Begriffen nicht voraussetze, dass sie ›an sich‹ (intensional, nach ihren inneren Merkmalen) verschieden bestimmt seien (so auch ebd., 196,$_{1}$). Es kann vielmehr Pluralität von (sonstwie unterschiedenen) Begriffen geben, die ihrem Gehalt nach einerlei sind. Aber – fährt Maimon fort – »diese Erklärungsart würde dennoch aus zweierlei Gründen fehlerhaft bleiben« (45,$_{1}$).

1. sei Vielheit allgemeiner als Verschiedenheit, weil Vielheit Gegenstände bestimmt, die von einerlei Art sind – »und es wird also dadurch, dass man *Verschiedenheit* durch Vielheit erklärt, bloß ein *Gattungsbegriff* [das *genus proximum*], nicht aber die *Differentia specifica* von dem Begriff *Verschiedenheit* bestimmt« (45,$_{1}$).
2. müsse aber auch diese Korrektur noch eine Nachbesserung erfahren: Nicht die *Begriffe* ›Vielheit‹ und ›Verschiedenheit‹ seien wie Gattung und Art unterschieden – weil die Hinsichtnahme in die-

> sem Vergleich nicht dieselbe ist[18] –, sondern »die ihnen korrespondirenden *Objekte*, [sic!] machen eine Vielheit aus«. Beachte man die Einheitlichkeit des Beziehungspunktes, so sei Vielheit tatsächlich nicht allgemeiner als Verschiedenheit (45,$_2$).

In der den elften Abschnitt der *Neuen Logik* abschließenden Sektion über die ›Reflexionsbegriffe‹ erklärt sich Maimon so: Allein durch die Kategorien der Quantität und der Qualität gedacht, würde ein Gegenstand, »wenn er auch mehrere Mal gedacht würde, nicht viele, sondern nur ein Ding seyn« (196,$_1$). Die numerische Vervielfältigungsbedingung liegt in den Anschauungsformen Raum und Zeit. Der Begriff kann hier derselbe bleiben, und doch treten die Gegenstände in unterscheidende Beziehung zueinander. »So können zwei Tropfen Wasser der Qualität und der Quantität nach ähnlich und gleich, und dennoch numerisch verschieden seyn, dadurch dass sie in verschiedenen Orten angeschauet werden« (ebd.). – Maimons Ausdrucksweise ist allerdings insofern irreführend, als er hier den Ausdruck ›Begriff‹ wie Kant extensional verwendet. Natürlich indizieren, wie wir gesehen haben, Raum-Zeit-Unterschiede intensionale Unterschiede auch im Begriff; und ebendarum ist es eigentlich unangemessen, von zwei numerisch verschiedenen Wassertropfen zu sagen, sie würden durch denselben Begriff gedacht oder seien Instantiierungen desselben Begriffs (vgl. die erneute Verteidigung von Leibniz gegen Kant auf ebd. 197).

Diese Erörterung hatte Maimon eingeführt durch ein paar grundsätzliche Bestimmungen, die – befremdlich für einen Kantianer – »Eintheilung der Begriffe ihrer *Relation* nach« überschrieben sind (44; Kursivierung M. F.). Begriffe treten auf in Beziehung nur aufeinander oder »im Verhältniß zu einander *in Beziehung eines Objekts*«. Im letzteren (objektbestimmenden) Falle sind sie *Kategorien* der Relation (Begriffe von Objekten überhaupt, insofern in ihnen Zustände als in einem notwendigen Abhängigkeitsverhältnis stehend gedacht werden), im ersteren *Reflexionsbegriffe* (auch wenn Maimon sie hier nicht so nennt; vgl. aber 195 ff. und Maimon 1971, 243 ff.). In beiden Beziehungen (»Verhältnissen«) können sie wieder jeweils einfach oder zusammengesetzt sein. Einfache Reflexionsbegriffe sind ›einerlei‹ (»a und a«), ›verschieden‹ (»a und b«) oder ›ent-

18 Maimon sagt: »weil darin *Vielheit* und *Verschiedenheit* nicht in eben derselben *Beziehung* mit einander verglichen werden« (Maimon, 1970, 45,$_3$).

gegengesetzt‹ (»a und non-a«).[19] Zusammengesetzt heißen Begriffe, bei denen die harte Kontradiktion zur Verschiedenheit ermäßigt (Fichte würde sagen: ›quantifiziert‹) wird, weil ihr Verhältnis nicht mehr total, sondern partiell ist: Jeder Terminus ist mit einem anderen konjugiert, und nur im zweiten (selbst einfachen) Terminus treten die obigen logischen Konstellationen auf. So sind die Begriffskomposita *a b* und *a c* nur teilweise miteinander einerlei (hinsichtlich ihres Anteils an *a*) und zum Teil verschieden ($b \neq c$); und die Begriffe *a b* und *a non-b* sind hinsichtlich ihres *a*-Anteils identisch, widersprechen sich aber teilweise aufgrund der Kontradiktion zwischen *b* und *non-b*. »Diese [sc.: die zusammengesetzten Begriffe] sind im Ganzen bloß *verschieden*« (Maimon 1970, 44_{22}; ebenso und deutlicher Maimon 1971, 244 f.). Die Formulierung deutet voraus auf das sogenannte Gesetz der verneinten Totaldifferenz zwischen komplex bestimmten Gegenständen (›Totaldifferenz‹ kann nur auftreten zwischen *a* und *b*, also zwischen verschiedenen [nicht weiter analysierbaren] Merkmalen, die aber allein und *per se* keinen ›realen Gegenstand‹ bestimmen könnten.[20] Strenggenommen, dürften sie gar nicht ›verschieden‹ heißen, weil ein *tertium comparationis* oder eine ›gemeinsame Hinsichtnahme‹ als Handhabe für eine erfolgreiche Reflexion auf das Verhältnis beider fehlt. Der Gedanke eines von *b* »total verschieden[en]« *a* hebt sich also selbst auf; darüber gleich mehr).[21]

19 Maimon scheint das ›und‹ hier im Sinne der Kopula oder eher des Identitätszeichens zu gebrauchen.

20 Dass Objekte multipel charakterisierbar sein müssen, war eine der tiefsten Überzeugungen Kants auf seiner Suche nach dem argumentativen Schlüssel für die ›transzendentale Deduktion‹. Ein wichtiges Argument dafür: Dürften nicht weitere zergliederbare (elementare) Merkmale Objekte heißen, so würde mit ihrer Negation der durch diese eine Eigenschaft erschöpfend charakterisierte Gegenstand mit Putz und Stil aufgehoben. Von einem Objekt muss es immer möglich sein, auszusagen, dass es nicht soundso ist, ohne dass sich seine Substanz in nichts auflöst. Dazu Henrich (1976, 27 ff., 35 f., 39 f., 67 ff.) Schon Maimon: Es ist wesentlich für die Objektivität eines Gegenstandes, dass er »noch als auf *mehr als einerlei Art bestimmbar* gedacht wird« (Maimon 1970, 41).

21 Schon in der ersten Sektion des zweiten Abschnitts – »Vom Denken überhaupt« – war die Totalkontradiktion als Grenzfall des ›bloß formellen‹ und die bloße Verschiedenheit als der Normalfall des ›reellen [= transzendentalen, gegenstandskonstitutiven, außerdem komplexen] Denkens‹ ausgezeichnet worden, freilich auf dunkle Weise (Maimon 1970, 13 f.; zur Identifikation des reellen mit einem komplexen, »sich auf bestimmte Objekte beziehende[n]« Denken vgl. zum Beispiel

Ausführlicher – und womöglich durchsichtiger – war Maimon mit dem Problem der Reflexionsbestimmungen und ihrem Verhältnis zu den Kategorien im sechsten Abschnitt des *Versuchs über die Transcendentalphilosophie* umgegangen (Maimon 1965). Er hatte dort mit einer Unterscheidung begonnen: Begriffe – und nur Begriffe – können nach dem Leibniz-Gesetz strikt mit sich selbst identisch (›einerlei‹) sein, nicht aber (physische) Gegenstände. Gegenstände erscheinen in der Zeit. Jede Identifikation ist also eine Wiederidentifizierung über die Zeit hinweg, impliziert damit Wandel (das heißt Anreicherung oder Verlust von Merkmalen), sodass das entsprechende Urteil fehlbar ist. Umgekehrt können aber auch keine zwei Gegenstände »völlig verschieden« sein (111). Völlige Verschiedenheit wäre (wie Maimon und später Fichte es nennen) ›Entgegensetzung‹ (oder »Gegensetzung« [113]). Durch Entgegensetzung, so verstanden, wird nicht ein Ding zu verschiedenen Zeiten mit sich selbst, »sondern ein [...] Gegenstand mit Nichts« verglichen, also mit der Aufhebung (»Hebung«) seiner eigenen Setzung (ebd., 114 f.).[22] Aber Wechsel- oder »Verhältnisbegriffe« können einander nicht aufheben, sie fordern sich wechselseitig. Es sind »Korrelata«, die einander wechselseitig »erklären« (114 oben). Da sie nicht einer an die Stelle des andern treten können, sondern aufeinander angewiesen sind, müssen sie sich in eine gemeinschaftliche Sphäre teilen. Sie entsteht dadurch, dass die Realität zum Teil gesetzt und zum Teil verneint, also: bestimmt wird[23] (113 f.; 117,2; so jedenfalls verstehe ich Maimons Rede vom Gegensetzen als dem

23,3). Die Komplexität des reellen Denkens ergibt sich für Maimon offenbar aus der ganz kantianischen Überzeugung, dass ›Objekt‹ nur heißen dürfe, was multipel charakterisiert werden kann (was »*auf mehr als einerlei Art bestimmbar* gedacht wird« [41]).

22 Sie sich entgegengesetzt (also einander aufhebend) zu denken, sagt Maimon, wäre, wie wenn man die Ursache der Wirkung oder die Bestimmungen ›größer‹ oder ›kleiner‹ dem Begriff der Größe oder der Größe überhaupt entgegensetzte, »da doch dieser [der Begriff ›Größe‹] ohne jenen [den Begriff von ›größer und kleiner‹] nicht gedacht werden kann, weil Größe überhaupt das Gemeinschaftliche beider Korrelate« ist (114). Daraus ergibt sich, dass sich Verhältnisbegriffe »überhaupt ohne Zirkel nicht definiren« lassen (112).

23 In der Reflexion 4765 (*AA* XVII, 721) notiert Kant: »Das Unendliche erscheint nicht als ein solches, imgleichen nicht das Einfache. Denn die Erscheinungen sind zwischen zwey Grentzen eingeschlossen (Punkte) und sind also selber bestimmte Größen.«

»Gemeinschaftliche[n] dieser beiden Extreme[n] in Beziehung auf einander«).[24] In diesem Zusammenhang verweist Maimon auf die »Baumgartensche [...] Definition« der Einerleiheit und Verschiedenheit in § 38 und 70 der *Metaphysica*.[25] Danach ist Verschiedenheit (*diversitas*) eine Relation zweier Gegenstände, sodass in a etwas ist, das nicht in b ist. »Dieser Erklärung zufolge, werden alle Dinge einerlei und bloß der Größe nach verschieden, d. h. ähnlich seyn, oder a muß eine unendliche Anzahl Merkmale enthalten.« Das wird so bewiesen: Der erste Fall folge, wenn man b mit ›a geteilt durch Beliebiges/Unendlich‹ gleichsetze (›$b = \frac{a}{n}$‹); der zweite, wenn man a zwei Merkmale, sich selbst und b, haben lasse (›$a = ab$‹) und b mit a gleichsetze (›$b = a$‹); dazu müssen a und b zunächst einmal unterschieden, die Verschiedenen hernach wieder identifiziert werden, und so fort *ad infinitum* (111 f.).

Worauf will Maimon hinaus? Offenbar sind ihm die Reflexionsbestimmungen Identität und Differenz darum so wichtig, weil er Kants berühmte Gegenführung gegen Leibniz' Kriterium für die Identität beziehungsweise Differenz zweier natürlicher Gegenstände (*KrV* A 271 f.; *AS* 281 ff.) seinerseits bestreitet. Kant hatte zu zeigen versucht, dass Leibniz durch seine ›Intellektuierung‹ von Raum und Zeit dazu verführt worden sei, raumzeitliche Unterschiede zwi-

24 Genau genommen gilt diese Konsequenz erst für die transzendentale (sachhaltige), nicht für die (leere) logische Entgegensetzung. Bejahung und Verneinung hält Maimon, mit der traditionellen Logik und mit Kant, für Urteilsformen, die in transzendentaler Anwendung auf Anschauungsmassen die Kategorien ›etwas‹ und ›nichts‹ erzeugen (115 unten). Die rein logischen (oder Reflexions-) Begriffe sind allgemeiner als die transzendentalen, und da Letztere Verstandesformen sind, dürfen jene »sogar Formen der Formen heißen« (116 oben). Sie stehen in jedem kategorialen Urteil (etwa ›a ist Ursache von b‹ oder ›b ist nicht die Ursache von a‹) unter den logischen der Bejahung beziehungsweise Verneinung (sind darunter »subsumirt« [117]), eben so, dass die Kategorie einmal eine positive, das andere Mal eine negative Beziehung ›bestimmt‹ (116).

25 Dagmar Mirbach verdanke ich die Belehrung, dass Maimon, wie viele Zeitgenossen, sich auf Baumgartens Werk vermutlich nicht direkt, sondern über die gekürzte und auch in der Paragraphenzählung kondensierte deutsche Übersetzung durch Georg Friedrich Meier bezogen hat (Alexander Gottlieb Baumgartens Professors der Philosophie *Metaphysik*, Halle im Magdeburgischen, verlegt bei Carl Hermann Hemmerde, 1766). Das wird deutlich im Abschnitt »Meine Ontologie« (Maimon 1965, 239 ff.). Hier bezieht sich Maimon anfangs auf Baumgartens Paragraphen, weicht aber mit Meier von Nummer 14 an von der Zählung des Baumgarten'schen Originals ab (vgl. Maimon 1965, 241 f.).

schen Gegenständen auf Begriffsunterschiede zu reduzieren. Allein der Begriff von einem ›Kubikfuß Raum‹ sei derselbe, sooft ich ihn anwende.[26] Und wenn zwei Kubikfuß Raum dennoch verschieden seien, so seien sie es »bloß durch ihre Örter« (A 282). Kant setzt bekanntlich voraus, dass die Sinnlichkeit, deren Formen Raum und Zeit seien, vom Denkvermögen *toto cœlo,* in der Wurzel verschieden sei (A 15), sodass es abwegig wäre, Raumunterschiede intellektuell zu erklären.

Nicht so Maimon. Er spricht, wie er sagt, »hier als ein Leibnitzianer« (Maimon 1965, 133). Unterschiede, die sich unserem endlichen Erkenntnisvermögen als unterschiedliche Positionen in Raum und Zeit darstellen, müssen sich einem unendlichen Verstande als Begriffsunterschiede enthüllen. In gewisser Weise sind Raum und Zeit ›Einbildungen‹: Sie stellen unserer Sinnlichkeit als getrennt dar, was unser Verstand nicht imstande ist, als Ausdruck begrifflicher Unterschiede in den kleinsten Anschauungselementen zu erkennen (Maimon nennt sie ›Differentiale‹, sie sind begrifflicher Natur [112 f.]).

Um diesen Anschluss an Leibniz zu gewinnen, macht Maimon einen Umweg über eine andere Überlegung: Alles, wovon wir Bewusstsein haben können, darf nicht einfältig, sondern muss in sich differenziert sein. Anders gesagt: Bewusstsein hängt an der Bedingung, dass das Bewusstseinsfeld durch vielerlei Beziehungen oder Verhältnisse zwischen externen Gegebenheiten charakterisiert ist. »Hätte ich beständig die Vorstellung roth zum Beispiel[,] ohne irgend eine andere Vorstellung zu haben, so könnte ich niemals zum Bewußtseyn derselben gelangen« (132 oben). Damit nimmt Maimon eine bekannte These von Hobbes auf: »Semper idem sentire et non sentire ad idem recidunt.«[27] – Maimons nächster Gedanke ist: Das Außereinandersein (die Verschiedenheit) der Daten des Be-

26 Diesen Punkt gibt Maimon Kant übrigens zu: Einheit ist von Einerleiheit unterschieden. Vielheit hebt Einheit nicht auf. Geeinte Mannigfaltigkeiten können im Plural existieren, nicht aber in allen Eigenschaften identische (Maimon 1965, 251 f.; 1970, Neunter Abschnitt, Kapitel IV-VIII [= 131-144]).

27 Thomas Hobbes (1839), Bd. I, Teil IV, Kapitel XXV. Später haben William James und Russell diese Position unter dem Titel des Neutralen Monismus populär gemacht. James schreibt: »Consciousness connotes a kind of external relation, and does not denote a spezial stuff or way of being. *The peculiarity of our experiences, that they not only are, but are known, which their ›conscious quality‹ is invoked to explain, is better explained by their relations – these relations themselves being experiences – to one another«* (James 1912, 4).

wusstseinsfeldes wird durch Raum und Zeit schematisiert, und Schemata sind das Werk der Einbildungskraft. Sinnliche Verschiedenheit – etwa eines Wassertropfens von einem anderen – ist aber nur ein verworren angeschauter *Begriffs*unterschied (»ich spreche hier als ein Leibnitzianer«[28] [133; vgl. Maimon 1970, 136-144]). Raum-zeitliche Trennung markiert keinen objektiven Unterschied zweier oder mehrerer, sondern ist nur das Werk der Einbildungskraft, die gleichsam im sinnlichen Medium als Auseinander von Vorher und Nachher beziehungsweise als links-von oder rechts-von darstellt (›verbildlicht‹), was in Wahrheit ein unserem endlichen Verstand unzugänglicher Begriffsunterschied ist (Maimon 1965, 135).[29] So ist die Reflexionsbestimmung Verschiedenheit nicht im Raum, sondern dieser im Begriff der Verschiedenheit fundiert. Unsere sinnliche Erfahrung von räumlichem Auseinander ist nur die ›Verbildlichung‹ eines unsinnlichen Unterschieds in den Differentialen oder ›Verstandesideen‹. Noch anders: Jede Begriffsdifferenz wird als Unterschied der Orte eines Gegenstandes wahrgenommen. Diese Wahrnehmung ist nicht veridisch, sie beruht auf einer »psychologischen Täuschung« (Maimon 1970, 136).[30]

28 In der Tat ist dies Leibnizens Position: »[...] ainsi quoyque le temps et le lieu (c'est à dire le rapport au dehors) nous servent à distinguer les choses, que nous ne distinguons pas bien par elle memes, les choses ne laissent pas d'estre distinguables en soy« (*Nouveaux Essais*, Buch II, Kapitel XXVII, § 1, = *PS* 3.1, 390).

29 »Ich dagegen [nämlich gegen Kant] behaupte, dass Raum als Anschauung ein Schema oder Bild von der Verschiedenheit der gegebenen Objekte sei, oder eine subjektive Art[,] diese objektive Verschiedenheit, die eine allgemeine Form oder nothwendige Bedingung des Denkens der Dinge überhaupt ist, vorzustellen, ohne welche er ein leerer Raum, das heißt eine transcendente Vorstellung ohne alle Realität seyn würde (wie, wenn ich mir ein gleichartiges Objekt im Raume vorstellte, ohne es auf etwas ungleichartiges zu beziehen). Folglich ist Raum und Zeit an sich betrachtet zwar ein allgemeiner, aber doch nicht ein Begriff a priori, sondern bloß in Betracht dessen, was er Vorstellt, (der Ver / schiedenheit) ist er ein Begriff a priori, weil nämlich die Verschiedenheit allen Dingen zukommt, oder alle Dinge von einander verschieden seyn oder gedacht werden müssen, denn eben darum sie es alle Dinge« (Maimon 1965, 179 f.).

30 Besonders deutlich ist dieses Resümee aus der *Neuen Logik* (Maimon 1970, 143 f.): »V. Geben *Raum* und *Zeit* Anweisung zur Vollständigmachung unserer empyrischen Erkenntnis. Denn sobald wir finden, dass Dinge, dem Begriffe nach, den wir uns von ihnen gemacht haben, *einerlei* und dennoch in *verschiedenen* Zeit- und Raumverhältnissen stehen, so können wir daraus abnehmen, (da die *Verhältnisse* in den Begriffen gegründet seyn müssen), dass diese *Begriffe* noch *mangelhaft*

Schauen wir nun auf Baumgartens Stellung zu den Reflexionsbegriffen Einerleiheit und Verschiedenheit, weil Maimon sich auch auf diese Quelle beruft. Sie sind komplexer, als Maimon sie wiedergibt. In der Sektion ENS tauchen sie auf unter den Eigenschaften des Seienden, durch die es sich unserem Erkennen zugänglich macht (§ 67). Eigenschaften sind Bestimmungen (*determinationes*) oder Merkmale (*notae* characteristicae, discrimina) von Seiendem. Sie können intern oder extern sein (§ 68). Intern heißen Merkmale, die der Sache wesentlich sind, extern solche, die die Sache in Beziehung auf anderes (*relatio ad aliquid*) kenntlich machen (§ 69). Die internen Eigenschaften unterteilt Baumgarten wieder in solche, die im Seienden *per se* erkennbar sind, und solche, die angegeben werden (*dari*) müssen. Die »Data« können wir erneut entweder ohne Bezug auf anderes, rein aus sich selbst begreifen (*concipere*) oder nicht. Im ersten Falle haben wir mit Beschaffenheiten (*qualitates*), im andern mit Größen (*quantitates*) zu tun. Nun folgt der von Maimon zitierte Paragraph (70), der verschiedene Beziehungen zwischen Gegenständen nach Maßgabe ihrer Gleichheit (*aequalitas*), Ähnlichkeit (*similitudo*), Gleichartigkeit (*congruentia*) und Verschiedenheit (*diversitas*) ausbuchstabiert. Gegenstände, die aufgrund ihrer Qualität einerlei (*eadem*) sind, heißen ähnlich, solche, die es über die Größe sind, gleich, und solche, die es aufgrund beider sind, gleichartig. Es folgen die Negationen dieser Reflexionsbestimmungen: Unähnlich heißen qualitativ Verschiedene (*dissimilia*), ungleich quantitativ Verschiedene (*inaequalia*), qualitativ *und* quantitativ Verschiedene ungleichartig (*discongruentia*). So sind bloß ähnliche nicht gleichartig, sie sind nämlich quantitativ verschieden. Hier dient die Größe als inneres Unterscheidungsmerkmal zwischen Gegenständen, die sich im Übrigen bloß ähnlich sind (§ 71). Kongruenz (Gleichartigkeit) ist mithin das strengste (oder feinkörnigste) unter den angeführten Identitätsprädikaten für natürliche Gegenstände (*entia*).

Wie Maimon erklärt Baumgarten alle positiven Reflexionsbestimmungen für Beispiele oder Instantiierungen von Einerleiheit (*idem*). Die Einerleiheit (*identitas*) wird durch Abweichung zweier

sind. Dadurch werden wir geleitet, dieses Mangelhafte in den Begriffen aufzusuchen, und dieselben vollständig zu machen.
VI. Können auch *Zeit* und *Raum* als bloße *bildliche Vorstellungen der Verschiedenheit* der Objekte überhaupt betrachtet, und ihre *absolute* / von dieser Verschiedenheit unabhängig scheinende Vorstellung für eine Täuschung erklärt werden.«

Gegenstände voneinander in nur einem Merkmal nicht beeinträchtigt. Sie ist dann sogar maximal. Umgekehrt ist sie minimal, wenn zwei Gegenstände in nur einem Merkmal übereinkommen (§ 174; ›minimal‹ ist definiert durch ›größer als nichts‹ und ›dessen Verkleinerung unmöglich ist‹ [§ 161]). Die Varietäten der Einerleiheit kennen das entsprechende Maximum beziehungsweise Minimum. So ist die Ähnlichkeit zweier Gegenstände minimal, wenn beide nur in einer Beschaffenheit (*qualitas*) übereinkommen, maximal, wenn sie fast gleich beschaffen sind. Eine entsprechende Graduierung gemeinsamer Größen findet bei der Gleichheit statt (§ 265); und bei der Gleichartigkeit reicht die Skala von minimaler zu maximaler gleichzeitiger Ähnlichkeit und Gleichheit (§ 266). Jede Varietät kennt eine Spanne zwischen teilweise (*partialis*) und vollständig (*totalis*; Baumgarten schlägt als Übersetzung vor: ›völlig‹ oder ›gänzlich‹). Völlig identisch oder verschieden sind Gegenstände hinsichtlich einzelner, teilweise identisch oder verschieden hinsichtlich mehrerer Prädikate (§ 267). Daraus ergibt sich Baumgartens *Grundsatz der Verneinung bzw. Leugnung einer völligen Unähnlichkeit oder Verschiedenheit (principium negatae totalis dissimilationis et diversitatis)* zwischen natürlichen Gegenständen (§ 268). Vollständig identische Einzeldinge sind *numerisch* identisch – aber die numerische Identität ist die triviale Einerleiheit *eines* mit sich selbst. Es ist unmöglich, dass *zwei* getrennte Einzelgegenstände (*duo extra se singularia*) *völlig oder schlechterdings* (*prorsus*) verschieden sind (§ 269).

Werden nämlich zwei gesetzt, so werden viele gesetzt, und dann sind sie teils einerlei, teils verschieden (§ 74). Also sind sie nicht völlig einerlei (eadem [§ 267]). Völlig identische (eadem) Einzelgegenstände sind numerisch identisch, und nicht teils einerlei, teils verschieden (§ 267). Also sind sie nicht viele, sondern zwei (§ 74). *Dieser Satz* (*propositio*) heißt der *weit gefasste* Grundsatz (*der Identität*) *der Ununterscheidbaren* oder *der verneinten völligen Einerleiheit* (*principium* [identitatis] *indiscernibilium late sumptum*, aut *negatae totalis identitatis*).

Ein Reflex des Baumgarten'schen Grundsatzes findet sich in Maimons *Neuer Logik.* Dort wird gesagt: Selbst in dem Identitätsurteil »a = a, betrachte ich a *als von sich selbst unterschieden*, und verbinde es nur gleichsam mit sich selbst in der Einheit des Bewußtseyns« (Maimon 1970, $130_{,2}$). Also auch die strengstmögliche Form der judikativen Identifikation enthält ein Element von Differenz in sich. Maimon begründet das so: Jedes ›reelle Denken‹ (oder: jedes uns ›einsichtige‹ Erkennen) setze zeitlich Getrennte kraft der Verknüpfung in einem Bewusstsein in ein außerzeitliches Verhältnis (128 ff.). Verbindungsbewusstsein ist Bewusstsein von Regeln des Übergangs zwischen Vorstellungen. Den Übergang selbst interpretiert Maimon als zum Mannigfaltigen des (sinnlich) gegebenen Stoffs gehörig, die Regeln aber als quasi-logische Größen, nicht als Zeitabschnitte. Nun verleugne das unzeitliche Verbindungsbewusstsein nicht seine Herkunft aus dem der zeitlichen Sukzession – also seinen Anteil an Diversität.[31]

Aber auch Baumgartens Maxima-Minima-Lehre findet sich abgewandelt in Maimons Theorie stetiger Veränderung (Maimon 1965, 136, 260 f.). Bloße Einerleiheit wäre so unwahrnehmbar wie bloße Verschiedenheit; beide treten nur in wechselseitiger Bestimmung auf. Am Beispiel des Wechsels: Ohne eines, das da beharrt, wäre die Veränderung unmerklich, *et vice versa* (254). Das passt zum Prinzip der negierten völligen Einerleiheit: Sie muss sich minimal differenzieren, und das tut sie im Übergang des Beharrlichen aus einem Zustand in einen anderen, der vom ersten nur minimal verschieden sein darf. »[U]m aber die Einerleiheit mit sich selbst zu erhalten, muß dieses Ausschließen ein Minimum seyn« (137 f.).[32] Die hier lei-

31 »Zuvor ist schon bewiesen worden, dass *Raum* und *Zeit das Objektive* in der sinnlichen Erkenntniß ausmachen. Es sind also *Bedingungen des Denkens sinnlicher* (empyrischer [sic!]) *Objekte*. Ohne *Zeit* können wir gar nicht denken, durch *Zeit* allein können wir bloß innere *Wahrnehmungen*, deren Bedingung sie ist, in einer *Einheit des Bewußtseyns* verbinden, aber diese Verbindung würde sich alsdann blos auf die *Modifikationen unseres Erkenntnißvermögens*, als Objekt außer uns betrachtet, nicht aber auf ein wirklich außer uns gedachtes *Objekt* beziehen; beide also machen erst das *Denken der Objekte außer uns* möglich« (Maimon 1970, 130).

32 Vgl. ebd., 138 f.: «[U]m also diesen Widerspruch zu heben und folglich Erfahrung möglich zu machen, müssen sie [die sukzedierenden einander entgegengesetzten Qualitäten] im Objekte so vereinigt werden, dass sie sich am wenigsten Abbruch thun, d. h. ihre Entgegensetzung muß ein Minimum seyn.« Ferner 260, angewandt aufs Gesetz der Kausalität: »Es giebt [...] hier, so wie beim Verhältniß von Substanz und Accidenz (das Gesetz des Bestimmbaren und der Bestimmung) eine Regel der [sic!] Verhältniß der Objekte zu einander, wodurch sie in Beziehung von Ursache und Wirkung gesetzt werden. Diese ist, die Objekte A und B müßten die größtmögliche Einerleyheit und die kleinstmögliche Verschiedenheit unter sich haben, wenn sie in Beziehung von Ursache und Wirkung stehen sollen.« – Maimons Erklärung hat die größte Ähnlichkeit mit Robert Nozicks »Closest Conti-

tende Vorstellung ist nicht die schroffe Ablösung einer Ursache durch eine ihr unähnliche Wirkung, sondern das unmerklich leise Rieseln des Sands durch eine Sanduhr. Jedes Körnchen ist ein Minimum oder Differential, dessen Verlust beziehungsweise Ersetzung es der Identität des Gegenstandes erlaubt, sich im Übergang maximal zu erhalten.

Dazu passt Maimons Erklärung des (kausal vermittelten) stetigen Übergangs von Zuständen zwischen je zwei Körpern in einer Veränderungskette. Ihre Abweichung voneinander setzt ein Minimum an Unverändertem voraus, das den kontinuierlichen Transfer als »ein Drittes«, »Viertes« usw. gleichsam mitwandernd vermittelt. Maimon veranschaulicht das so: Gegeben sei eine (kausale) Veränderung im Verhältnis A und B, die sich erst berühren, dann nicht mehr berühren. Diese Veränderung lässt sich nur darstellen (dem Bewusstsein vermitteln) durch As und Bs gemeinsame Berührung mit einem Dritten (C). Rückt B nun von A ab, so muss A mit C in Berührung bleiben und B sich »absolut« von beiden trennen. Diese Veränderung lässt sich aber – nach dem Gesetz der Wechselbestimmung des Veränderten und Unveränderten – nur darstellen als Bs Abrücken von C, während A relativ unverändert bleibt. Soll nun auch die Berührung von A mit C als durch Bs Abrücken von beiden modifiziert betrachtet werden, so muss ein vierter Körper (D) ins Spiel gebracht werden, in Bezug auf den die Veränderung in AC sich darstellen lässt, »u. s. w. ins Unendliche. Hieraus erhellt, dass sich nicht die Dinge an sich, sondern bloß ihre Beziehungen auf einander, verändern« (254 f.).

Zurück zu Baumgarten: Entsprechendes zu Identischen gilt wieder für Ähnliche (Baumgartens *Metaphysica,* § 271), Gleiche (§ 272) und Gleichartige (§ 270). Treten sie im Plural oder in einer Abfolge auf, so müssen sie sich (nach ihren spezifischen Kriterien der Beschaffenheit, der Größe oder beider zumal) minimal voneinander unterscheiden. Darüber wachen jeweils die Prinzipien der verneinten völligen Gleichartigkeit, Ähnlichkeit beziehungsweise Gleichheit (§ 270-272). Kurz: »Omnia extra se invicem actualia sunt partialiter diversa [...], discongruentia [...], dissimilia, [...] inaequalia [...]« (§ 273).

nuer Theory« der über die Zeit (und im Wechsel der Zustände) sich erhaltenden Identität des Selbst (Nozick 1981, bes. 29 ff.).

Baumgartens Unterscheidungen differieren zum Teil von den Leibniz'schen, doch konnte sie Baumgarten wegen der äußerst eingeschränkten Publikationssituation von Leibnizens Nachlass kaum kennen. Obwohl sie mit der Identität natürlicher Gegenstände nicht direkt zu tun haben, sondern Verhältnisse zwischen Sätzen betreffen, sind sie in der Leibniz-Rezeption (und von Leibniz selbst) doch häufig mit ontologischen Bestimmungen enggeführt oder gleichgesetzt worden. Gemeint sind Definitionen von ›*idem* (dasselbe)‹ durch ›Ersetzbarkeit bei Aufrechterhaltung des Wahrheitswerts (*salva veritate*)‹. Da Wahrheit eine Eigenschaft von Sätzen ist, ist der Kontext dieser Definitionen klarerweise *logisch*. Ein Beleg findet sich in Leibniz' 1903 edierten *Non inelegans specimen demonstrandi in abstractis*:

Defin. 1. Eadem sunt quorum unum potest substitui alteri salva veritate. Si sint *A* et *B* et *A* ingrediatur aliquam propositionem veram, et ibi in aliquo loco ipsius *A* pro ipso substituendo *B* fiat nova propositio eaque itidem vera, idque semper succedat in quacunque tali propositione, *A* et *B* dicuntur esse *Eadem*; et contra si Eadem sint *A* et *B*, procedet substitutio quam dixi. Eadem etiam vocantur *coincidentia*; aliquando tamen *A* quidem et *A* vocantur idem, *A* vero et *B* si sint eadem vocantur *coincidentia*.

Defin. 2. Diversa sunt quae sunt non eadem, seu in quibus substitutio aliquando non succedit. *Coroll.* Unde etiam, quae non sunt diversa, sunt idem (Leibniz 1903, 10).

Definition Nr. 1: Identisch (oder: dieselben) sind diejenigen [ergänze: Ausdrücke], deren einer für den anderen wahrheitserhaltend eingesetzt werden kann. Wenn A und B gegeben sind und A geht in irgendeinen wahren Satz ein derart, dass bei Ersetzung von A durch B an irgendeiner Stelle dieses Satzes ein neuer ebenso wahrer Satz entsteht und dies für jeden solchen Satz stets zutrifft, so nennt man A und B identisch (dieselben); und wenn umgekehrt A und B identisch sind, so verfährt man mit der Ersetzung, wie ich gesagt habe. Identisch nennt man auch koinzident (zusammenfallend); manchmal jedoch nennt man A und A zwar identisch, A und B hingegen, wenn sie identisch sind, koinzident/zusammenfallend.

Definition Nr. 2: Verschieden sind, die nicht identisch sind oder in denen die Ersetzung manchmal nicht zutrifft. Zusatz: Daher sind auch, die nicht verschieden sind, identisch.

In anderen Zitaten heißt ›identisch‹ auch ›gleich (*aequalis*)‹ oder ›äquivalent‹. Äquivalent sind etwa die Ausdrücke ›Dreieck‹ und

›Dreiseit‹, die mit verschiedenen Kennzeichnungen dasselbe Ding (›*idem*‹) bezeichnen und wahrheitserhaltend durcheinander ersetzt werden können, so in der Fortsetzung des *Specimen calculi universalis* (Leibniz 1903, 240; vgl. 52; *GP* VII, 219).

Zur synonymen Verwendung von ›identisch sein‹ und ›zusammenfallen‹ ein Beleg aus der *Characteristica geometrica*:

Zunächst kann es vorkommen, dass sich zwei oder mehrere scheinbar verschiedene Namen in Wirklichkeit nur auf *einen* Gegenstand oder Ort beziehen, das heißt auf *einen* Punkt oder *einen* anderen Trakt. Man sagt dann, dass sie identisch seien oder zusammenfallen (eadem esse sive coincidere) (*GM* V, 150).

Im ersten Leibniz-Zitat war einfach von Ausdrücken die Rede, egal, ob sie für Individuen oder abstrakte Gegenstände stehen. Im zweiten war von *einem* Punkt oder *einer* Linie die Rede, im dritten dagegen von *dem* Dreieck oder Dreiseit. Es gibt Äußerungen, aus denen direkt hervorzugehen scheint, dass Leibnizens Definition gleichermaßen für Ausdrücke gilt, die für konkrete, und solche, die für abstrakte Ausdrücke stehen (siehe oben). So zum Beispiel im *Specimen Calculi universalis*:

Si quid substitui ubique salva veritate potest in locum alterius, alterum vicissim ubique substitui potest in locum ipsius, verbi gratia quia ubique in locum figurae planae triangulae substitui potest Trilaterum, etiam contra ubique in locum trilaterae poterit substitui triangulum. Nam sint duo *a* et *b*, et possit *b* ubique substitui in locum ipsius *a*, ajo vicissim *a* ubique substitui posse in locum ipsius *b*. Quod sic ostendo: Sit propositio *b* est *c*, vel *d* est *b*, ajo in his substitui posse *a*. Nam ponamus non posse substitui seu non posse dici *a* est *c*, et *d* est *a*, ergo falsae erunt hae propositiones: Ergo saltem verae erunt hae duo propositiones: *falsum est a esse c, et falsum est d esse a.* Jam pro *a* substitui potest *b* ex hypothesi, ergo verae etiam erunt hae duo propositiones: *falsum* est *b esse c, et falsum est d esse b,* quod est contra hypothesin, has enim assumimus ut veras. Demonstratum est ergo propositio. Idem aliter demonstrari potest (*GP* VII, 219).

(Wo immer etwas wahrheitserhaltend an die Stelle eines anderen gesetzt werden kann, da kann auch immer im Gegenzug das andere an die Stelle des einen treten. Weil zum Beispiel an die Stelle des flächigen Dreiecks überall das Dreiseit treten kann, so kann auch entsprechend überall an die Stelle des Dreiseits das Dreieck treten. Es seien nämlich zwei [Ausdrücke] a und b, und b könne jederzeit an a's Stelle treten, so sage ich, dass im Gegenzug auch a überall an b's Stelle treten kann. Das zeige ich so: Gegeben sei ein

Satz ›b ist c‹ oder ›d ist b‹. Nun sage ich, in diesen könne a substituiert/eingesetzt werden. Setzen wir nämlich, die Substitution sei nicht möglich oder es lasse sich nicht sagen ›a ist c‹ und ›d ist a‹, so werden diese Sätze falsch: Also werden zumindest diese beiden Sätze wahr: *Es ist falsch, dass a c ist, und es ist falsch, dass d a ist.* Denn an die Stelle von a kann ex hypothesi b treten, also werden diese beiden Sätze wahr: *Es ist falsch, dass b c ist, und es ist falsch, dass d b ist,* was gegen die Hypothese verstößt, denn diese nehmen wir als wahr an. Also ist der Satz bewiesen. Dasselbe lässt sich auch anders beweisen.)

Nicht nur Ausdrücke für natürliche Gegenstände und Begriffe, sondern auch ganze Aussagen werden nach demselben Substituierbarkeitskriterium identifiziert:

Aussagen nenne ich zusammenfallend/koinzident, wenn die eine für die andere wahrheitserhaltend (salva veritate) eingesetzt werden kann oder wenn sie einander implizieren (Leibniz 1903, 363).

Die Zitate belegen, dass Leibniz keinen prinzipiellen Unterschied zwischen dem logischen Prinzip der Substituierbarkeit *salva veritate* und dem ontologischen Ununterscheidbarkeitsgrundsatz anerkennt. Das wird noch auffälliger im folgenden Fragment:

Es genügt, dass ich gesagt habe, es könne nicht zwei in allem gleiche (per omnia similia) Einzeldinge (singularia) geben, zum Beispiel zwei Eier; es ist nämlich nötig, dass irgendwie von dem einen gesagt werden kann, was von dem anderen nicht gesagt werden kann, sonst könnten sie gegenseitig füreinander eingesetzt werden, und es wird kein Grund dafür da sein, warum sie so nicht vielmehr als ein und dasselbe (unum et idem) angesprochen werden (Leibniz 1960, 476).

Hier werden nicht nur Namen für Individuen, sondern Individuen selbst mit Begriffen oder anderen sprachlichen Ausdrücken auf eine Ebene gestellt. Kuno Lorenz (1969) hat das an Belegen verbindlich gezeigt. Ein schlagendes sind die *Generales inquisitiones de analysi notionum et veritatum,* wo als Beispiele für Identität abstrakte Entitäten wie Dreieck/Dreiseit im gleichen Aufwasch abgehandelt werden wie Namen und Kennzeichnungen für Individuen (Alexander der Große/König von Makedonien). Obwohl Leibniz das nicht immer deutlich gemacht hat, vertritt er die These, dass das ontologische Ununterscheidbarkeits-Gesetz und das logische Gesetz der Substitution *salva veritate* ein und dasselbe Gesetz sind. Der Nachweis erfolgt in zwei Schritten:

1. wird gezeigt, dass das *ontologische* Ununterscheidbarkeitsgesetz sowohl für konkrete als auch für abstrakte Gegenstände gilt; seine Begründung erlaubt die Einführung einer adäquaten Relation ›dasselbe‹ für beide Fälle.
2. wird gezeigt, dass diese (ontologische) Bedeutung von ›dasselbe‹ äquivalent ist mit der des logischen Gleichheitszeichens (also mit der *logischen* Definition von Identität).

Die Frage ist, ob diese Bedeutungs-Verschiebung auch außerhalb einer ontologisch-idealistischen Metaphysik erlaubt wäre.

15. Ungegenständliche Subjektivität

Eine altidealistische Intuition flüstert uns ein, es gebe einen innersten, einen unveräußerlichen Kern von Subjektivität; und der bilde auch das Wesen dessen, was wir ›Personalität‹ nennen. Zur Personalität gehören weitere wesentliche Eigenschaften: in Kants Tradition die sittliche Zurechenbarkeit, die wiederum in unserer Freiheit/Autonomie gründet; in Strawsons Verständnis die Körperlichkeit, die uns raumzeitlich identifizierbar macht durch andere Personen (Strawson 1963). Aber der Kern der Personalität scheint zu sein, was der späte Schelling ›urständliche‹ und der späte Schleiermacher ›ungegenständliche‹ Subjektivität genannt haben (*SW* I/10, 133; Schelling 1992, 29, 31, 35 f., 53, 96, 118 f., 408; Schleiermacher 1960, § 3; 2001 II, 288). Nur von ihr her lässt sich auch diejenige Formulierung des kategorischen Imperativs verständlich machen, der zufolge ich Personen nie (nur) als Mittel (und das heißt: als Gegenstände), sondern immer (auch) als Zwecke behandeln soll (Kant, *AA* IV, 428 f.). Gäbe es nämlich nicht so etwas wie ungegenständliche Subjektivität, so fehlte das *fundamentum in re* für die Handhabung des Imperativs. Subjektivität muss eine interne Eigenschaft haben, die auf Gegenständlichkeit irreduzibel ist.

Die idealistische Intuition drückt sich typischerweise in Wendungen aus wie dieser: Ich will das Subjekt, das ich bin, in seiner absoluten Subjektivität. Aber indem ich es fixiere (durch Reflexion), wird es mir zum Gegenstand und hört auf, lauteres Subjekt zu sein. »Es ist nur da, inwiefern ich es nicht habe, und inwiefern ich es habe, ist es nicht mehr« (*SW* I/4, 357, Anm. 2; vgl. I/10, 99 f.). Älteres Vorbild für diese Formulierung ist, was Neuplatoniker von der reinen Materie sagen: »Wenn man sie nicht suche, stelle sie sich dar, greife man aber nach ihr, oder wolle es mit ihr zu einem Wissen bringen, so entfliehe sie« (*SW* II/1, 13). Schellings unmittelbares Vorbild ist aber Kant: »Nun ist es zwar sehr einleuchtend: dass ich dasjenige, was ich voraussetzen muß, um überhaupt ein Objekt zu erkennen, nicht selbst als Objekt erkennen könne [...]« (*KrV* A 402). Im Paralogismus-Kapitel hatte er die Schwierigkeit der ›Apperzeption‹, sich selbst als *solche* und nicht über eine gegenständliche Repräsentation zu erfassen, wiederholt so beschrieben: Indem ich aussprechen will, wer ich bin, muss ich irgendwelche, zum Beispiel Wahrnehmungsqualitäten zu den meinigen erklären. Sobald ich mir jedoch die Frage nach der Legitimität dieser Zuschreibung(en) vorlege, wird mir klar, dass ich sie nur vornehmen könnte, wenn ich zuvor schon mit dem vertraut war, was ›ich‹ oder ›mein‹ bedeuten. So sehe ich mich gezwungen, mich selbst (oder den Begriff ›ich‹)[1] zum »Korrelatum meiner Vergleichungen« zu wählen, das mich darüber aufklären soll, welche Eigenschaft mich definiert, und setze auf diese Weise ebendas voraus, was ich in Erfahrung zu bringen beansprucht hatte (*KrV* A 366, 345 f.).

Der tonangebende Naturalismus der neueren Subjekttheorien hat das Verständnis für Kants Problem verdunkelt. Für den Naturalismus ist ausgemacht, dass, wenn es so etwas wie Subjektivität überhaupt gibt, sie unter den natürlichen Entitäten anzutreffen sei. Natürliche Entitäten sind aber – ontologisch – Gegenstände (*res*); und die Rede über Gegenständliches ist eine Rede *de re*. So scheint es selbstverständlich, dass Subjekte eine besondere Klasse von Gegenständen bilden.

Ich lasse hier offen, ob die naturalistische Option diese Konsequenz wirklich erzwingt. Mir genügt, dass Naturalisten sie meist fraglos ziehen. Damit geht einher eine beklagenswerte Neigung, das Spezifikum des Erste-Person-Phänomens zu banalisieren oder durch Modelle des drittpersönlichen Zugangs zu ersetzen. Das ›Reflexionsmodell‹ und das ›Modell der inneren Wahrnehmung‹, das einen Blick von außen nach innen verlegt, gehören dazu (vgl. Moran 2001, xxxiii, 1-5). Dabei hat die analytische Subjekttheorie schon seit Mitte der 1950er Jahre gezeigt (Geach 1957, in: Geach 1972a), dass epistemische Selbstzuschreibungen (»*attitudes de se*« nennt sie David Lewis [1983]) nicht auf Wissen *de re* zurückgeführt werden können. Man muss die genaue Ausbuchstabierung dieser Intuition aber als die unvergessene Pionierleistung Hector-Neri Castañedas würdigen: »without whom not«. In »›He‹. A Study in the Logic of Self-Consciousness« (1966, in: Castañeda 1999, 35-60) hat er zuerst detailliert dafür argumentiert, dass Wissen über uns selbst vom Wissen über Gegenständliches prinzipiell unterschieden ist. (Gleichzei-

1 Dass ›Ich‹ eigentlich kein Begriff, sondern eine Wahrnehmung oder gar ein Gefühl sei, betont Kant anderswo, zum Beispiel *AA* XXVIII/1, 206, Z. 3 f.; § 46 der *Prolegomena*; *AA* IV, 334. Weitere Belege und eine Interpretation dieses Zwiespalts in Frank (2002, 41 ff.).

tig hat er gezeigt – diesen Aspekt muss ich für mein Argumentationsziel nur erwähnen, nicht vertiefen –, dass Wissen *de se* auch von Sachverhaltswissen oder Wissen *de dicto* spezifisch verschieden ist.)

I. Castañedas Argument

Castañedas Argument verlangt eine Vorverständigung über die Semantik von ›Selbstbewusstsein‹. ›Selbstbewusstsein‹ – ein »mongrel concept« (Block 1995, 227 f.) – kann heißen

1. Bewusstsein von *psychischen Zuständen* (und dabei wieder
   a) Bewusstsein von den *Zuständen* (*Akten, Erlebnissen* [*experiences*]) *selbst* oder
   b) Bewusstsein von den *Gehalten* [*contents*] dieser Zustände/Akte/Erlebnisse;
2. Bewusstsein vom *Träger* des Bewusstseins (dem *Subjekt* oder *Ich*).

(Man nennt Auffassungen vom ersten Typ gewöhnlich nichtegologische, solche vom zweiten Typ egologische Selbstbewusstseinstheorien [dazu: Frank 1991a].)

Für den Castañeda der 1960er Jahre ist nur der zweite Aspekt Thema. Sein Ziel: den sprachlichen Mechanismus freizulegen, nach dem wir verfahren, um anderen Subjekten Ich-Bewusstsein zuzuschreiben. Das geschieht durch die sogenannte *he, himself locution*,[2] die Castañeda graphisch durch einen Asterisk hinter den (scheinbaren) Personalpronomina der dritten Person Singular auszeichnet (*he*/she**: abgekürzt: *he**). Nach dieser Sprachregelung steht *he** für das ›*he*‹ *of self-consciousness*.

Castañedas These lautet nun, dass das ›ich‹ des Selbstwissens nicht reduzierbar sei auf das, worauf wir mit Namenwörtern, mit Namenwort-Stellvertretern (indexikalischen Ausdrücken aller Art) oder mit Kennzeichnungen Bezug nehmen. (Daraus folgt, dass *he** – wider den Augenschein – kein Pronomen oder anderer indexikalischer Ausdruck ist: Castañeda nennt, ›he*‹, ›hier‹ und ›jetzt‹ *Quasi-Indikatoren* [Castañeda 1999, 61 ff.].)

Beispielsätze für die These: Sie formulieren grundsätzlich intentionale Aussagen, also solche mit einem Hauptsatz, der einer Person ein Intentionsverb zulegt, zum Beispiel: ›Paul glaubt (denkt, weiß,

2 Der Ausdruck ist von Chisholm (1981, 17).

hofft, wünscht usw.)‹. Der davon abhängige Nebensatz drückt dann den ›propositionalen Gehalt‹ des Intendierten aus. Also etwa: ›Paul glaubt, dass Marie glücklich ist.‹ Hier haben wir einen sogenannten Glauben *de dicto*. Paul glaubt nämlich das *dictum* (das Gesagte, die Proposition), ›dass Mary glücklich ist‹. Aber Paul kann auch einen Sachglauben haben, also (wie die Scholastiker das nannten) einen Glauben *de re*. Dann hat er eben eine Überzeugung über etwas (oder jemanden), wie sie sich etwa in dem Satz artikuliert: ›Paul glaubt von Marie, dass sie glücklich ist.‹ Schließlich kann Marie aber auch einen Glauben über sich selbst haben und das auch wissen. Dann hat sie einen Glauben *de se* oder Selbstbewusstsein: ›Marie glaubt, dass *sie** (*selbst*) soundso.‹

Ich wechsle die Beispielsätze:

(a) Die jüngste Abiturientin von Schriesheim glaubt, dass die jüngste Abiturientin von Schriesheim die nächste Schriesheimer Weinkönigin wird (*de dicto*).

(b) Es gibt ein x so, dass x mit Marie (nämlich mit der jüngsten Abiturientin von Schriesheim) identisch ist, und x wird von x für die künftige Weinkönigin gehalten (*de re*);

(c) Die jüngste Abiturientin von Schriesheim glaubt, dass sie selbst die nächste Weinkönigin wird (*de se*).

Zwischen den einzelnen Formulierungen bestehen folgende Implikationsverhältnisse (vgl. Chisholm, der sich explizit an Castañeda anschließt: Chisholm 1981, 18-20):

(1) (a) impliziert (b) (also *de dicto* impliziert *de re*): Wenn eine Person, welche die jüngste Abiturientin von Schriesheim ist, das *dictum* glaubt, dass die jüngste Abiturientin von Schriesheim glücklich ist, so gibt es eben jemanden, der mit der jüngsten Abiturientin von Schriesheim identisch ist und von ebendieser für die künftige Weinkönigin gehalten wird. Man könnte befürchten, hier würde unerlaubt aus einem ungeraden (intensionalen) in einen geraden (extensionalen) Kontext übergegangen. Das ist aber nicht der Fall, denn (a) identifiziert ›die jüngste Abiturientin‹ außerhalb des intensionalen Kontextes (›die jüngste Abiturientin‹ steht außerhalb des Skopus des Existenzquantors). Anders gesagt: Die Existenz der jüngsten Abiturientin ist unabhängig vom Inhalt des Glaubens gesichert.

(2) (b) impliziert nicht (a) (also *de re* impliziert nicht *de dicto*): Wenn x von x für glücklich gehalten wird und mit der jüngsten

Abiturientin von Schriesheim (nämlich mit Marie) identisch ist, muss sie weder wissen, dass ihr selbst der Status der Weinkönigin zugesprochen, noch, dass es Marie, die jüngste Abiturientin am Ort (die sie ist), ist, die von x für glücklich gehalten wird.

(3) (c) impliziert nicht (a) (also *de se* impliziert nicht *de dicto*): Wenn die jüngste Abiturientin von sich glaubt, sie werde zur Weinkönigin gewählt, muss sie nicht glauben, es sei die jüngste Abiturientin, die Weinkönigin wird (sie identifiziert sich in der *de-se*-Lesart nicht als Marie, die tatsächlich jüngste Abiturientin vor Ort).

(4) (a) impliziert nicht (c) (also *de dicto* impliziert nicht *de se*): Glaubt die jüngste Abiturientin, die jüngste Abiturientin werde die diesjährige Weinkönigin, so muss sie nicht wissen, dass sie mit der Kennzeichnung ›die jüngste Abiturientin von Schriesheim‹ auf sich selbst Bezug nimmt.

(5) (c) impliziert (b) (also *de se* impliziert *de re*): Wenn jemand etwas über sich selbst glaubt, so glaubt er es von jemandem.

(6) (b) impliziert nicht (c) (also *de re* impliziert nicht *de se*): Wird x von x für die kommende Weinkönigin gehalten (und ist außerdem die jüngste Abiturientin von Schriesheim), so muss beides nicht Gegenstand ihres Selbstglaubens sein (x mag identisch sein mit der jüngsten Abiturientin, ohne dass sie das weiß; und sie mag x die Weinköniginwürde zuschreiben, ohne zu wissen, dass sie selbst x ist).

Über die meisten dieser Thesen wird es keinen Streit geben. Anstößig könnte allenfalls (6) erscheinen. Denn – so könnte man einwenden –, wenn jemand soundso ist und dieser selbe jemand von sich selbst für soundso gehalten wird, dann hat er damit eben auch einen Glauben über sich.

Allerdings. Nur ist damit nicht schon gesichert, was in (c) klar der Fall ist, dass das Subjekt des Glaubens auch schon einen Glauben über sich *als* über sich hat. Anders gesagt: Nicht alles Selbs*tbewusstsein* ist darum schon *Selbst*bewusstsein. Halte ich den Herrn dort im Spiegel für Soundso (und bin selbst dieser Mann, ohne es zu wissen, da ich den Spiegel nicht gesehen habe, oder deute ich auf ein mich zeigendes Dia, ohne mich als mich zu erkennen), so halte ich zwar wirklich mich für Soundso, habe aber davon kein Selbstbewusstsein. So erging es bekanntlich Ernst Mach: Als er in einen Wiener Bus einstieg, sah er im gleichen Rhythmus auf der anderen Seite einen Mann einsteigen, bei dessen Anblick ihm der Gedanke durch den Kopf schoss: »Was steigt doch da für ein heruntergekommener Schulmeister ein!« (Mach 1886, 34) – nicht wissend, dass er auf sich selbst Bezug nahm, weil er den Spiegel übersehen hatte. Dies aber, eine Wahrnehmung gehabt zu haben, wird sich Ernst Mach direkt selbst zuschreiben. – Oder denken wir an Pu den Bär, wie er Ferkel vor seinem Hause auf- und abhüpfen sieht beim Versuch, den Türklopfer zu erreichen.

»Let me do it for you«, said Pooh kindly. So he reached up and knocked at the door. [...] »But Pooh«, said Piglet, »it's your own house!«
»Oh!« said Pooh. »So it is«, he said. »Well, let's go in« (Milne 1988, 77 f.).

Man könnte schließlich noch einwenden, Maries Glauben *de se* habe doch allemal die Form des Glaubens an eine Proposition (›dass sie selbst glücklich sei‹). Aber Chisholm meint, durch Aufklärung der Implikationsverhältnisse zwischen den drei Beispielsätzen gerade gezeigt zu haben, dass das ein bloßer Schein ist. In Wahrheit kann es – wegen des logischen Sonderstatus des Subjekts von epistemischen Selbstzuschreibungen – gar keine Erste-Person-Proposition geben (Chisholm 1971, 20).

Wichtig ist im vorliegenden Kontext allein (6): die Irreduzibilität von *de-se-* auf *de-re-*Einstellungen, also der Nachweis, dass Selbstbewusstsein kein spezieller Fall von gegenständlichem Bewusstsein ist. Was aber ist es dann? Das haben Castañeda und Chisholm nicht gezeigt. Sie haben sich auf den Negativbeweis der Irreduzibilität von ungegenständlichem auf gegenständliches Bewusstsein beschränkt, ohne zu fragen, wie man sich die Struktur eines nichtgegenständlichen Bewusstseins näherhin vorstellen muss.

Dennoch darf man das Gewicht dieses Negativnachweises nicht unterschätzen. Wir wollen seine Konsequenzen um ein Stück weiter verfolgen.

Was das Scheitern des Reduktionsversuchs von Wissen *de se* auf Wissen *de re* zeigt, ist, dass wir beim Selbstbewusstsein mit einem von Gegenstandsbewusstsein spezifisch verschiedenen Bewusstsein zu tun haben. Das war, wie Dieter Henrich 1966 gezeigt hat (Henrich 1967), eine fundamentale Einsicht Johann Gottlieb Fichtes.

Diese bestand in der Entdeckung, dass das sogenannte Reflexionsmodell an der Beschaffenheit von Selbstbewusstsein scheitert. Dies Modell besagt, Selbstbewusstsein komme durch eine Art höherstufigen Bewusstseins zustande, das auf ein Bewusstsein ersten Grades gerichtet werde. Auf diese Weise entdecke das Bewusstsein sich selbst in der Position eines Gegenstandes. Und da alles Wissen im Wissen von einem Gegenstand bestehe (sei es ein Einzelgegenstand oder ein Universale oder ein Sachverhalt), sei damit das Phänomen des Selbstwissens als das Wissen von einem besonderen Typ von Gegenstand erklärt.

Der Zirkel in diesem Erklärungsversuch springt in die Augen; doch blieb er, soviel wir wissen, in den klassischen Erklärungsversuchen von Selbstbewusstsein, die vor Fichte unternommen worden sind, unbemerkt.[3] Nun *besteht* Selbstbewusstsein, sagt Fichte. Bestehende Sachverhalte können nicht falsch sein. Das kann nur ihre (in Zirkel oder Regresse führende) Erklärung sein. In der Tat besteht die Erklärung von Selbstbewusstsein aus einer Reflexion die folgende Überprüfung nicht.

Vergegenwärtigen wir uns zunächst so genau wie möglich, was die falsche Reflexionstheorie behauptet: Ich gewinne – sagt sie – Kenntnis vom Ich durch Reflexion, das heißt dadurch, dass das Ich in einen Bezug zu sich selbst eintritt (oder sich auf sich selbst zurückwendet), wodurch es seiner ansichtig wird. Aber wie kann man das Subjekt, inwiefern es nichts ist als reines Subjekt, erkennen? Kant hat zwischen der reinen Apperzeption und dem Gedanken ›Ich denke‹ wohl unterschieden und sogar gemeint, jene bringe diesen hervor (*KrV* B 132). Dem entspricht seine Unterscheidung zwischen dem reinen urständlichen Sein und dem gegenständlichen Sich-Erscheinen des Ichs (§ 24 f. der Transzendentalen Deduktion). Wenn gilt (und Kant hat diese Überzeugung nie in Frage gestellt), dass Kenntnis nur von Phänomenen besteht, die sich einem Kennenden gegenüber in Gegenstandsposition befinden, kann vom Ich-Subjekt keine objektive Erkenntnis besessen werden, es bleibe eine vitiöse Voraussetzung.

3 Vielleicht – wie Udo Thiel (1996) gezeigt hat – mit der Ausnahme von Johann Bernhard Merian (1749a und b). Ausführlich dazu: Frank (2002, 154 ff.).

Die Reflexionstheorie, wie Kant sie von Descartes und Leibniz (aber ebenso von zahlreichen Denkern des britischen Empirismus) übernimmt (Frank 2002), muss also das Phänomen voraussetzen, dessen Struktur sie aufzuklären antrat. Fichte konnte ihr darum in seinen Vorlesungen über die *Wissenschaftslehre nova methodo* (zwischen 1796 und 1799) »Sophisterei« vorwerfen (Fichte 1797; vgl. im vorliegenden Band Text 7).

Ich paraphrasiere die Grundzüge des Fichte'schen Arguments. Wäre das Bewusstsein unserer selbst das Ergebnis einer Verschachtelung mehrerer Bewusstseine, deren jeweils vorletztes durch das jeweils letzte bezeugt würde, so gäbe es überhaupt kein Selbstbewusstsein. Denn für das jeweils letzte gälte abermals die gleiche Bedingung, dass, um sich selbst bewusst zu werden, ein nachfolgendes Bewusstsein es zum Gegenstand machen müsste – ein Bewusstsein, das selbst unbewusst wäre und sein Bewusstsein von einem es vergegenständlichenden weiteren Bewusstsein zuerkannt bekäme, und so *ad infinitum* (so auch Sartre 1947; in: Frank 1991a, 379 ff.). Nun *besteht* Bewusstsein, also ist das Modell falsch. Es ist falsch, heißt: Bewusstsein muss *unmittelbar*, jeder Vergegenständlichung durch ein nachfolgendes Bewusstsein zuvor, mit sich vertraut gewesen sein. Das drückt Fichte aus durch die Wendung von der völligen Nichtunterschiedenheit von Subjekt und Objekt im Selbstbewusstsein (so wiederum auch Sartre 1947, in: Frank 1991a, $382_{,3}$). Nun ist ein unmittelbares Bewusstsein – in kantischer Terminologie – eine Anschauung. Da sie, anders als die sinnliche Anschauung, kein Seiendes in Raum und Zeit, sondern das Sein der lauteren Spontaneität der Apperzeption anschaut, muss ihr der Status der Intellektualität zugesprochen werden.

III. Der Einspruch gegen das *inward glance*-Modell des Selbstwissens

Fichtes Argument ist weder von seinen Zeitgenossen noch von späteren Bewusstseins-Theoretikern besonders wahrgenommen, geschweige denn gewürdigt worden. Hätte er die Versuche des britischen Empirismus und der nachcartesischen und nachleibnizschen deutschen Aufklärung gekannt, hätte er eine viel reichere Belegbasis für seinen theoretischen Einspruch gehabt (Frank 2002).

Der Sache nach ist Fichtes Einsicht ohne direkte Nachfolge unabhängig von der phänomenologischen Bewegung wieder entdeckt worden (Franz Brentano, Hermann Schmalenbach, Jean-Paul Sartre; alle in: Frank 1991a). Die zeitgenössische Philosophy of Mind hat auch diese Vorläufer gar nicht oder kaum beachtet – mit ganz sporadischen Ausnahmen wie Chisholm (1981), Castañeda (1999) oder Nozick (1981).[4] Dagegen ist das Argument selbst bekannt, wenn auch wenig beachtet.

Die eindrucksvollste Ausnahme ist Sydney Shoemaker. Von ihm ist der heftigste Widerstand gegen das *second order*-Modell des Selbstwissens ausgegangen. Shoemaker spricht vom *inner sense*- oder *inward glance*-Modell. Manche – so Richard Moran (2001) – haben sich Shoemaker ganz oder teilweise angeschlossen.

Shoemaker ist auch einiger der wenigen, die zwischen egologischen und nichtegologischen Auffassungen von ›Selbstbewusstsein‹ zu unterscheiden wissen. Wir haben offenbar beides: Ich-Bewusstsein und Zustandsbewusstsein. Beide Male liegt eine Kenntnis vor, aber ihr Gegenstand ist verschieden. Dieser Unterschied ist aber in vielen älteren und neueren Theorien nicht oder nicht klar erkannt worden. Ich will im Folgenden nichts zur Ontologie der beiden Gegenstandsbereiche sagen, also nicht auf Fragen antworten wie: Ist das Ich eine mentale Entität, oder ist es physisch (oder beides)? Sind Bewusstseinszustände Nervenfaserreizungen, oder sind sie eigene mentale Ereignisse (oder beides)? Auch nicht auf die Frage: Ist Bewusstsein grundsätzlich gegenständlich, das heißt intentional, oder gibt es auch ein Bewusstsein, das nicht auf einen Gegenstand gerichtet ist (ein Kandidat wäre das phänomenale Bewusstsein; so Ned Block 1995 und 2003)? Meine Aufmerksamkeit richtet sich vielmehr auf die Frage nach der Natur der Kenntnis (falls es überhaupt *eine* ist), die wir von einem dieser beiden Gegenstandsbereiche haben. Ich könnte auch sagen: Ich frage nach der Natur der beiden Typen von Selbstbewusstsein.

Ein Theoretiker aus neuerer Zeit, der – wie gesagt – die eben vorgeschlagene Differenzierung beachtet, ist Sydney Shoemaker: In der ersten seiner drei Royce Lectures von 1993 über *Self-knowledge and »inner sense«* (in: Chisholm 1996, 199-268) unterscheidet er ausdrücklich und in drei eigenen Sektionen (IV-VI) Kenntnisse, die

4 Siehe jeweils die Namenregister.

sich auf einen Träger des Bewusstseins richten, von solchen, die auf das Vorliegen von Bewusstsein selbst gehen.[5] ›Bewusstsein‹ wird noch einmal unterteilt in Intentionen und Empfindungen. Beide Typen von Kenntnisnahmen nennt Shoemaker im Übrigen – nach einem verbreiteten Wortgebrauch – ›introspektiv‹. Von beiden aber bezweifelt er, dass sie in Analogie zu verstehen sind zu Kenntnissen, die wir von (natürlichen) Gegenständen haben.

Das Wahrnehmungsmodell des Selbstbewusstseins (notorisch in Lockes Version) besagt: Bewusstsein ist grundsätzlich Bewusstsein von etwas (von ihm Verschiedenen). Dieses Etwas kann ein Gegenstand der Welt sein (›äußere Wahrnehmung‹) oder ein Gegenstand unseres Seelenlebens (›innere Wahrnehmung‹).[6] Danach wären Kenntnisse des Selbst oder mentaler Zustände Quasi-Wahrnehmungen. (Ich überspringe den trivialen Einwand, dass wir kein eigenes Organ für ›innere Wahrnehmungen‹ haben, wie es Ohr oder Auge für äußere sind [Tugendhat 1979, 16 f.; Shoemaker 1996, 207].)

Diese Ansicht ist unhaltbar – und zwar unabhängig von der (zusätzlichen) Frage, ob der evidentielle Status beider Kenntnisse differiert, ob wir also Selbstwahrnehmungen einen epistemischen Vorzug einzuräumen haben vor Kenntnissen der sogenannten äußeren Welt (wie etwa Brentano, Meinong und Chisholm annehmen). Shoemaker hat das zu zeigen versucht, indem er acht Annahmen zurückweist, die mit dem Wahrnehmungsmodell von Selbstbewusstsein verbunden sind. Diese Annahmen haben gemein, dass sie den Gegenstand von Selbstbewusstsein als etwas interpretieren, das dem Bewusstsein zusätzlich (›over and above‹) zu seinem blanken Vorliegen noch gegeben ist.

Für den ersten Fall (Selbstbewusstsein als Bewusstsein vom *Selbst*) gelten folgende vier (allgemein fürs Gegenstands-Wahrnehmungs-Modell zutreffenden) Annahmen:

1. Bewusstsein sinnlicher Tatsachen (also Bewusstsein, dass ein natürlicher Gegenstand so und so beschaffen ist) verläuft über das *Bewusstsein dieses Gegenstandes,* also über demonstrative Bezug-

5 »[...] it is useful to seperate the questions whether the *self* is the object of quasi-perceptual introspective awareness, and the question of whether mental entities of various kinds are« (Shoemaker 1996, 208).

6 Ich klammere hier die Kenntnis von abstrakten Gegenständen aus. Sie bietet im vorliegenden Kontext keine Alternative zum Akt-Objekt-Modell des Bewusstseins.

nahme auf das im propositionalen Gehalt meiner Überzeugung enthaltene Individuum (zum Beispiel »dieser Baum dort ist eine Esche«, »dieser Mann dort im Spiegel bin ich«).

2. Sinneswahrnehmung liefert mir *identifikationsgestützte Informationen*; sie ›einzelt‹ den Gegenstand aus einer Menge seinesgleichen heraus.
3. Am wahrgenommenen Gegenstand lassen sich wenigstens einige *intrinsische Eigenschaften* ausmachen; sonst hingen ihre relationalen Eigenschaften ›in der Luft‹.
4. Auf Wahrnehmungsgegenstände kann ich meine Konzentration richten; ich kann sie durch Leistungen der *Aufmerksamkeit* aussondern (Shoemaker 1996, 205 f.).

Alle diese Bedingungen lassen sich nicht anwenden auf die epistemische Selbstreferenz. Ich kann – anders als bei Sinneswahrnehmungen – zu mir selbst nicht in eine standpunktabhängige Beobachterrelation eintreten. Ferner kann ich mich beim Selbstwissen auch nicht aus einer Menge von meinesgleichen ›herauseinzeln‹. Ich kann mein Selbstwissen auch nicht aus der Kausalbeziehung eines differenzierten Gegenstandsbereichs auf mein Gewahren erklären, denn in diesem besonderen Wissen findet ein Subjekt-Objekt-Gegensatz gerade nicht statt. Und schließlich kann und muss ich mich auch nicht in eine informative Identifikationsbeziehung zu mir selbst bringen, da ich – jeder Objekt-Präsentation zuvor – immer schon weiß, dass ich ich bin (Shoemaker 1984a, 8 f.; 1984b, 102-105).

Der letztere Punkt ist besonders wichtig. Er zeigt am schlagendsten, dass das Wahrnehmungsmodell des Selbstwissens unhaltbar ist. Man hat – wie ich schon sagte – auch vom Reflexionsmodell des Selbstwissens gesprochen, weil es die Kenntnis meiner selbst *als* meiner selbst über eine Objekt-Repräsentation – also ein Spiegelbild – vermittelt denkt. Selbstwissen ist aber wie Tatsachenbewusstsein, welches nicht durch Gegenstandsbewusstsein vermittelt ist (womit der ersten Annahme widersprochen ist) (vgl. auch Shoemaker 1984b, 105). Nicht, dass ich mich nicht auch über ein Spiegelbild (oder eine Reflexion) erfassen könnte. Ich kann das aber nur, wenn ich – jeder Reflexion oder Selbstwahrnehmung zuvor – mit dem Gegenstand dieses Wissens schon bekannt war. Andernfalls hätte ich kein Kriterium dafür, den gewahrten Gegenstand *als* mich selbst aufzufassen, also korrekt zu identifizieren: Gallups Schimpansen-Versuche (Hauser 2000, Kapitel 5), Ernst Mach im Bus (Mach 1886,

34), Rudolf Lingens in Stanford Library (Lewis 1983, 138 f., nach Perry 1977), John Horatio Auberon Smith als nichts verstehender Leser des ihn betreffenden Testaments (Anscombe 1981/1975, 22), Groucho Marx vor einem vermeinten Spiegel, der sich als leere Scheibe herausstellt (Shoemaker 1996, 211), und desgleichen. Mithin gilt: »Perceptual self-knowledge presupposes non-perceptual self-knowledge, so not all self-knowledge can be perceptual« (Shoemaker 1984b, 105). Wenn Ernst Mach oder Groucho Marx durch ein Spiegelbild zu einer Art von Selbstwissen gelangen, so mussten sie eine erstpersönliche Kenntnis von sich *als* von sich schon besitzen, die – um den Preis eine infiniten Regresses – nicht auf Identifikation (also nicht auf 2.) beruhen kann (Shoemaker 1996, 211). (Diese Kenntnis ist außerdem – im Unterschied zu typischen Wahrnehmungsgehalten – wesentlich *begrifflich,* wie das Begriffswörtchen ›als‹ anzeigt [vgl. Lewis 1983 nach Perry 1977]).

Wie steht es aber um den zweiten Sinn von ›Selbstbewusstsein‹: denjenigen, wonach der Gegenstand der Selbstkenntnis intentionale oder phänomenale Zustände sind? Beginnen wir mit den propositionalen Einstellungen. Sie können darum nicht über Wahrnehmungen individuiert werden, weil die Bedingungen 1., 3. und mithin auch 4. hier nicht erfüllt sind. Im Einzelnen gilt:

5. Gemäß Bedingung 3. muss sich perzeptive Information auf intrinsische Eigenschaften stützen. Wenn indes die Gehalte unserer Einstellungen weitgehend durch die Welt bestimmt werden (Prämisse des Externalismus), dann kommen relationale Eigenschaften ins Spiel. Ihrer und der kausal vermittelten Gehalte kann sich *innere* Wahrnehmung nicht autoritativ bemächtigen; denn was sich da ›wahrnehmen‹ lässt, sind ›innere‹ Eigenschaften der Einstellung (Boghossian 1989, 11), und Gehalte sind nicht »im Kopf« (Putnam 1975 und 1981; dagegen freilich Burge 1979). Das Gegenstandswahrnehmungsmodell scheitert also an introspektiv unzugänglichen Eigenschaften des Gehalts.
6. Selbstkenntnis ist auch darin von Wahrnehmung unterschieden, dass perzeptiv vorgenommene Objekt-Individuierung fehlgehen kann, während Einstellungsmodi – zum Beispiel Wünsche oder Überzeugungen – verwechslungsresistent sind (vgl. dagegen Bernecker 1996). Unser epistemischer Zugang zu Überzeugungen, Hoffnungen usw. läuft nicht über Urteile, die so etwas wie demonstrative Bezugnahme einschließen (Bedingungen 1. und

2.). (Shoemaker beantwortet freilich nicht die Frage, *wie* man sich dieses Wissen vorstellen soll.)

7. Schließlich meint Shoemaker, es gebe keine nichtintentionalen Merkmale von Intentionen; Intentionen hätten also keine phänomenalen Merkmale, die sich quasi-perzeptiv »im Kopf« entdecken ließen.[7]

Schließlich zur Art und Weise, wie der Geist mit Erlebnissen und Empfindungen bekannt ist. Sie waren das bevorzugte Beispiel der empiristischen Theorie des ›internal sense‹ und konnten dort mit einer gewissen intuitiven Plausibilität rechnen. Das hängt zusammen mit der Oberflächengrammatik von Redeweisen wie ›Ich verspüre Hunger‹, ›Ich empfinde Schmerz‹ oder gar ›Ich spüre ein Stechen im rechten Kniegelenk‹. Sie suggerieren, es gebe da zweierlei: 1. den Schmerz, 2. die Empfindung desselben. (Und 3. wird gewöhnlich angenommen, der Schmerz bleibe so lange schmerzlos, wie er nicht empfunden werde; das impliziert die Annahme, einiges Bewusstsein sei unbewusst.) Das ist natürlich Unsinn: Der Schmerz tut schon *per se* weh. Er muss nicht außerdem, gar nachträglich (in einem Auffassungsakt ›höherer Ordnung‹) quasi-wahrgenommen bzw. repräsentiert werden, um seine unerwünschte Wirkung zu entfalten. Das hängt mit einer Eigenschaft phänomenaler Zustände zusammen, die die phänomenologische Tradition von Brentano bis Sartre als Zusammenfallen von Sein und Sich-Erscheinen des Bewusstseins bezeichnet hat (Sartre 1991, 379 ff.). In neuerer Zeit hat diese These Aufwind erhalten durch Kripkes Nachweis der Unähnlichkeit in der Beziehung zwischen (sagen wir) mittlerer Molekularbewegung, Wärme und Sich-warm-Anfühlen – oder zwischen H_2O, Wasser und Sich-wässrig-Anfühlen – einerseits, C-Faser-Reizung, Schmerz und Sich-schmerzhaft-Anfühlen andererseits. Kripkes bekanntes Argument geht so: Etwas kann warm sein, ohne sich

7 Diese These ist seit Husserl bestritten worden. Man kann Einstellungsmodi als quasi-phänomenal gegeben denken, wie es etwa Husserl mit seiner Rede von Aktcharakteren tut: Es ist uns irgendwie »zumute«, wenn wir zum Beispiel über das Berliner Schloss urteilen, uns an ihm freuen oder einen Wunsch hinsichtlich seiner hegen (Husserl 1980 II/1, 374 im Kontext; vgl. auch die Unterscheidung von Aktqualität und -materie in § 20, 411 ff.). Den Ausdruck ›Zumutesein‹ kennt auch Meinong: »Das qualitativ Eigenartige, das wir erleben, indem wir Rot sehen oder an Rot denken, gehört [...] nicht dem Gegenstande, sondern dem Inhalte an. Und dass uns anders zu Mute ist, wenn wir einmal Rot, einmal Grün sehen, das liegt wieder nicht am Gegenstande, sondern am Inhalte« (Meinong 1905, 59).

warm anzufühlen (oder ich kann eine Wässrigkeitsempfindung haben, ohne dass Wasser vorliegt). Aber etwas kann nicht Schmerz sein, ohne sich schmerzhaft anzufühlen. Da Identität eine notwendige Beziehung ist, koinzidieren Sein und Sich-Erscheinen einer Empfindung notwendig, nicht so aber Schmerz und C-Faser-Reizung (Kripke 1980, 152 und 154).[8] Diese notwendige Beziehung lässt sich, wie gesagt, treffend so ausdrücken: Sein führt wesentlich Sich-Erscheinen mit sich. Außerdem gilt: Solches phänomenale Bewusstsein ist kein Ich-Bewusstsein: Nicht wir sind ursprünglich mit dem Schmerz, sondern dieser ist mit sich selbst bekannt: Daher genügt es nicht, ihn nur bewusst zu nennen. Er ist außerdem seiner selbst bewusst. (Man kann dies übrigens auch aus der radikalisierten These von des Bewusstseins Durchsichtigkeit folgern: Bewusstsein hat keine intrinsischen Qualitäten, auch nicht die einer Ichhaftigkeit. Natürlich kann *ich* meinen Schmerz durch einen phänomenalen Begriff hindurch denken; der ist aber kein Charakter des Phänomens selbst [Sartre 1978].)

Kürzer lassen sich die Einwände gegen das Wahrnehmungsmodell der Empfindungen so resümieren:

8. Es scheitert am Kriterium fehlender demonstrativer Bezugnahme (1.). Es ist nicht der Fall, dass wir Sinnesdaten vor unserem geistigen Auge hätten und identifizierten. Zwar stellen wir Gegenstände vor, aber wir stellen zu diesem Zweck nicht abermals unsere Vorstellungen der Gegenstände vor. Sinnesdaten sind verdinglichte Repräsentationen.
9. Aus dem gleichen Grund und abermals wider den Augenschein scheitert das Modell innerer Wahrnehmung auch an Kriterium 3. D. h.: Wir haben Erlebnisse nicht dadurch, dass wir sie wie natürliche Gegenstände ›herauseinzeln‹ und voneinander unterscheiden. Auch diese Operation würde die (Russell/Ayer'sche) Annahme von Sinnesdaten als den eigentlichen Objekten unseren Geistes voraussetzen.

8 So auch Chalmers: »[...] *all it is* for something to be in pain is for it to feel like pain. There is no distinction between pain and painy stuff, in the way there is a distinction between water and watery stuff. One could have something that felt like water without it being water, but one could not have something that felt like pain without it being pain. Pain's feel is *essentiel* to it« Chalmers (1996, 147; vgl. 133, 146).

10. Zwar ist es verführerisch, Präsentationen von Halluzinaten oder Nachbilder mit Präsentationen von Wahrnehmungsgegenständen zu vergleichen (wir sähen dann einmal die Sonne, ein andermal ein *Bild* der Sonne). Während wir aber von natürlichen Gegenständen etwas lernen (und nie eine erschöpfende Ansicht aller ihrer Abschattungen haben), sind Einbildungen wesentlich arm: Sie versinnlichen bzw. schematisieren immer nur den Begriff, der sie deutet. Sartre sprach darum in Bezug auf Nachbilder oder eingebildete Gegenstände von ›Quasi-Observation‹ (Sartre 1940, 18 ff.). ›Quasi-Observation‹ meint: Wir haben von dergleichen keine inneren Wahrnehmungen, geschweige Beobachtungen, wobei Beobachtungen von Wahrnehmungen durch Aufmerksamkeit unterschieden sind. Sartre interpretiert Nachbilder wie Shoemaker: Nicht sie werden repräsentiert, sondern ihre veridische Natur besteht nur darin, dass sie weiterhin Weltgegenstände repräsentieren. Damit hängt zusammen Shoemakers letzter Punkt:
11. Die intuitive Plausibilität der Sinnesdatentheorie verlangt – um des Kriteriums 3. willen – eine Modifikation des Gehaltsexternalismus, zumindest in der extremen Variante Harmans und Tyes (Harman 1990; Tye 2002). Zwar würde die Position, dass Gehalte grundsätzlich keine intrinsischen Merkmale des Bewusstseins, sondern Repräsentate von öffentlich zugänglichen Oberflächen natürlicher Gegenstände sind, ein Zusatzargument gegen die innere Wahrnehmbarkeit von Bewusstseinszuständen liefern. Aber diese Position geht in zwei Rücksichten zu weit:
(a) Sie erklärt nicht den *Zumuteseins-* oder qualitativen Charakter von Erlebnissen; und
(b) sie macht unverständlich, warum wir überhaupt an der Rede von einem repräsentationalen *Bewusstsein* festhalten.

Überdehnt man nämlich die Metapher vom ›mentalen Glas‹, so löst sich Bewusstsein in nichts auf und verschwindet in den Oberflächen der Gegenstände, die es dann auch nicht mehr ins Bewusstsein hebt bzw. zur Kenntnis bringt.

Aber welche Alternativen bieten sich zum Modell der inneren Wahrnehmung? Eine wäre der Vorschlag, Selbstwissen als ein Tatsachenwissen zu interpretieren, das nicht durch Objektwahrnehmung vermittelt ist. Diesen Vorschlag hat Armstrong (Armstrong/Malcolm 1984) gemacht. Er besagt, dass wir beim Introspizieren nicht gleichsam unsere Bewusstseinszsustände ›scannen‹, sondern Oberflächen der Raumwelt. Dann aber erhebt sich die Frage, wie im *Wissen, dass* wir repräsentieren, die Information enthalten sein kann, dass wir dies *auf bewusste Weise* getan haben – denn die Bewusstheit soll ja durchsichtig und ohne (innere) Qualitäten gedacht sein (Tye 2002, 144 f.). Die Erklärung unseres Wissens, *dass* ein bestimmtes Erlebnis mit einem bestimmten Zumuteseinscharakter vorliegt, bewegt sich also im Zirkel.[9] Entweder ist Introspektion ein Sonderfall von Bewusstsein *von,* dann stecken wir wieder im Objekt-Wahrnehmungsmodell; oder es ist Tatsachenbewusstsein ohne Vermittlung durch Objektbewusstsein. Tye spricht von »displaced perception or ›secondary‹ seeing that (seeing that *P* by seeing something not involved in the truth-conditions for the proposition that *P*)« (Tye 2002, 145). Dann verstehen wir nicht, auf welche Weise die erforderte Kenntnis/Information sich in die Tatsache eingeschmuggeln konnte, ohne schon vorher und *per se* bestanden zu haben. Die Rede von einem verlässlichen Kausalmechanismus (einem »Automatismus«) ersetzt nur eine Unbekannte durch eine andere (ebd., 145 f.).

Wieder anders ist die Erklärung, die Lawrence BonJour in jüngster Zeit (nach seiner Rückkehr zum Fundamentalismus) angeboten hat. Das Dilemma, wonach Sinneserlebnisse nur dann geprüft oder gerechtfertigt werden können, wenn sie bereits Überzeugungscharakter haben und Bestandteile einer Theorie seien, scheint bei einer genaueren Analyse von Selbstbewusstsein vermeidbar. Grundüberzeugungen könnten präreflexiv vorliegen, aber dennoch ›konstitutiv‹ sein für entsprechende (ausdrückliche, ›reflexive‹ oder ›apperzeptive‹) Überzeugungen:

> [...] I suggest, to have an occurent belief is *ipso facto* to have an awareness of the content of that belief (and also of one's acceptance of that content), an awareness that is not reflective or apperceptive in nature, but is instead partly *constitutive* of the first level occurent belief state itself. My suggestion is that it is by appeal to this nonapperceptive, constitutive awareness that an apperceptive metabelief is justified – though we now see that it is this nonapperceptive awareness rather than the metabelief that finally deserves to be called »basic« (BonJour 1999, 131; ebenso 2001, 24 f.).

9 Vgl. Tye (2002, 144 f.): »Introspective awareness of the phenomenal character of an experience, I maintain, is awareness *that* – awareness that an experience with a certain phenomenal character is present.«

BonJour verteidigt die Annahme eines präreflexiven, aber Reflexion (und damit Kognition) fundierenden Gehalt-Bewusstseins durch eine indirekte Beweisführung. Er zeigt, dass das alternative Reflexionsmodell des Bewusstseins in den infiniten Regress führt (BonJour 2001, 26 f.). Einen zeitgenössischen Vertreter dieses falschen Modells identifiziert er in David Rosenthal (1991). Dessen Grundfehler sei die Überzeugung, dass primäre Erlebnisse nicht von sich aus bewusst sind, sondern es erst durch eine zusätzliche (reflexive) Zuwendung auf höherer Ebene (»higher level«, »second order«) werden. Da das höhere Bewusstsein selbst wieder primär ist und eines weiteren sekundären bedürfte, für welches dasselbe gilt, kommt die unendliche Verschachtelung zustande, deren Struktur in diesen Kontexten wir seit Merian, Fichte und Brentano kennen (vgl. Frank 2002). Wie diese nimmt BonJour an, das Bewusstsein sei dem (zum Beispiel sinnlichen) Erlebnis erster Ordnung ›eingebildet‹ (»built-in«), trete also nicht *post festum* zu ihm hinzu, sondern wohne dem Erlebnis selbst inne: »[T]he consciousness of the *content* of a conscious mental state is [...] intrinsic to the occurence of the state itself« (BonJour 2001, 27). Damit ist natürlich die Ansicht verbunden, dass Selbstbewusstsein eine intrinsische Eigenschaft von Bewusstsein-überhaupt ist. Diese Überzeugung halte ich für richtig.

Die jüngste Entwicklung innerhalb der *Philosophy of Mind*, nämlich den Ausdruck ›innere Wahrnehmung‹ durch den der ›Introspektion‹ zu ersetzen, finde ich nicht gücklich. Schließlich bleibt der Metaphernspender derselbe. Wahrnehmungen haben mit Introspektionen gemein, dass sie nichtinferentiell sind und dass über sie epistemische Gewissheit ›jenseits vernünftigen Zweifels‹ besteht. Sie unterscheiden sich aber darin, dass Wahrnehmungsgehalte bewusstseinsunabhängig zustande kommen, während es – wie wir oben sahen – keinen Sinn macht, das Sein des Bewusstseins von seinem Sich-Erscheinen abzusondern bzw. unabhängig zu machen.[10]

Genau das aber tut zum Beispiel David Armstrong mit seiner Hume'schen These, der Mechanismus, der mentale Zustände in Kenntnisse dieser Zustände verwandle, sei kausal zu interpretieren. Außerdem betrachtet Armstrong die Glieder der Kausalrelation als kontingent verbundene *distinct existences,* so dass das erste auftreten

10 »In the case of introspection, on the other hand, the reality known and the faculty for knowing it are, as it were, made for each other – neither could be what it is without the other« (Shoemaker 1996, 245).

kann, ohne den Durchbruch in ein Wissen zu schaffen (Armstrong 1968). – Shoemaker erklärt das *distinct existence argument* für unsinnig und dem Phänomen nicht gerecht werdend (Shoemaker 1996, 224 f.).[11] Aber hatte er selbst in »Functionalism and Qualia« nicht etwas ganz Ähnliches behauptet? Kannte er dort nicht auch einen reliablen Mechanismus, der qualitative Zustände in qualitative Überzeugungen (»qualitative beliefs«) überführt? Allerdings, aber Shoemaker hatte die in veridische Urteile zu überführenden Primärerlebnisse als *schon introspektiv zugänglich* charakterisiert. Er nennt sie ›sich selbst introspektiv erschlossen (»it is of the[ir] essence [...] to reveal themselves to introspection« [Shoemaker 1996, 242]). Und dann entsteht natürlich der Erklärungszirkel nicht (Shoemaker 1984a, 189). Die beiden Existenzen – nehmen wir einen Glauben, dass *P*, und einen Glauben, dass dieser Glaube besteht. Dann mag jener diesen zwar hergebracht haben, aber er hat das nicht aufgrund einer μετάβασις εἲς ἄλλογένος (metábasis eis állo génos) getan.

Mir scheint, wir bräuchten eine Theorie, die Selbstbewusstsein nicht als Bezug eines zu einem numerisch von ihm Verschiedenen, also nicht relational auslegt. Dafür hat die klassische deutsche Philosophie eine Reihe von Gründen gesammelt. Natürlich bedürfte eine solche Theorie empirischer Basen. Das ist aber nur wünschbar, nicht notwendig. Denn wir begnügen uns in unserem psychischen Alltagsleben ja auch heute mit cartesianischen Evidenzen: Wir schreiben uns nicht erst dann Schmerzen zu, wenn wir für wahr halten, dass sie in C-Faser-Reizungen bestehen beziehungsweise realisiert werden; und wir sind nicht erst dann verliebt, wenn wir eine bestimmte wahre Emotionstheorie vertreten.

IV. Das *second order*-Modell von Selbstwissen

Das *second order*-Modell von Selbstwissen ist eine Variante des Modells der inneren Wahrnehmung. Es kommt dem von Fichte attackierten Reflexionsmodell in der Sache sogar noch näher, weil es den Bewusstseinsmodus, der für die Vergegenwärtigung des erststu-

11 Ohne Bezug auf Amstrong, vielmehr auf Husserls Theorie der inneren Wahrnehmung, dazu Tugendhat: »Die Schwäche dieser Auffassung liegt auf der Hand: ihr zufolge stellt ein Erlebnis a ein anderes Erlebnis b [gleichzeitig] vor; inwiefern kann das überhaupt als Selbstbewußtsein beansprucht werden?« (Tugendhat 1979, 53).

figen (›first order‹) Bewusstseins zuständig ist, im Dunkeln belässt (während die vorhin abgewiesene Theorie die Wahrnehmung auszeichnet). Das gilt ebenso für die Leistungen der sogenannten Aufmerksamkeit, die viele Philosophers of Mind mit dem Bewusstsein schlechthin verwechseln, ohne zu erklären, wie sie sich zu den Befunden des elementaren (unaufmerksamen) Erlebens verhält.

Ein Verfechter dieses Modells ist D. H. Mellor (1977/78). Mellor nimmt an, Überzeugungen (›beliefs‹) seien Dispositionen, die inferentiell unabsehbar mit anderen verflochten und in den wenigsten Fällen bewusst (= reflektiert, explizit erkannt, ins Licht der Aufmerksamkeit getaucht) sind. Bewusst werden sie durch ›einen neuen geistigen Zustand‹, der dem vorangehenden unbewussten eine Art ›Zustimmung (assent)‹ erteilt. Man ist jetzt *überzeugt, dass man überzeugt ist.*

Moran (2001, 28) sagt dazu: Erst mit der *Bewusst*werdung werden mentale Zustände *kognitiv* interessant, vorher nicht. Stillschweigende Überzeugungen sind so lange kein Wissen (geschweige ein Selbstwissen), »wie nicht explizit auf sie reflektiert wird« (27). Außerdem: falschen bzw. fehlleitenden Überzeugungen gebührt unter Reflexion nicht Zustimmung, sondern Ablehnung (›dissent‹ [28]; dieser Punkt könnte auf einem Missverständnis Mellors beruhen; ›assent‹ meint vielleicht nur so etwas wie Freges ›behauptende Kraft‹ oder Brentanos ›Bestätigung/Setzung‹). Der entscheidende Einwand: Wenn Überzeugungen prinzipiell unbewusst sind, so sind es auch die *second order*-Überzeugungen (die *Reflexionen* auf die Überzeugungen erster Ordnung). Durch Verschachtelung oder Übereinanderstülpen unbewusster Zustände entsteht aber kein Bewusstsein (»without its ever occurring to consciousness« [29 f.; vgl. xiii]). – Und schließlich: Das Auftauchen einer Überzeugung zweiter Ordnung liefert keinen Beitrag zur Aufklärung des spezifischen Unterschieds zwischen erstpersönlichem oder drittpersönlich-objektivem Bewusstsein eigener Überzeugungen. Nur das würde als eine solche Erklärung zählen, was offenlegt, wie solches ›unmittelbare‹ Bewusstsein eigener Einstellungen (›attitudes‹) möglich ist und warum *nur die eigenen* Einstellungen auf solche Weise wissbar sind. Bewusstsein eigener Zustände *modifiziert* diese Zustände, »steht nicht außer ihnen, sondern dringt in sie ein« (sie bestehen jetzt nicht nur, sondern gehen *mich* an), während das Betrachten eines Baumes oder fremden Verhaltens diesen beziehungsweise dieses qualitativ nicht verändert ([30 f.: xiii]: ein Punkt, den Moran [36] mit Sartre belegt). Moran spricht von der »adverbialen Funktion« des Bewusstseins.

Der bekannteste lebende Vertreter des *second order-* oder Zwei-Stufen-Modells ist aber nicht Mellor, sondern David Rosenthal. Seine ›Theorie höherstufiger Gedanken‹ erklärt das Aufkommen von Bewusstsein aus bewusstlosen Zuständen durch eine Iteration nichtbewusster mentaler Zustände. ›Nichtbewusster‹ darum, weil ja das jeweils letzte höherstufige (*second order*) Bewusstsein der Kette selbst ein Bewusstsein erster Stufe ist, solange es nicht in den Skopus eines reflektierenden (höherstufigen, *second order*) Bewusstseins gerät, das dann abermals wieder unbewusst ist. Subjekt S befindet sich also zunächst (zum Zeitpunkt t_1) im mentalen Zustand M. Zum Zeitpunkt t_2 denkt es, S habe den Gedanken, sich in M zu befinden. Und zu t_3 denkt es, S denke, dass S sich im mentalen Zustand M befinde.

Lynne R. Baker hat nun gezeigt, dass es zwei mögliche Interpretationen dieses Theorievorschlags gibt: Nach der ersten sind alle Gedanken der entsprechenden Iteration drittpersönlich, nach der zweiten muss spätestens auf der dritten Stufe (drittens) ein erfolgreich reflexiver Gedanke auftauchen (Baker 1998, 338). S muss wissen, dass *er/sie selbst* es sind, die diesen Gedanken über sich fassen. Dieser Gedanke *de se* muss aber spätestens auf der zweiten Stufe zustande kommen, sonst hätte das Subjekt der dritten Stufe kein Kriterium dafür, dass das reflektierte S der zweiten Stufe *es selbst* und nicht ein anonymer Gegenstand ist. Rosenthals Modell kann also keinerlei Rechenschaft ablegen über das Zustandekommen berechtigter erstpersönlicher Gedanken. Anders gesagt: Ohne Selbstwissen je schon vorauszusetzen, kann die Wahrheit der Einsicht dritter Stufe nicht verständlich gemacht werden: »Satisfaction of conditions (1)-(3) does not account for a thinker's being in a mental state of which she is introspectively conscious« (339).[12]

12 Baker zeigt, dass analoge Einwände auch gegen David M. Armstrongs Idee eines sich selbst scannenden Gehirns oder gegen Daniel Dennetts Benutzung von auf Tonbandträgern gespeicherten aufrichtigen ›Ich‹-Äußerungen zur angeblich rein drittpersönlichen Erklärung der *first person perspective* gelten (Baker 1998, 341 f.), und sieht darin einen grundsätzlichen »challenge to Naturalism«). Mir genügt es zu sagen, dass Bakers Argument einen grundsätzlichen Einwand gegen den Objektualismus von Selbstbewusstsein begründet.

Wie aber eine Denkerin oder ein Denker erfolgreich in einen solcherart auf *de re* irreduziblen introspektiven beziehungsweise selbstbewussten Zustand kommen kann, das zeigt Frau Baker so wenig wie die von ihr angegriffenen Autoren.

V. Das *comparator model*

Das *comparator model* ist in den 1950er Jahren von Neurophysiologen – auch im Blick auf die Schizophrenie-Forschung – entwickelt worden, um zu erklären, wie Intentionen oder Wollungen einer Person in verkörpertes Handeln umgesetzt werden. Nur so werde das Bewusstsein der Identität des Deliberierenden (mental) und des sich Verhaltenden (physisch) – und damit das Bewusstsein der Eigen-Urheberschaft des Handelns im kausalen Kontakt mit seiner Umwelt verständlich. Tiere können nämlich zwischen intern (durch eigenen Willen) und extern (durch die Umwelt) erzeugten Veränderungen in ihrem Verhalten unterscheiden (Sperry, Feinberg, Held, Frith, von Holst, Jeannerod, Gallagher; kritisch zum *comparator model*: Vosgerau/Newen, 2007).

Im Anschluss an Shoemakers klassischen Aufsatz »Embodiment and Behavior« (1976, wiederabgedruckt in: Shoemaker 1984a, 113-138) hat Campbell dieses Modell jüngst aufgegriffen (2004, in Auseinandersetzung auch mit Frith 1989, 1992 und 1996), um Fehlfunktionen des sogenannten Komparators für die Erklärung der Schizophrenie fruchtbar zu machen. Das Modell soll – noch einmal – erklären, wie Personen ihre Bewegungen kalibrieren, um zum erwünschten Resultat zu gelangen. Danach wird bei einer motorischen Instruktion für Körperbewegung eine Efferenz-Kopie angefertigt und an ein weiteres Zentrum (den Komparator) gesendet. Im Komparator wird die Efferenz-Kopie gespeichert und mit propriozeptiver, visueller oder einer sonstigen perzeptiven Information darüber, welche Bewegung tatsächlich ausgeführt wurde, verglichen (»compared«, daher die Namenswahl). Man könnte auch sagen: Verglichen werden Efferenz-Kopien, die die Handlungsintention herstellen, mit ihrem reafferenten propriozeptiven Feedback. Je nachdem, ob die Kopie einer Handlungsanweisung im Komparator vorliegt oder nicht, wird eine Veränderung als eigen- oder fremdverursacht registiert. Das Gefühl der Selbsturheberschaft im Handlungserleben entsteht also dadurch, dass im Komparator eine efferente Kopie eingeht (*is received*), die zur wahrgenommenen Bewegung passt. Passt sie nicht, wird die Person nicht sich die Handlung zuschreiben. Es ist wichtig, anzumerken, dass die Erfinder des Modells sich darunter einen subpersonalen kognitiven Mechanismus vorstellen, der die Bewusstseinsschwelle typischerweise nicht überschreitet – außer natürlich im Falle der Selbstzuschreibung einer intentional oder autonom generierten Handlung (vgl. Jeannerod 1999, 17 f.; 2003, 145). Gewöhnlich – so die Verfechter des Modells – ist uns unbewusst, durch welche Mechanismen ein Handlungsentwurf mit dem sinnlichen (körperlichen) Feedback der entsprechenden Körperbewegung verknüpft ist (›verglichen‹ wird).

Um Störungen in diesem Mechanismus verständlich zu machen, muss Campbell sich zunächst mit der cartesischen Intuition der Immunität gegen Fehlurteile bei der bewussten Selbstreferenz auseinandersetzen. Das tut er, indem er zwei Ebenen unterscheidet, gemäß der Annahme, dass das Zeichen *H* nach der berühmten Reichenbach-Regel Bezug nimmt (›*refers*‹) auf jeden (beliebigen), der es kompetent gebraucht (Reichenbach 1947).[13]

H ist demnach zeichen-reflexiv (*token-reflexive*). Seine Referenz wird festgelegt durch eine sprachliche Regel, die identifiziert, dass jedes Zeichenvorkommnis (›*token*‹) von *H* in einer bestimmten Beziehung zu diesem Zeichen steht. Dies ist also eine einfache logische Regel, bei deren Anwendung ich mich nicht vertun kann, durch die ich aber auch kein substantielles Wissen über mich erwerbe.[14] Wer

13 Dass diese Regel nicht ohne Weiteres gilt, ist vielfach gezeigt worden. Vgl. Castañedas Nachweis der Unanalysierbarkeit von Quasi-Indikatoren (Castañeda 1999, 64, 80 ff.; Kaplan 1989, 519 ff.; dazu Frank 1991b, 367 ff.).

14 Von einem ›substantiellen‹ Selbstwissen spricht Moran (2001, 12 ff.) im Zusammenhang mit der Abwehr deflationärer Reduktionsversuche, zum Beispiel solcher, die einen Gehaltsexternalismus vertreten (Bernecker 1996). Wer – wie zum Beispiel Boghossian – aus der Unhaltbarkeit des Modells der ›inneren Wahrnehmung‹ den Schluss ziehe, Selbstwissen sei eine Art begrifflicher Wahrheit, trivialisiere und entsubstantialisiere das Phänomen. Moran diagnostiziert zunächst, wie Skepsis und mit ihr der Wunsch nach Deflation aufkommt: Boghossian (1989) konfrontiert Selbstwissen mit folgendem Trilemma und destruiert es damit: Entweder ist es inferenz- oder beobachtungsbasiert (»inward looking«) oder auf nichts gegründet (16 f.). Die ersten beiden Optionen fallen weg, weil sie die angebliche Sonderstellung von Selbstwissen beschädigen würden. Bleibt die dritte: Selbstwissen ist eine logische oder transzendentale Wahrheit (ein selbstbewahrheitendes

die konkrete Person ist, die das Zeichen *H* als für sie selbst stehend benutzt, anders gefragt: welche konkreten Eigenschaften sie ausmachen (zum Beispiel, ob *H F* ist), das wird auf dieser elementaren Ebene (›*level-1*‹) nicht festgelegt. Das geschieht erst auf einer zweiten Ebene. Ob *H* wirklich prädikativ *F* (oder gar identisch mit *F*) ist, ist nicht infallibel ausgemacht (Campbell 2004, 480 f.). Darum – so Campbell – ist Referenzirrtum mit cartesianischer Selbstevidenz durchaus vereinbar (ebd., 485 f.). Andererseits gelte Immunität gegen den Irrtum der Selbstidentifikation nicht nur bei bewussten Selbstverweisen, sondern bei jeglicher demonstrativer Referenz in Wahrnehmungssituationen (ebd., 480 ff.).[15]

Das lasse sich mit dem *comparator model* illustrieren. Es soll ja die Möglichkeit erklären, von der ersten Ebene der (dumpfen, impliziten oder einfach begrifflichen, nämlich durch Anwendung der ›Ich‹-Regel erlangten) Selbstkenntnis zur zweiten der (expliziten, gehaltvollen oder verkörperten) Selbstidentifizierung überzugehen und die Identität von (1) an (2) weiterzugeben (»trading«). Dazu

Urteil) von der Art »Ich bin jetzt hier«, in der gar kein substantielles Wissen (kein »cognitive achievement«) zum Ausdruck komme (Moran 2001, 17).

Moran dagegen: Boghossians Argument arbeite mit einer *Äquivokation* im Ausdruck »kognitive Leistung«. 1. Ein Urteil leistet kognitiv etwas, wenn seine *Wahrheitsbedingungen* von seinen (formalen) Aufstellungsbedingungen unabhängig sind (darauf würden die Verteidiger der Introspektion gerade Wert legen: dass ich ›*ich*‹ bin, ist eine echte Erfahrung, keine logische Wahrheit). 2. Echtes (empirisches) Wissen ist *kontingent* und beruht auf Beobachtung oder Schlüssen aus Beobachtung (18). Nach dieser definitorischen Festlegung *könnte* Selbstbewusstsein gar kein *substantielles* Wissen sein, ohne sich dem *Wahrnehmungs*modell zu fügen, dessen Wahrheit mithin für seine Widerlegung vorausgesetzt wird (18 Mitte).

Ich bin sicher, dass Moran Campbells Reduktion von Selbstwissen auf die Reichenbach-Regel eines ähnlichen Reduktionismus zeihen würde wie Boghossians Deflationsversuch.

15 Dass das nicht so ist, dass wenigstens eine identifizierende Kennzeichnung – ein Sortal – ins Spiel kommen muss, hat Tugendhat verfochten (Tugendhat/Wolff 1983, 154 ff., 165 f.). Die von Shoemaker am Beispiel der ›Ich‹-Referenz aufgewiesene Irrtumsimmunität kommt gerade dadurch zustande, dass sie *nicht* auf fehlbare – demonstrative – Wahrnehmungsbelege [perceptual evidences] gestützt ist. Das war eine von Castañedas tragenden Einsichten: »[…] there is no object of experience that one could perceive as the self that is doing the perceiving. However it is that one identifies an object as oneself, whenever one does, one identifies an object of experience with a thing which is not part of the experience, and this thing is the one to which the person in question will refer to by ›I‹ […], and another person will refer to by ›he*‹, or ›he himself‹« (Castañeda 1999, 45).

muss ich lediglich Akte des Denkens und Sprechens als reale psychische beziehungsweise physische Ereignisse – als Handlungen – auffassen (484 f.). Und dass ich das muss, sieht Campbell dadurch als bewiesen an, dass, obwohl die Gedanken ›ich bin müde‹ und ›ich bin durstig‹ jeder für sich auf der Ebene-(1) (erstpersönlich) gefasst werden können, die Inferenz von ›Ich bin müde‹ und ›Ich bin durstig‹ zu ›Also bin ich beides: müde und durstig‹ nur durch die anerkannte Identität der Person in beiden Gedanken sichergestellt werden könnte (ebd.). Das aber könne das *comparator model* vortrefflich erklären: Fasse ich einen Gedanken, so läuft eine motorische Instruktion an den Komparator, sodass die Person aufgrund bloßer Introspektion ihre Autorschaft für diesen Gedanken gewahren kann (485 oben). Ein Zusammenbruch des Komparators erklärt dann das Zusammensein von erstpersönlicher Perspektive und dem Erlebnis, dass mir meine Gedanken von anderswem (anonym) eingegeben oder vielmehr gestohlen werden (486 f.; Frith 1992).

Die phänomenologische Plausibilität von Campbells Erklärungsversuch liegt auf der Hand. Aber das für diese Erklärung bemühte *comparator model* hält einer genaueren Überprüfung nicht stand. Niemand – außer hartnäckigen Substanz-Dualisten – leugnet den Übergang von Mentalen zum Körperlichem. Aber der von Campbell zum Kronzeugen angerufene Shoemaker hatte 1968 gezeigt, dass ich meinen *Körper* (oder eine von meinem Körper ausgeführte Bewegung) als *meine* nur anerkennen könnte, wenn ich die mentalen Anteile darin zueigne. Mein ist der Körper, aus dessen Augen ich *schaue,* mit dessen Ohren ich *höre,* dessen Händedruck ich *spüre* usw. Dann aber bewegt sich in einem Erklärungszirkel, wer die Identität des Ichs, das sich in diesen Zuständen durchhält, aus der des Körpers verständlich machen will. Eher scheint es so – eine kantische Intuition –, dass der Körper seine *Identität* erst aus der erstpersönlichen Perspektive erwirbt, nicht umgekehrt. »To put this in another way: M-predicates [solche, die Materielles charakterisieren] are mine in virtue of being connected in a certain way with P*-predicates [solche mit Quasi-Indikatoren] that are mine« (Shoemaker 1984a, 18).

Es gibt aber einen zweiten Einwand: Das Komparator-Modell handelt typischerweise von rein mechanisch-motorischen Prozessen, die auf der subpersonalen Ebene ablaufen und nicht bewusst sind. Den Zirkel, der darin liegt, einen bewussten Zustand als ›Kopie‹ eines unbewussten (subpersonalen) auszugeben, hat Gallagher aufgedeckt (Gallagher 2000; 2005). Er hat vor allem gezeigt, dass der Zusammenbruch des Komparators nicht Ich-Störungen von der Art schizophrener Symptome (Gedankeneingebungen) erklären kann. Denn ein Fehler des Komparators müsste dann auch zur Repräsentation der Gedankeneingebung führen.

> A theory that would credit a higher-order cognitive process (a metarepresentation, or an evaluative judgement) founders on this same problem. It would need to explain why a higher-order cognition that fails to generate a sense of agency for a particular thought or experience is itself experienced as self-agentive (Gallagher 2005, 14).

Shoemakers und Campbells Problem ist etwas anders gelagert. Es soll der Übergang von einem cartesischen Ich-Bewusstsein zum Bewusstsein erklärt werden, dass ich ebendiese und nur diese verkörperte Person bin. Campbells Rede von einem ›impliziten‹ erststufigen Bewusstsein könnte zwar nahelegen, dass dieses erststufige *Je ne sais quoi* nicht explizit vorliegt und mithin nicht bewusst ist (Gallagher nennt es ›first-order‹, ›phänomenal erlebt‹ und ›präreflexiv‹ [Gallagher 2000, 10, 18]). Dann aber sieht man nicht, wie es auf der zweiten Ebene explizit werden sollte, ohne dass noch etwas anderes ins Spiel kommt als das, was der Komparator erklären kann. Noch weniger könnte der Komparator die Autorschaft für einen Gedanken übernehmen, der erst auf der zweiten Ebene überhaupt vorliegt. Der Komparator stellt die Kopie einer subpersonalen Absicht her (gibt es das?) und vermittelt sie – durch einen reliablen Mechanismus – an den subpersonalen Körper. Wie kann aber die Kopie einer *de re* selbstbezogenen Schleife, die kein Bewusstsein, geschweige ein Selbstbewusstsein enthielt, ein solches herstellen, ohne das Kopierte zu verändern bzw. zu verfälschen? Kopien können, wenn sie dem Original ›entsprechen‹ (das ist Campbells Ausdrucksweise), dem Kopierten nichts hinzufügen. Nun enthielt das Kopierte kein Selbstbewusstsein. Also muss auch nicht erwartet werden, dass die Kopie es abbildet oder gar zuwege bringt. Reflexives Selbstverständnis des eigenen Sich-zur-Welt-Verhaltens (Campbell 2004, 487: »reflective understanding of your own engagement with the world«) setzt ein explizites Bewusstsein vom Subjekt sowie von dessen psychischen Zuständen voraus. Diese Voraussetzung geht in die Kopie ein, wird aber nicht von ihr her verständlich.

VI. Conclusio

Ich habe mit einem Ausflug in den deutschen Idealismus (Kant, Fichte, Schelling, Schleiermacher) begonnen, um ein Problem in Erinnerung zu bringen. Es war diesen Denkern nämlich bewusst, was in der heutigen Philosophie des Geistes – mit einigen wichtigen Ausnahmen – in Vergessenheit geraten ist: Selbstbewusstsein und Selbstwissen können nicht Resultate eines nach innen gewendeten Blicks, einer höherstufigen Reflexion oder eines Komparators sein. Alle diese Erklärungsversuche – und viele ähnliche, die ich nicht diskutieren konnte – setzen das zu Erklärende schon voraus und bewegen sich damit in Zirkeln.

Damit legt sich nahe, Selbstbewusstsein als ein ontologisch eigentümliches Phänomen anzuerkennen. Wir haben von ihm fast nur in negativen Ausdrücken gehandelt; indem wir feststellten, was es *nicht* ist und aus welchen Gründen maßgebliche Erklärungsversuche sein Wesen *verfehlen*. Was aber ist es positiv? Aussicht darauf, diese Frage zu beantworten, haben wir nur, wenn wir beginnen, Versuchen zu misstrauen, die im Selbstbewusstsein – so wie es unser Sprachgebrauch fast unüberwindlich nahelegt – eine Art Dualität, eine Relation von der Art einer Reflexion unterstellen. Warum sollen wir ausschließen, dass die Neurobiologie uns mit einer Struktur bekannt macht, die dem Subjekt-Objekt-Schema widersteht?[16]

Versuche, Selbstbewusstsein als einstellig zu denken, haben Fichtes frühromantische Zeitgenossen unternommen, vor allem Novalis (dazu Frank 2002). Er nannte ein sich nicht vergegenständlichendes Bewusstsein ein »Gefühl«. Die neuere Gefühls- und Emotionsforschung erarbeitet hier aktuelle Anschlussversuche. Ned Block hat in mehreren Publikationen ein phänomenales Bewusstsein erörtert, das unabhängig von intentionalen Einstellungen besteht (»phenomenal consciousness without access consciousness«). Peter Goldie hat in seinem Klassiker über Emotionen betont, dass propositionale Einstellungen wie Wünschen, Hoffen, Fürchten, Lieben usw. nicht, wie es üblich ist, als frei von Qualia angesehen werden dürfen (so etwa von Chalmers [1996], der funktionalistische Irreduzibilität nur für Bewusstsein, nicht für Intentionen fordert). Jede Emotion fühlt

16 Vgl. die in diese Richtung zielenden, freilich aporetischen Überlegungen in »Reflexivity« (Nozick 1981, 71 ff.).

sich auch irgendwie an (Goldie 2000, 3. Kapitel). Dieses Sich-Anfühlen darf aber nicht abermals als eine intentionale Einstellung verstanden werden. Goldie sagt dies nur gegen eine »over-intellectualisation« von Emotionen. Puren Gedanken oder Überzeugungen (»beliefs«) belässt er ihre Gefühllosigkeit. Das ist nicht die Meinung Husserls (Husserl 1980, *V. Logische Untersuchung*) und der Vertreter der Auffassung, es gebe begriffliche Qualia (Horgan/Tienson 2002; Siewert 1998; 2003; Pitt 2004; Soldati 2005). Wenn jedes Bewusstsein (Husserl würde sagen: jede Erlebnis), es sei intentional auf ein Objekt oder einen Sachverhalt bezogen oder nicht (wie – nach Block [1995, 2003] – zum Beispiel Schmerz oder Orgasmus), in sich selbst ein Gefühl ist (Siewert 1998, 274 ff.; Pitt 2004; beide beziehen sich auf Husserl und Sartre), taucht eine ganz neue Perspektive auf, unter der wir die Art und Weise zu charakterisieren haben, wie wir mit Bewusstsein und seinem Träger, uns selbst, ungegenständlich vertraut sind. Ich werde sie in künftigen Forschungen verfolgen.

Siglenverzeichnis

AA: [Immanuel] *Kant's gesammelte Schriften*, hg. von der Königlich Preußischen Akademie der Wissenschaften, Berlin: Reimer/später: von der Deutschen Akademie der Wissenschaften zu Berlin, Berlin und Leipzig/später: Berlin: de Gruyter, Berlin 1900 bzw. 1911 ff. (unabgeschlossen)

GA: Johann Gottlieb Fichte, *Gesamtausgabe* der Bayerischen Akademie der Wissenschaften, hg. von Reinhard Lauth und Hans Jacob, Stuttgart-Bad Cannstatt: Frommann-Holzboog, 1962 ff. (unabgeschlossen)

GM: Gottfried Wilhelm Leibniz, *Die mathematischen Schriften*, hg. von C. J. Gerhardt, 7 Bde., Berlin/Halle: Weidmann, 1849-1863, Nachdruck Hildesheim: Olms, 1962

GP: Gottfried Wilhelm Leibniz, *Die philosophischen Schriften*, hg. von C. J. Gerhardt, 7 Bde., Berlin: Weidmann, 1875-1890, Nachdruck Hildesheim: Olms, 1978

KA: Friedrich Schlegel, *Kritische Ausgabe seiner Werke*, hg. von Ernst Behler, Paderborn/München/Wien/Zürich, 1958 ff.

KGA: Friedrich Daniel Ernst Schleiermacher, *Kritische Gesamtausgabe*, hg. von H.-J. Birkner, G. Ebeling, H. Fischer, H. Kimmerle und K.-V. Selge; Abt. I: Schriften und Entwürfe; Abt. II: Vorlesungen; Abt. III: Predigten; Abt. IV: Übersetzungen; Abt. V: Briefwechsel und biographische Dokumente, Berlin/New York: de Gruyter, 1980 ff.

KrV: Immanuel Kant, *Kritik der reinen Vernunft*, Erstauflage (zit.: A) 1781, Zweitauflage (zit.: B) 1787. Ich benutze folgende Ausgabe: Immanuel Kant, *Theoretische Philosophie.* Texte und Kommentar in 3 Bänden, hg. von Georg Mohr, Frankfurt am Main: Suhrkamp (stw 1518), 2004

KSA: Friedrich Nietzsche, *Kritische Studienausgabe*, hg. von Giorgio Colli und Mazzino Montinari, München: dtv, 1988

KU: Immanuel Kant, *Kritik der Urteilskraft*, 2. Aufl. 1793, zitiert nach: Kant (1996), 479-880 (die Originalpaginierung ist im Text in eckigen Klammern mit angegeben)

Mat.: *Materialien zu Schellings philosophischen Anfängen*, hg. von Manfred Frank und Gerhard Kurz, Frankfurt am Main: Suhrkamp (stw 139), 1975

MEW: Karl Marx/Friedrich Engels, *Werke*, Berlin: Dietz, 1956 ff.

NS: Novalis, *Schriften*. Die Werke Friedrich von Hardenbergs, hg. von

Paul Kluckhohn und Richard Samuel, Stuttgart: Kohlhammer, 1960 ff. (bisher erschienen: Bd. I [1960, [2]1977]: *Das dichterische Werk*, hg. von Paul Kluckhohn und Richard Samuel, unter Mitarbeit von Heinz Ritter und Gerhard Schulz; Bd. II [1965]: *Das philosophische Werk I*, hg. von Richard Samuel in Zusammenarbeit mit Hans-Joachim Mähl und Gerhard Schulz; ebenso Bd. III [1968]: *Das philosophische Werk II*; Bd. IV [1975]: *Tagebücher, Briefwechsel, Zeitgenössische Zeugnisse*, hg. von Richard Samuel in Zusammenarbeit mit Hans-Joachim Mähl und Gerhard Schulz; Bd. V [1988]: *Materialien und Register*, hg. von Hans-Joachim Mähl und Richard Samuel, Register von Hermann Knebel; Bd. VI in 2 Teilbänden [1998/99]: *Der dichterische Nachlaß (1788-1791)* und *Stammbucheintragungen (1791-1795)*, hg. von Hans-Joachim Mähl in Zusammenarbeit mit Martina Eicheldinger und Ludwig Rommel)

PhJ: *Philosophisches Journal einer Gesellschaft Teutscher Gelehrten*, hg. von Friedrich Immanuel Niethammer, Professor der Philosophie in Jena, Neu Strelitz: Michaelis, 1795 ff., ab 1797 unter Beteiligung Johann Gottlieb Fichtes als Mitherausgeber bei Gabler in Jena und Leipzig (zit.: römische Zahl Band-, arabische Zahl Heft-Nummer)

Plitt: Gustav Leopold Plitt, *Aus Schellings Leben. In Briefen*, 3 Bde., Leipzig: Hirzel, 1869-1870, Nachdruck Hildesheim/Zürich/New York: Olms, 2003

PS: Gottfried Wilhelm Leibniz, *Philosophische Schriften,* französisch und deutsch (Insel-Studienausgabe), hg. und übersetzt von Hans Heinz Holz (Bd. 1: *Kleine Schriften zur Metaphysik*); Herbert Herring (Bd. 2: *Théodicée);* Wolf von Engelhard und Hans Heinz Holz (Bd. 3: *Nouveaux Essais*); Herbert Herring (Bd. 4: *Schriften zur Logik*); Werner Wiater (Bd. 5.2: *Briefe von besonderem philosophischem Interesse*), Frankfurt am Main: Insel, 1986-1990

Spiegel: Tilliette, X. (Hg.), *Schelling im Spiegel seiner Zeitgenossen* I, Turin: Bottega d'Erasmo, 1974; II (Ergänzungsband) *Melchior Meyr über Schelling*, Turin 1981; III (Zusatzband), Mailand 1988; IV (Nachklänge), Mailand: Mursia, 1997

SSD: Richard Wagner, *Sämtliche Schriften und Dichtungen*, Volksausgabe, 12 Bde., Leipzig: Breitkopf und Härtel, o. J. [1911]

Steklov: Ju. M. Steklov (Hg.), M. A. Bakunin. *Sobranie socinenij i pisem. 1828-1876.* Pod redakciej is primecanijami Ju. M. Steklova, T. 1-4, Moskva: Izdatel'stvo vsesojuznogo obscestva politkatorz'an i ssyl'no-poselencev, Bd. 3, 1935

SW: Friedrich Wilhelm Joseph Schelling, *Sämmtliche Werke*, hg. von K. F. A. Schelling, I. Abteilung Bde. 1-10; II. Abteilung Bde. 1-4;

Stuttgart: Cotta 1856-1864 (die Ziffern hinter der Sigle *SW* verweisen auf Abteilung [römisch], Band und Seite [arabisch], also zum Beispiel: I/6, 195 f.)

TS: Ludwig Tieck's *Schriften*, Berlin: Reimer, 1828-1854

TWA: Georg Wilhelm Friedrich Hegel, *Werke in zwanzig Bänden.* Auf der Grundlage der *Werke* von 1832-1845 neu editiert von Eva Moldenhauer und Karl Markus Michel (= Theorie-Werkausgabe), Frankfurt am Main: Suhrkamp, 1969-1971

Schriftenverzeichnis

Abbt, Thomas (1772), *Vermischte Werke. Erster Theil, welcher die Abhandlung vom Verdienste enthält*, Berlin und Stettin: Friedrich Nicolai (2. Aufl.).

Abicht, Johann Heinrich (1790), »Über die Freiheit des Willens«, in: ders. und Friedrich Gottlieb Born (Hg.), *Neues philosophisches Magazin*, Leipzig: Barth, 1. Band, Stück 1 (III), S. 64-85. (Auch: »Aetas Kantiana« 5, Brüssel: Culture et Civilisation, 1970. Das Einzelheft, in dem Abichts Aufsatz zuerst abgedruckt war, war schon 1789 erschienen. Er ist wieder abgedruckt in: Rüdiger Bittner und Konrad Cramer [Hg.], *Materialien zu Kants ›Kritik der praktischen Vernunft‹*, Frankfurt am Main: Suhrkamp [stw 59], S. 229-240.)

Ameriks, Karl (2005), »Die Schlüsselrolle des *Selbstgefühls* in der ästhetischen und historischen Wende der Philosophie«, in: Thomas Grundmann u. a. (2005), S. 369-416 (das engl. Original mit dem Titel »The Key Role of *Selbstgefühl* in Philosophy's Aesthetic and Historical Turns«, in: ders., *Kant and the Historical Turn. Philosophy as Critical Interpretation*, Oxford: Clarendon Press, 2006, S. 269-288.

Aner, Karl (1909), *Gottfried Ploucquet. Leben und Lehren*, Halle a. S.: Niemeyer (reprograph. Nachdruck Tübingen: Niemeyer, 1999).

Angelelli, Ignacio (1978), »Analytica Priora I, 38, and Reduplication«, in: *Notre Dame Journal of Formal Logic* 19, Nr. 2, S. 295 f.

Anscombe, G. Elizabeth M. (1981), »The First Person«, in: E. Anscombe, *The Collected Philosophical Papers of G. E. M. Anscombe*, Bd. II: *Metaphysics and the Philosophy of Mind*, Oxford: Blackwell, S. 21-36 (Erstdruck 1975).

– (1981), »Under a description«, in: E. Anscombe, *Metaphysics and the Philosophy of Mind*, Oxford: Blackwell, S. 208-219.

Armstrong, David Malet (1968), *A Materialist Theory of the Mind*, London: Routledge and Kegan Paul.

– (1997), *A World of States of Affairs*, Cambridge: University Press.

–, Norman Malcolm (1984), »In defence of inner sense«, in: *Consciousness & Causality*, Oxford: Blackwell, S. 108-137 (= Kapitel des Beitrags »Consciousness and Causality«).

– (1989), *Universals. An Opiniated Introduction*, Boulder, San Francisco, London: Westview Press.

Arndt, Andreas, und Wolfgang Virmond (1992), »Schleiermachers Briefwechsel (Verzeichnis): nebst einer Liste seiner Vorlesungen«, in: *Schleiermacher-Archiv*, Bd. 11, Berlin, New York: de Gruyter, S. 305-330.

– (2002), »›Die Dialektik ... will ein Organon des realen Wissens sein.‹ Eine neu zugängliche Nachschrift zu Schleiermachers Dialektik-Vorle-

sung 1818/19«, in: *Zeitschrift für neuere Theologiegeschichte* [= *ZNThG*], Bd. 9, S. 1-23.
Ayer, Alfred (1976), »The Identity of the Indiscernables« (ursprüngl. 1953), wieder abgedruckt in: M. J. Loux (Hg.), *Universals and Particulars*, Notre Dame, London, S. 263-270.

Bäck Allan (1996), *On Reduplication. Logical Theories of Qualification*, Leiden: Brill.
– (2003) [Rezension von ...] *The Metaphysics of the Incarnation: Thomas Aquinas to Duns Scotus*, Oxford: Oxford University Press, 2002 ⟨http://www.arsdisputandi.org/publish/articles/000103/article.pdf⟩.
Baker, Lynne Rudder (1998), »The First-Person Perspective. A Test for Naturalism«, in: *American Philosophical Quaterly*, Bd. 35, Nr. 4, Okt., S. 327-343.
Bark, Irene (1999), *»Steine in Potenzen« – Konstruktive Rezeption der Mineralogie bei Novalis*, Tübingen: Niemeyer.
Bakunin, Michail (1968), *Philosophie der Tat*, Auswahl aus seinem Werk, eingeleitet und hg. von Rainer Beer, Köln: Hegner (daraus besonders: »Die Reaktion in Deutschland« [1842], S. 61-96, und »Gott und der Staat« [1871], S. 97-315).
– (1972), *Staatlichkeit und Anarchie und andere Schriften*, hg., und eingeleitet von Horst Stuke, Frankfurt am Main, Berlin, Wien: Ullstein.
– (1973a) *Beichte aus der Peter-Pauls-Festung an Zar Nikolaus I.*, Frankfurt am Main: Insel (besonders der Anfang: S. 49 ff.).
– (1973b), *Frühschriften*, eingeleitet, übersetzt und mit Anmerkungen versehen von Rainer Beer, Köln: Hegner.
Bar-On, Dorit (2004), *Speaking my Mind. Expression and Self-Knowledge*, Oxford: Clarendon Press.
Basedow, Johann Bernhard (1764), *Philaletie. Neue Aussichten in die Wahrheiten und Religion der Vernunft bis in die Gränzen der glaubwürdigen Offenbarung* / dem Publico eröffnet von Johann Bernhard Basedow, 2 Bde., Altona: David Iversen.
Baum, Wilhelm (Hg.) (1989), *Weimar, Jena, Klagenfurt. Der Herbert-Kreis und das Geistesleben Kärntens im Zeitalter der Französischen Revolution*, Klagenfurt: Kärtner Druck- und Verlagsanstalt.
– (1990a), »Novalis und der Klagenfurter Herbertkreis«, in: *Zeitschrift für deutsche Philologie* 109, Heft 4, S. 520-529, bes. 527 f.
– (1990b), »Franz Paul von Herbert und die deutsche Geistesgeschichte. Neue Quellenfunde zur Geschichte des Herbertkreises«, in: *Carinthia* I, S. 435-486.
– (Hg.) (1995), *Friedrich Immanuel Niethammers Korrespondenz mit dem Herbert- und Erhard-Kreis*, Wien: Turia & Kant.

Baumgarten, Alexander Gottlieb (1757), *Metaphysica*, 4. Ausgabe, in: *AA* XVIII, S. 5-226 (ich zitiere nach den – gewöhnlich kurzen – Paragraphen der lateinischen Originalausgabe, wenn nichts anderes vermerkt ist).

– (1761), *Acroasis logica. In Christianum L. B. de Wolff*, Halle: Hemmerde.

– (2004), *Metaphysik*. Ins Deutsche übersetzt von Georg Friedrich Meier. Nach dem Text der zweiten, von Joh. Aug. Eberhard besorgten [und von ihm kommentierten] Ausgabe 1783. Mit einer Einführung, einer Konkordanz und Bibliographie der Werke A. G. Baumgartens hg. von Dagmar Mirbach, Jena: Schleglmann Reprints.

Beck, Jacob Sigismund (1796), *Erläuternder Auszug aus den critischen Schriften des Herrn Prof. Kant. Auf Anraten desselben*. Dritter Band: *Welcher den Standpunkt darstellt, aus welchem die critische Philosophie zu beurtheilen ist*, Riga: Hartknoch (Fotomech. Nachdruck Frankfurt am Main: Minerva, 1975).

Beckett, Samuel (1963), *Fin de partie*, in: *Dramatische Dichtungen*, Bd. 1, Frankfurt am Main: Suhrkamp.

Beiser, Frederick C. (1992), *Enlightenment, Revolution, and Romanticism. The Genesis of Modern German Political Thought, 1790-1800*, Cambridge, MA: Harvard University Press.

– (2002), *German Idealism. The Struggle against Subjectivism, 1781-1801*, Cambridge, MA: Harvard University Press.

– (2003), *The Romantic Imperative. The Concept of Early German Romanticism*, Cambridge, MA: Harvard University Press.

Benjamin, Walter (1974), *Der Begriff der Kunstkritik in der deutschen Romantik*, in: ders., *Gesammelte Schriften*, hg. von Rolf Tiedemann und Hermann Schweppenhäuser, Bd. I.1, S. 7-122.

Benz, Richard (1956), *Die deutsche Romantik, Geschichte einer geistigen Bewegung*, Stuttgart: Reclam (5., durchgesehene Auflage).

Bernecker, Sven (1996), »Externalism and the Attitudinal Component of Self-Knowledge«, in: *Noûs 30* (2), S. 262-275.

Bickmann, Claudia (1996), *Differenz oder das Denken des Denkens. Topologie der Einheitsorte im Verhältnis von Denken und Sein im Horizont der Transzendentalphilosophie Kants*, Hamburg: Meiner.

Biran, Maine de (1986), *Rapports des sciences naturelles avec la psychologie et autres écrits sur la psychologie*, in: *Œuvres*, Bd. VIII, hg. von Bernhard Baertschi, Paris: Vrin.

Bittner, Rüdiger (2000), »Wer frei ist, ist gebunden. Kants Argument aus dem dritten Abschnitt der Grundlegungsschrift«, in: Uwe Meixner und Albert Newen (Hg.), *Philosophiegeschichte und logische Analyse*, Paderborn: mentis, S. 209-221.

–, Konrad Cramer (Hg.) (1975), *Materialien zu Kants ›Kritik der praktischen Vernunft‹*, Frankfurt am Main: Suhrkamp (stw 59).

Blamauer, Michael (2006), *Subjektivität und ihr Platz in der Natur. Untersuchungen zu Schellings Versuch einer naturphilosophischen Grundlegung des Bewusstseins*, Stuttgart: W. Kohlhammer.

Black, Max (1952), »The Identity of the Indiscernibles«, in: *Mind* 61, S. 153-164.

Block, Ned (1995), »On a confusion about a function of consciousness«, in: *Behavioral and Brain Sciences* 18, S. 227-287 (auch in: Block/Flanagan/Güzeldere [Hg.], *The Nature of Consciousness*, Cambridge/MA: MIT Press 1997, S. 377-415 [Der Band enthält Kritiken verschiedener Autoren und einen »Open Peer Commentary« des Autors]).

– (2003), »Mental Paint«, in: M. Hahn und B. Ramberg (Hg.), *Reflections and Replies. Essays on Tyler Burge*, Cambridge/MA: MIT Press.

– (2005), »Das Schwierigere Problem des Bewusstseins«, in: Thomas Grundmann u. a. (Hg.), S. 37-93.

Boghossian, Paul (1989), »Content and Self-Knowledge«, in: *Philosophical Topics* 17 (1), S. 5-26.

Bondeli, Martin (1995), *Das Anfangsproblem bei Karl Leonhard Reinhold. Eine systematische und entwicklungsgeschichtliche Untersuchung zur Philosophie Reinholds in der Zeit von 1789 bis 1803*, Frankfurt am Main: Klostermann.

– (2006), *Apperzeption und Erfahrung. Kants transzendentale Deduktion im Spannungsfeld der frühen Rezeption Kants*, Basel: Schwabe Verlag.

BonJour, Lawrence (1999), »The Dialectic of Foundationalism and Coherentism«, in: J. Greco und E. Sosa (Hg.), *The Blackwell Guide to Epistemology*, Oxford: Blackwell, S. 117-142.

– (2001), »Toward a Defense of Empirical Foundationalism«, in: M. R. DePaul (Hg.), *Resurrecting Old-Fashioned Foundationalism*, Lanham, Boulder, New York, Oxford: Rowman & Littlefield Puplishers Inc., S. 21-38 (inklusive »Replies to Pollock and Plantinga«, a. a. O., S. 79-85).

Bouveresse, Jacques (1973), *Wittgenstein: La rime et la raison. Science, éthique et esthétique*, Paris: Minuit.

Brandt, Reinhard (2001), »Rousseau und Kant«, in: *Wechselseitige Beeinflussungen und Rezeptionen von Recht und Philosophie in Deutschland und Frankreich [...].* Deutsch-französisches Symposion vom 16. bis 18. September 1999 in La Bussière/Dijon, hg. von Jean-François Kervégan und Heinz Mohnhaupt, Frankfurt am Main: Klostermann, S. 91-118.

Braungart, Georg (1995), *Leibhafter Sinn. Der andere Diskurs der Moderne*, Tübingen: Max Niemeyer.

Brentano, Franz (1924), *Psychologie vom empirischen Standpunkt. Erster Band*, hg. von Oskar Kraus, Hamburg: Meiner (Nachdruck 1973).

Burge, Tyler (1979), »Individualism and the Mental«, in: *Midwest Studies in Philosophy* 4, S. 73-121.

– (1998), »Reason and the First Person«, in: *Knowing Our Own Minds*, hg. von Crispin Wright, Barry C. Smith und Cynthia Macdonald, Oxford: Clarendon Press, S. 243-270.
Burkhardt, Hans (1980), *Logik und Semiotik in der Philosophie von Leibniz*, München: Philosophia.

Campbell, John (1999), »Schizophrenia, the Space of Reasons and Thinking as a Motor Process«, in: *The Monist* 84, S. 609-625.
– (2004), »The First Person, Embodiment, and the Certainty That One Exists«, in: *The Monist* 84 (Oktober), Nr. 4, S. 475-488.
Carlsson, Anni (1939), *Die Fragmente des Novalis*, Basel: Helbing & Lichtenhahn.
Cassam, Quassim (1992), »Reductionism and First-Person Thinking«, in: D. Charles und K. Lennon (Hg.), *Reductionism, Explanation, and Realism*, Oxford: Clarendon Press, S. 361-380.
– (1997), *Self and World*, Oxford: Clarendon Press.
Castañeda, Hector-Neri (1976), »Individuation and Non-Identity«, in: *American Philosophical Quarterly* 12, 131-140.
– (1982), *Sprache und Erfahrung. Texte zu einer neuen Ontologie.* Eingeleitet und übersetzt von Helmut Pape, Frankfurt am Main: Suhrkamp.
– (1987), »Self-Consciouness, Demonstrative Reference, and the Self-Ascription View of Believing«, in: J. E. Tomberlin (Hg.), *Philosophical Perspectives.* Bd. 1: *Metaphysics*, Atasccadero/CA: Ridgeview, S. 405-454; wiederabdruckt in: Castañeda (1999), S. 143-179.
– (1999), *The Phenomeno-Logic of the I. Essays on Self-Consciousness*, hg. von James G. Hart und Tomis Kapitan, Bloomington und Indianapolis: Indiana University Press.
Chalmers, David J. (1996), *The Conscious Mind. In Search of a Fundamental Theory*, New York, Oxford: Oxford University Press.
Chisholm, Roderick (1969), »The Loose and the Strict and Philosophical Sense of Identity«, in: Norman S. Care und H. Grimm (Hg.), *Perception and Personal Identity*, Cleveland: Cave Western Reserve University, S. 82-106 (mit Kommentaren von Sydney Shoemaker, S. 107-127, und einer Erwiderung des Autors: S. 128-139).
– (1971), The First Person. An Essay on Reference and Intentionality, Sussex: The Harvester Press.
– (1977), *Theory of Knowledge*, 2. Aufl., Englewood Cliffs/NJ: Prentice Hall.
– (1981), *The First Person. An Essay on Reference and Intentionality*, Brighton/Sussex: The Harvester Press.
Condillac, Étienne Bonnot, Abbé de (1984), *Traité des sensations* [1754], *Traité des animaux* [1735], Paris: Fayard.

Cramer, Konrad (1985), *Nicht-reine synthetische Urteile a priori. Ein Problem der Transzendentalphilosophie Immanuel Kants*, Heidelberg: Carl Winter.
Crichton, Alexander (1798), *An Inquiry into the Nature and Origin of Mental Derangement, Comprehending a Concise System of the Physiology and Pathology of the Human Mind, and a History of the Passions and their Effects*, 2 Bde., T. Cadell jr. & W. Davies (Nachdruck mit einer neuen Einleitung von Robert Ellenbogen, New York: AMS Press, 1976). Online: ⟨http://galenet.galegroup.com/servlet/ECCO?c=1&stp=Author&ste=11&af=BN&ae=T055932&tiPG=1&dd=0&dc=flc&docNum=CW107095796&vrsn=1.0&srchtp=a&d4=0.33&n=10&SU=0LRM&locID=nla⟩.
– (1810), *Untersuchung über die Natur und den Ursprung der Geistes-Zerrüttung: ein kurzes System der Physiologie und Pathologie des menschlichen Geistes.* Mit einigen Abkürzungen aus dem Englischen, 2., verm. Aufl. mit Anmerkungen und Zusätzen von J. Ch. Hoffbauer, Leipzig: A. Bauer. (Von Hoffbauer stammen u. a. die Zusätze IV. »Ueber die äusseren Sinne und das Gemeingefühl« und V. »Ueber den Zusammenfluß des Gemeingefühls mit dem Aussengefühle«.)
Crusius, Christian August (1745), *Entwurf der nothwendigen Vernunft-Wahrheiten, wiefern sie den zufälligen entgegen gesezet werden*, Leipzig: Gleditsch. Reprogr. Nachdruck Hildesheim: Olms, 1964 (= *Die philosophischen Hauptwerke*, hg. von Giorgio Tonelli, Bd. 2).

Damasio, Antonio (1994), *Descartes' Error: Emotion, Reason, and the Human Brain*, New York: Putman.
Danto, Arthur (1993), »Das Ende der Kunst«, in: ders., *Die philosophische Entmündigung der Kunst*, München: Fink, S. 109-146.
Davidson, Donald (1987), »Knowing One's Own Mind«, in: *Proceedings and Adresses of the American Philosophical Association* LX [1987], S. 441-458.
Descartes, René (1953), *Œuvres et lettres*, hg. von André Bridoux, Paris: Gallimard (= Bibliothèque de la Pléiade).
Devitt, Michael (1984), *Realism and Truth*, Oxford: Blackwell (2. Aufl., mit einem neuen Nachwort: Princeton/NJ: University Press, 1997).
Dick, Manfred (1967), *Die Entwicklung des Gedankens der Poesie in den Fragmenten des Novalis*, Bonn: Bouvier.
Dietzsch, Steffen (2003), *Immanuel Kant. Eine Biographie*, Leipzig: Reclam.
Diez, Immanuel Carl (1997), *Briefwechsel und Kantische Schriften. Wissensbegründung in der Glaubenskrise Tübingen-Jena (1790-1792)*, hg. von Dieter Henrich, Stuttgart: Klett-Cotta.

Eberhard, Johann August (1776), *Allgemeine Theorie des Denkens und Empfindens.* Eine Abhandlung, welche den von der Königl. Akademie der

Wissenschaften in Berlin auf das Jahr 1776 ausgesetzten Preis erhalten hat, Berlin: Friedrich Voß (Faksimiledruck Frankfurt am Main: Athenäum, 1972).
– (1784), *Vermischte Schriften I*, Halle: Gebauer.
– (1788), *Neue vermischte Schriften*, Halle: Gebauer.
– (1794), *Empirische Psychologie* (in seinem *Kurzen Abriss der Metaphysik*), Jena: Verlag der Crökerschen Handlung.
Engelmann, Paul (1970), *Ludwig Wittgenstein. Briefe und Begegnungen*, hg. von Brian McGuinness, Wien, München: R. Oldenbourg.
Erhard, Johann Benjamin (1796), Rezension von Schellings *Ich*-Schrift, erschienen in der Jenaer *Allgemeine[n] Literatur-Zeitung* Nr. 319, Dienstag, den 11. Oktober 1796, Sp. 89-91. Schellings Replik (vom 26. Oktober 1796) mit Erhards schneidend kurzer Antwort in: *Schellingiana Rariora*, gesammelt und eingeleitet von Luigi Pareyson, Torino: Bottega d'Erasmo, 1977, S. 55-59.
– (1830), *Denkwürdigkeiten des Philosophen und Arztes Johann Benjamin Erhard*, hg. von Karl August Varnhagen von Ense, Stuttgart und Tübingen: J. G. Cotta.
Evans, Gareth (1981), *The Varieties of Reference*, hg. von J. MacDowell, Oxford: Oxford University Press.

Feinberg, Irwin (1978), »Efference Copy and Corollary Discharge. Implications for Thinking and its Disorders«, in: *Schizophrenia Bulletin* 4, S. 636-640.
Feuerbach, Ludwig (1964), *Ausgewählte Briefe* (= Bde. XII und XIII der *Sämtlichen Werke.* Aufgrund der von Wilhelm Bolin [und Friedrich Jodl] besorgten Ausgabe neu hg. und erweitert von Hans-Martin Sass, Stuttgart-Bad Cannstatt).
– (1969), *Gesammelte Werke*, hg. von Werner Schuffenhauer, Bd. 8, *Kleinere Schriften I (1835-1839)*, Berlin: Akademie-Verlag.
– (1970), *Gesammelte Werke*, hg. von Werner Schuffenhauer, Bd. 9, *Kleinere Schriften II (1839-1846)*, Berlin: Akademie-Verlag.
– (1971), *Gesammelte Werke*, hg. von Werner Schuffenhauer, Bd. 10, *Kleinere Schriften III (1946-1850)*, Berlin: Akademie-Verlag.
– (1972), *Gesammelte Werke*, hg. von Werner Schuffenhauer, Bd 11, *Kleinere Schriften IV (1851-1866)*, Berlin: Akademie-Verlag.
Feuerbach, Paul Johann Anselm (1795), »Über die Unmöglichkeit eines ersten absoluten Grundsatzes der Philosophie«, in: *PhJ* II/4, S. 306-322.
Fichte, Johann Gottlieb (1971), *Werke*, hg. von Immanuel Hermann Fichte, Berlin: de Gruyter (Nachdruck der *Nachgelassenen Werkè*, Bonn 1834/35 und der *Sämtlichen Werke*, Berlin 1845/46).

Forberg, Friedrich Karl (1796), *Fragmente aus meinen Papieren*, Jena: J. G. Voigt.
– (1797), »Briefe über die neueste Philosophie«, in: *PhJ*, I. Teil: Sechsten Bandes Fünftes Heft, S. 44-88; II. Theil: a. a. O. (Siebenten Bandes Viertes Heft), S. 259-272.
Frank, Manfred (1969), »Die Philosophie des sogenannten *magischen Idealismus*«, in: *Euphorion* 63, S. 88-116.
– (1972), *Das Problem ›Zeit‹ in der deutschen Romantik. Zeitbewußtsein und Bewußtsein von Zeitlichkeit in der frühromantischen Philosophie und in Tiecks Dichtung*, München: Winkler (2., seitengleiche Auflage, mit einem neuen Nachwort: Paderborn, München, Wien, Zürich: Schöningh, 1990).
– (1980), »Archiv«, *in: Fugen. Deutsch-Französisches Jahrbuch für Text-Analytik*, hg. von Manfred Frank, Friedrich A. Kittler und Samuel Weber, Olten und Freiburg i. Br., S. 252-265.
– (1983), »Auf der Suche nach einem Grund. Über den Umschlag von Erkenntniskritik in Mythologie bei Musil«, in; Karl-Heinz Bohrer, *Mythos und Moderne*, Frankfurt am Main: Suhrkamp (es 1144), S. 318-362.
– (1985a), *Eine Einführung in Schellings Philosophie*, Frankfurt am Main: Suhrkamp (stw 520).
– (1985b), *Das individuelle Allgemeine. Textstrukturierung und -interpretation nach Schleiermacher*, Frankfurt am Main: Suhrkamp (stw), Erstdruck 1977.
– (1986), *Die Unhintergehbarkeit von Individualität. Reflexionen über Subjekt, Person und Individuum aus Anlaß ihrer postmodernen Toterklärung*, Frankfurt am Main: Suhrkamp.
– (1989a), *Einführung in die frühromantische Ästhetik*. Vorlesungen, Frankfurt am Main: Suhrkamp (es 1563).
– (1989b), »Antibourgeoise Anarchie und Revolutionskritik. Von der zwiespältigen Haltung der Frühromantik zur Französischen Revolution«, in: Henning Krauss (Hg.), *Folgen der Französischen Revolution*, Frankfurt am Main: Suhrkamp (es 1579), S. 221–244
– (1991a), *Selbstbewusstseinstheorien von Fichte bis Sartre*, hg. und mit einem Nachwort versehen von Manfred Frank, Frankfurt am Main: Suhrkamp. Englische Übersetzung der ersten Hälfte des interpretierenden Appendix (durch Simon Critchley, Peter Dews, Dieter Freundlieb und Wayne Hudson): »Fragments of a History of the Theory of Self-Consciousness from Kant to Kierkegaard«, mit Kommentaren der Herausgeber John Rundell, Danielle Petherbridge, Jan Bryant, John Hewitt, Jeremy Smith sowie von Karl Ameriks, Daniel Hoolsema und Andrew Bowie., in: *Critical Horizons. Journal of Social and Critical Theory*, Leiden, Boston: Brill Academic Publishers, Bd. 5, 2004, S. 53-136 (iden-

tisch mit dem Band *Contemporary Perspectives in Critical and Social Philosophy. Social and Critical Theory. A Critical Horizons Book Series*, Bd. 2).
– (1991), »Identität und Subjektivität«, in: ders., *Selbstbewusstsein und Selbsterkenntnis. Essays zur analytischen Philosophie der Subjektivität*, Stuttgart: Reclam, S. 79-157.
– (1992a), »Allegorie, Witz, Fragment, Ironie. Friedrich Schlegel und die Idee des zerrissenen Selbst«, in: Willem van Reijen (Hg.), *Allegorie und Melancholie*, Frankfurt am Main: Suhrkamp (es 1704), S. 124-146.
– (1992b), »Über Stil und Bedeutung. Wittgenstein und die Frühromantik«, in: ders., *Stil in der Philosophie*, Stuttgart: Reclam, S. 86-115.
– (1992c) *Der unendliche Mangel an Sein. Schellings Hegelkritik und die Anfänge der Marxschen Dialektik*, 2., stark erweiterte und überarbeitete Auflage (zuerst 1975, Frankfurt am Main: Suhrkamp), München: Wilhelm Fink.
– (1994), »Philosophische Grundlagen der Frühromantik«, in: *Athenäum. Jahrbuch für Romantik*, 4. Jahrgang, S. 37-130.
– (1995), »Hölderlins philosophische Grundlagen«, in: Gerhard Kurz, Valérie Lawitschka und Jürgen Wertheimer (Hg.), *Hölderlin und die Moderne. Eine Bestandsaufnahme*, Tübingen: Attempto, S. 174-194.
– (1996a), »›Wechselgrundsatz‹. Friedrich Schlegels philosophischer Ausgangspunkt«, in: *Zeitschrift für philosophische Forschung*, Band 50 (1996 [= Doppelheft anlässlich des 50. Jahrgangs]), S. 26-50.
– (1996b), »›Alle Wahrheit ist relativ, alles Wissen symbolisch‹. Motive der Grundsatz-Skepsis in der frühen Jenaer Romantik«, in: *Revue internationale de philosophie*, Sonderheft »Fondements philosophiques du premier romantisme allemand (Jéna 1796)«, Nr. 3/1996 (Bd. 50, Nr. 197), S. 403-436.
– (1997), *Selbstbewußtsein und Argumentation. Zwei Vorträge* (= Amsterdamer Spinoza Lectures vom 6./7. Juli 1995), Amsterdam: Van Gorcum.
– (1998a), ›*Unendliche Annäherung*‹. *Die Anfänge der philosophischen Frühromantik*, Frankfurt am Main: Suhrkamp (2. Auflage).
– (1998b), »Von der Grundsatz-Kritik zur freien Erfindung. Die ästhetische Wende in den *Fichte-Studien* des Novalis«, in: *Athenäum. Jahrbuch für Romantik*, 8. Jahrgang, S. 75-95.
– (1998c), »Schellings spekulative Umwandlung des Kantischen Organismus-Konzepts«, in: Klaus Vieweg (Hg.), *Hegels Jenaer Naturphilosophie*, München: Fink, S. 201-218.
– (1999), *Style in Philosophy* (= Christian Gauss Lectures Princeton 1990), abgedruckt in: *Metaphilosophy*, hg. von Armen T. Marsobian: Oxford: Blackwell Publishers Ltd., 1999 (1. Vorlesung Juli. Bd. 30, Nr. 3, S. 145-167; 2. und 3. Vorlesung: Oktober, Bd. 30, Nr. 4, S. 265-301).

– (2001), Vorwort und Einleitung des Herausgebers zu: Friedrich Schleiermacher (2001), Bd. I, S. 7-136.
– (2002), *Selbstgefühl. Eine historisch-systematische Erkundung*, Frankfurt am Main: Suhrkamp (stw 1611).
– (2003), »Ein Brief Bakunins an seine Schwester (23. Oktober bis 3. November 1841). Ein ›Geistergespräch‹ Bakunins mit Schelling«, in: *Athenäum*, 13. Jg., mit einem Editorial (9-14), hg. von Manfred Frank, Paderborn: Schöningh, S. 227-242.
Franz, Michael (1996), *Schellings Tübinger Platon-Studien*, Göttingen: Vandenhoeck & Ruprecht.
– (2004), »Die Logikkompendien im Herzogtum Württemberg 1559-1793«, in: ders. und Wilhelm G. Jacobs (Hg.), *»... so hat mir/ Das Kloster etwas genüzet«. Hölderlins und Schellings Schulbildung in der Nürtinger Lateinschule und den württembergischen Klosterschulen*, hg. von Ute Almendinger u. a. (= Materialien zum bildungsgeschichtlichen Hintergrund von Hölderlin, Hegel und Schelling, Bd. 1, Schriften der Hölderlin-Gesellschaft 23), Tübingen: Isele, S. 214-229.
– (2005a), »Gottfried Ploucquets Urteilslehre im Rahmen der Logikgeschichte des 18. Jahrhunderts«, in: *Zeitschrift für philosophische Forschung*, Band 59, Heft 1, S. 95-113.
– (2005b) (Hg.), *»... im Reiche des Wissens cavalieremente«? Hölderlins, Hegels und Schellings Philosophiestudium an der Universität Tübingen* (= Bd. 2 der Materialien zum bildungsgeschichtlichen Hintergrund von Hölderlin, Hegel und Schelling, wie Franz [2004]).
Frauenstädt, Julius (1842), *Schellings Vorlesungen in Berlin, Darstellung und Kritik der Hauptmomente derselben, mit besonderer Beziehung auf das Verhältnis zwischen Christentum und Philosophie*, Berlin: August Hirschwald (Teilabdruck, nämlich auf die »Kurze Darstellung der Schellingschen Lehre« reduziert [S. 68-92 und 130-141], in: Schelling [1993], hg. von M. Frank, S. 353-390).
Frege, Gottlob (1975), »Über Sinn und Bedeutung«, in: ders., *Funktion, Begriff, Bedeutung. Fünf logische Studien*, hg. von Günther Patzig, Göttingen: Vandenhoeck & Ruprecht, 4., ergänzte Aufl., S. 40-65.
Freudenthal, Gideon (2003), »Maimon's Subversion of Kant's *Critique of Pure Reason:* There Are No Synthetic *a priori* Judgments in Physics«, in: ders., *Salomon Maimon: Rational Dogmatist, Empirical Skeptic. Critical Assessments*, Dordrecht, Boston, London: Kluwer, S. 144-175.
Frischmann, Bärbel (2005), *Vom transzendentalen zum frühromantischen Idealismus. J. G. Fichte und Fr. Schlegel*, Paderborn u. a.: Schöningh.
Frith, Christopher D. (1992), *The cognitive Neuropsychology of Schizophrenia*, Hillsdale, N. J.: Erlbaum.
– (2004), »Comments on Shaun Gallagher: Neurocognitive Models of

Schizophrenia: A Neurophenomenological critique«, in: *Psychopathology* 37, S. 20-22.
–, Rhiannon Corcoran (1996), »Exploring ›Theory of Mind‹ in People with Schizophrenia«, in: *Psychological Medicine* 26, 521-530.
–, D. J. Done (1989), »Experiences of alien control in schizophrenia reflect a disorder in the central monitoring of action«, in: *Psychological Medicine* 19, S. 359-363.

Gabriel, Gottfried (1978), »Logik als Literatur? Zur Bedeutung des Literarischen bei Wittgenstein«, in: *Merkur* 32, Heft 4, April 1978, S. 353-362.
Gabriel, Markus (2006), *Der Mensch im Mythos. Untersuchungen über Ontotheologie, Anthropologie und Selbstbewusstseinsgeschichte in Schellings Philosophie der Mythologie*, Berlin, New York: de Gruyter.
Gadamer, Hans-Georg (1965), *Wahrheit und Methode. Grundzüge einer philosophischen Hermeneutik*, 2., erw. Aufl., Tübingen: Mohr-Siebeck.
Gallagher, Shaun (2000), »Philosophical Conceptions of the Self: Implications for Cognitive Science«, in: *Trends in Cognitive Science*, Bd. 4, Nr. 1, Januar, S. 14-21.
– (2005), »Neurocognitive Models of Schizophrenia: A Neurophenomenological Critique«, in: *Psychopathology* 37, S. 8-19.
Gawlina, Manfred (1996), *Das Medusenhaupt der Kritik. Die Kontroverse zwischen Immanuel Kant und Johann August Eberhard*, Berlin, New York: de Gruyter.
Geach, Peter (1968), *Reference and Generality*, 2. Aufl., Ithaka, NY (darin vor allem das 6. Kapitel: »Pronominal Reference: Indefinite Pronouns«, S. 144-167).
– (1972a), »On Beliefs About Oneself«, in: ders., *Logic Matters*, Oxford: Blackwell, S. 128 f. (zuerst erschienen 1957/58 in *Analysis* 18, S. 23 f.); deutsch in und von Manfred Frank (Hg., 1994), *Analytische Theorien des Selbstbewusstseins*, Frankfurt am Main: Suhrkamp (stw 1151), S. 14 f.
– (1972b), »Identity Theory«, in: ders. (1972a), S. 238-249.
Goclenius, Rodolphus (1980), *Lexicon philosophicum quo tamquam clave philosophiae fores aperiuntur, informantum opera et studio Rodolphi Goclenii d. i. Rudolf Göckels*, Hildesheim, New York: Olms (= 2. Nachdruck der Ausgaben Frankfurt am Main 1613 und Marburg 1615).
Goldie, Peter (2000), *The Emotions. A Philosophical Exploration*, Oxford: Clarendon Press.
Götze, Martin (2001), *Ironie und absolute Darstellung. Philosophie und Poetik in der Frühromantik*, Paderborn: Schöningh.
Grätzel, Stephan, und Johannes Ullmaier (1998), »Der magische Transzendentalismus von Novalis«, in: *Kant-Studien* 89, S. 59-67.

Griffin, Nicholas (1977), »Absolute and Relative Identity«, in: ders., *Relative Identity*, Oxford: Clarendon, S. 1-21.
Grundmann, Thomas (2003), *Der Wahrheit auf der Spur. Eine Verteidigung des erkenntnistheoretischen Externalismus*, Paderbon: mentis.
–, u. a. (2005) (Hg.), *Anatomie der Subjektivität. Bewusstsein, Selbstbewusstsein und Selbstgefühl*, Frankfurt am Main: Suhrkamp.

Haering, Theodor (1954), *Novalis als Philosoph*, Stuttgart: Kohlhammer.
Harman, Gilbert (1990), »The Intrinsic Quality of Experience«, in: J. E. Tomberlin (Hg.), *Philosophical Perspectives 4. Action, Theory and Philosophy of Mind*, Atascadero/CA: Ridgeview Publishing Co., S. 31-52.
Hauser, Marc D. (2000), *Wild Minds. What Animals Really Think*, New York: Henry Holt and Company.
Haym, Rudolf (1972), *Die romantische Schule. Ein Beitrag zur Geschichte des deutschen Geistes*, Darmstadt: Wissenschaftliche Buchgesellschaft (Neudruck der Ausgabe Berlin: R. Gaertner, 1870).
Hegel, Georg Wilhelm Friedrich (1952), *Phänomenologie des Geistes*, Bd. 6, hg. von Johannes Hoffmeister, Hamburg: Meiner.
– (1955), *Ästhetik*, mit einem einführenden Essay von Georg Lukács hg. von Friedrich Bassenge, Berlin: Aufbau-Verlag.
– (1956) *Berliner Schriften 1818-1831*, hg. von J. Hoffmeister, Hamburg: Meiner, S. 743-749.
Heidegger, Martin (1967), *Sein und Zeit*, Tübingen: Niemeyer.
– (1971), *Schellings Abhandlung ›Über das Wesen der menschlichen Freiheit (1809)‹*, Tübingen: Niemeyer.
– (1991), *Die Metaphysik des deutschen Idealismus. Zur erneuten Auslegung von Schelling: Philosophische Untersuchungen über das Wesen der menschlichen Freiheit und die damit zusammenhängenden Gegenstände (1809)*, hg. von G. Seubold. Gesamtausgabe, II. Abtl., *Vorlesung 1925-1944*, Bd. 49, Frankfurt am Main: Klostermann.
– (1997), *Der deutsche Idealismus (Fichte, Schelling, Hegel) und die philosophische Problemlage der Gegenwart*, Frankfurt am Main: Klostermann.
Heine, Heinrich (1997), *Sämtliche Schriften*, hg. von Klaus Briegleb, München: dtv.
Held, Richard (1961), »Exposure-History as a Factor in Maintaining Stability of Perception and Coordination«, in: *Journal of Nervous and Mental Diseases*, 132, S. 26-32.
–, Allan Hein (1963), »Movement-Produced Stimulation of the Development of Visually-Guided Behaviour«, in: *Journal of Comparative Physiological Psychology* 56, S. 872-876.
Henrich, Dieter (1967), *Fichtes ursprüngliche Einsicht*, Frankfurt: Klostermann.

– (1967), »Der Begriff der Schönheit in Schillers Ästhetik«, in: *Zeitschrift für philosophische Forschung* VI, S. 527-547.
– (1971), *Hegel im Kontext*, Frankfurt am Main: Suhrkamp (es 510).
– (1976), *Identität und Objektivität. Eine Untersuchung über Kants transzendentale Deduktion*, Heidelberg: Winter.
– (1979), »›Identität‹ – Begriffe, Probleme, Grenzen«, in: *Identität*, hg. von Odo Marquard und Karlheinz Stierle, München: Fink, S. 133-186.
– (1982), *Selbstverhältnisse. Gedanken und Auslegungen zu den Grundlagen der klassischen deutschen Philosophie*, Stuttgart: Reclam (darin: »Fichtes ›Ich‹«, S. 57-82, und »Andersheit und Absolutheit des Geistes. Sieben Schritte auf dem Wege von Schelling zu Hegel«, S. 142-172).
– (1988), »Die Identität des Subjekts in der transzendentalen Deduktion«, in: Hariolf Oberer und Gerhard Seel (Hg.), *Kant. Analysen – Probleme – Kritik*, Würzburg: Königshausen & Neumann, S. 39-70.
– (1989), »Die Anfänge der Theorie des Subjekts (1789)«, in: Axel Honneth u. a. (Hg.), *Zwischenbetrachtungen. Im Prozeß der Aufklärung. Jürgen Habermas zum 60. Geburtstag*, Frankfurt am Main: Suhrkamp, S. 106-170.
– (1991), *Konstellationen. Probleme und Debatten am Ursprung der idealistischen Philosophie (1789-1795)*, Stuttgart: Klett-Cotta.
– (1992), *Der Grund im Bewußtsein. Untersuchungen zu Hölderlins Denken (1794-1795)*, Stuttgart: Klett-Cotta.
– (2004), *Grundlegung aus dem Ich. Untersuchungen zur Vorgeschichte des Idealismus Tübingen – Jena (1790-1794)*, Frankfurt am Main: Suhrkamp (2 Bde. mit durchgehender Seitenzählung).
Herder, Johann Gottfried (1985), *Frühe Schriften 1764-1772*, hg. von Ulrich Gaier, Frankfurt am Main (= *Werke*, Bd. 1 in der Ausgabe des Deutschen Klassiker Verlags): »Versuch über das Sein«, S. 9-12; »Begründung einer Ästhetik in der Auseinandersetzung mit Alexander Gottlieb Baumgarten«, S. 651-694.
– (1993), *Schriften zur Ästhetik und Literatur 1767-1781*, hg. von Gunter E. Grimm, (= *Werke* Bd. 2) (darin *Die Kritischen Wälder zur Ästhetik*, S. 9-442), Frankfurt am Main: Deutscher Klassiker Verlag.
– (1994), *Schriften zu Philosophie, Literatur, Kunst und Altertum 1774-1787*, hg. von Jürgen Brummack und Martin Bollacher (= *Werke* Bd. 4) Frankfurt am Main: Deutscher Klassiker Verlag, darin: »Zum Sinn des Gefühls«, S. 235-242; »Plastik. Einige Wahrnehmungen über Form und Gestalt aus Pygmalions bildendem Traume«, S. 243-326; »Vom Erkennen und Empfinden der menschlichen Seele«, S. 327-394.
Herms, Eilert (1974), *Herkunft, Entfaltung und erste Gestalt des Systems der Wissenschaften bei Schleiermacher*, Gütersloh: Mohn.
– (1992), »Platonismus und Aristotelismus in Schleiermachers Ethik«, in:

Schleiermacher's Philosophy and the Philosophiocal Tradition, hg. von Sergio Sorrentino, Lewston, NY: Edwin Mellen Press, S. 1-16.
Heß, Moses (1961), *Philosophische und sozialistische Schriften 1837-1850. Eine Auswahl*, hg. von Auguste Cornu und Wolfgang Mönke, Berlin: Akademie Verlag.
Heydenreich, Karl Heinrich (1789), *Natur und Gott nach Spinoza*, Erster Band, Leipzig: Joh. Gottfr. Müllersche Buchhandlung.
Hissmann, Michael (1777), *Ueber den inneren Sinn, und die inneren Empfindungen* (= dritter der *Psychologische[n] Versuche: ein Beytrag zur esoterischen Logik*), Frankfurt am Main, Leipzig: Gebrüder Hellwing, S. 91/93-174 (2. Aufl. 1788 in Hannover und Göttingen beim selben Verleger).
Hobbes, Thomas (1839), *Opera Philosophica*, London: J. Bohn.
Hölderlin, Friedrich (1979), *Entwürfe zur Poetik*, hg. von Wolfram Groddeck und D. E. Sattler (= Band 14 der *Historisch-kritischen Ausgabe*, hg. von D. E. Sattler), Frankfurt am Main: Stroemfeld/Roter Stern.
– (1984), Vorstufen zum Hyperion (= Band 10 der Kritischen Textausgabe, hg. von D. E. Sattler), Darmstadt und Neuwied: Luchterhand.
– (1991), *Frühe Aufsätze und Übersetzungen*, hg. von Michael Franz, Hans Gerhard Steiner und D. E. Sattler (= Bd. 17 der obigen Ausgabe).
Hoffbauer, Johann Christoph (1792), *Analytik der Urtheile und Schlüsse: mit Anmerkungen meistens erläuternden Inhalts*, Halle: Hemmerde und Schwetschke (Reprint in der Reihe »Aetas Kantiana«, 107, Brüssel: Culture et civilisation, 1969).
– (1794), *Anfangsgründe der Logik, nebst einem Grundrisse der Erfahrungsseelenkunde*, Halle: Hemmerde und Schwetschke.
– (1810a) *Versuch über die sicherste und leichteste Anwendung der Analysis in den philosophischen Wissenschaften* (von der Akademie der Wissenschaften zu Berlin gekrönte Preisschrift), Leipzig: C. H. Reclam (Reprint in der Reihe »Aetas Kantiana«, 112), Brüssel: Culture et civilisation, 1968).
– (1810b), »Ueber die äusseren Sinne und das Gemeingefühl«, in: Alexander Crichton (1810).
– (1810c), *Ueber die Analysis in der Philosophie; rein grössten Theils analytischer Versuch veranlasst durch die erste, diesen Gegenstand betreffende Preisfrage der Königlichen Akademie der Wissenschaften zu Berlin nebst Abhandlungen verwandten Inhalts*, Halle: Hemmerde und Schwetschke.
Hofmann, Frank (2005), »Bewusstsein und introspektive Selbstkenntnis«, in: Thomas Grundmann (2005), S. 944-119.
Hogrebe, Wolfram (1989), *Prädikation und Genesis. Metaphysik als Fundamentalheuristik im Ausgang von Schelling »Die Weltalter«*, Frankfurt am Main: Suhrkamp (stw 772).
Holst, Erich von, und Horst Mittelstaedt (1950), »Das Reafferenzprinzip

(Wechselwirkungen zwischen Zentralnervensystem und Peripherie)«, in: *Naturwissenschaften* 37, S. 464-476.
– (1954), »Relations between the Central Nervous System and the Peripheral Organs«, in: *British Journal of Animal Behaviour* 2, S. 89-94.
Holz, Hans Heinz (1992), *Gottfried Wilhelm Leibniz*, Frankfurt, New York: Campus.
Honnefelder, Ludger (1989), *Ens inquantum ens. Der Begriff des Seienden als solchen als Gegenstand der Metaphysik nach der Lehre des Johannes Duns Scotus*, Münster: Aschendorff, 2. Auflage.
Honneth, Axel (Hg.) (1989), *Zwischenbetrachtungen. Im Prozeß der Aufklärung. Jürgen Habermas zum 60. Geburtstag*, Frankfurt am Main: Suhrkamp, S. 106-170.
Horgan, Terence, und John Tienson (2002), »The Intentionality of Phenomenology and the Phenomenology of Intentionality«, in: *Philosophy of Mind*, hg. von David Chalmers, Oxford: Oxford University Press, S. 520-531.
Huch, Ricarda (1951), *Die Romantik. Ausbreitung, Blütezeit und Verfall*, Tübingen und Stuttgart: Rainer Wunderlich.
Hume, David (1888), *A Treatise of Human Nature*, hg. von L. A. Selby-Bigge, Oxford: The Clarendon Press.
Husserl, Edmund (1980), *Logische Untersuchungen*, 6. Aufl., Tübingen: Max Niemeyer.
Hutter, Axel (1996), *Geschichtliche Vernunft. Die Weiterführung der Kantischen Vernunftkritik in der Spätphilosophie Schellings*, Frankfurt am Main: Suhrkamp.

Irwing, Karl Franz von (1777), »Vom Bewußtseyn«, in: *Erfahrungen und Untersuchungen über den Menschen*. Zweyter Band, Berlin: Verlag der Realschulhandlung, S. 179 ff. (= § 142-145). (Die anderen beiden Bände sind 1772 und 1779 erschienen: eine integrale Zweitauflage kam 1785 heraus [vgl. Hoffbauer 1794, S. 11].)

Jacobi, Friedrich Heinrich (1787), »Ueber den transcendentalen Idealismus«, in: ders., *David Hume über den Glauben oder Idealismus und Realismus. Ein Gespräch*, zit. nach den Ausgaben der *Werke*, hg. von Friedrich Roth und Friedrich Köppen, Leipzig: Gerhard Fleischer d. Jüng, 1815 (reprogr. Nachdruck Darmstadt 1968), 2. Bd., S. 291-310.
– (1789), *Ueber die Lehre des Spinoza in Briefen an Herrn Moses Mendelssohn.* Neue vermehrte Auflage, Breslau: Löwe. Kritische Neuausgabe in: Friedrich Heinrich Jacobi, *Werke*, Bde. 1,1 und 1,2, *Schriften zum Spinozastreit*, hg. von Klaus Hammacher und Irmgard-Maria Piske, Hamburg, Stuttgart-Bad-Cannstatt: Meiner und Frommann-Holzboog, 1989. (Die Aus-

gabe gibt die Paginierung der Originaldrucke 1785 und 1789 am Rande mit an.)
Jacobson, Max (1894), *Erinnerungen an Alt-Königsberg. Festschrift zum 50. Doctorjubiläum Ludwig Friedländer*, Leipzig: Hirzel.
James, William (1912), »Does Consciousness Exist?«, in: *Essays in Radical Empiricisms*, New York: Longmans, Green and Co., S. 1-38 (Nachdruck hg. von Ralph Barton Perry, Lincoln und London: The University of Nebraska Press, 1996).
Jaspers, Karl (1955), *Schelling. Größe und Verhängnis*, München: Piper (Neuaufl. 1986).
Janik, Allan, und Stephen Toulmin (1987), *Wittgensteins Wien*, München: Piper.
Jeannerod, Marc (1999), »To Act or Not to Act: Perspectives on the Representation of Actions«, in: *Quarterly Journal of Experimental Psychology*, 52A, S. 1-29.
– (2003), »Consciousness of Action and Self-Consciousness. A Cognitive Neuroscience Approach«, in: Johannes Rössler and Naomi Eilan (Hg.), *Agency and Self-Awareness: Issues in Philosophy and Psychology*, Oxford: University Press, S. 128-149.
Jungius, Joachim (1977), *Logica Hamburgensis. Hoc est, institutiones logicae in usum schol. Hamburg. Conscriptae, et sex libris comprehensae*. Cum annotationibus edidit Wilhelm Risse, Göttingen: Vandenhoeck & Ruprecht (ursprünglich: Hamburg 1638).

Kant, Immanuel (1996), *Schriften zu Ästhetik und Naturphilosophie*, hg. von Manfred Frank und Véronique Zanetti, Frankfurt am Main: Deutscher Klassiker Verlag (Neudruck in 3 Bänden als Taschenbuchausgabe Frankfurt am Main: Suhrkamp [stw 1517], 2001).
Kaplan, David (1989), »Demonstratives«, in: Joseph Almog, John Perry und Howard Wettstein (Hg.), *Themes from Kaplan*, New York: Oxford University Press, S. 481-563.
Kasprzik, Wolfgang (1994), »Monaden mit Fenstern? Zur Konzeption der Individualität in Schleiermachers Dialektik«, in: *Individuum. Probleme der Individualität in Kunst, Philosophie und Wissenschaft*, S. 99-121.
Kauppi, Raili (1966), »Einige Bemerkungen zum principium identitatis indiscernibilium bei Leibniz«, in: *Z. f. philos. Forschung* XX, S. 497-506.
Knaus, Johann Christoph (1751), *Elementa Philosophiae Rationalis. Sive Compendium Logicae. In Usum Publicum Scholarum Wirtembericarum adornatum*, Stuttgart: Joh. Christ. Erhard.
Kneale, William, und Martha Kneale (1962), *The Development of Logic*, Oxford: Clarendon Press (als Paperback seit 1984).

Köhler, Dietmar (1999), »Von Schelling zu Hitler? Anmerkungen zu Heideggers Schelling-Interpretationen von 1936 und 1941«, in: Istvan M. Fehér und Wilhelm G. Jacobs, *Zeit und Freiheit. Schelling – Schopenhauer – Kierkegaard – Heidegger* (= Akten der Fachtagung der Internationalen Schelling-Gesellschaft, Budapest, 24. bis 27. April 1997), Budapest: Éthos Könyvek, S. 201-213.

Köpke, Rudolf (1855), Ludwig *Tieck. Erinnerungen aus dem Leben des Dichters, nach dessen mündlichen und schriftlichen Mittheilungen*, in zwei Theilen, Leipzig: Brockhaus.

Korff, Hermann August (1958-1960), *Geist der Goethezeit. Versuch einer ideellen Entwicklung der klassisch-romantischen Literaturgeschichte*, 4 Teile und Registerband, Leipzig: Koehler und Amelang.

Kripke, Saul (1971), »Identity and Necessity«, in: M. K. Munitz (Hg.), *Identity and Individuation*, New York: New York University Press, S. 135-164.

– (1980), *Naming and Necessity*, Cambridge/MA: Harvard University Press (ursprünglich erschienen in: G. Harmann und D. Davidson [Hg.], *The Semantics of Natural Language*, Dordrecht: Reidel, 1972.).

Kubik, Andreas (2006a), Rezension von: Martin Götze (2001), in: *Fichte-Studien*, Nr. 27, S. 216-222.

– (2006b), *Die Symboltheorie bei Novalis. Eine ideengeschichtliche Studie in ästhetischer und theologischer Absicht*, Tübingen: Mohr-Siebeck.

Kulenkampff, Jens (Hg.) (1974), *Materialien zu Kants ›Kritik der Urteilskraft‹*, Frankfurt am Main: Suhrkamp (stw 60).

Kuhn, Johannes (1834), *Jacobi und die Philosophie seiner Zeit, Ein Versuch, das wissenschaftliche Fundament der Philosophie historisch zu erörtern*, Mainz: Florian Kupferberg.

Kurz, Gerhard, Valérie Lawitschka und Jürgen Wertheimer (Hg.) (1995), *Hölderlin und die Moderne. Eine Bestandsaufnahme*, S. 174-194, Tübingen: Attempto.

Layritz, Paul Eugen (1743), *Erste Anfangsgründe der Vernunftlehre zum bequemen Gebrauch der Schulen, in Verbindung zusammen getragen [...]*, Züllichau: in Verlegung des Waisenhauses.

Lazzari, Alessandro (2004), *»Das Eine, was der Menschheit Noth ist« – Einheit und Freiheit in der Philosophie Karl Leonhard Reinholds (1789-1792)*, Stuttgart-Bad Cannstatt: Frommann-Holzboog.

Leibniz, Gottfried Wilhelm (1903), *Opuscules et fragments inédits: extraits des manuscrits de la Bibliothèque royale de Hanovre*, hg. von Louis Couturat, Paris: P. Alcan (mehrere Nachdrucke, u. a. Hildesheim: Olms, 1961).

– (1960), *Fragmente zur Logik.* Ausgewählt, übersetzt und erläutert von Franz Schmidt, Berlin: Akademie Verlag.

– (1978), *La Monadologie.* Édition annotée, et precédée d'une Exposition du Système de Leibniz par Émile Boutroux, Paris: Delagrave.
– (1994), *Confessio Philosophi – Das Gelöbnis des Philosophen: ein Dialog.* Krit. Ausgabe, Orig. mit Übers., hg. von Otto Saame, 2. Aufl., Frankfurt am Main: Klostermann.
– (1999), *Philosophische Schriften*, Bd. 4 (1677-1690), bearbeitet von Heinrich Schepers, Martin Schneider, Gerhard Biller, Ursula Franke und Herma Kliege-Biller, in: Leibniz, *Sämtliche Schriften und Briefe*, hg. von der Berlin-Brandenburgischen Akademie der Wissenschaften und der Akademie der Wissenschaften in Göttingen, VI. Reihe, Band 4 (in vier Teilbänden), Berlin: Akademie-Verlag.
Lenz, Max (1910-1918), *Geschichte der königlichen Friedrich-Wilhelms-Universität zu Berlin*, 2 Bde. in 3 Büchern, Halle/S.: Buchhandlung des Waisenhauses.
Lewis, David (1983), »Attitudes *De Dicto and* and *De Se*«, in: ders., *Philosophical Papers*, Bd. I, New York, Oxford: Oxford University Press, S. 133-159.
– (1986) *Philosophical Papers* II, New York, Oxford: Oxford University Press.
Locke, John (1975), *An Essay Concerning Human Understanding*, hg. und mit einer Einleitung, einem kritischen Apparat und einem Glossar versehen von Peter H. Nidditch, Oxford: Clarendon Press.
Lorenz, Kuno (1969), »Die Begründung des principium identitatis indiscernibilium«, in: *Akten des internationalen Leibniz-Kongresses Hannover 14.-19. November 1966*, Bd. III: *Erkenntnistheorie · Logik · Sprachphilosophie · Editionsberichte*, Wiesbaden: Franz Steiner, S. 149-159.
Lossius, Johann Christian (1775 [recte 1774]), *Physische Ursachen des Wahren*, Gotha: Ettinger.
– (1803/04), *Neues philosophisches allgemeines Real-Lexikon oder Wörterbuch der gesammten philosophischen Wissenschaften in einzelnen, nach alphabetischer Ordnung der Kunstwörter auf einander folgenden Artikeln*, Erfurt: Rudolphi, II. Bd. 1804; IV. Bd. 1803
Lukács, Georg (1954), *Die Zerstörung der Vernunft. Der Weg des Irrationalismus von Schelling zu Hitler*, Berlin: Aufbau-Verlag (auch in: *Werke*, 1962 ff., Bd. 9, Neuwied: Luchterhand).

Mach, Ernst (1886), *Beiträge zur Analyse der Empfindungen*, Jena: Gustav Fischer.
Maimon, Salomon (1965), *Versuch über die Transscendentalphilosophie [sic!] mit einem Anhang über symbolische Erkenntniß und Anmerkungen*, Berlin: Christian Friedrich Voß und Sohn, 1790 [recte: Spätherbst 1789] (= Bd. 2

der *Gesammelten Werke* [= Faksimilia der Erstdrucke], hg. von Valerio Verra, Hildesheim: Georg Olms).
– (1970), *Versuch einer neuen Logik oder Theorie des Denkens. Nebst angehängten Briefen des Philalethes an Aenesidemus*, Berlin: Ernst Felisch, 1794 (= Bd. 5 der *Gesammelten Werke* [= Reprografischer Nachdruck der Erstausgabe], hg. von Valerio Verra, Hildesheim: Olms [zitiert wird nach der mit angegebenen Originalpagierung von 1794]).
Martin, Charles B. (1980), »Substance Substantiated«, in: *Australesian Journal of Philosophy* 58, S. 3-10.
Mates, Benson (1986), *The Philosophy of Leibniz. Metaphysics and Language*, New York, Oxford: Oxford University Press (3. Aufl. 1989).
Matthews, Bruce (1998), *Life as the Schema of Freedom: Schelling's ›Organic‹ Form of Philosophy*, Dissertation, New School/NY; erscheint 2007 in Albany/NY: SUNY Press.
McGinn, Colin (1991), »Can We Solve the Mind-Body Problem?«, in: ders., *The Problem of Consciousness*, Oxford: Blackwell, S. 1-22.
McGuinness, Brian, und Georg Henrik von Wright (Hg.) (1980), *Ludwig Wittgenstein. Briefwechsel mit B. Russell u. a.*, Frankfurt am Main: Suhrkamp.
Meinong, Alexius (1975), *Über die Erfahrungsgrundlagen unseres Wissens*, in: R. Haller, R. Kininger und R. M. Chisholm (Hg.), *Gesamtausgabe*, Graz: Akademische Druck- und Verlagsanstalt, Bd. V, S. 1-113 (zuerst 1905).
Mellor, David Hugh (1977-78), »Conscious Belief«, in: *Proceedings of the Aristotelian Society* LXXXVIII, S. 87-101.
Menand, Louis (2001), *The Metaphysical Club. A Story of Ideas in America*, New York: Farrar, Straus and Giroux.
Mendelssohn, Moses (1785), *Morgenstunden oder Vorlesungen über das Daseyn Gottes*, Berlin: Voß.
Merian, Johann Bernhard (1749a), »Mémoire sur l'apperception de sa propre existence«, in: *Histoire de l'Adacémie Royale des Sciences et Belles Lettres*, Année 1749, Berlin: Hande et Spener, 1751, S. 416-441.
– (1749b), »Mémoire sur l'apperception considérée relativement aux idées, ou, sur l'existence des idées dans l'âme«, a. a. O., S. 442-477.
Millán-Zaibert, Elizabeth (2004), »Introduction ›What is Early German Romanticism?‹«, Einleitung zu ihrer Teil-Übersetzung von Frank (1998): *The Philosophical Foundations of Early German Romanticism*, Albany: SUNY Press, S. 1-22.
– (2005), »The Revival of *Frühromantik* in the Anglophone World«, in: *Philosophy Today*, Frühjahr 2005, S. 88-108.
Milne, Alan Alexander (1988), *Winnie-the-Pooh*, New York: E. P. Dutton.
Moran, Richard (2001), *Authority and Estrangement. An Essay on Self-Knowledge*, Princeton, Oxford: University Press.

Mortier, Roland (1964), »À propos du sentiment de l'existence chez Diderot et Rousseau: Note sur l'article de l'Encyclopédie«, in: *Diderot Studies* 6, S. 183-195.
Mugnai, Massimo (1979), »Intensionale Kontexte und Termini Reduplicativi in der Grammatica Rationalis von Leibniz«, in: Albert Heinekamp und Franz Schupp (Hg.), *Die intensionale Logik bei Leibniz und in der Gegenwart* (= *Studia Leibnitiana*, Sonderheft 8, S. 82-92), Wiesbaden: F. Steiner.
– (1990), »A Systematical Approach to Leibniz's Theory of Relations and Relational Sentences«, in: *Topoi* 9, S. 61-81.
Mulsow, Martin, und Marcelo Stamm (Hg.) (2005), *Konstellationsforschung*, Frankfurt am Main: Suhrkamp, 2005 (stw 1736).
Murhard, Friedrich (1798), *System der allgemeinen Größenlehre nach ihrem Zustand am Ende des 18. Jahrhunderts nach Literatur und Geschichte*, Lemgo: Meyer.

Nagel, Thomas (1979a), »Panpsychism«, in: ders., *Mortal Questions*, Cambridge/Mass.: University Press, S. 181-195.
– (1979b), »What Is It Like to Be a Bat?«, in: ders., *Mortal Questions*, Cambridge/Mass.: University Press, S. 165-180.
– (1997), *The Last Word*, New York, Oxford: Oxford University Press.
Naschert, Guido (1995), »›Die ganze Wissenschaftslehre ist ein Hysteronproteron‹. Zur Rekonstruktion der philosophischen Anfänge Friedrich Schlegels in Dresden/Jena 1796-1797. Ein philosophisches Puzzle«, Tübinger Seminarreferat.
– (2001), *Philosophische Lehrjahre. Beiträge zur intellektuellen Biographie des jungen Friedrich Schlegel 1772-1798*, Dissertation Tübingen (eine stark umgearbeitete und erweiterte Fassung ist im Druck: München: Beck).
Niethammer, Friedrich Immanuel (1795), »Von den Ansprüchen des gemeinen Verstandes an die Philosophie«, in: *PhJ* I/1, 1-45.
– (1995), *Korrespondenz mit dem Herbert- und Erhard-Kreis*, hg. von Wilhelm Baum: Turia und Kant.
Nola, Robert (1988), »Introduction: Some Issues Concerning Relativism and Realism in Science«, in: Robert Nola (Hg.), *Relativism and Realism in Science*, Dordrecht: Kluwer, S. 1-35.
Novalis (1929), *Fragmente*, hg. von Ernst Kamnitzer, 1., vollständige, geordnete Ausgabe, Dresden: Wolfgang Jess.
Nozick, Robert (1981), »The Identity of the Self«, in: ders., *Philosophical Explanations*, Cambridge: MA, The Belknap Press of Harvard University Press, S. 27-114.
Nuchelmans, Gabriel (1983), *Judgment and Proposition from Descartes to Kant*, Amsterdam: Royal Netherlands Academy.

Nyiri, J. Christoph (1982), »Wittgenstein 1929-1931: Die Rückkehr«. *ΚΩΔΙΚΑΣ/CODE – Ars Semeiotica* 4-5,2, S. 115-136. (Die Nummerierung der Tagebuch-Aufzeichnungen nach dem Katalog des Wittgenstein-Archivs an der Universität Tübingen.).

Paton, Herbert J. (1965), *Kant's Metaphysic of Experience. A Commentary on the First Half of the Kritik der reinen Vernunft*, 2 Bde., London: George Allen & Unwin (auch: New York: Humanities Press), 4. Auflage.

Pauling, Linus (1969), *Grundlagen der Chemie*, Weinheim/Bergstr.: Verlag Chemie, 8. Auflage.

Peacocke, Christopher (1999), *Being Known*, Oxford: Clarendon Press.

Peckhaus, Volker (1997), *Logik, Mathesis universalis und allgemeine Wissenschaft. Leibniz und die Wiederentdeckung der formalen Logik im 19. Jahrhundert*, Berlin: Akademie Verlag (über Ploucquet: S. 103-109).

Perry, John (1977), »Frege On Demonstratives«, in: *Philosophical Review* 86, S. 474-497.

– (1979), »The Problem of the Essential Indexicals«, in: *Noûs* 13, S. 3-21.

Pitt, David (2004), »The Phenomenology of Cognition Or What Is It Like to Think That P?«, in: *Philosophy and Phenomenological Research*, Bd. LXIX, S. 1-36

Platon (1974), Jubiläumsausgabe *Sämtlicher Werke*, eingeleitet von Olof Gigon, übers. von Rudolf Rufener, 8 Bde., Zürich und München: Artemis.

Ploucquet, Gottfried (1748), *Primaria Monadologiae capita accessionibus quibusdam confirmata [...]*, Dissertation qui a remportée le prix proposé par l'Académie royale des sciences et belles lettres Sur le système des Monades, Berlin.

– (1763), *Observationes ad commentationem Dei. Immanuelis Kanti de uno possibili fundamento demonstrationis existentiae Dei, Von dem Einzig möglichen Beweis-Grund zu einer Demonstration des Daseyns Gottes*, Tübingen: Schramm.

– (1782), *Expositiones Philosophiae Theoreticae.* Autore Godofredo Ploucquet, Log. et Metaphys. Professore in Universitate Tubingensi [...]. Editio ultima, Stuttgart: Joh. Bened. Mezler (der *Logik*-Teil dieses Kompendiums zur ›Logik und Metaphysik‹ ist lateinisch mit deutscher Übersetzung wieder zugänglich in: Ploucquet 2006).

– (1970), »Methodus calculandi in Logicis, ab Eodem inventa, cum Commentatione de Arte Characteristica«, in: ders., *Sammlung der Schriften, welche den logischen Calcul Herrn. Prof. Ploucquets betreffen, mit neuen Zusätzen* hg. von August Friedrich Bök, Faksimile-Neudruck der Ausgabe Frankfurt und Leipzig 1766, hg. von Albert Menne, Stuttgart-Bad Cannstatt: Friedrich Frommann (Günther Holzboog), S. 29-71.

– (2006), *Logik*, hg., übersetzt und mit einer Einleitung versehen von Michael Franz, Hildesheim, Zürich, New York: Olms (siehe Ploucquet 1782).
Pohlheim, Karl Konrad (1966), *Die Arabeske. Ansichten und Ideen aus Friedrich Schlegels Poetik*, München, Paderborn, Wien: Schöningh.
Prauss, Gerold (1983), *Kant über Freiheit als Autonomie*, Frankfurt am Main: Klostermann.
Putnam, Hilary (1975), *Mind, Language, and Reality. Philosophical Papers*, Bd. 2, Cambridge: University Press, (8. Aufl. 1992).
– (1978), »Realism and Reason«, in: ders., *Meaning and the Moral Sciences*, London; Routledge & Kegan Paul, S. 123-140 (Taschenbuchausgabe 1979).
– (1981), *Reason, Truth, and History*, Cambridge: Cambridge University Press.
– (1983) *Realism and Reason. Philosophical Papers*, Bd. 3, Cambridge: University Press.
– (1987), *The Many Faces of Realism. The Paul Carus Lectures*, LaSalle, Illinois: Open Court.
– (1990), *Realism with a Human Face*, Cambridge/MA: Harvard University Press (Taschenbuchausgabe 1992).

Quine, Willard V. O. (1964), *Methods of Logic*, überarb. Ausgabe, New York, Chicago, San Francisco, Toronto: Holt, Rinehart and Winston (vielfach neu aufgelegt bei Harvard University Press).
– (1974), *Grundzüge der Logik*, dt. von Dirk Siefkes, Frankfurt am Main: Suhrkamp (stw 65).
– (1980a), *From a Logical Point of View*, Cambridge/MA, London (2., überarbeitete Auflage).
– (1980b), *Wort und Gegenstand (Word and Object)*, dt. von Joachim Schulte und Dieter Birnbacher, Stuttgart: Reclam.

Reichenbach, Hans (1947), »Token-reflexive words«, in: *Elements of Symbolic Logic*, New York: Free Press, S. 284-287.
Reil, Johann Christian (1794 [zunächst unter dem Namen von Reils Doktoranden Christian Friedrich Hübner in Halle publiziert]), *Commentatio de Cenesthesi/Vom Gemeingefühl*, zitiert nach: Johann Christian Reil, *Gesammelte kleine physiologische Schriften*, größtentheils aus dem Lateinischen übersetzt und hg. von einer Gesellschaft angehender Ärzte, 2 Bde., Wien: in Commission bey A. Doll, 1811, Bd. 1, S. 297-352.
– (1803), *Rhapsodien über die Anwendung der psychischen Curmethode auf Geisteszerrüttungen*, Halle: Curt'sche Buchhandlung.

Reinhold, Karl Leonhard (1789), *Versuch einer neuen Theorie des menschlichen Vorstellungsvermögens*, Prag, Jena: C. Widmann & J. M. Mauke.
– (1790), *Beyträge zur Berichtigung bisheriger Mißverständnisse der Philosophen.* Erster Band, *Das Fundament der Elementarphilosophie betreffend*, Jena: Mauke.
– (1791), *Ueber das Fundament des philosophischen Wissens*, nebst einigen Erläuterungen [von Johann Benjamin Erhard und Friedrich Carl Forberg] über die Theorie des Vorstellungsvermögens, Jena: Michael Mauke. (Als Reprographie und ohne die Erläuterungen neu hg. von Wolfgang H. Schrader, Hamburg: Meiner, 1978, = Philosophische Bibliothek Bd. 299.)
– (1794), *Beyträge zur Berichtigung bisheriger Missverständnisse der Philosophen.* Zweiter Band, *Die Fundamente des philosophischen Wissens, der Metaphysik, Moral, moralischen Religion und Geschmackslehre betreffend*, Jena: Mauke.
Rosenkranz, Karl (1994), *Briefe 1827 bis 1850*, hg. von Joachim Butzlaff, Berlin, New York: de Gruyter.
Rosenthal, David M. (1991), »Two Concepts of Consciousness«, in: *The Nature of Mind*, David M. Rosenthal (Hg.), Oxford: University Press, S. 462-477.
– (1993), »Thinking That One Thinks«, in: *Consciousness: Psychological and Philosophical Essays*, hg. von Mertin Davies and Glyn W. Humpreys, Oxford: Blackwell, S. 199.
Rousseau, Jean-Jacques (1969), *Œuvres complètes* IV (*Émile.* Education – Morale – Botanique). Paris: Gallimard, Édition de la Pléiade.
Rülf, Friedrich (1920), *Gottfried Ploucquets Urteilslehre und ihr Zusammenhang mit seiner Philosophie*, Diss. Erlangen, Masch.schr.
Rush, Fred (2004), Rezension von M. Frank, *The Philosophical Foundations of Early German Romanticism* [...], New York: SUNY Press, in: *Notre Dame Philosophical Reviews* 2004. Online: ⟨http://metalib.ucl.ac.uk:9003/sfx%5Flocal?url%5Fver=Z39.88-2004&ctx%5Fver=Z39.88-2004&ctx%5Fenc=info:ofi/enc:UTF-8&rfr%5Fid=info:sid/sfxit.com:opac%5F856&url%5Fctx%5Ffmt=info:ofi/fmt:kev:mtx:ctx&sfx.ignore%5Fdate%5Fthreshold=1&rft.object%5Fid=991042728107108&svc%5Fval%5Ffmt=info:ofi/fmt:kev:mtx:sch%5Fsvc⟩.
Rzesnitzek, Berit Lara (2006), *200 Jahre Selbstbewusstseinstheorien in der Psychiatrie: Von der Depersonalisation zur Ich-Störung*, MA-Arbeit, Tübingen.

Sartre, Jean-Paul (1940), *L'imaginaire. Psychologie phénoménologique de l'imaginaire*, Paris: Gallimard.
– (1943), *L'être et le néant. Essai d'ontologie phénoménologique*, Paris: Gallimard.

– (1971), *La Transcendence de l'Ego. Esquisse d'une description phénoménologique*, Mit einer Einleitung, Anmerkungen und einem Anhang versehen von Sylvie Le Bon, Paris: Vrin.
– (1972), »L'écrivain est-il un intellectuel?«, in: *Situations VIII*, Paris: Gallimard, S. 430-476.
– (1991), »Conscience de soi et connaissance de soi« (= Vortrag vom 2. Juni 1947 vor der Französischen Philosophiegesellschaft), in: Manfred Frank (Hg.), *Selbstbewusstseinstheorien von Fichte bis Sartre*, Frankfurt am Main: Suhrkamp (stw 964), S. 367-411.
Sauder, Gerhard (1974), *Empfindsamkeit*. Bd. I: *Voraussetzungen und Elemente*, Stuttgart: Metzler.
Saussure, Ferdinand de (1968), *Cours de linguistique générale*, kritische Ausgabe, hg. von Rudolf Engler, Bd. 1, Faszikel 1-3, Wiesbaden: O. Harrassowitz (eigentlich: 1967/68).
– (1974), *Cours [...]*, kritische Ausgabe, hg. von Rudolf Engler, Bd. 2, Faszikel 4, Anhang, Wiesbaden: Harrassowitz (Nachdruck der ganzen Ausgabe 1989/90).
Schelling, Friedrich Wilhelm Joseph (1946), *Die Weltalter*. Fragmente. In den Urfassungen von 1811 und 1813 hg. von Manfred Schröter, München: Biederstein und Leibniz.
– (1968), Fichte-Schelling. *Briefwechsel*, eingel. von Walter Schulz, Frankfurt am Main: Suhrkamp.
– (1969), *Initia philosophiae universae. Erlanger Vorlesung WS 1820/21*, herausgegeben und kommentiert von Horst Fuhrmans, Bonn: Bouvier.
– (1989a), *Schelling Leonbergensis und Maximilian II. von Bayern. Lehrstunde der Philosophie*, hg. von Walter E. Ehrhardt, Stuttgart: Frommann-Holzboog, 1989 (= Schellingiana 2).
– (1972), *Grundlegung der positiven Philosophie*. Münchner Vorlesung WS 1832/33 und SS 1833, hg. und kommentiert von Horst Fuhrmans, Torino: Bottega d'Erasmo.
– (1985), *Ausgewählte Schriften* in 6 Bänden, hg. von Manfred Frank, Frankfurt am Main: Suhrkamp (stw 521-526) (zitiert wird nach der am oberen Seiteninnenrand mit angegebenen Paginierung der *Sämmtlichen Werke* von 1856-1861).
– (1988), *Schellings und Hegels erste absolute Metaphysik (1801-1802)*. Zusammenfassende Vorlesungsnachschriften von I[gnaz] P[aul] V[ital] Troxler, hg., eingeleitet und mit Interpretationen versehen von Klaus Düsing, Köln: Jürgen Dinter.
– (1989), *Einleitung in die Philosophie*, hg. von Walter E. Ehrhardt, Stuttgart-Bad Cannstatt: Frommann-Holzboog.
– (1990), *System der Weltalter*. Münchener Vorlesung 1827/28 in einer Nach-

schrift von Ernst von Lasaulx, hg. und eingeleitet von Siegbert Peetz, Frankfurt am Main: Klostermann.
– (1992), *Urfassung der Philosophie der Offenbarung*, 2 Teilbde., hg. von Walter E. Ehrhardt, Hamburg: Meiner.
– (1993), *Philosophie der Offenbarung 1841/42* (= Paulus-Nachschrift), hg. und eingeleitet von Manfred Frank, 3., neu durchges. und korr. [recte: um die Kierkegaard-Nachschrift erweiterte] Ausgabe, Frankfurt am Main: Suhrkamp (stw 181).
– (1994), *»Timaeus«* (1794), hg. von Hartmut Buchner, Stuttgart-Bad-Cannstatt: Frommann-Holzboog.
– (2002), *Weltalter-Fragmente*, hg. von Klaus Grotzsch. Mit einer Einl. von Wilhelm Schmidt-Biggemann, 2 Bde., Stuttgart-Bad Cannstatt: Frommann-Holzboog.
Schenk, Günter (1999), »Zum Logikunterricht in pietistisch orientierten deutschen Ländern des 18. Jahrhunderts unter besonderer Berücksichtigung der *Elementa philosophiae rationalis* von Johann Christoph Knaus«, in: *Europa in der Frühen Neuzeit. Festschrift für Günter Mühlpfordt*, Bd. 5: *Aufklärung in Europa*, hg. von Erich Donnert, Köln, Weimar, Wien: Böhlau, S. 305-333.
Schiller, Friedrich (1992), *Theoretische Schriften*, hg. von Rolf-Peter Janz unter Mitarbeit von Hans Richard Brittmacher, Gerd Kleiner und Fabian Störmer, Frankfurt am Main: Deutscher Klassiker Verlag.
Schleiermacher, Friedrich (1862), *Psychologie.* Aus Schleiermacher's handschriftlichem Nachlasse und nachgeschriebenen Vorlesungen hg. von L. George, Berlin: Reimer.
– (1913), *Entwürfe zu einem System der Sittenlehre.* Nach den Handschriften Schleiermachers neu hg. und eingel. von Otto Braun, Leipzig: Meiner (= 2. Bd. von *Schleiermachers Werken*).
– (1960), *Der christliche Glaube. Nach den Grundsätzen der Evangelischen Kirche im Zusammenhange dargestellt.* Siebente Auflage. Erster Band, hg. von Martin Redeker, Berlin: de Gruyter.
– (1977), *Hermeneutik und Kritik.* Mit einem Anhang sprachphilosophischer Texte Schleiermachers hg. und eingeleitet von Manfred Frank, Frankfurt am Main: Suhrkamp.
– (1996 a), *Über die Philosophie Platons [usw.]*, hg. und eingeleitet von Peter M. Steiner, mit Beiträgen von Andreas Arndt und Jörg Jantzen, Hamburg: Meiner (PhB 486).
– (1996b), *Schriften*, hg. von Andreas Arndt (= Bibliothek der Philosophie, Deutscher Klassiker Verlag), Frankfurt am Main [die Ausgabe enthält einen ausführlichen Kommentar, S. 993-1349, beginnend mit einer allgemeinen »Einführung« S. 995 ff., einer Darstellung von »Schleiermachers Philosophie im Kontext«, S. 1032 ff., einer Einfüh-

rung in die ausgewählten Texte, S. 1126 ff. und einem Stellenkommentar, S. 1280 ff. Den Schluss macht eine reichhaltige Auswahlbibliographie: S. 1352 ff.].
– (2001), *Dialektik*, 2 Bde., hg. und eingeleitet von Manfred Frank, Frankfurt am Main: Suhrkamp (stw 1529).
Schmid, Carl Christian Erhard (1791), *Empirische Psychologie*, Jena: Cröker, Erster Theil.
– (1792), Rezension von C. L. Reinholds *Ueber das Fundament des philosophischen Wissens*, in: [Jenaer] *Allgemeine Literatur-Zeitung*, Nr. 92 und 93 vom 9. und 10. April 1792, S. 49-56 und 57-60.
Schmidt, Alfred (1978), *Der Begriff der Natur in der Lehre von Marx*, überarbeitete, ergänzte und mit einem Postscriptum versehene Neuausgabe (3. Aufl.), Frankfurt am Main: Europäische Verlagsanstalt.
Schopenhauer, Arthur (1977), *Werke in zehn Bdn.* (Zürcher Ausgabe), Zürich: Diogenes, (der Text folgt der hist.-krit. Ausgabe von Arthur Hübscher, Wiesbaden, 3. Aufl. 1972).
Schulthess, Daniel (2006), »Le langage de la philosophie et la question de la réduplication chez Leibniz«, Exposé für das Symposium der Société suisse de philosophie, Neuchâtel, 19 . Mai 2006 (erscheint in *Studia Philosophica*).
Schulz, Walter (1955), *Die Vollendung des deutschen Idealismus in der Spätphilosophie Schellings*, Stuttgart: Kohlhammer (Neudruck Pfullingen: Neske, 1975).
Sherwood, William of (1995), *Introductiones in Logicam*, textkritisch hg., übersetzt und mit Anmerkungen versehen von Hartmut Brands, Hamburg: Meiner.
Shoemaker, Sydney (1984a), *Identity, Cause, and Mind. Philosophical Essays*, Cambridge: Cambridge University Press.
– (1984b) (zus. mit Swinburne, Richard), *Personal Identity. Great Debates on Philosophy*, Oxford: Blackwell.
– (1996), *The First-Person Perspective and Other Essays*, Cambridge: University Press.
Siewert, Charles P. (1998), *The Significance of Consciousness*, Princeton, NJ: Princeton University Press.
– (2003), »Consciousness and Intentionality«, in: *Stanford Encyclopedia of Philosophy*; Online: ⟨http://plato.stanford.edu/entries/consciousness-intentionality⟩.
Simon, Heinrich (1906), *Der magische Idealismus. Studien zur Philosophie des Novalis*, Heidelberg: Winter.
Sinclair, Isaak von (1991), *Raisonnements*, in: Manfred Frank (Hg.), *Selbstbewusstseinstheorien von Fichte bis Sartre*, Frankfurt am Main: Suhrkamp (stw 964), S. 30-51.

Soldati, Gianfranco (2000), »Rationalität der Gefühle«, in: *Emotion und Vernunft – Émotion et rationalité. Studia philosophica*, Bd. 59, S. 109-127.
– (2005), »Begriffliche Qualia«, in: Thomas Grundmann u. a. (2005), S. 140-168.
Spinoza, Baruch de (1925a), *Renati des Cartes Principiorum philosophiae pars I et II, more geometrico demonstratae [...]*, in: *Opera*. Im Auftrag der Heidelberger Akademie der Wissenschaften hg. von Carl Gebhardt, Bd. I, Heidelberg: Winter (2. Aufl. 1973).
– (1925b), *Ethica*, Bd. II der *Opera*, Heidelberg: Winter (2. Aufl. 1973).
Stamm, Marcelo R. (1992), »Mit der Überzeugung der Entbehrlichkeit eines höchsten und einzigen Grundsatzes ...«. Ein Konstellationsporträt um Fr. I. Niethammers »Philosophisches Journal einer Gesellschaft teutscher Gelehrten«, unveröffentl. Manuskript, München.
Steinbuch, Johann Georg (1811), *Beytrag zur Physiologie der Sinne*, Nürnberg: Johann Leonhard Schrag.
Strawson, Peter E. (1963), *Individuals: An Essay in Descriptive Metaphysics*, Garden City, New York: Doubleday Anchor Books.
Strich, Fritz (1962), *Deutsche Klassik und Romantik oder Vollendung und Unendlichkeit*, Bern und München: Francke (5. Aufl.).
Stuhlmann-Laeisz, Rainer (1976), *Kants Logik. Eine Interpretation auf der Grundlage von Vorlesungen, veröffentlichten Werken und Nachlaß*, Berlin, New York: de Gruyter.

Tetens, Johann Nicolas (1777), *Philosophische Versuche über die menschliche Natur und ihre Entwicklung*, 1. Bd.; Faksimile-Nachdruck in: ders., *Die Philosophischen Werke*, Hildesheim, New York: Georg Olms, 1979.
Théry, Gabriel (1926/27), »Edition critique des pièces relatives au procès d'Eckhart contenue dans le ms. 33b de la bibliothèque de Soest«, in: *Archives d'histoire doctrinale et littéraire du Moyen Age* 1, S. 129-268.
Theunissen, Michael (1976), »Die Aufhebung des Idealismus in der Spätphilosophie Schellings«, in: *Philosophisches Jahrbuch* 83, S. 1-29.
Thiel, Udo (1996), »Between Wolff and Kant: Merian's Theory of Apperception«, in: *Journal of the History of Philosophy* 23, S. 213-232.
– (1997), »Varieties of Inner Sense. Two Pre-Kantian Theories«, in: *Archiv für Geschichte der Philosophie* 79, S. 58-79.
Tieck, Ludwig (1985), *Phantasus*, kritisch hg. und kommentiert von Manfred Frank, Frankfurt am Main: Deutscher Klassiker Verlag.
Tugendhat, Ernst (1976), *Vorlesungen zur Einführung in die sprachanalytische Philosophie*, Frankfurt am Main: Suhrkamp (stw 45).
– (1979), *Selbstbewusstsein und Selbstbestimmung. Sprachanalytische Interpretationen*, Frankfurt am Main: Suhrkamp (stw 221).

–, Ursula Wolf (1983), *Logisch-semantische Propädeutik*, Stuttgart: Reclam.

Tye, Michael (2002), »Representationalism and the Transparency of Experience«, in: *Noûs* 36 (1), S. 137-151.

Vallicella, William F. (2004), »Reduplication and the Two Natures of Christ« ⟨http://maverickphilosopher.powerblogs.com/posts/1141414288.shtml⟩.

Van Cleve, James (1999), *Problems from Kant,* New York, Oxford: Oxford University Press.

Varnhagen van Ense, Karl August (Hg.) (1830), Denkwürdigkeiten des Philosophen und Arztes Johann Benjamin Erhard, Stuttgart und Tübingen: Cotta.

Vieweg, Klaus (1999), *Philosophie des Remis. Der junge Hegel und das ›Gespenst des Skepticismus‹*, München: Fink.

Vosgerau, Gottfried und Albert Newen (2007), »Thoughts, Motor Action, and the Self«, in: *Mind and Language*, Bd. 22, Nr. 1, S. 22-43.

Wagner, Richard (1911), *Mein Leben*, 2 Bde., München: F. Bruckmann.

Waibel, Violetta L. (1995), »Karl Heinrich Heydenreich«, in: *Das »Jenaische Project«. Wintersemester 1794/95* (= *Hölderlin. Texturen* 2), hg. von der Hölderlingesellschaft Tübingen in Zusammenarbeit mit der Deutschen Schillergesellschaft Marbach, S. 209-212.

Weiss, Hermann F. (1991), »Eine Reise nach Thüringen im Jahre 1791. Zu einer unbeachteten Begegnung Karl Wilhelm Justis und Joseph Friedrich Engelschalls mit Schiller und Novalis«, in: *Zeitschrift für hessische Geschichte und Landeskunde* 101, S. 43-56.

Weitz, Morris (1967), »Philosophical Analysis«, in: *The Encyclopedia of Philosophy*, Bd. 1, hg. unter der Leitung von Paul Edwards, New York: Macmillan & Free Press, S. 97-104.

Wiggins, David (1980), *Sameness and Substance*, Oxford: University Press (S. 1-74, bes. 15-44 zur ›relativen Identität‹).

Williams, C. J. F. (1979), »Is Identity a Relation?«, in: *Proceedings of the Aristotelian Society* 80, S. 81-100.

Wittgenstein, Ludwig (1969), *Briefe an Ludwig von Ficker*, herausgegeben von Georg Henrik von Wright und Walter Methagl, Salzburg: Otto Müller.

– (1971), *Vorlesungen und Gespräche über Ästhetik, Psychologie und Religion*, hg. von Cyril Barret, dt. Übersetzung Göttingen: Vandenhoeck & Ruprecht (2. Aufl.).

– (1980), *Briefe*, hg. von Brian McGuinness und Georg Henrik von Wright, Frankfurt am Main: Suhrkamp.

– (1984a), *Vorlesungen 1930-1935. Cambridge 1930-1932.* Aus den Aufzeichnungen von John King und Desmond Lee hg. von Desmond Lee. *Cambridge 1932-1935.* Aus den Aufzeichnungen von Alice Ambrose und Margaret Macdonald hg. von Alice Ambrose. Übersetzt von Joachim Schulte, Frankfurt am Main: Suhrkamp.
– (1984b), *Werkausgabe in 8 Bänden*, Frankfurt am Main: Suhrkamp (stw 501-508).
– (1985), *Geheime Kriegstagebücher.* Erstmals vollständig hg. von Wilhelm Baum in der katalanischen Zeitschrift *Saber* Nr. 5, S. 32-49, und Nr. 6, S. 30-56.
– (1989), *Logisch-philosophische Abhandlung – Tractatus logico philosophicus.* Kritische Edition, hg. von Brian McGuinness und Joachim Schulte, Frankfurt am Main: Suhrkamp.
– (1991), *Vorlesungen über die Philosophie der Psychologie 1946/47.* Aufzeichnungen von P. T. Geach, K. J. Shah und A. C. Jackson, hg. von Peter T. Geach. Übersetzt von Joachim Schulte, Frankfurt am Main: Suhrkamp.
– (2000), *»The Big Typescript«*, hg. von Michael Nedo, (= Wiener Ausgabe, Bd. 11), Wien: Springer.
– (2001), *Philosophische Untersuchungen. Kritisch-genetische Edition*, hg. von Joachim Schulte u. a., Frankfurt am Main: Suhrkamp.
Wolf, Michael (1986) »Der Satz vom Grund, oder: Was ist philosophische Argumentation?«, in: *neue hefte für philosophie* 26, S. 89-114.
– (1995), *Die Vollständigkeit der kantischen Urteilstafel. Mit einem Essay über Freges »Begriffsschrift«*, Frankfurt am Main: Klostermann.
Wolff, Christian (1725), *Vernünfftige Gedancken von Gott, der Welt und der Seele des Menschen, und allen Dingen überhaupt*, Halle: Renger, 3. veränd. Aufl. (sog. »Deutsche Metaphysik«) (Neudruck Hildesheim: Olms, 1983).
– (1977), *Philosophia prima sive Ontologia*, in: ders., *Gesammelte Werke*, hg. von Jean École u. a., II. Abt., Bd. 3, edidit et curavit Joannes Ecole, Hildesheim, New York: Olms (= Nachdruck der Ausgabe von 1736).
– (1983), *Philosophia rationalis sive logica*, in: ders., *Gesammelte Werke*, hg. von J. École, H. W. Arndt [u. a.], Hildesheim, Zürich, New York: Olms, II. Abt., Bd. 1.2. Édition critique, avec introduction, notes et index par Jean École (zuerst Frankfurt und Leipzig, 1728, neu ediert 1732 und 1740).
Wright, Georg Henrik von (1986), *Wittgenstein*, Frankfurt am Main: Suhrkamp.

Zanetti, Véronique (2002), »Kants Auffassung von Wahrheit«, in: *Athenäum*, 12. Jahrgang, S. 91-110.

Namenregister